Wirtschaft Arbeit Technik 7–10

Brandenburg

herausgegeben von
Dietmar Krafft
Renate Harter-Meyer
Heinrich Meyer

erarbeitet von
Renate Harter-Meyer
Heinrich Meyer

in Zusammenarbeit mit
der Verlagsredaktion

Cornelsen

Dies Buch wurde erstellt unter Verwendung von Materialien von
Jenny Lenk

Die in diesem Buch angegebenen Internet-Adressen und -Dateien wurden vor Drucklegung geprüft (Stand: Juli 2008).
Der Verlag übernimmt keine Gewähr für die Aktualität und den Inhalt dieser Adressen und Dateien und solcher, die mit ihnen verlinkt sind.

Außenredaktion: Martin Glania, Brieselang
Redaktion CV: Elisabeth Berten
Layout: hawemannundmosch, Berlin
Technische Umsetzung: Astrid Güldemann, Berlin
Collagen, Grafik, Illustrationen: Anette Schamuhn, Berlin
Fotos: Peter Wirtz, Dormagen
Karikaturen: Detlev Schüler, Berlin
Umschlaggestaltung: Bonnie Siebke

www.cornelsen.de

1. Auflage, 1. Druck 2008

Alle Drucke dieser Auflage können im Unterricht nebeneinander verwendet werden.

Druck: CS-Druck CornelsenStürtz, Berlin

ISBN 978-3-06-450146-1

Inhalt gedruckt auf säurefreiem Papier aus nachhaltiger Forstwirtschaft.

Inhalt

Arbeit, Ausbildung, Beruf

Arbeit und Betrieb

Infrastrukturen

Arbeitsplätze: Ein Blick hinter die Kulissen

1 Arbeiten heißt nicht nur Geld verdienen

▼ SASKIA BLUM: „Als Designerin verdiene ich ordentlich. Ich trainiere ehrenamtlich die C-Jugend im Sportverein. Das macht meistens Freude. Bis zu einer Verletzung spielte ich selbst Handball. Ich verfolge die Entwicklung der Jugendlichen. Wir haben sportlich Erfolg. Manchmal gibt es Stress. Die Mädchen sind in der Pubertät, Eltern mischen sich ein. Im Trainerlehrgang lernte ich, typische Konflikte zu bearbeiten. Mein Freund findet manchmal, dass das zu viel Zeit kostet."

▼ PAUL ANTES: „Bis vor kurzem hat meine Frau vorwiegend Kinder und Haushalt versorgt. Ich arbeite als Elektroniker. Jetzt habe ich für zwei Jahre Elternzeit genommen. Ich möchte die Entwicklung meiner Kinder auch miterleben. Diese Arbeit in der Familie ist uns wichtig und macht teilweise Spaß. Beide wollen wir im Beruf Anschluss behalten, um auch in Zukunft ein gutes Einkommen zu erzielen. Wer weiß, ob unsere Partnerschaft ein Leben lang hält."

▲ GABY GERDES: „Mein Frisörsalon läuft gut. Meine beiden Kinder und ich können davon leben. Die Arbeit ist vielseitig. Es gelingt mir, auch meine Mitarbeiter für die Arbeit zu begeistern. Bei Konflikten, auch mit Kunden, vermittle ich. Diese Fähigkeit nützt mir auch bei meinen Kindern."

► **Leitauftrag** Sprecht über die unterschiedlichen Arbeitsplätze. Berücksichtigt dabei: Art der Arbeit, Möglichkeit sich einzubringen, Arbeitszufriedenheit, Arbeitsgrund, private Interessen.

▲ OLAF DECKER: „Meine Arbeit in der Tischlerei HOLZWURM ist interessant und anspruchsvoll. Bei der Beratung von Kunden kann ich Ideen einbringen. Der Chef wollte, dass ich mich nach der Meisterprüfung bei der Leitung beteilige. Ich fürchte, dann wenig Zeit für meine Hobbys zu haben."

B **Auf einen Blick**

Ihr begründet, warum Menschen arbeiten.

Ihr unterscheidet entlohnte und nicht entlohnte Arbeit.

Ihr erkundet einen Arbeitsplatz im Betrieb.

Ihr benennt Bedingungen, unter denen Arbeit Freude macht.

Ihr erprobt Möglichkeiten zur Konfliktlösung.

Ihr erklärt, warum eine gute Berufsausbildung wichtig ist.

2 Möbel ausliefern und Umzüge durchführen

Herr Bulvac arbeitet im Möbel-, Küchen- und Umzugsservice (BKU). Seit 2006 erfolgt dafür die Ausbildung in einem → Ausbildungsberuf. Er berichtet über seine *Erwerbsarbeit*:

„Eine Ausbildung zum Metzger brach ich ab. Dann war ich arbeitslos und später angelernter Arbeiter in einer Schreinerei. Seit vier Jahren bin ich bei BKU. Wir liefern auch für mehrere Möbel- und Küchenhändler aus. Wir sind vier Teams, je zwei fest beschäftigte Arbeiter und nach Auftragslage Aushilfen. Ich bin mit Gregor im Team; prima Kumpel. Er hilft mir oft, wenn es Probleme mit der deutschen Sprache gibt. Deutsch ist nicht mein Ding. Seit neuestem haben wir einen Auszubildenden. Der stellt sich ganz gut an. Mein Teamleiter ist Schreiner. Von dem konnte ich viel abschauen. Mit der Arbeit bin ich zufrieden. Sie ist abwechslungsreich. Ich habe mit verschiedenen Kunden zu tun. Manche sind sehr nett und höflich – das sind wir meist auch. Andere meckern bei Kleinigkeiten. Nicht immer ist die Schramme nach einem Umzug von uns.

Die Arbeit ist nicht einfach. Es gibt so viel verschiedene Modelle, die wir zerlegen und zusammenmontieren. Bei Neuware haben wir Montageanleitungen – manchmal ist die Arbeit trotzdem kompliziert, auch weil die Anleitungen unverständlich sind. Ich freue mich, wenn Kunden zufrieden sind – manche geben Trinkgeld. Ärger gibt es, wenn die Arbeit länger dauert als geplant. Der Kunde ist sauer, wir haben später Feierabend und auch der Chef meckert schon mal."

▲ GREGOR: „In der Stückliste vom Werk fehlt ein Seitenteil. Wir können die Arbeit leider nicht fertig stellen."
KUNDIN: „Und wie lange soll ich die Baustelle noch ertragen?"
BULVAC: „Wir werden uns erkundigen."

▲ BULVAC : „Chef, wir können die Arbeit nicht fertig stellen, weil ein Teil fehlt."
CHEF: „Sagen Sie, dass das Teil in 10 Tagen da ist. Kassieren Sie aber dreiviertel der Kaufsumme als Abschlag."

A Aufgaben

1 Nennt Arbeiten, die bei Herrn Bulvac anfallen.

2 Wie ist die Arbeit bei BKU organisiert?

3 Wovon hängt die Arbeitszufriedenheit ab?

4 Wie ist die Arbeitszeit geregelt?

5 Warum kann die Schrankwand nicht komplett montiert werden?

6 Vergleicht das Verhalten der Monteure gegenüber dem Kunden mit dem Text im Kasten.

Fachkraft für Möbel-, Küchen- und Umzugsservice

Sie bauen Küchen und Möbel auf und ab, installieren elektrische Einrichtungen und Geräte, stellen Anschlüsse an Wasserleitungen her, holen Küchen, Möbel und Geräte oder Umzugsgut ab und liefern aus, führen Verpackungs- und Transportarbeiten durch, prüfen Lieferunterlagen und nehmen Zahlungen an. Sie führen ihre Arbeiten selbstständig, kunden- und betriebswirtschaftlich orientiert durch und behandeln Reklamationen.

Nach **BIBB**:
www.bibb.de ► Berufe ► Neuordnung von Berufen

3 Autos reparieren und Reifenservice leisten

Kfz-Mechaniker Jens berichtet

Mitte November: bei AUTOSERVICE HESSE (ASH) ist Hochkonjunktur. Die Kunden lassen ihre Winterreifen montieren oder kaufen neue. Die Beleuchtung ist zu kontrollieren. Oft werden in Verbindung damit noch Reparaturen erledigt. ASH repariert fast alle Automarken.

Jens arbeitet seit zwei Jahren hier. Er ist gelernter Kraftfahrzeugmechaniker. Seit 2003 heißt der Ausbildungsberuf Kraftfahrzeugmechatroniker. Die neue Ausbildung berücksichtigt, dass viele Systeme im Auto elektronisch geregelt sind.

Jens schätzt die vielseitige Arbeit: Reifenservice für Pkw, Lkw und andere Nutzfahrzeuge und gängige Reparaturen bei Pkw. Letztere sind sein Schwerpunkt. Wichtig ist ihm die Arbeit im Team. Sonst käme auch er mit den unterschiedlichen Autotypen nicht zurecht.

Jens unterstützt den Meister bei der Auftragsannahme. Der Kundenkontakt gefällt ihm. Auch die Auszubildenden betreut er gern. Er hat sich für die Meisterausbildung entschieden. Er will damit auch seinen Arbeitsplatz sichern.

Das Team bei ASH

Hier arbeiten ein Meister, der die Arbeit organisiert, eine Bürokauffrau für die Bestellung und Abrechnung, drei Kfz-Mechaniker, zwei angelernte Kräfte, z.B. für Reifen- und Schalldämpferwechsel, und zwei Auszubildende. Eine lernt Kfz-Mechatronikerin und einer Mechaniker für Reifen- und Vulkanisationstechnik. Für die Ausbildung ist der Meister verantwortlich. Die Arbeit lernen sie von den Fachkräften.

In den Berufen geht es auch um Beraten und Informieren von Kunden, Planen und Kontrollieren von Arbeitsabläufen.

Kraftfahrzeugmechatroniker/innen

- stellen Störungen sowie Ursachen dafür fest
- warten und stellen Fahrzeuge und Systeme ein
- demontieren und montieren Kraftfahrzeuge und deren Bauteile, setzen sie in Stand
- bereiten Fahrzeuge auf den TÜV vor.

Mechaniker/innen für Reifen- und Vulkanisationstechnik

- reparieren Schläuche und Reifen
- suchen Ursachen von Schäden und Störungen
- bedienen Werkzeuge, Geräte, Maschinen

Nach **BIBB**: www.bibb.de ▶ Berufe ▶ Suche nach Berufen

▲ MECHANIKER: „Für mich ist Warten verlorene Zeit. Schließlich erhalte ich Leistungslohn."

MEISTER: „Bevor der Kunde das nicht zusätzlich in Auftrag gegeben hat, darfst du die Bremsbeläge nicht auswechseln."

A Aufgaben

1 Nennt Arbeiten, die Jens bei ASH ausführt und wie der Betrieb organisiert ist.

2 Wie schätzt Jens seine Arbeit ein? Warum will er Meister werden?

3 Informiert euch über die Berufe. Führt in einem Betrieb eine Arbeitsplatzerkundung durch (siehe S.15).

4 Sprecht über den Konflikt auf dem Bild.

4 Gäste bedienen

Mit einer Ausbildung fing es an

Merle Kramp schaffte den Hauptschulabschluss nicht. Deshalb schloss sie das Berufsvorbereitungsjahr Ernährung und Hauswirtschaft an. Sie hatte dann Glück – sie war schon 18 Jahre –, im Bistro SZENE eine Ausbildungsstelle als **Fachkraft im Gastgewerbe** zu erhalten. Im Betrieb und der Berufsschule lernte sie u.a.

- einfache Speisen und Heißgetränke herstellen und anrichten
- Speisen servieren und Getränke ausschenken
- Gäste empfangen und betreuen

Ein ganz gewöhnlicher Abend im SZENE

Nun hat sie seit drei Jahren ausgelernt. Das Bistro SZENE besuchen meist junge Leute. Der Umgang ist locker. Es gibt viele Stammkunden. Merle findet guten Kontakt. Das schätzt der Chef, gelernter Restaurantfachmann.

Der Verdienst ist nicht besonders gut. Viele Gäste haben selbst wenig Geld und geben kaum Trinkgeld. Essen gibt es bis nach der Spätvorstellung des nahen Kinos. Dann wird es meist noch mal stressig – besonders am Wochenende. Der Koch macht total leckere Sachen. Sie und die drei Kolleginnen müssen sich sehr um die Gäste bemühen. Die Konkurrenz ist groß. Der Chef sagt, dass er bei der hohen Miete wenig verdient. Oft ist erst um zwei Uhr morgens Feierabend. Dann sitzen sie manchmal noch zusammen und trinken etwas – die Beine und der Rücken schmerzen.

Manchmal überlegt Merle, sich im Kaufhausrestaurant zu bewerben. Dann hätte sie abends Zeit für ihren Freund – ob sie genommen würde? – aber: Das SZENE würde ihr fehlen.

▲ CHEF: „Mach Schluss für heute, es kommt wohl keiner mehr zum Essen."

MERLE: „Prima, dann sehe ich meinen Freund vielleicht noch."

▲ MERLE: „Das war wohl nichts mit dem früher Gehen. Hier! Sieben Essen sind gefragt. Der Chef hat gesagt, dass die neuen Gäste noch essen können."

KOCH: „Wir haben doch schon geputzt! Was soll's! Jens, dann musst du auch noch bleiben."

JENS: „...und morgen um acht ist Berufsschule!"

A Aufgaben

1 Besorgt euch mehr Informationen zur Fachkraft im Gastgewerbe, zum/r Restaurantfachmann/-frau, Koch/Köchin im Internet unter:

www.bibb.de ▸ Berufe ▸ Berufsinformation ▸ A.WE.B ▸ Ausbildung
www.berufenet.de

2 Welche Fähigkeiten von Merle sind wichtig,
- damit die Gäste sich wohl fühlen und
- sie gut mit Kollegen zusammenarbeitet?

3 Wovon hängt ihre Arbeitszufriedenheit ab?

4 Nehmt Stellung zur Bildergeschichte aus der Sicht der Beschäftigten und des Chefs.

5 Arbeiten im Dienste der Gesundheit

Frank Rode berichtet

„Ich arbeite seit sieben Jahren als Krankenpfleger auf der chirurgischen Station im Schichtdienst. Jedes zweite Wochenende ist frei. Ab und zu muss ich auch nachts arbeiten.

Die Station hat 30 Betten. Normalerweise sind wir bei der Pflege tags zu sechst: die Stationsleitung, drei Schwestern oder Pfleger und eine Hilfskraft, die z.B. das Essen austeilt. Meist ist eine Auszubildende dabei, die wir anleiten.

Die Arbeit macht mir meistens Freude. Ich wollte einen Beruf, bei dem ich Kontakt zu Menschen habe. Meine Zeit ist meist knapp. Trotzdem nehme ich mir so oft wie möglich Zeit für ein Gespräch mit Patienten. Es gibt immer öfter Patienten, die sonst niemanden haben. Die brauchen das besonders. Es gibt viel zu tun, z.B. Verbände wechseln, Temperatur und Puls messen, bei der Körperpflege helfen, die Behandlung aufschreiben, Gespräche im Team führen, besonders zum Schichtwechsel, Essen und Getränke austeilen, Medikamente ausgeben, Schwerkranken das Essen reichen und, und ...

Oft bin ich gestresst, weil wir zu wenig Pflegepersonal haben. Ich freue mich, wenn es Patienten wieder besser geht. Aber zum Beruf gehört auch das Umgehen mit dem Sterben. Das belastet mich jedes Mal. Aber gerade dann bin ich für die Patienten und deren Angehörige wichtig."

Gesundheits- und Krankenpfleger/innen
pflegen Patienten in Krankenhäusern und Rehabilitations-Kliniken, bei häuslichen Pflegediensten oder in Einrichtungen der Altenpflege.
Pflegeaufgaben führen sie eigenverantwortlich aus oder wirken daran mit.
Die Ausbildung erfolgt an Berufsfachschulen für Krankenpflege und in der Pflegepraxis.

Nach **Bundesagentur für Arbeit**:
http://infobub.arbeitsagentur.de ▶ BERUFENET

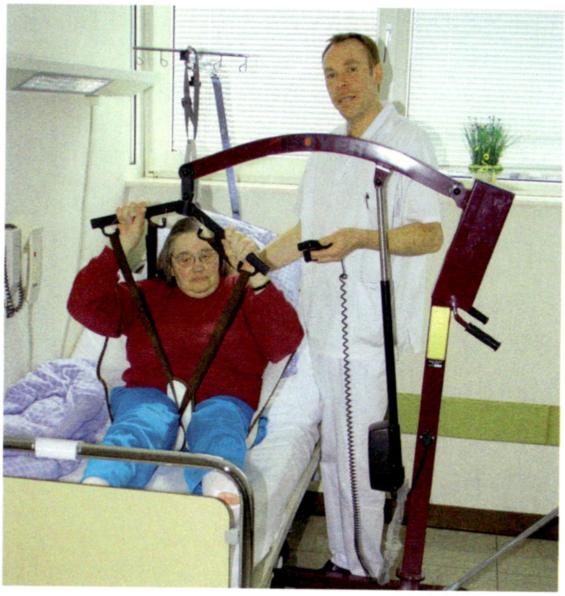

▲ RODE (denkt): „Dauert zwar länger mit dieser Hebehilfe. Aber wenn mein Rücken kaputt ist, geht gar nichts mehr."

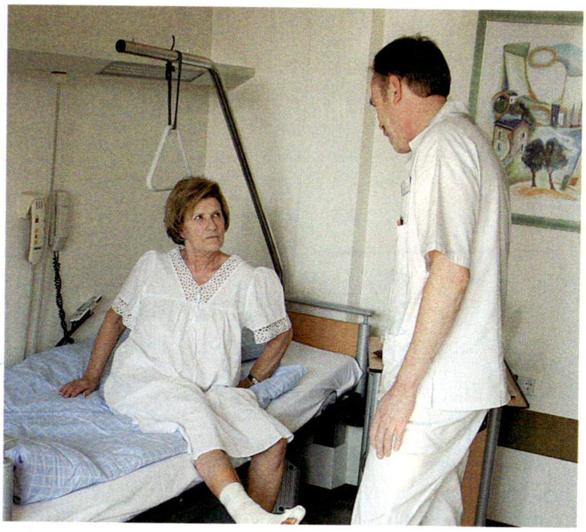

▲ PATIENTIN: „Ich habe dreimal geschellt. Können Sie mir bitte zeigen, wie ich den Fernseher anstellen kann?"

RODE: „Selbstverständlich, warten Sie bitte, bis ich den frisch Operierten versorgt habe. Eine Kollegin ist krank geworden, wir müssen sie vertreten."

A Aufgaben

1 Stellt zusammen, was Frank Rode an seinem Beruf schätzt bzw. belastend findet.

2 Welche Anforderungen stellt der Beruf? Bezieht die Abbildungen ein.

6 Tiere behandeln und Tierhalter beraten

Sandra hat ihr erstes Betriebspraktikum in der Kleintierpraxis BRAHM gemacht. Im Praktikumsbericht hat sie ihre Erfahrungen geschildert:

„Ich war 14 Tage im Praktikum. Frau Dirks, die Tierarzthelferin, zeigte mir die Praxis. Sie hat mir auch vieles erklärt. Ich habe zuerst hauptsächlich Medikamente, gebrauchte Spritzen usw. weggeräumt und bei Behandlungen zugeschaut. Später durfte ich auch mit anfassen. Ich brachte die operierten Tiere auf die Station und schaute ab und zu, wann sie wieder aus der Narkose aufwachten. Nachdem die Tiere abgeholt wurden, musste ich die Boxen säubern und desinfizieren.
In der ersten Woche war tagsüber eine junge Hündin da, um die ich mich kümmerte. Die hat Infusionen bekommen. Aber sie wurde dann leider doch eingeschläfert ... Tja, manchmal traurig, aber doch interessant. Wenn's klappt, will ich die Ausbildung machen. Herr Brahm hat mir ein Merkblatt gegeben, worauf es bei dem Beruf und Bewerbern ankommt. Seit 2006 heißt der Beruf übrigens Tiermedizinische Fachangestellte."

Tiermedizinische(r) Fachangestellte(r)

- organisieren den Praxisablauf
- helfen dem Arzt bei Diagnose und Therapie, u.a. bei Operationen
- röntgen und führen Laborarbeiten aus
- betreuen das Tier sowie „Herrchen" und „Frauchen" vor, nach und während der Behandlung
- dokumentieren Daten und die Untersuchung
- überwachen den Materialbedarf der Praxis
- beachten den Tierschutz.

Arbeitsplätze gibt es in Großtier- und Kleintierpraxen, in Tierkliniken und Zoos.

Nach **Berufsverband der Arzt-, Zahnarzt- und Tierarzthelferinnen e.V.**: www.bda-online.com ▶ Berufe

Vorteilhafte Eigenschaften von Ausbildungsbewerbern

Sandra hat sich das Merkblatt durchgelesen und meint, dass sie schon viele der gewünschten Eigenschaften besitzt.

- Tierliebe
- Interesse an Chirurgie und Tierpflege und technisches Verständnis
- keine Angst vor Tieren und deren Exkrementen
- körperliche Geschicklichkeit und Belastbarkeit; eine Tierarzthelferin muss zupacken können
- persönliche Reife im Umgang mit kranken Tieren und besorgten Haltern; Kontaktfähigkeit
- Einfühlungsvermögen
- Verantwortungsbewusstsein
- Ordnungssinn , Organisationstalent
- gute Auffassungsgabe, Umstellfähigkeit
- gute Leistungen in Biologie, Chemie, Physik

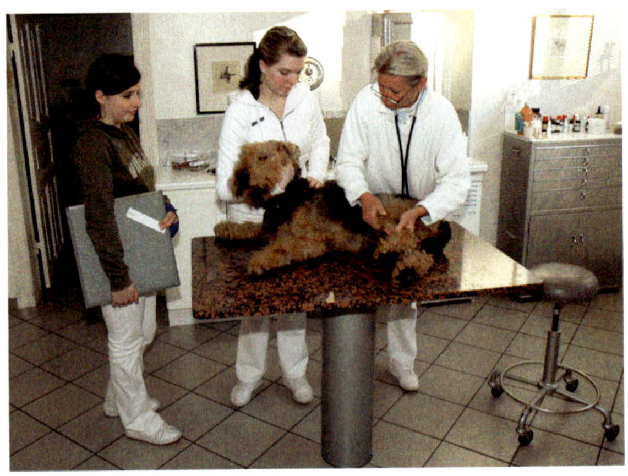

▲ ÄRZTIN: „Frau Dirks, da könnte ein Bruch sein. Bereiten Sie sofort das Röntgen vor."

FRAU DIRKS: „Ich muss erst den Kreislauf stabilisieren. Sandra, bitte reich mir schnell die Tupfer."

SANDRA: „Sofort, aber wohin mit den Röntgenplatten?"

A Aufgaben

1 Beschreibt Sandras Eindruck vom Praktikum.

2 Begründet die Bedeutung von Teamarbeit bei der Abbildung.

3 Sprecht über Arbeitsanforderungen und erwünschte Eigenschaften von Tiermedizinischen Fachangestellten. Bezieht eventuell eigene Erfahrungen in einer Tierarztpraxis mit ein.

Methode Arbeitsplatzerkundung

1 Darum geht es

Eine Arbeitsplatzerkundung gibt euch in den Betrieben Einblick in die Arbeit an einzelnen Arbeitsplätzen. Ihr lernt Berufe näher kennen und erhaltet Hinweise für euren Bildungsweg. Dabei könnt ihr Arbeitsanforderungen sowie Arbeits- und Umweltbedingungen erfahren.

2 So läuft es ab

Vorbereitung

- Ziele festlegen, klären, warum ihr welche Arbeitsplätze erkunden möchtet. Nutzt die Aspekte in dem nebenstehenden Kasten.
- Informationen zur Vorbereitung beschaffen und auswerten. Berücksichtigt: Methoden Informationen einholen – Internet nutzen sowie Auswertung von Texten.
- Betrieb auswählen (siehe Methode Betriebserkundung)
- Kontakte durch Schüler/Lehrer herstellen; Zeitrahmen, Ablauf vereinbaren, Erlaubnis für Befragung, Fotografieren ... einholen
- Schwerpunkte festlegen, Aufgaben verteilen
- Verhalten im Betrieb abstimmen
- Formen zur Gewinnung der Informationen festlegen (siehe Methode Befragung)
- übernommene Aufgaben vorbereiten, ggf. Technik organisieren (Camcorder ...)
- Genehmigungen, Versicherungsfragen klären
- Vorüberlegungen zur Auswertung anstellen (siehe Methode Gruppenarbeit)

Durchführung

- Erkundungsaufgaben erledigen, Ergebnisse aufschreiben, ggf. in Bild und Ton festhalten
- auch ungeplante Eindrücke notieren

Auswertung

- Ergebnisse in der Gruppe ordnen, aufbereiten und auswerten
- Präsentation durchführen, Ergebnisse bewerten
- Vorbereitung, Durchführung und Auswertung reflektieren (Vorüberlegungen aus der Vorbereitung nutzen, s. o.)

Erkundungsaspekte

Arbeitsaufgabe
Tätigkeit, Arbeitsmaterialien und Betriebsmittel, Arbeitsschritte

Anforderungen

Körperlich: sitzend und/oder stehend, Arbeitstempo, Körperteile, die (einseitig) belastet werden, Handgeschick

Geistig: dauernd wiederkehrende/verschiedene Tätigkeiten, schnelle/flexible Reaktionen, selbstständige Planung, Durchführung und Auswertung der Arbeit, sprachlicher bzw. schriftlicher Ausdruck, räumliches Denken, Farben unterscheiden, Sinn für Formen, Vorbildung

Sozial: Einzel-/Gruppenarbeit, Kunden-/Lieferantenkontakt, Kommunikation, Mitarbeiterführung

Umweltbedingungen
Lärm, Kälte, Hitze, Dämpfe, Feuchtigkeit, Schmutz, Arbeit im Freien/in geschlossenen Räumen, Lichtverhältnisse, Arbeits- oder Schutzkleidung, Zeitdruck, Schichtarbeit/Nachtarbeit, feste/flexible Arbeitszeit

Erwerbsarbeit im Wandel

1 Wie werden wir zukünftig arbeiten?

Die Entwicklung der Technik und der Organisation der Arbeit sowie des Bedarfs an Waren und Dienstleistungen bestimmen die Zukunft der Arbeitsplätze.

- Der Bergbau in Deutschland nimmt ab, weil insbesondere Kohle nicht wettbewerbsfähig gefördert werden kann.
- Bei abnehmender Bevölkerung und geringem Wirtschaftswachstum wird weniger gebaut.
- In der Landwirtschaft überleben größere Betriebe mit hohem Maschineneinsatz. Das kostet Arbeitsplätze.
- Im verarbeitenden Gewerbe ersetzt arbeitssparende Technik Menschenarbeit.
- Arbeitsplätze fallen weg, weil der Staat moderne Techniken einsetzt und mit weniger Geld auskommen muss.
- Im Handel kosten Selbstbedienung und der Kauf im Internet Arbeitsplätze.
- Im Bereich Verkehr (z.B. Bahn) und Nachrichten (z.B. Telefon) ersetzen moderne Techniken Arbeitsplätze.
- Im Kreditgewerbe und bei Versicherungen könnte die Arbeit etwas zunehmen. Vermehrt wird auf „Pump“ gekauft, z.B. Autoleasing.
- Dienstleistungen nehmen in allen Bereichen zu, besonders bei der Betreuung von Menschen entstehen neue Berufe.
- Tätigkeiten, die selbstständiges Handeln erfordern, nehmen zu und Hilfstätigkeiten ab. Einfache Lagerarbeiten, z.B. ausgeführt von Gabelstaplerfahrern, werden durch computergesteuerte Hochregallager ersetzt.

▸ **Leitauftrag** Findet Antworten auf die Frage der Überschrift.

▲ Die Arbeiten in diesem Hochregallager werden computergesteuert ausgeführt

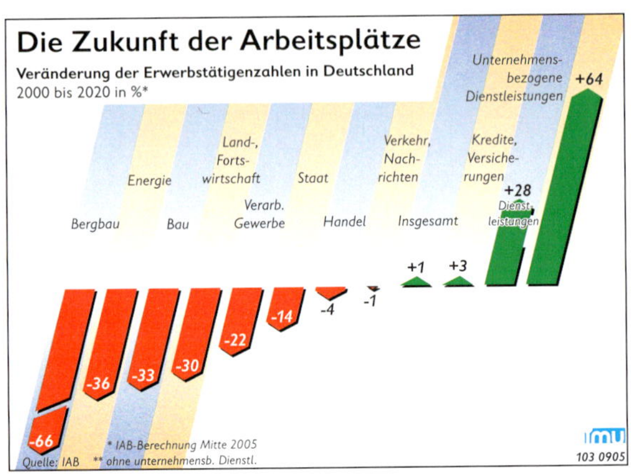

B Auf einen Blick

Ihr könnt Gründe für den Berufswechsel während des Erwerbslebens erklären.

Ihr begründet den Wandel der Berufsarbeit.

Ihr entwickelt in einer Zukunftswerkstatt eigene Vorstellungen für euer zukünftiges Leben.

2 Nach der Umschulung in die Selbstständigkeit

Maren Heise berichtet

„Ich bin 51 Jahre alt und leite seit sechs Jahren meine eigene Sozialstation MOBIL. Wir betreuen pflegebedürftige und kranke Menschen zu Hause. Wie kam es dazu?“

Ausbildung als Näherin

„Nach Abschluss der Hauptschule habe ich Näherin gelernt. Handarbeiten lagen mir. Die Arbeit in der Textilfabrik erfolgte arbeitsteilig. Tagelang nähte ich z.B. bei Hosen nur Taschen ein.“

Die Familienphase

„Mit 21 Jahren heiratete ich, bekam bald Jonas uns später Mareike. Wegen der Kinder konnte ich keine *Erwerbsarbeit* leisten. Eine Kinderkrippe gab es nicht. Als die Kinder in die Grundschule gingen, habe ich wieder halbtags in meiner alten Firma gearbeitet.

Später, die Kinder waren acht und zehn Jahre alt, wurde ich geschieden. Ich arbeitete wieder Vollzeit. Die Kinder waren erst im Hort und dann ganztags in der Gesamtschule. Ich habe mich immer weitergebildet. Weil ich gut mit Menschen umgehen konnte, wurde ich Vorarbeiterin.“

Der Wettbewerb um die Arbeitsplätze

„1990 schloss die Näherei. Die Lohnkosten waren im Ausland niedriger. Ich wurde arbeitslos. Mit dem *Arbeitslosengeld* konnte ich kaum auskommen.

Das Arbeitsamt empfahl mir eine Umschulung zur Altenpflegehelferin. Mir wurde gesagt, das sei ein Zukunftsberuf, weil die Zahl pflegebedürftiger Menschen steigt. Nach erfolgreichem Abschluss fand ich erst keine Arbeit. Ich wollte wegen der Kinder nicht umziehen. Ich hatte Aushilfsjobs beim *Discounter* an der Kasse und auch Putzstellen.“

Als Altenpflegerin angekommen

„Nach einem Jahr kam ich in einem Seniorenheim an, zuerst in Teilzeit. Auch jetzt bildete ich mich weiter. Später schloss ich noch den Beruf Altenpflegerin ab. Dafür musste ich viele Abende und Wochenenden einsetzen.

Nach Einführung der gesetzlichen →Pflegeversicherung sind Dienstleistungen im Bereich der häuslichen Pflege stärker nachgefragt. Ich entschloss mich zur Selbstständigkeit. Ich führe in meinem Betrieb fünf Mitarbeiterinnen, kontrolliere ihre Arbeit, mache Termine und erledige Abrechnungen. Auch vermittle ich bei Konflikten und werbe neue Kunden. Wir wenden neueste Erkenntnisse zur Pflege an.“

Aufgaben

1 Nennt den Grund für die erste Berufswahl und den Berufswechsel von Maren H.

2 Begründet bei Maren H. Zusammenhänge zwischen Familienarbeit, Erwerbsarbeit und beruflichen Entscheidungen.

3 Welche Bedeutung hat Weiterbildung für gute Berufsarbeit?

4 Sprecht mit euren Eltern über deren Berufsarbeit. Berücksichtigt die Inhalte dieser Aufgaben.

3 Anforderungen an die Erwerbsarbeit der Zukunft

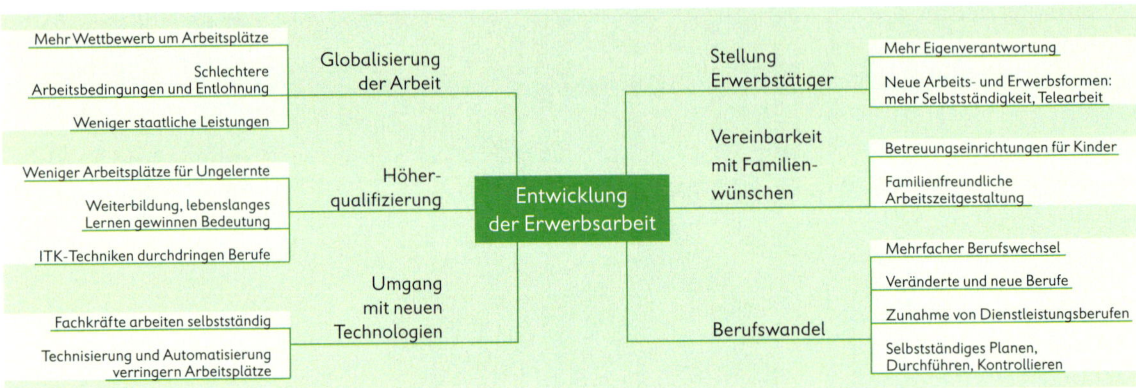

Berufswandel

Den → Beruf fürs Leben wird es nicht mehr geben. Immer schon haben *technische Entwicklungen* und die Veränderung der Arbeitsorganisation Berufe verändert. 1960 enthielten Berufsbeschreibungen z.B. für den Tischler keine Hinweise auf die Bearbeitung von Kunststoff und die Bedienung computergesteuerter Maschinen. Im Beruf wird oft selbstständiger gearbeitet .Viele müssen den Beruf wechseln, weil Arbeitsplätze wegfallen. Neue Berufe entstehen, z.B. entstand 2001 der neue Beruf „Sport- und Fitnesskaufmann/frau".

Umgang mit neuen Technologien

Bei fast allen Tätigkeiten werden Computer genutzt. Manche Routinearbeit entfällt dadurch für die Menschen. Die *Arbeitsproduktivität* steigt. Das kostet teilweise Arbeitsplätze.

Höherqualifizierung

Fachkräfte planen (im Team) ihre Arbeit, führen diese durch und werten sie aus.
Maschinen ersetzen die Arbeit Un- und Angelernter. Wer gut ausgebildet ist, findet leichter Arbeit. Er kann sich auch leichter weiterbilden.

Globalisierung der Arbeit

Fast überall können heute Güter hergestellt werden. Weltumspannende Kommunikationsmittel ermöglichen dies. Einfache Produkte lassen Unternehmen bei geringeren *Arbeitskosten* im Ausland herstellen. Arbeitnehmer in Deutschland müssen zum Erhalt ihrer Arbeitsplätze geringere Verdienste und/oder längere Arbeitszeiten hinnehmen.
Wohlstand lässt sich sichern, wenn auch zukünftig hochwertige Güter hergestellt werden können.

Stellung Erwerbstätiger

Sie müssen stärker selbst für Krankheitskosten und Alter vorsorgen. So sinken die Arbeitskosten. Viele haben keinen Dauerarbeitsplatz mehr, sondern Teiltätigkeiten auf Zeit. Bestimmte Aufgaben lagern Betriebe an → Selbstständige aus.

Vereinbarkeit mit Familienwünschen

Eltern benötigen gute Betreuungseinrichtungen für Kinder, z.B. Ganztagsschulen. Betriebe müssen bereit sein, über familienfreundliche Arbeitszeitgestaltung Erwerbstätigkeit zu fördern.

A Aufgaben

1. Sprecht mit euren Eltern über den Wandel ihrer Berufe. Fragt auch nach ihrer Weiterbildung.
2. Informiert euch über neue Berufe, z.B. Fachkraft für Kurier-, Express- und Postdienstleistungen im Internet unter www.bibb.de.
3. Wie kann Deutschland seinen Wohlstand sichern? Welche Anforderungen müssen dazu an Erwerbstätige gestellt werden?
4. Formuliert Ratschläge: Wie können Erwerbstätige in ungesicherter Stellung klar kommen?

4 Wie will ich in 20 Jahren leben?

… so lautete der Auftrag zum Auftakt des Unterrichts zur Berufsorientierung in der Klasse 8. Hier könnt ihr erfahren, wie die Schüler nach der Methode Zukunftswerkstatt ihre Aufgabe lösten.

Kritikphase

Die Schüler beschäftigen sich in frei gewählten Kleingruppen mit Erfahrungen zu Familie und Erwerbsarbeit. Sie schreiben auf, was sie am Familienleben ärgert, was ihnen Freude macht und was sie ändern möchten. Sie formulieren Sorgen, die sich auf zukünftige Erwerbsarbeit und auf das Einkommen beziehen. Ihre Antworten halten sie auf Karten fest (je eine Antwort).

Fantasiephase

Sie entwickeln ihre Utopie (Wunschvorstellung) vom guten Leben in einem Traumberuf mit hohem Einkommen, einer schönen Wohnung, Familie, einem Partner, der sie glücklich macht und der sich in die Familienarbeit einbringt.
Diese „positiven“ Gegenkarten werden auf einen großen Papierbogen geklebt. Jede Kleingruppe hängt ihren Bogen für alle sichtbar auf. Das ermöglicht Ideen für die anschließende Umsetzung der Utopien in Texte, Collagen, Bilder, Gedichte…
Die Gruppen stellen ihre Ergebnisse gegenseitig vor – eine Bewertung findet nicht statt.

Verwirklichungsphase/Auswertung

Die Ergebnisse der Fantasiephase werden mit der Wirklichkeit durch eine Leitfrage verbunden:
„Was kann ich tun, um meine Wunschvorstellungen zu verwirklichen?“
Es entstehen Einzelfragen, die sich meist um die richtige Berufswahl drehen.

Was kann ich dafür tun, einen Beruf zu ergreifen,
- der mir Freude macht, bei dem ich mit Menschen, mit Technik, mit … zu tun habe?
- der eine anspruchsvolle Ausbildung (und ein hohes Einkommen) ermöglicht?
- in dem ich mich selbstständig machen kann?
- bei dem Berufsarbeit und Familienleben befriedigend zu verbinden sind?

Die Ergebnisse werden präsentiert und unter folgenden Gesichtspunkten reflektiert:
- Traue ich mir meinen Traumberuf zu, trauen andere ihn mir zu? Ist er in meinem Interesse? Wie sehen andere das?
- Wie sollte ich den Berufswunsch verändern?
- Welche Fähigkeiten müsste ich ausbauen?
- Wie hat meine Gruppe miteinander gearbeitet?

Methode Zukunftswerkstatt

1 Darum geht es

Eine Zukunftswerkstatt will Menschen anregen, ihr zukünftiges Leben mitzugestalten. Sie sollen sich ihrer Sorgen bewusst werden, jedoch nicht nur abwarten, was kommt. Sie lernen, ihr Leben in die Hand zu nehmen.
Sie will auch Fantasie und Kreativität fördern. Es können Wege gefunden werden, Wünsche, z.B. nach einem besseren Leben, zu benennen und umzusetzen.
Diese Methode wird auch von Gruppen, z.B. Bürgerinitiativen, zur Bewältigung von gemeinsamen Problemen genutzt. Dabei geht es um die Verbesserung von Lebensmöglichkeiten für bestimmte Gruppen in der Gesellschaft.

2 So läuft es ab

Vorbereitung

Zu Beginn ist eine Problemstellung wichtig. So ließe sich z.B. der Einstieg in die Berufsorientierung mit einer Zukunftswerkstatt verbinden. Der Auftrag könnte lauten:

„Wie kann ich mein zukünftiges Leben gestalten, um glücklich zu sein?“

Als Rahmenbedingungen gelten:
- vier bis fünf Stunden Zeit
- ein großer Raum und Kleingruppenräume
- zur Dokumentation und Präsentation: DIN-A4-Papier, in Streifen zu 10 x 20 cm geschnitten; große Bögen/Rollen aus Packpapier, Scheren, Bunt- und Filzstifte, Klebstoff, Zeitschriften und Kataloge (Material für Collagen)

3 Durchführung

Die Arbeit in der Zukunftswerkstatt läuft in drei Phasen ab. Während der Kritik- und Fantasiephase kann in Kleingruppen gearbeitet werden. Die Verwirklichungs-/Auswertungsphase erfolgt im Plenum. Für das Verhalten gelten die Regeln der Methode *Gruppenarbeit*.

In der **Kritikphase** werden Missfallen am derzeitigen Zustand, Ängste, Sorgen und Ärger bewusst gemacht und festgehalten.

In der **Fantasiephase** wird die Kritik nun ins Positive gewendet. Die Lernenden äußern ein Zukunftsbild nach ihren Bedürfnissen.
Zu Beginn könnte eine Entspannungsübung stehen. Der Lehrer unterstützt mit einem gesprochenen Text und Musik die Fantasien der Schüler. Alle machen sich frei von Zweifeln, Denkblockaden und Einschränkungen. Sie fantasieren sich in eine schöne heile Welt (Utopie), in der alles möglich ist. Die geäußerten Ideen werden nicht kritisiert, auch unrealistische nicht.

In der **Verwirklichungsphase** werden für Fantasien und Utopien Wege gefunden, wird ein Zukunftsentwurf verwirklicht.

4 Auswertung

Erkenntnisse aus der Verwirklichungsphase können Auftrag für ein weiteres Projekt sein.
Die Reflexion der Zusammenarbeit in der Gruppe wird eventuell verbunden mit Vereinbarungen zu angestrebten Verhaltensänderungen.

Alles klar?

Arbeitsplätze

1 Begründet die Verbindung von Erwerbsarbeit und unbezahlter Arbeit in eurer Familie.

2 Nennt Gründe für einen Arbeitsplatzwechsel.

3 Was spricht dafür, sich nach einem Berufsabschluss fortzubilden?

4 Stellt aus den Berichten über Arbeitsplätze die Interessen der Chefs und die der Mitarbeiter gegenüber.

5 Erklärt Fähigkeiten, die bei der Arbeit mit Menschen wichtig sind.

6 Sucht ein Beispiel für einen Beruf, in dem Teamarbeit wichtig ist und begründet die Bedeutung für das Arbeitsergebnis.

7 Beschreibt den Konflikt in der Abfallbeseitigungsgesellschaft (s. Foto rechts). Sucht Lösungsmöglichkeiten.

8 Erklärt, welche Vorteile die Mitarbeiter und der Betrieb von einer familienfreundlichen Gestaltung der Arbeit haben.

Ist es nicht unfair, immer dieselben mit Rudis Leistungsschwäche zu belasten?

Das dürfen wir Rudi nicht antun. Das wäre wie ein Rausschmiss.

Die wollen Rudi nicht mehr im Team haben. Er arbeitet wirklich langsam.

Rudi ist ein guter Kollege – es kommt nicht nur darauf an, rasch Tonnen zu rollen.

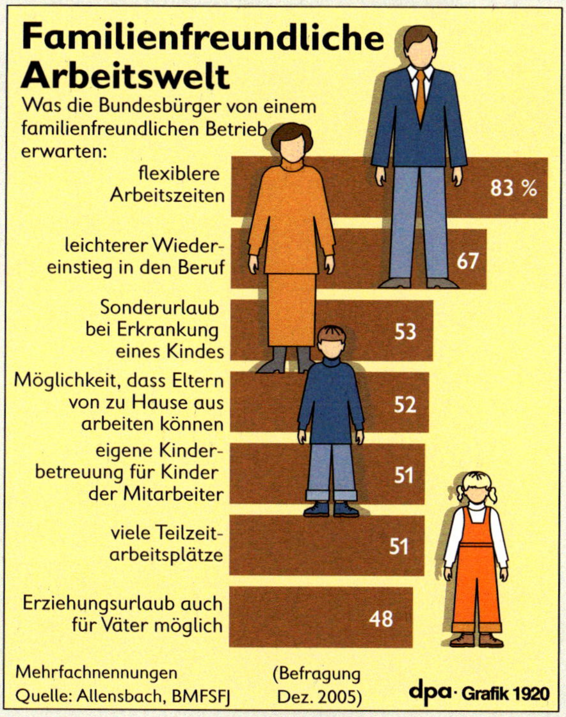

Erwerbsarbeit im Wandel

9 Erklärt Gründe für den Berufswechsel während des Erwerbslebens.

10 Nennt technische und wirtschaftliche Veränderungen, die Auswirkungen auf die Erwerbsarbeit haben.

11 Begründet, warum Arbeitsplätze in Berufen der Warenproduktion abnehmen und bei Dienstleistungsberufen zunehmen.

12 Nennt aus eurer Sicht mindestens zwei wichtige Anforderungen an die Erwerbsarbeit und begründet sie.

13 Zeigt auf, wie Arbeitnehmer sich auf neue Anforderungen vorbereiten können.

14 Erklärt den Unterschied zwischen den Begriffen Berufsarbeit und Erwerbsarbeit.

15 Was könnt ihr als Schüler tun, um euch auf zukünftige Berufsarbeit gut vorzubereiten?

Berufsorientierung – ein spannender Prozess

1 Im Labyrinth deiner Lebenschancen

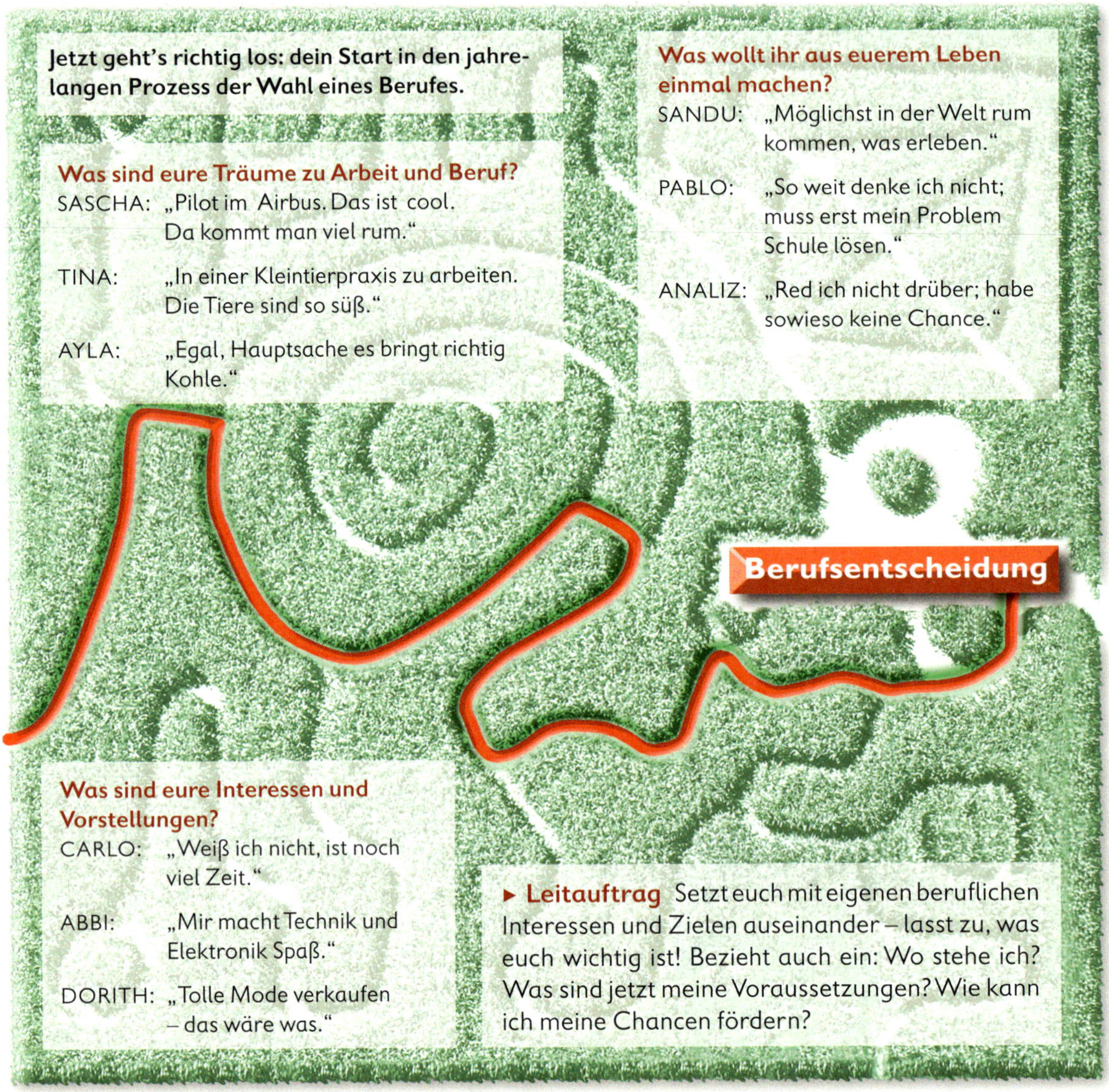

Jetzt geht's richtig los: dein Start in den jahrelangen Prozess der Wahl eines Berufes.

Was sind eure Träume zu Arbeit und Beruf?

SASCHA: „Pilot im Airbus. Das ist cool. Da kommt man viel rum."

TINA: „In einer Kleintierpraxis zu arbeiten. Die Tiere sind so süß."

AYLA: „Egal, Hauptsache es bringt richtig Kohle."

Was wollt ihr aus euerem Leben einmal machen?

SANDU: „Möglichst in der Welt rum kommen, was erleben."

PABLO: „So weit denke ich nicht; muss erst mein Problem Schule lösen."

ANALIZ: „Red ich nicht drüber; habe sowieso keine Chance."

Was sind eure Interessen und Vorstellungen?

CARLO: „Weiß ich nicht, ist noch viel Zeit."

ABBI: „Mir macht Technik und Elektronik Spaß."

DORITH: „Tolle Mode verkaufen – das wäre was."

▸ **Leitauftrag** Setzt euch mit eigenen beruflichen Interessen und Zielen auseinander – lasst zu, was euch wichtig ist! Bezieht auch ein: Wo stehe ich? Was sind jetzt meine Voraussetzungen? Wie kann ich meine Chancen fördern?

B Auf einen Blick

Ihr entwickelt Zukunftspläne und begründet sie.

Ihr beschreibt eure Interessen und Fähigkeiten und lasst diese von anderen einschätzen.

Ihr setzt euch schulische Ziele, um eure beruflichen Chancen zu verbessern.

Ihr begründet, warum gleiche Berufschancen für Mädchen und Jungen wichtig sind.

Ihr erklärt, wie euer Weg zur Wahl einer Ausbildung bzw. eines weiter führenden Schulbesuchs in den nächsten Jahren ablaufen könnte.

2 Eigenen Interessen und Fähigkeiten auf der Spur

◂ **„Hallo, ich bin MALEEN.**
In meinem ersten Schulpraktikum war ich im Restaurant POP1. Junges Team, total coole Gäste – ein paarmal durfte ich Speisen raustragen. Den Praktikumsplatz wählte ich, weil ich gern koche.
Bei POP1 habe ich aber meist vorgefertigte Produkte zubereitet, z.B. panierte Schnitzel. Ob man dort Köchin lernen sollte? Überhaupt – man muss körperlich gut drauf sein und arbeiten, wenn andere Freizeit haben."

◂ **„Ich bin ALEX.**
Ich habe gerade die Webseite aktualisiert.
Von der Klassenfahrt gibt's heiße Bilder.
Überhaupt: Computertechnik, Webdesign ..., das als Beruf wär doch was. In Kunst bin ich gut, aber in Mathe und Physik? Unser Klassenlehrer sagte: ‚Mach' den Quali' – zutrauen würde er mir das.
Und dann meine Augen ... Mutter meint: ‚Du darfst nicht dauernd vor dem Bildschirm hocken.'

A Aufgaben

1 Prüft für die Fälle oben Berufsinteressen, -fähigkeiten und -voraussetzungen.
- Was würdet ihr Maleen empfehlen?
- Was muss Alex bedenken?

2 Legt eine Tabelle mit Merkmalen zur Ausbildungsreife an (nach folgendem Muster):

Merkmale	Zuverlässigkeit	Sorgfalt
ganz	?	?
teilweise	?	?
gar nicht	?	?

Kreuzt an, wie ihr euch einschätzt. Tauscht mit dem Sitznachbarn und tragt in anderer Farbe für ihn die Einschätzung ein. Überlegt, wie ihr eure Ausbildungsreife verbessern könnt.

3 WER oder WAS hat Einfluss auf die Berufswahl?

Checkliste der eigenen Fähigkeiten

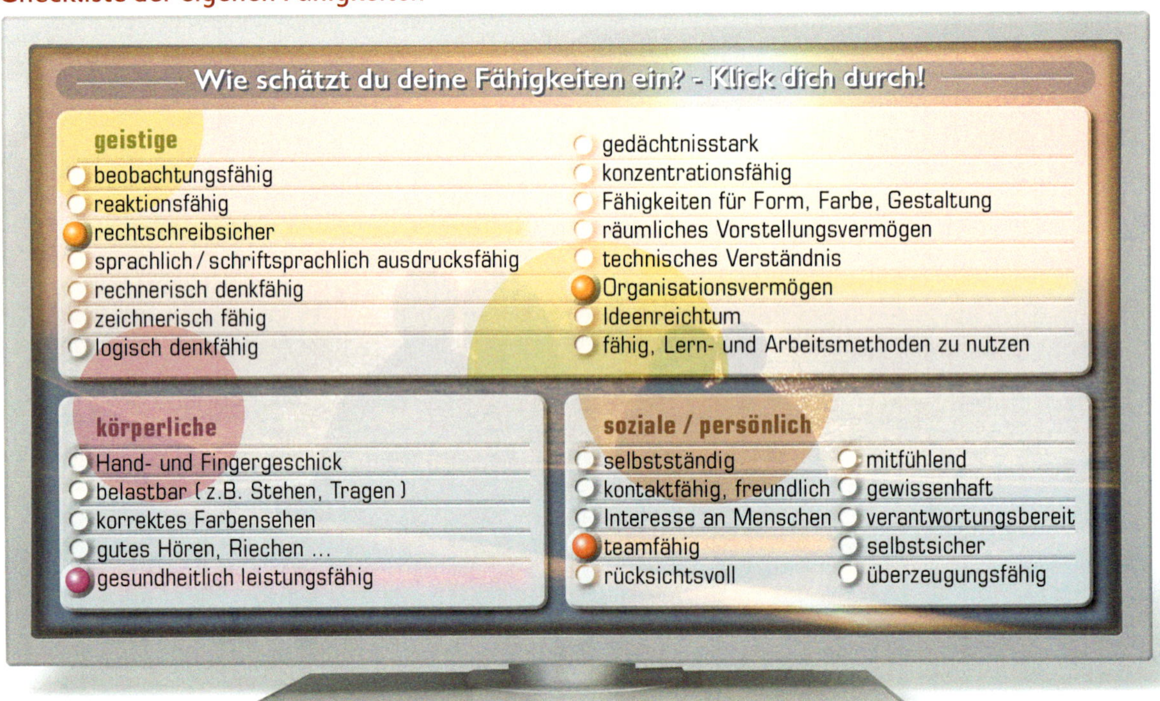

A Aufgaben

1 Prüft einen Beruf, der euch interessiert, mit der Checkliste der eigenen Fähigkeiten.

2 Vergleicht Faktoren, die auf die Berufswahl einwirken, mit dem Recht auf freie Berufswahl.

3 Befragt Schüler von Abgangsklassen zur Berufswahl. Nutzt die Methode Befragung.

4 Sprecht mit euren Eltern über deren Berufswahlentscheidungen und den Berufsverlauf.

4 WAS? WO? und WOMIT? – Die eigene Interessenlage feststellen

Es geht um die Vorbereitung deiner Lebenschancen. Überlege dir, was du willst. Setze dir Ziele. Sei aktiv dabei, dich für deine Interessen bei der Berufswahl einzusetzen.

Welche Tätigkeiten interessieren mich?

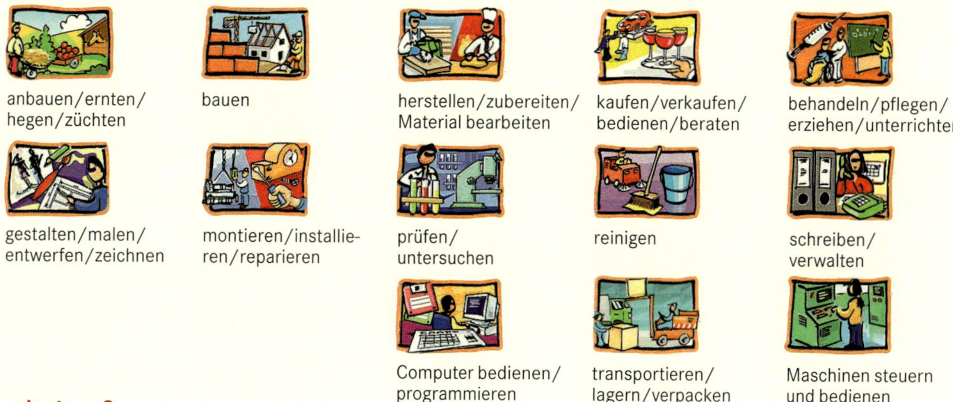

- anbauen/ernten/hegen/züchten
- bauen
- herstellen/zubereiten/Material bearbeiten
- kaufen/verkaufen/bedienen/beraten
- behandeln/pflegen/erziehen/unterrichten
- gestalten/malen/entwerfen/zeichnen
- montieren/installieren/reparieren
- prüfen/untersuchen
- reinigen
- schreiben/verwalten
- Computer bedienen/programmieren
- transportieren/lagern/verpacken
- Maschinen steuern und bedienen

Wo möchte ich arbeiten?

- Werkstatt/Fabrikhalle
- Verkaufsraum
- im Freien: Außenanlg./natürliche Umgebung
- soziale/medizinische/Bildungseinrichtung
- Labor/Prüfstation
- Fahrzeug/Transportmittel
- beim Kunden
- Büro
- Hotel/Gaststätte

Mit welchen Arbeitsmitteln/-gegenständen möchte ich arbeiten? Welche Bedeutung haben dabei Menschen?

- Baustoffe
- Chemische/synthetische Stoffe/Kunststoffe
- Elektrotechnik/Elektronik
- Fahrzeuge/Transportmittel
- Glas/Keramik/Edelsteine
- Holz/Papier
- Lebensmittel
- Mess- und Prüfgeräte
- Menschen
- Metalle
- Pläne/Entwürfe
- Regelungen/Gesetze/Vorschriften
- Technische Anlagen
- Textilien/Leder
- Tiere/Pflanzen

- Zeichen-/Schreibgeräte
- Büromaschinen/Büromaterialien
- Maschinen/Werkzeuge
- Information/Medien/Fremdsprachen

Bundesagentur für Arbeit:
MACH'S RICHTIG. Meine Interessen. Ausgabe 2005/06, Nürnberg, S. 24

Wegweiser im Labyrinth des Berufswahlprozesses

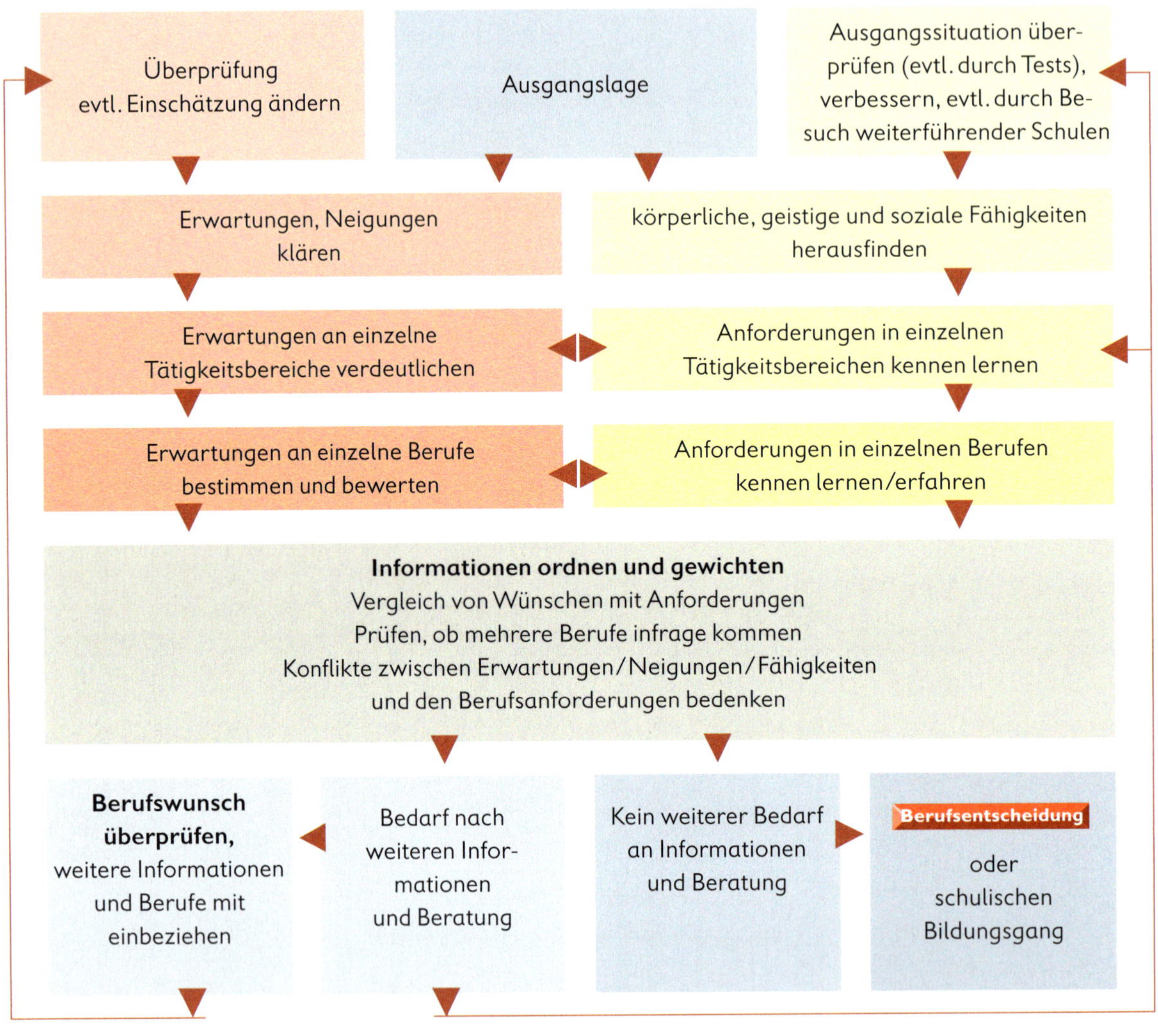

Informationen gewinnen und nutzen

Der Berufswahlunterricht hilft, Informationen zu erschließen und Entscheidungen vorzubereiten. Daneben ist viel Eigeninitiative notwendig.
Fragt dazu auch Eltern, Freunde, Auszubildende, Erwerbstätige, Lehrer.
Nutzt die Angebote von Kammern, Gewerkschaften, Wirtschaftsverbänden, Ministerien, Schulämtern.
Verfolgt, was Rundfunk, Fernsehen und Zeitungen zum Thema bringen.

Beteiligt euch aktiv an den schulischen Angeboten zur Berufsorientierung wie Betriebserkundungen und Betriebspraktika.
Entscheidend sind auch eure methodischen Fähigkeiten. Dabei helfen die Methoden:

- Texte verstehen und hinterfragen,
- Informationen gewinnen – Internet nutzen.

Eine wichtige Anlaufstelle für Information und Beratung sind das BIZ der →Bundesagentur für Arbeit und ihre Agenturen vor Ort.

Berufsinformationszentren (BIZ)

Sie bieten:

- Einführungsvorträge
- Berufsinformationsmappen
- Schriften zur Berufswahl (siehe unten)
- berufskundliche, audiovisuelle Medien und Computerprogramme www.machs-richtig.de
- eine Datenbank zur Aus- und Weiterbildung http://www.ich-will-eine-ausbildung.de
- Einzelberatung nach Anmeldung
- Klassenbesprechungen mit Berufsberatern

Nach **Bundesagentur für Arbeit:**
http://berufswahl.lernnetz.de
▶ Stichworte ▶ Informationsangebote im BIZ

Individuelle Berufsberatung

Das persönliche Gespräch mit dem Berufsberater kann die eigene Entscheidung für einen Beruf unterstützen. Er hilft, persönliche Wünsche sowie berufliche Interessen und Fähigkeiten zu klären. Falls notwendig, vermittelt er eine Eignungsuntersuchung.

Ist die Entscheidung getroffen, kann der Berufsberater bei der Vermittlung einer Ausbildungsstelle helfen. Wichtig ist:

- rechtzeitig anmelden (evtl. Wartefristen)
- Gespräch sorgfältig vorbereiten, vorher MACH'S RICHTIG durcharbeiten

Anzeigen

Viele Ausbildungsstellen werden der Arbeitsagentur nicht gemeldet. Deshalb auch in Betrieben vorsprechen und Anzeigen in Tageszeitungen und Internet verfolgen. Mehr in der Jobbörse unter www.arbeitsagentur.de
▶ Arbeit und Ausbildungssuchende oder www.ausbildungsstelle.com

Berufswahlpass zur Berufsorientierung

Damit werden

- die Angebote der Berufswahl transparent
- der eigene Weg zur Berufswahl dokumentiert Unterlagen gesammelt (siehe **M3**, S.30)

Informationsmaterial der Bundesagentur für Arbeit

Unter der folgenden Adresse findet ihr im Internet nähere Beschreibungen der Materialien
http://berufswahl.lernnetz.de
▶ Beratung ▶ Informationen
▶ Schriften und Medien

A Aufgaben

1 Setze dich damit auseinander, welche Tätigkeiten du magst, wo und womit du arbeiten willst.

Fülle eine Tabelle mit folgenden Spalten aus:

sehr wichtig	wichtig	unwichtig

2 Erstelle deinen persönlichen Berufswahlordner. Nimm dazu das Schaubild „Wegweiser im Labyrinth des Berufswahlprozesses". Die darin genannten Schritte kannst du erledigen und deine Ergebnisse im Ordner sammeln.

3 Interviewt Schüler von Abgangsklassen zu ihren Erfahrungen bei der Berufswahl.

4 Informiert euch über die Angebote der einzelnen Schriften der Arbeitsagentur. Beschafft euch wichtige und nutzt sie für eure Berufsfindung.

5 Erkundet euren Wunschberuf (Methoden Befragung, Arbeitplatzerkundung). Befragt Arbeitnehmer, die diesen Beruf ausüben.

6 Erkundet das BIZ. Bereitet euch darauf vor. Nutzt dazu die Website.

7 Prüft, ob ihr die Berufsberatung in Anspruch nehmen solltet. Bereitet euch umfassend vor.

5 Frauen- und Männerberufe: Unterscheidung noch zeitgemäß?

Mädchen und Berufswahl

Sie entscheiden sich nach wie vor meist für Frauenberufe. Technikberufe werden selten gewählt. Bei ca. 344 Ausbildungsberufen wählen 60 % der Frauen nur 10 Berufe. Jungen wählen breiter aus. Sie bevorzugen gewerblich-technische Berufe.

Mit den Informations- und Telekommunikationstechniken hat sich der Arbeitsmarkt grundlegend verändert. IT-Fachkräfte, die sich sowohl im technischen als auch im kaufmännischen Bereich auskennen, sind gesucht. Für Mädchen eröffnen sich damit neue berufliche Möglichkeiten.

Bei einer Berufswahl spielen Eltern und gesellschaftliche Einstellungen eine große Rolle. Und zwar durch das, was Erwachsene Kindern vorleben und was sie an Geschlechtsrollen vermitteln. Viele Eltern sind der Meinung, dass Mädchen in techniknahen Berufen Chancen haben, glauben aber nicht, dass das für die eigene Tochter zutrifft.

Aktionen wie der Girls'Day (www.girlsday.de) bieten die Gelegenheit, technische Berufsfelder kennen zu lernen und Informationen von Fachkräften einzuholen. Das kann Interesse für technische oder handwerkliche Tätigkeiten wecken.

Nach **Jugendhilfswerk Freiburg-Wissenschaftliches Institut**/ Michaela Frank (2005): www.multiline-net.de/index.html?inhalt=2888

Monatliche Bruttoverdienste 2007*

Facharbeiterin Metall- und Elektroindustrie (in NRW)	2459 €
Bankkauffrau	2071 €
Bürokauffrau (Groß- und Einzelhandel)	1649 €
Arzthelferin	1322 €
Friseurin	1129 €

* im 1. Jahr nach der Ausbildung

Arbeitgeberverband Gesamtmetall (2008): Jetzt kommen wir! Tipps für Mädchen zur Berufswahl. Berlin, S.15

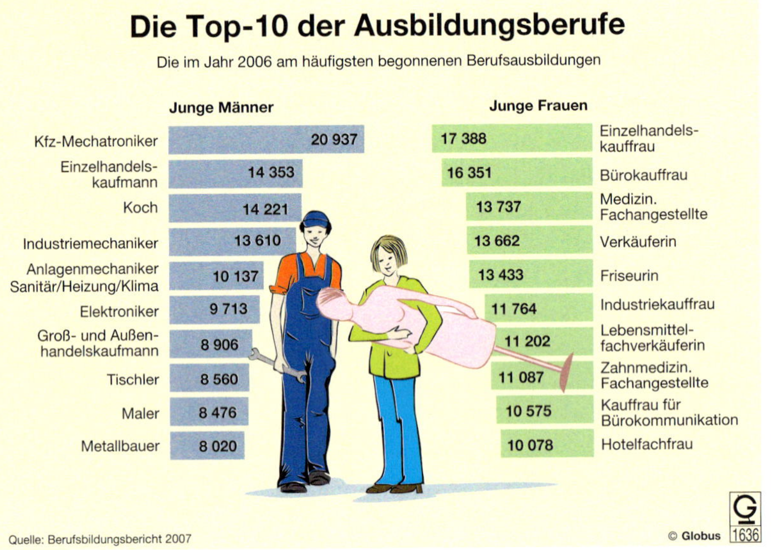

A Aufgaben

1 Sprecht darüber, dass Mädchen und Jungen ihre Wahl auf auf wenige Berufe konzentrieren.

2 Nennt Gründe für die Wahl traditioneller Frauenberufe durch Mädchen. Sprecht in eurer Klasse über erste Berufswünsche.

3 Vergleicht die Verdienste in der Tabelle. Ermittelt Verdienste in euren Wunschberufen.

4 Sprecht mit euren Eltern über Berufe, die sie euch empfehlen. Hinterfragt Begründungen.

5 Informiert euch über Möglichkeiten, „Männerberufe" näher kennen zu lernen. Nutzt die Angebote von Girls' Day und **M2**, S.29.

6 Weiterführendes Material

M1 Was Jugendlichen bei der Wahl des Arbeitsplatzes und Berufes wichtig ist

Jugendliche konnten aus 17 Vorgaben maximal fünf ihnen wichtige auswählen. Hier ausgewählte Ergebnisse:

Die Arbeit soll interessant sein und Spaß machen.	53 %
Die Arbeit soll mir Sicherheit bieten vor Arbeitslosigkeit.	49 %
Die Arbeit soll abwechslungsreich sein und vielfältige Aufgaben beinhalten.	47 %
Ich will bei der Arbeit viel Geld verdienen.	43 %
Die Arbeit soll mir Aufstiegsmöglichkeiten bieten.	40 %
Ich will bei der Arbeit meine Fähigkeiten gut zur Geltung bringen können.	31 %
Ich will bei der Arbeit stolz darauf sein können, was ich leiste.	27 %
Ich will durch die Arbeit in meinem Privatleben nicht beeinträchtigt werden.	25 %
Ich will mich bei der Arbeit persönlich weiterentwickeln können.	25 %
Die Arbeit soll mir ermöglichen, kreativ zu sein.	23 %
Die Arbeit soll von anderen anerkannt werden	19 %

13. Shell Jugendstudie: Jugend 2000 Bd. 1, Opladen 2000, S. 192

M2 Girls'Day: Gleiche Berufschancen für Mädchen und Jungen fördern

2005 erhielt die Bielefelder Gertrud-Bäumer-Schule den D 21 Girls'Day Schulpreis. Damit werden Schulen ausgezeichnet, die den Mädchen-Zukunftstag besonders erfolgreich gestalten und in die Berufswahlorientierung einbeziehen. Besonders aufgefallen ist, dass alle beteiligten Lehrkräfte an einer Fortbildung zum Thema gendergerechte (geschlechtergerechte) Berufsorientierung und Lebensplanung teilnahmen.
Die Gertrud-Bäumer-Schule setzt als „Schule der Gleichberechtigung" Maßstäbe. Die Mädchen und Jungen haben sich ihre Plätze für den Girls'Day bzw. das Schnupperpraktikum in sozialen Berufen aktiv und selbstständig gesucht. Vorbildlich ist auch die Kooperation mit außerschulischen Trägern von Mädchenprojekten, z. B. dem „Mädchentreff Bielefeld". Die Schülerinnen erhielten neben der Ermutigung zur Teilnahme auch eine unterstützende Vor- und Nachbereitung. Der nachhaltige Erfolg des Mädchen-Zukunftstags ist abhängig von der Kontaktpflege zu Betrieben/ Unternehmen.
Die Initiative D21 besteht aus 200 Mitgliedsunternehmen und -organisationen aller Branchen.

Ziel ist es, durch bessere Bildung, Qualifikation und Innovationsfähigkeit wirtschaftliches Wachstum zu fördern und zukunftsfähige Arbeitsplätze zu sichern. Alle Maßnahmen besitzen engen Bezug zu Informations- und Kommunikationstechnologien (siehe auch www.initiatived21.de).
Am Girls'Day – Mädchen-Zukunftstag – öffnen Unternehmen mit technischen Abteilungen und Ausbildungen, Hochschulen und Forschungszentren ihre Türen für Schülerinnen der Klassen 5 bis 10. In Werkstätten, Büros und Laboren können Mädchen erste Einblicke in die Praxis der Arbeitswelt gewinnen. Sie können experimentieren und programmieren, das Innenleben eines Computers entdecken, Internetseiten erstellen, Technik verstehen und selbst ausprobieren. Es werden Aktionsmaterialien für die Durchführung des Girls'Day, z. B. Informationen für Mädchen, Schu-len und Eltern, erstellt.
Die Website www.girls-day.de informiert über den Aktionstag und die Berufsorientierung in Technik, Naturwissenschaften und Handwerk.

Bundesweite Koordinierungsstelle Girls'Day – Mädchen-Zukunftstag: www.initiatived21.de/newsletter/Presseinformation.pdf#search='girls%20day

M3 Möglichkeiten mit dem Berufswahlpass

Den Berufswahlpass setzen Schulen ein, die ihre Schüler mithilfe schulischer und außerschulischer Angebote auf die Arbeitswelt vorbereiten. Die Schüler arbeiten mit ihrem Berufswahlpass selbstständig und eigenverantwortlich. Sie dokumentieren ihre Schritte zur Berufswahlentscheidung und zu erworbenen Fähigkeiten. Der Berufswahlpass erleichtert es Eltern, Betrieben, Berufsberatern und Lehrkräften, diesen Prozess zu begleiten.

Was gehört zum Berufswahlpass?

Teil 1 Angebote zur Berufsorientierung

Hier stellt die Schule ihr Schulprogramm zur Berufsorientierung vor. Schülerinnen und Schüler, Eltern, Ausbildungs- oder Praktikumsbetriebe und die Berufsberatung können sich über die Angebote im Rahmen der Berufsorientierung und über die Kooperationspartner informieren.

Teil 2 Mein Weg zur Berufswahl

Die Schüler beschreiten den Weg zu einer überlegten und nachvollziehbaren Berufsentscheidung. Der Abschnitt gliedert sich in die Teilschritte:

- Analyse der Stärken, Interessen und Ziele
- Planung der Lernschritte zum Ziel
- Planung des Übergangs in den Beruf, das Arbeitsleben oder weitere schulische Bildung

Die einzelnen Schritte können von den Jugendlichen, den Lehrkräften, den Eltern und der Berufsberatung regelmäßig geprüft werden.

Teil 3 Dokumentation des eigenen Bildungsganges

Die Schüler sammeln Bescheinigungen und Dokumente, die für ihre berufliche Zukunft wichtig sein können, z.B. für eine Bewerbung.

Teil 4 Lebensordner

Dieser Abschnitt dient zur Lebensplanung mit Dokumenten und Unterlagen, z.B. zur Wohnungssuche, zum Umgang mit Geld, mit Ämtern.

Der Berufswahlpass in der Praxis

Der Berufswahlpass erfordert das andauernde Engagement aller Beteiligten. Eltern, Lehrkräfte, Berufsberater und Betriebe, die Betriebspraktika durchführen, nutzen den Pass, um die Schüler auf ihrem Weg in die berufliche Zukunft zu begleiten und Zwischenergebnisse festzuhalten. Der Berufswahlpass unterstützt das Gespräch zwischen Lehrkräften und Eltern. Praktikumsbetriebe greifen auf den Pass zurück, um sich ein Bild von den Schülern zu machen und die von den Praktikanten erbrachten Leistungen zu bestätigen. Schließlich können Schüler den Berufswahlpass gezielt bei ihrer Bewerbung um einen Ausbildungsplatz verwenden.

Die Jugendlichen lernen, selbstständig und eigenverantwortlich zu handeln, indem sie ihren Lernprozess dokumentieren. Die Lernschritte können von allen Beteiligten geprüft werden. „Meilensteine" (das nächste Ziel) können gesetzt werden.

Zusätzliche Materialien, die von den Schulen individuell verändert oder ergänzt werden können, sind zu finden auf einer CD und im Internet unter www.berufswahlpass.de. ▸ Materialsammlung zum Berufswahlpass ▸ zu den Materialien;
zu kombinieren mit MACH'S RICHTIG:
www.berufswahlpass.de/pdf/MR-Sonderheft_280503.pdf

Arbeiten mit den Materialien

Zu **M1** Trefft für euch selbst Entscheidungen aus den Vorgaben der Befragung. Begründet diese.

Zu **M2** Nennt Gründe für die Verleihung des Preises. Welche Maßnahmen gibt es in eurer Schule? Nutzt das Internet zur Vertiefung.

Zu **M3** Sprecht über das Programm des Berufswahlpasses. Gewinnt mithilfe des Internets einen Einblick in die Materialsammlung. Prüft, ob ihr einen Ordner für euer Profil und die Aktivitäten anlegt.

Methode Informationen gewinnen – Internet nutzen

1 Darum geht es

Manche Daten in diesem Schulbuch sind bereits bei Erscheinen veraltet. Andere Informationen benötigt ihr, die hier nicht behandelt werden. Informationen findet ihr in Lexika und Fachbüchern, in der Presse, dem Rundfunk und dem Fernsehen. Fachleute (Experten), Behörden, statistische Ämter, Verbände und Unternehmen bieten eine Fülle von Informationen an.

Das Internet ist eine Quelle von aktuellen und leicht zugänglichen Informationen. Wer hier erfolgreich finden will, muss Routine beim Surfen haben. Wer schon die Internet-Adresse kennt, kommt schnell zum Ergebnis. Nützliche Adressen findet ihr auf dem hinteren Klappendeckel des Buches.
Wer nach Themen oder Begriffen sucht, nutzt Suchmaschinen. Wie das geht, lernt ihr hier:

2 So läuft es ab

Planung
Vereinbart in der Klasse, welche Informationen ihr benötigt. Untergliedert in Teilaufgaben. Bestimmt, wer was bis wann erarbeitet.

Wählt die Informationsquellen, die ihr nutzen möchtet. Bezieht das Internet ein. Überprüft, was in eurer Schule möglich ist.

Legt fest, wie die Informationen dargestellt und der Klasse vorgestellt werden sollen.

Auswertung und Präsentation
Bedenkt dazu Folgendes:
Welche der Informationen werden gebraucht? Wie lässt sich aus der Fülle auswählen? Kann die Suche genauer eingegrenzt werden?

Welche digitalen Informationen sollen wo gespeichert werden (Festplatte, USB-Stick ...)?

Welchen Medien stehen für die Präsentation bereit (z.B. Beamer und Präsentationsprogramm, Tageslichtprojektor)?

Eure Arbeit solltet ihr gemeinsam auswerten (siehe Hinweise zur Methode Gruppenarbeit). Reflektiert dazu folgende Fragen:
- Wobei traten Schwierigkeiten auf, z.B. Finden treffsicherer Suchbegriffe, Auswahl von Suchergebnissen? Was sollte noch geübt werden?
- Wie wirkt sich unterschiedliches Vorwissen aus? Welche Unterschiede zwischen Jungen und Mädchen gab es? Wie habt ihr euch unterstützt? Wann lohnt das Internet zur Suche?

3 Ein Beispiel zur Nutzung von Suchmaschinen

Die Klasse 8b hat einen Suchauftrag im Internet:
„Wunschberufe erkunden“
Kleingruppen sollen notwendige Fähigkeiten für je einen Beruf herausfinden und Anforderungen zusammenstellen.
Die Gruppe nutzt die Suchmaschine GOOGLE.
Es wird nach einem **Suchbegriff** gefragt.
Das Grundwissen aus der durchgeführten *Arbeitsplatzerkundung* hilft, treffende Suchbegriffe zu bestimmen.
Sie starten mit dem Suchbegriff **Berufswahl**.
Ergebnis: 1 560 000 Nennungen.
Klar, dass nicht alle gesichtet werden können. GOOGLE ist eine Suchmaschine, die die Treffer nach Bedeutung ordnet. Die Schüler klicken einen der ersten Treffer an:
www.berufswahl.lernnetz.de

Die Seite **Infos zur Berufswahl** öffnet sich. Jetzt wird der folgende Pfad verfolgt:
▸Viele Fragen ▸Wie finde ich den passenden Beruf? ▸Berufe, Studiengänge kennenlernen
Von dieser Seite kann jeder Ausbildungsberuf, z.B. **Bäcker,** als Suchbegriff eingegeben werden.

Methode Texte verstehen und hinterfragen

So läuft es ab

Leitfragen	Aktivitäten
1 Vorüberlegungen	
Warum ziehe ich gerade diese Information heran?	Gründe klären, z. B. wegen des Verfassers evtl. zusätzliche Quellen suchen
2 Erstes Lesen	
Was erfahre ich?	Inhalt aus Überschriften erfassen Verfasser, Ort und Jahr suchen evtl. Anlass der Veröffentlichung finden
Welche Erwartungen habe ich an die Informationen?	W-Fragen notieren: Wer? Wo? Wann? Was? Wie? Warum? An wen? Auf Überschriften achten, klären, worum es geht.
3 Wiedergeben	
Was steht in der Information zu meinen Fragen?	Lesen, dabei an Fragen denken, Wichtiges hervorheben (bei einer Kopie; nicht ins Schulbuch schreiben!) Nach Abschnitt Pause machen, Gelesenes erinnern, damit es sich einprägt
Was verstehe ich nicht?	Unbekannte Begriffe z. B. mit Lexikon klären
4 Untersuchen	
Wie ist die Information gegliedert?	Aufbau erkennen, evtl. Überschriften für Abschnitte finden
Welche Schwerpunkte enthält diese?	Wichtige Aussagen aufschreiben
In welchem Zusammenhang steht die Information?	Art des Textes (Sachtext von Schulbuchautoren, aus anderer Quelle, Zeitungskommentar …)
Welche Aussagen zum sachlichen Inhalt sind enthalten? Wo werden Bewertungen deutlich?	Aussagen mit Textstellen belegen; Bewertungen können mit „gut“, „schlecht“, „wenig“, „viel“ verbunden sein. Auf Übertreibungen, Verzerrungen, Einseitigkeiten achten.
Welche Interessen verfolgt der Verfasser? Wird (einseitig) Partei genommen?	Absichten und Verhaltensziele klären
Welche Gefühle werden hervorgerufen?	Eigene Gefühle beschreiben
5 Bewerten	
Warum ist die Information richtig/falsch, (un-)vollständig bzw. aktuell veraltet?	Mit eigenem Vorwissen überprüfen, evtl. weitere Quelle heranziehen, z. B. Lexika, Internet
Was macht den Text schlüssig/nicht nachvollziebar?	Begründungen überprüfen, Widersprüche, Vorurteile benennen; Beeinflussung durch sprachliche Form bzw. Inhalt untersuchen
Wie stehe ich zu den Aussagen?	Schlussfolgerungen ziehen, Standpunkt finden und begründen

Methode Betriebspraktikum

1 Darum geht es

Ihr seid schon Schritte zur Vorbereitung der Berufswahl gegangen. Evtl. konntet ihr bereits einen Betrieb und/oder einen Arbeitsplatz erkunden und Eindrücke in der Arbeitswelt sammeln.
Das Betriebspraktikum soll euch vertiefte Einblicke in mindestens einen Beruf ermöglichen. Das kann z.B. im Einzelhandel, in der Industrie, im Handwerk oder im Pflegebereich sein. Ihr

- erfahrt, was es heißt, über mehrere Wochen an einem Arbeitsplatz mitzuarbeiten und die Arbeitsanforderungen zu erfüllen.
- erlebt das Gefühl, eine Arbeit gut zu schaffen oder auch stark gefordert zu werden.
- habt Freude an der Arbeit, empfindet evtl. auch Anspannung und Widerstände.
- lernt die Bedeutung von „Arbeitstugenden" wie Pünktlichkeit und Pflichterfüllung kennen.

Habt ihr bereits einen Berufswunsch und euch schon über diesen Beruf informiert? Vielleicht könnt ihr einen entsprechenden Praktikumsplatz erhalten und feststellen, ob der Beruf für euch geeignet ist. Ihr vergleicht dabei eure Erwartungen und Fähigkeiten mit den Anforderungen.
Aber die Vorbereitung der Berufswahl ist nur ein Ziel des Praktikums.

Wichtig ist ebenso, die Organisation und Zusammenarbeit in einem Betrieb zu durchschauen. Ihr könnt dann Anforderungen in unterschiedlichen beruflichen Situationen kennen lernen.
Aus dieser Sicht kann ein Blick auf

- die Gestaltung der Arbeitsbedingungen,
- die Regelungen zum Umweltschutz,
- den Arbeitsschutz und
- die Vertretung von Arbeitnehmerinteressen durch den Betriebsrat

möglich werden.
Auch könnte die Stellung des Betriebs in der Region mit Beziehungen zu Kunden und Lieferanten eine Rolle spielen.
Damit gewinnt ihr einen Einblick in technische, ökologische, soziale und wirtschaftliche Strukturen der Arbeitswelt.
Auch solltet ihr eure Geschlechterrolle bedenken: Wie erlebt ihr Männer/Frauen bei der Arbeit?

In einem noch nicht vertrauten Lebensbereich könnt ihr während des Praktikums auch selbstständiger bei der Beschaffung von Informationen werden. Verbindet dies mit der Durchführung von Befragungen und Beobachtungen, deren Dokumentation und Auswertung.

2 So läuft es ab

Vorbereitung

Beginnt mit folgenden Aktivitäten:

- Persönliche Erwartungen an das Praktikum austauschen und untereinander vergleichen
- Ziele aus der Sicht des Faches Arbeitslehre und der Wirtschaft erörtern, auf euch beziehen und schriftlich festhalten
- Praktikumswünsche zusammenstellen

Bewerbt euch um einen Praktikumsplatz:

- Anforderungen an Lernmöglichkeiten im Betrieb zusammenstellen
- Termine und Organisatorisches klären
- Beziehungen von Mitschülern und Eltern zur Suche eines Praktikumsplatzes nutzen, evtl. Schulkartei zu Betrieben nutzen; Internet einbeziehen, z.B. www.handwerk-nrw.de ▸ Berufswahl ▸ Praktikumsbörse; www.ihk-lehrstellenboerse.de
- Formen der Kontaktaufnahme zum Betrieb überlegen; Unterstützung durch die Schule klären (Merkblatt für Betriebe vorhanden?)

Stellt euch im Betrieb vor:

- Vorstellungsgespräch im Betrieb mit der Methode Rollenspiel einüben. Zu Fragen, die evtl. gestellt werden, siehe **M1**, S.37

Bereitet die Praktikumszeit inhaltlich vor:

- Fragestellungen für Erkundungsschwerpunkte im Praktikum (siehe auch S.35, 36) erarbeiten
- Formen der Gewinnung und Auswertung von Informationen im Betrieb berücksichtigen. Dafür insbesondere die Methoden Betriebs- und Arbeitsplatzerkundung sowie Befragung nutzen. Falls nötig, Arbeitstechniken wiederholen, z.B. Protokoll einer Befragung erstellen
- Gesichtspunkte für Tagesberichte zur Arbeit, zum Arbeitsablauf zusammenstellen (Kooperation mit dem Fach Deutsch)
- Vorüberlegungen zu Schwerpunkten des Praktikumsberichts treffen (siehe **M5**, S.39). Dabei eure Interessen berücksichtigen
- Zeitungsberichte über den Betrieb sammeln
- Dokumentation der Informationen vorüberlegen, z. B. planen, Fotos und Video zu erstellen, Material- und Arbeitsproben in Absprache mit dem Betrieb einzubeziehen
- Präsentation der Ergebnisse des Praktikums für Eltern, Mitschüler planen (z.B. Wandzeitung zum Praktikumsplatz, zum Ablauf der Arbeit und zur Aufbauorganisation des Betriebs)
- Angemessenes Verhalten im Praktikum besprechen (siehe **M2**, S.37), Verhalten z.B. bei Konflikten mit betrieblichen Betreuern/Betriebsangehörigen klären.
- Rechtliche Regelungen, Arbeits- und Unfallschutz beachten (siehe S.36; **M3**, **M4**, S. 38)
- Eltern über Zeitrahmen und Ziele des Praktikums informieren
- Treffen in der Schule, Termine für Lehrerbesuche und Abgabetermin für den Praktikumsbericht vereinbaren
- Fahrgelegenheit/Fahrtkosten klären

Durchführung

- Einführung in den Betrieb erbitten; Überblick über Betriebsbereiche gewinnen; Praktikumsplan des Betriebs besprechen; die Unterstützung eines betrieblichen Betreuers/Vorgesetzten nutzen. Er ist weisungsberechtigt.
- übertragene Aufgaben bearbeiten
- an Treffen in der Schule teilnehmen
- Abschlussgespräch mit Betreuer und Lehrkraft durchführen
- Praktikumsbericht termingerecht anfertigen (siehe **M5**, S.39)
- Praktikum vom Betrieb bescheinigen lassen

Auswertung

- Erfahrungen mithilfe des erstellten Anschauungsmaterials präsentieren und Ergebnisse reflektieren (siehe **M6**, S.39), evtl. den Bericht ergänzen und nach Durchsicht mit dem Lehrer besprechen
- Überlegen, welche Bedeutung das Praktikum für die Berufswahl/für das Lernen in der Schule hat

Durchgeblickt im Betriebspraktikum

1 Der Betriebsrat vertritt Arbeitnehmerinteressen

Mitbestimmung am Arbeitsplatz – Rechte der Arbeitnehmervertretung

Die Mitbestimmung am Arbeitsplatz ist im **Betriebsverfassungsgesetz** geregelt. Die Arbeitnehmer können als ihre Vertreter einen **Betriebsrat** wählen. Die Anzahl der Mitglieder hängt von der Zahl der Beschäftigten ab. Betriebsräte dürfen wegen ihrer Tätigkeit nicht benachteiligt werden.

Das Recht auf Mitbestimmung

Der Betriebsrat hat bei einigen Maßnahmen des Arbeitgebers Mitbestimmungsrechte, insbesondere bei Arbeitszeit und Entlohnung (§ 87):

- Fragen der Ordnung im Betrieb und des Verhaltens der Arbeitnehmer
- Festlegung der täglichen Arbeitszeit und der Pausen und Verteilung auf Wochentage
- Fragen der betrieblichen Lohngestaltung (Entlohnungsgrundsätze, -methoden)
- Festlegung von Leistungslohn (insbes. Akkord- und Prämiensätze)
- Grundsätze für *Gruppenarbeit*

Weitere Mitbestimmungsrechte beziehen sich u.a. auf Regelungen bei Versetzung und Einstellung (§ 95) und Grundsätze für Beurteilungen (§ 94). Eine Maßnahme des Arbeitgebers ist nur dann rechtsgültig, wenn der Betriebsrat zugestimmt oder eine Einigungsstelle entschieden hat. Diese kann bei Konflikten einberufen werden.

Das Recht auf Mitwirkung

Bei manchen Maßnahmen des Arbeitgebers gibt es Mitwirkungsrechte. Er muss den Betriebsrat unterrichten bzw. sich mit ihm beraten, z.B. bei

- Fragen des Arbeitsschutzes (§ 89)
- baulichen Veränderungen, Arbeitsverfahren und -abläufen, Arbeitsplatzänderungen (§ 90)
- Berufsbildungsfragen (§ 96), Fortbildung
- wirtschaftlichen Fragen, Absatzlage

Die Jugend- und Auszubildendenvertretung

Neben dem Betriebsrat kann eine Jugend- und Auszubildendenvertretung (§ 60) gewählt werden, wenn im Betrieb mindestens fünf Jugendliche unter 18 Jahren oder in Ausbildung sind. Diese hat folgende Rechte (§§ 67, 70, 71, 98):

- Teilnahme an Betriebsratssitzungen und Stimmrecht bei Belangen Jugendlicher/Auszubildender
- Aufgaben:
  1. Fragen der Berufsausbildung und betrieblicher Bildungsmaßnahmen
  2. Einhaltung der Gesetze, z.B. Arbeits- und Unfallschutz (siehe S.36; M4, S.38), und von Tarifverträgen
  3. Vertretung der Anliegen der Gewählten zusammen mit dem Betriebsrat
  4. Durchführung von Jugend- und Auszubildendenversammlungen

A Aufgaben

1 Stellt fest, ob es in eurem Praktikumsbetrieb einen Betriebsrat und eine Jugend- und Auszubildendenvertretung gibt. Erkundigt euch zu deren Arbeit. Befragt auch Arbeitnehmer. Mehr zum Betriebsverfassungsgesetz unter www.bmas.de ▸ Arbeitsrecht ▸ Gesetze

2 Befragt Eltern und Bekannte, ob es in ihrem Betrieb einen Betriebsrat gibt. Lasst euch von Fällen aus dessen Arbeit berichten. Wenn es keinen Betriebsrat gibt, erfragt die Gründe.

2 Arbeitsbelastungen und Arbeitsschutz im Betrieb

Arbeit birgt Unfallgefahren und Gesundheitsrisiken. In Betrieben arbeiten die Menschen teilweise mit gefährlichen Stoffen, von denen keine Umweltrisiken ausgehen dürfen. Sie bedienen Maschinen und Geräte, die sicher sein müssen. Die Arbeit ist menschengerecht zu gestalten, Arbeitsschutz muss Schäden vorbeugen. Dazu hat der Staat Gesetze und Verordnungen erlassen.

Das **Arbeitssicherheitsgesetz** verpflichtet Betriebe zum Arbeitsschutz im Betrieb, z.B. dazu, Fachkräfte zu beschäftigen, die sichern, dass Regelungen angewandt werden. Staatliche Ämter kontrollieren die Einhaltung, z.B. das Gewerbeaufsichtsamt. Für bestimmte Branchen legen die →Berufsgenossenschaften Unfallschutzvorschriften fest.

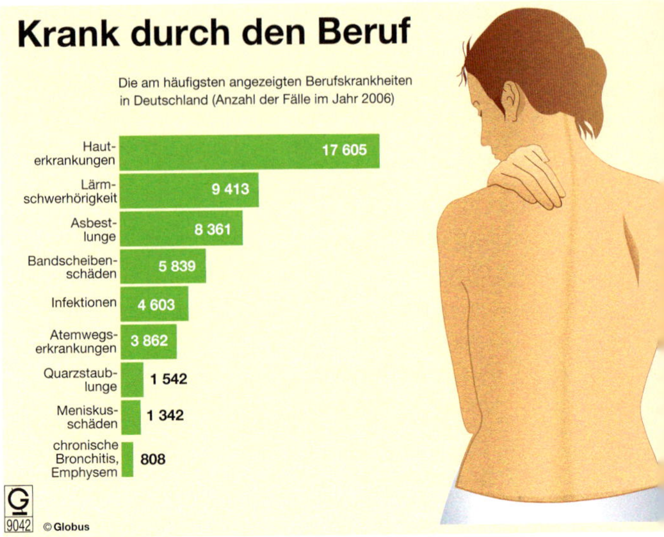

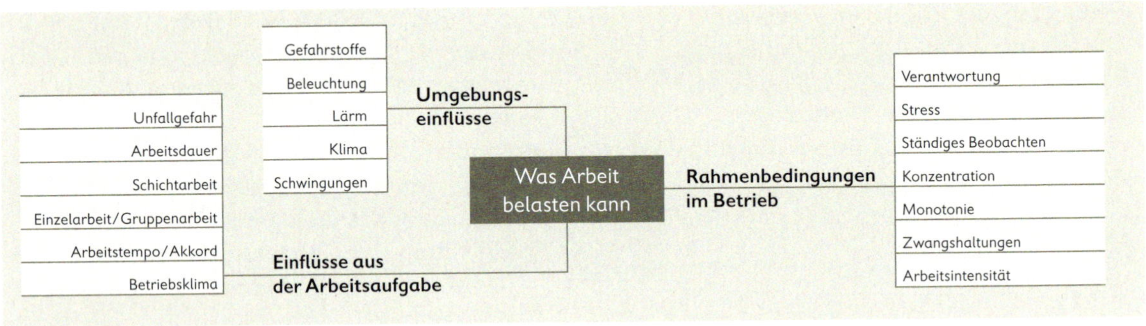

Sozialer Arbeitsschutz

Dazu gehören z.B. Gesetze, die

- Jugendliche bei der Arbeit vor Überforderung schützen (Jugendarbeitsschutzgesetz),
- Arbeitszeit regeln,
- bestimmte Gruppen wie Mütter und Menschen mit Behinderungen schützen.

Technischer Arbeitsschutz

Maschinen und Arbeitsmittel sind laut **Gerätesicherheitsgesetz** so zu produzieren, dass Gefahren für Menschen vermieden werden.

Nach der **Arbeitsstättenverordnung** sind Räume z.B. gegen Gase und Dämpfe zu schützen und darf Lärm nur bestimmte Grenzen erreichen.

Die **Bildschirmarbeitsverordnung** regelt u.a., dass Computerbildschirme augenschonend sein müssen.

Grundgesetz, Art. 2 (2)
Jeder hat das Recht auf Leben und körperliche Unversehrtheit.

Körperliche, geistige und seelische Gesundheit

Arbeitsbedingungen – Arbeitsplatzgestaltung – Umweltschutz

A Aufgaben

1. Warum ist Arbeitsschutz wichtig?
2. Welche Bedeutung haben Gesetze und Verordnungen zum Arbeitsschutz? Gesetze unter: www.bmas.de ▸ Arbeitsschutz ▸ Gesetze
3. Nennt Aufgaben des Betriebsrates beim Arbeitsschutz.

3 Weiterführendes Material

M1 Fragen im Vorstellungsgespräch für das Betriebspraktikum

Aus Sicht des Betriebes

- Erzähle was von dir. Was machst du in der Freizeit? Wofür interessierst du dich?
- Wie bist du auf unseren Betrieb gekommen? Was weißt du über den Betrieb?
- Was weißt du schon über den Beruf, welche Vor- und Nachteile hat dieser?
- Welche Arbeiten möchtest du während des Praktikums ausführen?
- Darfst du irgendwelche Arbeiten aus körperlichen Gründen nicht ausführen?
- Welche Schulfächer fallen dir am leichtesten/schwersten und warum?

Aus Sicht des Bewerbers

- Welche Erwartungen an mein Aussehen werden gestellt (Körperpflege, Haartracht, Kleidung)?
- Welche Arbeitskleidung ist notwendig, wird diese gestellt?
- Wo kann ich mittags essen?
- Wann, wo und bei wem finde ich mich beim ersten Praktikumstag ein? Welche Arbeitszeit habe ich?
- Wer ist mein Ansprechpartner?
- Was habe ich zur Schweigepflicht zu beachten?
- Wie verhalte ich mich, wenn ich einen Fehler gemacht habe?
- Wem kann ich mich anvertrauen, wenn ich mit einem Arbeitnehmer nicht zurechtkomme?

M2 Verhaltensregeln im Betriebspraktikum

1. Du erfüllst sinnvolle Aufgaben in einem Betrieb. Von dir werden Pünktlichkeit, Ordnung und Sauberkeit am Arbeitsplatz erwartet.
2. Du erwartest zu Recht, dass du höflich behandelt wirst. Also solltest auch du höflich sein.
3. Betriebe haben eine Betriebsordnung. Lies dir diese bitte genau durch und halte dich daran.
4. Pausen im Betrieb dienen der Erholung und jeder sollte sich so verhalten, dass er niemand anderen stört.
5. Unfallschutz und Sicherheit sind oberstes Gebot am Arbeitsplatz. Beachte die Schutzbestimmungen und befolge die Anweisungen.
6. Wenn du etwas nicht verstanden hast, solltest du nachfragen. Wenn du im Betrieb vernünftig fragst, bekommst du auch eine Antwort.
7. Behandle die dir anvertrauten Gegenstände und Werkzeuge sorgfältig. Lasse dir den Umgang damit genau erklären.
8. Achte auf die Anweisungen, die man dir gegeben hat. Mutwillig zerstörte Gegenstände Geräte und Maschinen musst du bezahlen.
9. Plaudere Betriebsgeheimnisse nicht aus. Sprich nicht mit anderen über Dinge, die dir vertraulich mitgeteilt worden sind.
10. Wenn du dich ungerecht behandelt fühlst, sprich offen mit dem Anleiter. In dringenden Fällen rufe deinen Betreuungslehrer an.
11. Während des Praktikums erhältst du Besuch von deinem Betreuungslehrer. Erinnere deinen Anleiter am Tag vorher an den Besuch, damit er/sie die Zeit für das Gespräch einplanen kann.
12. Falls du aus triftigen Gründen, z.B. Krankheit, fehlst, musst du sofort den Betrieb und die Schule benachrichtigen.

Westdeutscher Handwerkskammertag (Hrsg.): Leitfaden für Lehrerinnen und Lehrer. Gestaltung und Durchführung von Praktika im Handwerk. Düsseldorf o.J., S. 24
http://www.handwerk-nrw.de ▸ Berufswahl ▸ Informationsmaterial

M3 Rechtliche Regelungen für das Schülerbetriebspraktikum

Für Schulen gelten neben dem Jugendarbeitsschutzgesetz und der Kinderarbeitsschutzverordnung folgende Regelungen:

1 Das Schülerbetriebspraktikum ist eine Schulveranstaltung. Es besteht Versicherungsschutz.

2 Unfälle während des Praktikums/auf dem Weg zwischen Praktikumsstelle und Wohnung deckt die Unfallversicherung der Schule ab.

3 Die tägliche Beschäftigungszeit beträgt 7 Stunden. Dabei geht es um die reine Arbeitszeit. Pausen sind noch nicht eingerechnet.

4 Praktikanten (P.) dürfen höchstens $4\frac{1}{2}$ Stunden ohne Ruhepause arbeiten. Arbeiten sie über $4\frac{1}{2}$/6 Stunden, dann steht ihnen eine Ruhezeit von 30/60 Minuten zu.

5 Normalerweise gilt, dass P. nur zwischen 6:00 Uhr und 20:00 Uhr arbeiten dürfen. Ausnahmen sind für P. über 16 Jahre z. B. Gaststätten, mehrschichtige Betriebe, Landwirtschaft, Bäckereien.

6 P. arbeiten 5 Tage pro Woche. Grundsätzlich ist Samstags- und Sonntagsarbeit verboten. Das gilt für gesetzliche Feiertage (§ 17 Jugendarbeitsschutzgesetz). Ausnahmen gelten für einzelne Branchen, z. B. Pflegeheime.

7 P. dürfen nur mit leichten und für sie geeigneten Arbeiten beschäftigt werden, die sie nicht körperlich oder seelisch belasten, z. B. Arbeit mit schweren Lasten, gefährlichen oder giftigen Stoffen sowie Akkordarbeit.

9 Vor Beginn des Praktikums ist eine Unterweisung zum Unfall- und Gesundheitsschutz erforderlich.

10 Es muss immer eine erwachsene, fachkundige Person die Arbeit beaufsichtigen.

11 P. müssen die Schweigepflicht beachten.

M4 Unfallschutz im Betriebspraktikum

Warnzeichen (schwarz/gelb)

Warnung vor gefährlicher elektrischer Spannung

Warnung vor radioaktiven Stoffen

Gebotszeichen (blau)

Gehörschutz tragen

Schutzschuhe tragen

Verbotszeichen (schwarz/rot)

Feuer, offenes Licht und Rauchen verboten

Rauchen verboten

Für bestimmte Wirtschaftsbereiche gelten spezielle Regelungen, z. B. Elektrowerkstätten. Mehr dazu unter www.arbeitsschutz.nrw.de ▸ Suche ▸ Schülerbetriebspraktikum

1. Lass dich über Gefahren am Arbeitsplatz … unterweisen (Notschalter).
2. Trage zweckmäßige Kleidung. An Maschinen muss sie eng anliegen.
3. Uhren, Schals, Schmuckstücke dürfen nicht getragen werden, wenn sie zur Gefahr werden können (z. B. hängen zu bleiben).
4. Lange Haare können eine Gefahr sein. Sichere sie durch Kappe, Band oder Knoten.
5. Informiere dich über die betrieblichen Unfallverhütungsvorschriften.
6. Nimm jeden Tipp in Sachen Sicherheit an. Vorgesetzte haben ein Weisungsrecht.
7. Achte auf Verbotsschilder, die unbefugten Zutritt untersagen.
8. Setze nie Maschinen ohne Erlaubnis, Anleitung und Aufsicht in Gang!
9. Beachte Schilder mit Sicherheitszeichen, … frage nach ihrer Bedeutung!
10. Informiere dich, wie du dich im Falle eines Unfalls zu verhalten hast.

Bundesverband der Unfallkassen: Sicher durch das Betriebspraktikum, München 2004, S. 17
http://regelwerk.unfallkassen.de ▸ Gesamtverzeichnis ▸ SI 8034 (PDF)

M5 Muster einer Gliederung zum Praktikumsbericht

Bericht zum Betriebspraktikum

von ....

Betrieb ....

Betreuer im Betrieb ....

Arbeit in Abteilung ....

von .... bis ....

Arbeit in Abteilung ....

von .... bis ....

Gliederung

1. Meine Erwartungen *(Dokumentation der vorbereitenden Überlegungen)*
2. Praktikumsplan *(Überblick zur Planung mit den Schwerpunkten)*
3. Mein erster Tag *(Einführung in den Betrieb, Aufnahme durch die Beschäftigten, erste Tätigkeiten, Empfindungen zu diesen ...)*
4. Wie der Betrieb organisiert ist *(Aufbau des Betriebs und Beispiel der Ablauforganisation in einer Abteilung)*
5. Darstellung des Berufes, in dem mitgearbeitet wurde *(Tätigkeitsbereiche, Anforderungen, Methode der Gewinnung von Informationen, z. B. Befragung/Beobachtung)*
6. Ausbildung im Betrieb *(Organisation, Ausbildungsberufe und -pläne nach denen ausgebildet wird)*
7. Mein Praktikumsschwerpunkt *(z. B. Interessenvertretung durch Betriebsrat oder Unfallschutz oder Umgang mit Kunden)*
8. Wie der Betrieb wirtschaftet *(Güter, Marketing; Beziehungen zu Kunden und Lieferanten)*
9. Was ich besonders interessant fand
10. Was ich aus dem Praktikum mitnehme *(Einschätzung des Lernerfolgs, von Lernschwierigkeiten ...)*
11. Wie ich die Vorbereitung und Durchführung einschätze *(Reflexion über die Arbeit in der Schule und im Betrieb, z. B. Betreuung, Möglichkeit mitzuarbeiten, Verbesserungsvorschläge ...)*
12. Anlagen *(z. B. Video, gefertigtes Werkstück, Werbemittel)*

M6 Zur Auswertung des Betriebspraktikums

1. Welche Erwartungen hattest du an dein Praktikum? Welche davon haben sich erfüllt/nicht erfüllt?
2. Was hast du im Praktikum gelernt? Welche Bedeutung hat es für deinen Berufswahlprozess? Wie hat sich deine Sicht von Berufsarbeit verändert?
3. Vergleiche die Arbeit in der Schulzeit mit der im Praktikum. Hat sich deine Sicht schulischer Arbeit verändert? Wenn ja, in wiefern?
4. Wie schätzt du die Vorbereitung des Praktikums ein in Bezug auf die vereinbarten Ziele? Welche wurden erreicht, welche nicht? Welche Gründe hatte das? Was sollte verändert werden?
5. Was hat dir am Praktikum gefallen? Was hättest du dir anders gewünscht?
6. Wie schätzt du deine Betreuung im Praktikum durch die Schule ein?
7. Welche Bedeutung hatte die Anfertigung des Praktikumsberichtes für dein Lernen?
8. Wie würdest du deinen Praktikumsplatz darstellen, wenn andere Schüler dich um einen Rat bitten, ob sie dort ihr Praktikum machen sollten (z. B. Stichworte: Eignung des Betriebes, mögliche Erfahrungen, Anforderungen an Praktikant, Betreuung)?
9. Wie schätzt du die Bedeutung des Praktikums jetzt ein?
10. Wenn du die Möglichkeit hättest, ein zweites Praktikum zu machen: was würdest du verändern?
11. Welche Fragen oder Probleme hast du mit deinen Eltern/Freunden besprochen?

Alles klar?

Berufsorientierung – ein spannender Prozess

1 Nenne fünf Merkmale der Ausbildungsreife, die von Betrieben gefordert wird.

2 Erkläre folgende Aspekte, die auf die Berufswahl einwirken, an je zwei Beispielen:

1	Erwartungen/Einflüsse
2	persönliche Voraussetzungen
3	Anforderungen
4	Beschäftigungs-/Verdienstmöglichkeiten
5	Ausbildung/Weiterbildung

3 Nenne je drei Beispiele für
- geistige,
- körperliche und
- soziale/ persönliche

Fähigkeiten.

4 Bringe folgende Begriffe, die für die Planung der Berufswahl bedeutsam sind, in eine Abfolge. Begründe diese.
- Anforderungen in Tätigkeitsbereichen kennen lernen und mit Erwartungen in Beziehung setzen
- körperliche, geistige, soziale/persönliche Fähigkeiten und Neigungen herausfinden
- Anforderungen in einzelnen Berufen kennen lernen und mit Erwartungen in Beziehung setzen

5 Welche Hilfen kannst du durch das BIZ erhalten?

6 Begründe: Ist die Unterscheidung in „Frauen- und Männerberufe“ zeitgemäß?

7 Welche Vorteile kann es haben, die einzelnen Schritte im Lernprozess zur Berufswahlentscheidung in einem Berufswahlpass zu dokumentieren?

8 Begründe, welche Anforderungen bei einer Internetrecherche an die Wahl eines Stichwortes gestellt werden.

Methode Betriebspraktikum

9 Welche Bedeutung hat eine sorgfältige Planung des Praktikums?

10 Nenne zwei Aufgaben des Betriebsrates und beschreibe diese.

11 Welche Rechte hat der Betriebsrat in folgendem Fall?

Jens schmerzen die Augen, wenn er länger am Bildschirm arbeitet. Er hält den Bildschirm für nicht augengerecht. Sein Chef sagt, dass der nur zwei Jahre alt sei und in Ordnung.
In der Bildschirmarbeitsverordnung steht: „Das auf dem Bildschirm dargestellte Bild muss stabil und frei von Flimmern sein.“

http://bundesrecht.juris.de/bildscharbv/anhang_8.html

12 Erkläre an einem Beispiel aus deinem Praktikum: Warum ist die Beachtung von Vorschriften zum Unfallschutz im Praktikum besonders bedeutsam?

13 Sortiere folgende Symbole zum Unfallschutz nach den Gruppen
- Verbotszeichen
- Gebotszeichen
- Warnzeichen

Erkläre ihre Bedeutung.

14 Welchen Anforderungen sollte ein Praktikumsbetrieb genügen, damit das Praktikum gute Lernmöglichkeiten bietet?

15 Worin unterscheidet sich die Arbeit in der Schule von der im Praktikum?

Arbeit, Beschäftigung und Berufsbildung im Wandel

1 Wohin entwickelt sich die Arbeit?

Bildungspolitikerin:
Berufsarbeit fordert verstärkt Team- und Kommunikationsfähigkeit. Meist geht es um ein Bündel von Fähigkeiten. So sollte der Monteur heute vor einer Reparatur den Kunden beraten können, ob ein Neukauf lohnender ist. Zur Chancengerechtigkeit gehört eine gute Allgemeinbildung und Berufsbildung für alle.

Moderatorin:
Meine Damen, meine Herren, willkommen bei ‚Talk zu Arbeit und Beruf'.
Ich freue mich, hier einen Vertreter eines Unternehmens, eine Gewerkschafterin, einen Wissenschaftler und eine Bildungspolitikerin zu begrüßen …
Bitte nehmen Sie doch zuerst Stellung zur Leitfrage.

Wissenschaftler:
Die Beschäftigung nach Auftragslage wird zunehmen. Neue Arbeitsformen, wie Telearbeit, befristete Anstellung für ein Projekt, werden für viele normal sein – leider auch Zeiten von Arbeitslosigkeit.
Am Arbeitsplatz gewinnt selbstständiges Handeln und Weiterbildung an Bedeutung. Unqualifizierte werden schwerer bezahlte Arbeit finden.

Gewerkschafterin:
Der Druck durch Rationalisierung und Automatisierung nimmt zu. Wir sollten flexibel arbeiten – sind aber auch Mütter und Väter! Der Profit und nicht der arbeitende Mensch steht im Mittelpunkt. Unternehmen müssen mehr in Aus- und Weiterbildung investieren. Wir brauchen selbstständig arbeitende und teamfähige Fachkräfte.

Unternehmer:
Selbstständig arbeitende Mitarbeiter müssen gut ausgebildet sein und sich weiterbilden – auch in der Freizeit. Der Arbeitsablauf ist rationeller zu gestalten. Sie müssen, je nach Arbeitsanfall, flexibel in ihrer Arbeitszeit sein. Nur so sind wir auch in Zukunft wettbewerbsfähig. Es geht um den Standort Deutschland.

▸ **Leitauftrag** Welche Interessen werden deutlich? Wie schätzt ihr die Antworten ein? Spielt den Talk im Rollenspiel weiter.

B

Auf einen Blick

Ihr setzt euch mit Arbeitsanforderungen in Erwerbsbereichen auseinander.

Ihr erkennt, dass Ausbildung auf selbstständiges berufliches Handeln vorbereiten muss.

Ihr nehmt kritisch Stellung zur Flexibilisierung der Arbeit und zu neuen Tätigkeitsformen.

Ihr schätzt die Bedeutung einer qualifizierten Berufsbildung für alle Jugendlichen ein.

Ihr versteht Zusammenhänge zwischen Ausbildung, Beschäftigungssituation und Verdienst.

2 Organisation der Arbeit fordert berufliche Handlungsfähigkeit der Mitarbeiter

Betriebe müssen ihre Güter nach dem → wirtschaftlichen Prinzip erstellen. Dazu gehört auch die passende → Betriebsorganisation. Diese ist unterschiedlich, je nachdem, ob z.B.

- Küchenmöbel nach individuellem Kundenauftrag gefertigt werden (siehe ab S. 267)
- die Isolierung in einem Altbau verbessert wird
- eine Telefonanlage repariert wird
- ein Kranker versorgt wird.

Entsprechend haben sich Anforderungen an die Beschäftigten geändert.

Früher wurde stärker vorgegeben, was der Mitarbeiter wie und wann zu tun hat. Er musste direkt nach Anweisungen arbeiten. Die Erstellung eines Gutes dauerte lange, weil die Fertigung an verschiedenen Arbeitsplätzen erfolgte. Der Mitarbeiter hatte nicht gelernt, einen Auftrag zu planen, flexibel durchzuführen und zu prüfen, ob das Ergebnis der geforderten Qualität entspricht.

Heute ist eigenverantwortliches Handeln wichtiger, um anspruchsvolle Güter zu niedrigen Kosten zu erstellen. Darauf wird die → Arbeitsorganisation und die Berufsbildung ausgerichtet. Der Einzelne ist – teilweise im Team – stärker verantwortlich für die Tätigkeiten im Aufgabenbereich.

Beispiel 1: Integrierte Facharbeit bei der Produktion

MECHANIKER: „Diese Produktionsanlage wurde im letzten Jahr in Betrieb genommen. Damit wird Metallpulver zur Beschichtung von Elektronik-Bauteilen hergestellt. Die Arbeit bei der Überwachung und Steuerung ist schon anspruchsvoll. Früher haben wir bei einer Störung den Meister benachrichtigt. Der beauftragte dann den Betriebshandwerker. Dieser besorgte die Ersatzteile und erledigte die Reparatur – wenn er es konnte und Zeit hatte. Das gab lange Pausen, die wir uns heute nicht erlauben können. Heute tauschen wir vorsorglich Verschleißteile aus. Störungen können wir einschätzen und schnell beseitigen. Die Anlage steht selten still. Wir sind auch Dienstleister bei Wartung und Reparatur. Die Arbeit ist abwechslungsreicher, aber oft stressiger."

Beispiel 2: Integrierte Sachbearbeitung bei der Schadensregulierung der Haftpflichtversicherung

KUNDE: „Ich habe da noch eine Rückfrage. Die Reparatur meines durch Unfall beschädigten Autos dauert eine Woche. Kann ich für diese Zeit einen Leihwagen nehmen?"
SACHBEARBEITER: „Bei der Reparatur können wir wahrscheinlich nur drei Tage zahlen. Das entscheidet der Gutachter. Ansonsten regele ich alles für Sie – von der Schadensaufnahme bis zur Prüfung und Abrechnung Ihrer Ansprüche."

Beispiel 3: Arbeit bei der ganzheitlichen Pflege auf einer Krankenhausstation

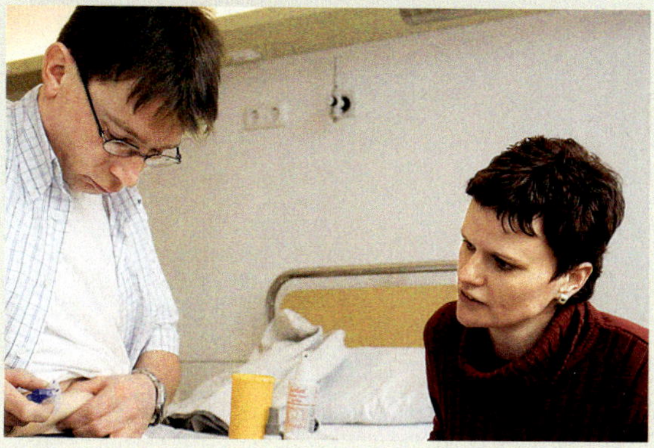

KRANKENPFLEGERIN: „Guten Morgen. Ich heiße Sonja Baum. Ich bin für Sie hier im Krankenhaus in allen pflegerichen und beratenden Angelegenheiten zuständig. Für die Zeit danach empfehle ich Ihnen die Betreuung durch ein ambulantes Diabeteszentrum. Den Kontakt dahin kann ich bereits jetzt herstellen. Hier bei uns lernen Sie mit meiner Unterstützung das Spritzen von Insulin und die regelmäßige Blutzuckerkontrolle."

PATIENT: „Und wie sieht das zukünftig mit dem Essen aus? Vermitteln Sie mir doch bitte eine Ernährungsberatung."

Was zur beruflichen Handlungskompetenz gehört

- Zunächst einmal ist es das Fachwissen und Können, also **Fach- und Sachkompetenz**.
- In der Regel ist eine Zusammenarbeit mit anderen Menschen erforderlich. Um diese erfolgreich zu gestalten ist Teamfähigkeit, die **Sozialkompetenz** gefragt.
- Eine kritische Betrachtung der eigenen Persönlichkeit im Zusammenhang mit dem beruflichen verantwortlichen Handeln ist ebenfalls notwendig. Wer das schafft, an sich arbeitet und Verantwortung für sich übernimmt, zeigt **Human- bzw. Personalkompetenz**.
- Um sich in diesen Bereichen zu entwickeln, helfen Methoden und Lerntechniken sowie sprachliche Fähigkeiten. Wer darüber verfügt, hat **Methoden-** und **Lernkompetenz** sowie **kommunikative Kompetenz**.

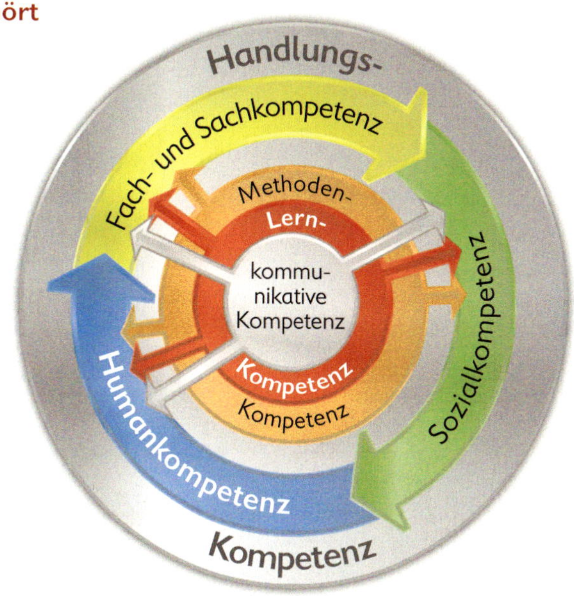

A Aufgaben

1 Erklärt am Beispiel 1
  a) den Begriff Arbeitsorganisation
  b) wie sich die Arbeit verändert hat
  c) die Auswirkung integrierter Facharbeit
    · auf Qualität und Kosten der Waren und Dienstleistungen
    · auf die Befriedigung und auch Belastung durch die Arbeit.

2 Erklärt am Beispiel 2 den Begriff der integrierten Sachbearbeitung und begründet dazu erforderliche Kompetenzen.

3 Welche Vorteile hat eine Pflege, die wie im Beispiel 3 organisiert ist? Welche Fähigkeiten fordert diese?

4 Sprecht mit jemandem, der Patient im Krankenhaus war, über Anforderungen, die an Pflegekräfte gestellt werden. Ordnet diese nach den Teilkompetenzen zu.

5 Das Leitziel im Beruf Kellner/-in ist gastorientiertes Handeln. Erklärt an einem Beispiel mithilfe des Schaubildes wichtige Kompetenzen, um einen Gast im Restaurant zu bedienen.

3 Ziel: der flexible Arbeitnehmer

Zahlen zur Arbeit in Deutschland 2005

3,3 Mio. Betriebe
38,8 Mio. Erwerbstätige (davon 34,4 Mio. sozialversicherungspflichtige Arbeitnehmer)
davon:
11,2 Mio. **Teilzeitbeschäftigte**
in 61 % der Betriebe
1,8 Mio. **befristet Beschäftigte**
in 15 % der Betriebe
0,5 Mio. **Leiharbeitnehmer** in 3 % der Betriebe

Viele Betriebe bauten in den letzten Jahren Personal ab. Sie rationalisierten, um Kosten zu sparen, und erwarteten steigende Leistungen. Zur Rationalisierung wurde die **Flexibilisierung der Arbeitszeit** genutzt (siehe auch Betriebsvereinbarung S. 275). Entsprechend der Auftragslage wird mehr oder weniger gearbeitet und ein Arbeitszeitkonto geführt. Dieses nutzen viele Branchen, z.B. Bauunternehmen: Im Sommer wird mehr als im Winter gearbeitet.
Flexible Arbeitszeiten sind Eltern wichtig, die Kinder betreuen. Viele Betriebe ermöglichen familienfreundliche Arbeitszeiten.
Zunehmend werden Mitarbeiter zunächst befristet eingestellt. Dies ist gesetzlich für eine Dauer von bis zu 2 Jahren möglich.

Arbeitsort nach Auftragslage

Auf kurzfristigen Bedarf reagieren die Betriebe neben der Anordnung von Überstunden mit der Beschäftigung von Leiharbeitnehmern. Diese stehen in einem Arbeitsverhältnis bei Zeitarbeitsunternehmen und werden nach Bedarf an Kundenbetriebe ausgeliehen. Ca. 15 % der Leiharbeitnehmer wurden 2003 übernommen. Die Praxis zeigt, dass solche Arbeitsverhältnisse auch auf Kosten der Mitarbeiter missbraucht werden.

Mitarbeiter bei Karmann in Rheine hatten einen befristeten Vertrag. Als dieser auslief, blieb die Festanstellung aus – obwohl genug Arbeit da war. Einen Tag nach dem Ausscheiden waren alle wieder als Leiharbeiter an ihrem Arbeitsplatz. Statt 15 Euro blieben ihnen 10 Euro.
Leiharbeiter fühlen sich wie Menschen zweiter Klasse, die werden geheuert und gefeuert.
Nach **IG Metall**: Metall 12/2005, S. 15, 16

A Aufgaben

1 Befragt Eltern und Bekannte nach ihren Erfahrungen mit Leiharbeit.

2 Stellt zu flexibler Arbeitszeit die Interessen von Arbeitnehmern und Arbeitgebern gegenüber.

3 Vergleicht die Situation einer befristet beschäftigten Mitarbeiterin mit der einer fest angestellten.

4 Nehmt Stellung: Befristung der Arbeit umgeht den Kündigungsschutz.

5 Wann kann Leiharbeit Sinn machen? Welche Arbeitnehmerrechte sind dabei in Gefahr? Bezieht dazu das Plakat der Gewerkschaft mit ein.

4 Gibt es qualifizierte Berufsbildungsmöglichkeiten für alle?

Ausbildungskosten werden vom Staat, aber auch von Unternehmen aufgebracht. Für einen Teil der Betriebe lohnt sich die Arbeit der Auszubildenden. Wegen der Wirtschaftslage haben viele Unternehmen Ausbildungsstellen gestrichen. Sie meinten, nicht selbst ausbilden zu müssen. Bei Bedarf waren genügend Arbeitslose verfügbar.
Viele Jugendliche erhielten deshalb keinen Ausbildungsplatz. 2006 kamen auf 100 Bewerber im Durchschnitt 95 Ausbildungsstellen. In Ostdeutschland hat sich der Trend mitlerweile in manchen Branchen gedreht. Seit 2007 wurde es immer schwerer für Betriebe, Ausbildungsplätze zu besetzen. Ein Engpass an Bewerbern besteht vor allem im Handwerk. Manche Jugendliche, besonders auch ausländische, bleiben bei der Ausbildungsstellensuche trotzdem erfolglos. Von ausländischen Jugendlichen sind nur 25 % in Ausbildung. Ein großer Teil der Jugendlichen besucht schulische Bildungsgänge (BGJ, BFS, BVJ), um Chancen auf eine Ausbildung oder Arbeit zu verbessern.
In manchen Jahren bleiben mehr als 10 % der Jugendlichen ohne Berufsausbildung; 75 % davon auch ohne Schulabschluss. Staatliche Programme sollen Benachteiligte fördern (siehe **M2**, S. 47).

Berufsausbildung in Zahlen	Jahr	
(Angaben in 1000)	1999	2005
Absolventen allgemeinbildender Schulen	918	939
Neue betriebl. Ausbildungsverträge	550	505
Neue außerbetriebl. Ausbildungsvertr.	81	45
vollqualifizierende schul. Bildungsgänge (davon Gesundheitsberufe)	137 44	184 47
Berufsgrundbildungsjahr (BGJ)	40	50
Berufsfachschule (BFS)	142	203
Berufsvorbereitung (BVJ)	69	78
Fachoberschule, Klasse 11	44	59
berufsvorbereitende Maßnahmen außerschulischer Träger	223	45
Studienanfänger	291	356
Arbeitslose unter 20 Jahren	101	120

BMBF (Hrsg.): Berufsbildungsbericht 2007, Bonn 2007, Übersicht 2.1/1

Von allen Betrieben bildeten aus	Jahr	
(Angaben in %)	1999	2005
1 bis 9	16,6	17,1
10 bis 49	47,4	48,0
50 bis 499	69,9	70,5
500 und mehr	91,4	90,8

BMBF (Hrsg.): Berufsbildungsbericht 2007, Bonn 2007, Übersicht 2.4/1

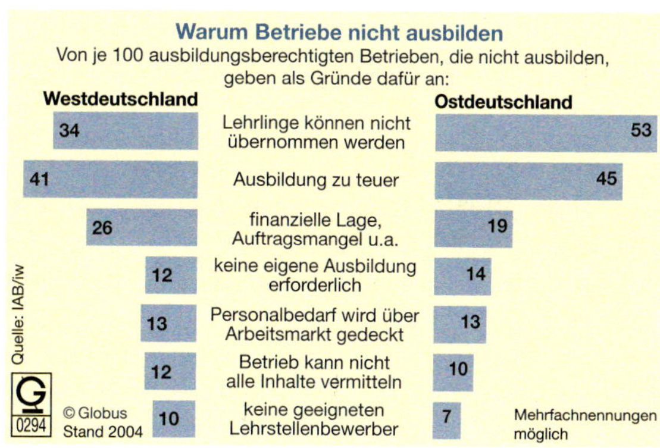

A Aufgaben

1. Aus welchen Gründen bilden Betriebe aus?
2. Wovon hängt die Zahl der Ausbildungsplätze in einem Betrieb/ in einer Region ab? Wie ist die Situation in eurer Region?
3. Warum fehlen für ausländische Jugendliche stärker Ausbildungsmöglichkeiten?
4. Setzt den Anteil von vollqualifizierenden schulischen Berufsbildungsgängen sowie Maßnahmen außerschulischer Träger in Beziehung zu neuen betrieblichen Ausbildungsverträgen.
5. „Die Ausbildung ist für die Unternehmen zu teuer. Diese sollte der Staat bezahlen und Ausbildungsvergütungen senken."
Erörtert diese These in einer Pro-Kontra-Debatte.

5 Ausgebildet und was dann?

In manchen Berufen wird über den Bedarf ausgebildet, z.B. bei Köchen oder Friseuren. Dafür gibt es verschiedene Gründe:

- Nicht alle Ausgebildeten wollen später im erlernten Beruf arbeiten. Sie wechseln wegen des Verdienstes oder der Arbeitsbedingungen.
- Betriebe verringern die Anzahl der Arbeitsplätze bzw. übernehmen Auszubildende nicht.
- Betriebe beschäftigen weniger Fachkräfte und nutzen Auszubildende als günstige Arbeitskräfte.

Von 100 Auszubildenden wurden vom Ausbildungsbetrieb übernommen

Beschäftigte (in %, 2005)	Westdeutschland	Ostdeutschland
1–9	47	32
10–49	50	49
50–499	57	34
500 und mehr	68	30

BMBF (Hrsg.): Berufsbildungsbericht 2007, Bonn 2007, Übersicht 3.6.1/2

Anteil Auszubildender, die sich nach Ausbildungsabschluss arbeitslos meldeten

in Prozent	2000	2003	2005
Westdeutschland	17	24	32
Ostdeutschland	38	40	47

BMBF (Hrsg.): Berufsbildungsbericht 2007, Bonn 2007, Übersicht 3.6.1/1

Bei denen, deren Ausbildung in vollzeitschulischen Berufsbildungsgängen bzw. außerbetrieblich erfolgt (siehe S. 45) finden sehr viele keine Arbeit, weil Betriebe diese Bildungsgänge oft als nicht ausreichend praxisnah ansehen.

Verdienste in ausgewählten Berufen

Beim Verdienst nach der Ausbildung gibt es zwischen den Berufen erhebliche Unterschiede. Gründe dafür sind berufliche Anforderungen, die wirtschaftliche Lage der Branche und die Nachfrage für einen Beruf am Arbeitsmarkt.

Grundvergütungen in NRW

Die angegebenen Verdienste bei den Berufen setzen teilweise berufliche Erfahrungen voraus. Laut Tarifvertrag ist oft nach einer bestimmten Zeit eine Erhöhung vorgesehen. Zusätzlich zahlt ein Teil der Betriebe Leistungszulagen (Prämien).

Beruf	Jahr Tarifvertrag	Bruttomonatsverdienst[1] in Euro
Alleinkoch/-köchin	2008	2040
Arzthelfer/-in	2008	1423–2130
Bäckereifachverkäufer/in	2007	1523–1750
Betonbauer/-in	2007	2375–2436
Elektroniker/-in (Industrie)	2005	2069
Florist/-in	2004	1341–1768
Friseur/-in	2008	1703
Industriekaufmann/-frau	2008	1681–2061
Kkz-Mechaniker/-in	2007	1765
Maler/ Lackierer/-in	2005	2016–2241
Meister/-in Kfz-Gewerbe	2007	2950
Tischler/-in	2005	2251
Verkäufer/-in (Einzelhandel)	2006	1411–2006

[1] bei Arbeitern auf Monatslohn umgerechnet

Ministerium für Arbeit, Gesundheit und Soziales NRW (Hrsg.): Tarifinfomationen. Düsseldorf 2008

www.tarifregister.nrw.de/ ▸ Tarifinformationen ▸ Grundvergütungen nach Berufen

A Aufgaben

1 Nehmt Stellung:
A: Unternehmen müssen mehr ausbilden!
B: Ausbildung über den Bedarf bringt nichts.
C: Die geringe Übernahmequote ist ein Skandal.

2 Vergleicht die Verdienste. Sind Unterschiede gerechtfertigt? Begründet.

6 Weiterführendes Material

M1 Ausbildungsmisere

Tut endlich was

Erneut gehen Zehntausende von Jugendlichen bei der Suche nach einem Ausbildungsplatz leer aus. Die IG Metall nennt die Namen von Betrieben, die nicht ausbilden. Bei den aufgespürten 140 Betrieben, die nicht ausbilden, sind 18 000 Arbeitnehmer tätig. Die Liste ist nicht vollständig. Das darf kein Dauerzustand bleiben. Wir sind gefordert, die Unternehmen nicht aus der Verantwortung für die jungen Menschen zu lassen.

Nach **IG Metall:** metall 11/2006, S. 12,13

M2 Ausbildungsoffensive der Bundesregierung

Diese hat das Ziel, die Ausbildungsplatzsituation zu verbessern. Die Wirtschaft soll bei der Schaffung von Ausbildungsplätzen unterstützt werden. Dies gilt vor allem in Regionen mit schlechtem Verhältnis zwischen Angebot und Nachfrage an Ausbildungsplätzen. Z. B. sollen Ausbildungsstellen erschlossen werden bei

- ausbildungsmüden Betrieben, die sich aus der Verantwortung zurückgezogen haben

ausbildungsunerfahrenen Betrieben, die bislang noch gar nicht ausgebildet haben sowie Betrieben, die zusätzliche Ausbildungsstellen zur Verfügung stellen könnten.

Mehr Ausbildungsstellen sollen in Zukunftsbranchen geschaffen werden. Erneut wurde ein Bund-Länder-Programm für 13 000 zusätzliche Ausbildungsplätze in den neuen Ländern aufgelegt.

BMBF (2008): www.bmbf.de/de/ausbildungsoffensive.php

M3 Koordinierungsstelle Ausbildung – Berufsorientierung und Ausbildungsplatzvermittlung für Hamburger Schüler mit Hauptschulabschluss

Weil die Stärken und Interessen der Schülerinnen und Schüler bedeutender für die passende Berufsausbildung sind als ihre schulischen Leistungen, wurde das 3-Pfeiler-Modell der Berufsorientierung entwickelt und erprobt:

1. Einschätzung der Stärken und Interessen der Schüler durch Lehrer und Mitschüler
2. Berufsberatung und Vermittlung durch die Berufsberater der Agentur für Arbeit
3. Überprüfung der Berufswahl, Beratung und Vermittlungsunterstützung durch Personalreferenten aus Hamburger Betrieben

- Wir unterstützen die ausbildungswilligen Schüler sehr individuell bei der Suche nach einem passenden Ausbildungsplatz.
- Unternehmen des Hamburger Netzwerks stellen zudem jährlich viele Ausbildungsplätze für Hauptschulabgänger zur Verfügung.

Für Ausbildungsbetriebe ist dieses Konzept besonders interessant, weil als Bewerber Schulabgänger vorgeschlagen werden, die sich nach einer Prüfung ihrer Stärken und Interessen für die gemeldeten Ausbildungsplätze eignen.

In den letzten Jahren konnte die Quote der Jugendlichen, die im Anschluss an die allgemeinbildende Schule eine ungeförderte betriebliche Ausbildung aufnahmen, verdoppelt werden.

Nach **Arbeitsstiftung Hamburg**: www.arbeitsstiftung.de/pages/Start.htm

Arbeiten mit den Materialien

Zu **M1, M2** Sprecht darüber, was die Initiativen der IG Metall und der Bundesregierung bewirken sollen und können.

Zu **M3** Worin bestehen die Hilfestellungen des Netzwerkes? Wie schätzt ihr diese ein? Besorgt euch dazu vertiefende Informationen im Internet.

Arbeitsbedingungen, Arbeitsschutz und Entgelt

1 Arbeit muss menschengerecht sein und angemessen bezahlt werden

„War ziemlich knapp. Trotz Hitze und Rauch haben wir die alte Frau gerade noch retten können. Hab kurz überlegt, ob ich das riskieren kann.“

„Das kann doch nicht wahr sein. Nach der Neubewertung meiner Arbeit soll ich 1 Euro pro Stunde weniger bekommen? Ich protestiere!“

„Jonas, das geht nicht, Jugendliche dürfen keine schweren Lasten tragen.“

▸ **Leitauftrag** Erläutert, was die Situationen mit der Überschrift des Kapitels zu tun haben.

B **Auf einen Blick**

Ihr beschreibt, wie die Gesundheit des arbeitenden Menschen geschützt wird.

Ihr erklärt, wie Arbeitsbedingungen belasten können und was Arbeitsschutz bewirken kann.

Ihr begründet, welchen besonderen Schutz Jugendliche bei der Arbeit benötigen.

Ihr stellt Zusammenhänge her zwischen Arbeitsanforderungen und Verdienst.

2 Fallbeispiele zu Arbeitsbedingungen und Arbeitsschutz

Viele Gesetze und Verordnungen regeln den Arbeitsschutz im Betrieb (siehe auch M4, S. 55). Die folgenden Beispiele zeigen, welche Belastungen am Arbeitsplatz auftreten können und wie die Menschen geschützt werden müssen.

▲ Eine Lösung zur Lärmminderung: Auf lärmintensive Zugabe von Rohlingen in den Produktionsprozess wird verzichtet. Das Material wird magnetisch gefördert und aus geringer Fallhöhe abgelassen.

Schluss mit Lärm am Arbeitsplatz

- 60 Mio. Arbeitnehmer in Europa sind betroffen
- 40 Mio. davon müssen sehr laut sprechen, um verstanden zu werden
- die Folgekosten von Lärmschwerhörigkeit gehen in die Milliarden Euro

Lärmschwerhörigkeit ist in Deutschland mit fast 6 300 Fällen jährlich immer noch die häufigste anerkannte Berufskrankheit. Lärm schädigt nicht nur das Gehör, sondern auch die Psyche. Schlafstörungen, Konzentrationsmängel, berufliche Leistungsminderung bis hin zum Herzinfarkt können die Folge sein. Von 2006 an müssen bei Explosionen, die mehr als 85 dB (A) laut sind, Programme zur Lärmminderung durchgeführt werden. Ab 80 dB (A) muss der Unternehmer Gehörschutz zur Verfügung stellen. Werden 85 dB (A) erreicht, hat der Beschäftigte die Pflicht, diesen zu tragen.

Nach **Ministerium für Arbeit, Gesundheit und Soziales NRW: Arbeitsschutz in NRW**, Jahresbericht 2005, Düsseldorf 2006, S. 9

Absturzsicherung beim Dachdecken

Das Staatliche Amt für Umwelt und Arbeitsschutz Detmold verhängte ein Bußgeld, weil ein Dach gedeckt wurde, ohne vorher eine Absturzsicherung anzubringen.

Bei diesen Dachdeckerarbeiten wurden die Sicherheitsvorschriften befolgt.
Ein Gerüst mit Fangnetz schützt die Arbeiter vor Absturz.

Gesünder heben und tragen

WARUM?

Die häufigste Ursache von Arbeitsunfähigkeit sind Rückenbeschwerden, verursacht durch Heben und Tragen. Entsprechend hoch sind die Kosten, die einem Betrieb durch fehlende und nicht voll einsetzbare Beschäftigte entstehen. Durch verbesserte Arbeitsabläufe werden

- Fehlzeiten sowie Folgekosten durch Unfälle und Krankheitstage gesenkt
- Transportvorgänge optimiert
- Transportschäden vermieden
- Qualität und Kundenzufriedenheit gesteigert
- Leistungsfähigkeit und Motivation gefördert.

Das ist für die Wettbewerbsfähigkeit von Unternehmen unverzichtbar.

Gesunde Betriebe brauchen gesunde Mitarbeiterinnen und Mitarbeiter!

WIE?

Um den Arbeitsschutz beim Heben und Tragen zu verbessern, hat sich Folgendes bewährt:

- vorausschauend planen (über Hilfsmittel und Arbeitsplatzgestaltung nachdenken)
- Heben und Tragen möglichst vermeiden (Transport mechanisieren)
- Gesundheitsrisiken beim Heben und Tragen verringern (Gewicht der Last verringern)
- Bedingungen für das Heben und Tragen verbessern (für ausreichenden Bewegungsraum am Arbeitsplatz sorgen)
- personelle Voraussetzungen verbessern (Beschäftigte zu gesundheitsgerechtem Verhalten motivieren).

Nach:
Gemeinschaftsinitiative Gesünder Arbeiten e.V.:
Düsseldorf o.J.

A **Aufgaben**

1 Sprecht mithilfe der Beispiele auf S. 49 über die Bedeutung der Lärmminderung und des Lärmschutzes.

2 Besorgt ein Schallmessgerät und messt z.B. den Pausenlärm, die Lautstärke der Schul-Disco bzw. des Musikplayers bei „normalem“ Gebrauch. Recherchiert im Internet zum Stichwort „Discolärm“.

3 Begründet am Beispiel Dachdecker (S. 49), warum es Unternehmen gibt, die Sicherheitsvorschriften nicht einhalten.

4 Erkundet einen Arbeitsplatz, bei dem Lasten gehoben bzw. getragen werden müssen (z.B. Möbelspedition, Waren einräumen im Supermarkt). Berücksichtigt bei der Erstellung des Erkundungsbogens auch M3, S. 55.

3 Jugendliche brauchen besonderen Schutz

Jugendliche berichten – ist das erlaubt?

SANDRA K.: „Ich lerne Verkäuferin. Wenn wir Ware kriegen, sollen die Auszubildenden einräumen helfen. Häufig ist solch eine Kiste 15 kg schwer. Abends schmerzt mein Rücken."

LUDMILLA R.: „Ich mache eine Ausbildung zur Frisörin. Wenn viel Kundenandrang ist, dürfen wir keine Pause machen. Neulich konnte ich erst nach 5 Stunden zur Pause gehen."

OLIVER B.: „Mein Ausbildungsberuf ist Koch. Ich arbeite von Montag bis Freitag. Öfter meldet sich für Samstag noch ein weiterer Bus Gäste zum Essen an. Dann lässt der Chef mich zusätzlich kommen. Vorige Woche war ich besonders sauer. Ich hatte schon eine Karte für ein Bundesligaspiel."

JÖRG A.: „Ich lerne Fachkraft für Systemgastronomie. Vor dem Berufsschultag arbeite ich oft bis 22:00 Uhr. Am nächsten Morgen muss ich um 5:30 Uhr aufstehen, damit ich um 7:45 Uhr in der Berufsschule ankomme. Vorige Woche bin ich in der 7. Stunde eingeschlafen. Erst hat der Lehrer mich angemacht, aber dann haben wir darüber gesprochen …"

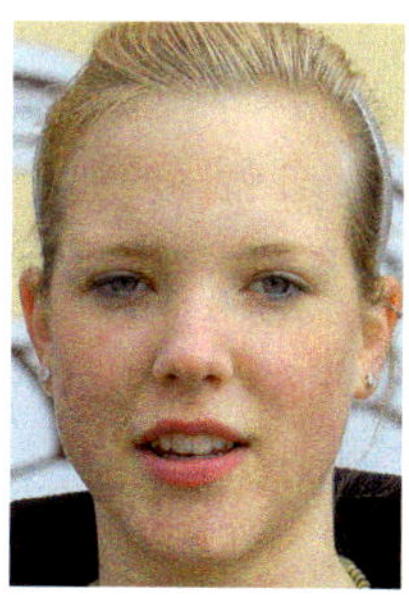

SYRIA K.: „Ich will Bäckerin werden. Mein Chef sagt: ‚Wenn du 16 wirst, fängst du auch um 4:00 Uhr an wie die anderen. Dann wird deine Arbeitskraft gebraucht.' Ich weiß auch gar nicht, wie ich zum Betrieb kommen soll. Ein Bus fährt noch nicht."

Bei Verstößen gegen das Jugendarbeitsschutzgesetz können das Gewerbeaufsichtsamt bzw. das Amt für Arbeitsschutz und die Ausbildungsberater der Kammern eingeschaltet werden.

A
Aufgaben

1 Löst die Aufgaben mithilfe der nächsten Seite:
A: Darf Sandra so schwer tragen? Berücksichtigt folgende Richtwerte:

Bei gelegentlichem Heben und Tragen (2x pro Stunde und 3–4 Schritte)		Bei häufigem Heben und Tragen (2–3x pro Stunde und mehr als 4 Schritte)	
Frauen	**Männer**	**Frauen**	**Männer**
15 kg	**35 kg**	**10 kg**	**20 kg**

Richtwerte des Bundesministeriums für Arbeit und Soziales; Kompetenznetz Arbeitsschutz http://komnet-online.de

B: Darf Oliver am Samstag zusätzlich eingesetzt werden?

C: Welche Rechte hat Ludmilla?

D: Wie soll Syria sich verhalten?

E: Darf Jörg vor einem Berufsschultag so lange arbeiten?

2 Befragt Jugendliche, welche gesetzlichen Bestimmungen zum Arbeitsschutz bei ihrer Arbeit bedeutsam sind.

Aus dem Jugendarbeitsschutzgesetz

	§§	Das steht darin	Welche Ausnahmen?
	**§§ 5, 7: Mindestalter für Beschäftigung**	15 Jahre	Unter 15 Jahre bei Berufsausbildung, im Betriebspraktikum; ab 13 Jahre bei leichter, geeigneter Arbeit bis 2 h pro Tag
	**§ 9: Berufsschule**	Keine Arbeit im Betrieb bei mehr als 5 Stunden (h) Unterricht an einem Berufsschultag	
	**§§ 8, 12: Arbeitszeit**	wöchentlich nicht mehr als 40 h; täglich bis 8 h	z. B. Schichtzeit bis 10 h, im Gastgewerbe bis 11 h
	§ 11: Ruhepausen	Bei Arbeitsdauer von mehr als • 4½ h: 30 min • 6 h: 60 min	
	**§ 13: Tägliche Freizeit**	Nach der Arbeitszeit mindestens 12 h	
	**§ 14: Nachtruhe**	Keine Beschäftigung zwischen 20:00 Uhr und 6:00 Uhr	Jugendliche über 16 Jahre, z. B. im Gastgewerbe, bis 22:00 Uhr, in Bäckereien ab 5:00 Uhr, weil wichtige Arbeitszeiten
	**§ 15: Fünf-Tage-Woche**	von Montag bis Freitag	Am Samstag im Frisörhandwerk, weil für die Branche wichtiger Arbeitstag; § 16–18: am Samstag oder Sonntag im Gaststättengewerbe
	**§ 19: Urlaub**	Dauer des jährlichen Urlaubs im Alter von • 16 Jahren: 30 Werktage. • 17 Jahren: 27 Werktage • 18 Jahren: 25 Werktage	bei Beschäftigung im Bergbau jeweils zusätzlich 3 Tage
	**§ 22: Gefährliche Arbeiten**	Jugendliche dürfen nicht beschäftigt werden bei Arbeiten, die z. B. • körperlich oder psychisch zu schwer sind • mit Unfallrisiken bzw. gefährlichen Stoffen verbunden sind	Arbeiten mit Unfallrisiken/gefährlichen Stoffen sind erlaubt, wenn dies für das Ausbildungsziel erforderlich ist und unter fachkundiger Aufsicht geführt wird
	**§ 23, 24: Akkordarbeit bzw. Arbeit unter Tage**	grundsätzlich verboten	zur Erreichung des Ausbildungsziels

4 Arbeitsanforderungen und Entgelt

Betroffene berichten

WLADISLAW, 25 J.: „Meine Ausbildung habe ich abgebrochen. Naja, da war Stress mit dem Chef – heute bedaure ich es. Dann hatte ich lange nichts. Schließlich konnte ich bei einer Firma anfangen, die Kunststofftanks herstellt. Hitze, besonders im Sommer, Dämpfe, Produktionslärm, Schichtdienst. Das macht mich ziemlich fertig. Der Verdienst ist mäßig – eben angelernte Arbeit. Ich bin aber froh, dass ich die habe."

DIRK, 60 J.: „Ich war Pflasterer. Immer gebückt oder kniend arbeiten, die Steine tragen, Regen, Kälte, Hitze. Heute gibt es Arbeitshilfen, z. B. werden Steine mit dem Kran am Pflasterort abgeladen, wo sie gebraucht werden. Positiv war die frische Luft.
Mit dem Verdienst ging es, vor allem, als ich noch jung war und im Akkord arbeiten konnte. Teilweise machten wir Überstunden.
Ab 40 gab es Probleme: Verspannungen, die Bandscheibe war kaputt. Ich musste öfter Krankfeiern, wurde zwischendurch arbeitslos. Mit 57 ging es nicht mehr – Berufsunfähigkeit.
Ich habe fast 40 Jahre gearbeitet und bekomme nur 1100 € Rente. Gut, dass meine Frau noch erwerbstätig ist, sonst sähe es schlecht aus. Körperliche schwere Arbeit sollte besser bezahlt werden. Schließlich opfert man seine Gesundheit."

MARIA, 25 J.: „Meine Arbeit gefällt mir, ist aber nicht alles. Ich arbeite nur soviel, damit ich leben kann: 30 Stunden pro Woche. Das Entgelt reicht zum Leben. Ich habe so viele andere Interessen.

DILARA, 41 J.: „Auf meiner medizinischen Station sind wir in der Schicht drei Frauen und zwei Männer. Ein starkes Team! Wir besprechen zu Beginn der Schicht, was anliegt. Wenn ich nicht so gut drauf bin, wird das akzeptiert. Das geht den anderen auch mal so. Probleme klären wir im Team. Ungerecht ist, dass wir weniger verdienen als Ärzte. Auch unsere Arbeit belastet stark."

WANJA S., 37 J.: „Meine Erwerbsarbeit fehlt mir. Ich bin arbeitslos und muss mit meiner 8-jährigen Tochter von 700 € leben. Wegen der Kinderbetreuung kann ich nicht jede Arbeit annehmen. Eine Ganztagsschule für meine Tochter würde mir schon helfen. Für Familien mit Kindern müsste einfach mehr getan werden.

Es ist nicht richtig, dass mein Kind unter meiner Arbeitslosigkeit leiden muss. Oft sage ich, das können wir uns nicht leisten. Gut, dass ich Freundinnen habe, die mich verstehen."

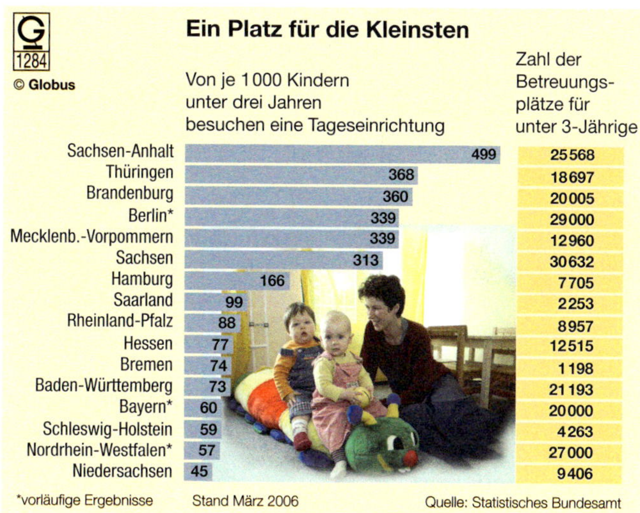

A Aufgaben

1 Wie schätzt Wladislaw seine Situation ein?

2 Wie seht ihr Dirks Lage zu dem Geld, über das er verfügt?

3 Nehmt Stellung dazu, wie Maria ihre Erwerbsarbeit sieht.

4 Bedenkt die Bedeutung der Teamarbeit bei Dilara und ihre Aussage zum Verdienst.

5 Wie steht Wanja zur Erwerbsarbeit? Was wünscht sie sich für ihre Tochter?

6 Vergleicht die Plätze in Kindertageseinrichtungen eures Bundeslandes mit den übrigen.

5 Weiterführendes Material

M1 Merkmale eines Arbeitsplatzes

Arbeitsaufgabe, z.B.
- Arbeitsinhalte
- Arbeitsziel
- Rückmeldung über den Zielerreichungsgrad
- Verantwortung für Menschen und Sachen
- Beteilung an der Festlegung/Weiterentwicklung von Inhalt und Ziel der Arbeit
- Art der Zahlung des Entgelts

Arbeitsorganisation, z.B.
- Arbeitsteilung (Einzelarbeit, Gruppenarbeit)
- Formen der Abstimmung bei Teamarbeit
- Entscheidungsspielräume, z.B. bei der Arbeitszeit
- Einordnung in Hierarchie
- Möglichkeiten der Einflussnahme auf die Gestaltung des Arbeitsablaufes

Anforderungen an Kompetenzen, z.B.
- geforderte sachliche/fachliche Kompetenz
- Erfahrung
- Methoden- und Lernkompetenz zur Gestaltung neuer Aufgaben
- Konflikt- und Integrationsfähigkeit im Team
- Kommunikative Kompetenz

Umwelteinflüsse, z.B.
- Lärm, Hitze, Kälte, Feuchtigkeit, künstliches Licht
- Gase, Dämpfe, Stäube, mechanische Schwingungen
- Umgang mir gefährlichen Stoffen
- wechselnde Arbeitszeit

M2 Belastungen am Arbeitsplatz

Im Jahr 2004 wurden Arbeitnehmer in NRW zu Arbeitsbelastungen befragt. Fragestellung:

„Arbeit bzw. die Situation am Arbeitsplatz kann körperlich und seelisch belasten.

Sagen Sie bitte zu jedem einzelnen Punkt, ob dies Sie bei der Arbeit
- nicht belastet
- etwas belastet
- ziemlich oder stark belastet."

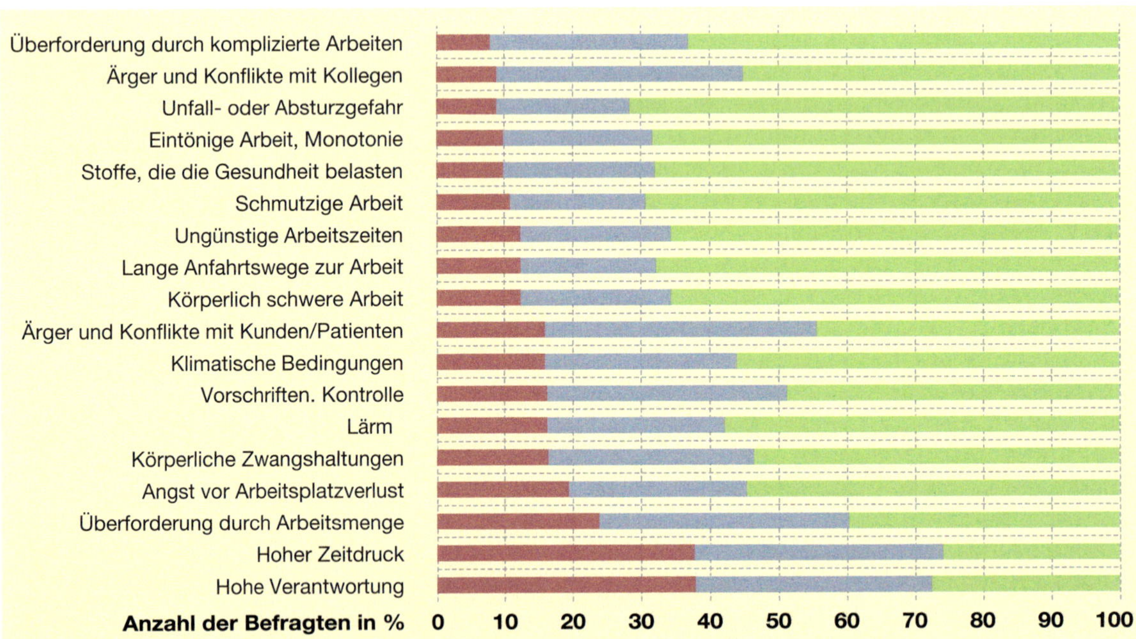

Ministerium für Wirtschaft und Arbeit NRW (Hrsg.): Arbeitswelt NRW 2004. Belastungsfaktoren – Bewältigungsformen – Arbeitszufriedenheit. Düsseldorf 2005, S.8, 9

M3 Sicherheit und Gesundheitsschutz beim Heben von Lasten

Aus der Lastenhandhabungsverordnung
§ 2 Maßnahmen
(1) Der Arbeitgeber hat … Maßnahmen zu treffen oder Arbeitsmittel … einzusetzen, um manuelle Handhabungen von Lasten, die … eine Gefährdung für Sicherheit und Gesundheit … mit sich bringen, zu vermeiden. …

Merkmale, aus denen sich eine Gefährdung … insbes. der Lendenwirbelsäule ergeben kann:
(1) … **zu handhabende Last**
1. ihr Gewicht, ihre Form und Größe,
2. die Lage der Zugriffsstellen,
3. die Schwerpunktlage und
4. eine unvorhergesehene Bewegung.

(2) … **zu erfüllende Arbeitsaufgabe**
1. die … Körperhaltung oder Körperbewegung
2. die Entfernung der Last vom Körper,
3. die durch das Heben, Senken oder Tragen der Last zu überbrückende Entfernung,
4. Ausmaß, Häufigkeit, Dauer des Kraftaufwandes,
5. die … persönliche Schutzausrüstung,
6. das Arbeitstempo … beim Arbeitsablauf und
7. die verfügbare Erholungs- oder Ruhezeit.

(3) … **Beschaffenheit des Arbeitsplatzes**
1. der in der Höhe zur Verfügung stehende Platz
2. der Höhenunterschied …
3. die Temperatur, Luftfeuchtigkeit und Zugluft,
4. die Beleuchtung,
5. die Rutschfestigkeit … der Standfläche,
6. die Bekleidung, insbesondere das Schuhwerk.

Nach **Lastenhandhabungsverordnung**, Stand 31.10.2006
www.gesetze-im-internet.de/bundesrecht/lasthandhabv/gesamt.pdf

M4 Ziele und Maßnahmen zum Arbeitsschutz

Arbeitsschutz

Kontrolle von Arbeitsschutzvorschriften, u.a.
- Gewerbeaufsichtsämter/Ämter für Arbeitsschutz (Überwachung der Einhaltung von Gesetzen im Umweltschutz, im technischen und sozialen Arbeitsschutz)
- Berufsgenossenschaften (technische Aufsichtsdienste: Arbeitsschutz, Vorbeugung durch Beratung und Information). Sie erlassen Unfallverhütungsvorschriften und Auflagen für Arbeitgeber.

Ziele
- Menschengerechte Gestaltung der Arbeit
- Vorbeugender Schutz vor arbeitsbedingten Gesundheitsgefahren
- Verhütung von Arbeitsunfällen

Sozialer Arbeitsschutz, insbes.
- Arbeitsschutzgesetz (siehe technischer Arbeitsschutz)
- Mutterschutzgesetz (schützt die schwangere Frau und die Mutter vor Kündigung, die Gesundheit der (werdenden) Mutter und des Kindes vor Gefahren am Arbeitsplatz
- Jugendarbeitsschutzgesetz (siehe S. 52)
- Arbeitszeitgesetz (soll Sicherheit und Gesundheitsschutz bei der Arbeitszeitgestaltung gewährleisten)

Technischer Arbeitsschutz, z. B.
- Arbeitsschutzgesetz nach Vorschriften der EU (zur Verbesserung von Sicherheit und Gesundheitsschutz bei der Arbeit)
- Arbeitsstättenverordnung (u. a. Einhaltung von sicherheitstechnischen, arbeitsmedizinischen und hygienischen Regeln)
- Betriebssicherheitsverordnung (z. B. Sicherheit und Gesundheitsschutz bei Arbeitsmitteln)
- Arbeitssicherheitsgesetz (Gesetz über Betriebsärzte und Fachkräfte für Arbeitssicherheit)
- Biostoffverordnung (Sicherheit und Gesundheitsschutz bei Tätigkeiten mit biologischen Arbeitsstoffen)
- Bundesimmissionsschutzgesetz (Schutz vor schädlichen Umwelteinwirkungen)

Arbeiten mit den Materialien

Zu **M1**
Beschreibt einen Arbeitsplatz im Beruf eurer Wahl. Nutzt dabei das Schaubild oben.

Zu **M2**
Wer deutet die Ergebnisse richtig?
A: Arbeitnehmer stört Monotonie wenig.
B: Knapp die Hälfte der Arbeitnehmer fühlt sich durch Lärm zumindest etwas belastet.

Zu **M4**
Begründet an einer Tätigkeit, was mit dem Arbeitsschutz erreicht werden soll, welche Maßnahmen ergriffen und wie diese kontrolliert werden.

Alles klar?

Arbeit, Beschäftigung und Berufsbildung im Wandel

1 Nenne jeweils zwei Gründe für die Bedeutung einer guten Ausbildung aus Sicht der
a) Betriebe
b) Beschäftigten.

2 Entwirf eine Stellenanzeige für eine integrierte Sachbearbeitung einer Kraftfahrzeugversicherung.

3 Welche Bedeutung hat integrierte Facharbeit für die Berufsbildung?

4 Erkläre am Beispiel deines Wunschberufs den Begriff Sozialkompetenz.

5 Was muss ein Berufstätiger können, wenn er handlungskompetent sein soll?

6 Nenne und begründe je zwei Vorteile der flexiblen Arbeitszeit für den
a) Betrieb
b) Arbeitnehmer.

7 Erläutere für einen Berufstätigen ein Problem durch die vom Betrieb geforderte flexible Arbeitszeit.

8 Erkläre den Zusammenhang zwischen Wirtschaftslage und Zahl der Ausbildungsplätze.

9 Welche Gruppen haben Probleme bei der Suche eines Ausbildungsplatzes und warum?

10 Führe drei Gründe dafür an, dass nur ein Teil der Betriebe ausbildet.

11 Begründe, warum Auszubildende nur zum Teil nach der Ausbildung übernommen werden.

12 Warum sind Verdienste in Berufen unterschiedlich?

13 Was kannst du tun, um einen gut bezahlten Beruf zu erreichen? Berücksichtige die Tabelle rechts.

Arbeitsbedingungen, Arbeitsschutz und Entgelt

14 Wodurch kann Arbeit belastend sein? Ziehe dazu M2 auf S. 54 heran:

15 Nenne zwei Ziele des Arbeitsschutzes.

16 Erkläre an einem Beispiel, wie Arbeitsbelastungen durch technische Maßnahmen verringert werden können.

17 Begründe die Bedeutung des Mutterschutzgesetzes für den sozialen Arbeitsschutz.

18 Begründe das Verbot von Akkordarbeit für Jugendliche.

19 Begründe Ausnahmen vom Verbot der Wochenendbeschäftigung für Jugendliche.

20 Nimm Stellung:
a) Ist es gerechtfertigt, Arbeit, für die eine Ausbildung erforderlich ist, besser zu bezahlen als eine angelernte Tätigkeit?
b) Wonach sollte die Höhe des Arbeitsentgelts ausgerichtet sein?
c) Erklärt den Zusammenhang zwischen Schulabschluss und Höhe des Nettoeinkommens.

Schulabschluss und Einkommen

Monatliches Nettoeinkommen* hatten … Prozent der Erwerbstätigen mit …

Schulabschluss \ Euro	unter 900	900 bis 1300	1300 bis 2000	2000 bis 3200	3200 und mehr
Haupt- und Volksschulabschluss	29	24	32	12	3
Realschul- oder gleichwertiger Abschluss	30	22	29	14	5
Fachhochschul- bzw. Hochschulabschluss	19	14	26	25	16

*Alle Einkommensarten, z.B. auch Zinsen, Kindergeld, neueste verfügbare Zahlen

Stat. Bundesamt: Befragung unter Erwerbstätigen, Mikrozensus 2002, Wiesbaden, Sept. 2003

Projekt: Berufswahl

1 Blickpunkt Ausbildungsplatz

In den letzten Schuljahren habt ihr euch bereits mit der Berufswahl befasst. Es ging um
- eure Voraussetzungen und Interessen
- Erkundungen der Arbeitswelt und evtl.
- ein Betriebspraktikum, vielleicht auch schon
- den Besuch des BIZ und der Berufsberatung.

Ihr wisst, dass eure Chancen bei der Berufswahl besonders von eurem Schulabschluss und dem Ausbildungsstellenmarkt abhängen.

Die Berufswahl und Ausbildungsplatzsuche bzw. die Wahl eines weiterführenden Bildungsgangs wird konkret. Bewerbungen sind angesagt.

Zuerst solltet ihr euch darüber klar werden, wo ihr im Prozess der Berufswahl steht.

▸ **Leitauftrag** Wo steht ihr im Berufswahlprozess? Was sind die nächsten Schritte?

B Auf einen Blick

Ihr schätzt euren Stand im Berufswahlprozess ein und überprüft eure Ziele.

Ihr schließt Lernvereinbarungen zu euren nächsten Schritten.

Ihr setzt euch vertieft mit Informationen und Erfahrungen zu eurem Wahlberuf auseinander.

Ihr bereitet Betriebs- und Praxistage bzw. ein (weiteres) Betriebspraktikum vor. Ihr plant das darauf bezogene schulische Lernen.

Ihr bereitet euch darauf vor, euch zu bewerben und vorzustellen.

Ihr lernt Eignungstests kennen und setzt euch mit Testsituationen auseinander.

2 Wie kann mein Berufswahlprozess unterstützt werden?

Für die Dokumentation der Aktivitäten zur Berufswahl empfehlen wir euch einen Berufswahlpass (siehe www.berufswahlpass.de).

Er bietet z.B. Hilfsmittel zur Weiterführung des Berufswahlprozesses. Dazu gehören

- die Beschreibung schulischer Maßnahmen in den Fächern und die Dokumentation von Ansprechpartnern für den weiteren Prozess
- die Darstellung eurer Entwicklung im Prozess der Berufswahl, bezogen auf ein Berufsfeld, mit Beschreibung der nächsten Schritte für die Berufswahl
- die Dokumentation von Leistungen, die für die Bewerbung bedeutsam sein können, z.B. PC-Führerschein, Mitarbeit in einer Schülerfirma, soziale Tätigkeit, Engagement im Sportverein.

Wer kann mich im Berufswahlprozess unterstützen?

Betriebe
- Informationen zu beruflichen und betrieblichen Anforderungen sowie Entwicklungsmöglichkeiten nach der Ausbildung anbieten
- Praktikumsplätze bereitstellen
- Betriebserkundungen ermöglichen
- Ausbildungsplätze anbieten

Ich selbst
- Über Angebote der Beteiligten informieren
- Beratung und Unterstützung organisieren
- Lernangebote der Schule nutzen, um berufliche und betriebliche Voraussetzungen zu erfüllen
- Betriebspraktika absolvieren
- Wissen über Berufs- und Arbeitswelt erwerben
- Berufliche Interessen und Vorstellungen entwickeln
- Berufliche Anforderungen mit Fähigkeiten vergleichen
- Für einen Ausbildungsberuf bzw. Bildungsgang entscheiden
- Schritte langfristig planen und rechtzeitig umsetzen

Gewerkschaften
- Informationen zu Berufen, Bewerbung, Ausbildung, Verdienst bereitstellen
- Rechte Auszubildender vertreten

Berufsinformationszentrum (BIZ)/Berufsberatung
- Informationen über Berufe vorhalten
- Medien und Beratung anbieten
- Entscheidung für Beruf bzw. Bildungsgang unterstützen
- Bei Ausbildungsproblemen beraten
- Berufswahltests durchführen
- Ausbildungsplatz bzw. Bildungsgang vermitteln
- Über Ausbildungsförderung informieren

Schule
- Wissenserwerb zur Berufs- und Arbeitswelt unterstützen
- Im Betriebspraktikum beraten und unterstützen
- Lernen in der Betriebspraxis und den Fächern verbinden
- Fachliche, soziale, persönliche, methodische und auf Lernen bezogene Fähigkeiten fördern
- Berufswahlprozess begleiten und fördern

Eltern/Freunde
- Über Berufs- und Arbeitswelt informieren
- Über Berufswahl und -erfahrungen berichten
- Entwicklung begleiten und Entscheidungen fördern
- Ausbildungsplatzsuche unterstützen

A Aufgaben

1 Wo stehst du im Berufswahlprozess? Dokumentiere den Stand schriftlich. Wenn du den Berufswahlpass hast, nutze diesen dafür.

2 Woran solltest du in nächster Zeit arbeiten? Wer kann dich dabei unterstützen? Nutze das Angebot der im Schema genannten Akteure. (Weitere Hilfen siehe M4, S. 68.)

3 Betriebs- und Praxistage – Lernen in Schule und Betrieb verbinden

In einem Teil der Schulen finden im 8. und/oder 9. Schuljahr an ein bis zwei Tagen in der Woche Praxistage in Betrieben statt, die das Schulpraktikum ersetzen oder ergänzend angeboten werden. Damit verbunden ist das Lernen in den Fächern an den anderen Tagen in der Schulwoche.

Neben WAT können grundsätzlich alle Fächer mit der Praxis verbunden werden, also Deutsch, Englisch, Mathematik, Biologie, Gesellschaftslehre/Politik, Religion …

Was bringt das?

ROMAN: „Beim wöchentlichen Praxistag im Malerbetrieb musste ich die gestrichenen Flächen aufmessen. Ich habe endlich begriffen, was mir in Mathe bisher schwer fiel. Ich weiß jetzt, wozu die Flächenberechnung gut ist."

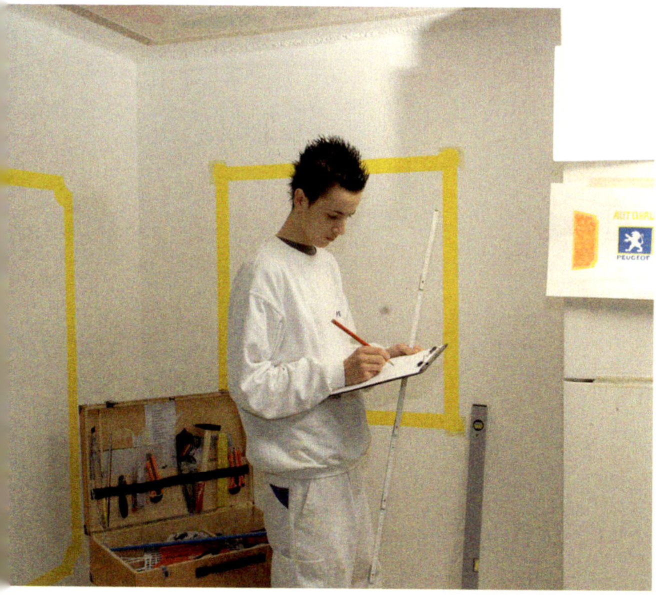

JAN: „Ich habe im Baumarkt gearbeitet. Bei Lampen kannte ich mich bald aus und habe auch Kunden beraten. Im Deutschunterricht schlug ich dann vor, in Rollenspielen Kundengespräche zu üben. Das hat Spaß gemacht, auch später, als ich das mit Kunden erprobte. Ich denke nun, Einzelhandelskaufmann liegt mir. Ich habe überlegt, ob das als Rollenspiel nicht auch auf Englisch wichtig wäre."

AILIEN: „Früher war mir egal, ob ich in der Schule zu spät kam. Im Betrieb wurde mir klar, warum Pünktlichkeit wichtig ist. Wenn einer fehlt, müssen die anderen für ihn mitarbeiten, Kunden warten. Ich habe jetzt auch begriffen, wie wichtig es ist, dass Schüler pünktlich zum Unterrichtsbeginn da sind."

MERLE: „Bisher haben die Lehrer oft gesagt: ‚Ihr lernt fürs Leben – also Lernen auf Vorrat.' Ich erstellte im Fach Deutsch eine Präsentation meiner Arbeit beim Tierarzt und führte diese vor. Jetzt kann ich Präsentationstechniken einsetzen."

Betriebs- und Praxistage zur Erkundung des Wahlberufes nutzen

Euer Zwischenstand bei der Entscheidung für einen Beruf könnte mit dem Anforderungsprofil eures Wunschberufes verglichen werden.

Dazu könnt ihr mit eurem Lehrer in Abständen Lernplanungsgespräche führen. Als Ergebnis der Lernberatung können Zielvereinbarungen über die nächsten Lernschritte getroffen werden. Schwerpunkte sind festzulegen, um Voraussetzungen zur Bewerbung zu erreichen. Auch die Berufsberatung sollte einbezogen werden.

Die Ergebnisse sind in Zeitabständen zu analysieren und ggf. neue Vereinbarungen zu treffen.

A Aufgaben

1 Wie schätzt ihr diese Art des Lernens ein? Worin unterscheidet es sich vom bisherigen Fachlernen?

2 Entwickelt eine Praxislernaufgabe. Nutzt die Methode Betriebs- und Praxistage (Folgeseite) und M2, M3, S. 67, 68.

3 Wie kann das Praxislernen die Berufswahl unterstützen?

4 Nehmt Stellung: „Meine Eltern sind der Meinung, dass mehr Unterricht in Deutsch und Mathe wichtiger ist, als zwei Tage in einem Betrieb zu arbeiten."

Methode Betriebs- und Praxistage

1 Darum geht es

Diese Praxislerneinheit ermöglicht euch das Kennenlernen von Berufen und der Arbeit im Betrieb. Sie ist auch eine andere Form des Unterrichts. Ihr nutzt gewonnene Praxiserfahrungen, um euch notwendiges Wissen in Verbindung mit Unterrichtsfächern anzueignen. Ihr erkennt eigene Interessen und Fähigkeiten und entwickelt Fertigkeiten. Diese Praxislerneinheit befähigt euch, die weitere Gestaltung der Berufswahl und Lebensplanung vorzunehmen.

2 So läuft eine Praxislerneinheit ab

Eine Praxislerneinheit kann sich beziehen auf praxisbezogene Projekte, ein Praktikum, Praxistage oder eine Betriebserkundung.
Zur Praxislerneinheit gehört die Vorbereitung, Durchführung und Auswertung der Praxiserfahrungen. Auch die Methoden Projektunterricht, Arbeitsplatzerkundung und Betriebspraktikum fließen mit ein.

Vorbereitung

- Auswahl des Betriebes als Praxislernort; Aspekte: Berufswunsch, Lernmöglichkeiten
- Eigene Interessen, Fähigkeiten und Fertigkeiten herausfinden
- Entwicklung von Zielen, die auf Fächer und den Wunschberuf bezogen sind
- Festlegen konkreter Praxislernaufgaben (siehe **M2**, **M3**, S. 67, 68) mit Handlungsschritten und Zeitplanung

Durchführung

- Persönliche Bildungsberatung zur Praxistätigkeit entsprechend Lernplan annehmen
- Umgang mit Konflikten üben (siehe Hinweise zum Konflikttraining auf dieser Seite)
- Praxiserfahrungen in der Schülergruppe reflektieren

Auswertung

- Präsentation der Lernergebnisse
- Bewertung nach dem persönlichen Lernplan (siehe auch Bewertungskriterien)
- Nachdenken über Bildungszuwachs, Schwächen, Stärken und Leidenschaften (siehe **M1**, S. 67)

Bewertungskriterien im Praxislernen

Die Bewertung gezeigter Fähigkeiten erfolgt durch Fremd- und Selbsteinschätzung. Beteiligt sind Ausbilder, Auszubildende, Lehrer und Schüler.

Was wird bewertet?

Lerneinstellung	Zuverlässigkeit
Selbstständigkeit	Konfliktfähigkeit
Urteilsfähigkeit	Interesse
Teamfähigkeit	Verhalten gegenüber Betreuern
Arbeitsqualität	Mappe
Tagesberichte	Präsentationen
Facharbeit	Berufswahlpass

Wie wird bewertet?

Bewertungsbogen/	Benotungsvorschläge
Punkte	- Betreuer
Abschlussgespräch	- (Fach-)Lehrer
schriftliche Bewertung	- Mitschüler
	Selbstbewertungsbogen

Konflikttraining im Rollenspiel

Bereitet euch auf das Verhalten in Konfliktsituationen im Rollenspiel vor. Wählt Rollenspieler aus: z.B. Praktikant, Betreuer, Lehrkraft.

Spielt eigene Konflikte oder orientiert euch an Folgendem:

1 An den Praxistagen muss ich immer dieselbe langweilige Arbeit machen.
2 Die Aufgaben sind zu schwer/zu leicht.
3 Der Betreuer ist komisch/aufdringlich.
4 Der Betrieb ist für mich nicht geeignet, weil …

Bedenkt bei der Rollenwahrnehmung als Praktikant: „Was kann ich zunächst selbst tun? Wann schalte ich die Lehrkraft ein?"

4 Bewerben und vorstellen

Ihr habt euch für einen oder mehrere Ausbildungsberufe entschieden? Nun beginnt die Bewerbung auf einen Ausbildungsplatz. Vielleicht habt ihr einige Extras aufzuweisen, die bei der Bewerbung hilfreich sein könnten, z.B. gute Bewertungen aus dem Praktikum, Mitarbeit in einer Schülerfirma ...

Wie finde ich Ausbildungsstellen?

- In Gesprächen mit Freunden, Eltern, Verwandten, Bekannten (der Eltern), Lehrern nach Ausbildungsstellen fragen. Vielleicht lassen sich „Beziehungen“ nutzen.
- Beim BIZ nachfragen.
- Im virtuellen Arbeitsmarkt der Bundesagentur für Arbeit suchen: www.arbeitsagentur.de ▸ Arbeit- und Ausbildungssuchende
- Kontakt zu Ausbildungsberatern der Kammern und zu Innungen aufnehmen.
- Bei Betrieben direkt anfragen, dazu Branchentelefonbuch und Internet nutzen.

- Ausbildungsstellenbörsen im Internet suchen, z.B.: www.ausbildungsplatz.de
- Ausbildungsstellenangebote in Zeitungen auswerten
- Schulische (Berufs-)Bildungsangebote prüfen.

Wie sollte ich mich bewerben?

- Kontakt aufnehmen: persönlich, brieflich, telefonisch, per E-Mail (siehe: www.machs-richtig.de ▸ Bewerbung ▸ Online_Bewerbung)
- Aussagefähige Bewerbungsunterlagen fehlerfrei gestalten (Zusammenarbeit mit dem Fach Deutsch); Interesse am Ausbildungsberuf und an der Ausbildungsstelle begründen. Dafür Informationen zum Betrieb auch aus der Website auswerten.

Was gehört zu den Bewerbungsunterlagen?

- Anschreiben mit Verzeichnis der Anlagen
- Lebenslauf
- Lichtbild mit Namen und Geburtsdatum
- letztes Zeugnis (Kopie)
- Bescheinigungen, z.B. über ein Praktikum, einen PC-Kurs, zur Mitarbeit in einer Schülerfirma ...

Auch dabei hilft die Website der Bundesagentur für Arbeit: www.machs-richtig.de ▸ Bewerbung ▸ Bewerbungsunterlagen

Wie wählen Betriebe Bewerber aus?

Zuerst erfolgt die Sichtung und Bewertung der Bewerbungsunterlagen. Neben Zeugnisnoten sind z.B. Angaben zu Fehlzeiten und Angaben im Berufswahlpass aufschlussreich. Danach wird entschieden, welche Bewerber in das weitere Verfahren einbezogen werden.

Oft kommen Testverfahren zum Einsatz. Teilweise werden diese (siehe Folgeseiten) zusammen mit dem Vorstellungsgespräch durchgeführt.

Zeitplaner

Bewerbungen durchführen:
- Großbetriebe, Handel, Banken
- Öffentlicher Dienst
- Kleinbetriebe (Handwerk, freie Berufe)

In Schulen anmelden:
- Gymnasium
- berufsbildende Schule

Ausbildungs- und Schulbeginn

August	September	Oktober	November	Dezember	Januar	Februar	März	April	Mai	Juni	Juli	August

Wie läuft die Vorstellung ab?

Im Vorstellungsgespräch versucht der Betrieb, sich ein Bild vom Bewerber zu machen, die Einstellung zur Arbeit sowie das Interesse am Beruf herauszufinden.

Bereitet das Vorstellungsgespräch gründlich vor.

- Informiert euch vor dem Gespräch über den Ausbildungsberuf und das Unternehmen. (Nutzt den Internetauftritt.)
- Welche Kleidung ist angemessen?
- Beantwortet im Gespräch die Fragen ehrlich und offen.
- Verdeutlicht euer Interesse, indem ihr selbst Fragen zur Ausbildung im Betrieb stellt.

Zusage erhalten, was tun?

Bald entscheiden; andere Betriebe, bei denen ihr euch beworben habt, informieren, damit dort Mitbewerber zum Zuge kommen können.

... und bei einer Absage?

Nicht verzweifeln! Das geht Vielen leider ebenso. Es gibt viele Mitbewerber, auch Glück gehört dazu! Telefonisch nach Gründen fragen, um daraus für zukünftige Bewerbungen zu lernen.

Was Mustafa gefragt wurde

Typische Fragen, die einem Bewerber zum Koch gestellt wurden:

Bewerbungsgründe

Warum möchten Sie Koch lernen?
Warum haben Sie sich bei uns beworben?
Was haben Sie für Vorstellungen vom Beruf?

Schule und beruflicher Werdegang

Wie kommen Sie mit Lehrern und Mitschülern aus?
Warum haben Sie im Fach ... eine schlechte/gute Note?
Haben Sie schon mal ein Praktikum in der Küche gemacht? Kochen Sie zu Hause?

Persönlicher und familiärer Hintergrund

Warum sollen wir gerade Sie einstellen?
Wir wollen Sie gerne kennen lernen, erzählen Sie uns etwas über sich!
Was sind Ihre Stärken/Schwächen?
Welche Hobbys haben Sie?

Gesundheit

Wie gewöhnt sind Sie körperliche Arbeit?
Sind Sie belastbar?
Haben Sie Lebensmittelallergien?

Allgemeinbildung

Wie heißt unser Bundeskanzler?
Wie viele Staaten hat die EU?
Wie stehen Sie zu ... (aktuelles politisches bzw. gesellschaftliches Thema, z.B. Klimapolitik)

Was Mustafa fragte

Kann ich einen Einblick in die Küche bekommen?
Könnte ich, wenn Sie mich in die engere Wahl ziehen, mal eine Schicht mitarbeiten?
Wie viele Auszubildende haben Sie?
Wie Sie wissen, kann ich wegen der Entfernung nicht zu Hause wohnen. Steht ein Personalzimmer zur Verfügung?

A Aufgaben

1 Interviewt Auszubildende zu Erfahrungen mit Bewerbungen und Vorstellungen. Entwickelt dafür einen Fragebogen.

2 Erprobt ein Vorstellungsgespräch im Rollenspiel. Personen: Personalchef/-in; Bewerber/-in. Nutzt dazu den Fragenkatalog für Mustafa. Passt ihn an euren Wahlberuf an.

5 Einsatz von Testverfahren

Wer zum Test eingeladen wird, gehört zum engeren Kreis der Bewerber - ein erster Erfolg!

Warum testen Unternehmen?

Sie wollen die Eignung eines Bewerbers feststellen. Die Interessen, Einstellungen und Lernvoraussetzungen sollen den Anforderungen entsprechen. Er soll auch von seiner Persönlichkeit her zum Unternehmen passen.

Ziele und Inhalte der Tests sind meist auf die Anforderungen der Berufsarbeit abgestellt.

Oft erhalten Ausbildungsbetriebe eine große Anzahl von Bewerbungen. Viele Bewerber bleiben unberücksichtigt, weil die Schulnoten nicht den Mindestanforderungen entsprechen. Alle anderen werden zum Test eingeladen, um in kurzer Zeit begründet auswählen zu können.

Schulnoten sagen den Personalchefs zu wenig über die Leistung aus. Sie sind auch zwischen Klassen wenig vergleichbar. Hinzu kommt, dass Berufsarbeit auch Voraussetzungen fordert, über die Noten nichts aussagen, z.B. räumliches Vorstellungsvermögen, handwerkliches Geschick und Teamfähigkeit.

Verschiedene Testarten

Berufs- und Leistungstests

- Wissenstests, z.B. Rechtschreibung, Grundrechenarten, Bruch- und Prozentrechnung
- Konzentrationstests, die Leistungen unter Zeitdruck, Ausdauer und Belastbarkeit testen

Intelligenztests

Diese berücksichtigen Stärken und Schwächen bei beruflichen Anforderungen, wie

- Sprachgefühl, z.B. Aufsatz schreiben zur Einschätzung der Ausdrucksfähigkeit
- logisches Denken
- räumliches Vorstellungsvermögen

Fertigkeitstests

z.B. Handgeschick beim Biegen einer Figur aus Draht. Arbeitsproben sagen auch etwas über Sorgfalt und Genauigkeit bei der Arbeit aus.

Persönlichkeitstests

verdeutlichen persönliche Eigenschaften. Manchmal wird ein Problem für eine Gruppe von Bewerbern zur Diskussion gestellt. Dabei soll das Verhalten des Einzelnen in der Gruppe beobachtet werden. Man nennt solche Eignungstests Assessmentcenter (assessment = Einschätzung, Bewertung). Die Beobachter schätzen ein, wie sich der Einzelne den anderen gegenüber verhält, wie aktiv er sich beteiligt, ob er den Gruppenführer spielt, ob er sich zurückzieht. Es erfolgt eine Bewertung zur Kommunikations- und Teamfähigkeit.

Tipps zu Eignungstests

- Gut ausgeschlafen sein, keine Aufputschmittel nehmen.
- Persönliches Arbeitstempo wählen. Ausnahme: Aufgaben, die ein hohes Tempo fordern.
- Lieber Aufgaben richtig lösen als alle bearbeiten. Meist sind nicht alle zu schaffen.
- Nicht an einer Aufgabe hängen bleiben, wenn sie nicht gelöst werden kann.
- Wer bei Aufgaben, bei denen Zutreffendes anzukreuzen ist, keine richtige Antwort weiß, sollte auf gut Glück ankreuzen.

Grenzen von Testergebnissen

Testergebnisse gelten nur für die Fähigkeiten, welche die Testaufgaben messen können. Damit wird wenig über Charaktereigenschaften ausgesagt, z.B. Hilfsbereitschaft.

Getestet wird der jeweilige Entwicklungsstand. Bei Jugendlichen können sich Kenntnisse, Fertigkeiten und Fähigkeiten schnell verändern.

Die Ergebnisse ermöglichen Hinweise darauf, woran der Einzelne noch arbeiten muss. Deshalb solltet ihr bei Absagen nach dem Grund fragen.

▲ Assessmentcenter für eine Ausbildungsstelle zum Mediengestalter/-in

A Aufgaben

1 Befragt Auszubildende zu ihren Erfahrungen mit Tests.

2 Beurteilt folgende Fälle in Gruppenarbeit:

A: NADINE wird zum Eignungstest eingeladen. Am Abend vorher hat sie Lampenfieber und schläft dann schlecht. Die Eltern sagen: „Nimm dich zusammen!“ NADINE kann sich beim Test kaum konzentrieren. Dieser besteht auch aus Rechtschreibung und Mathematik. Später erfährt sie, dass sie da viele Fehler machte. In der Schule hatte sie gute Noten. DENNIS, ein unbekümmerter Typ, der in Rechtschreibung und Mathematik eine „3“ hat, bekam den Ausbildungsplatz.

B: Klassentreffen nach 20 Jahren:
„Hallo JONAS, dich kennt man ja kaum wieder“, begrüßt ihn SILVIA. „Ja, mir geht´s prima. Hab einen interessanten Job als Werkleiter. ... Ich bekam nach dem 10. Schuljahr den Dreh und bin später Ingenieur geworden.“
„Kaum zu glauben“, denkt Lehrer SCHMUDE. „Ein guter Schüler war der wirklich nicht. Nach dem 10. Schuljahr bekam er keine Ausbildungstelle und ist weiter zur Schule gegangen.“

3 Bereite dich auf Eignungstests vor. Löse die folgenden Beispielaufgaben aus Tests oder suche solche im Internet; Suchbegriffe: Eignungstest, Berufseignungstest.

6 Beispielaufgaben zu Eignungstests

A1 Teste dein Wissen

Rechnen

Für zwei Textaufgaben hast du 7 Minuten Zeit.

1. Die Maße eines Hohlraumes betragen 4 m Länge, 20 cm Breite und 15 cm Höhe. Wie viel Kubikdezimeter hat der Hohlraum?

2. Ein Seil von 90 m Länge ist so zu zerschneiden, dass das eine Stücke $\frac{2}{3}$ der Länge des anderen beträgt. Wie lang ist das kürzere Stück Seil?

Hinweis: Alle Lösungen stehen auf S. 352

Rechtschreibung

Welche Schreibweise ist richtig?

Beispiel: a) Stadtverkehr b) Stattverkehr

Lösung: a)

1	a) entgültig	b) endgültig
2	a) Alphabet	b) Alfabeth
3	a) Ökonnomie	b) Ökonomie
4	a) Achzig	b) Achtzig
5	a) Kläranlage	b) Kleranlage
6	a) Einchecken	b) Einjecken
7	a) schmincken	b) schminken

A2 Teste deine Konzentration

Karteikarten sortieren

Ordne die Kundennamen den Karteikästchen zu. In der Abbildung siehst du ein Karteikastenschema. Nenne für jeden Kundennamen die Nummer des Karteikastens, in den der Name eingeordnet werden muss.

1. Michels **2.** Rosenberg **3.** Luetgen
4. Bschorden **5.** Slevgat **6.** Paetzold
7. Glimmer **8.** Klatten **9.** Mylental

Aa–Al 1	Am–Az 2	Ba–Bi 3	Bj–Br 4	Bs–Bz 5
Ca–Cza 6	Da–Dk 7	De–Dz 8	Ea–Ek 9	El–Ez 10
Fa–Fr 11	Fs–Fz 12	Ga–Go 13	Gp–Gz 14	Ha–Hj 15
Hk–Hz 16	Ia–Iz 17	Ja–Jz 18	Ka–Ko 19	Kp–Kz 20
La–Le 21	Lf–Lz 22	Ma–Me 23	Mf–Mo 24	Mp–Mz 25
Na–Nk 26	Nl–Nz 27	Oa–Oz 28	Pa–Pp 29	Pr–Pz 30
Qua–Quz 31	Ra–Rz 32	Sa–Si 33	Sj–Ss 34	St–Sz 35
Ta–Ti 36	Tj–Tz 37	U–V 38	Wa–Wz 39	X–Y–Z 40

Buchstaben durchstreichen

Alle d, die zwei Striche haben, müssen durchgestrichen werden.

Dabei geht es um folgende **d**: d̈ ḍ̇ d̤

d, die mehr oder weniger als zwei Striche haben (oben/unten), dürfen nicht durchgestrichen werden, ebenso wenig wie alle b und q.

Für folgende Zeilen hast du 2 Minuten Zeit.

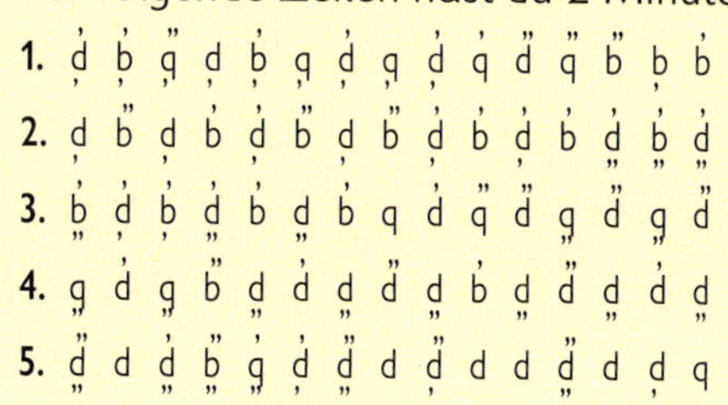

Rechenkonzentration

Bei folgenden Aufgaben wird die obere Zeile zuerst ausgerechnet. Das Ergebnis darf nicht aufgeschrieben werden, sondern muss „im Kopf behalten" werden. Nun ist die untere Zeile auszurechnen und auch dieses Ergebnis zu merken. Jetzt gilt die folgende Regel: Stets ist die kleinere Zahl von der größeren abzuziehen, und nur dieses Ergebnis ist aufzuschreiben. Es dürfen keine Nebenrechnungen aufgeschrieben oder sonst irgendwelche Notizen gemacht werden.

Beispiel: $2 + 8 - 7$
$4 + 5 - 2$

Lösung: 4

Obere Zeile: Ergebnis 3
Untere Zeile: Ergebnis 7
$7 - 3 = 4$
Nur die 4 darf als Lösung hingeschrieben werden.

Für die folgenden 4 Aufgaben hast du Sie zwei Minuten Zeit:

a) $5 - 2 + 9$
$4 + 8 + 6$

b) $9 - 5 + 7$
$4 + 3 + 6$

c) $2 + 8 - 7$
$6 - 5 + 9$

d) $8 - 3 + 7$
$9 - 5 + 3$

Genaues Beobachten
Schau doch bitte mal diese drei Gesichter genauer an.

Zwei sind gleich, das dritte unterscheidet sich von den beiden anderen deutlich in einem Detail (Veränderung, Hinzufügung, Weglassung). **Lösung:** b (der Mund)

Löse in 1 Minute möglichst viele Aufgaben.

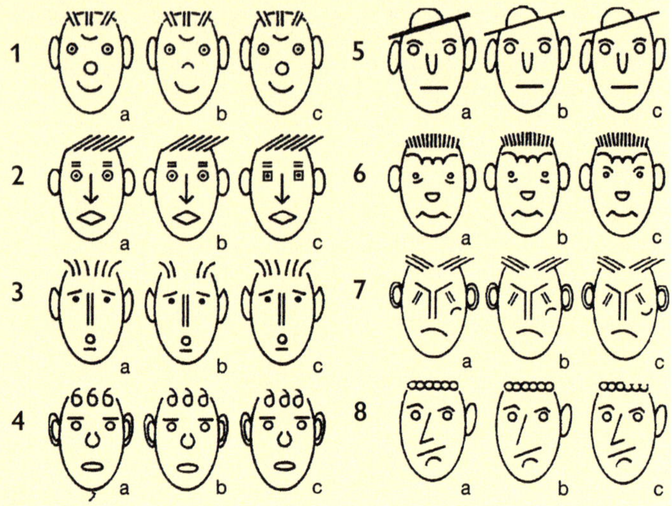

A3 Teste dein logisches Denkvermögen

Wortbedeutungen
Hier geht es darum, Wörter zu finden, die in der Bedeutung ähnlich bzw. gleich sind.

Beispiel: **Fahrzeug**
a) Karre
b) Feuerzeug
c) Flugzeug
d) Zeughaus
e) Automobil
f) Roller

Lösung: e)

Für zwei Aufgaben hast du 1 Minute Zeit.

1. absurd
a) Theater
b) ungeschickt
c) abstrakt
d) unverständlich
e) widersinnig

2. Delikt
a) Delikatesse
b) Vergehen
c) Überbleibsel
d) Beschlagnahme
e) Gerichtsverhandlung

Wortverhältnisse
In den folgenden Sätzen fehlen jeweils das Anfangs- und das Endwort. Deine Aufgabe ist es, die Sätze mithilfe der aufgeführten Lösungsvorschläge so zu ergänzen, dass sie einen logischen Sinn erhalten.

Beispiel:
… verhält sich zu groß wie Maus zu …

1 Fernsehen	A hässlich
2 Elefant	B klein
3 Zeitung	C voll
4 Tasche	D langsam

Nur die Wörter „Elefant“ und „klein“ ergänzen den Satz sinnvoll. Die richtige **Lösung** ist 2B.

Für zwei Aufgaben hast du 2 Minuten Zeit.

a) … verhält sich zu faul wie tapfer zu …

1 dumm	A treu
2 fleißig	B feige
3 sorgsam	C schwach
4 fett	D mutig

b) … verhält sich zu Neujahr wie Nacht zu …

1 Weihnachtsfest	A Zeit
2 Silvester	B Sterne
3 Jahresende	C Morgen
4 Anfang	D Tag

Nach: **Wirtschaftswoche**
Januar 1996

7 Weiterführendes Material

M1 Der Kompetenzstern zur persönlichen Einschätzung

❶ Wie gut ist es dir gelungen, Menschen am Praxisplatz anzusprechen?
❷ Wie gut hast du die Aufgabenstellung verstanden?
❸ Wie selbstständig hast du die Aufgaben gelöst?
❹ Wie hoch war deine Motivation?
❺ Wie viel Neues hast du erfahren?
❻ Wie kreativ warst du bei der Arbeit?

Nach **Andrea Griese-Pelikan** (Hrsg.):
Projektverbund Praxislernen
Handreichung zum Praxislernen, S. 22 ff.
www.praxislernen.de/handreichung.pdf

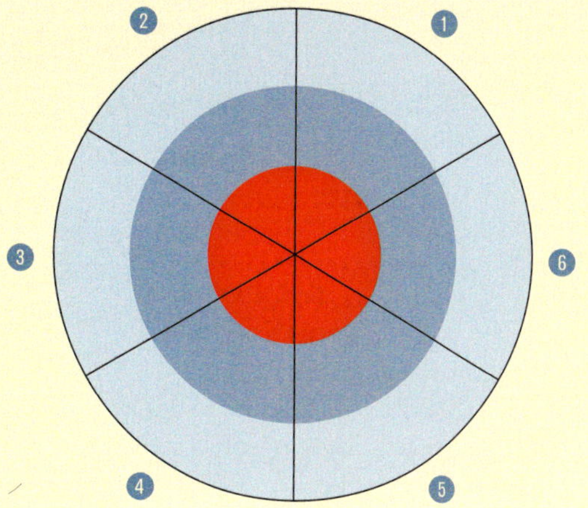

M2 Beispiele für Fragestellungen zur Entwicklung von Praxislernaufgaben

Praxisplatz: Baumarkt
- Wie groß ist die Verkaufsfläche?
- Fertige eine Skizze an, woraus Verkaufsfläche, Lager, Aufenthaltsräume u.a. hervorgehen!
- Welche Abteilungen hat der Baumarkt?
- Welche sind seine Lieferanten?
- Welche Fähigkeiten benötigen Verkäufer?
- Was ist beim Umgang mit Kunden wichtig?
- Wähle zwei Bedienungsanleitungen aus und teste sie auf ihre Verständlichkeit!
- Ermittle das Jahreseinkommen eines Kaufmanns/einer Kauffrau im Einzelhandel. Reicht es aus, um die Kosten einer dreiköpfigen Familie zu decken?

Praxisplatz: Friseur
- Welche Dienstleistungen werden angeboten?
- Kommen die Kunden mit festen Vorstellungen zum Friseur oder erwarten sie eine Beratung? Unterscheidet es sich bei Männern und Frauen?
- Was ist beim Haarschneiden kleiner Kinder zu beachten?
- Wie viel Wasser/Strom verbraucht der Salon im Monat? Welche Kosten entstehen dadurch?
- Welche unterschiedlichen Haarpflegemittel werden benutzt? Wodurch wirken sie? Welche Fähigkeiten benötigen Friseure?

Praxisplatz: Fahrradwerkstatt
- Was ist beim Fahrradkauf zu beachten?
- Wofür werden welche Fahrradtypen genutzt?
- Wie entwickelt sich die Auftragslage im Verlauf eines Jahres? Begründet!
- Das Licht am Fahrrad funktioniert nicht mehr. Wie lässt sich die Ursache herausfinden?
- Welche Werkzeuge werden benötigt?
- Wie wird eine Fahrradreparatur kalkuliert?
- Welche Arbeitsschutzbestimmungen gibt es?
- Was bedeutet das Fahrrad als Verkehrsmittel?

Praxisplatz: Malerbetrieb
- Was ist eine Grundierung?
- Berechne die Fußbodenfläche eines Raumes. Wie viel m^2 Teppichboden werden benötigt?
- Wie viel Verschnitt werden einkalkuliert?
- Welche Fähigkeiten benötigen Maler?
- Welche Stoffe im Teppichkleber können gesundheitsschädlich sein? Wie kann sich das auf den menschlichen Organismus auswirken?

Nach **Andrea Griese-Pelikan** (Hrsg.):
Projektverbund Praxislernen
Handreichung zum Praxislernen, S. 72–76
www.praxislernen.de/handreichung.pdf

M3 Beispiele für Aufgaben an Praxislernplätzen

Im Altenheim
Beschreibe typische Alterskrankheiten und deren Symptome (z.B. Alzheimer, Diabetes).

In der Bäckerei
„Vom Korn zum Brot“: Fertige eine Bildfolge an, aus der hervorgeht, wie Brot entsteht.

In der Kindertagesstätte
Wähle ein Kind aus der Gruppe aus und fertige ein ausführliches Porträt dieses Kindes an. Beschreibe sein Verhalten für den Zeitraum deines Aufenthalts am Praxislernort.

Im Kosmetik-Studio
Erstelle einen werbewirksamen Flyer für das Angebot des Kosmetikstudios.

In der Textildruckerei
Entwirf ein Schullogo, mit dem Schul-T-Shirts bedruckt werden können. Fertige eine fachgerechte Druckvorlage an. Berechne, wie viel eine Bestellung für alle Schüler kosten würde. Berücksichtige unterschiedliche Qualitäten.

In der Zoohandlung
Erkundige dich bei einem Tierhalter über das Zusammenleben mit seinem Haustier und schreibe eine Reportage. Entwirf dafür eine Zeitungsseite. Verwende auch Fotos dazu!

Nach **Andrea Griese-Pelikan (Hrsg.)**:
Projektverbund Praxislernen
Handreichung zum Praxislernen, S. 77
www.praxislernen.de/handreichung.pdf

M4 Quellen für Informationen zum Berufswahlprozess

- **Bundesinstitut für Berufsbildung:**
  Sammlung von bewerteten Internetangeboten zum Thema „Ausbildung und Berufswahl“.
  www.bibb.de/ausbildungsinfos-online.htm
- **Industrie- und Handelskammern/ Handwerkskammern**
  Internetangebote; Verzeichnis ausbildender Unternehmen, Ausbildungsberater
  www.dihk.de ▸ IHK-Finder
  www.zdh.de ▸ Handwerksorganisationen ▸ Handwerkskammern
- **Gewerkschaften**
  DGB und Einzelgewerkschaften wie IG Metall. Infos über Berufe und Rechte Auszubildender.
  www.dgb.de ▸ Gewerkschaften
- **Arbeitgeberverbände**
  Beispiele: Gesamtmetall mit Infos zu Berufen der Metall- und Elektroindustrie
  www.MEberufe.info und www.it-berufe.de
- **Wirtschaftsgesellschaft des Kraftfahrzeuggewerbes** mit Infos zu Berufen rund um das Auto
  www.autoberufe.de
- **Bundes-/Landesministerien für Schule/Bildung**
  www.bildungsserver.de ▸ Landesbildungsserver
  z.B. Infos zu neuen Ausbildungsberufen
  www.neue-Ausbildungsberufe.de

Arbeiten mit den Materialien

Zu M1

Schätze deine Arbeit am eigenen Praxisplatz ein. Nutze dazu das Schema (Kompetenzstern) wie unter M1. Setze Kreuze in die jeweils passenden Segmente. Beachte dabei das Prinzip der Zielscheibe: „Je weiter nach innen, desto besser.“

Zu M2 und M3

Entwirf Fragestellungen zu dem Betrieb, in dem du Praxis erlebst. Nutze die Beispiele für Anregungen. Entwickle eine Aufgabe, die du vertieft bearbeiten möchtest. Überlege, von welchem Fach du Unterstützung benötigst.

Berufliche Ausbildung und Weiterbildung

1 Ausbildungsplatz oder weiter zur Schule?

Für einen Teil von euch ist schon klar, wie es nach der Schule weitergeht, bei anderen ist es noch offen. Es gibt verschiedene Wege:

- die duale Ausbildung durch Betrieb und Schule
- berufsqualifizierende Bildungsgänge im Vollzeitunterricht an einer berufsbildenden Schule
- berufsvorbereitende Bildungsgänge an der beruflichen Schule, an die eine Berufsbildung anschließen kann. Teilweise ist dadurch ein zusätzlicher Bildungsabschluss möglich.
- In diesem Kapitel erfahrt ihr mehr darüber – auch, welche Bedeutung Weiterbildung besitzt.

▸ **Leitauftrag** Teilt die angestrebten Bildungsgänge der Jugendlichen ein nach Abschlussarten

- berufsqualifizierend
- berufsvorbereitend und
- weiterführend allgemeinbildend

B Auf einen Blick

Ihr unterscheidet Berufsbildungsgänge nach Voraussetzungen und Abschlüssen.

Ihr versteht Aufgaben von Schule und Betrieb bei der Ausbildung.

Ihr erklärt die Bedeutung von Rechten und Pflichten in der Berufsausbildung.

Ihr begründet die Bedeutung von Weiterbildung.

2 Berufliche Bildungsgänge in Betrieben und Oberstufenzentren

Eure Möglichkeiten nach der allgemeinbildenden Schule hängen vom erreichten Schulabschluss, den eigenen Interessen und dem Angebot an qualifizierten Ausbildungsstellen ab. Dazu könnt ihr eine berufsbildende Schule besuchen. Sie heißt in Brandenburg Oberstufenzentrum.

Berufsschule (BS) im dualen System

Sie ist für Auszubildende, die eine Berufsausbildung (siehe Folgeseite) absolvieren. Die BS vermittelt allgemeinbildende und berufsbezogene Ziele. Die Ausbildung in Schule und Betrieb dauert 2 bis 3 ½ Jahre. Der Abschluss kann als gleichwertig mit einem allgemeinbildenden Abschluss anerkannt werden.

Berufsfachschule (BFS)

Die Berufsbildung findet in der Schule statt, schließt aber Praktika ein. Wichtige Formen sind die

- einjährige BFS; vermittelt Berufsgrundbildung
- zweijährige und dreijährige BFS, die teilweise (mit Praktika) einen Berufsabschluss ermöglicht, z.B. Assistent für Tourismus. Der Sekundarabschluss oder der erweiterte Sekundarabschluss I sind möglich.

Berufsvorbereitende Maßnahmen

Die Berufsvorbereitung bietet die Chance, erste berufliche Kenntnisse und Fertigkeiten zu erwerben. Durch die Teilnahme am arbeits- und lebensweltbezogenen Unterricht können schulische Defizite ausgeglichen und Kompetenzen erworben bzw. vertieft werden. Es besteht die Möglichkeit, einen Schulabschluss nachzuholen.

Fachoberschule

In verschiedenen Fachrichtungen kann die Fachhochschulreife erlangt werden. Die Ausbildung dauert mit mittlerem Bildungsabschluss zwei Jahre, nach der Berufsausbildung ein Jahr.

Fachschulen

Sie bieten Fachkräften mit abgeschlossener Berufsausbildung und Erfahrungen Abschlüsse, die sie für Führungsaufgaben befähigen. Daneben kann die Fachhochschulreife erworben werden.

Berufliches Gymnasium

Schüler mit gutem mittlerem Bildungsabschluss können in drei Jahren die allgemeine Hochschulreife erlangen. Nach Fachrichtungen, z.B. Technik, ist der Unterricht differenziert.

Mehr zu den beruflichen Bildungsgängen

Land Brandenburg, Ministerium für Bildung, Jugend und Sport:
Nach dem zehnten Schuljahr
Berufliche Schulen –
Gymnasiale Oberstufe –
Zweiter Bildungsweg
www.mbjs.brandenburg.de ▸ Vorschriften/ Publikationen ▸ Publikationen ▸ Nach dem zehnten Schuljahr
Eine Übersicht über berufliche Bildungsgänge in Brandenburg findet ihr unter www.mbjs.brandenburg.de ▸ Bildung ▸ Berufliche Bildungsgänge

A Aufgaben

1 Was schlagt ihr in folgenden Fällen vor?
a) MIRKO hat keinen Sekundarabschluss und noch kaum Ideen zum Beruf.
b) ALEX hat den erweiterten Sekundarabschluss I. Er fand keine Ausbildungsstelle.

2 Informiert euch über regionale Möglichkeiten einer vollzeitschulischen Berufsbildung.

3 Informiert euch über Weiterbildungsmöglichkeiten nach dem Berufsabschluss.

3 Mareike erhält eine Berufsausbildung im dualen System

Ein Gespräch zwischen der Ausbildungsleiterin von Textil MOHR, Frau Pukies, und Mareike

MAREIKE: „Ich bin so happy. Endlich einen Ausbildungsplatz als Verkäuferin – und dann hier!"
PUKIES: „Du hast im Betriebspraktikum gezeigt, dass dir Verkaufen liegt. Du bist kontaktfähig und freundlich, du passt zu uns!"
MAREIKE: „Können Sie mir mehr zur Ausbildung bei Ihnen sagen?"
PUKIES: „Du lernst hier im Betrieb und in der Berufsschule. Dieses Zusammenwirken der Lernorte heißt duales System. In unseren Abteilungen geht es vorwiegend um den Erwerb berufspraktischer Fähigkeiten, also z.B. zum Bekleidungssortiment, Umgang mit Kunden. Mehr steht im Ausbildungsberufsbild." (Siehe rechte Spalte.)
MAREIKE: „Was läuft in der Berufsschule?"
PUKIES: „Dort geht es stärker um die systematische Vermittlung beruflichen Handlungswissens, z.B. zur Preiskalkulation und zu Verkaufsgesprächen. Du hast auch noch allgemein bildenden Unterricht, z.B. zu politischen Themen.
Die Berufsschule soll ihren Unterricht an Anforderungen beruflicher Arbeit orientieren. Diese kommen in den Lernsituationen zum Ausdruck. Gemeinsames Ziel für Schule und Betrieb ist, dass du lernst, selbstständig zu handeln. Du sollst auch auf die Weiterbildung vorbereitet werden.
Der Unterricht findet an 1 bis 2 Tagen pro Woche oder im Block statt. Betrieb und Schule wirken bei der Ausbildung zusammen. Die Schule lädt uns Ausbilder zu Absprachen ein."

Überbetriebliche Ausbildung

Nicht alle Betriebe können für die Breite eines Berufes ausbilden. Sie fassen Auszubildende für bestimmte Teile der Ausbildung in überbetrieblichen Ausbildungsstätten zusammen oder bilden im Verbund mit anderen Betrieben aus.
Weil Ausbildungsstellen fehlen, bilden auch Berufsschulen in Verbindung mit Praktika vollqualifizierend aus (siehe BFS, Vorseite).

Aus der Verordnung über die Berufsausbildung Verkäufer/Verkäuferin (Jahr: 2004)

... Die Fertigkeiten und Kenntnisse sollen im Betrieb so vermittelt werden, dass sie Auszubildende zur qualifizierten beruflichen Tätigkeit befähigen, die selbstständiges Planen, Durchführen und Kontrollieren einschließt. ...

§ 8 Ausbildungsberufsbild (Auszug)

(1) Gegenstand der Berufsausbildung sind:
1. Der Ausbildungsbetrieb:
1.1 Bedeutung und Struktur des Einzelhandels
1.2 Stellung ...am Markt
1.3 Organisation des Ausbildungsbetriebes
1.4 Berufsbildung, Personalwirtschaft, arbeits- und sozialrechtliche Vorschriften
1.5 Sicherheit und Gesundheitsschutz ...
1.6 Umweltschutz
2. Information und Kommunikation:
2.1 Informations-, Kommunikationssysteme
2.2 Teamarbeit, ... Arbeitsorganisation
3. Warensortiment
4. Grundlagen von Beratung und Verkauf: ...
4.1 kunden- und dienstleistungsorientiertes Verhalten
4.2 Kommunikation mit Kunden
4.3 Beschwerde und Reklamation
5. Servicebereich Kasse ...
6. Marketinggrundlagen ...
7. Warenwirtschaft ...
7.3 Wareneingang, Warenlagerung
8. Grundlagen des Rechnungswesens ...

Diese Fertigkeiten und Kenntnisse sind im Ausbildungsplan aufzunehmen und zu vermitteln.

Nach:
Bundesministerium für Wirtschaft und Technologie:
www.bmwi.de Ausbildung und Beruf
▶ Ausbildungsberufe ▶ Verkäufer

Lernfelder des Rahmenlehrplans
Diese enthalten die Ziele und Inhalte der Berufsschule für den Unterricht in Lernsituationen.

1 Das Einzelhandelsunternehmen repräsentieren
2 Verkaufsgespräche kundenorientiert führen
3 Kunden im Servicebereich „Kasse" betreuen
4 Waren präsentieren
5 Werben und den Verkauf fördern
6 Waren beschaffen
7 Waren annehmen, lagern und pflegen
8 Geschäftsprozesse erfassen und kontrollieren
9 Preisgestaltung vorbereiten und durchführen
10 Besondere Verkaufssituationen bewältigen
11 Geschäftsprozesse erfolgsorientiert steuern
12 Mit Marketingkonzepten Kunden gewinnen ...
13 Personaleinsatz planen und Mitarbeiter führen
14 Ein Einzelhandelsunternehmen leiten ...

Nach **KMK:** Rahmenlehrplan Kaufmann im Einzelhandel/ Kauffrau im Einzelhandel, Verkäufer/Verkäuferin v. 17.06.2004, S. 8, www.kmk.org/beruf/home.htm ▶ Rahmenlehrpläne ▶ KMK-Download „Rahmenlehrpläne"

Der Berufsausbildungsvertrag
Er ist der Kammer vor der Ausbildung einzureichen. Diese prüft, ob der Betrieb geeignet ist und ausbilden darf. Die Ausbildungsberater der Kammern sollen die Betriebe beraten und kontrollieren. Im Schnitt wird jeder fünfte neu abgeschlossene Ausbildungsvertrag vorzeitig gelöst.
Die Ausbildung endet mit der **Prüfung**. Sie wird vor einem Prüfungsausschuss der Kammer abgelegt. Nur 4 % der Auszubildenden bestehen die Prüfung auch in der Wiederholung nicht.

Inhalte des Berufsausbildungsvertrages
- Namen und Anschriften der Vertragspartner
- Bezeichnung des Ausbildungsberufs
- Dauer der Ausbildung
- Ausbildungsmaßnahmen außerhalb der Ausbildungsstätte
- Dauer der täglichen Ausbildungszeit
- Dauer der Probezeit
- Höhe der Ausbildungsvergütung
- Zahl der Urlaubstage je Ausbildungsjahr
- Sonstiges (z.B. ein Hinweis auf Tarifverträge)
- Unterschriften der Vertragspartner

Gesetzliche Rechte und Pflichten von Ausbildenden und Auszubildenden siehe **M1**, S. 75.

A Aufgaben

1 Nennt Merkmale des Berufsausbildungssystems.

2 Welche Vorteile hat es, dass die Berufsbildung durch Gesetze und Verordnungen geregelt ist?

3 Beschreibt die Aufgaben des Betriebs und der Schule bei der Ausbildung.

4 Befragt Auszubildende zu ihren Erfahrungen in Schule und Betrieb. Entwickelt dazu Fragen.

5 Nehmt Stellung:
A: „Viele Betriebe richten die Ausbildung zu sehr auf eigene Interessen aus. Sie berücksichtigen zu wenig die von Auszubildenden. Darunter leidet die Qualität."
B: „Die Ausbildung in der Schule führt nicht immer zur Handlungsfähigkeit im Betrieb."

6 Nennt Gründe dafür, dass die Inhalte des Berufsausbildungsvertrages vorgegeben werden.

7 Besorgt euch ein Formular eines Berufsausbildungsvertrags (z.B. DIHT:
www.dihk.de ▶ Aus- und Weiterbildung ▶ Ausbildung ▶ Musterverträge).
- Welche Punkte werden darin geregelt?

8 Lest im Berufsbildungsgesetz nach, welche Anforderungen an Ausbildungsbetriebe gestellt werden. Besorgt dazu vom BMBF: „Ausbildung und Beruf":
www.bmbf.de
▶ Service ▶ Publikationen
▶ Berufliche Bildung
sowie vom DGB:
www.dgb-jugend.de
▶ Ausbildung ▶ Dein Recht

9 Formuliert Erklärungen für die Begriffe: Auszubildender, Ausbildender und Ausbilder.

4 Probleme der Ausbildung in Betrieb und Schule

„Schwarzbuch Ausbildung"

In der öffentlichen Meinung steht die Vermittlung von Ausbildungsplätzen mehr im Vordergrund als die Qualität der Ausbildung, die mitentscheidend ist für die Wettbewerbsfähigkeit. Und die Qualität lässt vielfach arg zu wünschen übrig. Besonders betroffen sind Jugendliche im Einzelhandel und in Büroberufen. Auch in der Medienbranche sowie im Hotel- und Gaststättengewerbe treten gehäuft Probleme im Ausbildungsalltag auf. Auch Freiberufler, Ärzte und Rechtsanwälte werden als schwarze Schafe oft genannt. Ich schildere Beispiele aus der Beratungspraxis: Jaqueline, 19 Jahre, im 1. Lehrjahr zur Hotelfachfrau schreibt: „Vor Monaten habe ich die Ausbildung begonnen und bis jetzt noch keinen Ausbildungsvertrag gesehen. Meinen Eltern wurde von der IHK erklärt, dass mein Chef keine Lizenz besitzt, um mich auszubilden."

Ingrid Sehrbrock, Mitglied des Geschäftsführenden DGB-Bundesvorstandes, Pressekonferenz am 19. 05. 05 in Berlin www.dgb-jugend.de ▶ Pressemitteilungen ▶ Das Schwarzbuch Ausbildung und: ▶ Publikationen ▶ Broschüren ▶ „Schwarzbuch Ausbildung" sowie www.doktor-azubi.de

Ausbildungsreport 2006

Dieser bietet eine Übersicht der qualitativ besten Ausbildungsberufe. Wir zeigen auf, in welchen Branchen die Auszubildenden eine hochwertige Ausbildung erhalten – und wo es Mängel gibt. Die Qualität wird von denjenigen bewertet, die am besten wissen, unter welchen Umständen gelernt und gearbeitet wird – von den Auszubildenden selbst. Gefragt wurde u.a. nach:

- Einhaltung des Ausbildungsplans
- Verrichtung ausbildungsfremder Tätigkeiten
- Betreuung durch den Ausbilder
- Ausbildungszeiten und Überstunden
- fachlicher Qualität der Ausbildung im Betrieb und in der Berufsschule

Schlaglichter

Die Mehrzahl der Befragten (79 %) ist mit der Qualität des Berufsschulunterrichts zufrieden. 21 % beurteilen diese jedoch als eher schlecht, schlecht und sogar sehr schlecht. Besonders kritisiert werden die schlechte Ausstattung sowie das schlechte Lernklima.

DGB-Bundesvorstand (Hrsg.): Ausbildungsreport 2006, www.dgb-jugend.de/mediabig/6037A.pdf

A Aufgaben

1 Beurteilt die Fälle. Zieht dazu die Anforderungen an Ausbildungsbetriebe und die Pflichten der Auszubildenden und Ausbildenden aus dem Berufsbildungsgesetz, §§ 5; 13; 14; 27–33 (siehe **M1** S. 75), heran.

2 Besorgt euch das Schwarzbuch Ausbildung sowie den Ausbildungsreport des DGB. Sprecht an Beispielen über Konsequenzen für Auszubildende und Möglichkeiten zur Abstellung der Mängel durch Ausbildungsberater, Gewerbeaufsichtsamt, *Jugend- und Auszubildendenvertretung* und *Betriebsrat*.

5 Mit Weiterbildung berufliche Zukunft sichern

Viele *Arbeitsplätze* verändern sich grundlegend, andere fallen weg, neue entstehen. Wissen und Können veralten schneller als früher. Berufstätige müssen sich dem Wandel stellen und zur Weiterbildung oder Umschulung bereit und in der Lage sein. Mit lebenslangem (beruflichen) Lernen können sie ihre *Kompetenzen* entwickeln und sich Zukunftsberufe erschließen. Eine gute Ausbildung bereitet darauf vor.

Möglichkeiten der Weiterbildung

- Erweiterung/Vertiefung der beruflichen Handlungsfähigkeit durch Betriebswechsel
- Nutzung von Fachliteratur, des Internets
- Besuch von Fachmessen
- Weiterbildungsseminare, z.B. im Betrieb, von Kammern und Verbänden
- Fachschulen für Techniker/Fachwirte/Meister
- Erwerb der (Fach-)Hochschulreife und Studium

Vielfach schließt die Weiterbildung bereits an die Ausbildung bei der Einarbeitung an einem Arbeitsplatz an. Sie ist Voraussetzung für beruflichen Aufstieg. Oft ist damit eine interessantere, aber auch verantwortungsvollere Tätigkeit zu erreichen. Meist steigt auch der Verdienst.

In vielen Berufen ist die **Meisterprüfung** wichtig (2006: ca. 32125 Abschlüsse). In manchen Gewerken dürfen nur Meister einen Betrieb leiten, sich selbstständig machen und ausbilden. Auch sie müssen sich ständig fortbilden.

Für Bildungsgänge zur Meisterprüfung und zum Studium gibt es staatliche **Fördermaßnahmen**.

Einfach-Jobs gehen weiter zurück

Der Rückgang an Jobs für geringer qualifizierte Beschäftigte hält an:

2005: 22 %
1996: 33 %

der Beschäftigten. Die Tätigkeiten werden meist ersatzlos gestrichen oder höher qualifizierten zugeschlagen. Diesen Trend zu besseren Qualifikationen für den Arbeitsprozess können die Arbeitnehmer nur mit aktivem Einsatz für mehr Allgemeinbildung, Ausbildung und Weiterbildung beantworten.

IG-Metall (Hrsg.): Beschäftigung, Arbeitsmarkt, Qualifikation, Neueinstellungen, Ausbildung, Übernahme und Weiterbildung 2005. www.igmetall-wap.de/publicdownload/IAB_Betriebsp_2005_Metall.pdf

Die Arbeitsagentur fördert bei Arbeitslosigkeit nach dem Arbeitsförderungsgesetz die berufliche Weiterbildung und Umschulung.

Die Weiterbildung ist besonders wichtig für:

- nicht ausreichend oder falsch Qualifizierte
- Langzeitarbeitslose
- Berufsrückkehrer (z.B. nach Kinderbetreuung)
- Migranten.

Leider fehlen für Weitergebildete oft die Arbeitsplätze. Nicht immer sind Teilnehmer den Anforderungen der Weiterbildung gewachsen.

Teilnahme an beruflicher Weiterbildung

	1997	2003
Arbeiter	28 %	19 %
Angestellte	47 %	39 %
Beamte	60 %	59 %
Selbstständige	40 %	34 %

BMBF (Hrsg.): Ergebnisse der Repräsentativbefragung zur Weiterbildungssituation in Deutschland. Bonn 2005, S.34 www.bmbf.de/pub/berichtssystem_weiterbildung_9.pdf

A
Aufgaben

1 Begründet die Notwendigkeit beruflicher Weiterbildung (siehe auch S. 76). Berücksichtigt dabei die Arbeitssituation in eurer Region.

2 Vergleicht die Beteiligung an der Weiterbildung zwischen den Gruppen. Welche Probleme können besonders für Arbeiter entstehen?

3 Erkundet für euren Berufswunsch Weiterbildungs- und Aufstiegsmöglichkeiten. Ermittelt den Verdienst als Facharbeiter und Meister.

6 Weiterführendes Material

M1 Vertragsbedingungen: Pflichten der Auszubildenden und Ausbildenden

§ 13 Pflichten der Auszubildenden

Verhalten während der Berufsausbildung
Auszubildende haben sich zu bemühen, die berufliche Handlungsfähigkeit zu erwerben, die zum Erreichen des Ausbildungsziels erforderlich ist. Sie sind insbesondere verpflichtet,

1. die ihnen im Rahmen ihrer Berufsausbildung aufgetragenen Aufgaben sorgfältig auszuführen,
2. an Ausbildungsmaßnahmen teilzunehmen, für die sie nach § 15 freigestellt werden,
3. den Weisungen zu folgen, die ihnen im Rahmen der Berufsausbildung von Ausbildenden, von Ausbildern oder Ausbilderinnen oder von anderen weisungsberechtigten Personen erteilt werden,
4. die für die Ausbildungsstätte geltende Ordnung zu beachten,
5. Werkzeug, Maschinen und sonstige Einrichtungen pfleglich zu behandeln,
6. über Betriebs- und Geschäftsgeheimnisse Stillschweigen zu wahren.

§ 14 Pflichten der Ausbildenden

Berufsausbildung
(1) Ausbildende haben

1. dafür zu sorgen, dass den Auszubildenden die berufliche Handlungsfähigkeit vermittelt wird, die zum Erreichen des Ausbildungsziels erforderlich ist, und die Berufsausbildung in einer durch ihren Zweck gebotenen Form planmäßig, zeitlich und sachlich gegliedert so durchzuführen, dass das Ausbildungsziel … erreicht werden kann,
2. selbst auszubilden oder einen Ausbilder oder eine Ausbilderin ausdrücklich damit zu beauftragen,
3. Auszubildenden kostenlos die Ausbildungsmittel, insbesondere Werkzeuge und Werkstoffe, zur Verfügung zu stellen, die zur Berufsausbildung und zum Ablegen von Zwischen- und Abschlussprüfungen … erforderlich sind,
4. Auszubildende zum Besuch der Berufsschule sowie zum Führen von schriftlichen Ausbildungsnachweisen anzuhalten … und diese durchzusehen,
5. dafür zu sorgen, dass Auszubildende charakterlich gefördert sowie sittlich und körperlich nicht gefährdet werden.

(2) Auszubildenden dürfen nur Aufgaben übertragen werden, die dem Ausbildungszweck dienen und ihren körperlichen Kräften angemessen sind.

§ 15 Freistellung

Ausbildende haben Auszubildende für die Teilnahme am Berufsschulunterricht und an den Prüfungen freizustellen. Das Gleiche gilt, wenn Ausbildungsmaßnahmen außerhalb der Ausbildungsstätte durchzuführen sind.

Aus dem **Berufsbildungsgesetz (BBiG)** vom 23. März 2005, www.bmbf.de ▶ Bildung ▶ Publikationen ▶ Ausbildung und Beruf ▶ Download

Arbeiten mit den Materialien

Zu **M1**

1 Stellt die Pflichten der Vertragspartner gegenüber, die sich entsprechen.

Der Auszubildende hat die Pflicht	Der Ausbildende hat gleichzeitig die Pflicht
…	…

2 Warum dürfen Auszubildenden nur Aufgaben übertragen werden, die dem Ausbildungszweck dienen?

3 Warum sind Betriebsgeheimnisse geheim zu halten?

Alles klar?

Projekt: Berufswahl

1 Welche Bedeutung hat die Planung des Prozesses der Berufswahl für dich?

2 Warum ist es sinnvoll, Zwischenschritte im Berufswahlprozess zu dokumentieren?

3 Vergleiche das Lernen im Fach mit dem Lernen an einer Praxisaufgabe.

4 Welche Bedeutung hat die Vorbereitung auf eine Bewerbung? Wie sollte diese erfolgen?

5 Warum setzen Unternehmen zur Auswahl von Ausbildungsbewerbern Tests ein?

6 Was wird in Berufseignungstests gefragt?

Berufliche Ausbildung und Weiterbildung

7 Erkläre, was ein berufsqualifizierender Bildungsgang ist.

8 Nenne Merkmale einer dualen Berufsausbildung.

9 Warum ist die Fähigkeit zum selbstständigen Planen, Durchführen und Kontrollieren bei beruflicher Facharbeit wichtig?

10 Welche Schwerpunkte bei der Berufsausbildung hat
- der Betrieb
- die Berufsschule?

11 Warum ist es wichtig, dass für eine Berufsausbildung ein Vertrag geschlossen wird?

12 Nenne wichtige Rechte und Pflichten
- des Auszubildenden
- des Ausbildenden

aus einem Berufsausbildungsvertrag.

13 Wer ist zuständig bei Problemen während der Ausbildung?

14 Was kann die Jugend- und Auszubildendenvertretung tun, wenn im Betrieb gegen den Berufsausbildungsvertrag verstoßen wurde?

15 Nimm Stellung zu folgendem Fall. Was rätst du der Auszubildenden?

Thema: Putzfimmel?
Ich bin im 1. Lehrjahr zur medizinischen Fachangestellten und fast nur noch am Putzen, vor allem wenn wir zu viele in der Praxis sind. „Putz doch dies." „Das muss man putzen." usw. Ich hab heute fünf Stunden nur geputzt. Das ist ja nicht nur heute so. ... Ich bin mehr am Putzen als am Behandeln. Zudem rühren die andern kaum noch einen Finger, seitdem ich hier bin. Ist es normal, dass ein Azubi nur noch sauber macht und nicht mehr assistiert? Ich find´s traurig. Wie kann ich das mit den Kollegen in den Griff bekommen?

DGB (Hrsg.):
„Schwarzbuch Ausbildung". Düsseldorf 2005, S. 25
www.doktor-azubi.de/mediabig/4830A.pdf

16 Warum ist Weiterbildung für Berufstätige wichtig?

17 Bei AUTO BLITZ müssen die Mitarbeiter für die Wartung eines neuen Modells weitergebildet werden. Begründe, welche Formen aus dem Schaubild unten in Frage kommen können?

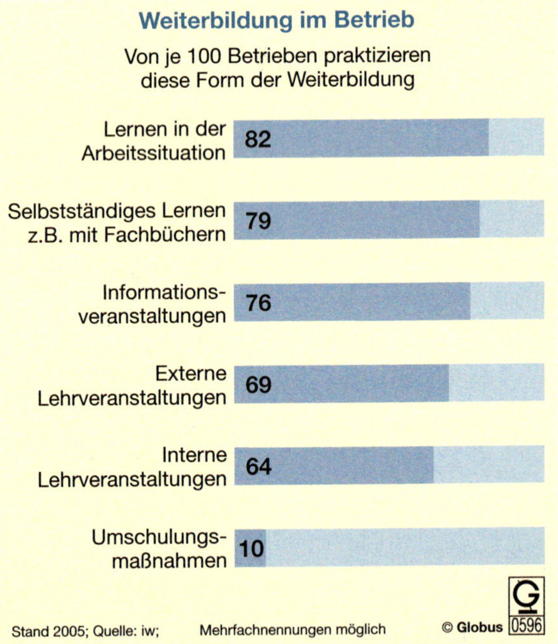

Arbeitsmarktpolitik: Ein starker Sozialstaat ist notwendig

1 Was kennzeichnet den Arbeitsmarkt?

Der Arbeitsmarkt braucht den Staat. Der Mensch, der seine Arbeitskraft auf dem Markt anbietet, braucht staatlichen Schutz.

Das freie Spiel von Angebot und Nachfrage, das zum Teil auf Gütermärkten herrscht, genügt nicht.

Es geht um Menschenwürde und Existenzsicherung, um ein Mindestmaß an Einkommen, gesunde Arbeitsbedingungen und befriedigende soziale Beziehungen am Arbeitsplatz.

▸ **Leitauftrag** Notiert Unterschiede zwischen dem Arbeits- und dem Gütermarkt.

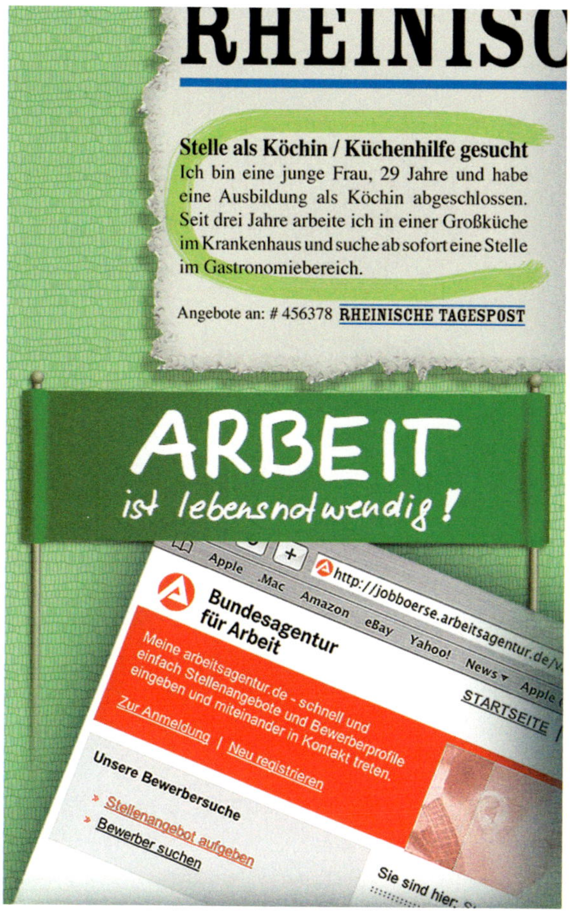

B **Auf einen Blick**

Ihr nennt Unterschiede zwischen Arbeits- und Gütermärkten.

Ihr beschreibt die aktuelle Lage auf dem Arbeitsmarkt und begründet, warum der Arbeitsmarkt einen starken Sozialstaat braucht.

Ihr nennt Maßnahmen des Staates zur Verbesserung der Lage auf dem Arbeitsmarkt.

Ihr setzt euch mit Argumenten für oder gegen einen Mindestlohn auseinander.

Ihr informiert euch über den EU-Arbeitsmarkt und Arbeitsbedingungen global.

2 Der Arbeitsmarkt: Fakten und Eindrücke

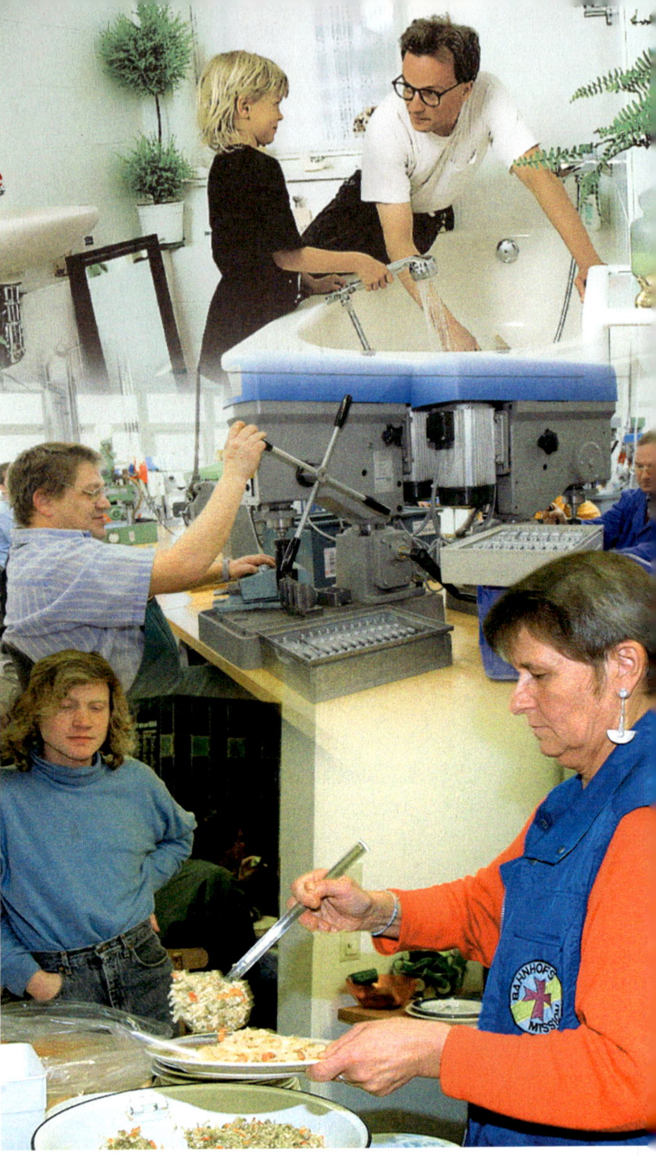

Der Arbeitsmarkt: Ein besonderer Markt

Das Besondere des Arbeitsmarktes besteht darin, dass hier **menschliche Arbeitskraft** angeboten und nachgefragt wird. Auf Gütermärkten geht es um den Tausch von Waren und Dienstleistungen gegen Geld. Der Kaufpreis richtet sich dabei nach Angebot und Nachfrage. Die menschliche Arbeitskraft wird nicht als ein Gut gesehen, das nach Marktgesetzen beliebig getauscht werden kann. Es geht um menschliche Würde, und deshalb sichert der Staat durch Gesetze die Menschenwürde.

Was ist anders beim Arbeitsmarkt?

Arbeitnehmer müssen ihre Arbeitskraft anbieten, um ihre Existenz zu sichern. Ihre Arbeitsfähigkeit ist eng mit ihrer Persönlichkeit verbunden. Sie bringen unterschiedliche Fähigkeiten und Bedürfnisse mit. Sie sind flexibel, aber nicht beliebig von Ort zu Ort zu verschieben. Sie leben in Familien und mit Personen, für die sie vor Ort verantwortlich sind.

Da die meisten Arbeitnehmer unbedingt auf Erwerbsarbeit angewiesen sind, haben sie eine schwache Stellung gegenüber den Arbeitgebern. Das betrifft sowohl das Entgelt als auch die Arbeitsbedingungen. *Gewerkschaften* verfolgen das Ziel, diese Nachteile so weit wie möglich auszugleichen. Sie bilden eine Gegenmacht (siehe Kap. Arbeitsbedingungen ab S. 48).

Das Risiko, keine oder eine unzureichende Erwerbsarbeit zu finden oder durch Krankheit, Behinderung und Schwäche nicht gegen Entgelt arbeiten zu können, ist groß.

Ein starker Staat muss den Arbeitsmarkt ergänzen, z.B. durch *Arbeitsschutzgesetze*, die *gesetzliche Sozialversicherung*, das Arbeitsförderungsgesetz und das *Betriebsverfassungsgesetz*.

Arbeit
Man unterscheidet Arbeit , die gegen Entgelt verrichtet wird, und Arbeit, für die es kein Entgelt gibt.

Erwerbsarbeit
ist Arbeit gegen Entgelt. Die Höhe des Entgelts wird entweder im Rahmen von Tarifverträgen ausgehandelt oder frei vereinbart.

Haus- und Familienarbeit , Eigenarbeit oder Bürgerarbeit (ehrenamtliche Arbeit)
erfolgt ohne Entgelt und soziale Sicherung. Bürgerarbeit ist z.B. Arbeit als Jugendtrainer bei allgemeinen Sportvereinen, Arbeit bei sozialen Einrichtungen wie in Suppenküchen.
Wenn in der Statistik von Arbeit die Rede ist, so ist in der Regel die Erwerbsarbeit gemeint.

Erwerbstätige 2005 (Angaben in 1000)
Weiblich 16432; Männlich 20135
davon nach Alter und Geschlecht

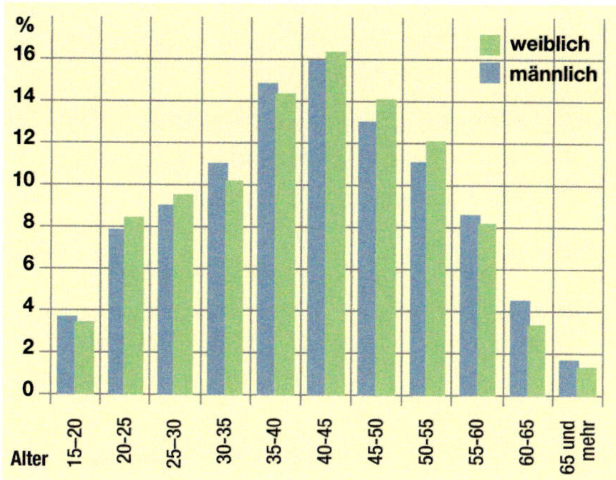

Statistisches Bundesamt: Statistisches Jahrbuch 2006, S. 82

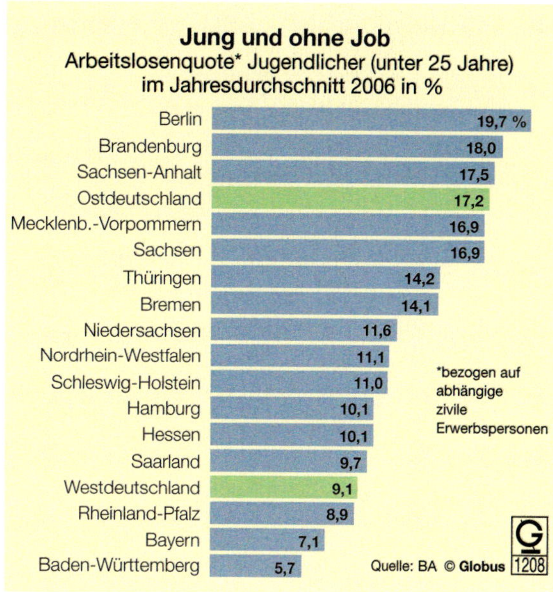

Erwerbstätige 2005 nach normalerweise geleisteter Wochenarbeitszeit

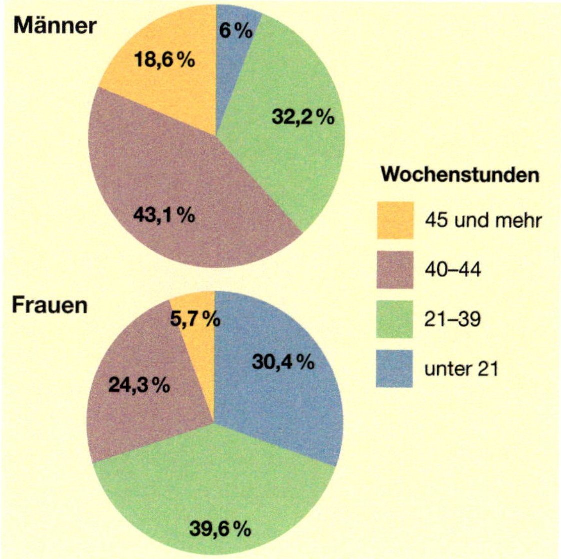

Statistisches Bundesamt: Statistisches Jahrbuch 2006, S. 85

Arbeitslose nach ausgewählten Personengruppen 1991–2005

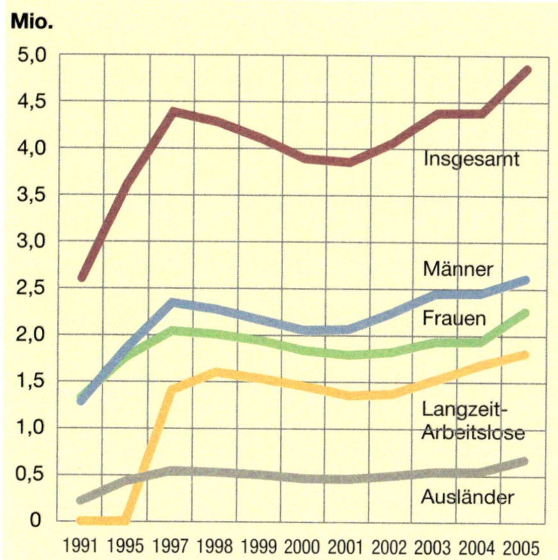

Statistisches Bundesamt: Statistisches Jahrbuch 2006, S. 92

A

Aufgaben

1 Kennzeichnet die aktuelle Lage auf dem Arbeitsmarkt.

2 Begründet die Besonderheiten des Arbeitsmarktes gegenüber den Gütermärkten.

3 Notiert Unterschiede zwischen Erwerbsarbeit und Hausarbeit.

4 Ordnet den Fotos die Art der Arbeit zu und begründet eure Entscheidung.

5 Beschreibt die aktuelle Lage auf dem Arbeitsmarkt in eurer Stadt bzw. Gemeinde. Nutzt das Internet.

6 Schreibt zu dem Transparent eine Geschichte.

3 Markt allein genügt nicht: Der Staat muss regulieren

Es gibt viele Gesetze und Maßnahmen. Sie sollen sichern, dass der Arbeitsmarkt menschenwürdig funktioniert. Für junge Erwachsene bietet das Bundesministerium für Arbeit und Soziales gezielte Unterstützung an:

Fördermaßnahmen für junge Erwachsene

- Berufsberatung und Ausbildungsvermittlung
- Mobilitätshilfen zur Aufnahme einer Ausbildung
- Unterstützung der Beratung und Vermittlung von Arbeits- oder Ausbildungsplätzen
- Berufsausbildungshilfen
- Besondere Maßnahmen für Menschen mit Migrationshintergrund
- Besondere Maßnahmen für Menschen mit Behinderung

Teilhabe behinderter Menschen

Dazu zählt die Initiative „Jobs ohne Barrieren". Dadurch sollen behinderten Jugendlichen Ausbildungsplätze angeboten werden. Mehr dazu unter www.bmas.de
▸ Teilhabe behinderter Menschen
▸ Jobs ohne Barrieren

Dienstleistungen der Bundesagentur für Arbeit

Jugendliche und junge Erwachsene unter 25 Jahren werden von U25-Teams -beraten. Diese sind auf die Bedürfnisse und Interessen junger Erwachsener spezialisiert.
Mehr dazu unter
www.bmas.de
▸ Arbeitsmarkt ▸ Jüngere
▸ Schlagwort: Ausbildungspakt

Eine besondere Fördermaßnahme im Rahmen des Ausbildungspakts ist die Einstiegsqualifizierung (siehe rechte Spalte). Hier vermitteln die Arbeitsagenturen.

Betriebliche Einstiegsqualifizierung (EQ) – eine Brücke in die Berufsausbildung

Jugendliche, die bis zum 30. September eines Jahres noch keinen Ausbildungsplatz gefunden haben, vermittelt die Bundesagentur für Arbeit an Ausbildungsbetriebe für ein Betriebspraktikum im Umfang von 6 bis 12 Monaten. Die Übernahme in ein Ausbildungsverhältnis sollte vom Betrieb angestrebt werden.

Zielgruppe

- Jugendliche, die noch nicht in vollem Umfang über die notwendige Befähigung zur betrieblichen Ausbildung verfügen
- Lernbeeinträchtigte und sozial benachteiligte Jugendliche

Beginn der Förderung

Am 1. Oktober

Vertragsverhältnis

Mit dem Praktikanten wird ein Qualifizierungsvertrag nach § 26 Berufsbildungsgesetz geschlossen. Es handelt sich um ein sozialversicherungspflichtiges Beschäftigungsverhältnis.

Vergütung

Die Vergütung beträgt 212 Euro.

Betriebliches Zeugnis

Am Ende des Praktikums erhält der Jugendliche eine Bescheinigung über die vermittelten Kenntnisse und Fertigkeiten.

Weitere Informationen

www.arbeitsagentur.de
www.pakt-fuer-ausbildung.de

A Aufgaben

1 Begründet die Notwendigkeit staatlicher Regulierung auf dem Arbeitsmarkt. Berücksichtigt die Informationen im Kapitel Soziale Sicherung, S. 220.

2 Nennt wichtige Maßnahmen.

3 Recherchiert im Internet über den aktuellen Stand von Fördermaßnahmen für Jugendliche.
- Bundesregierung: www.bmas.de
- Bundesagentur für Arbeit: www.arbeitsagentur.de

4 Staatliche Aktivitäten gegen Niedriglöhne

Tarifliche Niedriglöhne 2008
(Brandenburg, in Euro pro Stunde)

Frisörhandwerk	**ab 4,22**
Hotel- und Gaststättengewerbe	**ab 6,76**
Floristik	**ab 5,25**
Gebäudereiniger	**ab 6,58**
Damenschneiderhandwerk	**ab 4,86**
Einzelhandel	**ab 8,21**

Quelle: Tarifregister Berlin-Brandenburg

Die Regierungskoalition in Deutschland streitet zurzeit (2008) darüber, ob für Geringverdiener Kombilöhne oder Mindestlöhne sinnvoll sind. Die CDU befürwortet eher Kombilöhne, die SPD Mindestlöhne für alle Arbeitnehmer. Einigkeit besteht darin, dass Erwerbstätige mehr Einkommen haben sollen als Erwerbslose. Es soll ein Anreiz zur Erwerbsarbeit bestehen.

Kombilöhne

Das sind staatliche Zuschüsse für Geringverdiener. Kritiker befürchten, dass dadurch Unternehmen ermutigt werden, keine angemessenen Entgelte zu zahlen und die staatliche Förderung „mitzunehmen“. Das wäre ein Mitnahmeeffekt zu Gunsten der Unternehmen.

Als Kompromiss könnte der Kombilohn nur für bestimmte Branchen oder Gruppen gelten, z.B. junge Erwachsene oder über 50-Jährige.

Mindestlohn

Der Staat führt durch Gesetz einen Mindestlohn ein. Die Tarifvertragsparteien handeln weiter die Entgelte aus, sind jedoch an den festgelegten Mindestlohn gebunden.

Der Mindestlohn soll sicherstellen, dass jeder durch seine Erwerbsarbeit seine Existenz sichern kann.

Als Kompromiss könnte der Mindestlohn nicht für alle Arbeitnehmer, sondern nur für bestimmte Branchen gelten, z.B. Gastronomie.

Im geltenden Entsendegesetz (siehe M3, S. 83) hat der Staat z.B. für die Baubranche einen Mindestlohn allgemein verbindlich festgelegt. Dieser war vorher von den Tarifvertragsparteien ausgehandelt worden. Er soll auch Niedriglöhne für Arbeitnehmer aus anderen Staaten verhindern.

Auch mit Tarif an der Armutsgrenze

In manchen Wirtschaftszweigen – etwa im Bewachungsgewerbe und Bäckerhandwerk – liegt das gesamte Tarifniveau so tief, dass man von ganzen Niedriglohnbranchen sprechen kann. ... Zum Teil kämpfen die Branchen mit wirtschaftlichen Problemen, besonders deutlich in der Landwirtschaft. ... In geringen Verdiensten drückt sich eine geringe gesellschaftliche Wertschätzung aus – etwa in der Gebäudereinigung. Zudem erschwert ein großer Wechsel in Branchen wie dem Hotel- und Gaststättengewerbe eine gemeinsame Interessenvertretung der Arbeitnehmer.

Hans-Böckler-Stiftung: Böcklerimpuls 4/2006, S. 2

A

Aufgaben

1 Nennt Gründe für die geringen Stundenlöhne der genannten Branchen.

2 Erklärt die Unterschiede von Kombilohn und Mindestlohn.

3 Sprecht über folgende Meinungen:
A: „Staatlich festgelegte Mindestlöhne sollen verhindern, dass Arbeitnehmer für eine Vollzeittätigkeit weniger Geld als Empfänger von Arbeitslosengeld oder Sozialhilfe erhalten.“
B: „Dass durch Mindestlöhne Arbeitsplätze wegfallen, ist nicht belegt. Die meisten EU-Staaten haben Mindestlöhne vereinbart.“
C: „Kombilöhne können dazu führen, dass der Staat sich zu Gunsten der Arbeitgeber an der Lohnzahlung beteiligt.“

4 Recherchiert die aktuelle Diskussion zur Einführung von Mindestlöhnen in den Medien. Stellt Vor- und Nachteile gegenüber.

5 Arbeitsmarkt Europäische Union

Im Jahre 1993 wurde in den Ländern der Europäischen Union (EU) die Zollkontrolle von Personen an den Grenzen der Staaten (Binnengrenzen) abgeschafft. Vereinbart wurden ebenfalls ein zunehmend freier Warenverkehr und das Recht, als selbstständiger Unternehmer einen Betrieb in der EU zu gründen.
Es gibt jedoch bis heute eine Anzahl von Handelshemmnissen – auch beim Niederlassungs- und Aufenthaltsrecht der EU-Bürger.

Rechte der Arbeitnehmer in der EU

Eine uneingeschränkte Freizügigkeit aller Arbeitnehmer in der EU gilt erst ab 2011 – für Bulgarien und Rumänien erst ab 2014.
Übergangsregelungen haben das Ziel, Arbeitnehmerinteressen bisheriger Mitglieder zu schützen und Löhne und Arbeitsbedingungen so weit wie möglich anzugleichen.

Arbeitsmarkt EU: Chancen

Die Chance, überall in der EU zu wohnen und zu arbeiten, ist für immer mehr Menschen attraktiv. Es gibt viele Möglichkeiten, den eigenen Wünschen und Fähigkeiten gemäß Arbeit zu finden und neue Erfahrungen zu machen. Die Begegnung mit Menschen anderer Herkunft und Kultur kann die Toleranz und Solidarität verbessern.

Die Europäer können viel voneinander lernen, um die besten Ideen zu verwirklichen.
Der Traum: ein demokratisches Europa, das auf Nachhaltigkeit setzt und ständig an der Lösung wirtschaftlicher, sozialer und ökologischer Konflikte arbeitet.

Arbeitsmarkt EU: Risiken

Da die Arbeitsentgelte in den westlichen Staaten der EU, u.a. Deutschland, erheblich höher sind als in den östlichen Staaten der EU, gibt es eine Wanderbewegung von Ost nach West.
Bis 2014 benötigen einige EU-Arbeitnehmer in Deutschland noch eine Arbeitserlaubnis. Sie wird meistens nur für einen begrenzten Zeitraum erteilt. Die EU-Wanderarbeiter sind z.B. in der Landwirtschaft, im Baugewerbe, in Schlachthöfen oder bei Reinigungsfirmen tätig.
Wegen der geringeren Lebenshaltungskosten in den Herkunftsstaaten sind für die Arbeitnehmer auch geringe Löhne (Dumpinglöhne) attraktiv. Sie verdrängen zum Teil deutsche Arbeitnehmer, die von solchen Entgelten nicht leben können. Besonders problematisch verhalten sich Unternehmer, die Arbeitnehmer illegal beschäftigen. Sie zahlen besonders niedrige Löhne, bieten sehr schlechte Arbeitbedingungen und keinen Sozialversicherungsschutz und ggf. geringen Arbeitsschutz.
In vielen Staaten der EU gibt es bereits Mindestlöhne. Das Risiko bei einer EU-weiten Festsetzung liegt in einer Orientierung nach unten.

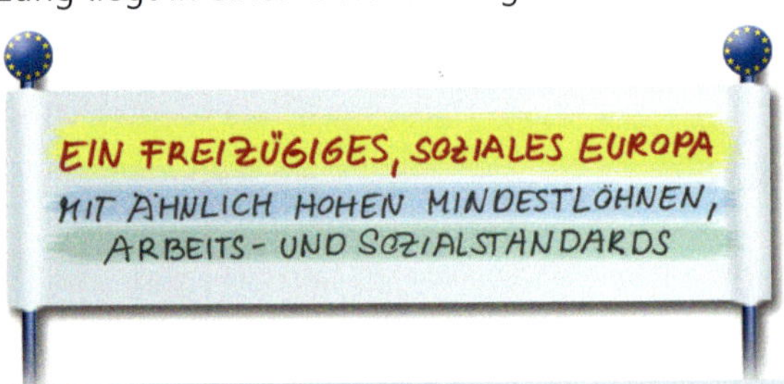

A **Aufgaben**

1 Notiert Chancen eines freien Arbeitsmarktes in der EU.

2 Notiert und erörtert Probleme eines freien Arbeitsmarktes in der EU. Siehe dazu auch **M1** auf Folgeseite.

3 Notiert in Stichworten, was euch Europa bedeutet.

6 Weiterführendes Material

M1 Mindestlöhne in der EU

Nach der absoluten Höhe der gesetzlichen Mindestlöhne lassen sich drei Ländergruppen unterscheiden:

- In den westeuropäischen Staaten liegt der Mindestlohn mittlerweile knapp unter oder teilweise sogar deutlich über acht Euro pro Stunde.
- Der Mindestlohn in den südeuropäischen Ländern variiert zwischen 2,82 und 4,22 Euro.
- Die untersten erlaubten Löhne in Mittel- und Osteuropa liegen zwischen 0,53 und 1,76 Euro. Diese Beträge spiegeln zum Teil die verschiedenen Lebenshaltungskosten und wirtschaftliche Leistungskraft der Länder wider …

Um die Annäherung der Lebensverhältnisse in der EU zu unterstützen und Mindestlöhne möglichst überall armutsfest zu machen, hält das WSI (Wirtschaftswissenschaftliches Institut der Gewerkschaften) die Einführung einer europäischen Mindestlohnnorm für sinnvoll.

Hans-Böckler-Stiftung (Hrsg.):
Böckler Impuls, Ausgabe 1/2007, S. 1

M2 Saisonarbeiter in Deutschland 2005

Polen	**279 200**
Rumänien	**33 100**
Slowakei	**7 500**
Tschechien	**1 600**
Bulgarien	**1 300**
Slowenien	**160**

www.boecklerimpuls.de
Heft 1, 2007, S. 7

M3 Das Arbeitnehmerentsendegesetz

Das Gesetz regelt zwingende Arbeitsbedingungen bei grenzüberschreitenden Dienstleistungen. Arbeitgeber, die ihren Sitz in der EU, jedoch nicht in Deutschland haben, dürfen nach Deutschland entsendeten Arbeitnehmern keine Dumpinglöhne zahlen. Sie sollen soziale Mindeststandards einhalten wie ihre deutschen unternehmerischen Mitbewerber.

Zu den Mindeststandards zählen Mindestlöhne, Urlaubsregelungen sowie Sicherheits- und Gesundheitsschutz am Arbeitsplatz.

Das Gesetz gilt u. a. für das Baugewerbe, für Dachdecker, für die Seeschifffahrt und Gebäudereiniger. Es wird diskutiert, auch weitere Branchen einzubeziehen.

Mehr dazu unter:
www.bundesrecht.juris.de ▸ Gesetze/Verordnungen ▸ A ▸ AEntG und www.wikipedia.de

Arbeiten mit den Materialien

Zu M1

1 Notiert Gründe für die unterschiedlichen Entgelte in den EU-Staaten.

2 Nehmt Stellung zu folgender Meinung: „Auch in Deutschland gibt es ungleiche Lebensverhältnisse in den Bundesländern – vor allem zwischen Ost- und Westdeutschland. Da kann man eben nichts ändern."

Zu M2

Die Arbeitnehmer aus den genannten Staaten brauchen zurzeit eine Arbeitserlaubnis. Wann können sie mit voller Freizügigkeit rechnen?

Zu M3

Nennt Ziele des Arbeitnehmerentsendegesetzes. Wen schützt es?

Alles klar?

Arbeitsmarktpolitik: Ein starker Sozialstaat ist notwendig

1 Nenne Unterschiede zwischen Arbeits- und Gütermarkt.

2 Welche Ziele verfolgen die Gewerkschaften auf dem Arbeitsmarkt?

3 Nenne Maßnahmen zur Förderung junger Erwachsener auf dem Arbeitsmarkt.

4 Notiere Chancen und Risiken eines zunehmend offenen europäischen Arbeitsmarktes.

5 Für Arbeitnehmer in den Branchen Bau und Gebäudereinigung regelt der Staat über das Entsendegesetz die Zahlung von Mindestlöhnen. Begründe.

6 Auf beiden Fotos arbeiten Menschen. Nenne die Unterschiede.

Wäschewaschen im Laufe der Zeit

Kleidung ist für den Menschen wichtig. Sie ist ein Schutz vor Kälte und Krankheit und ein Ausdruck von Lebensfreude und Kultur. Für das Aussehen und die Haltbarkeit der Kleidung ist das Waschen wichtig. Bis ins 20. Jahrhundert hinein war das Waschen für Frauen eine schwere Handarbeit.

Waschen mit der Hand

Die Reinigung der Wäsche erforderte drei Arbeitsgänge:

Beim Auslaugen wurde die Wäsche in einen Waschbottich geschichtet und mehrfach mit Aschenlauge durchtränkt.

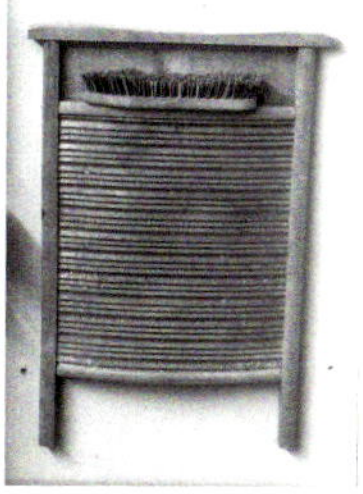

Das Auswaschen erforderte kraftvolle Hände, die reiben, rubbeln, schlagen und wringen mussten. Hilfswerkzeuge waren Schlagstock, Stein, Brett, Waschbank, Schlagholz, Waschbrett und Bürste.

Das mehrfache Spülen der Wäsche musste sehr sorgfältig erfolgen. Während die Lauge für mehrere Waschgänge genutzt wurde, benötigte man für das Spülen klares Wasser.

▲ Waschen in Entwicklungsländern heute

Gesundheitliche Schäden

Vor allem die Waschfrauen hatten oft rissige und blutige Hände, die wegen der Feuchtigkeit schwer heilten. Verletzungen der Fingergelenke, Sehnenscheidenentzündungen, Rücken- und Unterleibserkrankungen waren häufig die Folge der harten Arbeit.

Rissige „Waschhände" waren typisch für Frauen, die sich keine Dienstboten, z. B. Waschfrauen, leisten konnten.

▲ Schwere Frauenarbeit

▲ Wäscherinnen in der Bretagne

A Aufgaben

1 Beschreibt die Arbeit der Frauen auf den Abbildungen. Welche Rolle spielen die Männer auf der Abb. oben rechts?

2 Befragt alte Frauen nach ihren Erfahrungen mit dem Waschen. Haben sie ein Waschbrett benutzt?

3 Heute wird das Waschen unter ökologischen Gesichtspunkten betrachtet. Worum geht es da?

▲ Waschen in einer Genossenschaftssiedlung

▲ Waschküche 20er Jahre

Mechanisches Waschen

Die ersten Waschmaschinen wurden in Deutschland gegen Ende des 19. Jahrhunderts in gewerblichen Wäschereien eingesetzt. Rührflügel und bewegliche Trommeln ersetzten die Hände. Der Antrieb der Mechanik erfolgt zunächst mit der Hand, ab ca. 1900 auch durch Elektromotoren. Die Erhitzung der Wäsche erfolgte oft in Dampftöpfen.

Viele Haushalte konnten erst in den 50er Jahren eine Rührflügelwaschmaschine kaufen.
Zusätzlich gab es für viele Haushalte Erleichterungen durch Maschinen, die wrangen und schleuderten. Diese konnten die körperliche Arbeit am Waschbrett ersetzen.
Wegen der harten Arbeit und der Kosten für Waschmittel und Strom wurde die Wäsche möglichst wenig gewechselt – Unterwäsche einmal die Woche.

Wäschewaschen – Frauensache?

Auch heute, wo wir Waschvollautomaten nutzen, will die große Mehrheit der Männer mit Wäschewaschen möglichst wenig zu tun haben. Wäschewaschen ist weiterhin in erster Linie Frauensache.

Die „große" 4-Wochen-Wäsche

- planen des Waschtages (fester Plan in Mehrfamilienhäusern)
- sortieren der Wäsche
- Heizmaterial bereitstellen
- einweichen über Nacht (ggf. mit Einweichmitteln)
- kochen im Waschkessel mit Waschpulver
- umfüllen in die Waschmaschine und reinigen
- wiederholtes Spülen in großem Becken mit anschließendem Schleudern oder Pressen in einer Maschine
- umfüllen in einen Waschkorb
- aufhängen auf die Leine – auf dem Dachboden oder im Garten
- aufräumen und säubern der Waschküche
- abhängen der Wäsche – evtl. mehrfach bei Regen
- bügeln, zusammenlegen
- in den Schrank räumen

Automatisiertes Waschen

In der Bundesrepublik Deutschland wurde 1951 auf der HANNOVER MESSE die erste Trommelwaschmaschine (Constructa) vorgeführt. Diese konnte ohne Eingreifen waschen, spülen und schleudern. Die Maschine musste auf einem Be-

tonsockel fest verankert werden, damit sie beim Schleudern nicht „weglief". Sie kostete umgerechnet ca. 1000 Euro. Das durchschnittliche Einkommen lag damals bei ca.170 Euro für Arbeiter und 220 Euro für Angestellte.
Heute gibt es elektronisch gesteuerte Waschvollautomaten und Wäschetrockner. Ein Waschvollautomat mittlerer Preisklasse kostet ca.750 Euro.
Fast 100 % aller Haushalte in der Bundesrepublik haben heute eine Waschmaschine.

Wäschegebrauch und Wäschepflege

Die Wäschemenge ist gestiegen. Jeden Tag alles frisch – das ist für viele die Norm. In einem 4-Personen-Haushalt mit Eltern und zwei Jugendlichen wird nicht selten 10-mal pro Woche gewaschen. Aber: 10-mal pro Woche Wäsche in die Maschine legen, Flecken gesondert behandeln, Wäsche vorher sortieren, Wäsche trocknen, Wäsche zum Teil bügeln, falten, in den Schrank legen, Wäsche kaufen, ausbessern, Waschmittel kaufen – das kostet Zeit.
Und wer hat diese Zeit zu haben? Weiterhin vorwiegend Frauen – die Werbung ist voll auf sie eingestellt:

„Waschen? – Sie haben frei und Ihre Waschmaschine arbeitet!"

Energiebündel beim Hauptwaschgang.

Hauptwaschen beim Stretching, weichspülen beim Make-up, trockenschleudern beim Frühstück … für moderne Hausfrauen selbstverständlich. Die elektrischen Helfer brachten vor allem den Frauen eine große Entlastung bei der Hausarbeit. So ist unser Energiebündel beim Fitnesstraining, während gleich nebenan Handtücher, Hemden und Dessous vollautomatisch gewaschen werden.

A Aufgaben

1 Beschreibt den Unterschied zwischen der Wäsche mit und ohne Waschautomat.

2 Wenn ihr zu Hause noch nicht selbst wascht: Informiert euch über die Bedienung eurer Waschmaschine. Was ist besonders zu beachten?

3 Fragt Eltern, Freunde und Nachbarn, wer meistens wäscht. Erfragt auch die Gründe.

4 Nehmt Stellung zu folgenden Aussagen:
Anna: Durch den Einsatz von Waschautomaten ist die Arbeit leichter und gesünder geworden.
Bernd: Waschen ist Frauensache. Da war immer so und soll auch so bleiben.
Nele: Waschautomaten verführen dazu, sehr oft zu waschen. Das schadet der Umwelt und kostet Zeit.

Fertigung eines textilen Werkstücks im Projekt

1 Planungsüberlegungen und Vorschlag für ein Produktionsprojekt

So lautet das Leitthema für eure Projektarbeit. Einzelheiten zur Methode sind auf den Seiten 89 und 90 dargestellt.
Für die Auswahl des Werkstücks bieten verschiedene Kapitel Anregungen und Informationen. Immer müsst ihr auch die räumlichen und technischen Gegebenheiten eurer Schule berücksichtigen. Auch Beispiele anderer Projektgruppen, deren Arbeit ihr kennen lernt, solltet ihr bedenken. Nicht zuletzt sind aber eure Bedürfnisse ausschlaggebend.

Wollt ihr z. B. lieber T-Shirts nähen, müsst ihr den Schnitt allerdings selbst entwerfen, indem ihr diesen von vorhandenen T-Shirts abnehmt oder eine Schnittmusterzeitschrift nutzt.

Auch werdet ihr in diesem Lehrgang Hinweise zum Einsatz einiger Betriebsmittel (Nähmaschine, Schere, Nadel) finden, die während der Produktion eingesetzt werden.

Warum gerade eine Tragetasche?

- Die Tasche lässt sich auch mit wenig Nähpraxis fertigen.
- Die Fertigung ist auch ohne Maschineneinsatz möglich.
- Aus dem Prototyp lassen sich viele Varianten durch die Schülerinnen entwickeln.
- Der Verwendungszweck ist vielseitig – vom persönlichen Gebrauch bis zum Verkauf.

▸ **Leitauftrag** Überlegt,
- welche handwerklichen und gestalterischen Fertigkeiten ihr erlernen und praktizieren wollt;
- ob ihr einen Verkaufserfolg mit dem Gebrauchsgut erzielen könnt;
- ob ihr etwas für euch persönlich herstellen wollt.

Hilfen zur Umsetzung der Herstellung eines textilen Gegenstands

Hier findet ihr Sachinformationen und Tipps für die Planung und Fertigstellung eines Prototypen und seiner Produktion in Serie.
Als Produktionsgegenstand wird diese Tragetasche gefertigt.
In diesem „Lehrgang" sind viele allgemeine Hinweise enthalten, die auf andere textile Gegenstände übertragbar sind.

B Auf einen Blick

Ihr plant ein Produktionsprojekt.

Ihr erarbeitet ein Schnittmuster und einen Zuschnittplan für textile Gegenstände.

Ihr arbeitet einen Nähkurs für eine Tragetasche aus Stoff durch.

Ihr bewertet die Projektarbeit bezogen auf das Ergebnis und eure Zusammenarbeit.

Methode Projektarbeit

Darum geht es

Projekte haben ein klares Ziel und erfordern in der Schule oft die Zusammenarbeit verschiedener Fächer und mehrerer Personen.
Bei der Projektarbeit könnt ihr Fähigkeiten zum selbstständigen Handeln für das Erwerbsleben, aber auch für Familie und Freizeit sowie als Staatsbürger erlernen. Ihr versucht, ein Vorhaben eigenständig mit anderen zu planen und durchzuführen. Wichtig für euer Lernen ist, über das Ergebnis zu reflektieren – sowohl über das hergestellte Produkt als auch die Arbeit während der Projektphasen. Das erfordert Erfahrung mit der Methode *Gruppenarbeit*.

So läuft es ab

Planung

Projektziele festlegen. Dabei klären,
- was ihr erreichen wollt,
- was ihr dabei lernen wollt,
- welcher Zeitrahmen zur Verfügung steht.

Zeitrahmen prüfen. Gibt es
- eine Projektwoche/einen Projekttag
- pro Woche?
- einen zusammenhängenden Zeitraum?

Die folgenden Hinweise beziehen sich in erster Linie auf ein Projekt, das die Herstellung und den Verkauf von Waren zum Ziel hat. Bei anderen Projektzielen sind die Hinweise abzuwandeln.

Ihr habt viele Möglichkeiten, Erarbeitetes anzubieten, z.B. auf einem Elternabend, einem Klassen- oder Schulfest.
Um Ideen zu entwickeln und eine Entscheidung zu treffen nutzt die *Kartentechnik*.

Für ein erfolgreiches Ergebnis sind eure Interessen, Erfahrungen mit Projekten, Fähigkeiten und Fertigkeiten bedeutsam.
Immer spielen räumliche Möglichkeiten, z.B. Küche, Werkraum, Computerraum, eine Rolle.
Überlegt auch, wobei Unterstützung notwendig und wo sie verfügbar ist. Bei
- der Zusammenarbeit mit anderen Fächern,
- Lehrern und Klassen,
- Behörden und Verbänden,
- Betrieben,
- euren Eltern, Freunden und Bekannten.

Nehmt euer Vorhaben selbstständig in die Hand, lasst euch durch eure Lehrer etwas zutrauen. Es soll euer Projekt sein, damit ihr lernt, selbstständig und eigenverantwortlich zu arbeiten.

Eine gute Projektplanung ist Voraussetzung für das Gelingen. Sie verhindert
- Terminschwierigkeiten,
- Qualitätsmängel/erhöhte Kosten und
- Gruppenkonflikte.

Die Planung ist allerdings nie ganz abgeschlossen. Noch während der Durchführung sind oft Änderungen notwendig.

Entwickelt einen Ablaufplan mit den wichtigsten Schritten in der notwendigen Reihenfolge und dem voraussichtlichen Zeitbedarf. Bestimmt Teilaufgaben und legt fest, wer dafür zuständig ist.

Während der Planung können auch Wissenslücken auftauchen, z.B.

- bei Techniken der Informationsbeschaffung und -auswertung (Methoden: Texte verstehen und hinterfragen, Statistiken und Schaubilder nutzen, Befragungen durchführen, Briefe schreiben, Informationen gewinnen, Internet nutzen);
- bei Dokumentationstechniken (Protokoll anfertigen, Plakat gestalten).

Bei Bedarf sollten auch weitere Unterrichtsfächer mit einbezogen werden, z.B.

- Deutsch (Briefe schreiben, Texte gestalten),
- Kunst (Gestaltungstechniken zur Präsentation),
- Gesellschaftslehre/Sozialkunde (Arbeit mit Behörden).

Zur Aufbereitung und Auswertung der Arbeitsergebnisse sollte während der Planungsphase geklärt werden,

- nach welchen Gesichtspunkten ihr das Ergebnis und den Ablauf der Arbeit der Gruppe im Projekt auswerten und beurteilen wollt (s. auch *Gruppenarbeit*),
- wie ihr die Ergebnisse festhalten möchtet,
- wem die Projektergebnisse wie vorgestellt werden sollen (z.B. anderen Schülern, Klassen, Eltern, Bürgern durch Präsentation, Bericht in der Schul-Website).

Durchführung

Um einen reibungslosen Ablauf sicherzustellen, ist eine Projektsteuerung notwendig. Hier können neben der Lehrkraft die Schüler eine aktive Rolle spielen. Dazu zählt auch die Information über Zwischenergebnisse und Schwierigkeiten, z.B. um nächste Schritte zu bedenken und den Plan zu verändern.

Auswertung

Dabei solltet ihr besonders das Sachziel, die Entwicklung der Teamfähigkeit und den Umgang mit Konflikten in den Blick nehmen.

Euer Abschlussbericht kann für andere Projektgruppen wichtig sein. Beantwortet Folgendes:

- Stimmt das Ergebnis mit den geplanten Zielen überein (z.B. Qualität der produzierten Waren, Kosten, Zufriedenheit der Kunden, Gewinn)?
- Seid ihr mit dem Projektverlauf zufrieden oder unzufrieden? Bewertet im Einzelnen:
  - Nutzung von Planungs-, Arbeits-, Informationstechniken,
  - Ablauf,
  - Gruppenarbeit,
  - Information anderer über die Ergebnisse.

Was habt ihr gelernt?

- Wie habt ihr euch an Vereinbarungen gehalten/nicht gehalten?
- Was hat euch an der Betreuung durch den Lehrer gefallen/nicht gefallen? Warum?
- Was hat eurem Lehrer bei eurer Betreuung (nicht) gefallen? Warum?
- Wie lassen sich das Erreichte und die dabei aufgetretenen Probleme anschaulich darstellen (z.B. Wandzeitung, Poster, Tabelle, Schaubild)?
- Was würdet ihr mit dem jetzigen Wissen bei einer Wiederholung des Projektes verändern?
- Was fällt euch beim Projektunterricht im Vergleich zum „normalen“ Unterricht auf?
- Wie steht ihr dazu, Arbeiten und Lernen eigenverantwortlich mitzugestalten?

2 Der Prototyp entsteht

Skizze und Schnittmuster erstellen

Die Maße einer vorhandenen Tragetasche werden nachgemessen und es entsteht auf Papier eine Skizze, die die ungefähren Größenverhältnisse wiedergibt.
Daraus wird ein Schnittmuster entwickelt.
Dieses ist eine technische Zeichnung, die nach bestimmten Vorgaben angelegt ist. Für das Schnittmuster der Tragetasche haben wir uns an übliche Vorgaben von käuflichen Schnittmustern gehalten.

Stoffbruch: Man spricht auch von Umbruchkante. Damit ist die Kante gemeint, die beim Doppeltlegen des Stoffstücks entsteht. Schneidet man im Stoffbruch zu, so erhält man zwei Teile gleicher Größe. Dieses Verfahren wird dann angewandt, wenn die beiden Teile genau übereinstimmen sollen. Es sichert Passgenauigkeit und spart Zeit.

Fadenlauf: In vielen Schnittmusterbögen findet ihr auch den Fadenlauf als Linie. Sie ist durchgehend gezeichnet und endet mit einer Pfeilspitze →. Zu berücksichtigen ist diese Linie beim Zuschnitt der Stoffteile. Wenn er nicht eingezeichnet ist, wie in unserem Fall, muss darauf beim Zuschnitt keine Rücksicht genommen werden.

Lesehilfe für Schnittmuster:
- Es ist entweder mit einem angegebenen Maßstab oder in Originalgröße angelegt.
- Verkleinerte Schnittmuster haben Maßangaben in mm.
- Stoffbruchlinien sind als Strichlinie gekennzeichnet. Sie sind später für den Zuschnitt zu berücksichtigen.
- Markierungen für Stoffansätze (hier Gurte) oder Taschen usw. sind vermerkt.

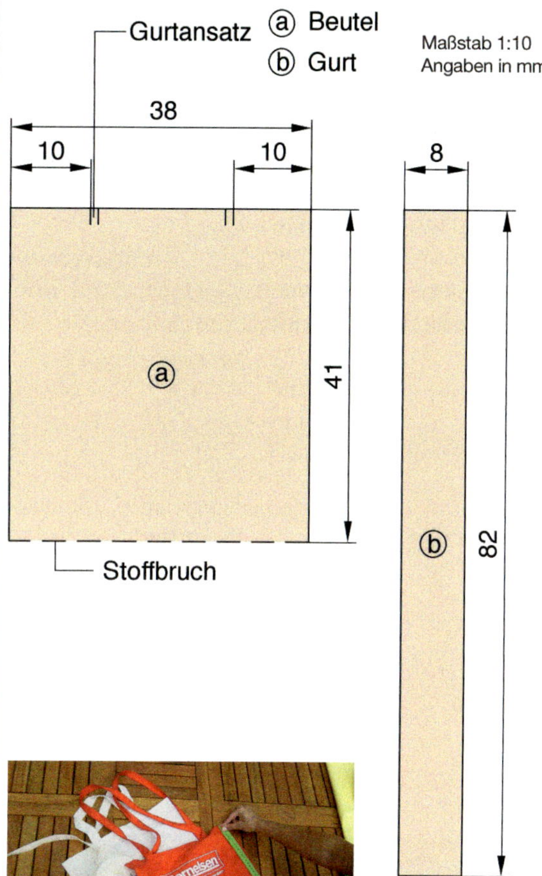

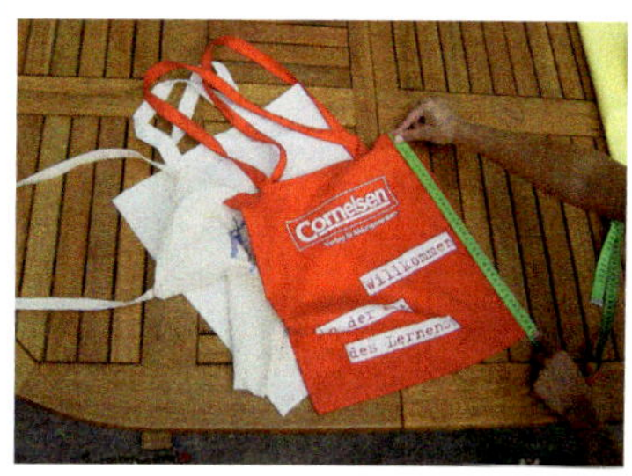

Im Anschluss an jeden Arbeitsschritt findet ihr Arbeitsaufträge. Diese führt ihr aus, falls ihr die Tragetasche nachnähen möchtet. Habt ihr ein anderes textiles Werkstück in Arbeit, sind die Arbeitsschritte entsprechend abzuändern.

A Aufgaben

1 Erstellt nach dem Schnittmuster eine Vorlage auf Papier in geplanter Größe und übertragt auch die Gurtansätze und die Stoffbruchlinie. Als Papier eignet sich ein flexibler, haltbarer, einfarbiger Papierbogen.

2 Entnehmt den Maßen des Schnittmusters, welche Ausmaße der Taschenbeutel in Wirklichkeit hat. Berücksichtigt dabei die Eigenschaften der Stoffbruchlinie.

Zuschneideplan und Zuschnitt

Ein Zuschneideplan soll helfen, Material sparend zuzuschneiden. Siehe dazu Merkmale von Stoffen, Seite 96.

Saum- und Nahtzugaben: Häufig sind die Schnittmusterteile ohne Saum- und Nahtzugaben gezeichnet. Achtet auf die Angaben des Herstellers, bevor ihr das Schnittmuster auf den Stoff zeichnet.

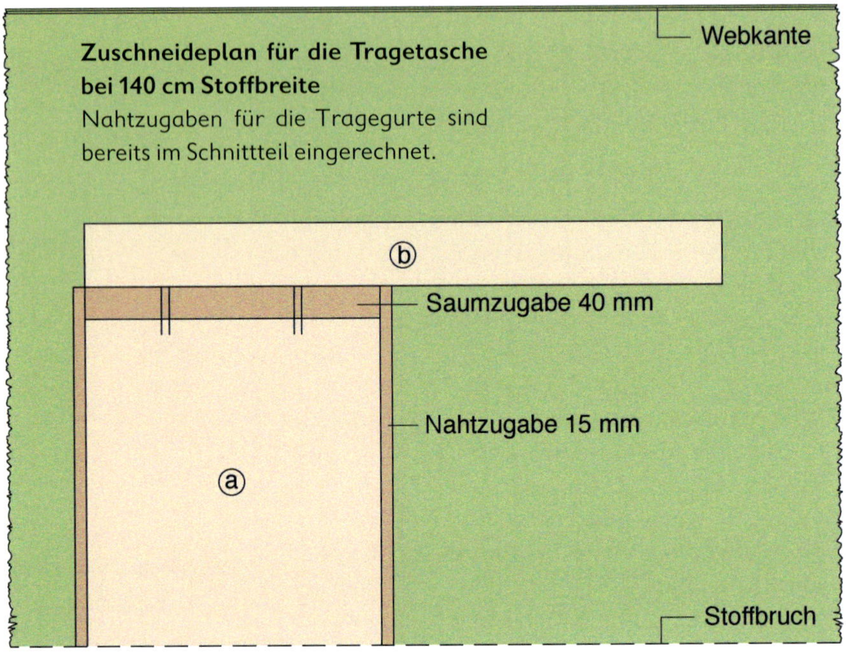

A Aufgaben

1 Übertragt den Zuschneideplan von oben auf Millimeterpapier. Erweitert ihn so, dass er sich für den Zuschnitt von drei Taschen eignet. Berücksichtigt die Saum- und Nahtangaben.

2 Berechnet die benötigte Stofflänge für drei Taschen bei vorgegebener Breite von 140 cm.

3 Erkundet im Fachhandel Stoffangebote. Erstellt eine Übersicht nach: Stoffbreite, Preis pro Meter, Stoffart, Verwendungsmöglichkeit.

4 Erstellt einen Zuschneideplan im Fall einer Stoffbreite von 90 cm für die Tragetasche. Vergleicht beide Zuschneidepläne miteinander. Welche Stoffbreite empfehlt ihr für das Schnittmuster „Tasche", wenn drei genäht werden sollen?

5 Möchtet ihr Taschen nach diesem Muster nähen, legt die Stückzahl fest und macht eine Vorkalkulation. Berücksichtigt Materialkosten durch Stoff (s. Merkmale von Stoffen, S. 96), Betriebsmittel (Nähmaschine, Bügeleisen, Nadeln, Schere), Hilfsstoffe (Garn) und Betriebsstoffe (Strom, Nähmaschinenöl).

Wollt ihr für den Verkauf fertigen, so legt einen Verkaufspreis fest. Vergleicht dazu die Kosten und einen geplanten Gewinn. Vergleicht auch mit den Preisen entsprechender Taschen im Handel (zum Marketing siehe auch: Wirtschaftlicher Erfolg, Seite 96).

6 Wenn der Stoff vorliegt, könnt ihr jetzt in folgenden Schritten weiterarbeiten:

- die gesamte Länge in sinnvolle (z. B. für 3 Taschen) Stücke zerschneiden;
- linke Stoffseite mit Kreide markieren;
- Stoff glatt bügeln, doppelt legen, linke Seite nach außen und die Webkanten aufeinander;
- Schnittmuster wie im Zuschneideplan auflegen, mit Stecknadeln feststecken und entlang der Außenlinien mit Kreide auf den Stoff übertragen; die Ansätze für die Tragegurte sowie Naht- und Saumzugaben einzeichnen;
- Schnittmuster entfernen und Teile zuschneiden.

3 „Nähkurs“ Tragetasche

Die folgenden Schritte sind zur Fertigstellung des Prototyps „Tragetasche“ auszuführen; Beutel und Gurte dabei nacheinander nähen.
Bei einem anderen Werkstück könnt ihr euch an dieser Schrittfolge orientieren.
Für die Organisation einer Fertigung mehrerer gleichgearteter Taschen ist wichtig, dass ihr den Produktionsablauf verstanden habt.

Die Beschreibung erfolgt für das Nähen mit der Nähmaschine. Es geht aber auch per Hand, wenn ihr die entsprechenden Handstiche beherrscht. Neben Nadel und Nähmaschine ist ein Bügelbrett mit Bügeleisen bereitzustellen.

Nähen des Beutels

1. Schritt: Geschnittene Teile mit Stecknadeln an den Seiten zusammenstecken und entlang der Kreidelinien (s. Aufgabe 6, Seite 92) mit Hand heften. Anschließend mit der Nähmaschine steppen, die Heftfäden entfernen.

2. Schritt: Nähte säubern. Dazu werden die Stoffenden der Naht mit einer Schere gleichmäßig beschnitten, herausstehende Fäden entfernt und die Enden durch eine Zick-Zack-Naht mit der Nähmaschine abgenäht. Zum Schluss werden beide Nähte erst von links und dann von rechts gebügelt. Anschließend den ganzen Beutel passend aufeinanderlegen und bügeln.

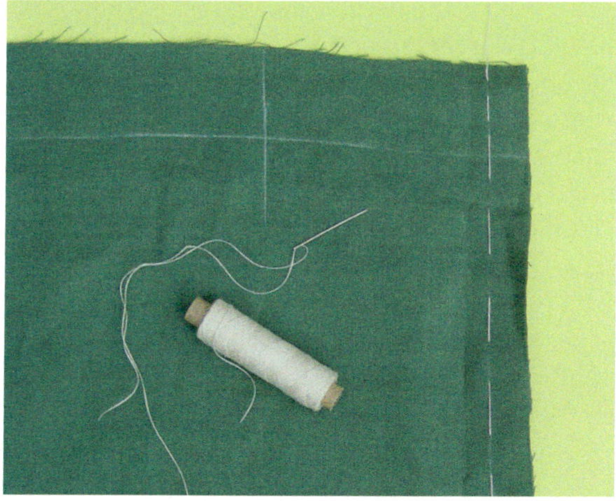

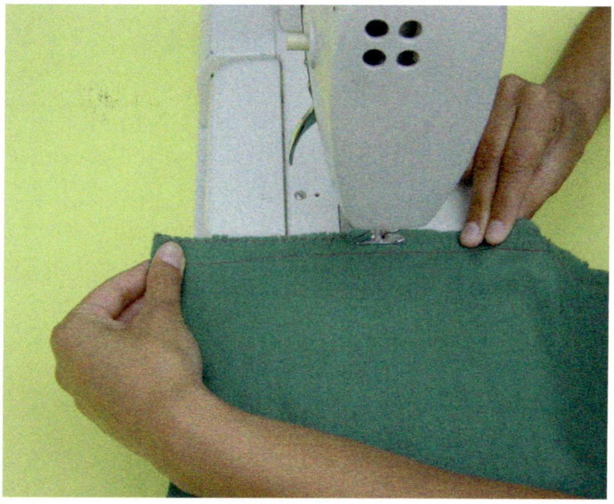

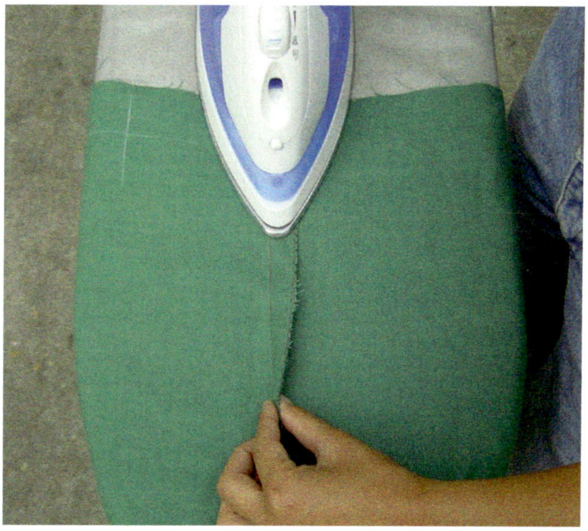

3. Schritt: Entlang der Saumkante mit lockeren Heftstichen beide Stoffteile zusammenfassen, die Teile anschließend bis zum Ende der Fadenschlingen auseinanderziehen und die Heftfäden in der Mitte durchschneiden.

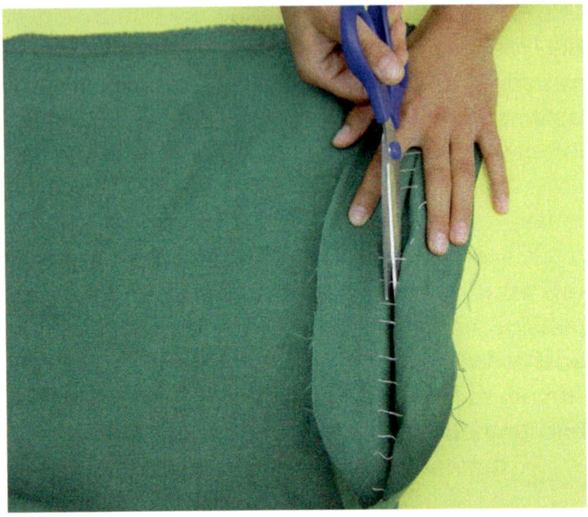

4. Schritt: Zur Vorbereitung der Saumnaht den Beutel auf links ziehen. Das Saumende bis an die markierte Kante umlegen und durch Bügeln fixieren. Anschließend die Saumkante ein zweites Mal umlegen, sodass ein sauberer Abschluss entsteht. Den Saum mit Stecknadeln fixieren und mit Hand heften.

5. Schritt: Den Beutel auf rechts ziehen, entlang der Heftnaht von rechts steppen und den Saum glatt bügeln.

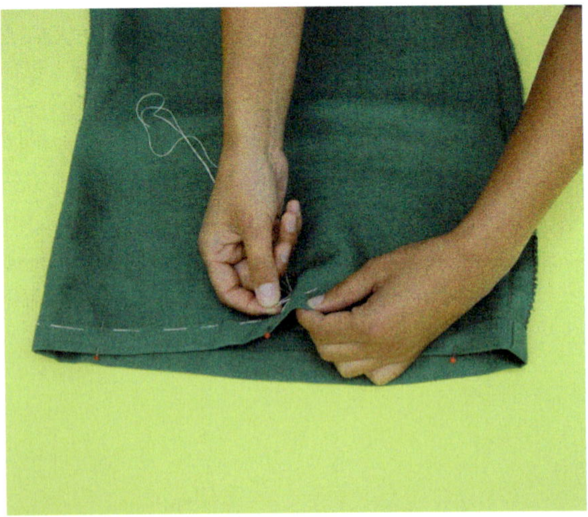

Fertigen der Tragegurte

Da der Gurt bei doppelter Stofflage geschnitten wurde, liegen beide Schnittteile vor. Sie werden nacheinander gefertigt. Auch jetzt sollte, wenn nötig, die linke Seite markiert werden.

1. Schritt: Das „Band" in Längsrichtung doppelt legen, linke Seite nach außen und durch Bügeln fixieren.

2. Schritt: Das doppelt gelegte Band mit der Maschine steppen. Dabei am kurzen Ende beginnen und durch eine Vierteldrehung an der langen Naht weitersteppen. Dabei sollte die Steppnaht zur gefalteten Kante einen gleichmäßigen Abstand (ca. 3 cm) haben. Die zweite kurze Seite muss offen bleiben.

3. Schritt: Mit einem Hilfsmittel (z. B. Rundholz, 10 mm Durchmesser) wird der Gurt auf rechts gezogen. Dazu wird das Holz von links gegen die kurze gesteppte Naht gestoßen und nach und nach der Stoffschlauch über das Holz gezogen. Ecken und Nähte werden mittels Rundholz von innen ausgearbeitet.

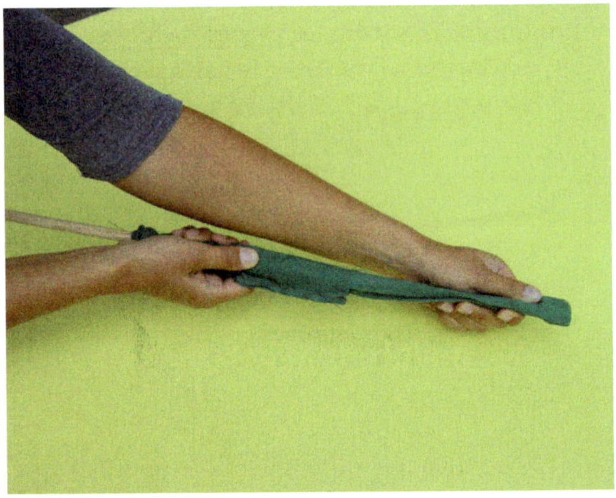

4. Schritt: Der Gurt wird gebügelt, wobei die offene Kante nach innen eingeschlagen wird.

5. Schritt: Der zweite Gurt wird ebenso angefertigt. Anschließend werden beide auf eine Länge gebracht, was durch das Einschlagen des offenen Endes erfolgen kann.

Zusammennähen der Teile

1. Schritt: Die Gurtansätze von innen an den markierten Stellen das Beutelsaums feststecken und mit Hand heften. Vor dem Steppen mit der Maschine eine Kontrolle zu Länge und Sitz der Gurte durchführen. Notwendige Änderungen ausführen.

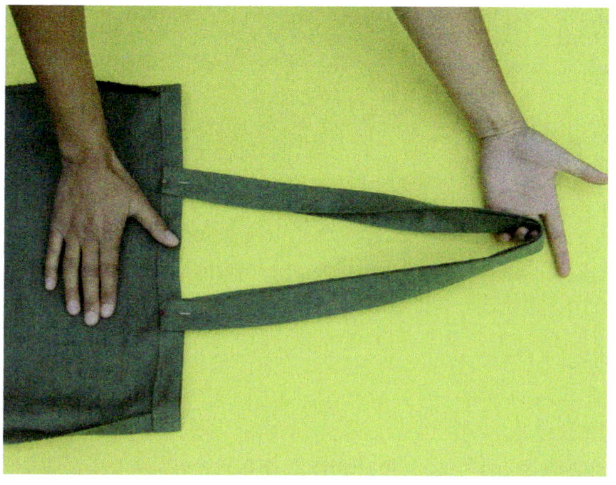

2. Schritt: Von der Außenseite des Beutels die Gurtansätze befestigen. Beginnend mit der unteren Naht werden nach und nach die Seitenränder und Diagonalen gesteppt. Das Steppen sollte in einem Vorgang ausgeführt werden, indem das Werkstück in der entsprechenden Richtung gedreht wird.

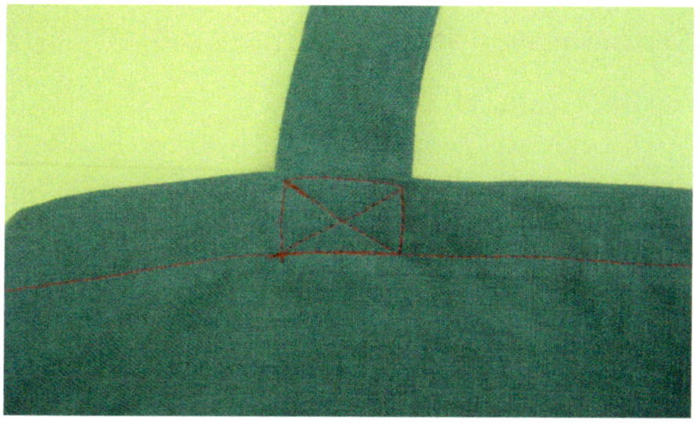

Betriebsmittel zur Fertigung textiler Produkte

Folgende Betriebsmittel wurden bei der Herstellung der Tragetasche eingesetzt:

Nähnadeln

Sie unterscheiden sich in Länge und Dicke. Nähnadeln für Nähmaschinen werden nach der Stoffart angeboten, z. B. Seide, Jeans ... Zum Heften der Leinenstoffe eignet sich Größe 5–7. Das Tragen eines Fingerhuts kann Verletzungen der Fingerkuppe vermeiden.

Stecknadeln

Stecknadeln gibt es mit und ohne Kunststoffkuppe. Mit Kuppe sind sie besser zu greifen. Sie werden zum Fixieren von Stoffteilen gebraucht.

Schere

Hier sollte eine Schneiderstoffschere verwendet werden. Sie dient zum Trennen von Stoffen, aber auch um Fäden abzuschneiden. Ersatzweise kann auch mit einem Schneiderad oder Messer getrennt werden. Dafür wird eine schneidfeste Unterlage benötigt.

Nähmaschine

Sie wird zum Verbinden von Stoffteilen, aber auch zum Säubern von Nähten oder zum Aufbringen von Ziermustern verwendet. Die Handhabung muss mithilfe der Anleitung des Herstellers geübt werden.

Maßband/Lineal

Im Handel sind Maßbänder mit einer Länge von 1,50 m und einer Zentimetereinteilung erhältlich. Für gerade Linien wird ein Lineal (Holz oder Metall) genutzt. Dies kann ebenso als Hilfe beim Trennen gerader Linien mit dem Schneiderad eingesetzt werden.

Bügeleisen und Bügeltisch

Das Ausbügeln von Nähten oder das Fixieren von Säumen wird mit dem Bügeleisen ausgeführt bzw. unterstützt. Bügeltische gibt es in verschiedenen Breiten.

Schneiderkreide

Damit werden Markierungen und Schnittlinien auf Stoff gezeichnet, die später entfernt werden können. Im Fachhandel sind spezielle Kreidemarken erhältlich, die durch eine feine Öffnung beim Aufsetzen auf den Stoff pulverisierte Kreide abgeben. Ein Rädchen sichert eine gute Linienführung. Alternativ gibt es heute Stoffstifte, deren Markierungen nach Tagen völlig verschwinden.

4 Die Arbeitsergebnisse auf dem Prüfstand

Die folgenden Abschnitte nennen besondere Aspekte, die ihr bei der Reflexion dieser Projektarbeit berücksichtigen könnt. Zieht dazu die Methode Projektarbeit, Auswertung Seite 90, heran.

Organisation des Fertigungsprozesses

- Welche Unterschiede bestehen zwischen der Fertigung mit Hand und mit Nähmaschine (Zeit, Anforderungen, Qualität)?
- Wie ist die gewählte Form der Serienfertigung (Zeit, Stückzahl, Qualität) einzuschätzen?
- Wo traten Fehler und Probleme auf und wie könnte man den Prozess verbessern?
- Worin unterscheiden sich die Arbeitsanforderungen an den Arbeitsplätzen? Welche Tätigkeiten waren interessant/langweilig?

Wirtschaftlicher Erfolg

Um diesen zu ermitteln, ist es wichtig, die tatsächlich angefallenen Kosten (Nachkalkulation) mit der Vorkalkulation (s. Seite 92) zu vergleichen.

Überlegt, warum es dem Käufer wichtig sein kann, eure Tasche zu kaufen, die vielleicht teurer ist als handelsübliche.

Wollt ihr mit der Tasche auch eine „Botschaft“ verkaufen, z. B. für eure Schule werben, könnt ihr zusätzlich euer Schul-Logo auf den Beutel bringen und die Taschen z. B. am Tag der „offenen Tür“ an Eltern und zukünftige Mitschüler verkaufen. Vielleicht bedeutet das für diese einen zusätzlichen Wert. Dann könnt ihr eventuell einen höheren Preis erzielen.

In diesem Fall zählt als Erfolg nicht nur der Gewinn, sondern auch die Wirkung dieser Marketingmaßnahme. Der Name eurer Schule wird zusätzlich durch das Tragen der Tasche in der Stadt bekannt gemacht. Es gibt vielleicht einen positiv aufgemachten Bericht in der Zeitung.

Der Schulträger oder auch Unternehmen am Ort werden auf eure Schule aufmerksam und stellen eventuell Mittel zur Verfügung, um solche Projekte weiterhin zu fördern.

In der Stadt spricht sich herum, dass an eurer Schule ein gutes Klima und Schüleraktivität herrscht. Immer mehr Schüler wollen eure Schule besuchen.

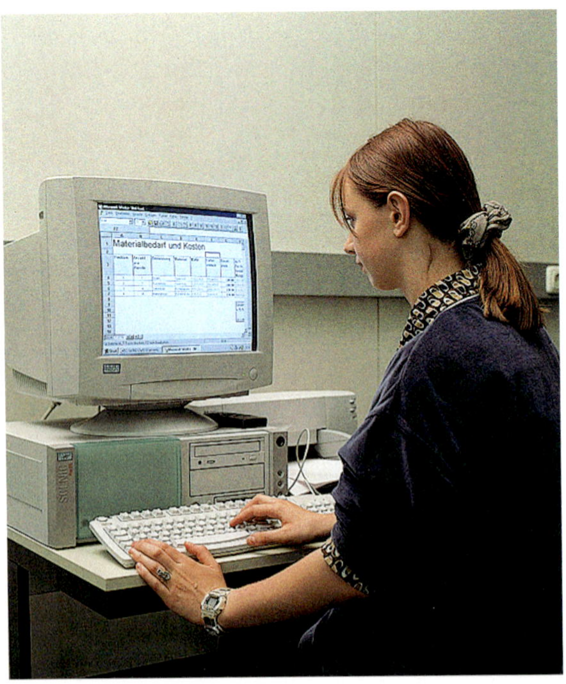

Merkmale von Stoffen

Stoffbreiten: Die Breite hängt von der Breite des Webstuhls ab. Die Preisangaben an den Stoffballen beziehen sich immer auf einen Meter Länge bei vorgegebener Breite.

Berechnung des Stoffverbrauchs: Abhängig ist die benötigte Länge immer von der Stoffbreite, die jeweils angeboten wird. Wer geschickt plant, kann viel Geld sparen.

Stoffseite: Stoffe haben eine rechte und eine linke Seite. Die rechte Stoffseite, die sichtbare Seite, kann Muster haben, klare Struktur und Farbe. Die linke Stoffseite weist manchmal Unregelmäßigkeiten bei Farbe, Fadenverarbeitung usw. auf. Meist wird die rechte Seite als Oberseite gewählt.

Methode Gruppenarbeit

1 Darum geht es

In den Lebensbereichen Schule, Familie, im Freundeskreis, in der Freizeit und auch später im Erwerbsleben geht es häufig darum, erfolgreich mit anderen in Gruppen zusammenzuarbeiten.
Dieses Kapitel kann euch darauf vorbereiten,

- die Arbeit in der Gruppe gemeinsam zu planen, durchzuführen und auszuwerten,
- andere Meinungen für die eigene Urteilsfindung zu berücksichtigen,
- Regeln für die Lösung von Konflikten zu finden und anzuwenden,
- im Team Entscheidungen zu treffen.

▲ Schülergruppe gestaltet gemeinsam Plakate für einen Verkaufsstand

▲ Bürgerinitiative organisiert eine Demonstration

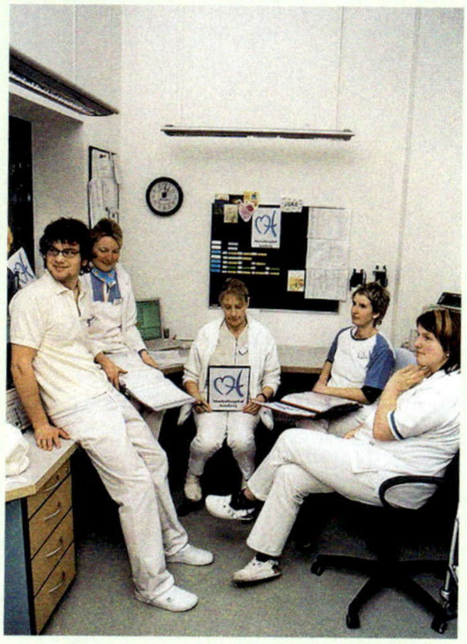

▲ Das Pflegeteam einer chirurgischen Station bei der Übergabebesprechung

2 Das ist vorher zu entscheiden

Eignet sich die Aufgabe?

- Führt eine arbeitsteilige Zusammenarbeit schneller zum Ziel (z.B. eine Collage anfertigen, Pizza herstellen)?
- Verbessern Ideen und Lösungsvorschläge mehrerer Personen das Ergebnis (z.B. Angebot für Verkaufsstand)?

Wie werden die Gruppen gebildet?

- Soll die Zusammenarbeit mit denen erfolgen, deren Fähigkeiten ihr gut kennt und die ihr mögt?
- Möchtet ihr mit denen zusammenarbeiten, die ihr erst neu kennen lernen werdet?
- Wie groß darf die Gruppe sein, damit sich jeder beteiligen kann?

3 So läuft es ab

Vorbereitung in der Klasse

- Vereinbart in der Klasse einen Zeitrahmen. Berücksichtigt dabei die Aufbereitung der Ergebnisse, evtl. für eine Präsentation.
- Sprecht ab, wie ihr die Ergebnisse mitteilen wollt (z.B. als Protokoll, über eine Wandzeitung). Welche Mittel braucht ihr dazu? Welche sind verfügbar (z.B. Stellwände, Papier, Stifte, Tageslichtschreiber)?
- Sind notwendige Arbeitstechniken bekannt (z.B. Beobachtung, Interview) oder können diese erlernt werden?
- Sprecht mit dem Lehrer über die Bewertung der Gruppenarbeit.

Durchführung

Beachtet den festgelegten Zeitrahmen. Überlegt, was gemeinsam in der Gruppe, was arbeitsteilig von Einzelnen zu erledigen ist. Fordert vereinbarte Gesprächsregeln und die Beteiligung aller ein. Haltet Ergebnisse sofort schriftlich fest.

Auswertung

Die Auswertung kann erfolgen:
- inhaltlich, also das Thema betreffend (z.B. ist das Poster mit den Ergebnissen der Gruppe verständlich?);
- zwischenmenschlich, also die Beziehungen in der Gruppe betreffend (s. Kasten 3). Für diese Auswertung ist wichtig, wie wir uns Rückmeldung (Feedback) geben (s. Kasten 2).

1 Verhaltensregeln für die Zusammenarbeit

Jeder ist für sich und für die Gruppe verantwortlich.

Es kann immer nur einer sprechen.
Sprecht laut und verständlich.

Formuliert eine eigene Meinung.
Eure Erfahrungen und Kenntnisse sind wichtig.

Sprecht andere mit Blickkontakt an.
Damit macht ihr deutlich, dass ihr andere achtet und euch ihre Antwort wichtig ist.

Wenn ihr etwas nicht versteht, bittet um eine Erklärung. Das hilft Missverständnisse zu vermeiden.

Wenn ihr wütend oder ärgerlich seid, teilt es den anderen mit. Das fördert eine Klärung.

Wenn ihr Konflikte habt, versucht, diese in der Gruppe zu lösen. Wenn das nicht möglich ist, bittet den Lehrer um Hilfe.

2 Feedback geben

- Beschreibe das Verhalten anderer, aber bewerte es nicht. Es könnte verletzen.
- Behandle andere so, wie du selbst behandelt werden möchtest.
- Gib positive Eindrücke wieder. Nenne Dinge, die zu ändern sind. Feedback soll aufbauend sein.
- Kritisiere niemanden als Menschen, sondern beziehe dich auf sein Verhalten.

3 Beziehungen in der Gruppe auswerten

Zunächst beantwortet jeder folgende Fragen selbst. Danach gibt er Rückmeldung an die Gruppenmitglieder. Beachtet „2 Feedback geben“!

- Welche Gruppenmitglieder schoben sich in den Vordergrund, beteiligten sich nicht an der Arbeit? Was bedeutete das für die anderen?
- Wurden Gruppenmitglieder nicht akzeptiert oder abgewertet bzw. von vornherein als besser angesehen? Woran liegt das? Was bedeutet das für die Arbeit? Was ist zu ändern?
- Wie wurden Entscheidungen getroffen? Bestimmte z.B. ein Gruppenmitglied oder wurde mehrheitlich abgestimmt? Was bedeutete dies für die Arbeit?
- Bestand in der Gruppe eine Haltung, unterschiedliche Meinungen eher zu achten oder abzuwerten?
- Wie hast du dich in der Gruppe gefühlt?
- Was möchtest du verändern?

Handyhalter aus Plexiglas: Vom Prototyp zur Fertigung

1 Was müssen wir bei der Umsetzung einer Idee bedenken

Jana hat bei ihrer Freundin Maria einen Handyhalter gesehen. Nun möchte sie auch einen haben. Sie informiert sich auch im Internet.

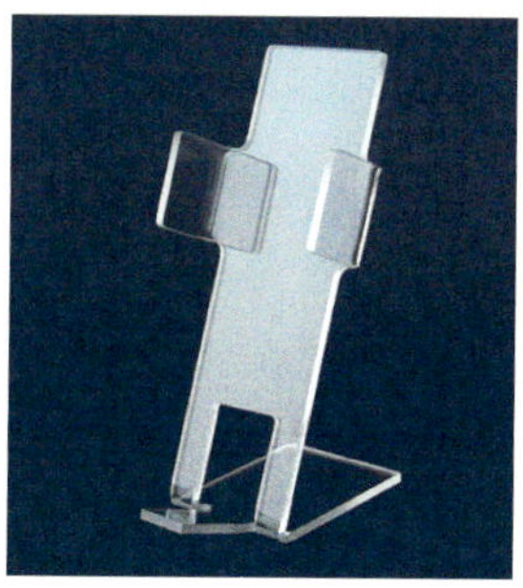

Einige Handyhalter findet sie cool, einige gefallen ihr nicht, andere sind Jana zu teuer. Sie denkt: „Den Handyhalter von Maria müsste man doch so ähnlich nachbauen können.“ Sie trägt ihre Idee im Unterricht vor: „Mein Handyhalter soll aus farbigem Kunststoff sein. Damit mein Handy nicht herunterrutscht, muss die untere Kante hochgebogen werden. Für die Rückseite möchte ich Aluminium verwenden, sieht doch cool aus. Hier, ich habe ihn aufgezeichnet.“

Genügt diese Skizze (rechts)?
Kann so das Produkt (links) hergestellt werden?

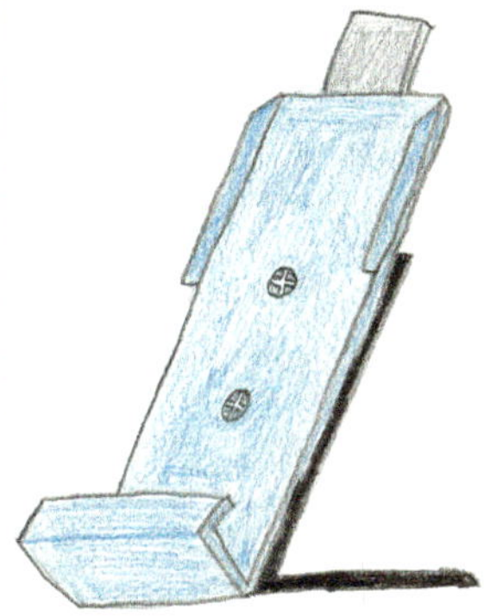

▶ **Leitauftrag** Stellt eure Erwartungen an einen Handyhalter zusammen. Vergleicht mit den Abbildungen.
Beschreibt einem Partner diese möglichst genau. Bewertet Janas Zeichnung als Konstruktionsunterlage. Was wird noch benötigt, um das Produkt herzustellen?

Technische Skizze:

freihändig ausgeführte erste Darstellung mit erforderlichen Angaben zu Form und Größe

Technische Zeichnung:

exakte und maßstabsgetreue Darstellung eines technischen Gegenstandes nach entsprechenden Regeln (DIN)

B **Auf einen Blick**

Ihr setzt eine Idee bis zu einem technischen Produkt um.

Ihr plant das Vorhaben bis zur Herstellung eines Prototypen.

Ihr prüft die Marktfähigkeit des Produkts.

Ihr könnt einen Arbeitsablaufplan als Teil der Fertigungsplanung erstellen.

Ihr unterscheidet Produktionsaufträge nach Fertigungsarten und Fertigungsprinzipien.

2 Der Handyhalter entsteht auf Papier

Jana hat erkannt, dass ihre Skizze nicht ausreicht, um einen Handyhalter herzustellen. Sie benötigt eine technische Zeichnung.

Bevor sie diese anfertigt, informiert sie sich über handelsübliche Größen von Handys. Sie stellt fest, dass es sehr viele unterschiedliche Größen und Formen gibt. Derzeit sind eher kleinere Formate gefragt. Das entspricht auch ihrem eigenen Handy.

Diese Angaben will sie bei der Planung beachten. Die technische Zeichnung wird für Halter und Rückenteil im Maßstab 1:1 erstellt (s. verkleinerte Abb. unten und **M1–M4**, Seite 104, 105).

Zur eindeutigen Darstellung muss sie die Teile in zwei Ansichten zeichnen.

Ansichten meint die Blickrichtung, von der auf den Gegenstand geschaut wird.

Erstellung der Konstruktionsunterlagen

Wie entsteht ein Produkt? Wer entscheidet, ob ein Produkt hergestellt werden kann? Die Beantwortung dieser Fragen erfolgt im technisch-konstruktiven Prozess.

Damit technische Sachverhalte unmissverständlich zu lesen sind, benutzen Techniker eine Fachsprache. Dazu gehören auch Vorgaben für grafische Darstellungen, z. B. die technische Skizze und die technische Zeichnung (S. 104 und S. 99).

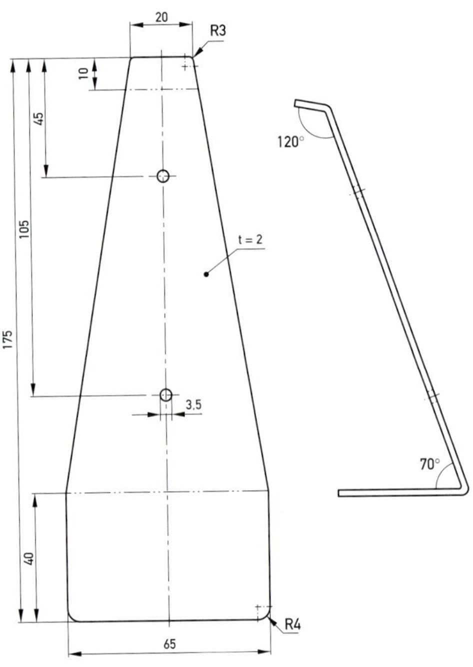

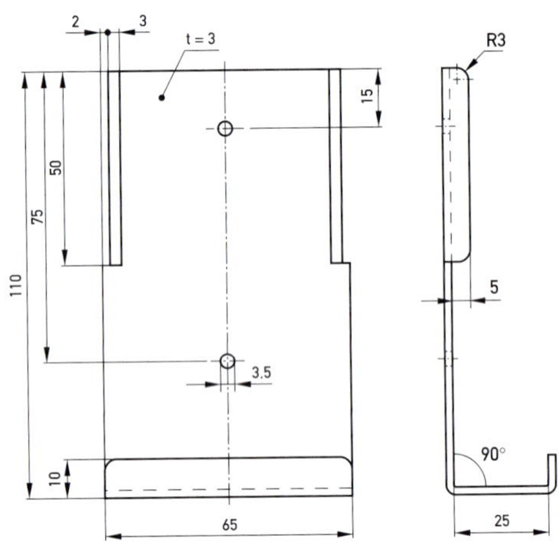

5	2	Abstandshalter		d = 5
4	2	Sechskantmutter		M 3
3	2	Senkkopfschraube		3 x 15
2	1	Halterung	Plexiglas	65 x 145 x 3
1	1	Standfuß	Aluminium	65 x 175 x 2
Teil	Anzahl	Benennung	Werkstoff	Rohmaße
gez.:	17.02.08	Jana Kempe	Klasse 8	
geprüft:	18.02.08	Max Mustermann		
Maßstab 1:1		Handyhalter Teil 1 + Teil 2		Blatt

A Aufgaben

1 Warum ist für Janas Handyhalter eine technische Zeichnung in mehr als einer Ansicht erforderlich?

2 Übt das richtige Eintragen von Maßangaben. Zeichnet dazu einfach geformte Gegenstände, bei denen ihr am Original abmessen könnt.

3 Warum ist es so wichtig, eine technische Zeichnung so genau wie möglich anzufertigen?

3 Die Fertigung des Prototypen

Modell

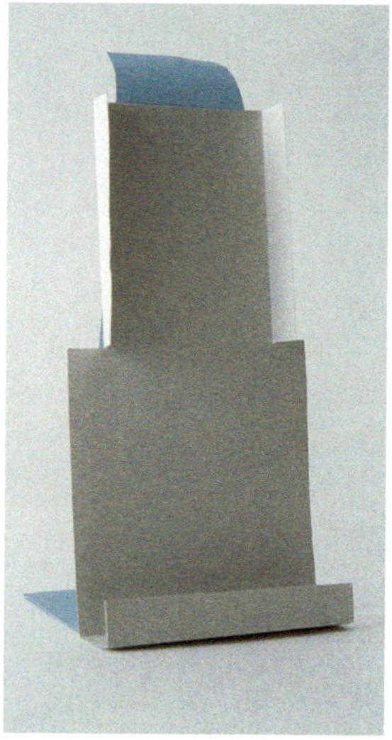

Jana fertigt nach der technischen Zeichnung ein Modell ihres Handyhalters an. So kann sie sich genauer vorstellen, ob ihre Maßangaben realistisch sind. Gleichzeitig ist es ein „Probelauf" für die spätere praktische Umsetzung. Jana macht sich auch Gedanken zur Werkstoffauswahl und zu Verarbeitungsmöglichkeiten.

Das produzierende Gewerbe arbeitet bei der Produktentwicklung mit Modellen. Sie ermöglichen eine Vorstellung zu Aussehen und Funktion.

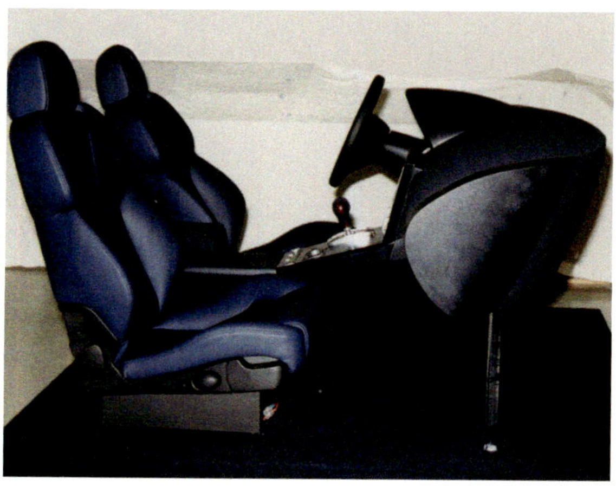

▲ Die Einbauten (Sitze, Lenkrad) in Fahrzeugen werden an Modellen auf gewünschte Eigenschaften getestet.

Arbeitsablaufplan

Mithilfe der technischen Zeichnung und der Stückliste fertigt Jana einen Arbeitsablaufplan an. Sie überlegt die Reihenfolge der Arbeitsschritte zur Herstellung des Handyhalters und die benötigten Arbeitsmittel.

Fertigen des Kunststoffteiles

Nr.	Arbeitsgang	Arbeitsmittel
1	Anreißen	Bleistift, Stahlmaßstab, Anschlagwinkel
2	Ritzbrechen	Reißnadel, Stahllineal, Biegevorrichtung
3	Bohren	Vorstecher, Bohrmaschine, Bohrer
4	Einsägen	Feinsäge
5	Entgraten	Ziehklinge, Schleifpapier
6	Bieten	Hitzedrahtbiegevorrichtung, 2 Holzklötze

Werkstoff

Die Auswahl trifft Jana in erster Linie nach dem Aussehen. Angeregt durch verschiedene Marktangebote fällt die Entscheidung auf eine Kombination aus Kunststoff und Aluminium. Zur Verarbeitung beider Werkstoffe siehe M6–M8, Seite 105, 106.

Berücksichtigt auch wirtschaftliche und ökologische Gesichtspunkte bei der Auswahl des Werkstoffes:

- Was kostet der Werkstoff?
- Ist er leicht zu beschaffen?
- Kann der Werkstoff mit den vorhandenen Werkzeugen bearbeitet werden? Müssen teure Spezialwerkzeuge angeschafft werden?
- Kann er umweltverträglich produziert, genutzt und später entsorgt werden?

A Aufgaben

1 Fertigt aus Pappe ein Modell eures geplanten Werkstückes an.

2 Entscheidet über zu verwendende Werkstoffe. Begründet die Entscheidung unter Berücksichtigung wirtschaftlicher und ökologischer Aspekte.

3 Erstellt eine Stückliste und danach einen Arbeitsablaufplan.

4 Ist der Prototyp marktfähig?

Jana: „Prima, die Herstellung des Handyhalters kostet mich keinen Cent. Kunststoffreste durften wir doch in der Abfallkiste bei der letzten Betriebserkundung sammeln. Aluminiumstreifen sind noch da und die benötigten Werkzeuge haben wir in der Schule. Wir könnten die Handyhalter zum Schulfest verkaufen und machen guten Gewinn!“

Michael: „Da machst du aber einen Denkfehler! Das Material reicht nur für 20 Stück und die Bohrer sind stumpf und müssen erneuert werden.“

Jana: „Dann verkaufen wir eben die ersten 20 Stück und für die Einnahmen kaufen wir neue Bohrer!“

Absatzplanung und Kalkulation

Ob sich ein Produkt in größerer Stückzahl absetzen lässt, hängt besonders davon ab, zu welchem Preis es am Markt verkauft werden kann. Für eine solche Preiskalkulation sind auch die Produktionskosten zu berücksichtigen.

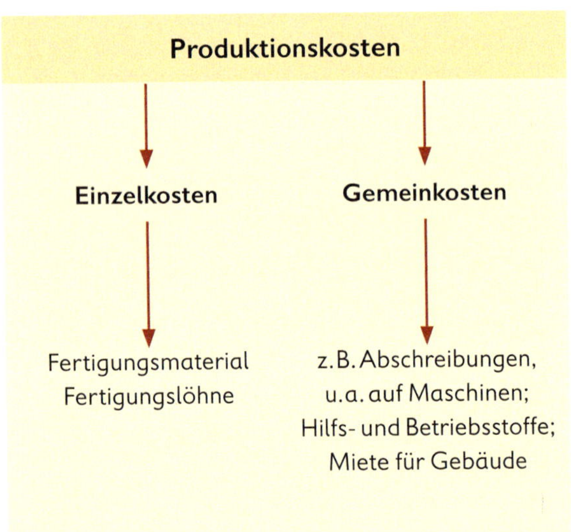

In die Kalkulation des Verkaufspreises fließen neben diesen Kosten weitere Elemente ein, insbesondere der Zuschlag für Vertriebskosten und der kalkulierte Gewinn.

Im Verkaufspreis enthalten ist immer die Mehrwertsteuer (MwSt.), auch Umsatzsteuer genannt.

Kalkulation des Verkaufspreises

Produktionskosten/Stück	100,00 €	
+ Zuschlag für Vertrieb	20,00 €	(20 %)
+ kalkulierter Gewinn	6,00 €	(5 %)
Verkaufspreis	126,00 €	
+ Mehrwertsteuer	23,94 €	(19 %)
Verkaufspreis Brutto	149,94 €	

Bewertungskriterien für die Marktfähigkeit

1. Planung
2. Konstruktionsunterlagen
3. Arbeitsergebnis
   - Aussehen
   - Funktion
   - Umweltverträglichkeit
   - Schwierigkeitsgrad
   - Zeitaufwand
   - Produktionskosten
4. Herstellungsprozess
   - technisch
   - arbeitsprozessorientiert
5. Absatzchancen am Markt
   - kalkulierter Verkaufspreis
   - Zielgruppenanalyse

A Aufgaben

1 Bewertet euren Prototyp nach Janas Kriterien. Präsentiert diesen dann und bittet eure Mitschüler, eure Arbeit zu bewerten.

2 Erkundet die Materialkosten für euren Prototyp und überlegt, wie ihr ihn am preisgünstigsten herstellen könnt.

3 Wie viel könnt ihr für euer Werkstück im Verkauf erzielen? Kalkuliert den Preis.

5 Die Arbeitsvorbereitung für die Fertigung

Jana hat ihre Mitschüler überzeugt, den Prototypen in größerer Stückzahl zu fertigen. Plexiglas und Aluminium sind ausreichend vorhanden. Der Gruppe fehlen noch Wissen und Erfahrungen für die Organisation einer Serienfertigung.
Ralfs Vater, Ingenieur für Maschinenbau, arbeitet in der Fertigungsplanung eines Unternehmens. Eine Schülergruppe darf zu ihm in den Betrieb kommen und die Fertigungsplanung erkunden. Später präsentiert sie ihren Mitschülern ihre Ergebnisse.
Zur Fertigungsplanung gehört die Entwicklung von Prototypen mit zugehörigen Dokumenten. Dies geschieht in der Konstruktionsabteilung. Die weitere Planung erfolgt in der Abteilung „Arbeitsvorbereitung“. Hier werden Arbeitsabläufe für die gewünschte Produktionsmenge entwickelt. Im Mittelpunkt steht, eine hohe Qualität zu erreichen. Das wird auch Qualitätsmanagement genannt (siehe Seite 276).

Arbeitsablaufplan

- Arbeitsschritte in der technisch erforderlichen Reihenfolge
- Verweis auf Planungsunterlagen (technische Zeichnung, Stückliste)
- Werkstoffe/Hilfsstoffe
- Fertigungsverfahren
- benötigte Maschinen/Werkzeuge
- Hinweise zur Arbeitssicherheit
- Anforderungen an die Qualitätskontrolle

Die Technikgruppe „Handyhalter“ erstellt einen Arbeitsablaufplan, getrennt für die Fertigung beider Teile.

Beispiel für das Aluminiumteil:

Nr.	Arbeitsschritt	Arbeitsmittel
1	Anreißen	Reißnadel, Stahlmaßstab, Anschlagwinkel, technische Zeichnung
2	Scheren	Handhebelschere
3	Feilen der Rundungen	Feile, Schraubstock, Schutzbacken
4	Entgraten	Feile, Schraubstock, Schutzbacken
5	Körnen	Körner, Hammer
6	Bohren	Bohrmaschine, Bohrer
7	Senken	Bohrmaschine, Senker
8	Biegen	Biegevorrichtung, Abkantbank

Für jeden Arbeitsschritt wird danach ein ausführlicher Arbeitsauftrag erstellt, z. B.:
- Beschreibung des Arbeitsschrittes,
- zu fertigende Stückzahl,
- Zeitvorgaben,
- Hinweise zur Materialausnutzung,
- Hinweise zum Arbeitsschutz.

A Aufgaben

1 Erstellt für den Arbeitsschritt „Scheren“ einen Arbeitsauftrag. Nutzt dazu das Beispiel **M5**, Seite 105, und die Hinweise zu Fertigungsverfahren auf den Folgeseiten.

2 Plant die Herstellung eines Werkstückes. Erstellt dazu einen Arbeitsablaufplan. Formuliert Arbeitsaufträge für die einzelnen Arbeitsschritte. Berücksichtigt die Qualitätskontrolle. Diskutiert eure Planung und sucht Optimierungsmöglichkeiten.

3 Plant eine Betriebserkundung in der Fertigungsplanung eines produzierenden Betriebes. Vergleicht mit den in diesem Kapitel genannten Arbeitsschritten.

6 Weiterführendes Material

M1 Linienarten für technische Zeichnungen

Art	Beispiel	Breite	Anwendung
Breite Volllinie		0,5	sichtbare Kanten und Umrisse
Schmale Volllinie		0,25	z.B. Maßlinien, Maßhilfslinien, Schraffuren
Freihandlinie		0,25	z.B. Begrenzung von abgebrochenen oder unterbrochenen Darstellungen
Strichlinie		0,25	verdeckte Kanten und Umrisse
Strich-Punkt-Linie		0,25	Mittellinien, Symmetrielinien
Strich-Punkt-Punkt-Linie		0,25	z.B. Biegelinien

Linienbreiten werden im Verhältnis zum Blattformat verwendet. Für DIN A2 und kleiner (also auch DIN A4) werden die Linienbreiten 0,5 und 0,25 verwendet. Für Schrift und grafische Symbole wird 0,35 verwendet.

M2 Zeichenblatt

Jedes Zeichenblatt enthält die Zeichnung und das Schriftfeld.

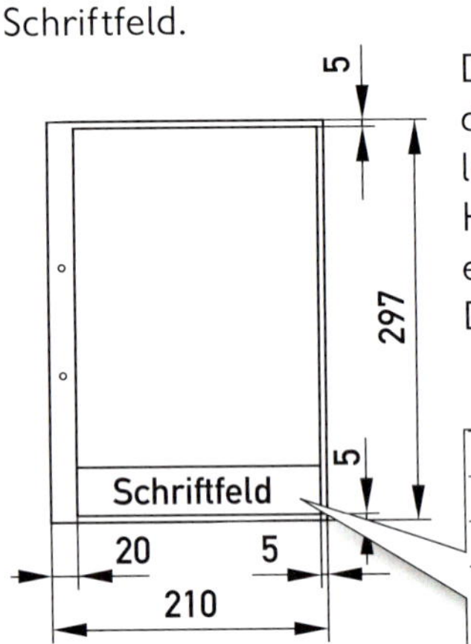

Die Aufteilung auf dem Blatt ist festgelegt. Hier die Vorgaben für ein Blatt im Format DIN A4.

Das Schriftfeld enthält die wichtigsten Angaben wie Benennung des gezeichneten Gegenstandes, Name des Zeichners usw.
Im Schriftfeld einer technischen Zeichnung ist manchmal die Stückliste zu finden, wenn es sich um die Darstellung mehrerer Teile handelt (s. Seite 100).
Die Eintragung der Teile erfolgt immer von unten nach oben.

Teil	Anzahl	Benennung	Werkstoff	Rohmaße
gez.:	Datum	Name	Entstehungsort	
geprüft:	Datum	Name		
Maßstab	Benennung			

M3 Maßstäbe

Um auch sehr große oder sehr kleine Gegenstände anschaulich darstellen zu können, zeichnet man in geeigneten Maßstäben.
Im Maßstab 1:1 sind die Gegenstände in ihrer natürlichen Größe wiedergegeben. Vergrößerungsmaßstäbe stellen sehr kleine Gegenstände größer dar als im Original, Verkleinerungsmaßstäbe nutzt man zur Darstellung sehr großer Gegenstände

Von der DIN ISO 5455 werden geeignete Maßstäbe empfohlen:

Natürliche Größe		M 1:1	
Verkleinerungen	M 1:2	M 1:5	M 1:10
	M 1:20	M 1:50	M 1:100
	M 1:200	M 1:500	M 1:1000
Vergrößerungen	M 2:1	M 5:1	M 10:1 usw.

DIN ISO: Norm, die weltweit in gleicher Weise angewendet wird.

M4 Maßeintragung

An den Maßeintragungen lassen sich die Abmessungen der Gegenstände ablesen.
Bestandteile der Maßeintragung sind dieser Zeichnung zu entnehmen.

Die Maßzahl gibt immer die Originalgröße in Millimetern an. Auf die Angabe der Maßeinheit wird verzichtet, es sei denn, es handelt sich um andere Einheiten als Millimeter.

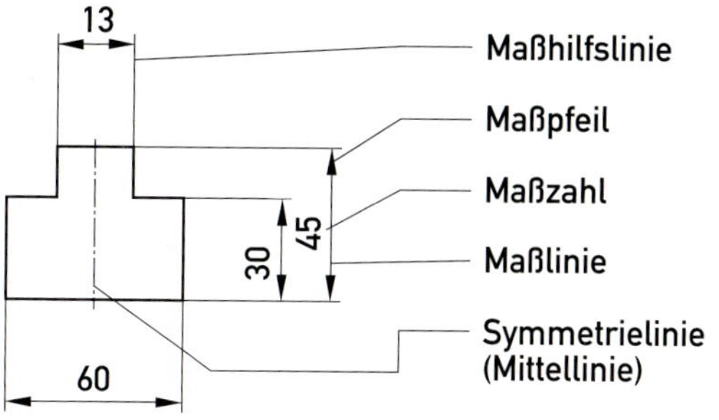

Bestandteile der Maßeintragung

M5 Beispiel zu einem Arbeitsauftrag

Arbeitsauftrag	**für Arbeitsschritt**	
	Anreißen	
Nr. des Arbeitsschrittes:	**Zu verwendende Arbeitsmittel:**	**Zu bearbeitendes Material**
1	Reißnadel, Stahlmaßstab, Anschlagwinkel, technische Zeichnung	Aluminiumblech, 2 mm dick
Beschreibung des Arbeitsganges:	• Übertragen der Abmessungen von der technischen Zeichnung auf das Aluminiumblech, dabei von der Symmetrielinie ausgehen • Biegelinien und Bohrlöcher mit anreißen • Materialeinsatz wirtschaftlich planen, siehe Vorschlag zur Materialausnutzung	Bemerkungen: Vorschlag für effektive Materialausnutzung 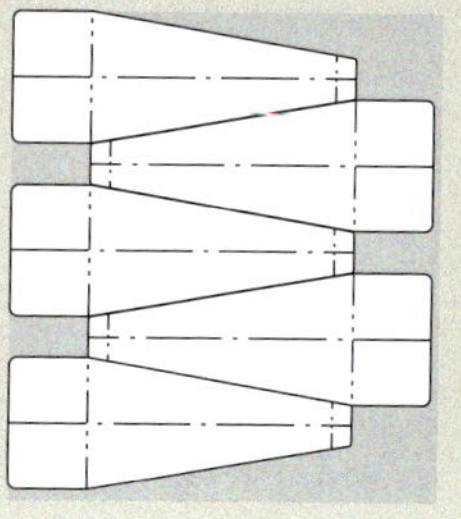
Zu fertigende Stückzahl:	16/ Arbeitszeit: 30 Minuten	
Hinweise zum Arbeitsschutz:	Vorsicht – scharfe Kanten am Aluminiumblech! Verletzungsgefahr!	

M6 Metallbearbeitung

Scheren von Metall: Metall mit einer Dicke bis zu 1 mm kann mit der Handblechschere zugeschnitten (geschert) werden. Bei bis zu 6 mm Dicke wird die **Handhebelschere** genutzt. Bei diesem spanlos trennenden Fertigungsverfahren wird der Werkstoff zwischen dem oberen und unteren Schermesser zusammengedrückt und abgebrochen.

Einsatz der Handhebelschere: Niederhalter auf die richtige Höhe einstellen. Längere Schnitte mehrfach nachsetzen, um saubere Schnittkante zu erreichen. Werkstoff an der Schnittlinie anreißen und in einer Flucht mit dem oberen Schermesser ausrichten.

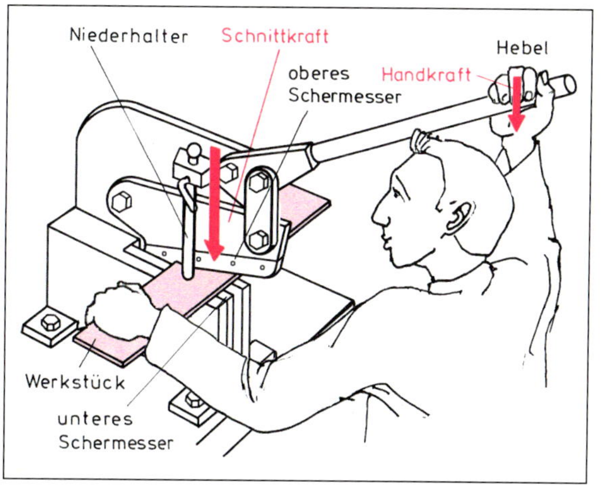

M7 Werkstoffeinteilung

Werkstoffe in der Technik werden in metallische, nichtmetallische und Verbundwerkstoffe, z.B. Beton, eingeteilt:

Metallische Werkstoffe

- **Eisenwerkstoffe** z.B. Stahl, Grauguss
- **Nichteisenmetalle**
  - **Schwermetalle** z.B. Kupfer, Zink, Blei; Gold, Platin (Edelmetall)
  - **Leichtmetalle** z.B. Magnesium, Aluminium, Titan

Nichtmetallische Werkstoffe

- **natürliche Werkstoffe** z.B. Holz, Stein
- **künstliche Werkstoffe**
  - **keramische Stoffe** z.B. Glas, Porzellan
  - **Kunststoffe** z.B. Polyester, Acrylglas (auch Plexiglas)

M8 Bearbeitung von Plexiglas

Der Werkstoff Plexiglas

Name:	Acrylglas
Gewicht:	sehr leicht, spezifisches Gewicht: 1,19 g/cm²
Elastizität:	elastisch bis steif, bruchfest, splittersicher
Härte:	Oberfläche lässt sich von härteren Materialien schnell zerkratzen
Umformtemperatur:	Umformung bei 150–200 °C, bis 120 °C schlechter Wärmeleiter, brennt sehr gut!
Leitfähigkeit:	isoliert besser als Gummi und Glas, lädt sich durch Reibung elektrostatisch auf, zieht Staub an
Chemisches Verhalten:	beständig gegenüber vielen im Haushalt vorkommenden Chemikalien. Vorsicht bei Alkohol, Aceton (Nagellackentferner), Spiritus, Verdünnung; spezielle Kleber verwenden: ACRIFIX
Optische Eigenschaften:	Material mit der größten Lichtdurchlässigkeit, vergilbt nicht
Umweltschutz:	keine luftfremden Emissionen bei der Verbrennung
Witterungsfestigkeit:	witterungs- und alterungsbeständig, vergilbt, vertrübt und versprödet nicht

Bearbeitungsmöglichkeiten von Plexiglas

Anzeichnen: mit Bleistift oder Filzstift, mit Reißnadel nur an Stellen, die später wegfallen, oder an späteren Bruchkanten (Ritzbrechen)

Ritzbrechen: Diese Trenntechnik ist bei Platten bis 5 mm Dicke möglich. Dabei wird das Werkstück mit einer scharfen Reißnadel oder einem Spezialmesser mit hakenartiger Form mehrmals entlang einem Lineal beidseitig geritzt und anschließend über eine Kante gebrochen.
Längere Werkstücke müssen nach gleicher Vorbereitung auf einer Abkantbank (Schwenkbiegemaschine) gebrochen werden.

Sägen: mit Sägen aller Art, deren Zahnung nicht zu grob ist. Ungeschränkte vielzahnige Sägeblätter sind empfehlenswert.

Bohren: angezeichnete Bohrung wird mit Vorstecher oder Reißnadel – nicht mit dem Körner – vorgestochen. Werkstück gut festspannen, um das Ausbrechen der unteren Lochkante zu vermeiden. Dünne Platten mit fester Unterlage zusammenspannen. Bei Bohrbeginn den Bohrer langsam und vorsichtig aufsetzen und unmittelbar vor Durchstoßen des Materials den Vorschub verringern.

Alles klar?

Haushaltstechnik: Gestern – heute – morgen

1 Beschreibt die Mühen einer „großen 4-Wochen-Wäsche“.

2 Nennt gesundheitliche Probleme.

3 Beurteilt folgende Meinungen:

Jan: „Viele Menschen waschen viel zu oft. Man muss nicht jeden Tag sein T-Shirt wechseln. Das viele Waschen schadet der Umwelt.“

Mura: „Ich fühle mich erst gut, wenn ich mehrfach am Tag mein T-Shirt wechseln kann – auf jeden Fall täglich.“

4 Was ist bei der Bedienung einer Waschmaschine zu beachten?

Fertigung eines textilen Werkstücks im Projekt

5 Beschreibe die Bedeutung eines Zuschnittplans und die einzelnen Schritte der Erstellung eines textilen Produkts.

6 Nenne wichtige Kostenarten für die Produktion eines Gutes.

7 Erkläre die Bedeutung einer Vorkalkulation und einer Nachkalkulation.

8 Nenne Unterschiede zwischen der Kalkulation in einem Unternehmen und einem Schülerprojekt.

Handyhalter aus Plexiglas: Vom Prototyp zur Fertigung

9 Beschreibe Gesichtspunkte, die bedacht werden müssen, wenn du eine Produktidee umsetzen möchtest.

10 Was muss erfüllt sein, damit ein Produkt marktfähig ist?

11 Erkläre die Bedeutung eines Arbeitsablaufplans für die Herstellung eines Produkts.

12 In M5, S.105 ist ein Beispiel für einen Arbeitsauftrag abgebildet. Begründe, warum dieser in den Spalten genau beschrieben ist.

13 Begründe, warum genau vorgeschrieben ist, wie technische Zeichnungen zu gestalten sind.

14 In der folgenden Abbildung wird ein Qualitätskreis abgebildet. Erkläre an einem Beispiel die Bedeutung, die genannte Punkte für eine gute Qualität haben können.

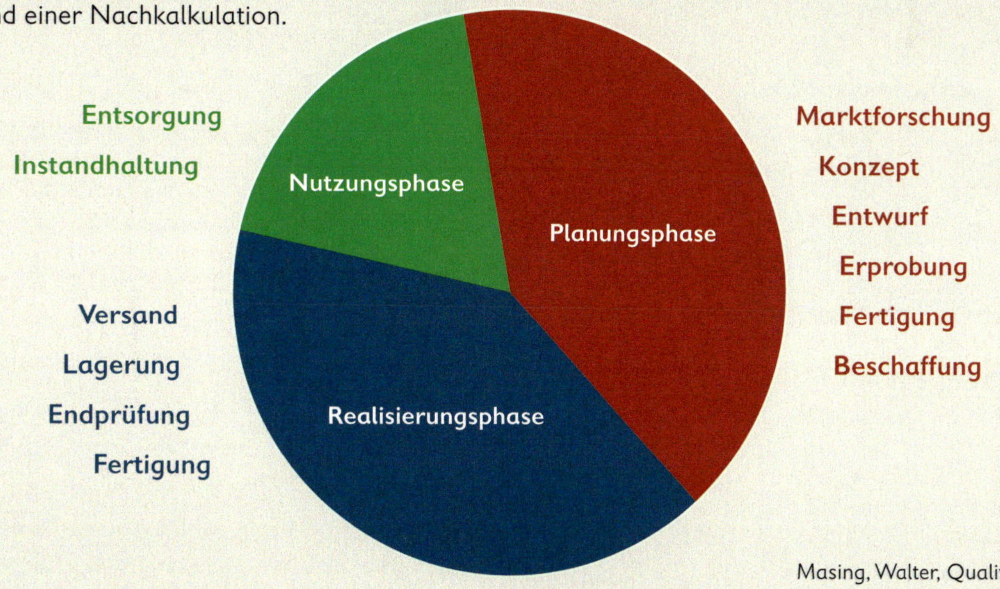

Masing, Walter, Qualitätskreis
http://www.quality-conceptag.de/qcag/begriffe/qualikr.htm

Technischer und wirtschaftlicher Wandel

1 Opa, wie war das früher?

Dennis hat für den Unterricht ein Interview zum technischen und wirtschaftlichen Wandel durchzuführen. Er befragte seinen Großvater.

DENNIS: „Opa, wie habt ihr gelebt, als du Kind warst?“

OPA: „Ja, das war um 1955 – ich war sechs Jahre. Mein Vater arbeitete als Maurer – schwere körperliche Arbeit, wenig Maschineneinsatz. Steine wurden getragen, einen Kran gab es meist nicht. Arbeit war billig, anders als heute.
Wir lebten mit fünf Personen in einer Drei-Zimmer-Wohnung mit Kohleofen, lange ohne Bad. Vieles haben wir im Haushalt selbst hergestellt. Vorräte an Obst und Gemüse wurden für den Winter eingekocht. Wir bekamen dann um 1960 einen Kühlschrank, Jahre später eine Waschmaschine, die auch schleudern konnte, 1965 das erste Auto, einen ‚Käfer‘.“

DENNIS: „Und als du selbst im Beruf gearbeitet hast?“

OPA: „Ich habe 1964 Elektriker gelernt. Unser kleiner Betrieb hat Elektroinstallationen gemacht. Im Geschäft wurden Haushaltsgeräte verkauft und repariert – alles Mechanik. Heute ist vieles elektronisch, repariert wird kaum noch – Arbeit ist zu teuer. Auch mein Beruf hat sich geändert. Ich muss mich dauernd weiterbilden.“

DENNIS: „Ist das denn gut, dass sich alles so schnell ändert?“

OPA: „Den technischen Fortschritt genießen heute die meisten Menschen. Wer etwas gelernt hat und Arbeit hat, der kann sich relativ viel leisten, z. B. Urlaub. Aber die anderen …? Wenn im Ausland billiger produziert werden kann, verlagern immer mehr Betriebe die Produktion dorthin. Dadurch verlieren hier die Menschen ihre Arbeit. Besonders die angelernten Mitarbeiter dürften es schwer haben, eine neue Arbeit zu finden.“

▸ **Leitauftrag** Führt eigene Interviews zum technischen Wandel durch. Ihr könnt daraus gemeinsam eine kleine „Technikgeschichte“ machen.

◂ Um die Verlagerung der Produktion nach Ungarn zu verhindern, stimmten die Mitarbeiter im Handy-Werk Kamp-Lintfort 2004 längeren Arbeitszeiten und Lohnkürzungen zu. 2005 verkaufte Siemens das Werk an das taiwanesische Unternehmen BenQ. 2006 ging das Werk trotzdem in Konkurs, weil der Absatz sank. Januar 2007 wurde die Produktion eingestellt.

B Auf einen Blick

Ihr erfahrt, wie die technische Entwicklung das Wirtschaften beeinflusst.

Ihr erkennt, dass sich Anforderungen an die Berufsarbeit durch den Wandel ändern.

Ihr gewinnt Einsicht darin, wer von Veränderungen besonders betroffen ist.

Ihr begründet an Beispielen, warum immer mehr Waren und Dienstleistungen nachgefragt werden.

2 Ein Blick in die Geschichte von Technik und Wirtschaft

Technische → Erfindungen haben immer Einfluss auf das Wirtschaften gehabt. Sie bestimmen Art, Menge und Preis der verfügbaren → Güter.

Ab 1850

Die → Industrialisierung begann. Die Produktion der Sachgüter erfolgte in Fabriken unter Einsatz der Dampfmaschine. Diese wurde durch Kohle angetrieben und ersetzte die Muskelkraft von Mensch und Tier. Es war der Schritt zur → Mechanisierung. Auch als Beförderungsmittel konnte diese Maschine genutzt werden. Die Eisenbahn und ein Schienennetz entstanden.

Ab 1880

Neue Antriebsquellen für Maschinen wurden entdeckt: Elektrizität und Mineralöl. Ihre Nutzung veränderte die Lebensbedingungen erheblich. Waren wurden arbeitsteilig am Fließband gefertigt. Jeder verrichtete nur noch wenige Handgriffe. Das führte zu einer Steigerung der → Arbeitsproduktivität und sinkenden Preisen.
Haushalte konnten elektrischen Strom nutzen. Das Automobil verbreitete sich.

Ab 1945

Kunststoff, ein chemischer Werkstoff, ersetzte zunehmend Holz und Metalle. Haushaltsgüter konnten damit preiswert hergestellt werden.
Mit der Erfindung des Transistors wurde die technische Möglichkeit für die Herstellung elektronischer Geräte zur Unterhaltung (z.B. Radio, Fernsehen) und Kommunikation (Telefonverbindungen) geschaffen. Es entstand eine Unterhaltungsindustrie, die diese Produkte zu bezahlbaren Preisen herstellte. Der Transistor ermöglichte auch die Entwicklung leistungsfähiger Computer.

Ab 1970

Mit der computergestützten Maschinensteuerung wird die → Automatisierung der Produktion möglich. Sie ersetzt Muskel- und Denkarbeit.
Moderne Haushaltsgeräte, Fahrzeuge und Telefone werden durch Elektronik leistungsfähiger.
Immer weniger menschliche Arbeit ist zur Herstellung notwendig. Auch kleine Stückzahlen lassen sich computergesteuert fertigen.

Blick in die Zukunft

Ohne Einsatz von Energie ist keine technische Anwendung möglich. Mit der Verbreitung stieg der Energiebedarf. Die heute am meisten genutzten Energieträger (Kohle, Erdöl, Erdgas) werden knapp und teuer. Die Entwicklung sparsamer Energienutzung und erneuerbarer Energiequellen sind eine Antwort auf weltweit steigende Nachfrage und Preise.

▲ Solarkraftwerk in Süddeutschland, seit 2005 in Betrieb

A

Aufgaben

1 Worin bestand die technische Entwicklung in den Zeiträumen? Welchen Einfluss hatte sie auf das Wirtschaften der Menschen?

2 Begründet, wodurch Mengenproduktion möglich wurde.

3 Nennt Folgen der steigenden Arbeitsproduktivität (siehe auch **M1**, S.115).

4 Die technische Entwicklung ermöglichte auch Versorgungseinrichtungen für Transport, Energie und Information. Nennt Beispiele zu den einzelnen Zeiträumen.

5 Erklärt den Zusammenhang zwischen steigenden Energiepreisen und dem Vordringen erneuerbarer Energien (siehe **M5**, **M6**, S.116)

3 Beispiele zum Wandel von Technik, Wirtschaft und Arbeit

3D-Technik auf dem Vormarsch

3D-Bildschirme unterstützen Arbeit der Ärzte

Das Bild vom Herz schwebt auf dem Monitor mitten im Raum. Eine Mikrokamera filmt durch ein Loch im Brustkorb im Körper des Patienten. Bei der Operation blickt der Arzt auf einen 3D-Bildschirm, während er mit den Operationsinstrumenten hantiert. „Das ist nicht zu vergleichen mit einem flachen Kamerabild", schwärmt der Herzchirurg der Universitätsklinik Dresden. Er setzt als einer der ersten Ärzte auf dreidimensionale Bildschirmtechnik. „Man kann genau erkennen, welche Struktur vor der anderen liegt und wie tief die einzelnen Teile sind", sagt der Chirurg. Nicht nur Organe, auch Zellen können Mediziner mit 3D-Bildschirmen erheblich besser untersuchen …
Ein Massenmarkt kann erst entstehen, wenn sich die Technik weiterentwickelt hat und 3D-Bildschirme preisgünstiger werden. Für Fernsehen und Videospiele ist das ein großes Zukunftsthema…

Nach **dpa-Meldung** v. 30.01.2004/Arno Schütze

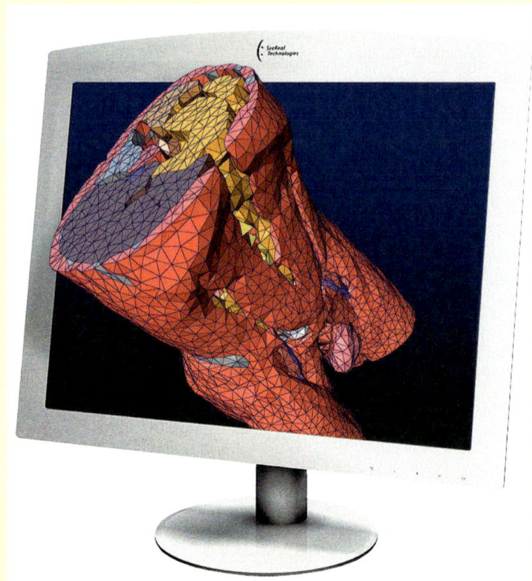

▲ Eine Firma aus Dresden hat für die medizinische Anwendung diesen Bildschirm entwickelt. Eine spezielle Maske vor dem Bildschirm ermöglicht den Augen, das Bild dreidimensional wahrzunehmen. Die übliche 3D-Brille wird dadurch überflüssig.

Die Abbildung der Wirklichkeit wird dreidimensional

Schnelle, berührungslos und exakt arbeitende 3D-**Scanner** können in 10–20 Sekunden Menschen und Objekte in drei Dimensionen vermessen, nach Wunsch auch mit Farboberfläche… Die gewonnenen Daten werden genutzt von

- Automobilherstellern, um den Innenraum der Autos für den Menschen optimal zu gestalten.
- Bekleidungsherstellern, um Kunden zu vermessen. So kann die Bekleidung nach Körpermaß passend angefertigt werden.
- Bildhauern, um anhand der Daten Skulpturen zu erstellen.

VITRONIC Bildverarbeitungssysteme:
„3D Bodyscanner" www.vitronic.de

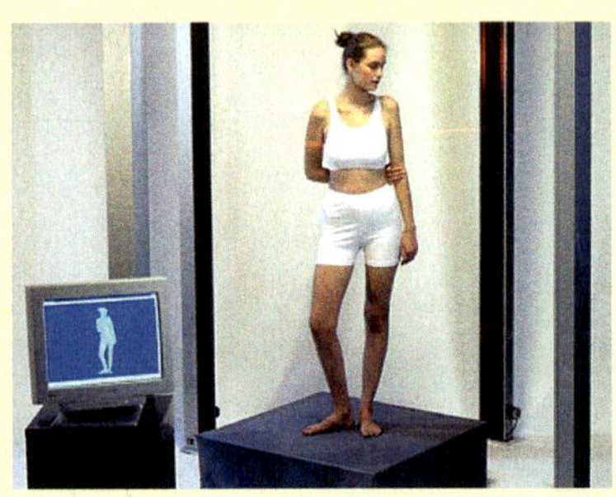

▲ Dieser kleine Bodyscanner kann direkt in einer Umkleidekabine eines Bekleidungsgeschäftes die Kundin vermessen. Lichtstrahlen tasten den Körper ab und verwandeln die Informationen in elektrische Impulse. Ein Computer verarbeitet die Daten weiter. Ein dreidimensionales Abbild der Wirklichkeit entsteht.

Können Nähautomaten die Verlagerung der Bekleidungsfertigung ins Ausland aufhalten?

Go East, die Lohnkarawane deutscher Unternehmen

Der Bochumer Textilunternehmer Steilmann schloss 2004 seine letzte deutsche Produktionsstätte. Näherinnen sind zu teuer, die Produktion wandert ab nach Ost-Europa.

Die Näherin in Cottbus verdient 900 Euro, ihre rumänische Kollegin in Craiova 150 Euro im Monat. Ein gutes Geschäft für den deutschen Unternehmer. Und trotzdem: Den rumänischen Arbeiterinnen sitzt die Angst im Nacken, dass auch ihr Billiglohnland bald zu teuer sein wird. Gewerkschafter in Bukarest erzählen uns von Drohungen deutscher Unternehmer.

Steilmann und die Lohnkarawane wollen und können es jetzt schon billiger. Wir folgen ihr ins Billiglohnland hinter dem Billiglohnland: Moldawien ist das Armenhaus Europas, elender geht's kaum. Und wo die Armut groß und Jobs selten sind, wird Arbeit noch billiger für den, der sie bietet. Die Firma Steilmann lässt hier in Balti arbeiten. Wir sind in der Fabrik BALTEANCA. 600 Frauen und Män-ner nähen, schneidern und bügeln hier. Und für die gleiche Arbeit wie in Cottbus oder Craiova gibt's wieder weniger Geld. Wer sich anstrengt, kommt auf 80 Euro im Monat.

Auch die Arbeitsbedingungen, z.B. Arbeitsschutz, Schutz bei Krankheit und Arbeitslosigkeit, sind in Niedriglohnländern schlecht. Die Importpreise für Textilien sanken in den letzten Jahren.

Nach **Andreas Maus** „Monitor/WDR" (25.03.2004)
http://www.attac.at/959.html

Lohnen halbautomatische Nähmaschinen?

Wegen der hohen deutschen Lohnkosten erfolgt die Bekleidungsfertigung meist in Niedriglohnländern mit einfacherer Technik. Lässt sich der Lohnkostenvorteil durch arbeitssparende Technik ausgleichen? Schon jetzt gibt es Nähautomaten.

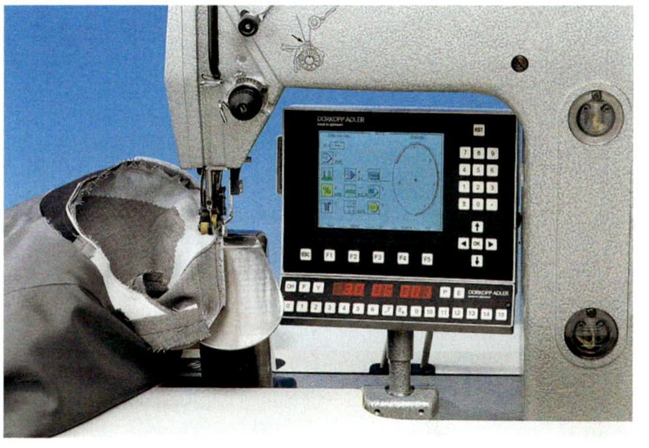

Das Nähprogramm wird z.B. für das Einnähen eines Ärmels in einer bestimmten Größe erstellt. Der Halbautomat kann schnell auf unterschiedliche Armweiten programmiert werden. Die Umstellung auf linker–rechter Ärmel erfolgt durch Tastendruck. Die Modenäherin wird beim Programmieren mit Hinweisen geführt. Das geht schnell und ermöglicht eine kurze Anlernzeit. Die Näharbeit ist einfacher geworden – die EDV stellt aber neue Anforderungen.

Eine solche Maschine ist teuer. Ihr Einsatz lohnt sich nur bei sehr hochwertiger Bekleidung, die zu hohen Preisen verkauft werden kann.

A Aufgaben

1 Erklärt, was mit der „3D-Technik" gemeint ist.

2 Findet in den Texten auf S. 110 Anwendungsmöglichkeiten für diese Technik.

3 Vergleicht das Maßnehmen mit Maßband und per Scanner. Wann lohnt es sich, diese Technik einzusetzen? Lest dazu auch **M3**, S. 116.

4 Nennt Gründe für die Verlagerung der Bekleidungsfertigung ins Ausland.

5 Erkundet in Geschäften die Herkunftsländer der Bekleidung. Nennt Gründe dafür.

6 Warum kann im Ausland Bekleidung so billig produziert werden? (Nutzt auch **M2**, S. 115.)

7 „Mit der Einführung von Nähautomaten kann die Bekleidungsfertigung wieder in Deutschland stattfinden."
Diskutiert diese These in einer *Pro-Kontra-Debatte*.

4 Informations- und Kommunikationstechniken leisten Dienste

Familie Herz – ein Dienstleistungshaushalt

Herr und Frau Herz bilden mit Nico (11 Jahre) und Merle (14 Jahre) eine Familie. Die Eltern sind beide erwerbstätig. Die Kinder besuchen eine Ganztagsschule. Familie Herz nimmt viele Dienstleistungen in Anspruch: (Schul-)Kantine, Frisör, Arzt, Kellner, Nachhilfelehrer, Reinigung, Reisebüro, Versicherungsvertreter, Reinigungshilfe. Frau Herz kann ihre pflegebedürftige Mutter nicht selbst pflegen. Das übernimmt eine *Sozialstation*.

Servicefahrer: ein neuer Beruf

Vermehrt werden →Dienstleistungen nachgefragt und auch angeboten. Dadurch entstehen auch neue Berufe, wie z. B. der Servicefahrer. Servicefahrer sind in den Bereichen Berufsbekleidungsservice, Hygienedienstleistung, Lebensmittelversorgung, Technikservice sowie Kurier-, Express- und Postdienstleistung tätig.

Mehr dazu unter www.bibb.de ▸ Berufe ▸ Suche nach Berufen

Dienstleistungen bei der Warenproduktion

Auch bei der Warenproduktion werden vermehrt Dienstleistungen erbracht. Im produzierenden Gewerbe entfallen darauf inzwischen mehr als 40 % aller Tätigkeiten. Es betrifft insbesondere die Beschaffung von Gütern, die Verwaltung im Betrieb und den Transport von Gütern. Teilweise werden Dienstleistungen durch andere Unternehmen erledigt, z. B. Büroreinigung, Buchhaltung.

Einsatz der Informations- und Kommunikationstechnologien (IKT)

Der Dienstleistungsbereich nutzt verstärkt die →IKT. Das verändert manche Dienstleistung. Vielfach können Unternehmen dadurch auch den hohen Arbeitskosten ausweichen.

Anbieter

- stellen auf Selbstbedienung um, z. B. bei Backwaren oder im Fahrkartenverkauf;
- lassen die Leistung von ausländischen Unternehmen erbringen, z. B. Speditionen.

Verbraucher

- kaufen im Internet, z. B. Reisen;
- nutzen den schnellen Preisvergleich im Internet, z. B. www.geizkragen.de;
- erledigen die Arbeit selbst, z. B. digitale Fotobearbeitung am PC;
- kaufen im Ausland, z. B. Zahnprothesen, Kuren.

A Aufgaben

1 Welche Dienstleistungen fragt Familie Herz nach? Warum macht sie das?

2 Nennt Dienstleistungen, die bei der Warenproduktion zu erledigen sind.

3 „Die Zukunft für Erwerbstätigkeit in Deutschland liegt im Dienstleistungsbereich." Begründet diese Behauptung mithilfe von M1, M2, S. 115.

4 Nennt Bespiele für Anwendungen der IKT bei Dienstleistungen.

5 Aus welchen Gründen sparen Anbieter und Nachfrager Dienstleistungen ein, erledigen sie selbst oder lassen sie im Ausland erbringen (mehr dazu in M2, S. 115)?

6 Die IKT machen es Verbrauchern möglich, auf den Kauf von Dienstleistungen zu verzichten. Nennt Beispiele.

7 Welche Dienstleistungen sind erst durch die Entwicklung der IKT möglich geworden?

5 Beispiele aus der Dienstleistungsgesellschaft

Wandel im Handel

Seit 1996 bietet ein Einkaufszentrum in Oberhausen, das CentrO, auf 70.000 m^2 Verkaufsfläche das umfassende Einkaufserlebnis. Neben vielfältigen Geschäften bietet es Einrichtungen für Gastronomie, Freizeit und verschiedene Servicebetriebe mit Dienstleistungen aller Art.

Aus dem Internetauftritt

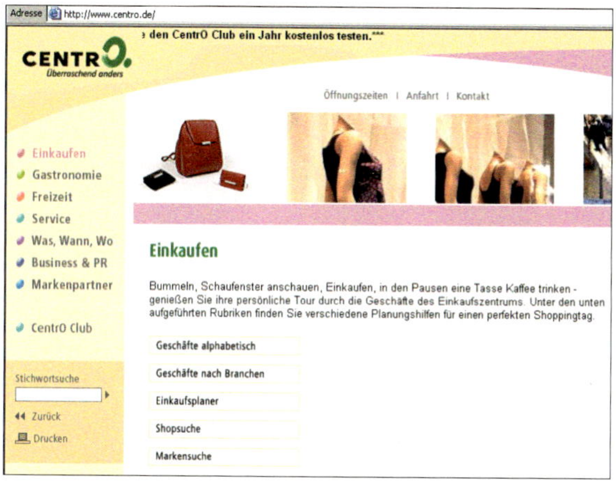

Erlebniskauf auf der „grünen Wiese“

Was in Oberhausen mit dem „CentrO“ entstanden ist, zeigt einen allgemeinen Trend beim Angebot von →Konsumgütern. Nach den Fachmärkten und Einkaufszentren drängen zusätzliche Freizeit- und Unterhaltungsangebote auf den Markt. Sie werden z.B. in Verbindung mit Gastronomie, Kinos, Aquarien, Multi-Media-Shops geplant. Man setzt auf eine konsumfreudige, kaufkräftige und (auto-)mobile Kundschaft. Diese soll dort ihre Freizeit verbringen. Solche Einkaufsmöglichkeiten werden meist für die Stadtrandlage geplant.
Dieser Wandel im Handel fand in einer Zeit statt, in der der Einzelhandel erhebliche Umsatzeinbußen hatte. Während die Nachfrage sank, wuchs das Angebot. Der Konkurrenzkampf im Einzelhandel um die Kundschaft ist härter geworden. Darunter leiden besonders Geschäfte in wenig attraktiven Lagen.
Innenstädte und Stadtteilzentren sind durch neue Einkaufszentren, auch vor der Stadt, bedroht. Leer stehende Ladenlokale sind Zeichen dafür, dass die Kunden die Innenstädte seltener nutzen. Verliert der Einzelhandel dort an Bedeutung, leiden auch andere Branchen (z.B. Gastronomie). Eine verantwortungsbewusste Planung der Gemeinden hilft, dass diese für ihre Bewohner und Investoren attraktiv und lebensfähig bleiben – oder wieder werden.

Nach **Bezirksregierung Düsseldorf**:
www.bezregduesseldorf.nrw.de/BezRegDdorf/hierarchie/themen/Planung_und_Kommunales/Interkommunale_Zusammenarbeit/wandel.php

▲ Im Freizeit- und Erlebnispark haben die Besucher die Möglichkeit, sich im Grünen oder bei Sport und Spiel zu entspannen.

Internetnutzung

Im Frühjahr 2008 nutzten ca. 62 % der Bevölkerung und 71 % der Haushalte in Deutschland das Internet; der Anteil steigt.

Online-Versandhandel boomt

Für den deutschen Versandhandel wird das Internet immer wichtiger. Zwölf Jahre nach dem Start der ersten Online-Shops trägt der elektronische Einkauf bereits mehr als ein Drittel zum Gesamtumsatz bei – Tendenz stark steigend …

Waren im Wert von 10,1 Milliarden Euro wurden von den deutschen Versandhandels-Unternehmen im Jahr 2006 über das Internet verkauft. Während sich das Geschäft mit den klassischen Katalogen eher mäßig entwickelt, verzeichnen die Online-Bestellungen einen Boom: Am gesamten Umsatz der Branche von rund 26,3 Milliarden Euro hat der Internethandel einen Anteil von 38,3 %. Und dieser Anteil wird zum Jahr 2010 kräftig ansteigen …

Die Mehrumsätze im Internet fehlen allerdings dem Handel an anderer Stelle. Vor allem der stationäre Fachhandel kommt durch das Internet unter Druck …

Nach: **Westdeutscher Rundfunk**: Wirtschaft (21. 11. 2005), aktualisiert 2008.
www.wdr.de/themen/wirtschaft/wirtschaftsbranche/versandhandel/051121.jhtml?rubrikenstyle=wirtschaft

A Aufgaben

1 Welche Veränderungen im Einzelhandel werden beschrieben? Vergleicht das mit Entwicklungen in eurer Gemeinde.

2 Erstellt für euch eine Einkaufsplanung im CentrO. Nutzt dazu das Internet.

3 Stellt Dienstleistungen zusammen, die im CentrO angeboten werden.

4 Erörtert folgenden Konflikt im *Rollenspiel*:
In der Stadt ÜBERALL will ein Handelsunternehmen ein Einkaufszentrum bauen. Die Stadtverordneten entscheiden über den Antrag.
BÜRGERMEISTER: „Das ist für unsere Stadt eine große Chance. Wir ziehen damit viele Besucher an. Das schafft zusätzliche Arbeitsplätze und auch noch Steuereinnahmen."
SPRECHER DES STADTMARKETING: „Das bedeutet für viele unserer kleinen Geschäfte den Tod."
SPRECHER DER BÜRGERINITIATIVE: „Wir werden in jedem Fall Einspruch erheben. Wir möchten nicht durch den Lärm, Abgase und verstopfte Straßen gestört werden. Einkaufsmöglichkeiten gibt es hier bereits genug."

5 Nennt Veränderungen im Versandhandel durch die Möglichkeiten der Internetnutzung (siehe dazu auch **M4**, S. 116).

6 Die Firma Google hat eine starke Stellung im Internethandel. Ermittelt angebotene Dienstleistungen. www.google.de

Google-Kennzahlen 2006	
Umsatz in Mrd. Dollar	10,6
Gewinn in Mio. Dollar	3100

www.stern.de, Artikel v. 1.2.2007

7 Befragt Verbraucher zur Internetnutzung beim Kauf. Aspekte könnten u. a. sein:

- Zeitbedarf im Vergleich zum Einkauf im „normalen" Handel;
- Informationen über Produkt, Beratung.

Zieht dazu die Ausführungen zur Methode: Befragung heran.

6 Weiterführendes Material

M1 Erwerbstätige, Waren und Dienstleistungen in Wirtschaftsbereichen

Erwerbstätige	**1991**	**2005**
insgesamt in Mio.	38,4	39,1
Anteile an den Bereichen, gerundet	(in Prozent)	
Land- und Forstwirtschaft	4	2
produzierendes Gewerbe ohne Bau	29	20
Baugewerbe	7	6
Handel, Gastgewerbe und Verkehr	24	25
Finanzierung, Vermietung und Unternehmensdienstleistungen	10	17
öffentliche und private Dienstleister	25	30

Statistisches Bundesamt: www.destatis.de
▶ Volkswirtschaftliche Gesamtrechnungen

Waren und Dienstleistungen in jeweiligen Marktpreisen*	**1991**	**2005**
Anteile an den Bereichen	(in Mrd. €)	
Land- und Forstwirtschaft	19	18
produzierendes Gewerbe ohne Bau	427	523
Baugewerbe	84	78
Handel, Gastgewerbe und Verkehr	249	365
Finanzierung, Vermietung und Unternehmensdienstleistungen	325	590
öffentliche und private Dienstleister	290	452

* Marktpreise: erzielte Preise im genannten Jahr

M2 Arbeitskosten im Vergleich

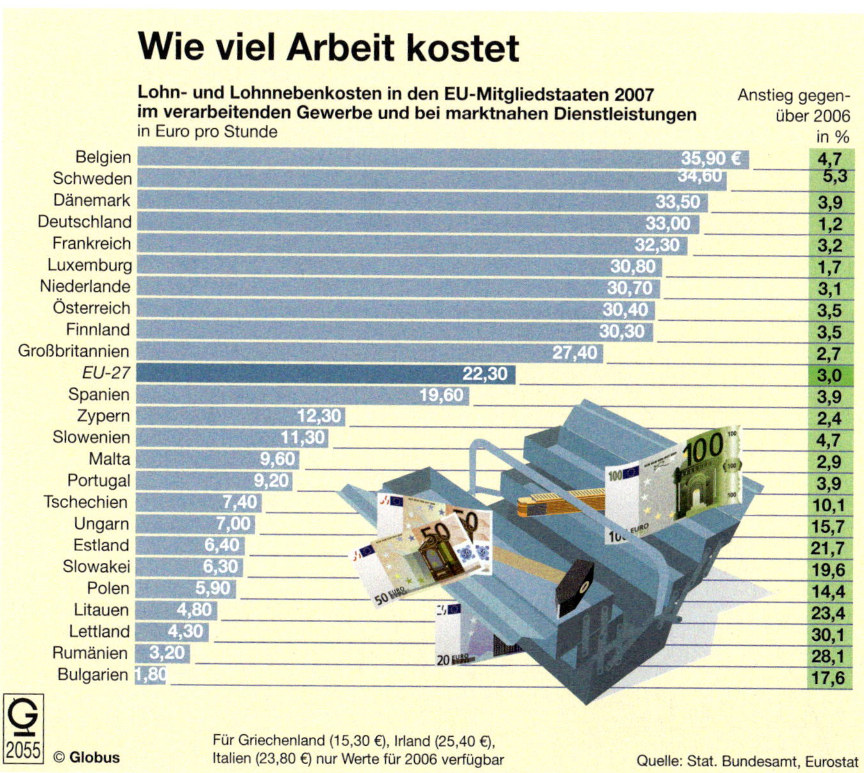

M3 Zur schnellen Maßbekleidung

Dreidimensionale (3D) Scanner erfassen die Person und liefern Daten für ein genaues Abbild, das Zwillingsmodell. Dabei fahren Kameraköpfe den Körper ab und registrieren die 3D-Koordinaten aus den Reflexionen eines Laserstrahls. Die so entstehende Punktehülle wird in ein Flächenmodell überführt. Nun können beliebige Längen- und Umfangsmaße abgenommen werden. Diese Maße benötigt der Konstrukteur zur Schnittkonstruktion. Es können sogar Maße leicht abgetragen werden, die mit dem Maßband schwer zu ermitteln sind oder sehr in die Intimsphäre des Kunden eingreifen. Die ermittelten Maße werden online an den Kleidungshersteller übertragen. Sie ermöglichen es, individuelle Maßbekleidung herzustellen und an den Kunden auszuliefern.

Nach **Human-Solutions**: www.bekleidung-nach-mass.de ▸ technik ▸ technologie

M4 Bestellweg der Versandhauskäufer 2006

	Umsatzangaben in Mio. Euro	Umsatzanteil in Prozent
telefonisch oder schriftlich	15 558	59,2
per Internet	10 069	38,3
auf sonstigem Weg	669	2,5

ww.versandhandel.org → Studien des bvh → Distanzhandel in Deutschland 2007 – Zusammenfassung

M5 Erneuerbare Energieträger

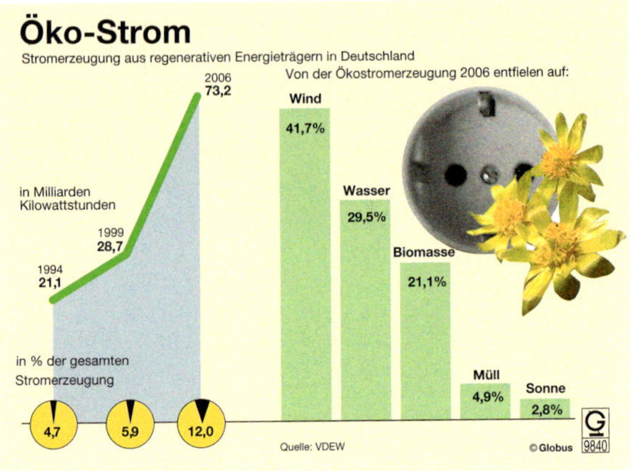

Die Stromerzeugung aus regenerativen Energiequellen wird staatlich gefördert. Bei steigendem Rohölpreis wird sie allerdings wettbewerbsfähiger.

M6 Preisentwicklung für ausgewählte Rohöle der OPEC[1]

Jahr[2]	in $ pro Barrel (159 l)
1960	1,63
1975	10,43
1980	35,52
1990	22,26
2000	27,60
2007	69,10
Juni 2008	128,34

[1] OPEC (Organisation Erdöl exportierender Länder)

[2] Jahresdurchschnitt (1960–2007)

Mineralölwirtschaftsverband: OPEC Bulletin, Petroleum Intelligence Weekly (PIW)
www.mwv.de/ → Statistiken → Mineralölstatistik

Arbeiten mit den Materialien

Zu M1

1 Vergleicht die Anteile der Erwerbstätigen 1991 und 2005. Errechnet Veränderungen für das produzierende Gewerbe und die Dienstleistungsbereiche.

2 In welchen Wirtschaftsbereichen nahmen angebotene Güter besonders zu?

Zu M2

Was gehört zu den Arbeitskosten? Nennt die Bedeutung im internationalen Wettbewerb.

Zu M3

Nennt Vorteile der 3D-Scanner beim Einsatz in der Bekleidungsfertigung.

Zu M5 und M6

Stellt Bezüge her zwischen der Erzeugung von Ökostrom und dem Rohölpreis.

Alles klar?

Technischer und wirtschaftlicher Wandel

1 Henry Ford, Firmengründer des heute (2006) drittgrößten Automobilherstellers der Welt hinter General Motors und Toyota, träumte von einem billigen, zuverlässigen Auto für die breite Masse. 1913 führte er das Fließband ein und verdoppelte bald darauf die Löhne seiner Arbeiter auf fünf Dollar pro Tag. Ford konnte mithilfe der Fließbandproduktion die Preise senken und gleichzeitig den Autoabsatz steigern. Der Autopreis betrug bei Beginn der Fließbandproduktion 600 Dollar und vier Jahre später 360 Dollar. Begründet, warum die Fließbandproduktion die Verbreitung des Autos förderte.

2 „Technische Erfindungen bestimmen Art, Menge und Preis der angebotenen Güter."
Begründet diese Behauptung durch Beispiele aus der Technikgeschichte.

3 Fragt in der Altersgruppe eurer Eltern und Großeltern nach, an welche technischen Neuigkeiten sie sich erinnern können.
Stellt daraus in der Klasse eine kleine Techikgeschichte zusammen.

4 Begründet, warum ein steigender Rohölpreis die Verbreitung der Solartechnologie fördert.

▲ Neueste Technik zur Verbesserung der Solar-Stromerzeugung: Trägersystem, das die Solarzellenmodule der Sonne nachführt. Die erzeugte Sonnenenergie steigt, denn so werden alle Sonnenstunden effektiv genutzt.

5 Erklärt, unter welchen Voraussetzungen neue Technik in der Produktion eingesetzt wird.

▲ 1908 stellte Ford sein Universalauto, das Model T, der Öffentlichkeit vor.

6 Fragt nach, welche Dienstleistungen in eurer Schule angeboten werden und von wem.

7 Nennt mindestens drei Gründe dafür, warum Dienstleistungen vermehrt angeboten werden.

8 Aus welchen Gründen werden Dienstleistungen im Ausland nachgefragt bzw. erbracht?

9 Nennt Folgen der steigenden Lebenserwartung der Bevölkerung für das Angebot bestimmter Dienstleistungen.

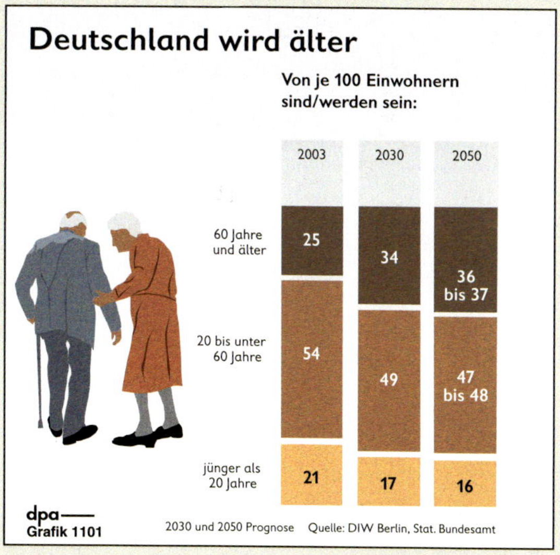

10 Schreibt mindestens fünf Dienstleistungen auf, die im Internet angeboten werden.

11 Schreibt drei Gründe für den „Wandel im Handel" auf.

Konsumieren – Lust und Last

1 Was will – was muss ich kaufen?

Das Angebot an Waren und Dienstleistungen (Gütern) in unserer Gesellschaft ist riesengroß. Ständig werden neue Produkte angeboten.

Wer klug kaufen möchte, muss Preise und Qualitäten kennen und vergleichen können. Die Werbung der Hersteller und Informationen der Händler genügen nicht.

Viele Fragen tauchen auf:

Welche Güter sind für mich lebensnotwendig, welche Luxus?
Wem nutzen sie, wem schaden sie?
Was kann ich mir jetzt leisten, was hoffe ich später zu besitzen und zu nutzen?
Was würde ich mir kaufen, wenn ich viel Geld hätte?
Wie ist wirtschaftliches Handeln, ein Abwägen von Kosten und Nutzen, möglich?

▸ **Leitauftrag** Welche der abgebildeten Güter würdest du kaufen, wenn du 50 Euro ausgeben darfst? Begründe deine Entscheidung.

B Auf einen Blick

Ihr begründet, welche Güter für euch lebensnotwendig sind und welche nicht.

Ihr erklärt, wovon eure Bedürfnisse beeinflusst sind.

Ihr erklärt an Beispielen, wie man wirtschaftlich handelt.

Ihr löst Konflikte in Rollenspielen.

Ihr nennt Beispiele für den Kauf von Gütern, die einem einzelnen Menschen nutzen, vielen anderen jedoch schaden können.

Ihr beurteilt Konflikte zwischen wirtschaftlichem, sozialem und ökologischem Handeln.

2 Viele verschiedene Bedürfnisse

Es gibt Bedürfnisse, die nicht mit Geld oder Gütern zu befriedigen sind, z.B. das Bedürfnis nach Frieden, Sicherheit, Liebe und Freundschaft. Andere Bedürfnisse sind mit Geld zu befriedigen.

Beispiel Gregor hat ein großes Bedürfnis danach, selbst Musik zu machen. Am liebsten möchte er Saxofon spielen. Hat Gregor genug Geld, kann er ein Saxofon kaufen.

Es gibt Waren und Dienstleistungen, die zum Leben in unserer Gesellschaft unbedingt notwendig sind, und solche, die darüber hinaus ein gutes Leben ermöglichen.
Da fast alle Menschen nur einen begrenzten Geldbetrag zur Verfügung haben, ist es sinnvoll, eine Rangfolge aufzustellen.

Welche Bedürfnisse sind am wichtigsten?

Ein Gespräch zwischen Maike, 13 Jahre, und Jonas, 14 Jahre:

MAIKE: „Essen und trinken sind am wichtigsten."

JONAS: „Na ja, meinst du, dass du hier in Deutschland ohne Kleidung leben kannst?"

MAIKE: „Stimmt, eine Wohnung braucht auch jeder."

JONAS: „Wenn ich an die einjährige Ruth in unserer Nachbarschaft denke, dann ist ihr das Kuscheln auf dem Schoß genauso wichtig wie das Essen."

MAIKE: „Mit meinen Freundinnen zusammen zu sein ist mir auch sehr wichtig."

JONAS: „Mein Vater sagt oft zu mir: ‚Jonas, wenn dein Bedürfnis nach Lernen so groß wäre wie dein Bedürfnis nach Computer-Technik, das wäre kaum auszuhalten!' Ist Lernen ein Bedürfnis?"

MAIKE: „Denk nicht nur an die Schule. Alle Jugendlichen wollen etwas lernen, z.B. über Autos, Fahrräder, Musik, Sport oder Sex."

JONAS: „Ist das nicht etwas anderes?"

MAIKE: „Warum?"

A **Aufgaben**

1 Nennt die Bedürfnisse auf den Fotos. Worin unterscheiden sie sich?

2 Schreibt auf, welche Bedürfnisse für Maike und Jonas wichtig sind.

3 Nennt Beispiele für weitere Bedürfnisse.

4 Welche Bedürfnisse können durch den Kauf von Gütern befriedigt werden, welche nicht?

5 Notiert acht bis zehn eurer wichtigsten Bedürfnisse. Prüft, ob ihr eine Rangfolge aufstellen könnt.

3 Was beeinflusst unsere Bedürfnisse?

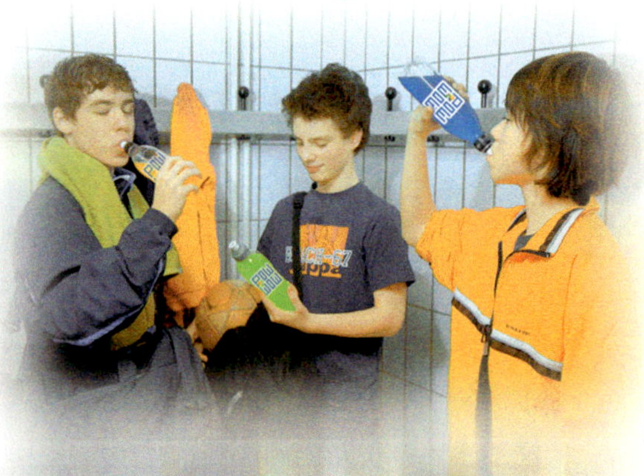

A Aufgaben

1 Zwei Abbildungen gehören zusammen. Findet sie und beschreibt die Situation.

2 Was beeinflusst euer Konsumverhalten? Nennt weitere Beispiele.

4 Bedürfnisse klären, Konflikte aushandeln

Die Durchsetzung verschiedener Bedürfnisse und Interessen führt oft zu Konflikten. Diese sollten gewaltfrei und am besten einvernehmlich geregelt werden.

Gesetze, Verordnungen und Erlasse (z.B. das Mietrecht, die Schulordnung), die der Staat beschlossen hat, können solche Regelungen erleichtern.

A Aufgaben

1 Schreibt auf, was die verschiedenen Hausbewohner denken und fühlen.
Notiert ihre Bedürfnisse.

2 Welche Regeln könnten sie vereinbaren, um besser miteinander zu leben?
Notiert Stichworte.

3 Setzt euch mit einem weiteren Konflikt auseinander. Anregungen dazu findet ihr in **M3** auf S. 125. Nutzt die Methode Rollenspiel für die Konfliktlösung.

Staatliche Regelungen

Für Mieter und Hausbesitzer gibt es das Mietrecht. Dazu gehören z.B.

- der Mietvertrag
- die Hausordnung

Für Schüler, Lehrer und Eltern gibt es das Schulrecht. Dazu gehören z.B.

- das Schulgesetz
- der Erlass zur Betreuung nach dem Unterricht

5 Damit der Laden läuft: Wirtschaftlich handeln

Einige Beispiele aus dem Alltag

(1) Alevs Eltern kaufen zu Beginn des Schuljahres für ihre Kinder eine Großpackung mit 20 Schulheften. Diese ist billiger als der Kauf von 20 einzelnen Heften.

(2) Seit die Preise für Strom erneut gestiegen sind, vermeidet Lydias Familie unnötige Beleuchtungen und Stand-by-Schaltungen.

(3)

▲ JUDITH (überlegt): „Die Jeans mit Markenzeichen kostet 68 Euro. Wenn ich die kaufe, findet das Jonas bestimmt gut. Es gibt auch welche ohne Markenzeichen für 39 Euro. Dann bleibt mir noch Geld für gute Strümpfe. Die letzten billigen waren ganz schnell kaputt. Die preiswerte Jeans ist gut. Anne trägt sie schon länger."

(4) Frau Weise entschied sich für ein *Prepaidhandy*. Sie dachte an die Folgekosten. Weil sie wenig telefoniert, ist das billiger.

(5) Tim putzt und wartet sein Fahrrad regelmäßig.

Wirtschaftlich handeln heißt:
Kosten und Nutzen abwägen (wirtschaftliches Prinzip)

Man kann das so ausdrücken:
- mit vorhandenem Geld einen möglichst hohen Nutzen (z.B. beim Kauf von Sportschuhen) erzielen

oder
- einen bestimmten Nutzen (z.B. CD-Player PRX) mit möglichst wenig Geld erreichen.

Kann das, was mir nutzt, anderen schaden?

Der massenhafte Kauf bestimmter Güter (z.B. Autos) kann den Käufern nutzen, anderen Menschen schaden – auch künftigen Generationen.

A Aufgaben

1 Begründet, warum Alevs und Lydias Familie, Frau Weise und Tim wirtschaftlich handeln.

2 Judith überlegt, was sie kaufen soll. Was würdet ihr tun?

3 Janna fährt gerne viel mit dem Auto. Kann sie damit anderen Menschen schaden?

4 Erklärt das wirtschaftliche Prinzip am Beispiel des Kaufs von Alevs Eltern.

6 Immer diese Konflikte beim wirtschaftlichen Handeln

Wirtschaftliches Handeln ist wichtig. Das gilt besonders für Menschen, die wenig Geld haben. Sie müssen gut rechnen können.
Menschen handeln aber nicht nur nach wirtschaftlichen Gesichtspunkten.

Ökologisches Handeln

Wer ökologisch handelt, beachtet die Beziehungen von Natur und Mensch. Er möchte die natürliche Umwelt (z.B. Tiere, Pflanzen, Luft und Wasser) bei seiner Güternutzung schonen. Ökologisches Handeln kann in Konflikt zu wirtschaftlichem Handeln stehen.

Beispiel Einkauf von Lebensmitteln

Das Bio-Siegel garantiert

- artgerechte Tierhaltung
- den Verzicht auf chemische Pflanzenschutzmittel und Mineraldünger
- den Schutz von Wasser, Luft und Boden bei der Produktion

Die Vergabe des Bio-Siegels für Lebensmittel wird vom Staat kontrolliert. Mehr dazu im Internet unter www.bio-siegel.de

Soziales Handeln

Wer sein Handeln nicht nur nach den eigenen Bedürfnissen ausrichtet, sondern auch die Interessen anderer Gruppen – national und weltweit – berücksichtigt, handelt sozial. Auch daraus können sich Konflikte mit wirtschaftlichem Handeln ergeben.

Was machen wir mit den Einnahmen vom Projekttag?

LENA: „Ich schlage vor, die 200 Euro vom Projekttag unserer Partnerschule in Ruanda zu geben."

ANNA: „Ich schlage vor, das Geld in die Klassenkasse zu legen. Die Klassenreise wird teuer und es gibt Eltern, die nicht so viel Geld haben."

JENS: „Unser Klassenraum braucht dringend einen Anstrich und neue Pinnwände. Wir sollten das Geld dafür ausgeben."

Nachhaltiges Handeln

Menschen, die gleichermaßen wirtschaftliche, ökologische und soziale Gesichtspunkte im Umgang mit Gütern berücksichtigen, handeln nachhaltig. Das gilt für Güter aus Deutschland und aller Welt. Wer nachhaltig handelt, berücksichtigt ebenfalls die Bedürfnisse der nachfolgenden Generationen.

A Aufgaben

1 Welcher Konflikt entsteht beim Kauf der Tomaten auf dem Foto?

2 Beschreibt den Konflikt, der bei der Verwendung der Einnahmen vom Projekttag entsteht. Findet eine Lösung im Rollenspiel. Die Rollenkarten (siehe M1, S.125) helfen dabei.

3 Frau Schulte lebt allein. Sie hat eine gute Rente und kauft nur Bio-Produkte. Welche Gründe könnte sie haben?

4 Nennt weitere Konflikte zwischen ökologischem, sozialem und wirtschaftlichem Handeln.

Methode Rollenspiel

1 Darum geht es

Im Rollenspiel könnt ihr den Umgang mit Konflikten trainieren und Lösungen suchen.

Das Rollenspiel ist eine Methode,
- eigene Bedürfnisse, Vorstellungen und Meinungen wahrzunehmen und angemessen zu äußern
- Bedürfnisse und Vorstellungen anderer anzuerkennen
- Lösungen für einen Ausgleich verschiedener Bedürfnisse und Meinungen zu finden
- eigene Vorstellungen und das eigene Verhalten zu überprüfen und eventuell zu ändern

2 So läuft es ab

Vorbereitung

- den Konflikt benennen und ggf. Rollenkarten erstellen
- Rollenspieler auswählen
- den Rollenspielern 5 – 10 Minuten Zeit geben zum Lesen der Rollenkarten und einfühlen in die Rolle
- den Beobachtern (restliche Schüler) die Informationskarte geben. Zum Lesen der Karte 5 – 10 Minuten Zeit einplanen

Informationskarte für die Beobachter
- Sind die einzelnen Aussagen sachgerecht?
- Kommen die Spieler gleichermaßen zu Wort ?
- Welche Gefühle äußern die Spieler?
- Welche Gefühle lösen die Spieler bei den Beobachtern aus?
- Wie sprechen die Rollenspieler miteinander?
- Gibt es persönliche Abwertungen?
- Welche Konfliktlösungen finden die Spieler?

Durchführung

Die Rollenspieler suchen sich die notwendigen Kulissen zum Spiel. Sie spielen an einem Ort, wo alle sie gut beobachten können.
Die Beobachter machen sich Notizen.

Auswertung

Die Beobachter teilen die Notizen auf ihrer Informationskarte mit. Sie sprechen in der Ich-Form und vermeiden Bewertungen wie z. B. gut, schlecht, unmöglich, wunderbar.
Die Spieler hören zunächst den Beobachtern zu und nehmen dann Stellung.
Spieler und Beobachter tauschen sich über das Spielergebnis aus.
Sie überlegen, ob ein anderes Verhalten und möglicherweise eine andere Konfliktlösung denkbar und wünschenswert sind.

7 Weiterführendes Material

M1 Rollenkarten „Verteilung der Einnahmen vom Projekttag“

Rollenkarte Lena
Lena engagiert sich seit einigen Monaten in der AG „Unsere Partnerschule in Ruanda“. Sie weiß über Ruanda gut Bescheid. Sie hat sich viel Informationsmaterial aus dem Internet geholt. Sie will dazu beitragen, dass dort mehr Kinder und Jugendliche die Schule besuchen können.

Rollenkarte Anna
Anna ist Klassensprecherin und engagiert sich bei den Vorbereitungen für die Klassenfahrt. Sie will, dass die Fahrt die Klassengemeinschaft festigt. Sie kennt einige Mitschüler, deren Eltern es schwer fällt, die Kosten aufzubringen.

Rollenkarte Jens
Jens engagiert sich in der AG „Unsere Schule soll schöner werden“. Er weiß, dass es viele Schüler ärgert, in verschmutzten Räumen zu lernen. Es fehlen Pinnwände, an die Arbeitsergebnisse angeheftet werden können.

M2 Folgekosten beim Zigarettenkonsum

LARS: „Herr Schenk, Sie rauchen viel und gern. Finden Sie nicht, dass Sie durch Ihr Rauchen sich und anderen Menschen schaden? Immer mehr Menschen sterben an Lungenkrebs.“

HERR SCHENK: „Ich kenne genug Menschen, die rauchen und schon über 80 Jahre alt sind. Wem mein Rauchen nicht passt, der muss ja nicht mit mir zusammen sein.“

SANDRA: „Es wird darüber diskutiert, die Steuer auf Zigaretten weiter zu erhöhen. Die Menschen sollen dann weniger rauchen. Was halten Sie davon?“

HERR SCHENK: „Nichts. Die Steuer treibt die Preise für Zigaretten in die Höhe. Keiner raucht deshalb weniger.“

LARS: „Herr Schenk, vielen Dank für das Gespräch.“

M3 Der Disco-Konflikt

SCHÜLER: „Wir möchten alle 14 Tage im Klassenraum eine Disco machen. Nur von 17 – 21 Uhr. Das macht so viel Spaß.“

LEHRERIN: „Schön, dass ihr etwas gemeinsam organisiert, aber wir Lehrer müssen Aufsicht führen. Alle vier Wochen eine Disco wäre mir lieber.“

HAUSMEISTER: „So eine Disco bringt zusätzlich Dreck. Das ist für die Putzhilfen nicht zumutbar.“

M4 Meine wichtigsten Bedürfnisse

Zwei Frauen aus Tansania

Bildung ist wichtig, eine gesunde Umwelt, Liebe, Sicherheit und die Freiheit, meinen eigenen Glauben zu leben. Dass ich glauben darf, was ich möchte. Außerdem brauche ich ein gutes Haus und etwas Geld für meine nötigsten Bedürfnisse.

Unser Problem ist das Wasser. Die Brunnen sind zu weit entfernt, also bekommen wir nicht genug Wasser. Auch haben wir nicht die medizinische Versorgung, die wir benötigen. Und für die Entwicklung brauchen wir Elektrizität.

Zwei Frauen aus Deutschland

Wichtig ist für mich, dass ich viel von der Welt sehe und das Leben genießen kann. Ich möchte so leben können, wie ich das will, und nicht so, wie es mir vorgeschrieben wird.

Das Wichtigste im Leben ist für mich, dass ich Menschen habe, auf die ich mich verlassen kann – wie meine Familie und meine Freunde – und dass ich immer einen Ort habe, wohin ich zurückkehren kann, wenn es mir schlecht geht.

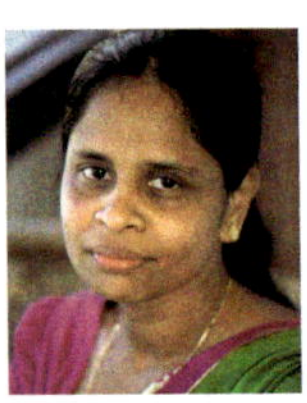

Junge Frau aus Sri Lanka

Unser Leben basiert auf Liebe. Für uns Kinder ist die Liebe der Mutter und des Vaters wichtig. Sie zahlen und sorgen für uns.

Junger Mann aus Sri Lanka

Zum Leben braucht man nur Luft, Wasser und etwas zu essen. Diese Dinge sind lebenswichtig. Schön wäre es, für ein gutes Leben auch ein Auto, ein Haus und ein gutes Ansehen im Dorf zu haben.

M5 Was heißt wirtschaftlich handeln?

▲ INGO: „Willy ist clever. Wer Großeinkäufe macht, handelt immer wirtschaftlich."

Arbeiten mit den Materialien

Zu **M2** Nehmt Stellung zur Meinung von Herrn Schenk. Wie könnte das Interview weitergehen?

Zu **M3** Löst den Disco-Konflikt im Rollenspiel. Erstellt dazu Rollenkarten.

Zu **M4**

1 Überlegt, wie die Menschen leben und vergleicht, was ihnen wichtig ist. Notiert Stichworte.

2 Überlegt für euch selbst: Was ist das Wichtigste in meinem Leben? Was sind meine Grundbedürfnisse?
Was fehlt mir zu einem guten Leben?
Was würde ich mir wünschen, wenn ich einen Wunsch frei hätte?
Tauscht euch mit Schülern aus, denen ihr vertraut.

Zu **M5**

1 Beurteilt Ingos Meinung. Notiert Stichworte.

2 Notiert Beispiele für lohnende Großeinkäufe und nennt Gründe.

Lebensmittelkauf in verschiedenen Haushalten

1 Schau in den Kühlschrank und du weißt Bescheid

Gesunde Ernährung ist wichtig für ein gesundes und gutes Leben. In Zeitungen liest man oft, dass Kinder und Jugendliche krank werden, weil sie sich falsch ernähren. Sie essen z. B. zu viele Süßigkeiten.

Lust zum Lernen, Konzentration und Spaß an der Bewegung werden von einer abwechslungsreichen Ernährung beeinflusst.

Es lohnt sich, darauf zu achten, was ihr esst. Nicht nur die Auswahl der Lebensmittel, sondern auch ihre Qualität ist wichtig für eine gesunde Ernährung. Qualität hängt davon ab, unter welchen Bedingungen produziert und gelagert wird.

▸ **Leitauftrag** Was fällt euch beim Blick in den Kühlschrank auf?

B Auf einen Blick

Ihr nennt Gründe für den Kauf von Bio-Obst und -Gemüse.

Ihr nennt Konflikte, die bei beim Kauf von ökologischen Produkten entstehen.

Ihr wägt Vor- und Nachteile ab.

Ihr nennt Kennzeichnungen, die bei der Auswahl ökologischer Lebensmittel hilfreich sind.

Ihr führt mit euren Eltern oder im Hauswirtschaftsunterricht Gespräche darüber, inwieweit eine ökologische Ernährung machbar ist.

2 Zwei Haushalte – unterschiedliche Ernährungsgewohnheiten

Beispiel: Ein Familienhaushalt

Wie sich Menschen ernähren, hängt von den Einstellungen und finanziellen Möglichkeiten ab. Die Klasse 7 möchte mehr darüber erfahren. Lars hat eine Idee: „Meine Mutter hat eine Freundin, die ist Ernährungsberaterin und hat eine große Familie. Sie wäre bestimmt einverstanden, wenn wir sie näher befragen. Maren, kommst du mit zum Interview?"

Interview mit Frau Brauer, Lars und Maren

MAREN: „Frau Brauer, wir behandeln in der Schule das Thema ‚Ernährung'. Es wäre schön, wenn Sie uns als Expertin darüber berichten."

FRAU BRAUER: „Das mach ich gerne. Schauen wir dazu mal kurz in den Kühlschrank. Nicht zu lange, denn dann verschwenden wir Energie."

LARS: „Da sind viele Gläser und Flaschen drin. Da haben Sie schwer zu tragen."

FRAU BRAUER: „Das stimmt schon. Aber ich halte Mehrwegflaschen für umweltschonend. Und die Gläser: sie stammen von gekauften Konserven. Ich nutze sie oft zur Aufbewahrung von Lebensmittelresten."

MAREN: „Und warum sind im Tiefkühlfach viele Kunststoffgefäße?"

FRAU BRAUER: „Da sind Reste von Mahlzeiten drin, die ich einfriere. Dahinter seht ihr noch Tiefkühlgemüse. So habe ich immer einen Vorrat an Gemüse im Haus. Wenn man frisches Gemüse zu lange im Kühlschrank lagert, verliert es an Nährwert. Tiefkühlgemüse wird frisch vom Feld verarbeitet und nährwertschonend eingefroren. Manchmal kaufe ich selbst Gemüse in großen Mengen und friere es ein. In der Nähe gibt es Bauern, die mir ihre frischen Erzeugnisse preiswert verkaufen."

LARS: „Sie haben aber auch frisches Gemüse und Obst im Gemüsefach."

FRAU BRAUER: „Das ist für den täglichen Verzehr. Obst und Gemüse sollen nicht bei den üblichen Kühlschranktemperaturen gelagert werden. Das Gemüsefach mit der abschließenden Glasplatte schirmt vor Kälte ab. Frisches Obst und Gemüse, richtig gelagert, erhält weitgehend seinen Nährwert. Ich empfehle Bio-Produkte, kaufe sie aber auch nur ab und zu, wegen des Preises."

MAREN: „Auf den Bananen dort im Korb klebt ein Schild. Was bedeutet das?"

FRAU BRAUER: „Das ist das *Transfair-Siegel*. Solche Produkte sind etwas teurer, aber dafür erhalten die Bauern in den Entwicklungsländern einen höheren Lohn und zusätzlich Geld für Bildungsprojekte. Dafür fühle ich mich mitverantwortlich."

LARS: „Ich finde es ganz gut, solche Produkte mit dem Transfair-Siegel zu kaufen. Aber das ist teuer und ich hätte gern mehr Taschengeld."

MAREN: „Wir bedanken uns für das Gespräch. Es wird uns im Unterricht weiterhelfen."

Beispiel: Ein junger Wohngemeinschafts-Haushalt

Julias Bruder Carlo ist 18 Jahre, macht eine Ausbildung und lebt mit zwei Freunden in einer Wohngemeinschaft. „Ich bin mir sicher, dass wir bei denen ganz andere Ernährungsgewohnheiten vorfinden. Wer kommt mit zum Interview?", fragt Julia in der Klasse. Anja entscheidet sich für die Begleitung.

Interview mit Carlo, Pascal und Marian

JULIA: „Carlo, in der Schule nehmen wir das Thema Ernährung durch. Wir möchten deshalb verschiedene Haushalte zu ihren Ernährungsgewohnheiten befragen. Wie sieht das bei euch aus? Dürfen wir dazu mal in den Kühlschrank sehen?"

CARLO: „Kein Problem. Lasst euch Zeit. Es sind keine Geheimnisse drin."

ANJA: „Im Eisfach sehe ich nur Fertiggerichte."

PASCAL: „Klar, wir haben alle nicht viel Lust zu kochen. Das geht schnell und schmeckt gut."

JULIA: „Ich sehe nichts mit einem Bio-Siegel."

MARIAN: „Das ist uns zu teuer. Außerdem kann man am Bio-Laden schlecht parken."

ANJA: „Die Eier im obersten Fach sind noch verpackt. Lass mal sehen, wie die Hühner gehalten wurden."

PASCAL: „Keine Ahnung. Ist mir auch egal. Ich achte nur auf die Größe ‚L'. Da gibt's mehr fürs Geld."

JULIA: „Mutter kauft manchmal fair gehandelte Produkte. Bei euch sehe ich keine."

CARLO: „Darauf haben wir bisher nicht geachtet. Machen wir beim nächsten Einkauf. Sie dürfen aber nicht viel teurer sein."

ANJA: „Das frische Gemüse im Gemüsefach ist gut verpackt. So trocknet es nicht aus und behält den Geschmack."

MARIAN: „Was du nicht alles weißt. Ich hab's jedenfalls vor einer Woche gekauft und so in das Gemüsefach gelegt. Wir haben eben Vorratshaltung."

JULIA: „Macht jetzt den Kühlschrank zu. Das kostet Energie – trotz des neuen Energiespar-Kühlschranks."

ANJA: „Vielen Dank für das Gespräch. Bin gespannt, wie euer Einkaufsverhalten ankommt."

CARLO: „Erzählt mal davon. Vielleicht können wir noch dazulernen."

A Aufgaben

1 Notiert die Gründe, die Frau Brauer für Kauf und Lagerung der Lebensmittel im Kühlschrank nennt. Lest auch **M1**, S. 131 und **M3**, S. 132.

2 Vergleicht mit den Gründen, die der Wohngemeinschaft für Kauf und Lagerung der Lebensmittel wichtig sind.

3 Nehmt Stellung zu Lars Meinung. Führt evtl. ein *Rollenspiel* durch.

4 Überprüft die Lebensmittel im Kühlschrank zu Hause. Sprecht darüber mit euren Eltern und schlagt evtl. Veränderungen vor.

3 Wo gibt es Bio-Lebensmittel zu kaufen?

Bio-Markt in Bewegung

Bio-Lebensmittel erobern die Supermärkte und Discounter. PLUS drängt mit seiner Marke „BioBio" auf den Markt. Rund 50 Produkte tragen das Bio-Siegel (mehr dazu und zur ökologischen Produktion auf S.231). Während die Umsätze bei herkömmlichen Lebensmitteln nicht steigen, rechnen Experten bei Bio-Produkten mit einem starken Wachstum. Weil die Menschen immer mehr auf eine gesunde Ernährung achten, werden Bio-Produkte immer beliebter.

Die Käuferschicht verändert sich. Bisher kauften vor allem Eltern mit kleinen Kindern und Verbraucher mit hohem Einkommen und einem Wissen über gesunde Ernährung Bio-Produkte. Angeboten wurden diese vor allem in Bio- oder Reformläden.

Nun werden andere Käufer angesprochen. Immer mehr junge Leute bevorzugen Bio-Produkte. Marketing-Experten nennen sie „Lebensstil-Käufer".

Jeder fünfte Liter Bio-Milch stammt bereits von einem *Discounter*. PLUS hat die Nase vorn und will den Bio-Markt besetzen.

Nachdem dieser Discounter seine Bio-Bio-Produkte auf den Markt gebracht hat, rechnen Experten insgesamt mit sinkenden Preisen auch für Bio-Milch.

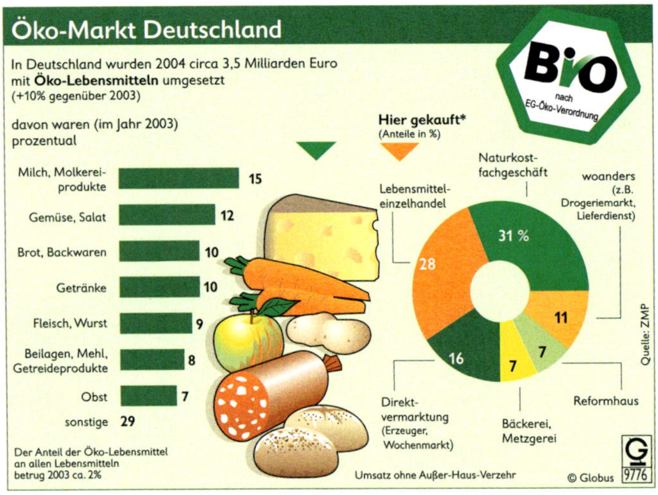

Aufgepasst im Öko-Dschungel!

Auf der Suche nach Bio-Produkten trifft man auf unterschiedliche Kennzeichnungen. Seit 2001 gibt es das staatliche Bio-Siegel zur Orientierung. Alles, was das Bio-Siegel trägt, muss mindestens der EG-Ökoverordnung entsprechen.

Aber Achtung: Manche Anbieter versuchen mit ökologisch klingenden Versprechungen Käufer zu locken. Doch hinter den Ausdrücken „alternativ", „kontrollierter Anbau", „umweltverträglich", „unbehandelt" und „naturgedüngt" verbergen sich in der Regel keine Öko-Lebensmittel. Einzig und allein die Bezeichnungen „biologisch" und „ökologisch" sind für Produkte mit Bio-Siegel zulässig.

Nach **Verbraucherzentrale Nordrhein-Westfalen**: www.checked4you.de ▶ Sport und Körper ▶ Mit Bio und Siegel ▶ Öko-Dschungel

A Aufgaben

1. Warum wollen immer mehr Käufer Bio-Produkte kaufen. Nennt mindestens drei Gründe.
2. Begründet, warum Discounter in den Bio-Markt einsteigen.
3. Was ist unter „Lebensstil-Käufern" zu verstehen und wie ordnet ihr euch selbst ein?
4. Wer hat Recht?
   SASCHA: „Ich hätte nicht gedacht, dass 10 Prozent aller gekauften Getränke ‚Bio' sind."
   AYLA: „10 Prozent ist nicht so viel. Gemeint ist doch nur der Anteil an allen Öko-Lebensmitteln."
5. Stellt fest, wer in eurer Umgebung Bio-Produkte anbietet. Nennt einige Produkte.

4 Weiterführendes Material

M1 Fairer Handel

Faire Handelsgeschäfte achten auf soziale Gerechtigkeit. Fairer Handel betrifft den Handel mit Entwicklungsländern und berücksichtigt diese Grundsätze:

- Für die Produkte werden Preise bezahlt, die über dem des Weltmarktes liegen.
- Es wird direkt beim Produzenten ohne Zwischenhändler eingekauft.
- Es werden langfristige Abnahmeverträge mit den Produzenten geschlossen.
- Es werden Vorfinanzierungen auf Ernten oder Produkte gewährt.
- International geltende Arbeitsschutz-Richtlinien müssen eingehalten werden.
- Mehreinnahmen aus dem Fairen Handel sollen in Bildungseinrichtungen, medizinische Versorgung oder in den ökologischen Anbau investiert werden. Die Produzenten bestimmen über die Verwendung selbst.

◂ Dieses Siegel kennzeichnet Produkte aus Fairem Handel.
Mehr dazu unter www.transfair.org

M2 Kennzeichnung von Eiern

Seit 2004 gilt eine Verordnung zur Kennzeichnung verpackter Eier.
Vorgeschrieben ist darin die Angabe von

- Güte- und Gewichtsklasse
- Anzahl verpackter Eier
- Name, Anschrift und Kenn-Nummer des Verpackungsbetriebs
- Erzeugercode
- → Mindesthaltbarkeitsdatum (MHD)

Vier Gewichtsklassen

- XL : sehr groß (73 g und mehr)
- L : groß (63 – 72 g)
- M : Mittel (53 – 62 g)
- S : Klein (unter 53 g)

Der Erzeugercode

- Die erste Ziffer benennt die **Tierhaltung**:
  0 = Eier aus Ökoanbau
  1 = Eier aus Freilandhaltung
  2 = Eier aus Bodenhaltung
  3 = Eier aus Käfighaltung

- Es folgt die Angabe des **Herkunftslandes**.
  Es steht mit einem Kürzel hinter der Ziffer, z.B. DE für Deutschland oder NL für Niederlande.
- Es folgt eine 6-stellige **Betriebsnummer** und zuletzt die einstellige **Stallnummer**.

Werden Eier lose verkauft, muss der Erzeugercode auf jedes Ei gestempelt werden. Die übrigen Pflichtangaben müssen für den Käufer deutlich sichtbar auf einem Schild stehen.

Das → Mindesthaltbarkeitsdatum (MHD) darf die Frist von 28 Tagen nach Legedatum nicht überschreiten. Nach Ablauf des MHD müssen Eier aus dem Verkauf genommen werden.
Die Angabe des Legedatums ist freiwillig.

Mehr dazu im Internet unter www.bmelv.de
▸ Verbraucherschutz ▸ Lebensmittelsicherheit
▸ Lebensmittelkennzeichnung

M3 Lagerung von Obst und Gemüse

Gemüse/Obst	Lagerbedingungen	Lagerdauer
Blattgemüse (Salat, Spinat)	Kühlschrank, Obst- und Gemüsefach	wenige Tage
Paprika, Tomate, Aubergine, Gurke, Erbsen, Bohnen	Kühlschrank, Obst- und Gemüsefach	wenige Tage
Sellerie, Möhren, Kohlrabi	Kühlschrank, Obst- und Gemüsefach	8 Tage
Beerenobst	Kühlschrank, Obst- und Gemüsefach	2–3 Tage
Südfrüchte	Kühl, aber nicht im Kühlschrank	
Äpfel und Birnen	Möglichst nicht über 5°C, dunkel, luftig	Äpfel: 3–5 Monate Birnen: 1–3 Monate

Obst und Gemüse sollte möglichst bald nach dem Kauf verzehrt werden. Bei längerer Lagerung verringert sich der Nährwert, z.B. der Vitamingehalt.

Nach **aid** (Hrsg.): Lebensmittelvorrat, Bonn o.J., S.6

M4 Das Energielabel

Das Energielabel ist Vorschrift für alle elektrischen Großgeräte im Haushalt. Es informiert über den durchschnittlichen Energiebedarf des Geräts und macht durch die Klasseneinteilung einen schnellen Vergleich möglich. Aufgrund verbesserter Effizienzklassen bei Kühlgeräten gibt es eine weitere Einteilung der Klasse A in A+ und A++.

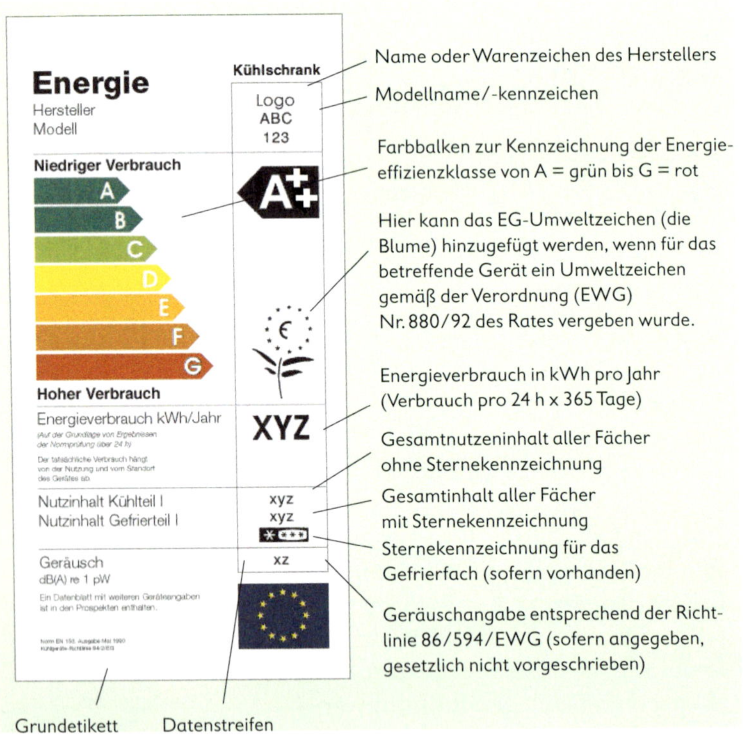

M5 Was muss auf der Verpackung stehen?

Nach der Verpackungsverordnung ist vorgeschrieben:

1 Verkehrsbezeichnung
Name des Lebensmittels

2 Herstellerangabe
Name oder Firma und Anschrift des Herstellers, Verpackers oder Verkäufers

3 Füllmenge
Gewicht, Volumen oder Stückzahl der Ware; die Ware darf keine größere Füllmenge vortäuschen, als sie enthält.

4 Zutatenverzeichnis
Zutaten und Zusatzstoffe, die bei der Herstellung verwendet wurden, sind auf dem Etikett so angeordnet, dass die Zutat mit dem größten Anteil zuerst aufgeführt ist.
Bei den Zusatzstoffen muss der Klassenname (z.B. Geschmacksverstärker, Konservierungsstoffe, Farbstoffe) genannt werden.

5 Mindesthaltbarkeitsdatum (MHD)
Zeitpunkt, bis zu dem das ungeöffnete Lebensmittel bei richtiger Lagerung z.B. Nährstoffe, Geruch und Geschmack behält. Das MHD muss gut sichtbar sein.

Darüber hinaus muss eine **Preisangabe** erfolgen. Bei Mengen unterhalb eines Kilogramms oder Liters muss der Grundpreis pro Kilogramm oder Liter genannt werden.

Arbeiten mit den Materialien

Zu M1

1 Informiert euch über Produkte aus dem Fairen Handel. Notiert die verschiedenen Produkte. Es gibt EINE-WELT-LÄDEN, die Transfair-Produkte verkaufen. Schreibt auf, wo solch ein Geschäft in eurer Nähe ist. Sucht auch im Internet:
www.wirhandelnfair.de
www.weltladen.de

2 Informiert euch über weitere Produktkennzeichen (Label), z.B. das staatliche Umweltzeichen „Blauer Engel“, Ökolabel in der Textilindustrie oder im Teppichhandel.
www.label-online.de
www.umweltzeichen.de
www.blauer-engel.de
Notiert drei Beispiele und schreibt in Stichworten die Bedingungen für die Label auf.

Zu M2

Überprüft beim nächsten Kauf von Eiern die Kennzeichnung. Macht eine *Preiserkundung* bei Eiern unterschiedlicher Tierhaltung.

Zu M3

Sprecht mit euren Eltern oder im Hauswirtschaftsunterricht darüber, wie lange Obst und Gemüse aufbewahrt wird. Schlagt evtl. Veränderungen vor.

Zu M4

Überprüft, ob euer Kühlschrank energiesparend ist.

Zu M5

Untersucht die abgebildete Verpackung.
Welche notwendige Kennzeichnung fehlt bzw. was kann man nicht sehen?

Alles klar?

Konsumieren – Lust und Last

1 Schreibe mindestens zwei Beispiele für wirtschaftliches Handeln auf.

2 Schreibe in einer Tabelle Bedürfnisse auf, die mit oder ohne Geld zu befriedigen sind.
Erkläre den Unterschied zwischen den beiden Gruppen.

3 Ronald fährt in seiner Freizeit gerne viel und schnell Mofa. Schadet er damit anderen Menschen?

4 Worüber informiert das Bio-Siegel?

5 Schreibe auf, wie Edda und Uli ihre Kaufentscheidung begründen würden.

EDDA: „Ich kaufe auf jeden Fall die billigere Milch."

ULI: „Ich kaufe nur Milch mit dem Bio-Siegel."

Nutze dazu auch die Abbildung unten.

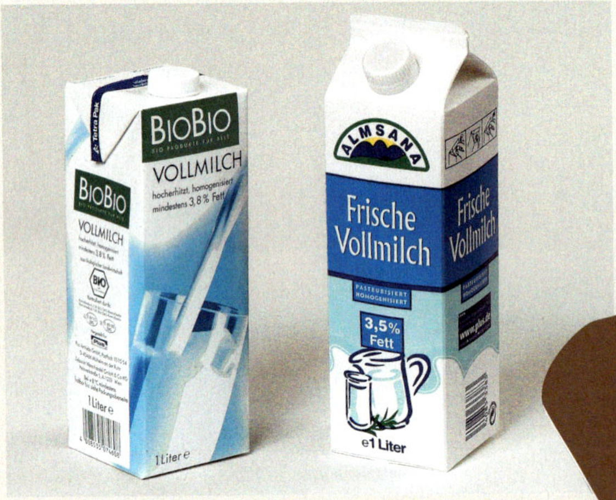

Lebensmittelkauf in verschiedenen Haushalten

6 Familie Müller legt Wert auf eine gesunde und ökologisch wertvolle Ernährung.
Kannst du das bestätigen? Schau dazu in ihren Kühlschrank (Foto auf S.127) und notiere, was du da siehst.

7 Worüber will das Bio-Siegel Verbraucher informieren?

8 Worüber will das Transfair-Siegel Verbraucher informieren?

9 Frau Müller berichtet.
„Ich finde es sehr wichtig, ökologische Gesichtspunkte beim Kauf von Lebensmitteln zu beachten. Leider habe ich ein geringes Einkommen und muss sehr auf den Preis achten. Da kaufe ich öfter so ein, wie ich es eigentlich nicht möchte."
Notiere, was du antworten würdest.

10 Notiere, welche Informationen nach der Verpackungsverordnung notwendig sind?
Was ist nicht erkennbar?

Der Markt: Zusammenspiel von Nachfragern und Anbietern

1 Wer kennt sich aus am Markt?

So viele Güter wie noch nie können die Verbraucher kaufen: in Supermärkten, Fachgeschäften, Warenhäusern, bei Discountern, im Versandhandel und bei Versicherungen. Die Waren und Dienstleistungen kommen aus aller Welt, die Vielfalt ist riesig. Die rasche technologische Entwicklung, der Wandel der Bedürfnisse und Werbestrategien bringen immer schneller neue Waren auf den Markt.

Viele Güter verschwinden nach kurzer Zeit vom Markt. Es finden sich nicht genug Käufer.

Händler kommen und gehen, neue Fachgeschäfte und Vertriebsformen entstehen. Die Anbieter müssen sich den veränderten Bedingungen anpassen um zu überleben.

Verbraucher müssen eine Fülle von Informationen verarbeiten, wenn sie preiswerte Waren und Dienstleistungen in guter Qualität kaufen wollen.

Wer am Markt durchschaut, ist besser dran.

▸ **Leitauftrag** Du sollst 2 kg Tomaten und 10 Jogurt mitbringen. Wo würdest du einkaufen? Begründe.

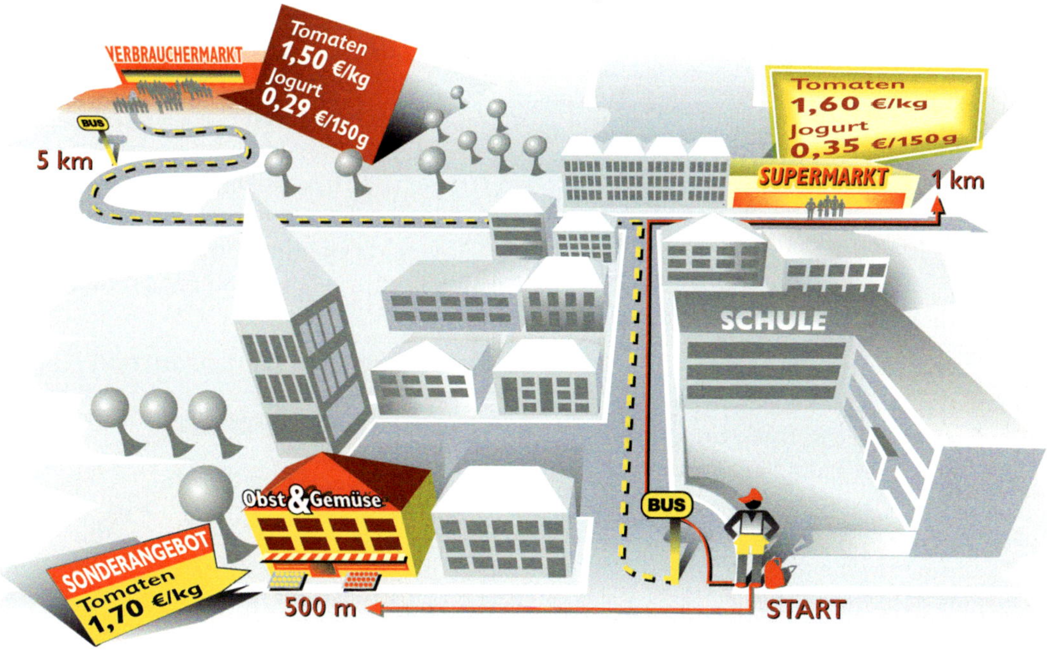

B **Auf einen Blick**

Ihr erklärt das Zusammenspiel von Anbietern und Nachfragern am Markt.

Ihr erklärt an Beispielen, wie Verbraucher die Preisbildung am Markt beeinflussen können.

Ihr erklärt das Marktmodell und kennt den Unterschied von Modell und Wirklichkeit.

Ihr erklärt, warum die Interessen als Verbraucher oder als Arbeitnehmer unterschiedlich sind.

Ihr nennt die Unterschiede der Preisbildung am Lebensmittelmarkt und am Flohmarkt.

Ihr erkundet die Lage des Lebensmitteleinzelhandels in eurem Umfeld.

Ihr führt eine Pro-Kontra-Debatte über einen umstrittenen Vorschlag zur Verkaufsförderung.

2 Supermarkt SANDERS behauptet sich am Markt

Supermarkt SANDERS liegt am Stadtrand einer Großstadt. Ein Journalist des Wochenblattes MARKT interviewt Herrn Sanders.

MARKT: „Herr Sanders, Sie haben Höhen und Tiefen erlebt. Wie war der Anfang?"

HERR SANDERS: „Hier gab es vor 25 Jahren zwei kleine Lebensmittelgeschäfte. Als ein Neubaugebiet entstand, gab es plötzlich viel mehr Käufer und ich beschloss mit meiner Frau die Gründung eines weiteren Supermarktes. Unsere Ersparnisse und ein Kredit reichten dafür aus. Wir kannten uns aus im Verkauf und mieteten Räume in günstiger Lage. Wir ließen die Ladeneinrichtung bauen, kauften moderne Tiefkühlschränke und eine große Kühltheke für Fleisch, Käse und Milchprodukte. Das Geschäft lief nach kurzer Zeit bestens. Eines der bisherigen Geschäfte schloss bald. Unser *Gewinn* erhöhte sich von Jahr zu Jahr. Bald beschlossen wir, das Geschäftshaus für unsere Alterssicherung zu kaufen. Aber dann gerieten wir in eine Krise."

MARKT: „Ich erinnere mich, das war vor ungefähr acht Jahren. Wie kam es dazu?"

HERR SANDERS: „Ja, da kam viel zusammen. Ein weiterer Supermarkt in der Nebenstraße und ein *Verbrauchermarkt*, fünf Kilometer entfernt, eröffneten. Die kauften ihre Waren in großen Mengen ein und boten den Kunden bessere Preise.
Wir haben uns nicht schnell genug auf die neue Lage eingestellt. Das war ein Fehler. Der neue Supermarkt lockte Kunden mit einer Bio-Abteilung, tüchtigen Verkäuferinnen und einer gut sortierten Frische-Abteilung. Die Preise waren knapp kalkuliert und zu einem Teil niedriger als bei uns. Dadurch verloren wir viele Kunden. Wir machten zwei Jahre lang Verluste. Zum Glück war unser Haus schuldenfrei, sodass uns die Bank sofort einen Kredit gab. Das ermöglichte unser Überleben am Markt."

MARKT: „Herr Sanders, was hat Sie wieder auf Erfolgskurs gebracht?"

HERR SANDERS: „Ein neues Verkaufskonzept brachte den Erfolg. Wir sind jetzt Partner einer großen Handelskette. Unser Sortiment haben wir neu zugeschnitten. Zusätzlich haben wir eine Hausbelieferung eingeführt – für unsere älteren Kunden.
Bei Obst und Gemüse setzen wir auf beste Qualität. Den höheren Preis bezahlen viele.
Die bisherige Back-Abteilung wurde um drei kleine Tische mit Stühlen erweitert. Vor allem die älteren Kunden treffen sich hier gerne.
Sehr wichtig war eine gute Schulung unserer Verkäuferinnen und eine bessere Bezahlung. Das hat die Arbeitszufriedenheit und die Leistung verbessert. Unsere Verkäuferinnen werden heute gelobt. Wir sind wieder in der Gewinnzone, Tendenz steigend."

Der einfache Wirtschaftskreislauf

A Aufgaben

1 Lest das Interview und notiert wichtige Stichworte dazu.

2 Beschreibt die Entwicklung des Supermarkts SANDERS bis zur Krise.

3 Nennt Gründe für die ungünstige Entwicklung. Wie kam SANDERS aus der Krise heraus?

4 Erklärt den Wirtschaftskreislauf am Beispiel SANDERS.

3 Frau Rode hat den Durchblick

Frau Rode wohnt in der Nähe des Supermarktes SANDERS. Auch sie wird vom Wochenblatt als Verbraucherin interviewt.

MARKT: „Frau Rode, Sie haben den Auf- und Abstieg von Sanders erlebt. Sie gehörten zu den Kundinnen, die damals von Sanders abwanderten. Warum?"

FRAU RODE: „Ja, in den ersten Jahren fand ich die Qualität und den Preis der meisten Waren bestens. Sanders waren sehr zuvorkommend, die Verkäuferinnen freundlich und gut informiert. Mit der Zeit ließ das nach. Zwei Verkäuferinnen gingen, zwei neue wurden eingestellt. Deren Beratung war nicht gut. Vielleicht hat Sanders sie schlecht bezahlt. Die Qualität von Obst und Gemüse ließ nach. Bio-Produkte fand man bei Sanders auch nicht. Die Auswahl bei Käse und anderen Milchprodukten war gering.
Dann öffnete der neue Supermarkt RÜTHER. Die Preise waren im Durchschnitt niedriger und die regelmäßigen Sonderangebote lohnend. Die Verkäuferinnen wussten gut Bescheid. RÜTHER hatte ein viel besseres Sortiment – hochwertige Bio-Produkte. Mein Mann und ich achten sehr auf gesunde Ernährung. Unsere Kinder sind aus dem Haus, da können wir es uns leisten, mehr Geld für Lebensmittel auszugeben. Ich kaufte nur bei RÜTHER. SANDERS wird gemerkt haben, dass wir Kunden flexibel sind.
Heute kaufe ich bei beiden Supermärkten. Die liegen ja dicht beieinander. Ich kann bequem die Preise vergleichen.
Zum Verbrauchermarkt fahren wir nur einmal im Monat. Bestimmte Produkte sind da billiger, z. B. bei Sonderangeboten. Ansonsten ist es mir dort zu unübersichtlich. Haushalte mit Kindern sehen das sicher anders."

MARKT: „Verbraucher möchten sich über die Qualität der Produkte informieren. Gelingt Ihnen das?"

FRAU RODE: „Nur sehr begrenzt. Die *Warenkennzeichnung* ist oft schwer verständlich. Das betrifft vor allem die Angabe der Inhaltsstoffe bei Lebensmitteln. Wer blickt bei der großen Auswahl der Produkte da noch durch? Hilfreich finde ich die Kennzeichnung mit *Gütesiegeln*, denen ich vertrauen kann.
Bei größeren Anschaffungen gehe ich zur Stadtbibliothek und nutze „test" oder „ökotest".

Die Interessen von...

...Käufern	& Händlern
Interessen des Käufers (Nachfragers):	**Interessen des Händlers (Anbieters):**
niedriger Verkaufspreis	hoher Verkaufspreis
gute Qualität	hoher Gewinn
guter Kundendienst	hoher Umsatz Arbeitsfreude
Zufriedenheit mit dem Kauf	zufriedene Kunden angemessene Qualität

A Aufgaben

1. Frau Rode kaufte nach der Eröffnung des neuen Supermarktes RÜTHER nicht mehr bei SANDERS. Nennt die Gründe.
2. Frau Rode fällt der Qualitätsvergleich schwer. Nennt Gründe.
3. Nennt Hilfen für eine bessere Information der Verbraucher.
4. Bezieht das Schaubild oben auf die Interessen von Frau Rode und SANDERS. Sucht die Angaben dafür aus den beiden Interviews.

Das Marktverhalten von SANDERS: zwei Möglichkeiten

Händler SANDERS

Herbst 1980
SANDERS´ Geschäft läuft gut

Kunden stellen fest
- niedrige Preise
- gute Qualität
- gutes Sortiment
- gute Beratung

Herbst 1997
SANDERS gerät in eine Krise

Kunden stellen fest
- hohe Preise
- unzureichende Qualität
- nicht ausreichendes Sortiment
- mangelhafte Beratung

Kunden üben Kritik und wandern ab

Folgen
- Gewinn sinkt
- Verluste entstehen

Herbst 1999
SANDERS muss sich entscheiden

Möglichkeit 1
SANDERS ändert sein Verhalten

- Preissenkung bei einem Teil der Waren
- Qualitätssteigerung
- Verbesserung des Sortiments
- Gute Beratung

Folgen
- Gewinn steigt
- Verluste verschwinden
- Kunden kommen wieder

Möglichkeit 2
SANDERS ändert sein Verhalten nicht

- Weitere Kunden bleiben aus
- Die Verluste steigen

Folgen
- Ein neues Geschäft öffnet
- SANDERS muss schließen

RÜTHERS

A Aufgaben

1 Erklärt das Schaubild mithilfe des Interviews auf S.136.

2 Befragt Eltern, Nachbarn oder Bekannte zu Veränderungen im Lebensmittelhandel in ihrer Nähe. Gesichtspunkte der Veränderung können sein: Anzahl und Größe der Geschäfte, Sortiment, Beratung, erlebte Krisen, Wechsel des Inhabers.

3 Befragt Kunden vor Lebensmittelgeschäften, wie sie die Lage auf dem Lebensmittelmarkt sehen.
Zur Entwicklung im Lebensmittelhandel siehe M1, S.142.
Zur Methode Befragung siehe S.195, 196.

5 Spielregeln am Markt

Das Modell

Zwischen den Anbietern (Händlern und Herstellern) herrscht Wettbewerb. Er soll bewirken, dass Art, Menge, Qualität und Preis der Güter so weit wie möglich den Wünschen der Nachfrager entsprechen. Wer keine gute Leistung erbringt, soll neuen Anbietern Platz machen.

Der Wettbewerb erfordert eine befriedigende Anzahl von Anbietern.

Nachfrager sollen bei den Anbietern mit den niedrigsten Preisen bei angemessener Qualität kaufen. Die Preise sollen die Verbraucher über das günstigste Angebot informieren.

Solch ein Verhalten setzt voraus, dass Nachfrager die Qualität aller Güter genau beurteilen, deren Preise vergleichen können und dann ihre Güter entsprechend kaufen.

Dieses Marktmodell beschreibt nicht das tatsächliche Verhalten der Marktteilnehmer, sondern das ideale.

Rahmenbedingungen der Marktwirtschaft

Für das Handeln am Markt hat der Staat Rahmenbedingungen festgelegt.
Wichtig sind u.a.

- funktionierender Wettbewerb:
  Mehrere Anbieter sollen um die Nachfrager werben, z.B. durch gute Qualität, niedrige Preise, guten Service.
- freier Marktzutritt:
  Es muss z.B. möglich sein, dass immer wieder neue Wettbewerber Unternehmen gründen können.
- freier Kapitalmarkt:
  Jedes Unternehmen muss die Chance haben, Kredite bei Banken (auf dem Kapitalmarkt) zu erhalten.
- Privateigentum an Waren und Einrichtungen:
  Jeder kann Privateigentum erwerben.

BENNO: „Der Laden war einfach zu teuer."
AYSE: „Die Bedienung war schlecht."
SENTA: „Das Sortiment stimmte nicht mehr."
LISA: „Die sind irgendwie stehen geblieben."

A Aufgaben

1 Das Marktmodell kennzeichnet ein Ideal, das die gewünschte Richtung anzeigt. Warum wird dies Ideal in Wirklichkeit nicht erreicht? Nennt Gründe. Stichpunkte dazu: Informationsfülle, Werbung, Zeit, Fahrtkosten, schwer einschätzbare Qualität, ständig neue Produkte

2 Erklärt die Rahmenbedingungen am Beispiel von Händler Sanders.

3 Was könnten Benno, Ayse, Senta und Lisa gemeint haben?

4 Beobachtet Geschäftsschließungen in eurer Umgebung und berichtet darüber.

6 Wie Preise entstehen können

Was hat bei Robers Preisbildung nicht geklappt?

Rober hat die Preissenkung so kalkuliert, dass er keinen Gewinn mehr macht, aber auch keinen Verlust. Er will Platz für die neue Herbstware schaffen. Im nächsten Jahr gibt es einen neuen Modetrend, sodass es sich nicht lohnt, die Ware zu lagern. Außerdem ist wegen der hohen Mietkosten sein Lagerraum sehr klein.

Die Preissenkung bei den Röcken hat dazu geführt, dass die Nachfrage gestiegen ist und alle Röcke verkauft wurden. Die Aktion lief nach dem Preisbildungsmodell.

Bei den Hosen war die Senkung des Preises nicht erfolgreich. Die Verbraucher wollten trotzdem keine Kordhosen kaufen.

Hier zog die Idee des Modells der Preisbildung nicht. Bei den Hosen hat Rober Verluste gemacht. Er hat die falsche Ware geordert und muss in Zukunft genauer prüfen, welche Kleidung bei seinen Kunden ankommt. Außerdem muss er die Preise seiner Mitbewerber beachten.

Das Modell der Preisbildung

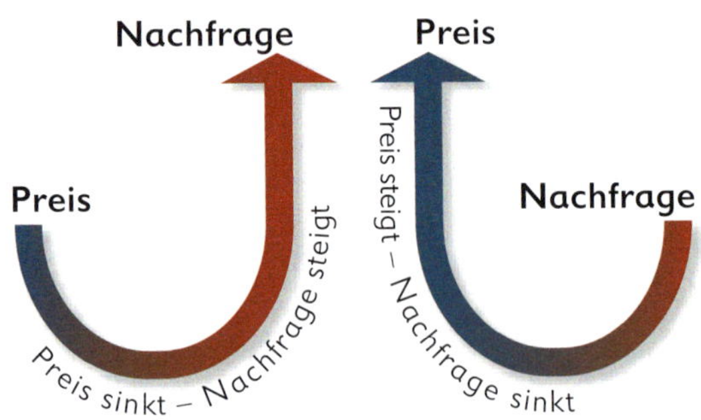

A Aufgaben

1 Rober senkte die Preise für Röcke und Hosen. Begründet, warum die Röcke gekauft wurden, die Hosen aber nicht.

2 „Modell und Wirklichkeit stimmen nicht überein!" Nehmt Stellung.

3 Nennt weitere Gründe dafür, dass Nachfrager sich nicht immer nach dem Prinzip des Modells der Preisbildung verhalten.

4 Was sollte Rober in Zukunft beim Einkauf und der Preisgestaltung beachten?

7 Billiger Einkauf, aber auf wessen Kosten?

Den größten Umsatz im Lebensmitteleinzelhandel machen die Discountmärkte (siehe M1, Folgeseite).

Sie werben u.a. in Zeitungen und Postwurfsendungen mit ganzseitigen Anzeigen für Produkte zu Niedrigpreisen. Das zieht Verbraucher an.

Niedrige Preise: Das ist die eine Seite der Medaille.

Schlechte Arbeitsbedingungen: Das ist die andere Seite.

Die Vereinte Dienstleistungsgewerkschaft (ver.di) hat einige Arbeitnehmer eines Discounters zu ihren Arbeitsbedingungen befragt und in dem Buch „Billig auf Kosten der Beschäftigten" veröffentlicht.

In Einzelfällen wurde berichtet:

Bezahlt wird immer erst ab 7 Uhr morgens, doch wir fangen um 6 Uhr an, um die Arbeit zu schaffen. Genauso ist es am Abend: Bis 20 Uhr wird bezahlt, doch oft genug arbeiten wir bis 20:45 Uhr, ja manchmal bis 21:30 Uhr …
Eine Pause dauert maximal 15 Minuten, aber oft genug fällt sie aus oder wird mehrfach unterbrochen … An freien Tagen besteht ständig die Möglichkeit, in die Filiale beordert zu werden, weil die eingeteilten Kolleginnen die Arbeit nicht schaffen können …
Die Einsatzpläne gibt es mal zwei Wochen im Voraus, dann wieder mit nur drei Tagen Vorlauf. Und oft werden die Pläne kurzfristig geändert.
Pro Minute muss jede Verkäuferin vierzig Produkte über den Kassenscanner ziehen. Wer diese Vorgabe vier Monate nach der Einstellung nicht schafft, fliegt …

Weiterer Stress entsteht durch die ständigen Tests. Manchmal sind es Mitarbeiter von Sicherheitsfirmen, aber auch Kollegen oder Freunde von Vertriebsleitern, die uns auf die Probe stellen.

Im Lauf der Zeit lernt man die Tricks: Mitarbeiter von Sicherheitsfirmen etwa legen oftmals vier Artikel auf's Band, drei weitere sind im Wagen versteckt. Etwa im „toten Winkel", den wir Kassiererinnen schwer einsehen können, oder unter einem Prospekt, einem Karton, oder …

Die Leitung hat ständig Angst, dass die Verkäufer/innen klauen. Einmal wöchentlich soll der Filialleiter deshalb einige Spinde des Personals untersuchen …

Nach **ver.di** (Hrsg): „Billig auf Kosten der Beschäftigten", …, Berlin, 2. Aufl 2004, S. 21, 30, 31

A Aufgaben

1 Notiert Stichworte zu den Arbeitsbedingungen in den oben genannten Fällen.

2 Nennt Gründe für das Verhalten der Vorgesetzten gegenüber ihren Mitarbeitern.

3 Beschreibt den Konflikt, der aus Sicht des Verbrauchers und Arbeitnehmers entstehen kann.

4 Befragt Verkäuferinnen, die ihr kennt, nach ihren Arbeitsbedingungen.

8 Weiterführendes Material

M1 Strukturwandel im Lebensmittelhandel

Nicht nur für Händler Sanders hat sich die Situation verändert. In ganz Deutschland verlagert sich der Umsatz im Lebensmitteleinzelhandel von kleinen Supermärkten hin zu Discount- und Verbrauchermärkten.

Struktur und Leistungszahlen des Lebensmittel-Einzelhandels in Deutschland 2006

Einzelhandelstyp	Geschäfte		Umsatz		Umsatz
	Anzahl	Anteil in Prozent	Insgesamt in Mio. Euro	Anteil in Prozent	je Geschäft in 1000 Euro
Großflächige Märkte[1]	3150	5,7	33400	26,0	10603
Supermärkte[2]	8170	14,9	28900	22,5	3537
Discounter	14806	26,9	53850	41,9	3637
Übrige Geschäfte[3]	28900	52,5	12300	9,6	426
insgesamt	**55026**	**100,0**	**128450**	**100,0**	**2334**

1 Lebensmittelabteilungen der Warenhäuser, SB-Warenhäuser und Verbrauchermärkte
2 Bis 1499 m² Verkaufsfläche
3 Bis 399 m² Verkaufsfläche

Bundesverband des Deutschen Lebensmittelhandels: www.lebensmittelhandel-bvl.de ▸ Zahlen und Fakten ▸ Strukturdaten 17.6.2008

Schwierige Lage der Supermärkte

Einen schwierigen Stand haben Supermärkte mit 400 m² bis 800 m² Verkaufsfläche. Wenn sie mit Discountern konkurrieren wollen, brauchen sie ein Vollsortiment von 12000 Artikeln. Eine Verkaufsfläche von 700 m² reicht nicht aus.

Nach **Bundesverband des Deutschen Lebensmittelhandels**: www.lebensmittelhandel-bvl.de ▸ Zahlen und Fakten ▸ Situation ▸ Konzentrationsentwicklung, Branchenstruktur

M2 Tests im Interesse von Herstellern oder Verbrauchern?

Testmarkt Hassloch

In Hassloch, einem Dorf in Rheinland-Pfalz, testen Unternehmen neue Produkte. Die Nürnberger Gesellschaft führ Konsumforschung (GfK) führt die Tests durch.

Einmal im Jahr müssen die Verbraucher einen Bogen mit 30 Fragen ausfüllen. Es geht z.B. um Daten wie Familiengröße, Einkommen, Halten von Haustieren, Internetanschluss, Ausstattung mit Autos, Neuanschaffungen.

Der tägliche Einkauf wird mittels Chip-Karte festgehalten. Eine Tageszeitung berichtete darüber:

3 000 Haushalte lassen sich täglich in ihren Einkaufswagen schauen. Eine Karte, die an der Kasse vorgelegt wird, registriert elektronisch, wer was kauft. Das hat Folgen für ganz Deutschland.

Wenn die Hasslocher den neuen Quark mit Aloe Vera und Kaktusfeigengeschmack nicht oft genug in den Einkaufswagen packen, wird er nie in den Regalen der Supermärkte landen ...

Die Haushalte bekommen einen Warengutschein über 15 Euro, einen Zuschuss von 3,85 Euro zur Kabelgebühr, sind bei Verlosungen dabei...

Ob REAL und PENNY, LIDL oder SCHLECKER, IDEA oder NEUKAUF – jeder Super-, Verbraucher- und Drogeriemarkt ist angeschlossen... Nicht aber ALDI. Der Discounter lässt sich nicht in die Karten schauen...

Getestet wird alles, was man täglich in den Einkaufswagen legt: Lebensmittel, Wasch-, Putz- und Hygieneartikel, also keine Kleidung, kein hochwertiges Parfüm, keine Bücher...

Warum ist Hassloch der Testmarkt für Deutschland?

Die 3 000 Hasslocher sind repräsentativ für die Bundesrepublik. Der Anteil der Rentner, jungen Familien, gut Betuchter und armer Schlucker, allein Stehender entspricht exakt der Gesamtbevölkerung. Auch die Kaufkraft stimmt mit dem Bundesdurchschnitt überein...

Nach **Frankfurter Rundschau**/Michael Böhm vom 14.08.2003

Warum so teure Tests?

Ein Testlauf kann die Unternehmen bis zu 300 000 Euro kosten. Beantwortet werden u.a. folgende Fragen für ein bestimmtes Produkt:

- Wer kauft das Produkt – Männer, Frauen, Kinder, Jugendliche, Rentner?
- Kauft der Kunde das Produkt zum ersten Mal?
- Sind das markentreue Konsumenten?
- Was hat er benutzt, bevor er das neue Produkt kaufte?
- Wie oft kauft er das Produkt – einmal, dreimal, fünfmal und mehr?
- Kauft der Kunde parallel auch Konkurrenzprodukte?

Die neuen Produkte werden in der Regel über ein halbes Jahr getestet. Erst dann kann man feststellen, ob das neue Produkt anerkannt ist.

M3 Der Flohmarkt: ein Ort zum Handeln und Feilschen

KUNDIN: „Was wollt ihr für dies Spiel haben?“

JUDITH: „Kostet zehn Euro, ist noch wie neu. Als ich klein war, habe ich damit auch gern gespielt.“

KUNDIN: „Für sieben Euro kauf ich es bei euch. Ist ja schließlich gebraucht.“

M4 Tauschringe

Ziele von Tauschringen sind günstiger Tausch von Gütern und die Förderung nachbarschaftlicher Kontakte.

In einem Tauschring bietet jemand seine Waren und Dienstleistungen an bzw. sucht welche. Der Tausch kommt über persönliche Kontakte bei Tauschringtreffen oder auch über das Internet zustande. Für die Angebote bzw. Nachfragen werden Verrechnungseinheiten (VE) festgelegt. Sie werden von den Mitgliedern der Tauschringe vorab bestimmt oder frei ausgehandelt.

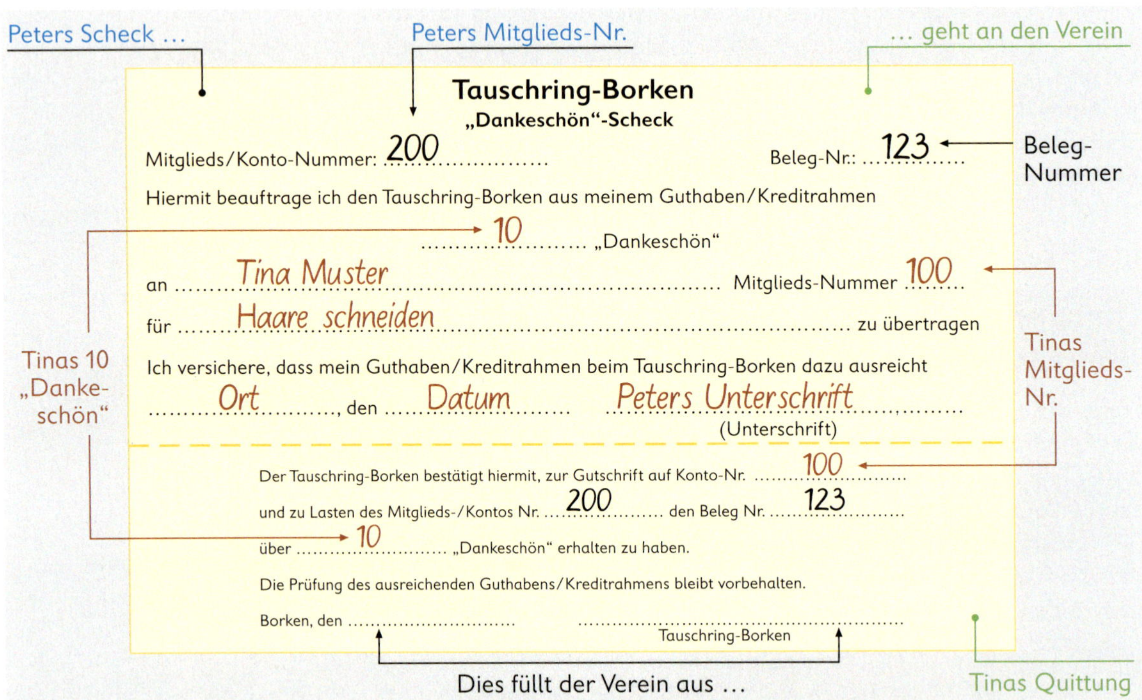

Tauschring-Borken
„Dankeschön“-Scheck

Mitglieds/Konto-Nummer: 200 Beleg-Nr.: 123

Hiermit beauftrage ich den Tauschring-Borken aus meinem Guthaben/Kreditrahmen 10 „Dankeschön“

an Tina Muster Mitglieds-Nummer 100

für Haare schneiden zu übertragen

Ich versichere, dass mein Guthaben/Kreditrahmen beim Tauschring-Borken dazu ausreicht

Ort, den Datum Peters Unterschrift (Unterschrift)

Der Tauschring-Borken bestätigt hiermit, zur Gutschrift auf Konto-Nr. 100

und zu Lasten des Mitglieds-/Kontos Nr. 200 den Beleg Nr. 123

über 10 „Dankeschön“ erhalten zu haben.

Die Prüfung des ausreichenden Guthabens/Kreditrahmens bleibt vorbehalten.

Borken, den ………… Tauschring-Borken

Der DANKESCHÖN-Scheck

Nach jedem Tauschhandel füllt derjenige, der DANKESCHÖN abgeben muss, einen Scheck aus, damit die VE auf dem Konto des Leistungsbringers verbucht werden können.

Im Folgenden ein Beispiel, wie ein solcher Scheck ausgefüllt wird:

- Tina (Mitglied-Nr. 100) schneidet Peter (Mitglied-Nr. 200) die Haare und bekommt für die halbe Stunde Arbeit 10 DANKESCHÖN von ihm …
- Peter nimmt einen seiner Schecks und trägt Tinas 10 DANKESCHÖN, ihren Namen, ihre Mitglieds-Nr. und die Art des Tausches ein. Dann trägt er Ort und Datum ein und unterschreibt den Scheck im oberen Abschnitt.
- Peter gibt den ganzen Scheck an Tina.
- Tina gibt den Scheck beim nächsten Markttag beim Verein ab.
- Der Verein füllt den unteren Abschnitt aus und gibt ihn als Quittung an Tina zurück. Sie bewahrt die Quittung bis zum Jahresende auf und überprüft damit am Jahresende ihren Kontoauszug. Der obere Abschnitt bleibt beim Verein. Dieser bucht die 10 DANKESCHÖN als Guthaben auf Tinas persönlichem Tauschringkonto.

Tauschring-Borken e.V.:
www.tauschring-borken.de/scheck.htm

Arbeiten mit den Materialien

Zu M1

1 Lest aus der Tabelle ab:
- In welchen Einzelhandelstypen wurde der größte/geringste Umsatz gemacht?
- Wer machte je Geschäft den höchsten Umsatz?
- Welcher Einzelhandelstyp ist am meisten verbreitet?

2 Nehmt Stellung zu den Überlegungen zur Entwicklung im Einzelhandel:

LISA: „Die Großen bieten niedrige Preise. Das schaffen die nur, weil sie bei den Herstellern Druck machen und ihren Beschäftigten geringe Löhne zahlen. Die niedrigen Preise sollen außerdem die Kleinen vom Markt drängen."

BODO: „Ich wohne neben dem Parkplatz eines Discounters und hab die Nase voll von der Verkehrsbelastung durch die Kunden, von schlechter Luft, Lärm und den Gefahren für spielende Kinder."

RON: „Ich wohne am Stadtrand und bin froh über unsere kleinen Geschäfte. Ich will mit Leuten reden. Ein begrenztes Sortiment reicht mir. Dafür bezahle ich gerne mehr."

ALINA: „Wer mit wenig Geld im Monat auskommen muss, ist froh über jeden Billiganbieter in der Nähe. Zum Glück gibt es davon genug. Sie unterbieten sich oft gegenseitig. Da hat der Kunde natürlich Vorteile."

3 Informiert euch über Preise bei Discountmärkten und vergleicht sie mit Preisen von Lebensmittelgeschäften in der Nähe. Nutzt die Methode Preiserkundung.

4 Informiert euch im Internet über die neuste Entwicklung im Lebensmittelhandel.

Zu M2

1 Schreibt auf, warum Unternehmen in Hassloch Tests durchführen lassen.

2 Warum hat die GfK Hassloch als Testmarkt ausgewählt?

3 Nehmt Stellung zu folgenden Meinungen:

MICHAEL: „Die Tests kosten zwar viel Geld, aber wenn ein Produkt neu auf den Markt kommt und ein Flop wird, ist das viel teurer."

ANKE: „Ich würde niemals so viele persönliche Daten weitergeben."

4 Notiert Unterschiede zu den Tests der Stiftung Warentest, Schulbuch S. 176.

Zu M3

1 Wie könnte das Gespräch zwischen den Schülern und der Kundin weitergehen?

2 Schreibt Regeln für erfolgreiches Handeln auf.

3 Schreibt auf, was bei der Preisbildung auf dem Flohmarkt anders ist als bei Händler Sanders.

Zu M4

1 Notiert Gründe für die Einrichtung von Tauschringen.

2 Erklärt, wie im Tauschring Borken bezahlt wird.

3 Informiert euch im Internet über die angebotenen Dienstleistungen und Waren bei Tauschringen in eurer Umgebung.
www.tauschring.de

Methode Preiserkundung im Einzelhandel

1 Darum geht es

Eine Preiserkundung gehört zu einem klugen, verbraucherorientierten Kauf. Sie kann über eine Erkundung in verschiedenen Geschäften, Recherchen im Internet, in Fachzeitschriften und verbraucherorientierten Zeitschriften (z.B. „test" oder „ökotest") erfolgen. Auch das Auswerten von Werbeprospekten kann weiterhelfen.

Manchmal sind Erfahrungen von Freunden, Eltern und Nachbarn hilfreich.

Bei einer Preiserkundung hat der Verbraucher sich bereits für eine bestimmte Ware entschieden. Er hat die Qualität geprüft und will nun die Ware dort kaufen, wo sie am wenigsten kostet.

Im Folgenden geht es um eine Preiserkundung im Lebensmitteleinzelhandel.

2 So läuft es ab

Vorbereitung

Ihr legt ein Produkt fest, das in wenigstens zwei oder drei Geschäften in eurer Umgebung zu kaufen ist.

Bei leicht verderblichen Waren ist es wichtig, das Mindesthaltbarkeitsdatum (MHD) zu beachten. Manche Geschäfte senken den Preis für Produkte, deren MHD bald abläuft ist. Für eine Kaufentscheidung ist es wichtig zu entscheiden, ob die Ware kurzfristig verzehrt werden soll.

Erstellt für jede ausgewählte Ware einen Erkundungsbogen. Legt Einzelheiten für das Produkt genau fest, z.B. ein bestimmter Jogurt, Tiefkühlspinat, O-Saft, H-Milch (3,5 % Fettgehalt), Olivenöl usw.

Preiserkundung für .... (Bezeichnung des Lebensmittels)

Geschäft/ Name	Markenname	Gewicht/ Volumen	MHD überschritten	Grundpreis pro kg/l	Sonderpreis ja/nein
Händler A					
Händler B					
Händler C					

Durchführung

Bildet Gruppen zu zweit oder dritt. Jede Gruppe wählt bestimmte Lebensmittel für die Preiserkundung. Bei der Auswahl der Geschäfte könnt ihr unterschiedliche Einzelhandelstypen wählen. Ihr könnt aber auch danach wählen, welche Geschäfte in der Nähe liegen.

Auswertung

Tragt die Ergebnisse in der Klasse zusammen. Überlegt, ob ihr eure Erfahrungen beim Einkauf für den Hauswirtschaftsunterricht oder eure Familie verwenden könnt.

Methode Preis- und Qualitätserkundung

Darum geht es

Eine Preis- und Qualitätserkundung ist die Voraussetzung für einen klugen, verbraucherorientierten Kauf. Er kann über eine Erkundung in verschiedenen Geschäften, Recherchen im Internet, in Fachzeitschriften und verbraucherorientierten Zeitschriften (z.B. „test“ oder „ökotest“) oder durch die Analyse von Prospekten und Erfahrungen von Freunden, Eltern und Nachbarn erfolgen. Eine Preis- und Qualitätserkundung führt oft zu Konflikten zwischen Anforderungen an die Qualität und den vorhandenen Geldmitteln.

Die Zeit kann ebenfalls eine wichtige Rolle spielen. Falls die Qualitätsanforderungen mit dem vorhandenen Geld noch nicht übereinstimmen, kann es sinnvoll sein, den Kauf zu verschieben.

Es kann also wichtig sein, zunächst zu überprüfen, ob der Kauf sofort erfolgen muss oder ob er verschoben werden kann.

Bei einem späteren Kauf sollte man darauf achten, ob evtl. neue Produkte auf den Markt gekommen sind.

So läuft es ab

Vorbereitung

Ihr einigt euch auf ein Produkt, das in wenigstens zwei oder drei Geschäften in eurer Umgebung zu kaufen ist – evtl. auch über das Internet, z.B. eine Digitalkamera oder DVD-Rohlinge.
Ihr entscheidet, ob der Kauf sofort erfolgen soll. Ihr entscheidet weiterhin, ob ihr nur einen bestimmten Geldbetrag ausgeben oder ob ihr von einer bestimmten Spanne ausgehen könnt.

Informationssuche

Ihr informiert euch
- über Erfahrungen von Eltern und Freunden
- in der Zeitschrift „test“, ob es einen Test zu dem gewählten Produkt gab
- bei Fachhändlern
- in Fachzeitschriften

Entscheidung über den Qualitätsstandard

Ihr entscheidet darüber, welche Qualitätsanforderungen wichtig sind, listet die Kriterien auf und gewichtet sie.

Ihr trefft eine Auswahl von Produkten, deren Preis ihr in verschiedenen Geschäften und im Internet erkundet.

Durchführung

Entwicklung eines Erkundungsbogens

Ihr entwickelt einen Erkundungsbogen, der die Produkte enthält, die ihr erkunden wollt.
Berücksichtigt dann Preis und Kriterien für die Bewertung der Qualität.
Nehmt euch hierzu die Stiftung Warentest zum Vorbild (siehe S. 176).

Auswertung

Ermittelt, wo die ausgewählten Produkte am billigsten sind, und überlegt, wem, wie und wann ihr die Ergebnisse präsentieren wollt.

Alles klar?

Der Markt: Zusammenspiel von Nachfragern und Anbietern

1 Händler Sanders machte zunächst Gewinne und dann Verluste. Schreibt mindestens vier Gründe auf.

2 Frau Rode kaufte zunächst bei SANDERS, dann bei einem anderen Supermarkt und einmal pro Monat beim Verbrauchermarkt.
Schreibt mindestens vier Gründe auf.

3 Nennt vier wichtige Rahmenbedingungen der Marktwirtschaft.

4 Nennt Unterschiede der Preisbildung in einem Supermarkt und auf dem Flohmarkt.
Begründet die gefundenen Unterschiede.

5 Discounter und auch andere große Handelsketten locken Verbraucher vielfach mit sehr niedrigen Preisen.
Welche Folgen kann das für die dort Beschäftigten haben?

6 Nehmt Stellung zu den Meinungen von Ingo, Selma und Iris.

IRIS: „Ich bedaure es, dass der Lebensmittelladen Möllers dicht gemacht hat. Ich ging gerne täglich einkaufen. Bei Möllers traf man immer nette Leute. Dafür bezahlte ich gerne mehr."

SELMA: „Gut, dass es jetzt den MOBILKAUF gibt. Er kommt zweimal die Woche mit frischen Backwaren und auch sonstigen Lebensmitteln. Das hilft, wenn ich mal etwas vergessen habe. Ansonsten kaufen wir in der Nachbarstadt. Da ist das Sortiment größer."

INGO: „Es wundert mich nicht, dass Möllers geschlossen haben. Die waren teuer, hatten ein kleines Sortiment und nur von 9–12 und 15–17 Uhr geöffnet. So ein Laden musste vom Markt verschwinden."

7 Das Sportgeschäft ist die Sportschuhe trotz Preissenkung nicht losgeworden. Nennt mögliche Gründe.

Kluge Entscheidungen in Haushalten

1 Kaufstrategien gesucht

Verbraucher brauchen gute Strategien, um sich am Markt zu behaupten. Sie können ihr Wissen und ihre Interessen nicht so machtvoll vertreten wie Händler und Hersteller.

Ein Fahrradhändler kann sich z.B. auf den Konsumbereich Fahrräder spezialisieren. Ein besonderer Verband unterstützt ihn regelmäßig durch neueste Informationen. Außerdem versuchen die Verbände der Hersteller und Händler Parlamentarier und Ministerien für ihre Interessen zu gewinnen.

Verbraucher können nicht für jedes Konsumgut einen eigenen Verband gründen. Es ist schwer, ihre Interessen zu bündeln.

Strategien sind deshalb für jeden einzelnen Verbraucher wichtig und zusätzlich gemeinsame (kollektive) Strategien vieler Verbraucher.

Die größte Verbraucherorganisation **Verbraucherzentrale Bundesverband**, dem die Verbraucherzentralen aller Bundesländer angehören. Sehr hilfreich für Verbraucher ist die **Stiftung Warentest** mit ihrer Zeitschrift „test".

▸ **Leitauftrag** Familie BARTH und SPORT-BLITZ planen ihren Einkauf. Nennt Unterschiede.

B Auf einen Blick

Ihr nennt wichtige Strategien eines guten Kaufs von Waren und Dienstleistungen.

Ihr nennt Informationsquellen, die Verbraucherinteressen berücksichtigen.

Ihr erprobt erfolgreiche Preisverhandlungen im Rollenspiel.

Ihr nennt wichtige Bestimmungen des Gesetzes gegen den unlauteren Wettbewerbs.

Ihr informiert euch im Online-Jugendmagazin der Verbraucherzentrale und beurteilt es.

2 Hier werden Einkäufe gut vorbereitet

Gute Einkaufstrategien sind eine Voraussetzung für erfolgreiche Käufe. Was ist wichtig?

Sich informieren

ALEV: „Ich informiere mich bei Händlern, der Zeitschrift „test", Fachzeitschriften und der Verbraucherberatungsstelle über die Qualität der Güter. Hab' ich jetzt die wichtigsten Infos berücksichtigt?"

Preise vergleichen

JONAS: „Wenn ich weiß was ich kaufen will, vergleiche ich die Preise bei verschiedenen Anbietern. Ich nutze Anzeigen aus der Zeitung und frage in Fachgeschäften nach. So bin ich umfassend informiert, oder habe ich noch etwas vergessen?"

Um Preise handeln

SERGIY: „Ich bezahle nicht jeden Preis. Wenn ich im Internet gesehen habe, dass die Ware weniger kostet als beim Händler hier, versuche ich zu handeln. Meist kommt meine Freundin mit. Dann fühle ich mich stärker."

Sich engagieren

SOPHIA: „In unserer Klasse engagieren sich viele Schüler beim Kauf von Waren, die **umweltverträglich** hergestellt sind oder **fair** gehandelt werden. Ob wir mit dieser Meldung auch die Lehrer an unserer Schule umstimmen können?"

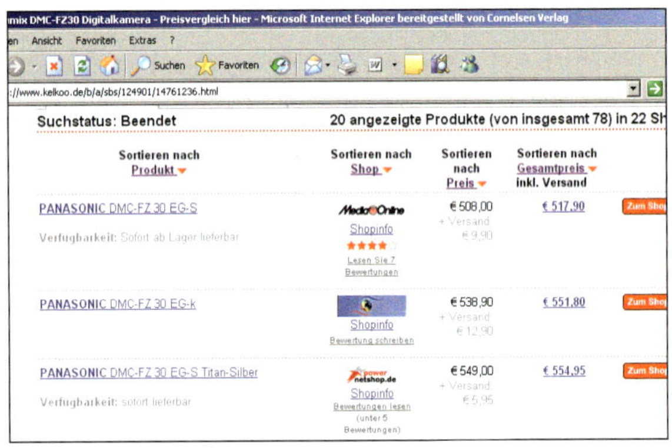

▲ Der schnelle Überblick im Internet, z.B. www.preisvergleich.de

A Aufgaben

1 Was antwortet ihr Alev, Jonas, Sergiy und Sophia?

2 Erprobt im *Rollenspiel*, wie man geschickt und erfolgreich um den Preis verhandelt.

Rollenspieler: Verkäufer, Käuferin

Einigt euch auf ein Produkt. Der Verkäufer hat den Spielraum für eine Preissenkung um 10 Prozent. Er sollte dies aber möglichst vermeiden.

3 Damit keiner über's Ohr gehauen wird …

▲ „Unser Wahnsinnsangebot! Die Super-Crash-Sound-Kompaktanlage für 99 Euro. Doch leider ausverkauft … Überhaupt: empfehle ich diesen Komfort-Musik-Center-Block für nur 1 375 Euro."

▲ „Bio ist im Trend: Der Kunde soll bekommen, was er möchte. Selbst die Ladenhüter lassen sich so gut verkaufen."

Gesetz gegen den unlauteren Wettbewerb

Am Markt sind Anbieter mächtiger als Verbraucher. Der Staat schützt durch Gesetze die Interessen der Verbraucher gegen die Übermacht der Anbieter.
Ein Beispiel ist das Gesetz gegen den unlauteren Wettbewerb (UWG). Es schützt die Verbraucher, aber auch die Mitbewerber.

Wichtige Bestimmungen des UWG

Unlauterer (unehrlicher) Wettbewerb ist verboten. Es geht u.a. um Folgendes:

- Irreführende Werbung
- Unzumutbare Belästigungen
- Teilnahmebedingungen bei Gewinnspielen
- Bedingungen für Verkaufsfördermaßnahmen
- Schädigende, falsche und herabsetzende Mitteilungen über Mitbewerber

Bei Verstößen gegen das Gesetz kann das Gericht

- eine Unterlassung aussprechen (§ 8)
- zu Schadensersatz verpflichten (§ 9)
- oder die Herausgabe des Gewinns, der mit der unlauteren Wettbewerbshandlung erzielt wurde, verlangen (§10).

Mehr dazu im Internet unter http://bundesrecht.juris.de

Verstöße gegen das UWG

Bei Verstößen gegen das UWG kann der **Verbraucherzentrale Bundesverband** (vzbv) vor Gericht klagen. Als Dachverband aller Verbraucherzentralen der Bundesländer vertritt sie die Interessen der Verbraucher. Sie macht Öffentlichkeitsarbeit bei Parlamentariern und Ministerien.

Auf Landesebene sind die Verbraucherzentralen, z.B. die von Brandenburg (www.vzb.de) tätig.

Lockvogelwerbung verboten

Ein Discounter hatte 2005 bundesweit für eine Digitalkamera geworben, die in mehreren Fällen schon nach wenigen Minuten vergriffen war. Gegen diese Verkaufspraktik hat der Verbraucherzentrale Bundesverband wegen irreführender Werbung geklagt. Eine große Anzahl von Verbrauchern hatten sich bei den Verbraucherzentralen beschwert. Dasselbe passierte dem Discounter beim Angebot eines Computerbildschirmes und einer Funk-Tastatur.
Das Oberlandesgericht Stuttgart hat im Juni 2005 dem Discounter verboten, solch eine irreführende Werbung (Lockvogelwerbung) zu betreiben.

Nach **vzbv** (Hrsg.): Verbraucherpolitische Korrespondenz Nr. 14 vom 05.07.2005; **Zentrale zur Bekämpfung unlauteren Wettbewerbs:** www.wettbewerbszentrale.de ▶ Pressemitteilungen v. 11.07.2005

Werbung mit teurem Klingelton in Jugendzeitschriften verboten

In einer Jugendzeitschrift wurde das Herunterladen von Logos und Klingeltönen beworben. In der Anzeige hieß es:

„In 1 Minute auf dem gewünschten Handy".

Der tatsächliche Download für einen Klingelton betrug aber durchschnittlich drei Minuten, was Kosten von 5,58 Euro entsprach. Die im Inland geltenden 0190-Nummern waren fett und groß, die kleinen Buchstaben am Ende der Rufnummer dagegen klein gedruckt.

Ein Berliner Gericht bewertete die Werbung als unlauter im Sinne des Gesetzes gegen den unlauteren Wettbewerb. Es kritisierte vor allem die falsche Angabe der Download-Zeit. Der junge Verbraucher werde über die Dauer des Abrufs und die damit verbundenen Kosten getäuscht.

Nach: **Zentrale zur Bekämpfung unlauteren Wettbewerbs**: www.wettbewerbszentrale.de
▸ Pressemitteilungen 23.8.2005

▲ Mit Klingeltönen wird oft abgezockt. Eine Kurzmitteilung „Klingelton" mit einer Telefonnummer, die in einer Jugendzeitschrift gezeigt wurde, kann schnell drei Euro und mehr kosten.

Aufdecken von Preiserhöhungen durch Mogelpackungen – eine Aktion der Verbraucherzentrale Hamburg

Die Aktion der Verbraucherzentrale „weniger drin – Preis gleich" im Herbst 2005 verfolgte das Ziel, Mogelpackungen aufzudecken. Verbraucher beteiligten sich an der Aktion. Sie nannten Produkte, die plötzlich eine geringere Füllmenge bei gleichem Preis enthielten.

Was sagt das Gesetz?

Eine Veränderung der Füllmenge ist nicht rechtswidrig. Ein Verstoß gegen das Gesetz liegt aber dann vor, wenn das Produkt in **gleicher** Verpackungsgröße aber mit einer **geringeren** Füllmenge angeboten wird.

Erfolg der Aktion

Eine Reihe von Unternehmen reagierten auf die Aktion der VZ Hamburg. Bei der Babykost „Milasan Pre Säuglingsnahrung" wurde z.B. die Preiserhöhung zurückgenommen. UNILEVER (Langnese Eis, Iglo Tiefkühlware) versprach eine verbesserte Information.

▲ **Fünf weniger**

Unser Leser, Manfred C. ist empört: Er kaufte zwei Packungen Ein-Liter-Toppits-Gefrierbeutel. Größe, Aufmachung und Preis waren gleich. Doch in der alten Packung befanden sich 40, in der neuen nur noch 35 Beutel. Ein klarer Fall von Mogelei und eine versteckte Preiserhöhung von fast 13 Prozent.

Stiftung Warentest: test 2/2006, S. 7

Das Gesetz gegen den unlauteren Wettbewerb (UWG) – ausgewählte Paragrafen

§ 3 Verbot unlauteren Wettbewerbs
Unlautere Wettbewerbshandlungen, die geeignet sind, den Wettbewerb zum Nachteil der Mitbewerber, der Verbraucher oder der sonstigen Marktteilnehmer nicht nur unerheblich zu beeinträchtigen, sind unzulässig.

§ 5 Irreführende Werbung
(5) Es ist irreführend für eine Ware zu werben, die ... nicht in angemessener Menge zur Befriedigung der zu erwartenden Nachfrage vorgehalten ist. Angemessen ist im Regelfall ein Vorrat für zwei Tage, es sei denn, der Unternehmer weist Gründe nach, die eine geringere Bevorratung rechtfertigen ...

§ 4 Nr. 2 Beispiele unlauteren Wettbewerbs
Unlauter im Sinne des § 3 handelt insbesondere, wer... 2. Wettbewerbshandlungen vornimmt, die geeignet sind, die geschäftliche Unerfahrenheit insbesondere von Kindern und Jugendlichen, die Leichtgläubigkeit, die Angst oder die Zwangslage von Verbrauchern auszunutzen.

Belästigungen
(1) Unlauter handelt, wer nach § 3 Marktteilnehmer in unzumutbarer Weise belästigt.
(2) Solch eine Belästigung ist anzunehmen ... 2. bei einer Werbung mit Telefonanrufen gegenüber Verbrauchern ohne deren Einwilligung ...

A Aufgaben

1 Notiert wichtige Bestimmungen des Gesetzes gegen den unlauteren Wettbewerb.

2 Angenommen bei dem Discounter sei die Digitalkamera einen ganzen Tag lang vorrätig gewesen. Wie hätte das Gericht dann entschieden? Nennt Gründe.

3 Schreibt auf, was ihr beim Herunterladen von Logos und Klingeltönen beachten müsst.

4 Wann handelt es sich bei einer Verpackung um eine sogenannte Mogelpackung?

5 Nennt Gründe dafür, dass Unternehmen Mogelpackungen auf den Markt bringen.

6 Gegen welche Paragraphen des UWG wird in den Illustrationen oben verstoßen?

7 Du kaufst im Drogeriemarkt HAARSCHARF deine gewohnte Haarkur für 3,95 Euro.
In deiner alten Flasche ist noch ein Rest und du stellst beide zu Hause ins Regal.

Weil du deine Rechte kennst, willst du dich beschweren. Formuliere ein Schreiben an die Verbraucherzentrale deines Bundeslandes.

4 Weiterführendes Material

M1 Kritik an Mogelpackungen – Verbraucher zahlen Millionen zuviel

Beispiel Erdbeeren:
7,72 Mio. Euro zu viel bezahlt

Laut Füllmengenstatistik 2003 hätten 35,7 Prozent der untersuchten offenen Verpackungen von Obst, Kartoffeln, Gemüse und Nüssen – und auch für Erdbeeren - nicht in den Verkehr gebracht werden dürfen.

Erdbeeren werden meistens in 500 Gramm-Schälchen verkauft. Zulässig sind bei offenen Verpackungen mit einer Füllmenge von 500 Gramm Abweichungen von 3Prozent, das heißt 15 Gramm. Im Zeitraum 2002/03 wurden pro Kopf in Deutschland 2,3 Kilogramm Erdbeeren gekauft. Bei 82,5 Mio. Bundesbürgern und einem Preis pro Kilogramm von 3,80 Euro gilt Folgendes:

$$2{,}3\,\text{kg} \cdot 82{,}5\,\text{Mio.} \cdot 3\,\% \cdot 35{,}7\,\% \cdot 3{,}8\,€ = 7{,}72\,\text{Mio.}\,€$$

Aus einer Statistik zur Füllmengenkontrolle für das Jahr 2003 geht hervor, dass bei unverpackten Produkten insgesamt die Abweichungen von der zulässigen Füllmenge bei 7 bis 8 Prozent der Produkte größer als erlaubt waren.

Der Verbraucherzentrale Bundesverband fordert stärkere Kontrollen und höhere Bußgelder.

Nach **vzbv** (Hrsg.): Verbraucherpolitische Korrespondenz Nr. 7 vom 30. Mai 2005

In der Füllmengenverordnung aus dem Jahr 1981 sind eine Menge von Vorschriften und Ausnahmen für verschiedenartige Produkte zu finden.

Im § 22 sind die zulässigen Minusabweichungen bei Fertigpackungen – auch bei offenen Produkten, die nach Gewicht oder Volumen zu kennzeichnen sind, aufgeführt. Mehr dazu unter http://bundesrecht.juris.de
▸ Gesetze und Verordnungen ▸ FertigPackV 1981

▲ Wer die Kontrollwaage nutzt, kann Abweichungen vom Verkaufsgewicht gleich feststellen.

M2 Wegen Schleichwerbung verklagt

Der Verbraucherzentrale Bundesverband (vzbv) hat das Internet-Portal einer weit verbreiteten Boulevardzeitung wegen Schleichwerbung verklagt. Die Zeitung hatte auf seiner Website für Autos geworben, ohne dies eindeutig als Werbung zu bezeichnen.

Nach dem Gesetz gegen den unlauteren Wettbewerb (UWG) müssen Medien Werbung und redaktionelle Texte deutlich voneinander trennen.

Der konkrete Fall

Im Januar 2005 war ein Artikel auf der Homepage unter der Überschrift „Flitzer für 11.900 Euro: Volks-SEAT – und der Asphalt wird glühen" erschienen. Der Beitrag war wie ein redaktioneller Text gestaltet. Beim Anklicken landete der User auf einer Folgeseite mit verschiedenen Beiträgen rund um das beworbene Auto. Nur ein Teil der Beiträge war mit dem Hinweis „Anzeige" versehen. Der User musste annehmen, dass die übrigen Texte von Journalisten überprüfte Informationen enthielten. Tatsächlich entpuppten sich diese Artikel als Werbung. Sie waren zum Teil mit Finanzierungsangeboten zum Autokauf verbunden.

Nach **vzbv (Hrsg.)**: Verbraucherpolitische Korrespondenz Nr. 7 vom 30. Mai 2005

M3 Surfen im Jugendmagazin der Verbraucherzentrale NRW

Dilara und Sarah sehen sich regelmäßig die News im Online-Jugendmagazin der Verbraucherzentrale Nordrhein-Westfalen an. Sie finden immer wieder spannende Informationen. Mehr dazu erfahrt ihr, wenn ihr Sarah und Dilara beim Surfen begleitet.

1. Schritt

Sie wählen die Internetadresse www.checked4you.de.
Es erscheint die Homepage mit acht Themenbereichen.

2. Schritt

Sie klicken zunächst den Bereich „Sport und Körper“ und danach „Trends und Shopping“ an. Es erscheinen verschiedene Problembereiche mit Kurzbeschreibung

3. Schritt

Bei Artikel „Verpackungen, Verschlüsse, Katastrophen“ klicken sie auf [mehr…]

4. Schritt

Sie entdecken am Schluss des Artikels das Angebot, im Forum eigene Beiträge zu schreiben. Sie überlegen noch.

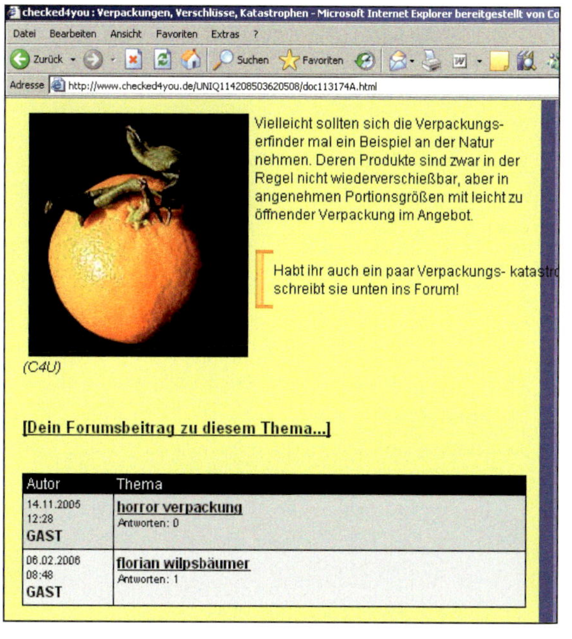

M4 Schutz von Kindern und Jugendlichen vor der Kostenfalle Handy

Ein Gericht in Hannover hat 2004 der Klage vom Bundesverband Verbraucherzentrale gegen die NEW Tex GmbH stattgegeben. Es stellte fest, dass Anbieter von Premium-SMS-Diensten in jeder einzelnen SMS die Kosten gut sichtbar aufführen müssen.

Der konkrete Fall

Eine 12-jährige Verbraucherin sollte für ihren dreitägigen Chat 102,60 Euro zahlen. Das hohe Entgelt von 1,99 Euro pro SMS war nur in einer ersten Kontakt-SMS genannt worden. Es erschienen erst nach mehrmaligem Scrollen auf dem Display. Es fehlten weiterhin Preisangaben in den unaufgefordert zugesandten Folge-SMS

Nach **vzbv (Hrsg.)**: Verbraucherpolitische Korrespondenz Nr. 15 vom 20.7.2005

Arbeiten mit den Materialien

Zu **M1**

1 Wie kann man sich beim Einkauf von offen verpackter Ware vor zu geringen Mengen schützen?

2 Schreibe auf, was du Julia antworten würdest. JULIA: „Abweichungen von 7 Prozent bei einer Schale von 500 Gramm Kirschen sind nicht viel. Verbraucher sollten nicht so kleinlich sein."

Zu **M2**

1 Schreibt auf, warum in Medien Werbung und redaktionelle Texte deutlich voneinander zu trennen sind.

2 Schreibe einen Text für das Wochenblatt DER MARKT. Du hast die Aufgabe, etwas zu der Werbung von SCHMITZ-BIKE (S. 170, 172, 173) zu sagen und zum 10-jährigen Firmenjubiläum. Neben deinem Text ist die Abbildung von S. 172 mit dem folgenden Hinweis abgedruckt: „Wir sind die Besten in der Stadt."

Zu **M3**

1 Beurteilt die Website des Jugendmagazins der Verbraucherzentrale NRW.

Mögliche Gesichtspunkte dabei:
- Ist die Site übersichtlich und ansprechend gestaltet?
- Ist die Sprache verständlich?
- Sind die Abbildungen klar und anregend?
- Treffen die Beispiele eure Interessen?

2 Untersucht den Beitrag zu „Verpackungen, Verschlüsse, Katastrophen".
- Kennt ihr Tricks, um die abgebildeten „Katastrophen" zu vermeiden?
- Nennt „Katastrophen" mit Verschlüssen und Verpackungen aus eigener Erfahrung.
- Entwickelt Verbesserungsvorschläge.

3 Untersucht einen weiteren aktuellen Beitrag in der Website checked4you.de. Präsentiert das Ergebnis in der Klasse.

Zu **M4**

1 Erklärt, was eine Premium-SMS ist. Ihr könnt eine Suchmaschine im Internet zu Hilfe nehmen.

2 Was müsst ihr beachten, wenn euch eine Premium-SMS angeboten wird?

Einkommen und Ausgabenplanung

1 Was bestimmt die Höhe des Einkommens?

Ich verdiene als Verkäuferin im Einzelhandel weniger als eine Bankkauffrau. Das finde ich ungerecht.

Ich habe von meinen Eltern ein Haus geerbt. Von den Mieteinnahmen finanziere ich die anspruchsvolle Ausbildung meiner Kinder.

Ich bin seit meiner Geburt viel krank gewesen. Ich kann nur einfache Arbeiten ausüben und verdiene wenig.

Die Meisterprüfung hat sich gelohnt. Ich arbeite jetzt als Polier und verdiene 4 Euro mehr die Stunde.

Ich bin schon länger arbeitslos, 48 Jahre alt und finde in unserer Region keinen neuen Job. Hier geht es 20 Prozent der Menschen so wie mir.

Ich habe studiert – auch im Ausland – und verdiene als Führungskraft sehr gut.

Der Tod meines Mannes und meiner Mutter hat mich jahrelang aus der Bahn geworfen. Ich musste meinen Job aufgeben, lebe zurzeit vom Arbeitslosengeld und hoffe bald auf einen Neuanfang.

Ich habe meine Ausbildung gut abgeschlossen. Das war die Grundlage für meinen beruflichen Aufstieg und das gute Gehalt heute.

▸ **Leitauftrag** Notiert die genannten Gründe für die Einkommenshöhe. Welche sind für euch besonders wichtig?

B Auf einen Blick

Ihr kennt Gründe für die unterschiedliche Höhe der Einkommen und unterscheidet verschiedene Einkommensquellen.

Ihr setzt euch damit auseinander, in welcher Höhe das Erwerbseinkommen gerecht ist.

Ihr entwickelt am Beispiel der Familie Reuter Gesichtspunkte, die für eine gute Planung der Ausgaben wichtig sind.

Ihr führt ein Rollenspiel zur Planung des Familieneinkommens durch.

Ihr benennt Gruppen, die in Deutschland besonders von Armut betroffen sind.

Ihr nennt Gründe für Armut.

Ihr setzt euch mit Folgen von Kinderarmut auseinander und erfahrt Möglichkeiten zu ihrer Verringerung.

2 Woher kommt das Einkommen?

Kontonummer				Bankleitzahl
1234500000		DIE BANK	DBA	800 500 00
Buchungstag	Tag der Wertstellung	Verwendungszweck/Buchungstext	Buchungsnummer	alter Kontostand: EUR 120,81+
3107	3107	Rentenversicherungsanstalt Altersrente August 06	111227	978,00+
0208	0208	Wohngeldstelle/Sozialamt Wohngeld August 2006	111010	80,00+
		Frau Helga Schulte		EUR 1178,81+ (neuer Kontostand)
				03.08.2008 (Kontoauszug vom) · 8 (Auszug) · 1 (Blatt)

Kontonummer				Bankleitzahl
8888800000		Sparkasse Überall	ÜSPA	100 505 50
Buchungstag	Tag der Wertstellung	Verwendungszweck/Buchungstext	Buchungsnummer	alter Kontostand: EUR 21,37+
1506	1506	FamKasse Überall Kindergeld-Nr.111 Juli 2006	000111	154,00+
3006	3006	Schulthaus AG Gehalt 06/2006	000227	3415,00+
0107	0107	Werben & Kaufen Gehalt 06/2006	000010	1315,00+
0107	0107	Monika Reisog Dauerauftrag Miete Juli 2006	000222	730,00+
		Malte und Gundula Müller	Dispo-Kredit EUR 5.000,00	EUR 5635,37+ (neuer Kontostand)
				02.07.2008 (Kontoauszug vom) · 16 (Auszug) · 1 (Blatt)

Einkommensarten

- **Einkommen aus Erwerbsarbeit**
  - **Einkommen aus nicht selbstständiger Arbeit** z.B. aus Lohn und Gehalt
  - **Einkommen aus selbstständiger Arbeit** z.B. Honorar und Gewinn
- **Einkommen aus Vermögen** z.B. Zinsen, Miete, Pacht
- **Transfereinkommen**
  - **aus Steuermitteln** z.B. Sozialhilfe, Kindergeld, Erziehungsgeld
  - **aus gesetzlicher Sozialversicherung** z.B. Altersrente, Arbeitslosengeld, Pflegegeld

Vermögenseinkommen
Zum Vermögen zählen Grundstücke, Häuser, Unternehmen und Anteile an Unternehmen (Aktien). Eigentümer eines Hauses können Miete erhalten, Inhaber von Sparkonten Zinsen. Wer Aktien besitzt, kann eine Dividende erhalten.

Transfereinkommen
Es handelt sich um Einkommen, das der Staat an Bürger zahlt bzw. überträgt (Transfer = Übertragung).

A Aufgaben

1 Beschreibt, was ihr auf den einzelnen Abbildungen seht.

2 Ordnet die verschiedenen Abbildungen dem Schema der Einkommensarten zu. Notiert Stichworte und begründet eure Entscheidung.

3 Die Höhe des Einkommens – was ist gerecht?

▲ Blick auf den Gerechtigkeitsbrunnen mit der Justitia auf dem Römerberg in Frankfurt/Main

Justitia ist die römische Göttin der Gerechtigkeit. Ihr Standbild steht manchmal auch vor Gerichten. Sie hält eine Waage, als Symbol für das sorgfältige Abwägen der Sachlage. Manchmal trägt sie eine Augenbinde, was bedeutet, dass ohne Ansehen der Person geurteilt werden soll.
Gerechtigkeit wird in verschiedenen Lebensbereichen gefordert, z. B.:
- im Zusammenleben der Menschen
- beim Zugang zu Bildungschancen
- im *internationalen Handel*
- bei der Verteilung von Einkommen

Was ist gerecht?

Man unterscheidet bei der Antwort nach verschiedenen Gesichtspunkten:

Bedarfsgerechtigkeit
Alle Menschen einer Gesellschaft sollen ihre Grundbedürfnisse befriedigen können – auch wenn sie es mit eigenen Mitteln nicht schaffen. Das erfordert ihre Menschenwürde.

Leistungsgerechtigkeit
Die soziale Stellung und die Höhe des Einkommens soll nicht durch die Herkunft, sondern durch eigene Anstrengung und Leistung bestimmt sein.

Verteilungsgerechtigkeit
Diejenigen, die viel verdienen, sollen denen, die wenig verdienen, einen Teil abgeben. Ein sozialer Ausgleich ist für ein friedliches Zusammenleben aller wichtig. Der Ausgleich kann über →Steuern erfolgen.

Teilhabegerechtigkeit
Es sollten möglichst alle Menschen gleiche Chancen haben, um am gesellschaftlichen Leben teilzuhaben, z.B. durch eine gute Ausbildung.

Schlagzeilen zur Frage nach Gerechtigkeit

(1) Top-Manager verdienen zehnmal mehr als ein Bundesminister.

(2) Ein Spieler von Bayern München erhält 1 000 000 Euro jährlich, ein Elektroinstallateur im Jahr rund 30 000 Euro.

(3) Eine Verkäuferin verdient monatlich rund 1 800, eine Bankkauffrau 2 700 Euro im Monat.

(4) Kinder von Migranten haben die schlechtesten Chancen, eine Ausbildungsstelle zu erhalten.

(5) Für einen Platz im Kindergarten müssen die Eltern viel Geld bezahlen, für den Schulbesuch nichts.

A Aufgaben

1 Beschreibt die Abbildung der Justitia. Warum findet man ihr Standbild vor Gerichten?

2 Setzt euch mit den fünf Schlagzeilen auseinander. Macht Stichworte.

3 Sucht Beispiele zu den Gesichtspunkten: Was ist gerecht? Untersucht auch die Schlagzeilen und ordnet sie passend zu.

4 Familie Reuter plant ihre Ausgaben

Kann das neue Auto finanziert werden?

Rita und Klaus Reuter sowie ihre Kinder Jürgen (12 Jahre) und Anja (14 Jahre) sind mit der Haushaltsplanung beschäftigt. Die Eltern überlegen mit den Kindern, ob sie in diesem Jahr ein neues Auto kaufen sollen. Das würde bedeuten, dass sich die monatlichen Ausgaben für das Auto von 200 Euro auf 400 Euro erhöhen. Dieser Betrag müsste bei den übrigen monatlichen Ausgaben eingespart werden.
Es entwickelt sich ein langes und heftiges Gespräch in der Familie. Hier die wichtigsten Meinungen:

RITA: „Ich liebe schöne und schnelle Autos. Wir könnten dieses Jahr auf den Urlaub verzichten und an der Kleidung sparen. Vielleicht seid ihr damit einverstanden, dass für alle das *Taschengeld* gekürzt wird."

KLAUS: „Ich möchte auf keinen Fall auf Urlaub verzichten. Ich möchte sogar noch mehr Taschengeld für Rita und mich. Der Spielraum zum Sparen ist sehr eng."

JÜRGEN: „Das Taschengeld für uns Kinder ist auch sehr gering. Da darf nichts gekürzt werden. Andere bekommen mehr. Warum ein neues Auto? Das alte läuft doch gut. Ich würde lieber einen billigeren Urlaub machen und für 500 Euro Computer-Zubehör und eine Digitalkamera kaufen."

ANJA: „Ich finde ein neues Auto klasse und würde auf Urlaub verzichten. Mein Freund fährt auch nicht in Urlaub. Ich könnte vielleicht Zeitungen austragen und dadurch zusätzlich Geld verdienen."

Einblick in das Kassenbuch

Rita und Klaus sind beide erwerbstätig, Rita aber nur Teilzeit. Sie haben im Monat rund 2 900 Euro zur Verfügung, 308 Euro Kindergeld sind schon eingerechnet.
Die Eltern führen monatlich ein Kassenbuch. Nach Abschluss am Ende des Jahres errechnen sie die durchschnittlichen Ausgaben pro Monat. Damit planen sie für das neue Jahr.
Die Kinder sind erstaunt, wie teuer die monatliche Lebenshaltung ist.

Frau Reuter erklärt den Kindern, warum sie die Ausgaben in zwei Gruppen einteilen:
- in feste Ausgaben
- in veränderliche Ausgaben

Microsoft Excel - Veränderliche Ausgaben -Mai 2006.xls

	A	B	C	D	E	F	G	H	I	J	K	L	M
1	Datum	Lebensmittel, Verpflegung außer Haus	Betrag	Körperpflege, Gesundheit	Betrag	Kleidung, Schuhe	Betrag	Hobby, Bildung, Unterhaltung	Betrag	Wohnen	Betrag	Verkehr	Betrag
2	02.	Obst	4,60 €									Monatskarte	26,00 €
3	05.	Supermarkt	38,42 €	Drogerie	17,18 €	Reinigung	17,00 €						
4	06.					Schuhe	69,00 €	Kino	12,00 €				
5	07.	Pizzeria	22,00 €										
6	08.							Zeitschrift	3,00 €			Tanken	51,00 €
7	09.	Supermarkt	45,00 €							Glühlampen	5,50 €		
8	10.	Bäcker	4,50 €										

Feste Ausgaben

Das sind die Ausgaben, die sich kurzfristig nicht ändern lassen oder die wir nicht ändern wollen.

Veränderliche Ausgaben

Es handelt sich um Ausgaben, die unregelmäßig anfallen, z.B. Ausgaben für Essen und Trinken, Kleidung, Schuhe, Geschenke, Bücher, Treibstoff, Waschmittel, Zeitschriften.

Feste monatliche Ausgaben	Euro
Miete	600
Nebenkosten (für Müllabfuhr, Heizung, Wasser, Kabelanschluss)	200
Strom	45
Haftpflicht- und Hausratversicherung	15
Kfz-Steuer und -Versicherung	45
Rundfunk- und Fernsehgebühren	16
Taschengeld Rita und Klaus	120
Taschengeld Jürgen	15
Taschengeld Anja	18
Telefon/Internet	55
Tageszeitung	25
Sportverein Kinder	20
Sparen für Urlaub	250
Rücklagen für unerwartete Ausgaben	60
Summe	**1484**

Veränderliche Ausgaben	Euro
Lebensmittel/Verpflegung außer Haus	560
Wasch- und Putzmittel	15
Körperpflege/Gesundheit	50
Kleidung/Schuhe	160
Wohnen	160
Hobby/Bildung/Unterhaltung	150
Verkehr (Auto bzw. öffentl. Verkehrsmittel)	200
Geschenke/Spenden/Porto	50
Sonstiges	100
Summe	**1445**

Taschengeld: Wie viel und wofür

Zur Höhe des Taschengeldes gibt es Empfehlungen von Jugendämtern. Mehr dazu auf S. 204.

A Aufgaben

1 Erklärt an Beispielen, was feste und veränderliche Ausgaben sind.

2 Nehmt Stellung zu der Meinung von Jürgen, dass sein Taschengeld und das von Anja im Vergleich zu anderen gering ist.

3 Nehmt Stellung zu den Meinungen der Familienmitglieder. Entwickelt einen Lösungsvorschlag – evtl. in einem *Rollenspiel*.

5 Armut in Deutschland – wie sie sich anfühlt

▲ Wer aus sozial schwachen Familien kein Geld für Nachhilfe ausgeben kann, wird in der ARCHE beim Lernen unterstützt.

Gründe für die Armut

In den letzen Jahren ist die Arbeitslosigkeit stark gestiegen. Unternehmen stellen nicht genug Arbeitsplätze bereit.
Die Anzahl der Alleinerziehenden nimmt zu. Nach einer Scheidung oder Trennung ist die finanzielle Lage aller Beteiligten oft besonders schwierig.
Die Väter können teilweise nicht ausreichend Unterhalt zahlen oder entziehen sich sogar ihren Verpflichtungen. Weil Ganztagskindergärten, Ganztagsschulen und Teilzeitarbeitsplätze fehlen, können Mütter oft nicht erwerbstätig sein.
Eltern, die in Armut leben, haben nicht nur finanzielle Probleme. Sie sind zum Teil nicht in der Verfassung, ihre Kinder gut zu erziehen. Die eigenen Probleme sind oft zu groß.

Frank St., Vater von drei Kindern:
„Wehe, es kommt etwas zwischendurch ...“

Zuerst hat sich Frank St., der früher als Gleisbauer gearbeitet hat, geschämt. Dann ist er doch mal mitgekommen in die ARCHE. Die Kinder haben ihn dort hingeschleppt, wo Kinder aus armen Familien mittags einfach eine warme Mahlzeit essen können. Das jedenfalls war die Grundidee der ARCHE. Inzwischen gibt es dort nicht nur warme Mahlzeiten, sondern andere Betreuungsangebote.

Der Vater dreier Kinder (13, 9 und 4 Jahre alt), dessen arbeitslose Lebensgefährtin noch ein weiteres Kind in die Familie gebracht hat, arbeitet inzwischen auch in der ARCHE. Er hat einen Ein-Euro-Job.
Gut 2100 Euro hat die Familie im Monat, 1300 Euro Arbeitslosengeld II einschließlich Mietzuschuss und 616 Euro Kindergeld. Für den Job bei der ARCHE bekommt Frank St. 180 bis 200 Euro. Zum Leben bleiben 900 Euro im Monat. Am Ende des Monats ist der Kühlschrank oft leer. Wie knapp es wird, merkt die Familie in den Ferien, wenn alle jeden Tag zu Hause essen. „Die Kinder merken jeden Tag, was sie alles nicht bekommen können“, sagt Frank St.
Ein bisschen Geld muss die Familie für unvorhersehbare Ausgaben auf die hohe Kante legen. Unlängst streikte die Waschmaschine. 80 Euro kostete die Reparatur – auf einen Schlag. „Wehe, es kommt etwas zwischendurch“, sagt Frank St. Ein anderes Beispiel sind die Klassenfahrten. Da muss die ARCHE regelmäßig helfen, sonst werden die Kinder ausgegrenzt“

Nach **Frankfurter Allgemeine Sonntagszeitung**/Inge Kloeperr vom 01.01.2006

◄ Im Kinder- und Jugendwerk ARCHE werden Kinder und Jugendliche mit kostenlosem Mittagessen versorgt und erhalten auch Anleitungen zu einer gesunden Lebensweise.

Armut als statistischer Begriff

In der Europäischen Union (EU) haben sich die Mitglieder über einen einheitlichen Armutsbegriff verständigt. Er stützt sich auf das verfügbare Einkommen im Vergleich zu dem der jeweiligen Gesamtbevölkerung. Deshalb spricht man auch nur von so genannter relativer Armut. Die liegt dann vor, wenn jemand weniger als 60 Prozent eines sog. gewichteten Einkommens hat. Diese Armutsgrenze für eine Person liegt zurzeit bei monatlich 938 Euro.

Bei Familien ist dieser Betrag nicht für jede Person anzusetzen, weil z.B. die Kosten für Wohnung pro Person bei Familien sinken und Kinder nicht den gleichen Betrag benötigen wie Erwachsene.

BEISPIEL: Eine Familie mit zwei Kindern und einem Haupteinkommensbezieher gilt als arm, wenn sie weniger als 1970 Euro zur Verfügung hat. So wird gewichtet:
938 x 1 + 938 x 0,5 (Ehepartner) + 938 x 0,5 (Kind älter als 14) + 938 x 0,3 (Kind unter 14).
Summe: 2,3 x 938 € = **2157,40 €**

Arm und reich: Anteil in Prozent aller Haushalte in Deutschland

Jahr	... mit mehr als 150% der Durchschnittseinkommen*	... mit weniger als 50% der Durchschnittseinkommen*
1994	12,3	9,6
2000	12,2	9,2
2002	12,4	11,1

* Dies betrug lt. Stat. Bundesamt im Jahr 1991: 25 700 € netto und 2002: 32 100 € netto.

Aus **Die Zeit Nr. 34** vom 12.08.2004, Artikel: In zweifelhafter Verfassung (Quelle: DIW/SOEP)

Ein Blick in die Statistik

Im Jahre 2005 hat der Deutsche Bundestag den zweiten Armuts- und Reichtumsbericht veröffentlicht.

Danach ist die Anzahl der armen Personen innerhalb der Jahre 1998 – 2003 spürbar gestiegen. Betroffen sind vor allem Kinder und Jugendliche und Alleinerziehende.

Rund 1,5 Mio. Mädchen und Jungen unter 18 Jahren leben im Jahr 2003 in Armut.

Armut verschiedener Gruppen in den Jahren 1998 und 2003 (Armutsrisikoquote)

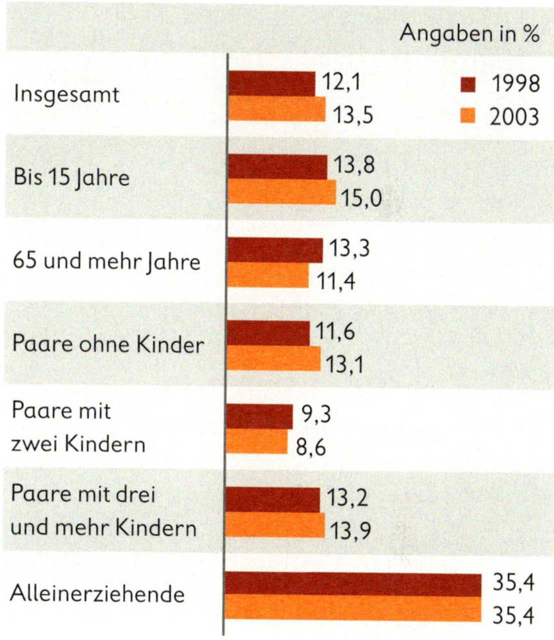

Deutscher Bundestag (Hrsg.): Lebenslagen in Deutschland – Zweiter Armuts- und Reichtumsbericht, Bundestagsdrucksache 15/5015 vom 3.3.2005, S. 262

A Aufgaben

1 Lest den Bericht von Frank St. und schreibt wichtige Aussagen auf.

2 Die ARCHE ist eine Einrichtung, die sich aus Spenden finanziert. Wie unterstützt sie arme Kinder?

3 Nennt Gruppen, die von Armut besonders betroffen sind und die Gründe der Armut.

4 Beurteilt folgende Meinungen:

ANJA: „ So wie die EU Armut definiert, wird es immer arme Menschen geben, auch wenn jeder mindestens eine Million verdient.“

SASCHA: „Mithilfe dieser Armuts-Definition kann man feststellen, wie gerecht die Einkommen in einem Land verteilt sind.

6 Kinder sind besonders betroffen

Folgen der Kinderarmut

Arme Kinder haben oft nur wenig Taschengeld. Sie gehen manchmal nicht zu Geburtstagspartys, da sie kein Geschenk kaufen können.

Arme Kinder ziehen sich öfter zurück oder werden eher aggressiv. Sie ernähren sich schlechter und sind häufiger krank. Sie leiden eher unter Ess- und Angststörungen.

Arme Kinder haben öfter Probleme in der Schule. Sie brechen die Schule früher ab und haben dadurch geringere Chancen im späteren Erwerbsleben.

Arme Kinder haben weniger Chancen zu guten und spannenden Aktivitäten in der Freizeit. Es fehlt z.B. das Geld für den Sportverein, für die Musikschule oder andere Hobbys.

Was kann man gegen Kinderarmut tun?

BURAK: „Der Kindergartenplatz darf nichts kosten. Auch arme Familien müssen ihre Kinder dort hinschicken können."

SARAH: „Am wichtigsten ist, dass die Eltern armer Kinder Arbeit finden. Die meisten wollen arbeiten, finden aber keine. Ganztagsbetreuung allein genügt nicht."

ELLEN: „Unternehmen müssen mehr Teilzeitarbeitsplätze anbieten. Alleinerziehende Mütter müssen halbtags arbeiten können."

RAMONA: „Der Staat muss ein höheres Kindergeld zahlen."

PHILIP: „Für arme Kinder muss es mehr Ganztagsschulen mit kostenlosem Mittagessen, Hausaufgabenhilfe und Freizeitaktivitäten geben."

A Aufgaben

1 Was könnte das Mädchen, das abseits steht, denken und fühlen? Macht Stichworte.

2 Notiert in Stichworten, welche Folgen Kinderarmut haben kann. Welche Folgen haltet ihr für besonders schwerwiegend?

3 Nennt weitere Folgen. Sprecht mit Eltern und Freunden darüber.

7 Weiterführendes Material

M1 „Taschengeld gibt es nicht"

Yasmin kann gut rechnen. „Miete müssen wir zahlen, Strom kommt auch dazu, Taschengeld, sagt Mama, geht dann nicht mehr", erläutert die Achtjährige. Ihrer Mutter Andrea ist das ein wenig peinlich, denn es ist dadurch nicht zu verbergen, dass das Geld zu Hause ein großes Thema ist.

Andrea (45) ist alleinerziehend. Der Vater hat sich aus dem Staub gemacht und sie mit ihrem großen Sohn (26) und den achtjährigen Zwillingen Yasmin und Paul zurückgelassen. Sie hat Fachverkäuferin im Einzelhandel gelernt und bis vor fünf Jahren auch noch gearbeitet. Doch dann ging der Laden pleite, Andrea wurde arbeitslos und ist es bis heute. „Bin ich mit 45 Jahren zu alt, um Arbeit zu finden?", fragt sie.

Ihren Kindern macht sie nichts vor. „Wir können uns das nicht leisten", sagt sie ihrer Tochter immer wieder, wenn die mit ihren ganz normalen Kinderwünschen kommt. „Wir sind arm", sagt sie – wo immer auch Armut anfängt.

Nach Andreas Empfinden beginnt das spätestens bei 1 450 Euro im Monat, von denen sie zu dritt leben müssen. Ihr älterer Sohn ist ebenfalls arbeitslos, allerdings erst seit einem knappen halben Jahr. Er hat bei der Post gearbeitet, verlor dann wegen Stellenabbau seinen Job und bekommt nun Arbeitslosengeld.

Dem Sohn ist schon zweimal sein Fahrrad gestohlen worden – Ersatz gibt es nicht, obwohl er gerne eins hätte.

Der Urlaub ist auch so eine Sache. Dort geht nichts, wäre da nicht ein Schweizer Ehepaar, das der Familie vermittelt wurde. Sie haben Mutter und Kinder nach Graubünden eingeladen. Andrea musste nicht einmal die Reisekosten zahlen. Für die Kinder war das ein Traum.

Nach **Frankfurter Allgemeine Sonntagszeitung**/Inge Kloeper vom 01.01.2006

M2 Kinderarmut in reichen Ländern

Eine internationale Vergleichsstudie hat Kinderarmut in den →OECD-Staaten untersucht. Sie definiert dabei die relative Armutsgrenze, abweichend von der Festlegung innerhalb der EU (siehe S. 169), erst bei 50 Prozent des *gewichteten Durchschnittseinkommens*.

In den meisten reichen Nationen wächst der Anteil der Kinder, die in Armut leben. Von 7,5 auf 10,2 Prozent ist die Kinderarmut in Deutschland seit 1990 gestiegen. Damit war der Anstieg höher als in anderen Industrienationen.

Der stärkste Anstieg ist bei Kindern von Zuwandererfamilien zu verzeichnen. Je kürzer die Ankunft der Familie in Deutschland zurückliegt, desto größer ist das Armutsrisiko für die Kinder.

Nach **UNICEF** (03/2005): Zusammenfassung der UNICEF-Studie Kinderarmut in reichen Ländern. www.unicef.de/kinderarmut.html

Kinderarmut in Industrieländern im Jahr 2000 (in %)

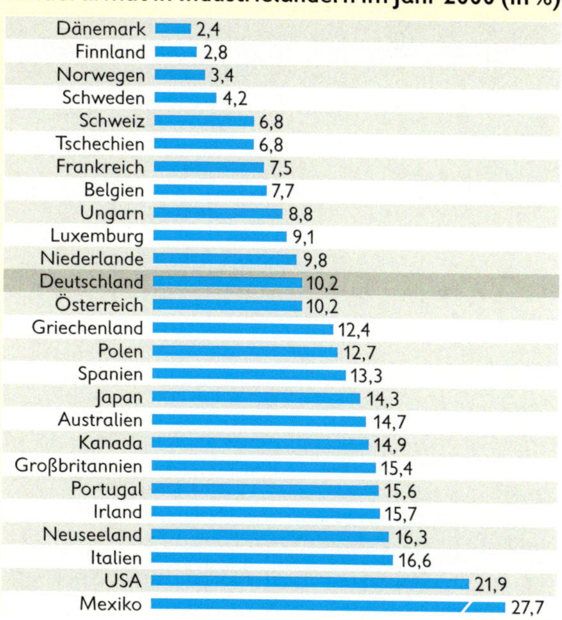

M3 Bruttomonatsentgelte von Arbeitern und Angestellten

Die Wirtschaftsstatistik unterscheidet die Bezieher von Einkommen aus abhängig beschäftigter Erwerbsarbeit bis heute noch nach **Angestellten** und **Arbeitern**. Hauptmerkmal für die Unterscheidung ist die Art der Entlohnung in

- Gehalt (fester Betrag/Monat) bei Angestellten
- Lohn (fester Betrag/Stunde) bei Arbeitern

Arbeiter im Jahr 2006 (Angaben in Euro)

Wirtschaftszweig	Männer	Frauen
Textil- und Bekleidungsgewerbe	2267	1736
Mineralölverarbeitung	3590	2532
Chemische Industrie	2883	2136
Maschinenbau	2848	2231
Fahrzeugbau	3074	2525
Hoch- und Tiefbau	2513	2012

Neu ist der Begriff **Entgelt** für das Erwerbseinkommen von Arbeitern und Angestellten.

Angestellte im Jahr 2006 (Angaben in Euro)

Wirtschaftszweig	Männer	Frauen
Textil- und Bekleidungsgewerbe	3652	2756
Mineralölverarbeitung	5256	3963
Chemische Industrie	4417	3469
Maschinenbau	4326	3122
Fahrzeugbau	4885	3815
Hoch- und Tiefbau	3957	2503
Einzelhandel	2766	2169
Kreditinstitute	3837	2988

Statistisches Bundesamt (Hrsg.): Statistisches Jahrbuch, Wiesbaden 2007, S. 526, 529

M4 Nettoeinkommen privater Haushalte

Je nach Haushaltstyp hat das Statistische Bundesamt in der neuesten Einkommens- und Verbrauchsstichprobe für das 1. Halbjahr 2003 diese Durchschnittswerte für →Nettoeinkommen ermittelt.

Angaben pro Monat	in €
Paare mit Kind(ern)	3753
Paare ohne Kind	3119
Paare insgesamt	3360
Allein Erziehende	1789
Allein lebende Männer	1901
Allein lebende Frauen	1525
Allein Lebende insgesamt	1654
Sonstige Haushalte	4054

Statistisches Bundesamt (Hrsg.): Einnahmen und Ausgaben privater Haushalte. Einkommens- und Verbrauchsstichprobe 2003, Wiesbaden 2005, S. 41
www.destatis.de ► Wirtschaftsrechnungen und Zeitbudget
Die nächste Einkommens- und Verbrauchsstichprobe wird voraussichtlich 2010 veröffentlicht.

Arbeiten mit den Materialien

Zu **M1** Wie fühlen sich Andrea und ihre Zwillinge? Notiert Stichworte.

Zu **M2** Erklärt die Grafik. Schreibt anschließend eine kurze Meldung zu den Ergebnissen der Studie zur Kinderarmut.

Zu **M3** Nennt Gründe für die unterschiedlichen Bruttomonatsverdienste
- bei Männern und Frauen
- bei Arbeitern und Angestellten.

Zu **M4** Nennt Gründe für die unterschiedlichen Nettoeinkommen allein lebender Frauen und Männer.

Methode Umgang mit Statistiken und Schaubildern

1 Darum geht es

Statistiken geben Beschreibungen von Sachverhalten in Zahlen wieder.

Beispiel
Anzahl der Schüler im Land Brandenburg
2006/2007: 314.000
2007/2008: 300.000

Tabellen und Schaubilder sollen Statistiken mit dem Auge besser erfassbar machen. Im Folgenden lernt ihr, häufig verwendete Darstellungsarten für Schaubilder zu verstehen. Das sind Kurven-, Balken- oder Kreisdiagramme. Mit ihnen wird die unterschiedliche Größe von Zahlen und der Zusammenhang zwischen diesen übersichtlich gemacht. Deren farbige Gestaltung kann das noch verbessern.

Ihr könnt euch damit auseinandersetzen, dass Schaubilder anschaulich informieren, aber auch zu falschen Sichtweisen führen können. Ihr lernt Formen der Darstellung erkennen, die die Aussage von Daten verfälschen können.

2 So läuft es ab

Checkliste zur Beurteilung der Schaubilder

- Ist eine Überschrift vorhanden? Enthält diese bereits eine Bewertung der Daten? Kann diese Bewertung das Ergebnis der Betrachtung beeinflussen?
- Ist die Quelle angegeben?
  Die Quelle gibt Auskunft darüber, wer die Daten (Zahlen) erfragt und zusammengestellt hat. Das kann eine unabhängige Stelle sein, z.B. das Statistische Bundesamt, oder eine Interessengruppe, z.B. der Arbeitgeberverband.
- Ist die Quelle genau zitiert?
  Die Quelle muss beschafft und kontrolliert werden können.
- Ist der Zeitpunkt bzw. der Zeitraum der Erhebung der Daten angegeben?
  Das Jahr der Erhebung kann sich vom Jahr der Veröffentlichung der Daten unterscheiden.
- Sind, z.B. bei Kurvendiagrammen, die Achsen genau bezeichnet?
- Sind die Abstände auf den Achsen gleichmäßig?
- Sind Begriffe eindeutig und nachvollziehbar verwendet?

Beispiel Bei dem Begriff Kinder in Schaubild 2 und 3 ist es wichtig zu wissen, ob eine Altersbegrenzung vorliegt, z.B.
- Kinder bis unter ... Jahre.
- Kinder ohne Altersbegrenzung.

3 Wichtige Darstellungsformen verstehen

Tabellen
Die Zahlen in Tabellen können

- als absolute Zahlen
- als gerundete Zahlen (z.B. in 1000)
- als Anteile einer Gesamtmenge (z.B. in Prozent, also von Hundert)

genannt werden.

Schaubilder
Für Schaubilder gibt es verschiedene Darstellungsmöglichkeiten (siehe Folgeseite):

1. Balkendiagramme
2. Säulendiagramme bzw. Blockdiagramme (dreidimensionales Säulendiagramm)
3. Kreisdiagramme bzw. Tortendiagramme (dreidimensionales Kreisdiagramm)
4. Kurvendiagramme

4 Beispiele rund um Privathaushalte in Deutschland

Privathaushalte in Deutschland nach Zahl der Personen (Mai 2004)

		Angaben in 1000
Haushalte insgesamt		39122
Davon mit	1 Person	14566
	2 Personen	13335
	3 Personen	5423
	4 Personen	4218
	5 und mehr Personen	1590

Statistisches Bundesamt: Statistisches Jahrbuch 2005, Wiesbaden 2005, S. 46

Privathaushalte in Deutschland nach Zahl der Personen (Mai 2004) 1

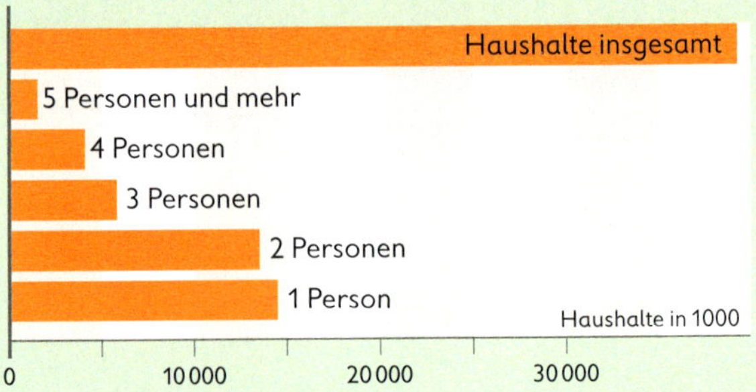

Statistisches Bundesamt: Statistisches Jahrbuch 2005, Wiesbaden 2005, S. 46

Allein Erziehende in Deutschland (März 2004)

Angaben in 1000

	Frauen	Männer
Insgesamt	2666	653
Davon mit Kindern unter 18 Jahren		
1 Kind	1791	484
2 Kinder	692	137
3 Kinder	144	25
4 und mehr	39	--

Statistisches Bundesamt: Statistisches Jahrbuch 2005, Wiesbaden 2005, S. 47

Allein Erziehende in Deutschland mit Kindern unter 18 Jahren (März 2004) 2

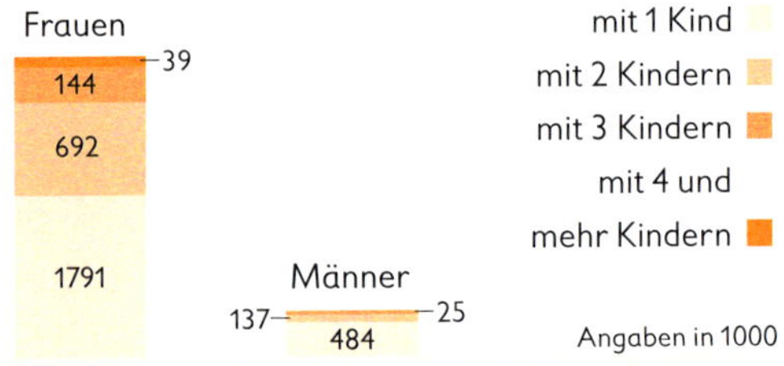

Statistisches Bundesamt: Statistisches Jahrbuch 2005, Wiesbaden 2005, S. 47

Mehrpersonenhaushalte in Deutschland nach Zahl der Kinder unter 18 Jahren

(März 2004) Angaben in 1000

Mit 1 Kind	4647
Mit 2 Kindern	3314
Mit 3 Kindern	824
Mit 4 und mehr	222
Insgesamt	9007

Statistisches Bundesamt: Statistisches Jahrbuch 2005, Wiesbaden 2005, S. 47

Mehrpersonenhaushalte in Deutschland nach Zahl der Kinder unter 18 Jahren (März 2004) 3

Statistisches Bundesamt: Statistisches Jahrbuch 2005, Wiesbaden 2005, S. 47

Entwicklung der Privathaushalte in Deutschland

Monat/Jahr	Haushalte in 1000
04/1992	35 700
04/1994	36 695
04/1996	37 281
05/2000	38 124
04/2002	38 720
03/2004	39 122

Statistisches Bundesamt: Statistisches Jahrbuch 2005, Wiesbaden 2005, S. 46

Entwicklung der Privathaushalte in Deutschland 4

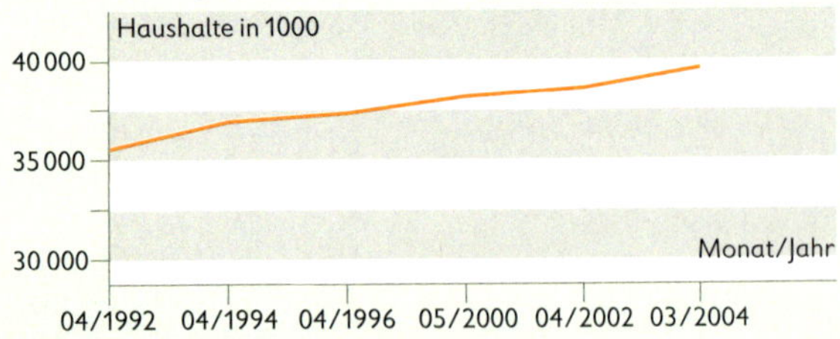

Statistisches Bundesamt: Statistisches Jahrbuch 2005, Wiesbaden 2005, S. 46

Alles klar?

Kluge Entscheidungen in Haushalten

1 Verbraucher haben verschiedenen Möglichkeiten, sich vor dem Kauf über Qualität und Preis einer Ware zu informieren.
Schreibt wenigstens drei Möglichkeiten auf.

2 Schreibt wenigstens drei Bestimmungen des Gesetzes gegen den unlauteren Wettbewerb auf.

3 Nehmt Stellung zu folgenden Meinungen:

TIM: „Das Parlament sollte nicht so viele Gesetze zum Schutz der Verbraucher erlassen. Da blickt ja keiner durch. Anbieter und Verbraucher können ihre Interessen am Markt selbst regeln."

KATJA: „Anbieter sind viel mächtiger als Verbraucher. Der Staat muss die Verbraucher durch Gesetze schützen und die Einhaltung der Gesetze stärker kontrollieren."

4 Was fehlt in der Werbeanzeige? Schreibt auf.

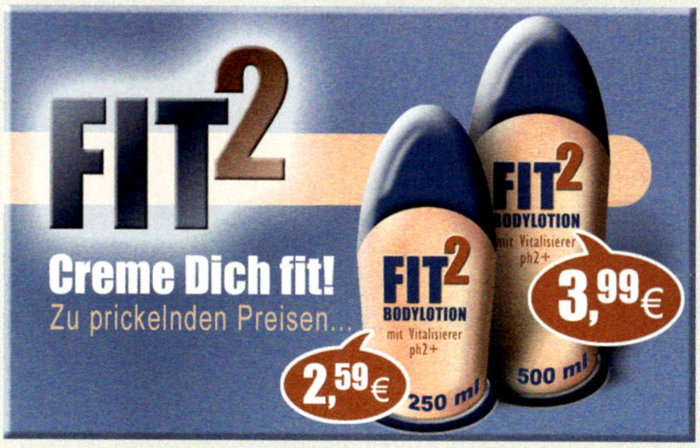

5 Andi sieht in einem Werbeprospekt diese Anzeige und kauft den MP-3-Player. Nehmt Stellung zu seinem Verhalten.

Ohne Einkommen kein Leben

6 Notiert wenigstens vier Gründe, die die Höhe des Einkommens beeinflussen.

7 Notiert drei Einkommensarten und nennt Beispiele dafür.

8 Notiert Beispiele für feste Ausgaben und veränderliche Ausgaben eines Haushalts.

9 Schreibt auf, was ihr unter Armut versteht.

10 Wie wird Armut gemessen?

11 Notiert wenigstens drei Gründe für das Entstehen von Armut. In Deutschland.

Kauft neue Fahrräder!

1 Was Verbraucher wünschen

Die meisten Verbraucher wollen wissen, wofür sie ihr Geld ausgeben. Wer ein Fahrrad kaufen will, möchte z. B. wissen, wie haltbar der Rahmen, wie sicher die Bremsen und die Lenkung sind oder wie leicht der Sattel verrutscht.

Informationen von Händlern und Herstellern sind oft einseitig. Manchmal fehlen sie vollständig.

Die Werbung zielt in erster Linie darauf ab, Verbraucher gefühlsmäßig zu erreichen. Wichtige Informationen zur Produktqualität fehlen oft.

Wie können Verbraucher beim Kauf von Waren ihre Interessen besser wahrnehmen?

▸ **Leitauftrag** Du darfst dir eines der Räder als Geschenk aussuchen – als Herren- oder Damenrad. Notiere die Gründe für deine Entscheidung.

B Auf einen Blick

Ihr lernt Marketingstrategien der Hersteller und Händler und ihre Ziele kennen.

Ihr beurteilt Werbemaßnahmen für Fahrräder aus der Sicht junger Verbraucher.

Ihr überprüft eure Einstellung zur Bedeutung des Fahrrades unter ökologischen Gesichtspunkten.

Ihr lernt die Bedeutung eines „Fahrrad-Geschäftes“ für Menschen in anderen Ländern kennen.

Ihr überprüft, ob ihr eine „Aktion rund um's Fahrrad“ in eurer Schule durchführen wollt.

Ihr führt eine Pro-Kontra-Debatte zu einem umstrittenen Vorschlag der Verkaufsförderung.

2 SCHMITZ-BIKE setzt auf Jugendliche

SCHMITZ-BIKE ist ein bekannter Fachhandel für Fahrräder. In der Stadtmitte liegt die Zentrale. In weiteren Stadtteilen gibt es vier Filialen.
Seit dem letzten Jahr ist der → Gewinn des Unternehmens leicht gesunken. Außerdem hat in der Stadt vor einigen Monaten ein weiteres Fachgeschäft eröffnet – ein neuer Mitbewerber.

Krisengespräch bei SCHMITZ-BIKE

Die Inhaber, Herr Schmitz und seine Tochter Sandy, ein Filialleiter und der Marketing-Chef, Herr Miller, beraten die Lage.

HERR SCHMITZ: „Wir müssen überlegen, wie wir den Gewinn steigern können. Das neue Fachgeschäft hat Kunden abgezogen."

SANDY: „Ich schlage vor, dass wir uns durch → Werbung verstärkt um junge Kunden bemühen. Die Jugendlichen ab 14 Jahren sind für uns wichtig. Immer mehr haben viel Geld und alle sind sportbegeistert."

HERR MILLER: „Einverstanden. Wir müssen bei dieser Zielgruppe noch weiter unterscheiden:

- Jugendliche die über viel Geld verfügen, können hochwertige und teure Produkte kaufen.
- Jugendliche mit wenig Geld brauchen Produkte, die wenig kosten."

HERR SCHMITZ: „Stimmt. Die müssen anders umworben werden. Bedenkt aber, dass auch für diese Gruppe das richtige Erscheinungsbild wichtig ist."

SANDY: „Ich habe eine Idee. Wir stellen zwei Modelle mit unterschiedlichen Preisen in den Mittelpunkt unserer Kampagne. Beide sportlich – das liegt im Trend. Diesen Nutzen müssen wir unbedingt mitverkaufen."

Sandys Idee findet bei allen Zustimmung.

Vier Wochen später

Das Team berät Aktivitäten des Marketing unter dem Motto: *„Sportliche Fahrräder für Jugendliche"*.

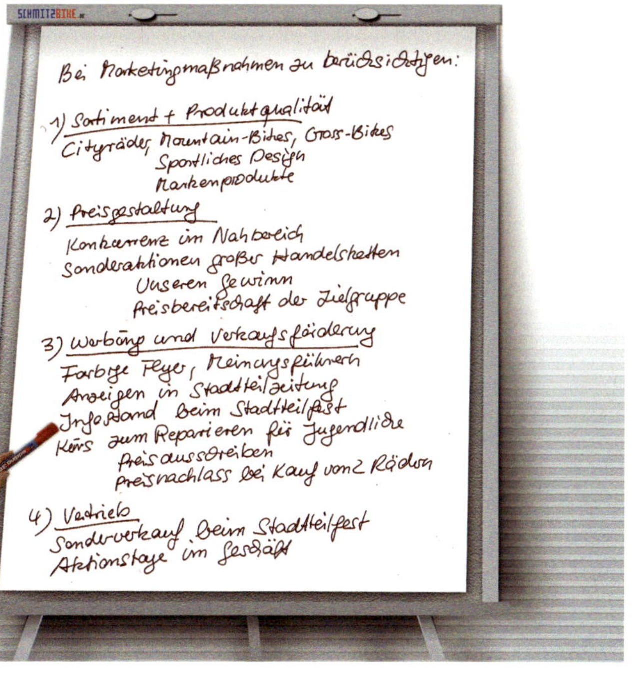

A Aufgaben

1 Sprecht über die Stichworte an der Tafel. Was haltet ihr für besonders wichtig? Nennt Gründe und notiert weitere Punkte.

2 Beurteilt die Meinung von Sandy, dass ein großer Teil der Jugendlichen viel Geld hat und alle sportbegeistert sind.

3 Erfolgreiche Präsentation

Qualitätsmerkmale

Für die nächste Besprechung hat Sandy Schmitz eine Übersicht mit wichtigen Punkten für die Qualität eines Fahrrads ausgearbeitet. Bei den Marketingmaßnahmen sollen diese Schwerpunkte herausgestellt werden.

HERR SCHMITZ: „Ihr wisst ja, dass Merkmale wie z.B. Modefarbe, Styling, sehr viele Gänge und sonstiger Schnick-Schnack für viele junge Kunden wichtiger sind als ein zuverlässiges Verkehrsmittel mit guten Bremsen und haltbarem Rahmen."

HERR MILLER: „Ja, dann stellen wir eben sportbetonte Räder mit auffälligem Styling und der Modefarbe besonders heraus. Für die Technikfreaks bilden wir Besonderheiten im Großformat ab."

SANDY: „Meinst du nicht, dass sich immer mehr Jugendliche gut informieren und sich nicht durch Styling und Modefarbe blenden lassen?"

HERR MILLER: „Ich bin da eher skeptisch. Durch ihr Fahrrad drücken die Jugendlichen auch ein Lebensgefühl aus. Das soll sportbetont und risikofreudig sein. "

Preisgestaltung

„Das wichtigste Ziel ist die Steigerung unseres Gewinns", so die Forderung von Herrn Schmitz. Doch können deshalb die Preise nicht beliebig hoch gesetzt werden.
Viele Kunden sind nicht bereit, jeden Preis zu zahlen. Sie vergleichen sehr genau mit der →Konkurrenz. Es wird vereinbart, die Preisangebote für vergleichbare Fahrräder zu beobachten und auf Sonderaktionen – z.B. von Verbrauchermärkten – spontan zu reagieren. Jeden Monat soll bei einem besonderen Rad mit einem Preisnachlass geworben werden, um Kunden ins Geschäft zu locken.

A Aufgaben

1 Stellt Qualitätsmerkmale für Fahrräder zusammen. Mehr findet ihr dazu auf S.176 in M2.

2 Notiert, wie die Abbildung auf euch wirkt. Berücksichtigt sie die Interessen junger Verbraucher?

3 Was ist für SCHMITZ-BIKE bei der Preisgestaltung wichtig?

4 Warum kann SCHMITZ-BIKE nicht einfach mit höheren Preisen den Gewinn steigern?

5 Beurteilt Sandys Meinung über junge Verbraucher. Wie schätzt ihr euch selbst ein?

4 Werbung und Verkaufsförderung

Flyer als gedruckte Werbung

In Kürze findet die „Lange Nacht des Shopping“ statt. Viele Geschäfte öffnen bis Mitternacht. Auch SCHMITZ-BIKE ist dabei. Flyer, die in der Fußgängerzone verteilt werden, sollen Kunden in die Filialen locken. Eine Werbefirma erhält den Auftrag, einen solchen Flyer zu gestalten.

Das soll den Verkauf fördern

Sandy schlägt vor, jeden Samstag einen „Self-Service“ mit fachlicher Unterstützung für fünf Euro vor dem Geschäft einzurichten. Der Service soll nur für Jugendliche gelten, um sie ins Geschäft zu locken. Sandy ist sicher, dass damit der Gewinn gesteigert werden kann.

Herr Miller widerspricht: „In jedem Fall haben wir zusätzliche Arbeitskosten, denn dafür muss unser Zweiradmechaniker zur Verfügung stehen. Vielleicht verlieren wir sogar Kunden, die sonst ihr Fahrrad bei uns reparieren ließen.“

A Aufgaben

1 Begründet die Werbemaßnahme mit dem Flyer.

2 Untersucht den Flyer (s. Abb. oben). Vergleicht ihn mit der geplanten Präsentation auf der Vorseite. Wurde sie vollständig umgesetzt?

3 Wie würdet ihr selbst einen Flyer für SCHMITZ-BIKE gestalten? Entwickelt Vorschläge.

4 Wie werden junge Verbraucher durch gedruckte Werbeträger zum Kauf angeregt? Mehr dazu findet ihr auf S. 178 im Material **M4**.

5 Sandys Vorschlag des „Self-Service“ war im Unternehmen sehr umstritten. Diskutiert selbst die Vor- und Nachteile dieser Idee in einer Pro-Kontra-Debatte (siehe S. 174).

Methode Pro-Kontra-Debatte

1 Darum geht es

Die Pro-Kontra-Debatte verfolgt das Ziel, gegensätzliche Meinungen klarer herauszuarbeiten. Wenn man die gegensätzlichen Argumente besser versteht, gelingt die Einigung auf einen tragfähigen Kompromiss eher.

Ihr lernt
- die eigene Meinung klar zu vertreten
- gegensätzliche Meinungen offen zur Kenntnis zu nehmen und anzuerkennen
- die eigene Meinung ggf. zu verändern.

2 So läuft es ab

Vorbereitung

Formulierung einer strittigen Aussage. Sie muss mit „Ja" oder „Nein" zu beantworten sein.

Auswahl der Spieler

Die Zuordnung zur Pro -, Kontra- oder Beobachtergruppe sollte möglichst freiwillig sein.

Abstimmung über den formalen Ablauf

- Ort und Dauer der Gruppenarbeit festlegen
- Die Pro- und Kontra-Gruppen erarbeiten ihre Standpunkte.
- Wahl von jeweils drei Spielern, die die Debatte durchführen (Pro- und Kontra-Gruppe)
- Verteilung von Beobachtungsaufgaben (Beobachtergruppe) vornehmen
- Szenenaufbau für die Debatte und Zeitrahmen (ungefähr 15 Minuten) bestimmen

Beobachtungsaufgaben

- Sprechen die Gruppen alle wichtigen Argumente an? Welche fehlen?
- Welche der Gruppen erscheint stärker?
- Welche Argumente sind schwer zu widerlegen?
- Sind die Spieler innerhalb einer Gruppe kooperativ?
- Gibt es abwertende oder verletzende Argumente?

Durchführung

↗ Die Klasse während der Debatte zur Streitaussage: „Ein Self-Service hilft, den Gewinn bei SCHMITZ-BIKE zu steigern."

Auswertung

Zuerst äußern sich die Pro- und Kontra-Spieler darüber, wie sie sich gefühlt haben und ob sie mit sich zufrieden sind.
Danach sprechen die Beobachter in der Ich-Form und ohne Bewertung über ihre Beobachtungen.

Alle beteiligen sich daran, ein Ergebnis zu formulieren und die Streitfrage zu beantworten.
Danach kann ein Kompromiss erarbeitet werden.

5 Weiterführendes Material

M1 „Fahrrad-Geschäfte“ global – ein Blick in die weite Welt

Für viele Menschen dient das Fahrrad der Sicherung ihrer Existenz.

Ein Kleinsthändler in China

Ein Fahrradkurier in Deutschland

Ein Lastenfahrer in Thailand

Ein Kokosnussverkäufer in Tansania

Ein Transportunternehmer in Indien

M4 Hilfen zur Werbeanalyse

Werbung soll Menschen dazu bringen, bestimmte Waren und Dienstleistungen zu kaufen. Sie soll Aufmerksamkeit erregen und bestimmte Gefühle, Gedanken und Meinungen mit den entsprechenden *Gütern* verbinden.

Die Zielgruppe

In der Regel ist die Werbung für eine bestimmte Zielgruppe gemacht, z.B. für Jugendliche, für junge Familien, für Rentner. Häufig werden Menschen abgebildet, die eine bestimmte Ausstrahlung haben. In der Fahrradwerbung findet man je nach Fahrradtyp waghalsige und starke Menschen.

Die Gefühle

Mit dem Kauf von Gütern werden gleichzeitig angenehme Gefühle versprochen:

- Glück, Spaß und Anerkennung
- Sicherheit
- Wohlsein, Gesundheit
- Fantasien von Größe und Ruhm
- Lust, z.B. Geschwindigkeit, Abenteuer

Prominente als Meinungsführer

Oft werden bekannte Persönlichkeiten (bei Fahrrädern: Radsportler) als Meinungsführer genannt oder abgebildet. Sie bekommen dafür eine hohe Gage.

Die Sprache

Werbetexter arbeiten mit

- Übertreibungen (ultraleichte Felgen, ultimative Einstellungsmöglichkeiten)
- Betonungen (aggressiv und unwiderstehlich, das Chamäleon der Straße)
- Begriffen aus dem englischen Sprachraum
- Steigerungsformen (Die Genius RC Bikes sind die leichtesten Suspension Race Bikes der Welt)

Die Sachinformation

Informationen zur Qualität des Produkts, wie Material und Verarbeitung, die auch einen Preis- und Qualitätsvergleich erleichtern, sind oft dürftig. Technische Angaben, Gebrauchsanleitungen usw. sind ungeeignet als Werbebotschaft.

Arbeiten mit den Materialien

Zu **M1**

1 Erklärt den Begriff Fahrrad-Geschäft.

2 Sucht im Atlas, wo die Staaten der Verkäufer und Transportunternehmer liegen. Was wisst ihr über das Klima und die Arbeitsbedingungen dort?
Nutzt dazu Lexika oder das Internet.

3 Erkundigt euch beim örtlichen Gewerbeamt, welche Anforderungen zu erfüllen sind, um hier ein Gewerbe zu betreiben.

Zu **M2**

1 Auf welche Eigenschaften haben die Fahrrad-Tester besonderen Wert gelegt?

2 Wie errechnet sich die Gesamtwertung?

3 Überprüft in der „test“, ob ein neuer Fahrrad-Test durchgeführt wurde. Seht dazu in den „test“-Heften der vergangenen Monate nach oder im Internet unter www.test.de.

Zu **M3**

Überprüfung der Radwege im Schulumfeld.
Legt das Gebiet und die Straßen fest.
Entwickelt Gesichtspunkte zur Beurteilung.
Informiert euch bei der Verkehrspolizei und der Verkehrswacht.
Prüft, wen und wie ihr über eure Ergebnisse informieren wollt (u.a. andere Schulklassen, Abgeordnete des Gemeinde- oder Stadtparlaments).
Tipp: www.adfc.de (Allgemeiner Deutscher Fahrradclub, Informationsblatt „Radwege“)

Zu **M4**

Sammelt Werbematerial für Sportartikel. Analysiert die Werbebotschaft. Nutzt dieses Schema:

Sportartikel	Zielgruppe	Gefühle	Art und Inhalt der Information über das Produkt
?	?	?	?

Markt und Wettbewerb

1 Warum Wettbewerb?

Unternehmen sollen im Wettbewerb ihren Kunden preiswerte Waren und Dienstleistungen in guter Qualität anbieten. Das ist die Idee einer funktionierenden Marktwirtschaft.

Wettbewerbe gibt es in vielen Lebensbereichen, z.B. in der Schule, im Breitensport, in der Fussballbundesliga, zwischen Musikgruppen.

Bei Wettbewerben ist es wichtig, eindeutige Teilnahmebedingungen und klare Spielregeln zu vereinbaren, die für alle Teilnehmer gelten.

Da es einigen Menschen schwer fällt, die Spielregeln einzuhalten und sich den Mitbewerbern (Konkurrenten) gegenüber fair zu verhalten, ist eine Kontrolle wichtig, z.B. durch Schiedsrichter oder eine Jury.

Beim Wettbewerb auf dem Markt wacht das →Bundeskartellamt darüber, dass sich die Anbieter fair verhalten und die Spielregeln einhalten. Es kann Verhaltenweisen, die den Wettbewerb einschränken, verbieten und Bußgelder verordnen.

▸ **Leitauftrag** Was ist den Wettbewerbern auf dem Foto gemeinsam, was ist unterschiedlich? Notiert Stichworte.

1

© ERDGASPOKAL der Schülerköche®
www.erdgaspokal.de

2

Anbieter A (Anzeige vom 21.11.2005, Berlin)
Anbieter B (Anzeige vom 21.11.2005, Berlin)

3

B Auf einen Blick

Ihr begründet die Notwendigkeit eines funktionierenden Wettbewerbs auf dem Markt.

Ihr kennt Verhaltensweisen von Anbietern, die einen funktionierenden Wettbewerb beeinträchtigen.

Ihr erklärt an Beispielen, wer wie geschädigt wird.

Ihr kennt die Grenzen der Leistungsfähigkeit des Marktes und begründet die Notwendigkeit eines Angebots öffentlicher Güter.

Ihr erklärt Unterschiede bei der Preisbildung von privaten und öffentlichen Gütern.

Ihr führt eine Erkundung zum Wettbewerb im Lebensmitteleinzelhandel durch.

2 Wenn es keinen Wettbewerb gäbe …

Folgen für Supermarkt SANDERS

Wenn es keinen →Wettbewerb gäbe, hätte sich Lebensmittelhändler SANDERS viel Mühe ersparen können. Die Verbraucher hätten jedoch den Schaden gehabt. Erst durch neue Wettbewerber (Konkurrenten) von SANDERS fiel den Kunden auf, dass Preis und Qualität der Waren bei SANDERS nicht mehr befriedigend waren. Ein Teil der Verbraucher wechselte zu den neuen Konkurrenten, SANDERS verkaufte weniger und geriet schließlich in die Verlustzone. Jetzt musste er reagieren: Entweder er verbesserte Preis und Qualität oder er lief Gefahr, sein Geschäft schließen zu müssen.

SANDERS schaffte Verbesserungen, seine Kunden kamen zum Teil wieder zurück und das erwünschte Ziel wurde erreicht: verbesserte Leistungen für die Verbraucher, befriedigender Gewinn für SANDERS.

Folgen für die Verbraucher

Für eine funktionierende Marktwirtschaft ist es notwendig, dass ausreichend viele Anbieter um die Kunden konkurrieren. Ist nur ein Anbieter am Markt (ein Monopolist), dann besteht die Gefahr, dass der Anreiz zu dauerhaft guten Leistungen fehlt – zu Lasten der Verbraucher. Ohne Konkurrenz ist ein einzelner Anbieter zu mächtig.

Er kann z.B. seine Waren zu überhöhten Preisen oder unbefriedigender Qualität anbieten. Es kann auch sein, dass er nicht neue oder verbesserte Produkte in sein Sortiment aufnimmt.

Da der Wettbewerb für die Anbieter mühevoll ist, sind sie oft geneigt, ihn zu beschränken oder gar auszuschalten. Es gibt dazu viele Möglichkeiten, z.B. Absprache über Preise, Lieferbedingungen oder Zusammenschlüsse.

Wer sichert den Wettbewerb?

Bereits im Jahre 1957 wurde das **Gesetz gegen Wettbewerbsbeschränkungen** vom Bundestag verabschiedet. Es soll die Funktionsfähigkeit des Wettbewerbs sichern, um zu große Marktmacht zu verhindern. Im §1 steht, dass Vereinbarungen oder Verhaltensweisen, die den Wettbewerb einschränken oder verhindern, verboten sind, z.B. Preisabsprachen (Preiskartelle). Deshalb wird das Gesetz auch oft „Kartellgesetz" genannt.

Das **Bundeskartellamt** wacht darüber, dass der Wettbewerb funktionsfähig bleibt. Es kann
- bestimmte Verhaltensweisen von Anbietern verbieten, z.B. Preisabsprachen
- Zusammenschlüsse (Fusionen von Unternehmen) verbieten, aber auch zulassen
- Bußgelder verhängen

Unternehmen können Widerspruch einlegen.
In der *Europäischen Union* (EU) arbeiten die nationalen Kartellbehörden zusammen.

A Aufgaben

1 Was heißt funktionierender Wettbewerb? Beschreibt es am Beispiel von Lebensmittelhändler SANDERS (siehe S. 136–138).

2 Findet verschiedene Beispiele für die Fortsetzung der Überschrift auf dieser Seite oben.

3 Warum geht es Andi so gut? Berichtet über ähnliche Marktsituationen aus eurem Umfeld.

4 Nennt Aufgaben des Bundeskartellamtes.

3 Unfaire Tricks: Bauunternehmer sprechen sich ab

Ein Bauauftrag ist in Aussicht

Der Stadtrat von FITTIG hat die Erweiterung der Turnhalle beschlossen. Es gibt eine öffentliche Ausschreibung, die Unternehmer zur Abgabe eines Angebots auffordert. Die Ausschreibung legt den Umfang der Erweiterung fest, wie zu bauen ist und wann sie fertig sein soll.
Die Ausschreibung soll in der Website der Stadt FITTIG erscheinen.

@ http://www.stadtfittig.de/ausschreibung.php

Auftraggeber	Stadt FITTIG 12345 Fittig Fax 0123 11-456 E-mail: f.turner@fittig.de
Vergabeverfahren	Öffentliche Ausschreibung
Ort der Ausführung	Am Sportpark 7 12345 Fittig

Art und Umfang der Leistung: Das Bauvorhaben ist durch einen Generalunternehmer schlüsselfertig zu errichten. Die Kosten sind genau zu kalkulieren. Die Erweiterung ist nach einer vorliegenden Baugenehmigung zu errichten.

Die Leistungen im Einzelnen …

Ausführungsfrist	Baubeginn: März 2007 Bauende: Oktober 2007
Ablauf der Einreichfrist	November 2006

Die Stadt hofft, dass sich viele Unternehmer an der Ausschreibung beteiligen und um das beste Angebot konkurrieren. Die Wahl wird dann auf das Angebot fallen, das den Bedingungen entspricht und gleichzeitig das preiswerteste ist.

Die Stadt hat für das Jahr 2007 im Haushaltsplan rund 700 000 Euro bereitgestellt.

Ist das eigentlich erlaubt?

Die drei Bauunternehmer Rudi, Erich und Kalle sitzen in der Kneipe „Zur Post". Alle haben die Ausschreibung gelesen und ihre Angebote kalkuliert. Erich hat 680 000 Euro, Rudi: 690 000 Euro und Kalle 698 000 Euro errechnet.

ERICH: „Ich brauche unbedingt den Auftrag. Sonst droht mir die Pleite."

RUDI: „Die Gewinnspanne ist bei uns allen zu niedrig. Wir sollten uns nicht gegenseitig unterbieten. Das schadet uns allen."

KALLE: „Ich habe einen Vorschlag. Wir sind wahrscheinlich die einzigen Unternehmer, die ein Angebot machen. Wir sollten in Zukunft unsere Angebote vor der Abgabe immer absprechen. Jeder kommt abwechselnd dran. Wer dran ist, macht ein Angebot mit einem guten Gewinn. Die anderen kalkulieren so, dass sie höher liegen."

RUDI: „Das ist super. Ich weiß, dass die Stadt noch in diesem Jahr die Bürgerhalle umbauen will und für das nächste Jahr einen neuen Kindergarten plant. Das passt genau für uns drei."

ERICH: „Alles klar! Einverstanden, dass ich zuerst drankomme? Ich mache ein Angebot über 720 000 Euro und ihr über 740 000 und 750 000."

RUDI: „Ist das eigentlich erlaubt?"

A Aufgaben

1 Beurteilt das Verhalten der Bauunternehmer. Wen schädigen sie?

2 Was müssen sie befürchten? Lest dazu auch auf S. 182 oben aus dem Tätigkeitsbericht des Bundeskartellamtes.

Alles klar?

Kauft neue Fahrräder!

1 In der Nähe von SCHMITZ BIKE eröffnet ein neues Fahrrad-Geschäft. Nenne Folgen für Herrn Schmitz.

2 Nenne mindestens vier verschiedene Marketingaktivitäten, die den Verkauf von Fahrrädern fördern können.

3 Auf welche Qualitätsmerkmale sollte man beim Kauf eines Fahrrades besonders achten?

4 Nimm Stellung zu folgender Meinung:
„Wenn ich teure Technik kaufe, lese ich die Prospekte der Händler genau. Das reicht."

5 Nimm Stellung zu folgender Meinung:
„Ich finde diese MP3-Werbung super. Farbe, Design, Styling – den kauf ich mir."

6 Begründe folgende Meinung:
„Rad fahren schützt die Umwelt und die Gesundheit."

Markt und Wettbewerb

7 Wettbewerb ist für eine funktionierende Marktwirtschaft wichtig. Schreibt wenigstens drei Gründe auf.

8 Anbieter neigen dazu, den Wettbewerb einzuschränken. Schreibt Beispiele auf.

9 Beide Fotos stellen Wettbewerbssituationen dar. Schreibt Unterschiede auf.

10 Schreibt auf, worin der Unterschied der Preisbildung beim Fahrrad und der Buchausleihe in öffentlichen Büchereien besteht.

STADTBÜCHEREI NEUGROßKIRCH
Nutzungsgebühr im Jahr 2006

Jahreskarten	
Erwachsene	14,- €
Schüler ab 14 Jahre	3,- €
Auszubildende, Studenten, Behinderte, Arbeitslose	5,- €
Familienkarte	18,- €

11 Im Buchhandel gibt es eine Preisbindung für Bücher. Schreibt wenigstens zwei Gründe für die Regelung auf.

Sportkleidung: mit Verantwortung produzieren und kaufen

1 Geht alles nur um den Preis?

Private Unternehmen stehen in Wettbewerb zueinander – weltweit. Sie wollen ihre Waren so preiswert wie möglich anbieten, um viele Käufer anzulocken.

Die Herstellung von Sportkleidung in Indien, China oder Mittelamerika ist besonders preisgünstig. Der Einkauf von Kleidung aus diesen Ländern ermöglicht den Händlern befriedigende Gewinne.

Die Hersteller stehen ebenfalls in einem weltweiten Wettbewerb. Wenn sie Sportkleidung nicht preisgünstig produzieren, bekommen sie keine Aufträge oder verlieren sie. Sie versuchen deshalb, die Produktionskosten zu senken, z.B. durch schlechte Arbeitsbedingungen und Hungerlöhne.

▸ **Leitauftrag** Erklärt den Zusammenhang zwischen den Abbildungen. Notiert Konflikte.

▲ „Super, diese billigen Teile. Davon kann ich mir gleich drei kaufen."

▲ „12 Stunden am Tag nähen für einen Hungerlohn."

B Auf einen Blick

Ihr nennt Gründe für die Auslagerung der Produktion von Sportkleidung nach Südostasien, z.B. China oder Indien.

Ihr erklärt den Konflikt zwischen dem Interesse der Verbraucher nach einem niedrigen Kaufpreis und dem Interesse der Arbeiter nach einem Lohn, von dem sie gut leben können.

Ihr nennt Möglichkeiten der Textilhändler von Sportkleidung und anderen Textilien, die Löhne und Arbeitsbedingungen von Textilarbeitern zu verbessern.

Ihr denkt darüber nach, wie ihr euch als Verbraucher beim Kauf von Sportkleidung verhaltet und ob ihr etwas ändern wollt.

2 Hersteller und Händler unserer Sportkleidung

BURAK: „Die Schuhe sind echt stark. Das hat auch mein Trainer gesagt. Damit kannst du deine Leistung steigern."
LENA: „Wahnsinnig, cool! Passt genau zu mir."
ANDI: „Gibt es bestimmt auch für Männer. Wenn ich die hätte, würde Diara staunen."

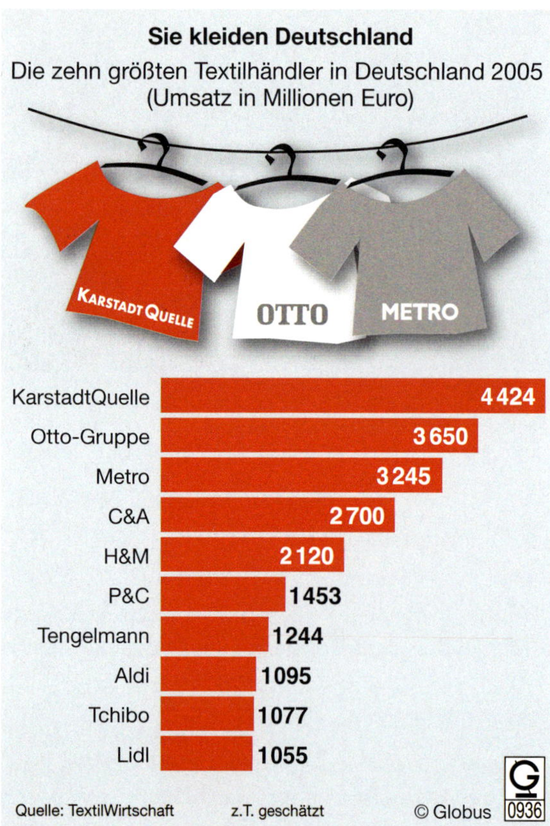

In der Marketingabteilung eines großen Sporthändlers

PAULA: „Die Werbeaktion war erfolgreich. Unser Text hat genau das Lebensgefühl der Jugendlichen getroffen. Wir sollten in Kürze noch mal nachlegen."

JERRY: „Und dabei unser neues Styling groß herausstellen. Damit können wir den Umsatz steigern. Wir vermitteln, dass hier ein völlig neues Produkt auf den Markt kommt."

MURA: „Sollten wir für die Zielgruppen junge Frauen und junge Männer mit unterschiedlichen Themen werben?"

ALINA: „Klimaschutz ist im Trend. Das sollten wir nutzen. Viele wollen im Trend sein, egal was das heißt."

SANDRA: „Zu den Laufschuhen müssen wir die passende Kleidung und auch die richtigen Sporttaschen anbieten. Gute Produktfamilien machen immer Umsatz."

TIMO: „Das Ganze lassen wir dann von einem bekannten Sportler anpreisen. Mal sehen, wen wir dafür einkaufen können."

Einkäufer von Sportkleidung aus Deutschland

„Ich muss weltweit nach den preiswertesten Herstellern suchen. Ich muss um jeden Cent feilschen, sonst macht mir mein Chef die Hölle heiß. Wer nicht mitziehen kann, bekommt eben keinen Auftrag.
Unsere Kunden wollen immer billigere Sportkleidung. Die Kids sind ja ganz verrückt nach immer neuen Sachen. Wenn unsere Preise zu hoch sind, verlieren wir unsere Kunden und damit Marktanteile. Das können wir uns nicht leisten. Das Geschäft ist knallhart."

Ein Hersteller aus Südostasien

„Ich weiß, dass die Löhne sehr niedrig sind. Aber was soll ich machen? Die Einkäufer aus Europa pressen uns aus wie eine Zitrone. Wenn ich nicht dem geforderten Preis zustimme, bekommt die Konkurrenz den Auftrag. Ich muss meine Kosten scharf kalkulieren. Meine Mitbewerber sind die Textilhersteller auf der ganzen Welt. Durch das Internet können die Einkäufer blitzschnell die Angebote weltweit vergleichen.
Wie soll ich die Investitionen für einen besseren Arbeitsschutz und höhere Löhne finanzieren? Da bleibt meistens kaum was übrig.
Außerdem sollten die Frauen froh sein, dass sie überhaupt Arbeit haben. Viele sind Wanderarbeiterinnen. Sie kommen vom Land, wo es keine bezahlte Arbeit gibt."

Wo bleibt das Geld, das für ein Paar Turnschuhe bezahlt wird?

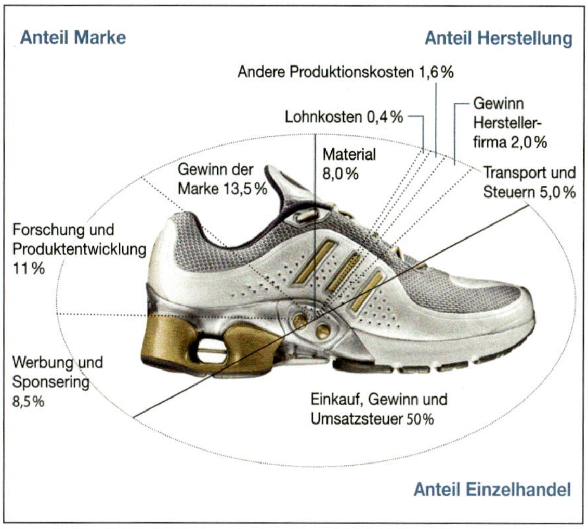

Kosten für Sponsorenverträge mit berühmten Sportlern

- David Beckham, Fußballer, adidas, 161 Mio. US Dollar lebenslang
- Grant Hill, Basketballer, Fila, 7 Mio. US Dollar 1997–2004
- Venus Williams, Tennisspielerin, Reebok, 38 Mio. US Dollar über 5 Jahre

Christliche Initiative Romero (Hrsg.): Fit for Fair. Münster 2004, S.28

A
Aufgaben

1 Notiert, was die Werbung erreichen will.

2 Beurteilt die Meinungen von BURAK, LENA und ANDI. Seht ihr das ähnlich?

3 Wie schätzt ihr die Ideen der Marketing-Experten ein?

4 Erfindet einen eigenen Werbetext, der zu der von Paula angeregten Werbekampagne passt.

5 Informiert euch in Sportabteilungen und im Internet über die aktuelle Werbung für Sportschuhe. Welche Schwerpunkte setzten die Marketingexperten?

6 Informiert euch über die Aufteilung der Herstellungskosten. Welchen Anteil haben die Löhne im Durchschnitt?

7 Wie kennzeichnen der Hersteller aus Südostasien und der Einkäufer aus Deutschland ihre Lage?

8 Schreibt auf, was eine Textilarbeiterin und eine 16-jährige Jugendliche aus Deutschland sagen würden.

9 Wie beurteilt ihr euer eigenes Kaufverhalten in dem Konflikt um angemessene Löhne und Arbeitsbedingungen? Möchtet ihr etwas ändern?

3 Arbeitsbedingungen bei der Herstellung von Sportkleidung

▲ Arbeiterinnen in einer Textilfabrik in Ningbo, Provinz Shenzhen

Zur Lage der Arbeiterinnen

In der Bekleidungsherstellung sind die Löhne weltweit sehr niedrig und die Arbeitsbedingungen schlecht. Überall dort, wo Sportschuhe, -shirts und -shorts (Sportswear) zugeschnitten, genäht und geklebt werden, gibt es oft Verletzungen der Menschenrechte.

Arbeitsschutz

Die Fabrikhallen sind schlecht belüftet und heiß. Häufig kommt es zu Arbeitsunfällen, weil Arbeitnehmerinnen an Maschinen und die Arbeitsumgebung nicht ausreichend geschützt sind.

A **Aufgaben**

1 Beschreibt die Lage der Arbeiterinnen.

2 Vergleicht sie mit Arbeitsbedingungen in Deutschland. Nutzt dazu auch das Kapitel zum Arbeitsschutz ab S. 48.

Weitere Informationen im Internet unter

www.ci-romero.de

www.saubere-kleidung.de

Arbeitsverhalten und Menschenwürde

Die Arbeiterinnen stehen oft unter starkem Leistungsdruck. Sie dürfen nicht reden und nur nach Erlaubnis etwas essen oder trinken. Die Toilettengänge werden auf ein- oder zweimal am Tag festgelegt.

Aufseher überwachen die Frauen und treiben sie an. In vielen Fällen greifen sie zu Gewalt, wenn eine Frau ihrer Meinung nach nicht schnell genug arbeitet.

Entlohnung

Die Löhne sind meistens so niedrig, dass sie für die Versorgung der Kinder nicht reichen.

Oft werden Überstunden nicht oder nicht nach den gesetzlichen Vorschriften bezahlt. Ein Zahlungsrückstand ist weit verbreitet.

Lohnfortzahlung bei Krankheit gibt es nicht.

Gewerkschaften

Arbeiterinnen, die eine Gewerkschaft gründen wollen, laufen oft Gefahr, schikaniert und entlassen zu werden.

4 Verbesserungen sind möglich

Sozialstandards festlegen

Handelsunternehmen, die sich für die Art und Qualität der Produktion ihrer Lieferanten verantwortlich fühlen, haben Sozialstandards festgelegt. Man bezeichnet diese Unternehmensverantwortung als Corporate Social Responsibility, abgekürzt CSR.

Je nach Unternehmen findet man dafür auch besondere Bezeichnungen, z. B.

- Code of Conduct (OTTO)
- Standards of Engagement (ADIDAS)

Die Standards verpflichten alle Mitarbeiter des Unternehmens selbst sowie alle Lieferanten und deren Geschäftspartner, weltweit die Menschenwürde aller Beschäftigten zu achten.

Kernpunkte der Sozialstandards

- Verbot von Kinderarbeit
- Verbot von Zwangsarbeit
- Verbot, Beschäftigte nach Religion, Hautfarbe oder Geschlecht zu diskriminieren
- Verbot von körperlicher, seelischer oder sexueller Gewalt gegenüber den Beschäftigten
- Arbeitsbedingungen, die die Gesundheit und die Sicherheit der Arbeitenden nicht gefährden
- Das Recht, Gewerkschaften zu gründen
- Löhne, die die Existenz sichern bzw. gesetzlicher Mindestlöhne des jeweiligen Landes
- Beachtung von Höchstarbeitszeiten

Wer überwacht die Einhaltung der Sozialstandards?

Immer wieder werden Berichte über menschenunwürdige Arbeitsbedingungen und Hungerlöhne veröffentlicht. Sie betreffen vor allem die Masse der Unternehmen, die keine Sozialstandards verabschiedet haben. Aber auch Unternehmen mit Sozialstandards sind in der Kritik.

Das Problem: Die Unternehmen kontrollieren die Einhaltung der Sozialstandards nicht oder nicht gut genug. So sind die meisten nicht bereit, unabhängige Prüfer zu beauftragen. Sie wollen lieber alleine prüfen und die Öffentlichkeit nicht über Missstände informieren. Sie fürchten um ihr Image und den Verlust von Kunden.

Die Kontrolle muss nicht nur die Hersteller, sondern auch deren Lieferanten und Unterlieferanten erfassen. Diese ganze Kette wird auch Wertschöpfungskette genannt.
Manche Experten sind der Meinung, dass freiwillige Sozialstandards nicht ausreichen. Sie halten es für besser, wenn z.B. die UN und die EU Bestimmungen erlassen, deren Einhaltung von den Nationalstaaten durchgesetzt werden muss.

Die Bedeutung von Nichtregierungsorganisationen (NRO)

Die weltweit handelnden → NRO informieren über Missstände, arbeiten mit Journalisten zusammen und bieten den Unternehmen Kooperationen an.
Eine bedeutende Organisation für den Textilbereich ist die **Kampagne für saubere Kleidung** (international: Clean Clothes Campaign, CCC)

www.saubere-kleidung.de
www.cleanclothes.org

Die Kampagne für saubere Kleidung wird von einer großen Anzahl von kirchlichen und gewerkschaftlichen Organisationen, dem Südwind-Institut für Ökonomie und Ökumene und der Christlichen Initiative Romero getragen.

„Unser Hebel ist die Angst der Konzerne um ihr Image!“

Kampagne für saubere Kleidung

International entwickelte Sozialstandards

Die Vereinten Nationen (UN): Global Compact
www.unglobalcompact.org

Informationen zum deutschen Netzwerk:
www.gtz.de/de/leistungsangebote/2677.htm
▸ Global Compact

Die OECD: Leitsätze für multinationale Unternehmen
www.oecd.org

Die OTTO GROUP: Standards for Social Accountability (SA 8000)
www.otto.com

Aus der Arbeit der Kampagne für saubere Kleidung

Was ihr z.B. auf der Website www.saubere-kleidung.de findet:

- Eilaktionen mit Musterbriefen, die alle zum Mitmachen beim Protest auffordern
- Rundbriefe zum Download
- Informationen über Gespräche mit Unternehmen
- Aktionen zur Olympiade 2008 in Peking

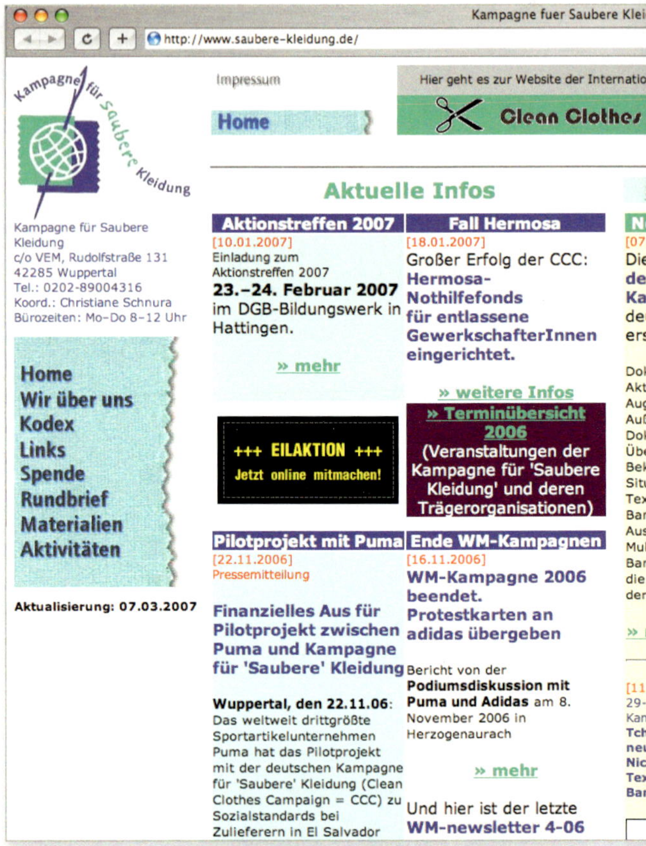

▲ Aktionsidee der Kampagne für saubere Kleidung: Ein Transparent mit ausgewählten Waschzettelsymbolen soll auf die Arbeitsbedingungen aufmerksam machen, unter denen teilweise Textilproduktion erfolgt.

A

Aufgaben

1 Nennt Kernpunkte von Sozialstandards.

2 Nehmt Stellung zu folgenden Meinungen:
A: „Solange nur wenige Unternehmen ihre Sozialstandards von unabhängigen Personen überprüfen lassen, besteht die Gefahr, dass sich nur sehr wenig verbessert."
B: „Ohne den Druck der NRO und der Öffentlichkeit bewegen sich die meisten Unternehmen kaum."
C: „Unternehmen, die sich wirksam engagieren, sollten öffentlich bekannt gemacht werden. Ich würde deren Produkte dann bevorzugen."

3 Recherchiert im Internet bei den genannten NRO und prüft, ob ihr euch an Aktionen beteiligen wollt.

5 Weiterführendes Material

M1 Das Leben einer Wanderarbeiterin in China

Xiao Quing, eine junge Wanderarbeiterin in China, trieb die Armut in eine Bekleidungsfabrik.

Sie wuchs in einem Dorf mit ihren Eltern und ihrem Bruder auf. Die Eltern, arme Bauern, verdienten im Jahr nach Abzug von Steuern rund 2400 RMB (240 Euro). Die Schulgebühren für den älteren Bruder, der eine weiterführende Schule besuchte, betrugen 800 RMB, für die Grundschule, die Xiao Quing besuchte, ein paar 100 RMB jährlich.

Als die Mutter krank wurde, verschlechterte sich die Situation der Familie. Die Familie gab mehrere Tausend RMB für die Behandlung aus.

Xiao Quing musste die Schule verlassen und arbeiten. Da sie erst 14 Jahre alt war, brauchte sie gefälschte Personalpapiere, die ihr ein Onkel verschaffte.

Die erste Fabrik war eine Bekleidungsfabrik in einer anderen Provinz. Sie gehörte Investoren aus Hongkong, die in westliche Märkte exportierten. Xiao Quing arbeitete dort ein halbes Jahr als Näherin. Sie arbeitete täglich 13 bis 14 Stunden und verdiente 600 RMB monatlich.

Als sie es dort nicht mehr aushielt, wechselte sie in die Nähereiabteilung einer Spielzeugfabrik.

Xiao Quing stand morgens um 6:30 Uhr auf, machte ihr Bett in einem großen Schlafsaal und räumte auf. Die Regeln waren streng, wer sie missachtete, wurde bestraft. Sie musste ungefähr 10 Stunden an einer Nähmaschine arbeiten. Manchmal bekam sie Hautausschlag vom Staub der Fabrik.

Einige wichtige Leute besuchten manchmal die Fabrik und befragten die Arbeiterinnen über ihre Arbeitsbedingungen. Xiao Quing wusste, dass das die Einkäufer waren, aber sie wusste nicht genau, was sie taten und wie sich die Dinge nach all den Befragungen ändern sollten. Trotzdem mochte sie ihre Besuche. Es war nicht wegen der möglichen Verbesserungen, sondern weil das Fabrikmanagement ihr und den anderen jung aussehenden Arbeiterinnen frei gab, damit die wichtigen Leute sie nicht sähen und über ihr Alter befragten.

Nach **Südwind** (Hrsg.):
Nähen für den Weltmarkt, Siegburg 2005, S. 21

M2 Interview mit Michael Otto, Versandhandel OTTO GROUP

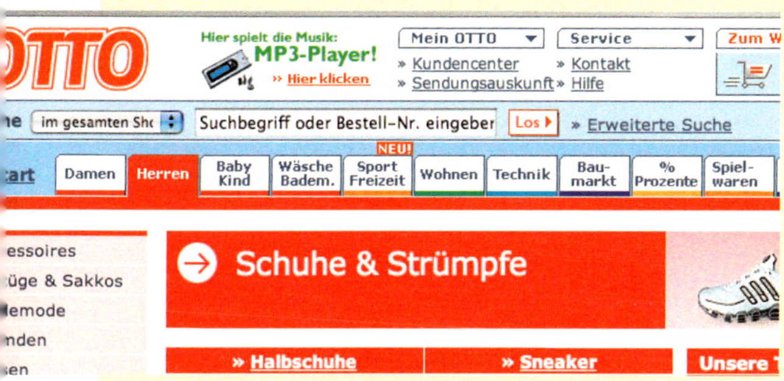

Öko-Schick funktioniert nicht

OTTO: „Wir beobachten, dass Nichtregierungs-Organisationen Unternehmen öffentlich angreifen, die sich ihrer Verantwortung nicht stellen. Wir wollen solche Vorwürfe, die schädlich für Image und Marke sind, durch unsere Maßnahmen von vornherein vermeiden.“

INTERVIEWER: „In welcher Form?“

OTTO: „Über die Außenhandelsvereinigung haben wir früh begonnen, unser Projekt für soziale Nachhaltigkeit zu steuern. Das hat OTTO initiiert [angeregt], um nicht nur die eigene Einkaufsmacht zu nutzen. Vielmehr haben wir mit Konkurrenten vereinbart, nur unter gleichen Bedingungen einzukaufen, um Kinderarbeit auszuschließen oder unfaire Löhne und Diskriminierung.“

INTERVIEWER: „Wie stellen Sie das sicher?“

OTTO: „Wir nehmen Sozialstandards in die Einkaufsbedingungen auf. Wir veranstalten Workshops, um die Lieferanten zu überzeugen, und wir überprüfen deren Praxis.“

INTERVIEWER: „Und wenn die Lieferanten sich nicht dran halten, wird Ihnen fristlos gekündigt?“

OTTO: „Nein. Es kann uns nicht daran gelegen

sein, nach einer Prüfung zu sagen: ‚Die nehmen wir und die anderen sperren wir.´ Denn für sich entwickelnde Volkswirtschaften (z.B. China) hätte ein solches Vorgehen mehr Schaden als Nutzen. Boykotte würden unter Umständen die Arbeitsbedingungen verschlechtern."

INTERVIEWER: „Also drücken Sie ein Auge zu?"

OTTO: „Wir geben Firmen etwas Zeit, ein halbes Jahr, ein Jahr."

INTERVIEWER: „Und dann?"

OTTO: „Wir haben bei der ganz überwiegenden Anzahl unserer Lieferanten und deren wichtigsten Unterlieferanten festgestellt, dass sie unsere Standards einhalten oder zumindest intensiv an deren Erfüllung arbeiten. Den Rest haben wir tatsächlich gesperrt."

INTERVIEWER: „Bekommen Ihre Kunden überhaupt mit, dass Sie strengere Sozial- und Umweltstandards anlegen als viele Konkurrenten?"

OTTO: „Als Versender haben wir den Vorteil, darüber ausführlich im Katalog berichten zu können."

INTERVIEWER: „Trotzdem wird sich der Kunde doch vor allem vom Preis lenken lassen?"

OTTO: „Ja, der Preis wird immer entscheidend sein. Auch, dass eine Hose modisch ist. Öko-Schick funktioniert nicht. Aber wenn Unternehmen darüber hinaus einen Zusatznutzen bieten können wie eine umweltverträgliche Produktion, dann kommt das beim Kunden an."

Nach **Frankfurter Rundschau** vom 10.06.2005, Öko-Schick funktioniert nicht, Interviewer: Detlef Fechtner

M3 Unternehmensverantwortung in „test"

Die Stiftung Warentest hat die Einhaltung der Sozial- und Umweltstandards bei der Herstellung von Herrenhemden in 15 Nähfabriken in neun Ländern getestet, z.B. China, Vietnam und Indonesien. Sie produzierten für 21 Händler und Handelshäuser in Europa und den USA. In allen Fabriken werden soziale Mindeststandards garantiert, aber nur wenig eingehalten.

Die Testkriterien

Unternehmenspolitik, Umgang mit den Beschäftigten, Umwelt , Verbraucherinformation, Transparenz (Offenheit, Berichterstattung).

Das Ergebnis

Ein Anbieter erhielt die Testnote gut (P&C/Gilberto in Vietnam).

11 Anbieter die Note befriedigend, 4 die Note ausreichend und 5 die Note mangelhaft (u.a. Aldi Nord/ Camargue in Vietnam und Karstadt/ Barisal in Vietnam).

Nach **Stiftung Warentest**, test 11/2006, S.75–77

Weitere Informationen zu den Testkriterien und den Testbedingungen unter

www.stiftung-warentest.de

▸ Suchbegriff: CSR-Tests

Arbeiten mit den Materialien

Zu **M1**

1 Notiert Stichworte zur Situation von Xiao Quing.

2 Nehmt Stellung zu folgender Aussage:
„Es ist wichtig, dass unabhängige Prüfer mögliche Tricks zur Verschleierung der tatsächlichen Lage kennen und sehr genau prüfen."

Zu **M2**

1 Notiert wichtige Aussagen von OTTO.

2 Was könnte OTTO mit Zusatznutzen gemeint haben?

Zu **M3**

1 Informiert euch im Internet genauer über den Test.

2 Untersucht und vergleicht Sozialstandards von Anbietern von Sportartikeln, z.B. OTTO GROUP: www.otto.com, ADIDAS: www.adidas-group.com, PUMA: www.puma.com.

3 Welche zusätzlichen Forderungen stellt die Kampagne für saubere Kleidung? (www.saubere-kleidung.de ▸ Arbeitsverhaltenskodex)

4 Erkundung im Einzelhandel:
Befragt Verkäufer im Einzelhandel zu den Sozialstandards und deren Prüfung.

Methode Befragung (Interview)

1 Darum geht es

Durch eine Befragung könnt ihr die Meinungen, Wünsche und Kenntnisse von Menschen besser einschätzen lernen. Ihr könnt die Vielfalt von Beurteilungen eines Sachverhalts feststellen und ordnen und euch selbst mit neuen Sichtweisen auseinandersetzen.

2 So läuft es ab

Vorbereitung

Klärt folgende Fragen:

- Was fragen wir?
- Wen und wie viele fragen wir?
- Wo führen wir die Befragung durch?
- Wie führen wir die Befragung durch, z.B. als Einzel- oder Partnerarbeit?
- Welche technischen Hilfen benötigen wir, z.B. Camcorder?
- Wie werten wir die Befragung aus?
- Wie und wo dokumentieren wir die Ergebnisse?

Durchführung

Begrüßt euren Interviewpartner.
Erklärt, wer ihr seid, warum ihr die Befragung durchführt und was ihr mit dem Ergebnis macht.
Überlegt evtl. vorher die ersten Sätze. Sie sollen ein gutes Gesprächsklima schaffen und die Bereitschaft des Interviewpartners zum Gespräch wecken.
Teilt mit, wie lange das Gespräch dauern wird.
Wenn ihr ein längeres Gespräch plant, sucht einen ruhigen Platz aus.
Ermutigt euren Gesprächspartner durch Freundlichkeit und Interesse. Die Bereitschaft zu einem offenen Gespräch hängt auch von euren Gefühlen und einer anerkennenden Haltung ab.
Haltet euch mit eurer Meinung zurück und vermeidet Bewertungen wie: „finde ich gut", „schlecht", „langweilig" oder „unüblich".
Bedankt euch am Ende des Gesprächs für die Mitarbeit.

Auswertung

Beantwortet folgende Fragen:

- Wie viele Personen haben eine Befragung abgelehnt?
- Was ist mir schwer gefallen?
- Was war unerwartet?
- Was war besonders überraschend?
- Welche Gegensätze bzw. ähnlichen Meinungen gab es bei den Interviewpartnern?
- Gab es unterschiedliche Sichtweisen bei Männern und Frauen?
- Welche neuen Erkenntnisse habt ihr gewonnen?

Methode Befragung (Fragebogen)

1 Darum geht es

Für eine schriftliche Befragung wird oft ein Fragebogen entwickelt, den die Menschen ohne Nennung ihres Namens (anonym) beantworten. Durch diese Befragungstechnik können viele Menschen zu den gleichen Problemen ihre Meinung sagen. Die Auswertung ist leichter und schneller als bei einem Interview.

2 So läuft es ab

Vorbereitung

Entwicklung des Fragebogens
Die entscheidende Arbeit liegt in der Entwicklung des Fragebogens. Es ist wichtig, möglichst genau zu klären, was gefragt werden soll. Die Fragen müssen verständlich sein.

Offene oder geschlossene Fragen
Bei geschlossenen Fragen werden vorgegebene Meinungen angekreuzt. Bei offenen Fragen müssen die Befragten die Antwort selbst formulieren. Geschlossene Fragen können leichter und schneller ausgewertet werden. Bei offenen Fragen können leichter die Gründe für eine bestimmte Meinung festgestellt werden. Oft werden beide Arten von Fragen verwendet.

Auswahl der Befragten
Wichtig ist es, zu klären, welche und wie viele Menschen befragt werden sollen.

Beispiel Wenn ihr nicht alle Schüler eurer Schule befragen wollt, so müsst ihr euch über die Auswahl Gedanken machen. Sie soll möglichst gut die Gesamtheit aller Schüler widerspiegeln, z.B. das Alter, die verschiedenen Klassenstufen, Mädchen und Jungen, Schüler aus verschiedenen Stadtteilen.

Beispiel für geschlossene Fragen

	überwiegend	nie	weiß ich nicht
Ich kaufe Produkte aus Fairem Handel	?	?	?
Ich arbeite gerne im Projekt	?	?	?

Beispiel für offene Fragen
Warum sind so viele Menschen vom Fußball begeistert?

Warum kaufen immer mehr Verbraucher Bio-Produkte?

Organisatorische Entscheidungen
- Wie und wo werden die Fragebögen verteilt?
- Wie wird sichergestellt, dass die Namen der Schüler nicht bekannt werden?
- Sollen die Fragebögen sofort ausgefüllt werden oder später?
- Wie kann man sicherstellen, dass alle oder möglichst viele Fragebögen ausgefüllt und abgegeben werden?
- Wie wird der Fragebogen ausgewertet?
- Wie und wo werden die Ergebnisse dokumentiert?

Auswertung
- Wie war die Zusammenarbeit?
- Wie haben sich die Menschen auf die Bitte nach Ausfüllen des Fragebogens verhalten?
- Wie viele Menschen haben den Fragebogen nicht ausgefüllt und abgegeben?
- Welche Ergebnisse waren unerwartet?
- Was war besonders interessant?
- Welche neuen Erkenntnisse hat die Befragung erbracht?

Alles klar?

Sportkleidung: Mit Verantwortung produzieren und kaufen

1 Viele deutsche Textilhändler lassen Sportkleidung in Asien herstellen. Nenne Gründe.

2 Beschreibe den Konflikt, der für Einkäufer und Hersteller von Sportkleidung besteht.

3 a) Wie hoch sind die Lohnkosten bei der Herstellung, wenn der unten abgebildete Sportschuh im Geschäft 100 Euro kostet?
b) Welcher Prozentsatz muss in folgenden Segmenten stehen
• Werbung und Sponsering
• Einkauf, Gewinn und Umsatzsteuer

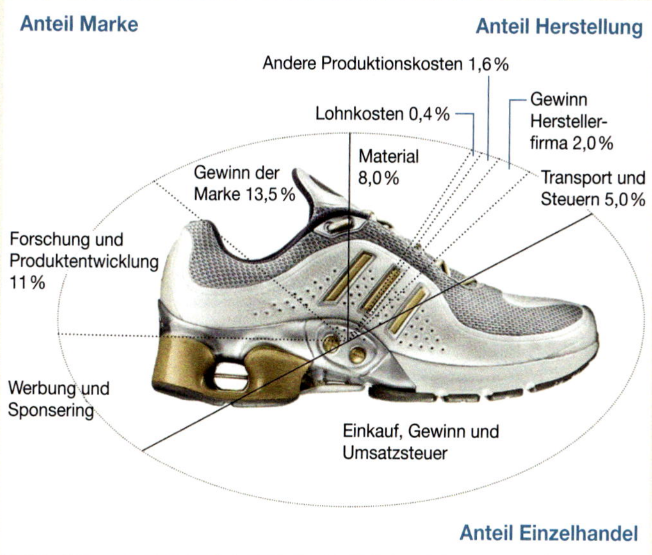

4 Nenne drei Kernpunkte für Sozialstandards.

5 Kennzeichne Probleme bei der Einhaltung von Sozialstandards.

6 Was kannst du für die Verbesserung eines fairen Handels mit Sportkleidung tun? Notiere Stichworte.

Kampagne für Saubere Kleidung

www.saubere-kleidung.de

Ohne Geld läuft nichts

1 Zahlungsarten

▸ **Leitauftrag** Die Menschen brauchen Güter für ihr tägliches Leben. Notiert die Unterschiede beim Erwerb der Güter.

B Auf einen Blick

Ihr nennt wichtige Schritte vom Warentausch bis zur Bezahlung mit Geld.

Ihr nennt wichtige Funktionen des Geldes.

Ihr versteht die Symbole der Euro-Münzen und Euro-Banknoten.

Ihr versteht den Umgang mit Girokonto und Girocard bei bargeldloser Bezahlung.

Ihr entwickelt Möglichkeiten, die Einnahmen und Ausgaben eures Taschengeldes regelmäßig festzuhalten.

Ihr begründet, welche Vorteile ein Prepaidhandy für Kinder und Jugendliche hat.

Ihr erarbeitet Standpunkte zur Taschengeldhöhe in einem Rollenspiel.

2 Vom Tauschhandel zum Geld

Ware gegen Ware

In früher Zeit, Jahrtausende vor unserer Zeitrechnung, tauschten die Menschen Ware gegen Ware. Dieser Entwicklungsschritt wurde durch Arbeitsteilung und Spezialisierung möglich. Eine Familie oder Gruppe musste nicht mehr alles selbst tun, was zum Überleben notwendig war. Immer mehr Händler zogen umher und organisierten den Tausch. Je stärker sich der Handel entwickelte, umso deutlicher wurden die Schwierigkeiten, den richtigen Tauschpartner zu finden. Manchmal empfand er die angebotene Ware nicht als angemessene Gegenleistung.

Wer erfand das Geld?

Die Lösung des Tauschproblems fanden viele Völker an verschiedenen Orten der Welt. Die Händler (Kaufleute) tauschten nicht mehr die Waren selbst, sondern einigten sich auf einen Gegenstand oder ein Tier. Es wurde zum Tausch-Symbol. Es galt als wertvoll (galt – gelten – Geld).
In bestimmten Gegenden Afrikas wurde zum Beispiel aller Reichtum in Rindern gemessen, in der Südsee wählte man Kaurimuscheln, in Osteuropa Felle, in China Papierzettel mit bemalten Schriftzeichen. Die Sumerer wählten Gold- und Silberbarren. Sie waren leicht zu transportieren und gingen nicht schnell kaputt.
Trotz aller Vorzüge waren die Gold- und Silberbarren unhandlich. Wer z. B. nur Brot kaufen wollte, hatte ein Problem. Die Gold- oder Silberbarren waren nicht klein genug.
Die entscheidende Problemlösung erfolgte ungefähr um 2 700 vor Christus (v. Chr.). Man teilte das Edelmetall in unterschiedlich große Scheiben und legte das Gewicht der Stücke fest. Später markierte man die Stücke mit einem Stempel und prägte den Wert auf das Metall. Die ersten Prägungen erfolgten ungefähr 700 Jahre v. Chr. im Reich der Lydier in Kleinasien. Von dort breitete sich die Technik des Münzprägens über Persien und Griechenland in den Mittelmeerraum aus.

Nach **Nikolaus Piper**: Geschichte der Wirtschaft, Verlag Beltz & Gelberg, Weinheim 2004[5], S. 33, 34 (Auszug)

A Aufgaben

1 Beschreibt die Situationen auf den Abbildungen und findet heraus, zu welcher Zeit sie stattgefunden haben könnten.

2 Nennt Vorteile des Tauschhandels mit Geld gegenüber dem „Ware gegen Ware"-Geschäft. Zieht dazu die Abbildung oben heran.

3 Nennt Gründe für die jeweilige Wahl der Tauschsymbole in den unterschiedlichen Regionen der Welt.

4 Sucht in Geschichtsbüchern, Lexika oder im Internet nach Abbildungen alter Münzen und beschreibt, was darauf dargestellt ist.

3 Der EURO: Unser heutiges Zahlungsmittel

Die verschiedenen Gesichter der EURO-Scheine und Münzen

Seit 2002 ist in vielen Staaten der Europäischen Union (EU) der EURO das gültige Zahlungsmittel. Es gibt Münzen und Scheine (Banknoten).
Die Vorderseite der Münzen ist in allen beteiligten Staaten einheitlich: 12 Sterne. Die Rückseite konnten die Nationalstaaten selbstständig gestalten. Die Banknoten sind in der gesamten EURO-Zone gleich.
Auf den EURO-Banknoten sind Baustile aus sieben Epochen der europäischen Kulturgeschichte dargestellt – vor allem Fenster, Tore und Brücken. Sie sind Symbole für Offenheit und Zusammenarbeit. Die Brücken sind auch ein Symbol für die Verbindung der europäischen Nationen zu den anderen Nationen der Welt.

Die Funktionen des Geldes

Geld ist ein **Tausch-** bzw. **Zahlungsmittel**. Man kann mit Geld Waren und Dienstleistungen kaufen und verkaufen. Auch die Arbeit der Beschäftigten wird mit Geld entlohnt. Das Unternehmen zahlt ihnen ein Entgelt.
Geld ist ein **Wertmaßstab**. Es drückt den Wert eines Gutes aus. Man kann über den Preis eines Gutes den Wert verschiedener Güter vergleichen. Die Zahlen auf den Noten und Münzen benennen den Wert.

Geld ist ein **Wertaufbewahrungsmittel**. Wer sein Geld nicht nur für den Kauf von Gütern verwenden will, kann es sparen und dafür sogar Zinsen erhalten. Der Wert des Geldes wird vom Staat garantiert. Die Regierungen haben das Recht, Münzen zu prägen, und die Zentralbanken das Recht, Banknoten zu drucken.

A Aufgaben

1 In den folgenden Beispielen wird jeweils eine besondere Funktion des Geldes deutlich.
Nennt die Funktion und begründet eure Entscheidung.
A: Simon hat auf dem Sparkonto 320 Euro. Er spart für ein neues Fahrrad.
B: Lydia arbeitet in einem Supermarkt. Sie bekommt am Ende des Monats 1253 Euro als Gehalt.
C: Anja vergleicht zwei Sonnenbrillen. Die aus Fensterglas kostet 20 Euro, die geschliffene und entspiegelte 120 Euro.

2 Findet weitere Beispiele für die Funktion des Geldes.

3 Welche Bedeutung haben die Symbole auf den Münzen, die in Deutschland gestaltet wurden?

4 Stellt fest, ob ihr selbst, eure Eltern, Freunde oder Nachbarn CENT- und EURO-Münzen habt/haben, die in anderen Nationalstaaten geprägt wurden. Informiert euch, welche Bedeutung das gewählte Symbol für die Nationalstaaten hat.

4 Eine Girocard wäre super

Anna beneidet ihre Schwester Laura um ihre Girocard. Laura ist 18 Jahre alt, hat ein eigenes Girokonto und zahlt beim Einkauf oft mit ihrer Karte. Viel Bargeld braucht sie nicht mehr mit sich herumzutragen.

Anna findet es sehr praktisch, dass Laura mit der Girocard jederzeit Geld am Geldautomaten ziehen kann. Laura spricht manchmal auch von „Plastikgeld“ und meint damit ihre Girocard.

Laura arbeitet als Auszubildende bei einer Versicherung. Ihr Arbeitgeber überweist die Ausbildungsvergütung monatlich auf das Girokonto. Wenn sie mit der Karte bezahlt, dann wird der Geldbetrag von ihrem Konto abgebucht. Auf einem **Kontoauszug** sieht Laura genau, von wem sie wie viel Geld bekommen hat (Einzahlung/Gutschrift) und für was sie Geld ausgegeben hat (Auszahlung/Lastschrift).

Was ist ein Girokonto?

Für das Bezahlen ohne Bargeld braucht man ein besonderes Konto, das Girokonto. Hier werden alle Zahlungsvorgänge abgewickelt. Sie erscheinen auf einem Kontoauszug. Geldinstitute (Banken oder Sparkassen) richten Girokonten ein. Mit der zugehörigen Girocard ist es möglich, Bargeld am Geldautomaten zu holen oder seine Einkäufe direkt zu bezahlen. Man selbst kann vom Girokonto auf andere Konten Geld überweisen.

Bei Zahlungssicherheit gewährt das Geldinstitut auch einen Kredit. Es leiht dann gegen Zinsen Geld. Man nennt diesen Kredit **Überziehungskredit** (auch Dispo-Kredit). Er kann dazu verleiten, mehr Geld auszugeben, als man einnimmt. Die Zinsen für diesen Kredit sind sehr hoch.

Kontonummer 1234567890		Sparkasse Überall	ÜSPA	Bankleitzahl 100 900 00
Buchungstag	Tag der Wertstellung	Verwendungszweck/Buchungstext	Buchungsnummer	alter Kontostand EUR 100,37+
2504	2504	Recht & Leben Versicherung GmbH Ausbildungsvergütung 04/2006	999010	721,30+
2604	2604	GA NR 00002172 BLZ 100 900 00 22.04./23.11 Uhr ÜSPA	995420	50,00-
2804	2804	Modehaus AMANDA EC-Einkauf vom 27/04/2006	999876	48,90-

Frau
Laura Mustermann

Dispo-Kredit EUR 1.000,00

EUR 722,77+ neuer Kontostand

30.04.2008 Kontoauszug vom | 6 Auszug | 1 Blatt

A Aufgaben

1 Welche Möglichkeiten bietet ein Girokonto? Mehr dazu unter www.sparkassen-schulservice.de

2 Auch Jugendliche können mit Zustimmung ihrer Eltern ein Girokonto einrichten. Für diese Schülerkonten gibt es in der Regel keinen Überziehungskredit. Begründet.

3 Nennt Vor- und Nachteile des Bezahlens mit einer Girocard.

4 Erklärt die Buchungen auf dem Kontoauszug.

5 Bei der Zusage eines Überziehungskredits prüfen die Geldinstitute meist die Höhe des regelmäßigen Einkommens. Warum ist das so? Wer soll dadurch geschützt werden?

5 Lukas in der Klemme

Da hast du dich wohl verplant!

Auf dem Schulhof hinten bei den dichten Büschen, geht es hoch her. Was ist geschehen? Lukas, bedrängt von vier Schulfreunden aus seiner 7a, schaut zu Boden.

SIMONE: „Ich habe dir vor vier Wochen 10 Euro geliehen. Du hast versprochen, die spätestens in zwei Wochen zurückzugeben.“

MUSTAFA: „Und mir schuldest du fünf Euro. Ich brauche jetzt das Geld für den Geburtstag meiner Schwester.“

ELKE: „Ich habe dir 15 Euro geliehen und will das Geld sofort zurückhaben.“

MARTIN: „Warum hast du so viel Geld geliehen, Lukas? Du bekommst doch nur 15 Euro Taschengeld?“

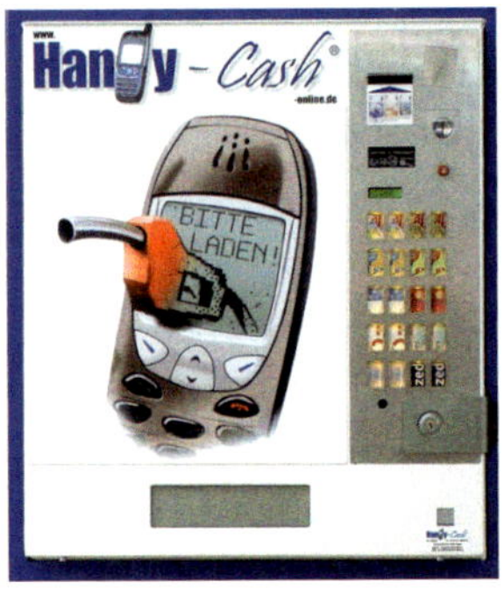

▲ Automat für Prepaidkarten

Lukas ist verzweifelt

„Ich wollte unbedingt ein Handy haben. Ihr habt doch auch eins. Zum Geburtstag haben mir die Eltern ein Handy geschenkt. Das war super. Es ist so cool, überall SMS zu verschicken und unterwegs zu telefonieren. Ich weiß, ich habe viel zu viel telefoniert und SMS verschickt. Im letzten Monat musste ich 50 Euro bezahlen. Ich wusste nicht, wie teuer das alles ist. Ich kann die Schulden nicht sofort zurückzahlen, aber ihr bekommt alles zurück, großes Ehrenwort. Das Handy muss ich aber behalten, sonst kann ich mich doch nicht mit euch verabreden. Was soll ich nur tun?“

Schuldenfalle Handy

Jedes zweite deutsche Kind um die 12 Jahre hat ein eigenes Handy, unter den 13- bis 22-Jährigen sind es sogar 84 von Hundert. Die Verschuldung wegen eines Handys nimmt zu. Man kann das Risiko einer Verschuldung vermeiden, wenn man über ein aufladbares Gesprächsguthaben telefoniert, das im Voraus bezahlt wird (prepaid). Ist das Guthaben verbraucht, können nur noch Gespräche empfangen werden. Der aktuelle Kontostand lässt sich jederzeit abrufen. Handys mit dieser Bezahlart heißen Prepaid- oder Kartenhandys.

Ein **Mobilfunkvertrag** bindet für 24 Monate und verlangt einen festen monatlichen Mindestbetrag. Bei einem Mobilfunkvertrag sind die Gesprächsgebühren niedriger, es fehlt aber eine Kostenbegrenzung. Diesen Vertrag dürfen Minderjährige nur mit Zustimmung der Eltern abschließen.

Nach **Stiftung Warentest**: Gut gewappnet. Handytarife, test Heft 9/2004, S. 39

Wer ist minderjährig?

Kinder und Jugendliche zwischen 7 und 18 Jahren. Sie sind beschränkt geschäftsfähig und dürfen nur solche Käufe tätigen, die sie mit ihrem frei verfügbaren Taschengeld bezahlen können. In den anderen Fällen müssen die Eltern vorher zustimmen. Falls sie das nicht getan haben, kann man das Geschäft rückgängig machen.

A Aufgaben

1 Warum ist das Handy für Lukas so wichtig? Nennt Gründe.

2 Welchen Handy-Vertrag nutzte Lukas?

3 IMKE: „Ich finde, Lukas Eltern sollen die Schulden bezahlen. Sie sind allein verantwortlich.“ Nehmt Stellung.

4 Welchen Handy-Vertrag empfehlt ihr Lukas?

5 Worauf sollte Lukas in Zukunft achten?

6 Entwickelt Vorschläge für die Rückzahlung der Schulden.

6 Aidin hält sein Taschengeld unter Kontrolle

Aidins monatliche Buchführung

Aidin, 13 Jahre, bekommt von seinen Eltern 15 Euro Taschengeld im Monat. Er passt einmal in der Woche auf einen kleinen Jungen aus der Nachbarschaft auf und bekommt dafür vier Euro. Meistens stecken ihm die Großeltern zweimal im Monat fünf Euro zu. Aber das ist nicht sicher. Früher ist es ihm oft passiert, dass er in der letzten Woche des Monats kein Geld mehr hatte. Er musste sich bei Freunden verschulden.

Jetzt plant Aidin seine monatlichen Ausgaben. Kleidung und Schulsachen bezahlen seine Eltern. Für das Handy geben sie ihm monatlich eine Karte über 10 Euro. Wenn er eine weitere Karte braucht, muss er diese selbst bezahlen.

Aidin geht von 51 Euro Einnahmen im Monat aus. Das ist sein Erfahrungswert. Er überlegt zu Beginn des Monats, was er unbedingt braucht, z.B. Geld für Geburtstagsgeschenke, Kino oder Fußballkarten oder ein besonderes Fest. Eine zusätzliche Handykarte will er auf keinen Fall kaufen. Die Karte, die seine Eltern bezahlen, muss reichen. Er bildet eine Rücklage, damit er auch für nicht vorhersehbare Ausgaben Luft hat. Für den Monat Oktober sieht Aidins Ausgaben-Planung so aus:

Taschengeldplanung für Oktober

Einnahmen			Ausgaben	
Woher	**Wie viel**		**Wofür**	**Wie viel**
Eltern	15,00 €		Handy	10,00 €
Eltern (Handy)	10,00 €		Eintrittskarte Fußball	9,00 €
Großeltern (meistens)	10,00 €		Kinofilm	6,00 €
Babysitting	16,00 €		Geburtstagsgeschenk Tina	5,00 €
Summe	**51,00 €**		4x Cola nach Sport	4,00 €
			verplant	**34,00 €**
			noch unverplant	**17,00 €**

Aidins monatliche Buchführung

17 Euro sind noch nicht verplant. Was kann Aidin damit alles machen?

„Soll ich zunächst abwarten, ob unvorhergesehene Ausgaben anfallen?"

„Soll ich sofort den Bike-Computer für 13 Euro oder einen USB-Stick für 17 Euro kaufen?"

„Soll ich mir davon nach Lust und Laune Süßes und Getränke kaufen?"

„Soll ich 10 Euro sparen, damit ich in ein paar Monaten Sportschuhe kaufen kann?"

Was raten Aidins Freunde?

JULIA: „Einen Bike-Computer finde ich cool. Spar bei süßen Sachen. Die sind schnell gegessen."

TARIK: „Die Sportschuhe sind doch super. Spar dafür jeden Monat 10 Euro."

TANJA: „Wenn du sparen willst, dann aber für gute Zinsen. Ich habe ein → Online-Konto mit 2,5 Prozent Zinsen im Jahr. Früher hatte ich ein Sparbuch. Das brachte aber 1,5 Prozent Zinsen."

OLIVER: „Immer dieses Planen und Sparen! Sei locker und kauf, solange du Euros in der Tasche hast. Wenn nötig, kannst du dir Geld leihen."

ANKE: „Ich finde, du bekommst sehr wenig Taschengeld. Drück bei deinen Eltern eine Taschengelderhöhung durch."

Orientierungswerte zum Taschengeld

Was Jugendämter empfehlen	
17,– Euro/Monat	12 Jahre
19,– Euro/Monat	13 Jahre
20,– Euro/Monat	14 Jahre
22,– Euro/Monat	15 Jahre
30,– Euro/Monat	16 Jahre
40,– Euro/Monat	17 Jahre
60,– Euro/Monat	18 Jahre

Geld und Haushalt – Beratungsdienst der Sparkassen-Finanzgruppe (Hrsg.): Budgetkompass für Jugendliche. Berlin 2005, S. 5

Beide Broschüren sind im Internet zu bestellen unter ► www.geld-und-haushalt.de

Wofür gaben 10- bis 13-Jährige ihr Taschengeld aus?

Befragung aus dem Jahr 2005 – Ergebnisse in %

Süßigkeiten/Schokolade/Kaugummi	57
Zeitschriften/Magazine/Comics	45
Eis	32
Getränke	33
Essen unterwegs/Fast Food	33
Spiele/Spielzeug	17
Sticker/Sammelbilder	13
Handy-Kosten	30
Kino	26
Musik-CDs	21
Sport/Hobby/Freizeit	18
Bücher	13
Computer-/Videospiele	11
Bekleidung/Schuhe	9
Schulbedarf	8
Disco/Veranstaltungen	8
DVDs	7
Kosmetik/Körperpflege	7
Bekommt kein Taschengeld	2

Egmont Ehapa Verlag: Kids Verbraucheranalyse 2006, S. 26 (Prozentzahlen gerundet)

A Aufgaben

1 Beurteilt die Meinungen von Aidins Freunden.

2 Erkundet bei einem Geldinstitut, wie hoch die Zinsen bei einem Sparbuch sind. Unterscheidet dabei die Verfügbarkeit: jederzeit und Kündigungsfrist (= drei Monate).

3 Überprüft mithilfe eurer Eltern oder Freunde die Höhe der Zinsen auf einem Online-Konto. Haltet fest, welche Voraussetzungen für ein solches Konto erforderlich sind.

4 Führt ein *Rollenspiel* zum Thema Taschengelderhöhung durch.
Rollenspieler: Aidin und seine Eltern, Alev und Mura.

5 Entwickelt selbst ein Formular für die Einnahmen und Ausgaben eures Taschengeldes und füllt dies einen Monat lang aus. Vielleicht möchtet ihr danach noch etwas am Formular verbessern.

7 Weiterführendes Material

M1 Rollenkarten „Ich möchte mehr Taschengeld“

Rollenkarte AIDIN
Aidin meint, er bekommt zu wenig Taschengeld von seinen Eltern. Seine Schwester Selma, die 15 Jahre alt ist, erhält 20 Euro. Das findet er ungerecht. Jungen brauchen auf jeden Fall mehr Geld als Mädchen.

Rollenkarte AIDINs Mutter
Die Mutter würde Aidin gerne etwas mehr Taschengeld geben, aber erst wenn er in einem halben Jahr 14 Jahre alt wird. Sie möchte gerne einen schönen Familienurlaub machen. Sie findet, dass Aidin mit dem Geld der Großeltern genug Taschengeld bekommt.

Rollenkarte AIDINs Vater
Der Vater findet, dass Aidin genug Geld bekommt. Er selbst hat in Aidins Alter von seinen Eltern nichts bekommen. Das Auto wird nicht mehr lange durchhalten. Er spart für einen gut erhaltenen Gebrauchtwagen. Der ist für die ganze Familie wichtig.

M2 Fälschungsschutz der Euro-Banknoten

Euro-Banknoten:
Die Sicherheitsmerkmale

am Beispiel des 50-Euro-Scheins

1 **Durchsichtsregister**
Unregelmäßige Zeichen auf der Vorder- und Rückseite ergeben vollständige Zahl
sichtbar!

2 **Wasserzeichen**
Im Gegenlicht sind Architekturmotiv und Wertzahl zu sehen
sichtbar!

3 **Sicherheitsfaden**
Im Gegenlicht wird eine dunkle Linie sichtbar
sichtbar!

4 **Stichtiefdruck**
Baumwollpapier macht verschiedene Bildelemente ertastbar
ertastbar!

5 **Spezialfolien-Element**
Beim Kippen erscheint ein Hologramm
sichtbar!

6 **Farbwechsel**
Beim Kippen des Scheins wechselt die Farbe der Wertzahl
sichtbar!

weitere Merkmale nur unter UV- und Infrarotlicht sichtbar

M3 Jugend in der Schuldenfalle

Überschuldung
Sie liegt vor, wenn nach Abzug der lebensnotwendigen festen und veränderlichen *Ausgaben* das Geld für die Zahlungsverpflichtungen nicht mehr ausreicht.

Verschuldung
Sie liegt vor, wenn Geldforderungen bestehen, die man sofort oder in Zukunft (Raten) begleichen kann.

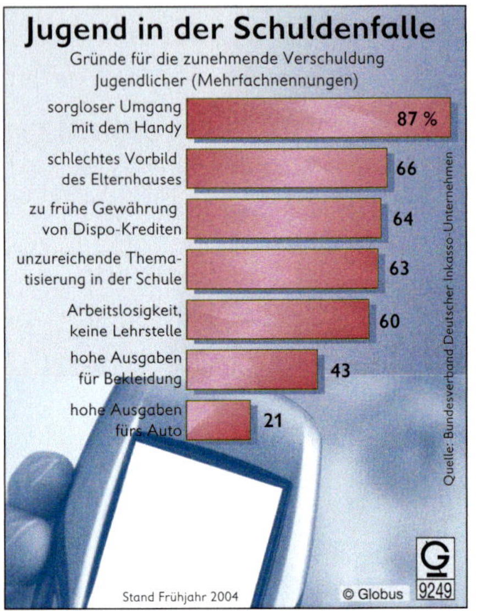

Wer hilft aus der Schuldenfalle?
Verbraucherzentralen, Wohlfahrtsverbände und städtische Schuldnerberatungsstellen beraten Menschen, denen die Schulden über den Kopf wachsen. Sie entwickeln nicht nur einen Finanzplan, sondern vermitteln eine Haushalts-, Sucht- oder Familienberatung.

M4 Fallstricke bei Premium-SMS

▲ Teures Vergnügen:
Schritt für Schritt in die Kostenfalle – im Nu waren von 13,70 Euro nur noch 9,27 Euro da. Dafür waren wir um einen fetzigen Klingelton (für 1,99 Euro plus 0,95 Cent Verbindungskosten) und ein zweifelhaftes Flirterlebnis (1,49 Euro) reicher.

SMS sind eine günstige Art sich auszutauschen. Das trifft jedoch nur auf normale Kurznachrichten zu, die in deutschen Netzen höchstens 19 Cent kosten. Um ein Vielfaches teurer sind SMS, mit denen sich z.B. Logos oder Klingeltöne bestellen lassen. Diese Premium-SMS kosten meist bis zu drei Euro pro Stück, manchmal auch mehr. Richtig teuer wird's, wenn Jugendliche sich verleiten lassen, über SMS-Kontaktbörsen zu chatten. Denn wer Premium-SMS im Minutentakt verschickt, ist schnell 30 Euro los.

Nach **Stiftung Warentest**: test 9/2004, S. 39

Arbeiten mit den Materialien

Zu M2
Nennt Gründe für den verstärkten Fälschungsschutz bei Euro-Banknoten.

Zu M3
Erklärt die Gründe für die Verschuldung Jugendlicher. Überlegt jeweils Möglichkeiten, dies zu vermeiden.

Zu M4
Beschreibt, was man unter einer Premium-SMS versteht.
Sucht nach Anzeigen für solche Dienstleistungen. Überprüft, ob dabei die Preise für die Dienste genannt werden.

Ich habe meine Finanzen fest im Griff

1 Ersparnis und Kredit

Für die meisten Menschen ist es wichtig, Ersparnisse zu bilden. Viele sparen für teure Konsumgüter, die nicht aus dem laufenden Einkommen zu finanzieren sind.

Jeder muss mit Lebensrisiken rechnen, für die eine Vorsorge sinnvoll ist, z.B. für den Fall von *Arbeitslosigkeit*, Krankheit oder Wechsel des Wohnortes. Auch für eine Unterbrechung des Erwerbslebens, z.B. wegen der Geburt eines Kindes oder einer längeren Weiterbildung, ist es gut, wenn man auf Ersparnisse zurückgreifen kann.

Wenn die Ersparnisse nicht reichen oder wenn man nicht genug verdient hat, um Ersparnisse zu bilden, können sich viele Menschen teure Konsumgüter, z.B. ein Auto oder eine Wohnungseinrichtung, nur leisten, wenn sie einen Kredit aufnehmen.

Es ist sinnvoll, über ertragreiche Geldanlagen und günstige Kreditmöglichkeiten Bescheid zu wissen.

▸ **Leitauftrag** Über welche der abgebildeten Angebote sprechen die Personen? Begründet.

GÖNÜLL: „Verbraucher sollten Verantwortung für die Umwelt übernehmen."
LARA: „Davon würde ich unbedingt die Finger lassen."
TARIK: „Ein Zinsvergleich lohnt sich."

B Auf einen Blick

Ihr vergleicht und beurteilt Kreditangebote.

Ihr kennt gesetzliche Bestimmungen für Kredit- und Ratenkaufverträge.

Ihr kennt wichtige Arten von Geldanlagen.

Ihr erklärt die Vor- und Nachteile ausgewählter Anlageformen.

Ihr erkundet Möglichkeiten einer Geldanlage und macht Empfehlungen für verschiedene Anlagewünsche.

3 Ich will eine gute Geldanlage – Projektskizze

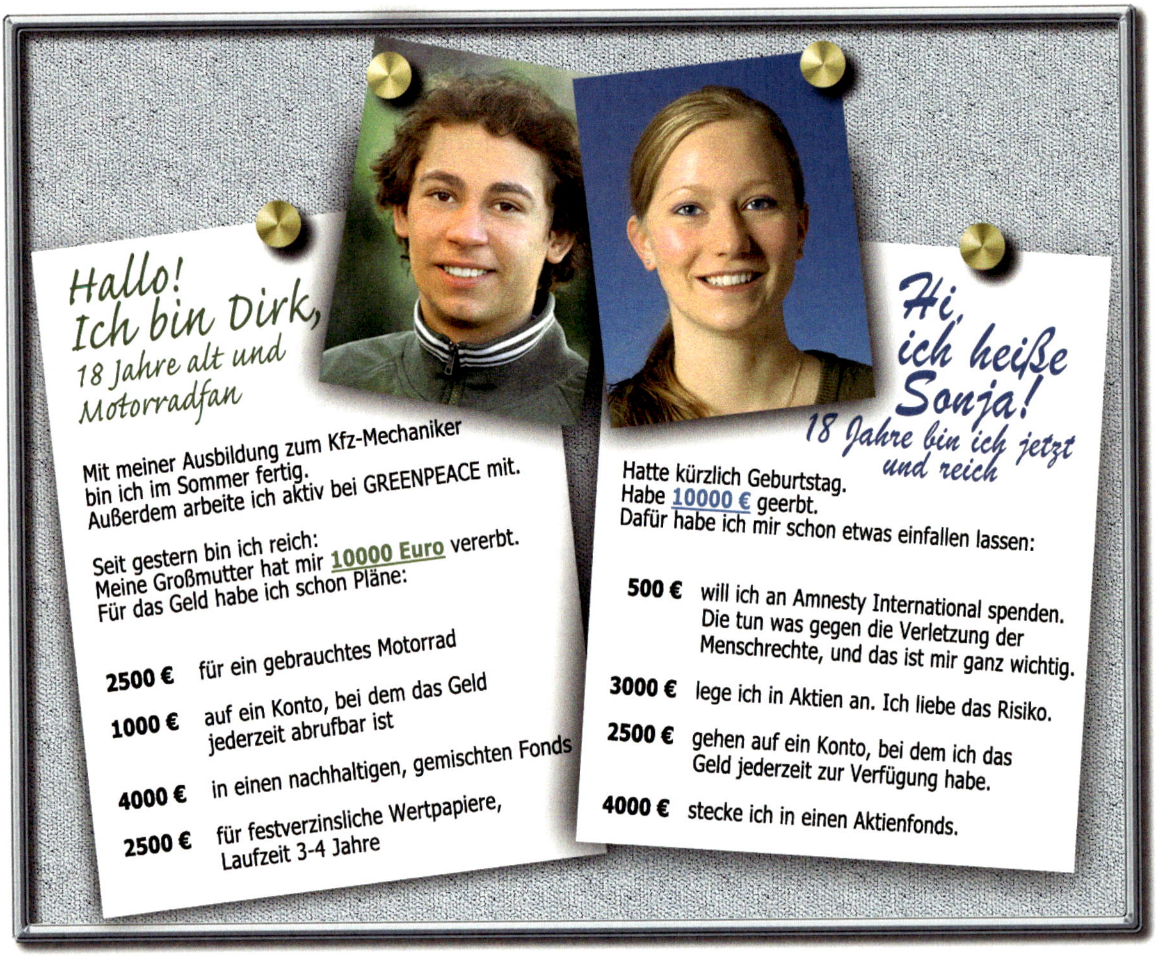

A Erkundungsauftrag

1. Bildet Gruppen von drei bis fünf Schülern und sprecht darüber, was Sonja und Dirk wichtig ist. Erkundet dazu für jeden die beste Geldanlage.
   Jede Gruppe kann ihre Erkundung bei einer bestimmten Bank oder Sparkasse durchführen. Informiert euch vorab im Internet.
   Berücksichtigt auch Angebote von Online-Geldinstituten.
2. Stellt fest, welche Geldinstitute für euch gut erreichbar sind.
3. Sprecht vorher ab, dass wenigstens drei oder vier verschiedene Geldinstitute erkundet werden.
4. Entwickelt einen Erkundungsbogen und denkt daran, dass die Gruppenergebnisse vergleichbar sein müssen.
5. Besorgt euch rechtzeitig Informationen über Geldanlagen von verbraucherorientierten Organisationen, z.B. der Verbraucherzentrale oder der Stiftung Warentest, Zeitschrift FINANZtest.
6. Tauscht eure Erfahrungen bei der Erkundung der Geldinstitute aus.
7. Vergleicht eure Erkundungsergebnisse. Welche Geldanlage schlagt ihr Dirk und Sonja vor?

Wichtige Arten der Geldanlage

Das Sparkonto

Das Sparkonto **ohne vereinbarte Kündigungsfrist** ist ein Sparbuch, bei dem Einzahlungen und Abhebungen eingetragen werden. Es können jederzeit bis zu 2000 Euro monatlich abgehoben werden. Die Zinsen können vom Geldinstitut jederzeit geändert werden. Sie werden automatisch gutgeschrieben und sind vergleichsweise niedrig.

Jeder, der das Sparbuch vorlegt, kann Geld abheben. Deshalb sollte zur Sicherheit ein Kennwort vereinbart werden.

Beim Sparkonto **mit vereinbarter Kündigungsfrist** wird eine bestimmte Kündigungsfrist (z.B. ein Jahr oder vier Jahre) vereinbart. Der Zinssatz ist fest und höher als beim Sparkonto ohne vereinbarte Kündigungsfrist.

In der Regel kann der Sparer auch ohne Einhalten der Kündigungsfrist Geld abholen. Er muss dann allerdings Vorschusszinsen zahlen.

Sparen bei Online-Banken

Bei Online-Banken kann man sich ein Sparkonto einrichten. Der Zinssatz ist in der Regel höher als bei ansässigen Geldinstituten.

Sparbriefe

Sparbriefe sind Anlagepapiere, die von den Geldinstituten ausgegeben werden, mit einer Laufzeit von einem Jahr bis zu fünf Jahren. Sie haben einen festen Zinssatz. Die Effektivverzinsung ist genau berechenbar.

Festverzinsliche Wertpapiere

Es handelt sich z.B. um → Anleihen des Bundes oder von Unternehmen. Die Wertpapiere (auch Rentenpapiere genannt) werden an der Börse gehandelt. Beim Kauf, den die Kreditinstitute für ihre Kunden bei der Börse tätigen, hängt der Kurswert von der Lage am Kapitalmarkt ab.

So kann z.B. ein Wertpapier mit einem Wert von 50 Euro (Nennwert) für 48 Euro angeboten werden. Da der Zinssatz während der Laufzeit unverändert bleibt, hängt die Rendite (jährliche Effektivverzinsung) auch vom Kurswert ab, den man bezahlen muss. Die Zinsen werden in der Regel einmal pro Jahr zu einem bestimmten Zeitpunkt ausgezahlt. Am Ende der Laufzeit wird das Wertpapier mit dem Nennwert ausgezahlt. Die Papiere können jederzeit wieder verkauft werden. Behält man die Wertpapiere bis zum Ende der Laufzeit, ist die Rendite genau vorhersagbar. Bei einem vorzeitigen Verkauf spielt die aktuelle Lage auf dem Kapitalmarkt eine wichtige Rolle.

Kurswerte von Anleihen aus einer Tageszeitung

Zins in %	Laufzeit Jahre	23.1. Kassa in Euro	24.1. Kassa in Euro	24.1. Rendite in %
Bundesanleihen				
6,25	94/24	125,96	125,44	4,1314
6	97/07	100,91	100,91	3,7874
3,25	05/15	94,92	94,89	3,9694
Unternehmensanleihen				
3,375	BASF 05/12	95,70	95,55	4,3170
5,125	Degussa 03/13	98,10	97,81	5,5108
4,5	Tschibo 04/14	98,30	98,15	4,7855
Anleihen Ausland				
4,25	Belgien 03/13	101,20	101,20	4,035
8	Mexico 97/08	105,10	105,10	4,3538
7	Uruguay 03/12	108,25	108,25	5,2642

▲ Aus den Börsennachrichten einer Tageszeitung am 25. 01.2007: ausgewählte Beispiele für Anleihen mit dem Nennwert 100 Euro und ihren aktuellen Kassakurs (auch Einheitskurs). Er wird während der täglichen Börsenzeit einmal festgestellt.

Aktien

Aktien sind Wertpapiere, die einen Anteil an einem Unternehmen mit der Rechtsform Aktiengesellschaft (AG) darstellen. Zusätzliche Aktien werden ausgegeben, um das Kapital des Unternehmens zu erhöhen. Die Inhaber von Aktien (Aktionäre) sind Teilhaber des Unternehmens. Sie sind am Gewinn und am Verlust der AG beteiligt. Bei Aktien gibt es keine feste Verzinsung, sondern eine Dividende. Ihre Höhe wird jährlich von der Hauptversammlung der Aktionäre festgelegt. Sie ist abhängig von der Gewinnlage des

Unternehmens. Aktien werden an der Börse gehandelt. Sie haben keine feste Laufzeit. Die Rendite der Kapitalanlage ist schwer einzuschätzen. Sie hängt vom Ertrag und Börsenkurs des Unternehmens ab. Die Kurse an der Börse werden von der wirtschaftlichen und politischen Lage des betreffenden Landes beeinflusst. Die unterschiedliche Einschätzung – auch unter Experten – führt zu Spekulationen und Kursschwankungen. Aktienindizes (Einzahl: Aktienindex) zeigen die Bewertung der Aktien an. In den Deutschen Aktienindex (DAX) gehen die Aktienkurse der 30 wichtigsten deutschen Unternehmen ein, die an der Börse notiert sind.

Eine Anlage in Aktien ist risikoreich und verlangt die ständige Beobachtung der Börsenkurse. Aktien können sehr hohe Gewinne bringen, aber auch Verluste.

Aktienfonds und gemischte Fonds

Fonds sind eine Ansammlung von Geld vieler Anleger. Fonds werden von einer Anlagegesellschaft aufgelegt und verwaltet.

Die Fondsmanager versuchen, Aktien verschiedener Unternehmen (→ Aktienfonds) oder Aktien und Anleihen (Gemischte Fonds) oder nur Anleihen (Rentenfonds) so zusammenzustellen, dass die Anleger eine gute Verzinsung (Rendite) erhalten.

Je geringer der Anteil der Aktien im Fonds, desto geringer das Verlustrisiko. Bei einem höheren Anteil an Aktien ist die Chance zu einer hohen Rendite größer.

In **nachhaltige Aktien-** und **gemischte Fonds** werden nur Aktien und Wertpapiere von Unternehmen aufgenommen, die sich verpflichten, bestimmte soziale, ethische und ökologische Standards einzuhalten.

In nachhaltige Fonds werden z. B. Aktien bestimmter Branchen wie Tabak, Luftfahrt, Waffenproduktion und Unternehmen mit Kernkraftwerken, Gentechnik oder Kinderzwangsarbeit nicht aufgenommen.

Der Markt für Nachhaltigkeitsfonds wächst überdurchschnittlich.

Kursschwankungen der Aktien, die im DAX notiert sind

innerhalb von 6 Monaten

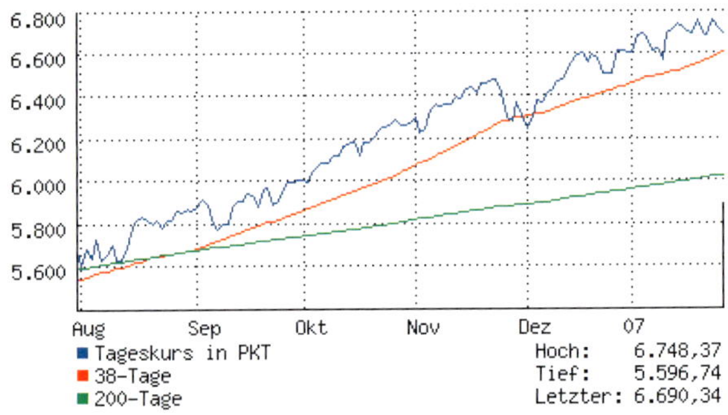

innerhalb von 12 Monaten

http://boersen.manager-magazin.de

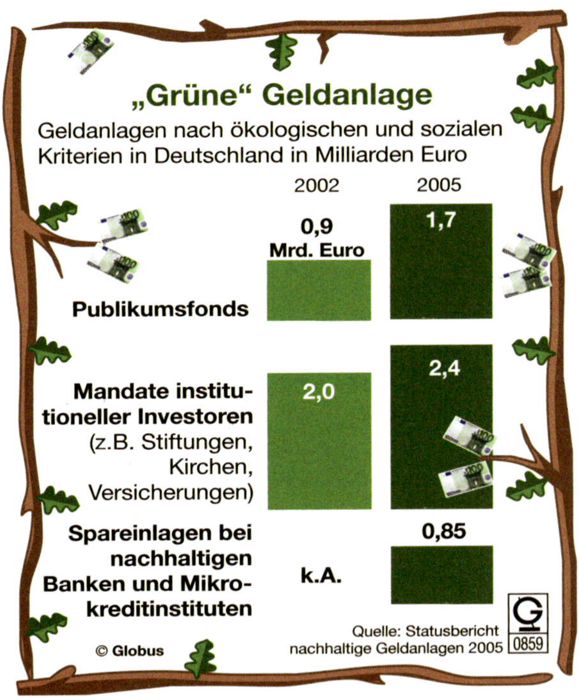

4 Weiterführendes Material

M1 Aufgepasst bei den AGB

Was sind AGB?

Die Allgemeinen Geschäftsbedingungen (AGB) regeln Verkaufs- und Lieferbedingungen.
Sie erleichtern den Vertragsabschluss, weil nicht immer wieder von Neuem die Rechte und Pflichten neu formuliert werden müssen. Damit diese Regeln die Verbraucher nicht benachteiligen, sind im Bürgerlichen Gesetzbuch Bedingungen und Verbote von Regeln oder Klauseln festgelegt.

AGB gelten nur dann, wenn der Kunde
- bei Vertragsabschluss ausdrücklich auf die AGB hingewiesen oder durch einen Aushang darauf aufmerksam gemacht wurde,
- die Gelegenheit hatte, sie gut lesbar zur Kenntnis zu nehmen,
- ihnen zugestimmt hat.

Da die AGB oft in sehr kleiner Schrift vorliegen, nennt man sie auch „Das Kleingedruckte".

Was gesetzlich verboten ist

Generell gilt, dass durch die AGB Rechte der Käufer nicht unbillig eingeschränkt werden dürfen.

Beispiele für unzulässige Klauseln:
- Ausschluss der Gewährleistung,
- Beschränkung der Gewährleistung auf Nachbesserung,
- die Möglichkeit von Preisänderungen innerhalb von vier Monaten nach Vertragsabschluss.

Anfrage eines Users beim Online-Jugendmagazin „checked4you"

„Ich habe zum Geburtstag eine Jahreskarte für ein Fitness-Studio bekommen. Das Training ist wirklich gut und macht mir auch Spaß. Es gibt aber immer wieder Ärger wegen der Getränke. An der Eingangstür hängt ein großes Schild, dass es verboten ist, eigene Getränke mitzubringen. Man soll also die teuren Drinks kaufen, die das Fitness-Studio anbietet – oder verdursten. Ich finde das unfair."

Hier die Antwort

„Da können wir dich beruhigen. Es gibt inzwischen einige Gerichtsurteile, die es eindeutig erlauben, Getränke mit in die Muckibude zu nehmen und dort auch zu konsumieren (wie es so schön heißt). Die Betreiber von Fitness-Centern dürfen weder in ihren Verträgen noch durch einen Aushang im Studio verbieten, dass ihr von zu Hause euer Wasser usw. mitbringt. Es sei denn, sie bieten Getränke zu moderaten, also handelsüblichen Preisen an. Es dürfen lediglich aus Sicherheitsgründen Glasflaschen verbannt werden. Aber da gibt es ja prima Alternativen."

Verbraucherzentrale NRW: www.checked4you.de
▶ Voll aus dem Leben.
Die Serie: Alltägliche Verbraucher(un)fälle
▶ Eigene Getränke im Fitnessshop

M2

Die AGB von INTERFIT zu Ratenkaufverträgen

Allgemeine Geschäftsbedingungen

I. Eigentumsvorbehalt und Rücktrittsrecht des Verkäufers

1. Die verkauften Gegenstände bleiben bis zur vollständigen Bezahlung aller Forderungen Eigentum des Möbelhauses. Der Käufer darf vorher über die gekauften Gegenstände nicht verfügen, sie also nicht verkaufen, vermieten oder verschenken, sondern nur besitzen, das heißt in Gebrauch nehmen.

2. Der Käufer hat die Beschädigung, Vernichtung, Pfändung und jeden Wohnungswechsel unverzüglich dem Verkäufer anzuzeigen.

3. Der Verkäufer kann vom Vertrag zurücktreten, wenn der Käufer unrichtige Angaben über seine Person macht und dadurch seine finanzielle Lage falsch darstellt. Ferner kann der Verkäufer zurücktreten, wenn der Käufer mit 2 Monatsraten im Verzug ist.

4. Falls der Verkäufer zurücktreten will, müssen die von beiden erbrachten Leistungen zurückgewährt werden.

Der Verkäufer darf von den gezahlten Raten die von ihm erbrachten Transport-, Büro-, Personal- und Portokosten abziehen und Ersatz für alle Beschädigungen fordern.

Für die Überlassung der Möbel zum Gebrauch ist eine Gebühr zu zahlen, die die eingetretene Wertminderung der Möbel berücksichtigt. Den Restbetrag hat der Verkäufer zurückzugewähren.

Für die Überlassung der Möbel zum Gebrauch sollen die folgenden Sätze gelten, und zwar bei Rückgabe innerhalb des

1. Halbjahres 35 v. H.
2. Halbjahres 45 v. H.
3. Halbjahres 60 v. H. des Verkaufspreises.

II. Zahlungen und Zahlungsverzug

Der gesamte noch nicht bezahlte Betrag ist fällig, wenn der Käufer mit 2 Raten im Rückstand ist und auch in einer Nachfrist von 14 Tagen nicht zahlt. Diese beiden Raten müssen mindestens 10 v. H. des Teilzahlungspreises betragen. Kann der Restbetrag nicht bezahlt werden, müssen die Möbel zurückgegeben werden.

III. Sonstiges

Zusätzliche oder abweichende Vereinbarungen müssen schriftlich vereinbart werden.

Arbeiten mit den Materialien

Zu M1

1 Die AGB sind oft schlecht lesbar. Warum?

2 Recherchiert bei „checked4you".
Überlegt, ob ihr selbst eine Anfrage an die Online-Redaktion starten möchtet.

3 Recherchiert im Internet die AGB bekannter Händler. Nutzt dazu eine Suchmaschine, z.B. www.google.de, und gebt die entsprechenden Begriffe ein.
Vergleicht z.B. die Bedingungen zur Garantie, zur Lieferzeit und zum Rückgaberecht. Nutzt dazu auch Informationen der Verbraucherzentrale Brandenburg unter www.vzb.de ▸ Suche „AGB"

Zu M2

1 Müllers sind nach sieben Monaten durch die Erwerbslosigkeit von Frau Müller mit zwei Monatsraten im Rückstand. Nach der Mahnung von INTERFIT lesen sie erstmals die AGB genauer, die dem Ratenkaufvertrag beigefügt waren.

- Schreibt die wichtigsten Rechte von INTERFIT auf.
- Rechnet aus, welche Belastungen Müllers entstehen, wenn INTERFIT vom Vertrag zurücktritt.
- Wie hätten Müllers den Zahlungsverzug vermeiden können?

2 Nehmt Stellung und begründet:
Müllers hätten besser aufpassen müssen. In den AGB sind die Rechte beider Vertragspartner gleich gewichtet.

Alles klar?

Ohne Geld läuft nichts

1 Schreibt auf, welche Funktionen das Geld in den folgenden Beispielen hat.

SONJA arbeitet als Auszubildende bei einer Versicherung. Sie bekommt jeden Monat eine Ausbildungsvergütung überwiesen.

GÖNÜL will sich ein Topp kaufen. In der Zeitung findet sie Topps für 12, 10 und 18 Euro.

ANNA spart für einen Urlaub. Auf ihrem Sparkonto sind 120 Euro.

2 Notiert Vor- und Nachteile des Zahlens mit „Plastikgeld".

3 Welchen Wert hat ein vollständiger Satz der Münzen der EURO-Währung?

4 Notiert die 12 Staaten der EURO-Zone. Nehmt den Atlas oder die Abbildung auf der hinteren Umschlagseite zu Hilfe.

5 Jonas, 14 Jahre, wünscht sich zu Weihnachten ein Handy. Er will auf jeden Fall einen Mobilfunkvertrag haben. „Kartenhandys sind uncool."
Nehmt Stellung und begründet eure Meinung.

6 Erklärt die Abbuchungen auf dem folgenden Kontoauszug.

Ich hab' meine Finanzen fest im Griff!

7 Schreibe die gesetzlichen Bestimmungen für einen Ratenkaufvertrag auf.

8 Überprüfe, ob die Informationen für das Kreditangebot vollständig sind.

9 Schreibe auf, was man unter einem effektiven Jahreszins versteht.

10 Schreibe auf, was für Käufer von nachhaltigen Geldanlagen wichtig ist.

11 MIRO hat von seinen Großeltern 5 000 Euro geerbt. Er will das Geld fünf Jahre anlegen und genau wissen, welchen Betrag er dann ausgezahlt bekommt.
Welche Geldanlage würdest du MIRO empfehlen? Begründe.

Kontonummer: 9876543210 — Die Bank — DIBAK — Bankleitzahl: 400 000 00

Buchungstag	Tag der Wertstellung	Verwendungszweck/Buchungstext	Buchungsnummer	alter Kontostand EUR 54,20-
2206	2206	GA NR 00002172 BLZ 400 000 00 22.06./17.10Uhr DIBAK 2172	124227	20,00-
2506	2506	Fotostudio Beitz GmbH Ausbildungsvergütung 06/06	129010	560,00+
2706	2706	Musik-Markt EC-Einkauf v. 27/06/2006	128431	15,00-

Herr
Pascal Winter

Dispo-Kredit EUR 500,00

EUR 470,80+ neuer Kontostand

Kontoauszug vom 28.06.2008 — Auszug 6 — Blatt 1

Soziale Sicherung

1 Soziale Sicherung – eine Verpflichtung des Sozialstaates

Es gibt Lebensrisiken, gegen die sich ein einzelner Mensch oder auch eine Familie alleine nicht oder nicht ausreichend absichern können: das Risiko einer langen und schweren Krankheit, von Erwerbsunfähigkeit oder Behinderung. Auch im Alter fehlen Kraft und Möglichkeiten, durch Erwerbsarbeit die Existenz abzusichern.

Notwendig ist eine Solidarität zwischen Jungen und Alten, Gesunden und Kranken, Menschen mit hohem Einkommen und Vermögen und solchen, die nur über ein geringes Einkommen verfügen.

Ein Sozialstaat wie Deutschland hat die Aufgabe, eine befriedigende soziale Sicherung für alle zu organisieren.

Die gesetzliche Sozialversicherung leistet dazu den entscheidenden Beitrag.

▸ **Leitauftrag** Beschreibt die Lage der Menschen auf den Abbildungen. Was ist heute anders?

Umgang mit Lebensrisiken vor 1883

▲ Bei Krankheit

▲ Vorsorge für das Alter

▲ Arbeitslose suchen im Müll nach Verwertbarem

Soziale Sicherheit 2007

GRUNDGESETZ

Grundsatz des Sozialstaates
„Die Bundesrepublik Deutschland ist ein demokratischer und sozialer Bundesstaat."
(Artikel 20 Grundgesetz)

B Auf einen Blick

Ihr kennt wichtige Bestimmungen der gesetzlichen Sozialversicherung.

Ihr erklärt die Notwendigkeit eines Solidarausgleichs bei der sozialen Sicherung.

Ihr versetzt euch in die Lage von Erwerbslosen.

Ihr kennt und beurteilt wichtige gesetzliche Bestimmungen zum Schutz von Eltern und Kindern.

Ihr erklärt die Notwendigkeit eines Anspruchs auf Sozialhilfe unabhängig davon, ob jemand seine Notlage selbst verschuldet hat.

2 Krankenversicherung

Alle Bürger müssen gegen Krankheit versichert sein. In der gesetzlichen Krankenversicherung (GKV) sind rund 90 % der Bevölkerung versichert, u.a. Arbeitnehmer, Erwerbslose, Rentner, Kinder und Ehepartner, denen gegenüber eine Unterhaltspflicht besteht. Es gibt rund 220 Krankenkassen (2008).
Beamte können sich in einer privaten Krankenkasse (PKV) versichern. Auch Selbstständige versichern sich meistens in der PKV.

Pflichtversicherte

Arbeitnehmer sind nur dann in der GKV pflichtversichert, wenn sie ein vom Staat festgelegtes Bruttoarbeitsentgelt nicht überschreiten. Im Jahre 2008 lag diese Versicherungspflichtgrenze bei 4012,50 Euro im Monat. Arbeitnehmer, deren Bruttoarbeitsentgelt über dieser Pflichtgrenze liegt, können in eine PKV wechseln.

Beiträge

Die Höhe der Beiträge in der GKV richtet sich nach der Höhe des Bruttoarbeitsentgelts. Im Jahre 2008 lag der Prozentsatz im Durchschnitt bei 14,8 %. Arbeitnehmer zahlten 7,85 %, Arbeitgeber den Rest. Ab 2009 gibt es einen Einheitsbeitrag.
Die Höhe der Beiträge in der PKV wird weitgehend nach persönlichem Risiko (Vorerkrankung, Alter, Geschlecht) berechnet.

Wichtige Leistungen der GKV

- Krankengeld, sofern die Lohnfortzahlung wegen einer längeren Erkrankung entfällt
- Arzt- und Zahnarztbehandlung
- Arznei-, Verbands-, Heil- und Hilfsmittel
- Krankenhausbehandlung
- Rehabilitationsmaßnahmen
- Mutterschaftshilfe

Die Versicherten müssen für einige Leistungen fünf bis zehn Euro zuzahlen. Kinder sind bis zum Alter von 18 Jahren von den Zuzahlungen befreit.

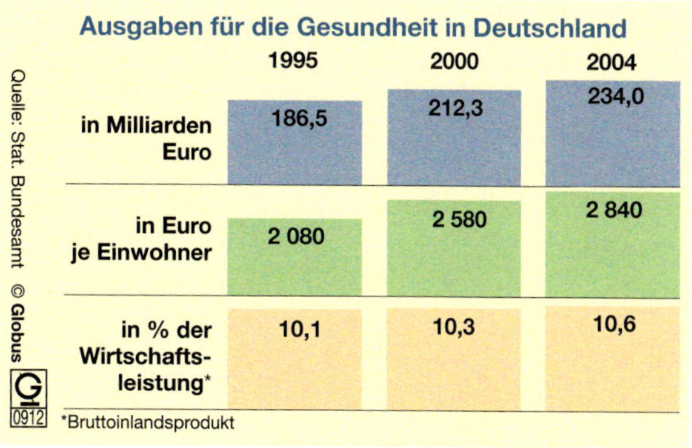

Solidarausgleich in der gesetzlichen Krankenversicherung

Familienlastenausgleich
Ein Arbeitnehmer mit nicht erwerbstätigem Ehepartner und Kindern zahlt für die Leistungen der GKV bei gleichem Bruttoarbeitsentgelt genau so viel wie ein alleinstehender Arbeitnehmer.

Ausgleich beim Arbeitsentgelt
Ein Versicherter mit einem geringen Arbeitsentgelt und entsprechend geringerem Beitrag erhält bis auf das Krankengeld die gleichen Leistungen wie ein Versicherter mit einem höheren Arbeitsentgelt.

A Aufgaben

1 Nehmt Stellung zu folgenden Meinungen.
JANA: „Warum verlangt der Staat für Arbeitnehmer eine Pflichtversicherung? Jeder sollte das selbst entscheiden können."
ORHAN: „Großverdiener können sich dem Solidarausgleich entziehen. Das finde ich ungerecht."
JUDITH: „Wer privat versichert ist, kommt beim Arzt schneller dran. Das finde ich ungerecht."
SIMON: „Wer mehr zahlt, soll auch eine bessere Leistung erhalten. Beim Autokauf ist das auch so."

2 Die Krankenversicherung wurde zum 1. April 2007 reformiert. Einige Bestimmungen treten erst später in Kraft. Informiert euch über die aktuelle Entwicklung unter www.bmg.bund.dp.

3 Renten- und Pflegeversicherung

Rentenversicherung

Sie sichert im Alter und bei Erwerbsminderung weitgehend die Existenz. Die Renten werden durch die Erwerbstätigen finanziert (Generationenvertrag). Für eine befriedigende Sicherung im Alter ist es notwendig, dass die Menschen zusätzlich Ersparnisse bilden. Der Staat fördert die Altersvorsorge.

Versicherungspflicht

Pflichtversichert sind alle Arbeitnehmer. Selbstständige können sich freiwillig versichern.

Beiträge

Die Beiträge zur Rentenversicherung zahlen Arbeitnehmer und Arbeitgeber. Sie richten sich nach der Höhe des Bruttoarbeitsentgelts bis zu einer Bemessungsgrenze (von 5300 Euro im Jahre 2008). Der Prozentsatz beträgt 19,9 %.

Altersrente

Die Höhe der Altersrente hängt ab von

- der Höhe der persönlichen Arbeitsentgelts während des Erwerbszeit,
- der Entwicklung des durchschnittlichen Arbeitsentgelts aller Versicherten und
- der Versicherungszeit.

Die Renten werden regelmäßig zum 1. Juli eines Jahres vom Staat an die Entwicklung der Bruttoarbeitsentgelte angepasst.

Kindererziehungszeiten

Müttern und Vätern werden bei der Erziehung von Kindern Versicherungsjahre angerechnet. Für Kinder, die ab 1992 geboren sind, sind das pro Kind drei Jahre.

Anspruch auf Zahlung der Altersrente

Bislang wird die Rente mit 65, bis 2029 jedoch ansteigend mit 67 Jahren ausgezahlt. Ab 2012 erhöht sich die Versicherungspflicht um jährlich jeweils einen Monat. Wer früher eine Rente beantragt, muss Abschläge hinnehmen.

Rente wegen verminderter Erwerbsfähigkeit

Wer wegen Krankheit oder Behinderung nicht oder nur teilweise erwerbstätig sein kann, hat ebenfalls einen Anspruch auf eine Rente.

Rente wegen Todes

Anspruch auf eine Witwen- oder Witwerrente haben überlebende Ehepartner unter bestimmten Voraussetzungen. Kinder erhalten eine Waisenrente.

Pflegeversicherung

Die Pflegeversicherung unterstützt gut zwei Mio. Menschen, die ständig auf Pflege angewiesen sind. Beiträge müssen alle zahlen, die in der gesetzlichen oder der privaten Krankenversicherung versichert sind. Arbeitgeber und Arbeitnehmer zahlen die Beiträge. Sie liegen 2008 bei 1,95 % bzw. 2,2 % des Bruttoarbeitsentgelts.
Die Höhe der Leistungen für häusliche oder stationäre Pflege richtet sich nach der Pflegebedürftigkeit. Es gibt drei Stufen.

A Aufgaben

1 Ein erheblich höherer Anteil Frauen als Männer erhält Renten bis 900 €. Im Bereich von 900 € bis 1500 € ist es umgekehrt. Notiert Gründe.
Siehe auch www.sozialpolitik-aktuell.de ▸ Datensammlung.

2 Die Lebenserwartung der Menschen in Deutschland steigt ständig an. Nennt mögliche Folgen für die Renten- und Pflegeversicherung.

3 In der Renten- und Pflegeversicherung sind Änderungen zu erwarten. Informiert euch unter www.bmg.bund.de.

4 Mutterschutz, Kindergeld, Elterngeld und Elternzeit

Mutterschutz

Nach dem Mutterschutzgesetz besteht während der Schwangerschaft Kündigungsschutz. Außerdem dürfen Schwangere nicht schwer arbeiten. Sonn- und Feiertagsarbeit sind verboten.
Sechs Wochen vor und acht Wochen nach der Entbindung besteht ein Beschäftigungsverbot mit Anspruch auf Lohnfortzahlung.

Kindergeld

Eltern oder andere Bezugspersonen, die mit einem Kind in einem Haushalt leben, erhalten Kindergeld. Für das erste bis dritte Kind werden pro Monat 154 Euro, ab dem vierten Kind 179 Euro gezahlt (2008). Das Kindergeld ist unabhängig von der Höhe des Einkommens. Im Alter von 18 bis 25 Jahren wird es nur gezahlt, wenn der Jugendliche zur Schule geht, eine Berufsausbildung absolviert, ein freiwilliges soziales oder ökologisches Jahr leistet oder studiert.

Elterngeld und Elternzeit

Mütter oder Väter, die wegen der Betreuung eines Kleinkindes ihre Erwerbsarbeit unterbrechen, erhalten 12 Monate lang Elterngeld. Das sind bei Erwerbstätigen 67 % des Nettoarbeitseinkommens, höchstens 1 800 Euro. Erwerbslose erhalten 300 Euro pro Monat. Verringert der voll erwerbstätige Elternteil die Erwerbszeit um mindestens 30 Prozent, so verlängert sich die Elternzeit auf 14 Monate.

Unbezahlt können sich Eltern bis zu drei Jahre von der Erwerbsarbeit freistellen lassen. Während dieser Elternzeit besteht ein Kündigungsschutz.

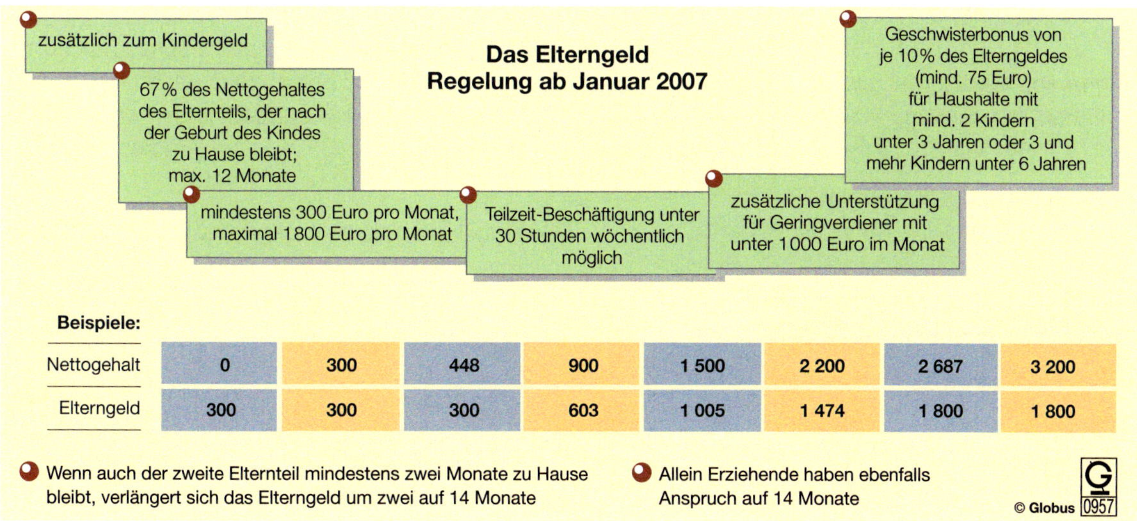

A Aufgaben

1 Begründet den Schutz der Mutter vor und nach der Geburt ihres Kindes.

2 Nehmt Stellung zu folgenden Meinungen.
JESSICA: „Ich finde es ungerecht, dass Eltern, die viel verdienen, ein genauso hohes Kindergeld erhalten wie Eltern, die wenig verdienen."
JUDITH: „Alle Kinder sind gleich. Deshalb sollte auch das Kindergeld gleich hoch sein."
TIM: „Beim Elterngeld haben diejenigen einen Vorteil, die viel verdienen. Ist das gerecht?"
MIKE: „Ich verstehe nicht, warum der Staat so viel Geld dafür ausgibt, dass Eltern 12 oder 14 Monate ihr Kind betreuen. Das Geld sollte lieber für mehr und bessere Kitas ausgegeben werden."

5 Sicherung bei Arbeitslosigkeit

Gegen den Lohnausfall bei Erwerbslosigkeit sind alle Arbeitnehmer pflichtversichert. Der Beitragssatz beträgt 3,3 % im Jahr 2008.

Wer arbeitslos wird, hat nach dem Arbeitsförderungsgesetz Anspruch auf Arbeitslosengeld I oder II. Nur Erwerbsfähige haben einen Anspruch auf die Leistungen. Erwerbsfähig ist ein Mensch, der mindestens drei Stunden pro Tag arbeiten kann.

Arbeitslosengeld I und Arbeitsförderung

Die Höhe des Arbeitslosengeldes (ALG) I beträgt für einen Alleinstehenden 60 %, für einen Arbeitslosen mit mindestens einem Kind 67 % des Nettoarbeitsentgeltes. Es wird maximal 12 Monate gezahlt. Für Arbeitslose über 55 Jahre erhöht sich der Bezug auf 18 Monate.
Ergänzend zum ALG I gibt es u.a. Beratung und Arbeitsvermittlung durch die Arbeitsagentur, Fördermaßnahmen zur Berufsausbildung, Fortbildung und Umschulung. Bei auswärtiger Arbeitsaufnahme werden Zuschüsse gezahlt. Arbeitgeber können Eingliederungszuschüsse erhalten, wenn sie einen Erwerbslosen einstellen.

Grundsicherung für Arbeitsuchende (Arbeitslosengeld II) und Sozialgeld

Erwerbslose ohne Anspruch auf Arbeitslosengeld I und im Alter von 15 bis 65 Jahren haben einen Anspruch auf Arbeitslosengeld II (Hartz IV). Sie müssen ihren gewöhnlichen Aufenthalt in Deutschland haben, erwerbsfähig und hilfsbedürftig sein. Hilfsbedürftig ist, wer seinen Lebensunterhalt und den seiner Familie nicht selbst decken kann.
Sozialgeld erhält jemand, der mit einem Hilfebedürftigen in einem Haushalt lebt (Bedarfsgemeinschaft) und nicht erwerbsfähig ist.

Der Regelsatz für ALG II beträgt
- für Alleinstehende 345 Euro,
- für Kinder bis zur Vollendung des 15. Lebensjahres 207 Euro,
- für Kinder von 15–18 Jahren 276 Euro,
- für Partner ab 19 Jahren 311 Euro (2007).

Zusätzlich gibt es Geld für die Wohnung. Einen Mehrbedarf, z.B. bei Schwangerschaft oder mehrtägigen Klassenfahrten, kann man beantragen. Bei der Bedürftigkeitsprüfung wird vorhandenes Vermögen angerechnet. Die Zahlung der Beiträge zur Sozialversicherung wird übernommen.

Arbeit für junge Menschen

Wer jünger als 25 Jahre ist, wird sofort in Arbeit oder Ausbildung vermittelt. Jeder hat einen bestimmten Berater bei der Arbeitsagentur (siehe auch S.80).

Zumutbare Arbeit

Wer ALG II erhält, muss selbst alles tun, um wieder eine Erwerbsarbeit zu finden. Bei Ablehnung einer zumutbaren Arbeit oder mangelnder Eigeninitiative kann das ALG II gekürzt werden.

▲ „Dieser Betrieb nimmt Sie jetzt als Praktikantin und nach 12 Monaten als Auszubildende. Stellen Sie sich bitte dort vor."

A Aufgaben

1 Informiert euch über den aktuellen Stand der Leistungen unter www.bma.bund.de.

2 Befragt Erwerbslose, die ihr kennt, wie sie die Erwerbslosigkeit erleben, z.B.:
- Reichen das Arbeitslosengeld II und die möglichen zusätzlichen Leistungen zur Sicherung der Existenz aus?
- Hat sich das Zusammensein mit Freunden verändert?
- Wie erleben die Kinder die Erwerbslosigkeit des Vaters oder der Mutter?
- Was ist besonders schwer zu ertragen?

6 Sozialhilfe

Wer in Deutschland in einer Notlage ist oder in eine Notlage zu geraten droht und von keiner anderen staatlichen Stelle Anspruch auf Unterstützung hat, hat Anspruch auf Sozialhilfe. Dieser ist getragen von der Überzeugung, dass jeder Mensch in Würde leben soll. Es spielt keine Rolle, ob eine Person die Notlage selbst verschuldet hat oder nicht. Jeder soll sich der Solidarität der Gesellschaft sicher sein. Sozialhilfe soll vor großer Armut und sozialer Ausgrenzung schützen. Die Stärkung der Selbsthilfekräfte des Menschen ist das erklärte Ziel der Sozialhilfe.

GRUNDGESETZ
Artikel 1

„Die Würde des Menschen ist unantastbar. Sie zu achten und zu schützen ist Verpflichtung aller staatlichen Gewalt."

Leistungen der Sozialhilfe

Die Leistungen sind auf den persönlichen Bedarf einer Person abgestellt. Möglich sind Geld- und Sachleistungen sowie Beratung.

Es besteht z. B. ein Anspruch auf Lebensunterhalt. Er umfasst den grundlegenden Bedarf an Essen, Kleidung, Wohnung, Hausrat und Körperpflege, Hilfe zur Pflege und Unterstützung bei Krankheit, Krankheitsvorsorge, Obdachlosigkeit und Behinderung.

Der Regelsatz liegt 2008 für Alleinlebende und den Haushaltungsvorstand bei 345 Euro, für Kinder bis zur Vollendung des 15. Lebensjahres bei 207 Euro und für die übrigen Personen des Haushalts bei 276 Euro. Zusätzlich gibt es Geld für die Wohnung. Es kann ein Mehrbedarf beantragt werden.

Seit 2005 veränderten sich die Zahlen bei den Sozialhilfeempfängern. Ende 2005 erhielten nur noch 81 000 Personen Sozialhilfe. Das waren 0,1 % der Gesamtbevölkerung. Von allen Sozialhilfeempfängern waren 17 % Kinder unter 15 Jahren.

Viele ehemalige Sozialhilfeempfänger erhalten jetzt Leistungen aus dem Arbeitslosengeld II (Hartz IV). Sozialhilfe bekommen jetzt nur noch Menschen, die vorübergehend erwerbsunfähig, längerfristig erkrankt oder als Rentner mit einer niedrigen Rente im Vorruhestand sind. Auch Asylbewerber erhalten Sozialhilfe, allerdings einen geringeren Satz als Deutsche.

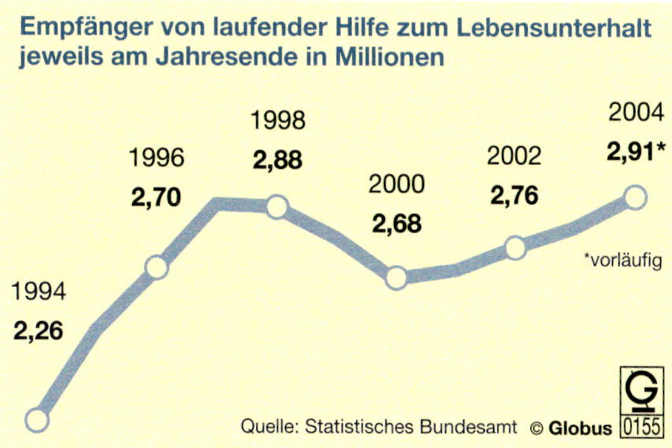

Aufgaben

1 Nennt Gründe für den hohen Anteil von Kindern bei den Empfängern von Sozialhilfe und ALG II.

2 Obwohl jeder, der in eine Notlage gerät, Anspruch auf Sozialhilfe hat, gibt es Menschen, die sich schämen, solche Hilfe in Anspruch zu nehmen.
Nennt Gründe.

3 Nehmt Stellung zu folgenden Meinungen:
ALEX: „Solidarität mit Menschen in Notlage finde ich sehr wichtig. Gut, dass dies im Grundgesetz verankert ist."
TARIK: „Man sollte Sozialhilfe nur als rückzahlbaren Kredit vergeben. Schließlich ist jeder für sich selbst verantwortlich."
LENA: „Ist eine gesetzliche Regelung für so wenige Menschen notwendig?"

7 Unfallversicherung

Die gesetzliche Unfallversicherung schützt bei Arbeitsunfällen und Unfällen in Kindergarten und Schule.
Pflichtversichert sind alle Personen, die in einem Arbeits- oder Ausbildungsverhältnis stehen, Kinder, die einen Kindergarten besuchen, und Schüler und Studenten. Beiträge zahlt der Arbeitgeber bzw. der Schulträger. Gegen Unfälle im Haushalt muss man sich privat versichern.

Wichtige Leistungen
- Maßnahmen zur Heilbehandlung
- Leistungen zur Teilhabe am Leben in der Gemeinschaft, z.B. Haushalts- und Wohnungshilfe
- Leistungen zur Teilhabe am Arbeitsleben, z.B. Berufshilfe und Umschulung
- Renten an Verletzte und Hinterbliebene
- Maßnahmen zur Unfallverhütung

Statistik zum Schülerunfallgeschehen in Deutschland 2005

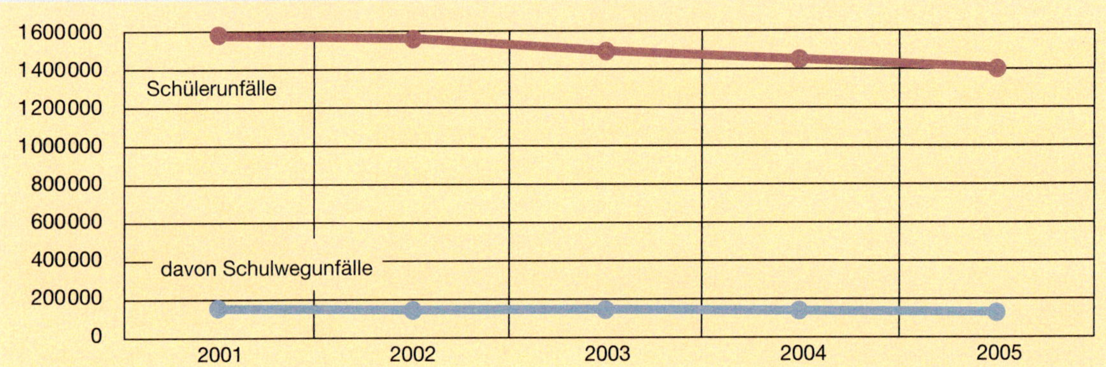

Angezeigte Schülerunfälle nach Schulart (2005)

Schularten	Schulunfälle	Schulwegunfälle
insgesamt	**1290782**	**124650**
davon:	**Angaben in Prozent**	
Grundschulen	15,6	13,2
Hauptschulen	19,4	17,9
Förderschulen	3,9	3,8
Realschulen	11,5	12,0
Gymnasien	15,0	15,8
Sonst. allgemein bildende Schulen	13,9	12,4

Aufteilung der Schülerunfälle im engeren Sinn nach Art der schulischen Veranstaltung (2005)

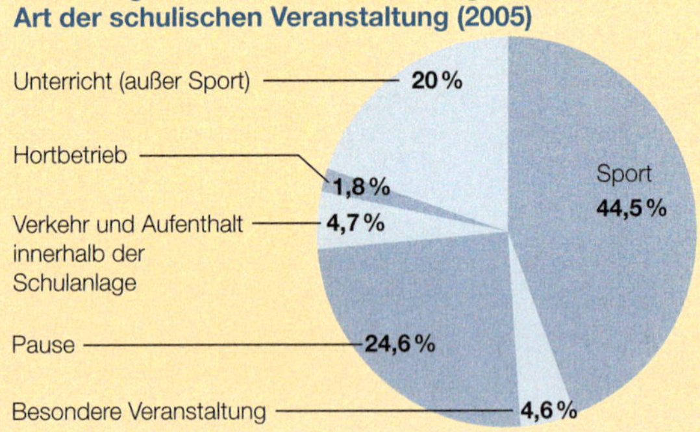

Bundesverband der Unfallkassen (Oktober 2006): „Statistikinfo zum Schülerunfallgeschehen 2005" www.unfallkassen.de ▸ Statistik ▸ Schülerunfallgeschehen

A **Aufgaben**

1 In welchen Schularten passieren die meisten Unfälle? Notiert Gründe.

2 An welchen Orten passieren die meisten Unfälle? Nennt Gründe.

3 Vergleicht mit der Unfallstatistik eurer Schule. Untersucht die Gründe und überlegt, ob die Maßnahmen zur Unfallverhütung ausreichen.

4 Notiert Unfallverhütungsmaßnahmen in der Schulküche und im Werkraum.

5 Überprüft in eurem Praktikumsbericht, welche Unfallverhütungsmaßnahmen in eurem Praktikumsbetrieb zu beachten waren.

8 Weiterführendes Material

M1 Wie fühlen sich Menschen, die keine Erwerbsarbeit finden?

Michael, 42 Jahre:

„Anfangs habe ich mich kaum aus dem Haus getraut. Da hab ich angefangen zu trinken. Das war schlimm. Meine Frau und die Kinder haben mir geholfen, da herauszukommen. Das Verständnis meiner Kinder hat mich sehr berührt – ich habe sie ganz neu kennen gelernt. Ich hab noch immer damit zu kämpfen, mich nicht als Versager zu fühlen. Ich war 15 Jahre als Werkmeister tätig. Hätte nie erwartet, einmal erwerbslos zu werden. Früher hab ich gedacht: Die Arbeitslosen – das sind faule Drückeberger. Die sind selbst schuld, wenn sie keine Arbeit haben. Ja, heute sehe ich das anders. Es gibt sicher einige solcher Leute, aber die Masse der Erwerbslosen will arbeiten.

Als Mann hast du es besonders schwer. Ich spüre bei einigen Bekannten deutlich, dass sie mich bemitleiden und für einen Versager halten – auch wenn sie das nicht laut sagen. Beides ist gleich unerträglich. Ich hab schon ungefähr 50 Bewerbungen abgeschickt.

Jetzt hab ich was in Aussicht. Hoffentlich klappt's".

M2 Der lange Weg ins Nichts

Sebastian Hönicke ist 24 Jahre alt. Wenn der gelernte Einzelhandelskaufmann Bewerbungen schreibt, muss er eine ganze Seite einplanen, um die Stationen seines bisherigen Arbeitslebens aufzuzählen. Beinahe halbjährlich rutscht der junge Mann aus Ingersleben in Thüringen in die Arbeitslosigkeit – immer dann, „wenn mein Arbeitgeber keinen staatlichen Zuschuss mehr bekommt".

Hönicke hat verschiedene Praktika gemacht, bei einer Zeitarbeitsfirma unterschrieben, in Autohäusern der Landeshauptstadt Erfurt gejobbt, in einer Spedition in Bremen und in einem Getränkehandel im hessischen Bensheim. Ist der Job weg, muss Sebastian zurück in die elterliche Wohnung ziehen. Dann sucht er eine neue Stelle. An einen Arbeitgeber, der ihn länger beschäftigt, glaubt er „eigentlich kaum noch".

Mir 16 Jahren kam Hönicke nach Hessen, um überhaupt einen Ausbildungsplatz zu bekommen. Flexibel war er auch bei der Arbeitssuche, jobbte für weniger als 600 Euro Monatslohn. „Genutzt hat es nicht." Die 334 Euro Arbeitslosengeld reichen zum Leben, nicht für Hobbys oder eine Freundin. „Arm und ausgeschlossen fühle er sich", sagt Hönicke.

Die Zeit vom 19.10.2006, S. 28

M3 Kritik an den Leistungen für Empfänger von ALG II und der Sozialhilfe

Vertreter der Wohlfahrtsverbände (z.B. Arbeiterwohlfahrt, Diakonisches Werk, Caritas) und Arbeitsloseninitiativen kritisieren immer wieder Folgendes:
Der Regelsatz ist zu gering. Er ermöglicht nicht ein Leben in Würde, z.B. zur Teilhabe an gesellschaftlichen Aktivitäten wie Sport- oder Musikveranstaltungen.
Alleinerziehende mit Kindern sind kaum in der Lage, ihre Kinder gut zu ernähren und ihnen ein kindgerechtes Leben zu ermöglichen.
Bezieher von ALG II sind nicht in der Lage, für unerwartete Ausgaben Rücklagen zu bilden.

Viele Empfänger von Sozialhilfe und ALG II fühlen sich ausgegrenzt und unerwünscht. Das gilt oft auch für die Kinder.

Viele schämen sich z.B., dass sie Nahrungsmittel bei einer „Tafel" annehmen (siehe M4).

M4 Die Tafel – Hilfe für Arme

Tafel ist die Bezeichnung für eine gemeinnützige Hilfsorganisation, die einwandfreie Lebensmittel, die sonst nicht mehr verwendet würden, an Hilfebedürftige austeilt. Spender sind z.B. Gaststätten, Bäckereien, Supermärkte, Metzgereien und Großmärkte. Bei einem Teil der Tafeln gibt es Suppenküchen, die kostenlos warmes Essen ausgeben. Die Verteilung erfolgt durch ehrenamtlich tätige Personen, die für diese Arbeit kein Geld bekommen. Sie achten darauf, dass nur Bedürftige die Waren erhalten.
Die erste Tafel entstand 1993 in Berlin. 2006 gab es bereits 630 Tafeln. Im Jahre 2005 wurden regelmäßig 500 000 Personen einmal in der Woche von 25 000 Helfern mit Lebensmitteln versorgt.

M5 Lebenserwartung steigt

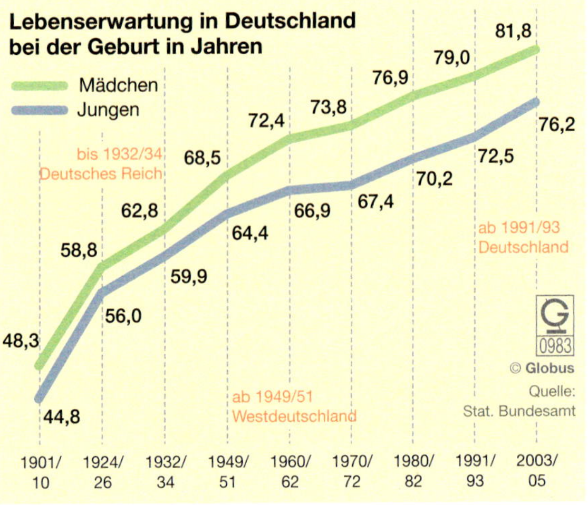

M6 Entwicklung der gesetzlichen Sozialversicherung

1883 Kranken- und Unfallversicherung für Arbeiter
1889 Alters- und Invaliditätsversicherung für Arbeiter
1911 Rentenversicherung für Angestellte
1927 Arbeitslosenversicherung und Arbeitsvermittlung
1957 Rentenreform; die Höhe der Rente hängt u.a. von der wirtschaftlichen Entwicklung und den eigenen eingezahlten Beiträgen ab. Das neue Modell geht von einem Generationenvertrag aus.
1957 Lohnfortzahlung im Krankheitsfall
1969 Arbeitsförderungsgesetz
1972 Rentenreform; Versicherungsberechtigung erweitert, z.B. für Selbstständige und Hausfrauen; flexible Altersgrenze für den Rentenbeginn
1995 Pflegeversicherung
2001 Staatliche Förderung privater Altersvorsorge
2005 Arbeitslosengeld II ersetzt Arbeitslosenhilfe und Sozialhilfe
2007 Reform der Krankenversicherung; Versicherungspflicht für alle

M7 Die Gesundheitsgesamtrechnung

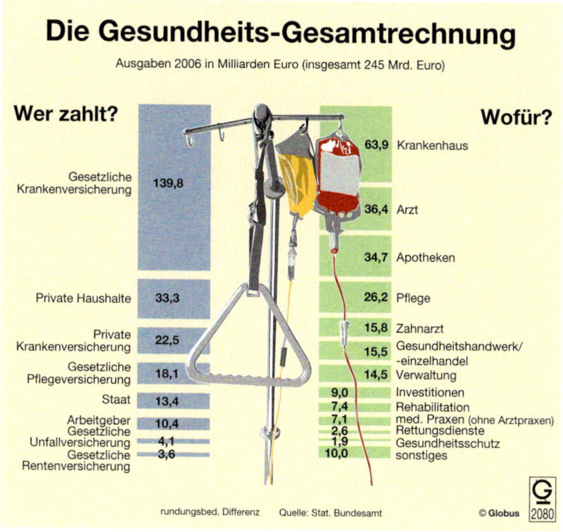

Arbeiten mit den Materialien

Zu M1

1 Notiert, was für Michael besonders schwer ist und was ihn stützt.

2 Beurteilt folgende Meinung.
ANNA: „Ich wundere mich, dass so viel über arbeitslose Menschen geredet wird. Es gibt nur wenige. Ich kenne jedenfalls keine.“
Seht dazu auch Schulbuch S. 79.

Zu M2

1 Notiert die Stationen von Hönickes Arbeitsleben.

2 Wie könnte er seine Lage verbessern?

Zu M3

1 Informiert euch über aktuelle Berichte und nutzt folgende Internetadressen:
www.erwerbslos.de ; www.caritas.de ; www.diakonie.de ; www.diakonie-forum.de ; www.awo.org ; www.igmetall.de

2 Informiert euch über Kontaktstellen in eurer Gemeinde bzw. Stadt.

Zu M4

1 Informiert euch genauer über die Tafel unter
www.wikipedia.org ▸ Suchbegriff: Tafel
www.tafel.de

2 Überprüft, ob es in eurer Gemeinde bzw. Stadt eine Tafel gibt. Wenn ja, befragt Helfer und Nutzer über ihre Erfahrungen.

3 Nehmt Stellung zu folgenden Meinungen:

JAN: „Ich finde die Idee der Tafel großartig. Es ist wichtig, etwas für Arme zu tun und gleichzeitig zu verhindern, dass gute Lebensmittel einfach auf den Müll kommen.“

JUDITH: „Die Idee ist sicher gut, aber es wäre viel besser, wenn Staat und Unternehmen dafür sorgen würden, dass die Menschen nicht auf solch eine Hilfe angewiesen wären. Ich möchte nicht auf solch eine Tafel angewiesen sein. Ist schon irgendwie demütigend.“

Zu M5

1 Rechnet die Lebensjahre aus, die ein heute geborenes Mädchen oder ein Junge im Durchschnitt länger leben wird als Kinder, die 1901 bzw. 1910 geboren wurden.

2 Notiert Gründe für diese Entwicklung.

3 Notiert Folgen, die sich daraus für die Kranken- und Rentenversicherung ergeben.

Zu M6

Die Entwicklung der sozialen Sicherung hat über einen langen Zeitraum zu erheblichen Verbesserungen geführt. Viele Menschen sind der Meinung, dass Einschnitte unvermeidlich sind.
Informiert euch über die geschichtliche Entwicklung in euren Geschichtsbüchern oder im Internet, z. B. unter www.bmgesundheit.de und www.bmas.bund.de

Zu M7

Beurteilt folgende Meinungen:
LYDIA: „Dass die privaten Haushalte so viel zahlen liegt nur daran, dass sie auf die Werbung der Arzneimittelunternehmen hereinfallen.“
MAGNUS: „Wieso zahlen eigentlich die Arbeitgeber?“
ANKE: „Rehabilitation ist wichtig. Sie hilft, die Menschen wieder arbeitsfähig zu machen.“

Private Versicherung

1 Versicherungen schützen vor Risiken

In einer Gesellschaft, in der die Menschen überwiegend in Kleinfamilien und alleine leben, ist eine Vorsorge gegen bestimmte Risiken des Lebens notwendig.
Eine Versicherung gegen Krankheit, Erwerbslosigkeit, zur Alterssicherung, gegen Unfälle bei der Erwerbsarbeit und Pflegebedürftigkeit ist für die meisten Menschen gesetzlich vorgeschrieben (gesetzliche Sozialversicherung).
Wegen der großen Schäden, die sich im Straßenverkehr ereignen können, hat der Staat auch allen Kraftfahrern, Mofa-, Mokick- und Mopedhaltern eine Haftpflichtversicherung vorgeschrieben. Sie schützt Dritte, d. h. Personen, die von einem Fahrer geschädigt wurden.

Andere Risiken, die das Leben der Menschen ebenfalls stark betreffen, können privat abgesichert werden, z.B.

- Fahrraddiebstahl,
- Unfälle in der Freizeit, beim Sport oder im privaten Haushalt,
- Diebstahl, Einbruch, Feuer und Wasserrohrbruch im privaten Haushalt,
- rechtliche Auseinandersetzungen,
- selbst verursachte Schäden an Sachen anderer,
- Berufsunfähigkeit.

Wie funktioniert eine private Versicherung?

Eine Versicherung soll das Risiko, das ein einzelner Mensch nicht alleine tragen kann, durch eine große Anzahl Versicherter absichern (Gesetz der großen Zahl).

Mithilfe der Wahrscheinlichkeitsrechnung können die Versicherungsunternehmen das Risiko für bestimmte Schadensfälle ermitteln. Die Grundlage bilden die Schadensfälle in der Vergangenheit. Berechnet werden kann z.B. die Wahrscheinlichkeit von Autounfällen, Fahrraddiebstählen, Wasserrohrbrüchen. Diese Berechnungen bestimmen die Beitragshöhe. Weitere Gesichtspunkte sind z.B. bei Kfz-Versicherungen der Autotyp und das Alter der Fahrer. Bei der privaten Krankenversicherung sind es das Eintrittsalter und der Gesundheitszustand.
Die Versicherungsunternehmen stehen im Wettbewerb zueinander. Da die Leistungen sehr unterschiedlich sind und es viele Anbieter gibt, können Verbraucher die Leistungen und Preise schwer bewerten. Eine genaue Prüfung ist wichtig.

▸ **Leitauftrag** Begründet die Versicherungspflicht der gesetzlichen Sozialversicherung und die Freiwilligkeit der privaten Versicherung.

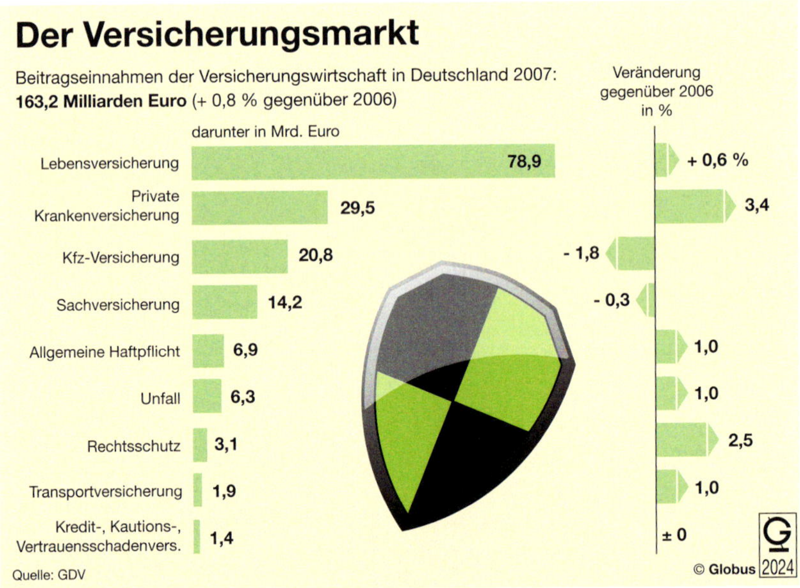

B Auf einen Blick

Ihr erkennt, was Versicherungen leisten.
Ihr versteht, wie Versicherungen kalkulieren.
Ihr kennt die wichtigsten Versicherungen für die Zeit der Berufsausbildung.

2 Welche Versicherungen brauche ich?

Eine Befragung

Schüler der Klasse 9 befragten Verwandte, Nachbarn und Freunde nach den Gründen für einen Versicherungsabschluss.

Claudia, 30 Jahre: „Mein Bedürfnis nach Sicherheit ist gestiegen, nachdem die beiden Kinder geboren wurden. Eine Lebensversicherung war mir wichtig, falls uns etwas passiert. Auch eine Haftpflichtversicherung ist wichtig. Die Kinder können ja alles Mögliche anstellen."

Anke, 28 Jahre: „Ich bin nicht der Versicherungstyp, habe nicht viel Angst. Die Pkw-Haftpflicht ist Pflicht. Außerdem habe ich eine private Haftpflicht und eine Hausratversicherung.

Jens, 18 Jahre: „Ich habe vor einem Jahr meine Berufsausbildung begonnen. Ich bin in der gesetzlichen Sozialversicherung und überlege, ob ich eine private Unfallversicherung abschließen soll. Ich treibe viel Sport. Da ich bei meinen Eltern wohne, brauche ich sonst keine Versicherung."

Simon, 64 Jahre: „Ich habe im letzten Jahr meine Hausratversicherung erhöht. Ich habe mehr Angst vor Diebstahl als früher. Außerdem habe ich eine Rechtsschutzversicherung abgeschlossen. Ich habe Angst davor, dass mich jemand bei Rechtsstreitigkeiten über den Tisch zieht. Vielleicht macht mich das Alter unsicherer. Vielleicht sind auch die Zeiten unsicherer geworden. Man liest so viel Schlechtes in der Zeitung."

Anna, 52 Jahre: „Neulich wollte mir ein Vertreter eine Risikolebensversicherung verkaufen. Glücklicherweise klingelte eine Nachbarin und hat mich vor einem Vertragsabschluss gewarnt. ‚Pass auf', hat sie gesagt, ‚die wollen Geschäfte mit der Angst machen.' Ja, ich werde in Zukunft sehr vorsichtig sein."

Jürgen, 39 Jahre: „Ich habe vor ein paar Monaten meine Hausratversicherung erhöht.
In den letzten Jahren hatte sich der Wert des Hausrats doch spürbar erhöht. Ich war froh, dass es die Zeitschrift ‚Finanztest' von der Stiftung Warentest gibt. Die habe ich in der Stadtbücherei eingesehen. Die Stiftung Warentest ist unabhängig und informiert bestens. Ich habe die Versicherung gewechselt und bezahle jetzt weniger Geld für eine bessere Leistung. Das hätte ich alleine nie herausgefunden."

Gesichtspunkte bei der Entscheidung

- Höhe eines möglichen Schadens oder des Risikos
- Höhe des verfügbaren Einkommens und der Ersparnis
- Vermögen
- Lage der Wohnung oder des Hauses (Wohnumfeld)
- Familienstand
- Alter
- mögliche Unterstützung durch Familie, Freunde oder Nachbarn im Schadensfall

A

Aufgaben

1 Aus welchen Gründen haben die befragten Personen Versicherungen abgeschlossen?

2 Welche Gründe findet ihr selbst sehr wichtig bzw. weniger wichtig?

3 Führt eine Befragung bei Eltern, Nachbarn und Freunden durch.

▲ Versichert gegen Hundebisse jeder Art; ausgenommen sind lediglich
a Bisse von männlichen Hunden,
b Bisse von weiblichen Hunden,
Kastrierte Hunde fallen nicht unter den Begriff Hund.

3 Die Berufsausbildung beginnt – wie versichere ich mich ?

Art der Versicherung Pflicht oder freiwillig	**Auszubildende**	**Berufseinsteiger**
Fahrradversicherung freiwillig	Versicherung gegen Diebstahl. Der Diebstahl muss bei der Polizei gemeldet werden. Zur Schadensmeldung sind Angaben über Hersteller, Marke und Rahmennummer notwendig. Das Fahrrad muss durch ein Schloss gesichert sein.	
Mofa- oder Moped-Haftpflichtversicherung Pflicht	Die Mofa- oder Moped-Haftpflichtversicherung sichert gegen Personen- und Sachschäden ab, die bei einem Unfall Dritten zugefügt werden. Freiwillig ist eine Kaskoversicherung bzw. Teilkaskoversicherung gegen Schäden am eigenen Mofa/Moped.	
Kfz-Haftpflicht-versicherung Pflicht	Die Kfz-Haftpflichtversicherung sichert gegen Personen- und Sachschäden ab, die bei einem Unfall Dritten zugefügt werden. Freiwillig ist eine Kaskoversicherung bzw. Teilkaskoversicherung gegen Schäden am eigenen Auto.	
Privathaftpflicht freiwillig	Wenn die Eltern eine private Haftpflichtversicherung abgeschlossen haben, sind Auszubildende bis zum Ende der Ausbildung mitversichert.	Nach Abschluss der beruflichen Ausbildung oder des Studiums ist eine eigene Privathaftpflicht nötig.
Hausratversicherung freiwillig	Wenn die Eltern eine private Haftpflichtversicherung abgeschlossen haben, sind Auszubildende – wenn sie dauerhaft zu Hause wohnen – bis zum Ende der Ausbildung mitversichert.	Wer dauerhaft von zu Hause auszieht und einen eigenen Haushalt gründet, muss sich selbst versichern.
Auslandskranken-versicherung freiwillig	Der gesetzliche Krankenschutz gilt nicht weltweit. Falls ein Aufenthalt in einem Land vorgesehen ist, in dem die Versicherung keinen Krankenschutz gibt, ist eine Zusatzversicherung sehr wichtig.	
Berufsunfähigkeits-versicherung freiwillig	Erst nach fünfjähriger Berufstätigkeit und Versicherungspflicht zahlt die gesetzliche Rentenversicherung eine Erwerbsminderungsrente.	

A Aufgaben

1 Welche Versicherung müssen bzw. können die Personen in folgenden Fällen abschließen?

- Claudia kauft sich ein Mofa.
- Arnim möchte sich dagegen schützen, dass er als Fußgänger einen Radfahrer schädigt.
- Bernhard möchte seine Wohnung vor Einbruch und Feuer schützen.
- Philip kauft sich einen Gebrauchtwagen.
- Anna will sich gegen Unfälle beim Sport absichern.

2 Informiert euch im Internet über ausgewählte Versicherungen. Es gibt Besonderheiten und Voraussetzungen, die in dem Schema nicht alle aufgeführt sind.

3 Informiert euch bei unabhängigen Beratern, z. B. der Stiftung Warentest, oder der Zeitschrift „Finanztest“ über die Kosten.

Alles klar?

Soziale Sicherung

1 Die gesetzliche Sozialversicherung schützt die Würde des Menschen. Begründe.

2 In der gesetzlichen Krankenversicherung gibt es einen Solidarausgleich.
Beschreibe, was damit gemeint ist.

3 Nenne mindestens drei wichtige Leistungen der gesetzlichen Krankenversicherung.

4 Nenne mindestens drei wichtige Maßnahmen zur Sicherung bei Arbeitslosigkeit.

5 Bezieher hoher Einkommen können sich dem Solidarausgleich der gesetzlichen Krankenkasse entziehen. Begründe.

6 Nenne Maßnahmen zur Unfallverhütung bei Sportunfällen, in der Holzwerkstatt und in der Schulküche.

7 Der Anteil von Kindern bei den Empfängern von Sozialhilfe und ALG II ist hoch. Begründe.

8 Nimm Stellung zu folgenden Meinungen:
ANNIKA: „Beim Elterngeld haben diejenigen einen Vorteil, die viel verdienen. Das ist ungerecht."
FABIAN: „Ich finde, keiner sollte zu einer Versicherung gezwungen werden. Das schränkt die Freiheit ein."
SONJA: „Ich verstehe nicht, warum sich Menschen schämen, Sozialhilfe in Anspruch zu nehmen."

9 Notiere, was Tanja antworten könnte.

Private Versicherung

10 Nenne Unterschiede zwischen der Sozialversicherung und privaten Versicherungen.

11 Nenne Gesichtspunkte, die für die Wahl einer privaten Versicherung eine Rolle spielen.

12 Nenne Gründe für die Rangfolge der abgeschlossenen Versicherungen.

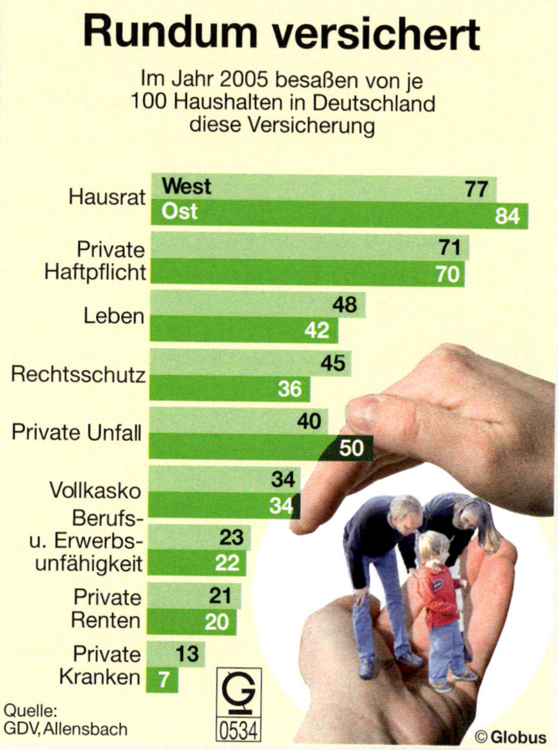

13 Welche Versicherungen sind für dich besonders wichtig?

Auch Bio-Bauern müssen mit Gewinn wirtschaften

1 Ökologisch produzieren – warum?

Niemand möchte Lebensmittel essen, die krank machen. Die meisten Verbraucher vertrauen beim Einkauf auf die Einhaltung staatlicher Vorschriften. Diese sollen sicherstellen, dass schadstoffarm erzeugte Lebensmittel angeboten werden.
Immer mehr Verbrauchern geht das nicht weit genug. Sie wollen z.B. völlig pestizidfreies Obst und Eier von Hühnern, die Biofutter und keine chemischen Medikamente erhalten und nicht aus der →Massentierhaltung kommen.
Zunehmend stellen Landwirte ihre Betriebe auf ökologische Produktion um. Als →Unternehmer müssen sie weiterhin mit Gewinn wirtschaften. Nur dann können sie ihren Betrieb entwickeln, z.B. mit arbeitssparenden Maschinen, und ihre Zukunft sichern.
Ökologisch erzeugte Lebensmittel kosten mehr als herkömmlich produzierte. Immer weniger Konsumenten haben Vorurteile gegenüber dieser Ernährungsform oder glauben, dass sie sich das nicht leisten können.

▸ **Leitauftrag** Welche Aspekte zu ökologisch erzeugten Lebensmitteln sind für euch als Verbraucher bedeutend.

B Auf einen Blick

Ihr kennt Vorteile ökologischer Lebensmittel.

Ihr versteht Gründe, warum sich Landwirte für ökologische Erzeugung entscheiden.

Ihr erfahrt, nach welchen Grundsätzen in der Öko-Landwirtschaft produziert wird.

Ihr versteht wirtschaftliche Gesichtspunkte, die ein Landwirt bei der Führung und der Entwicklung eines Unternehmens bedenken muss.

Ihr überprüft eure Einstellung zu ökologischer Ernährung.

2 Was heißt ökologisch produzieren?

Landwirt Hatz ist überzeugter Bio-Bauer. Wir Autoren sprachen mit ihm über das *Bio-Siegel* und was diese Richtlinien für seine Arbeit bedeuten: „Das Bio-Siegel garantiert, dass bei der Erzeugung bestimmte Richtlinien eingehalten werden. Das muss ich als Landwirt berücksichtigen. Gern will ich dazu etwas sagen.

Pflanzenschutz und Artenvielfalt

„Durch Fruchtfolge statt Monokultur und die Hege von Nützlingen verhindere ich, dass Schädlinge auftreten. Mein *Anbauverband* BIOLAND fordert von mir, dass ich auf chemische Pflanzenschutzmittel (→Pestizide) verzichte. So muss Unkraut mechanisch entfernt werden. Kartoffelkäfer suchen wir per Hand von den Blättern."

Natürliche Düngung

„Pflanzen brauchen Stickstoffdünger, um zu wachsen. Ich baue als Zwischenfrucht nach der Getreideernte Pflanzen an, die Stickstoff aus der Luft sammeln. Sie werden in den Boden eingearbeitet, zersetzen sich und liefern Gründünger."

Artgerechte Tierhaltung

„Tiere, die ich halte, brauchen die Möglichkeit zur Bewegung. Das bedeutet ausreichend Platz in den Ställen und Verzicht auf Massentierhaltung. So verringere ich auch das Risiko für Infektionen."

Artenvielfalt

„Durch neue Pflanzenzüchtungen, evtl. in Verbindung mit →Gentechnik, besteht die Gefahr, dass die Artenzahl weiter zurückgeht. Das kann die Züchtung gesunder Ertragspflanzen behindern, die aus bisherigen Sorten gezüchtet wurden."

Sparsamer Umgang mit Energie und Rohstoffen

„Ich versuche, wenig Energie zu nutzen. Auf den Anbau von Gemüse im Treibhaus verzichte ich. Außerdem gehöre ich einem Maschinenring an. Wir nutzen den Mähdrescher zu mehreren.
Durch Fruchtfolge, Fütterung der Tiere mit selbst erzeugten Produkten und Verwendung von Stalldung erspare ich *Mineraldünger*."

Vertrauen durch Kontrolle

„Wer das Bio-Siegel für seine Produkte nutzt, wird regelmäßig von staatlichen Stellen kontrolliert. Das wissen auch die Kunden. Sie gewinnen allmählich Vertrauen in die Qualität von Bio-Produkten. Auch zwischen uns Anbietern gibt es fairen Wettbewerb. Jeder weiß, wie der andere produziert."

A **Aufgaben**

1 Nennt wichtige Nahrungsmittelgruppen aus ökologischem Anbau. Nutzt dazu das Kapitel ab S. 127.

2 Unterscheidet die Vorgaben des Bio-Siegels nach ihrer Bedeutung für
a) die →Qualität der Produkte (siehe auch **M7**, S. 236)
b) die Umweltbedingungen (siehe auch **M1**, S. 235).

3 Begründet, warum beim ökologischen Landbau pro erzeugtem Produkt mehr Arbeitskraft eingesetzt wird als beim herkömmlichen.

4 Nennt Auswirkungen auf die Verkaufspreise dieser Produkte (siehe **M5**, S. 236).

5 Wie stehst du heute zu Bioprodukten? Hat sich in deiner Einstellung etwas verändert? Begründe!

3 Soll Petra Hatz den Bio-Bauernhof ihrer Eltern übernehmen?

Herr und Frau Hatz wollen ihren Betrieb aus Altersgründen an ihre Tochter Petra übergeben. Sie ist Agraringenieurin und hat in Ökobetrieben gearbeitet. Sie ist bereit, den Betrieb zu übernehmen, möchte ihn aber auf zukünftige Anforderungen vorbereiten. Nur dann kann sie ein gutes *Einkommen* erwirtschaften. Deshalb zieht sie einen Betriebsberater heran. Gemeinsam untersuchen sie die →Kennzahlen des Betriebes.

Gewinn- und Verlustrechnung (GuV)

Die GuV stellt **Ertrag** (*Umsatz*, z.B. aus Tierverkauf, Einnahmen durch staatliche Zuschüsse) sowie **Aufwand** (z.B. Kosten von Tierfutter) gegenüber. Die Differenz, der →Gewinn oder auch der →Verlust zeigt, ob das Unternehmen erfolgreich gewirtschaftet hat.

Ertrag aus … (Vorjahr, in 1000 €)		**Aufwand für …** (Vorjahr, in 1000 €)	
Pflanzenproduktion	29	Pflanzenproduktion	7
Tierproduktion	29	Tierproduktion	6
Handel, Dienstleistungen[1]	16	Handel[2], Dienstleistungen, Reparaturen	
		Abschreibung	20
staatliche Zuschüsse (z.B. Milchprämie)	24	Versicherungen	15
Sonst. Ertrag (z.B. Habenzinsen)	7	Sonst. Aufwand (z.B. Sollzinsen)	20
Summe	**105**	**Summe**	**68**
Gewinn	**38**		

[1] Dienstleistungen, z.B. Erlös aus Pflügen beim Nachbarn
[2] Handel, z.B. Zukauf einer Kuh

Zur Situation des Betriebes

Familiäre Situation – Arbeitskräfte	Agraringenieurin (29 J.), Lebensgefährte arbeitet außerbetrieblich; Vater (60 J.) will weiterhin halbtags, Mutter (55 J.) aushilfsweise mitarbeiten, sie hat Teilzeitstelle außerbetrieblich
Betriebsfläche	33 ha Acker, 15 ha Grünland, mittlere Bodenqualität
Fruchtfolge	Kleegras/Feldfutter – Dinkel – Roggen mit Kleeuntersaat, Sommergerste/Hafer – Dinkel
Tierhaltung	20 Milchkühe, Milchleistung: 78000 kg Milch/Jahr, 8 Mastbullen
Aufstallung	Milchkühe – Anbindehaltung[1] Mastbullen – Laufstall
Fütterung	Silofutter in Ballen von Hand
Vermarktung	Milch an Biomolkerei; Getreide an Bäckereien und Naturkostläden; Fleisch von Mastbullen portioniert an Endverbraucher
Finanzielle Situation	schuldenfrei, Rücklagen vorhanden, Geschwister: Erbe ausgezahlt, Betriebsnachfolgerin muss Eltern Altenteil[2] zahlen

[1] für Übergangszeit bei Biohöfen noch erlaubt
[2] Unterhaltsbetrag (Leibrente)

A Aufgaben

1 Welche Bedeutung hat eine Betriebsnachfolgerin für die Eltern?

2 Warum prüft Petra Hatz, ob sie den Betrieb übernehmen soll?

3 Welche Informationen enthält die Gewinn- und Verlustrechnung?

4 Nennt Maßnahmen zur Steigerung des Gewinns. Wodurch könnte sich dieser verringern?

4 Für mehr Gewinn: Betriebsentwicklung

Ausblick auf die nächsten Jahre

Petra Hatz scheint der bisherige jährliche Gewinn zu gering. Er muss reichen für: Kosten ihres Haushaltes, Beiträge zu privaten Versicherungen, insbes. Alterssicherung, Steuern, Reparaturen des Wohnhauses und das Altenteil. Diese Privatentnahmen machen ca. 25 000 Euro aus. Es verbleiben etwa 13 000 Euro zur Entwicklung des Betriebes, z. B. für → Investitionen.

Bei den Maschinen und Gebäuden rechnet sie in den nächsten Jahren mit → Ersatzinvestitionen für zu erneuernde Geräte. Mittelfristig muss die Haltung der Kühe statt mit → Anbindehaltung im Laufstall erfolgen. Das wird bei Biobauern gefordert und erhöht den Platzbedarf. Da auch ihr Vater in den nächsten Jahren als Arbeitskraft ausfällt, ist zu überlegen, statt Milchviehhaltung nur noch Bullenmast zu betreiben.

Petra Hatz entwickelt Pläne zur Erweiterung

Bei ihren Wünschen: gutes Einkommen, Familiengründung und Absicherung des → Lebensstandards der Eltern durch ein Altenteil, braucht der Betrieb ein zusätzliches Standbein.

Sie hat Berufserfahrungen mit der Legehennenhaltung gesammelt. Sie denkt in einem ersten Schritt an 1 500 Legehennen. Ein Teil des erzeugten Getreides könnte an diese verfüttert werden. Es besteht Nachfrage nach Eiern durch einen Großhändler. Ein Teil könnte direkt an Endverbraucher und Wiederverkäufer (Hofläden und Einzelhandel) vermarktet werden.

Dabei entstehen Kosten für die Sortierung (Lohnkosten), für die Verpackung und den Transport der Eier zu den Kunden. Diese Vermarktung erfordert Zeit. Es können aber höhere Preise im Vergleich zum Verkauf an den Handel erzielt werden, und der Betrieb hat die Chance auf feste Kunden.

Beim Futtergetreide ließe sich auch ein Tauschhandel mit einem anderen Bio-Bauernhof absprechen: Geflügelmist gegen Futtergetreide.

Investitions- und Finanzierungsbedarf	(in Euro)
Gebäude inkl. Sortier- und Abpackraum	63 700
Betriebseinrichtungen, insbes. Voliere, Legenester, Lüftung, Futtersilos, Zaun	43 100
Vermarktung, insbes. Eierstempelgerät	2 500
1 500 Junghennen	12 000
Futter für 8 Wochen	4 700
Reserve für Unvorhergesehenes	14 000
Insgesamt	**140 000**

Finanzierungskonzept	(für 140 000 Euro)
Privatvermögen	25 000
Eigenleistungen beim Bau	15 000
Bankdarlehen	100 000
Zinsen und Tilgung für Bankdarlehen pro Jahr (Laufzeit 15 Jahre, Zinssatz 5 %, davon: Tilgung 6 666 €, Zinsen 2 967 €)	9 634

Erwartete Leistungen und Kosten	(pro Jahr/Euro)
Geplante Erträge (Umsatz aus Eier- und Fleischverkauf)	60 000
Geplante Aufwendungen[1], insbes. Kosten für Legehennen, Futter, Tierarzt, Versicherungen, Energie, Wasser, Schlachtung, Vermarktung	39 000
Überschuss	21 000

[1] ohne Finanzierung (s. Finanzierungskonzept)

A Aufgaben

1 Nennt Gründe für ein weiteres Standbein des Betriebs.

2 Erklärt die Überlegungen zur Vermarktung der Eier.

3 Berechnet den geplanten Gewinn der Legehennenhaltung. Ermittelt dazu die Differenz zwischen Überschuss und Finanzierungskosten (Zinsen + Rückzahlung).

4 Worin liegt das Risiko bei der Entscheidung für die Erweiterung des Betriebes?

5 Soll Petra Hatz den Biohof übernehmen? Begründet!

5 Erkundung eines Bio-Bauernhofes

Hinweise zur Vorbereitung

Bei der Auswahl eines Betriebes hilft euch das Informationsportal von ÖKOLANDBAU: www.oekolandbau.de und die Bundesinitiative LERNEN AUF DEM BAUERNHOF: www.lernenaufdembauernhof.de

Wenn ihr einen Betrieb gefunden habt, müsst ihr die Erkundung weiter vorbereiten. Informiert euch dazu auch auf den Methodenseiten Betriebserkundung, Arbeitsplatzerkundung und Befragung (Interview).

Im Folgenden erhaltet ihr Anregungen für eigene Schwerpunkte zur Befragung und Beobachtung. Beachtet Verhaltensregeln und angemessene Kleidung. Gibt es Schüler mit speziellen Allergien?

Arbeits- und Umweltbedingungen

Beispiel: Milchviehhaltung

- Wie werden die Kühe gehalten? Wann sind sie draußen/im Stall?
- Wie verhalten sie sich untereinander?
- Welche Art Futter erhalten sie? Welche Bodenfläche für Futtererzeugung ist pro Jahr notwendig? Wird Futter zugekauft?
- Wie viel Milch gibt eine Kuh am Tag/im Jahr?
- Wie werden die Kälber aufgezogen?
- Welche Anforderungen stellt das Melken?
- Wie werden die Tiere gesund gehalten?
- Wie wird eine Kuh bei Krankheit behandelt?
- Was ist das Besondere an der ökologischen Tierhaltung?

Beispiel: Landbau

- Was sind Schädlinge, was sind Nützlinge?
- Mit welchen Anbau- und Pflegemaßnahmen hält der Öko-Bauer die Pflanzen und den Boden gesund? (Die Materialien **M5** und **M7** S. 236, 237 helfen auch bei der Vorbereitung.)
- Wodurch wird die Artenvielfalt gefördert?
- Wie wird der Boden gedüngt?
- Warum wird auf chemische Düngemittel und Pestizide verzichtet?
- Welche Bedeutung hat das Verbot gentechnisch veränderter Pflanzen?

Evtl. könnte in Verbindung mit dem Fach Biologie der Boden näher untersucht werden.

Arbeitsanforderungen an Landwirte

- Wie sind Ihre Arbeitszeiten in der Woche/am Wochenende/im Jahresverlauf? Wie ist Urlaub möglich?
- Welche Arbeiten erledigen Sie im Stall?
- Welche Arbeiten erledigen Sie auf dem Feld?
- Welche Werkzeuge, Geräte und Maschinen bedienen Sie bei der Arbeit?
- Was müssen Sie über Umwelt- und Tierschutz wissen?
- Welche Büroarbeiten fallen an?
- Was ist an Ihrer Arbeit anstrengend, was bereitet Freude, was belastet? Warum?
- Mit welchen Arbeitskräften arbeiten Sie zusammen? (Zur Vorbereitung s. auch **M6**, S. 236.)

Ökologische Produktion – wirtschaftliche Bedingungen

- Warum haben Sie sich für die ökologische Produktion entschieden?
- Welche Produkte stellen Sie auf dem Hof her?
- Auf welchem Wege vermarkten Sie diese?
- Gehören Sie einem Anbauverband an (mehr dazu in **M3**, S. 235)? Wie unterstützt dieser Ihre Arbeit?
- Wie wird kontrolliert, dass Sie die Vorschriften zur ökologischen Betriebsführung einhalten?
- Was bedenken Sie, wenn Sie Energie und Rohstoffe verwenden?
- Wie sind Sie mit den Absatzmöglichkeiten, den Preisen und dem Gewinn zufrieden?
- Wie werden Bio-Bauern vom Staat gefördert?
- Was haben Sie in den letzten Jahren getan, um Ihren Betrieb auszubauen, was planen Sie?

6 Weiterführendes Material

M1 Öko-Betriebskreislauf

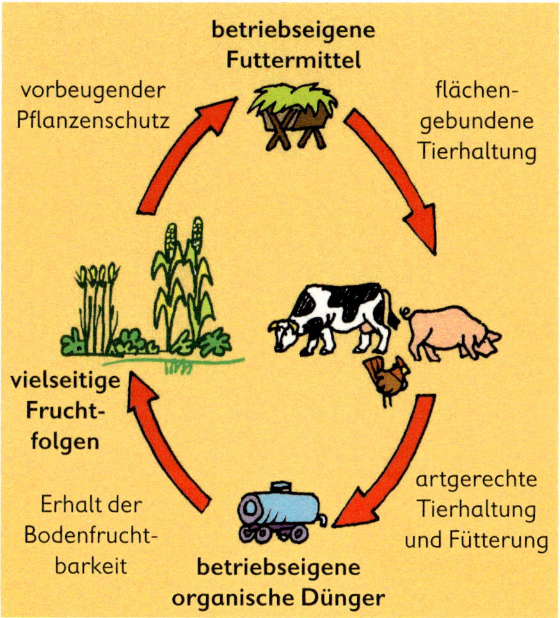

Nach **aid infodienst**/Neuerburg: www.was wir essen.de ▸erzeugung ▸oekolandbau

M2 Betriebe ökologischen Landbaus

Jahr	Zahl	Anteil an landwirtsch. Betrieben in %	Fläche in 1000 ha	Anteil an landwirtsch. genutzter Fläche in %
1996	7353	1,3	354	2,1
2000	12740	2,8	546	3,2
2007	18703	5,3	866	5,1

BMELV: www.bmelv.de ▸Landwirtschaft ▸ökologischer Landbau in Deutschland

M3 Ökologische Anbauverbände

Teilweise strenger als die Vorschriften zur Vergabe des *Bio-Siegels* sind die Richtlinien dieser Anbauverbände. Die meisten Bio-Betriebe sind in einem der folgenden Verbände organisiert:

Bioland	www.bioland.de
Biokreis	www.biokreis.de
Demeter	www.demeter.de
Naturland	www.naturland.de

M4 Landwirtschaftliche Produktionsbetriebe im Vergleich

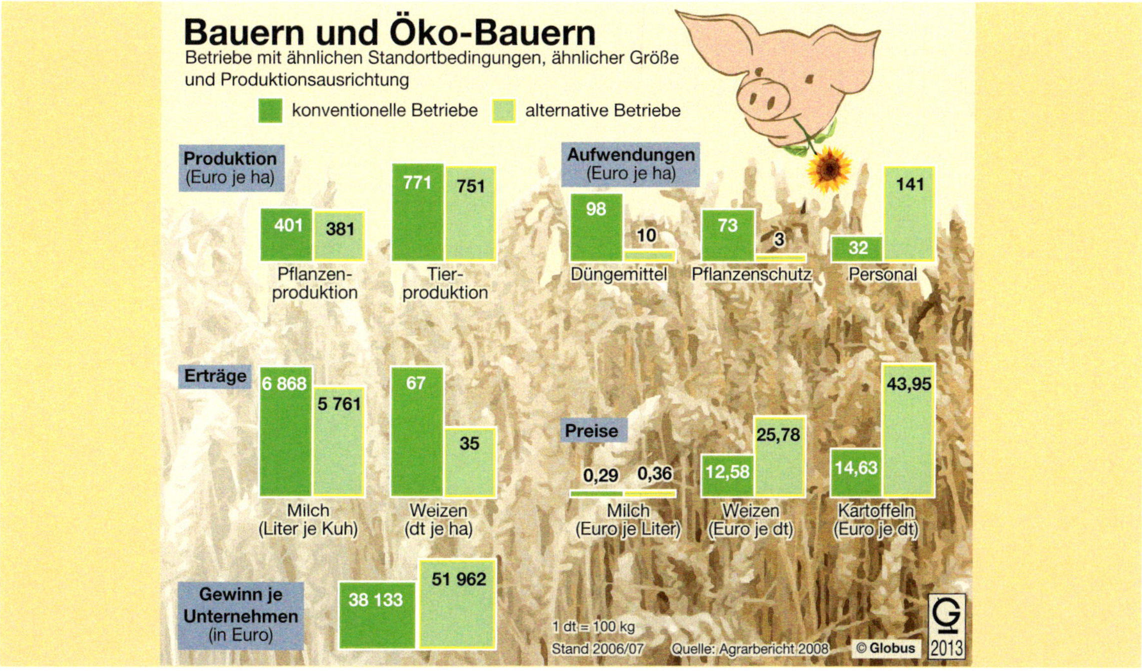

M5 Was macht ökologisch erzeugte Lebensmittel teurer?

Durch den Verzicht auf künstlich erzeugten Dünger und Pflanzenschutzmittel sind die Ernteerträge geringer. Da etwa ein Drittel der Fläche mit Leguminosen (Pflanzen, die als natürlicher Dünger genutzt werden) bebaut wird, fehlt sie für den Anbau pflanzlicher Nahrungsmittel.
Öko-Bauern halten, bezogen auf die Fläche, weniger Tiere. Die Fütterungsvorschriften führen zu längeren Mastzeiten und geringeren Milchmengen.
Die Anbaumethoden sind sehr arbeitsaufwändig, etwa der mechanische Pflanzenschutz.
Die meisten Verarbeiter sind kleine Unternehmen und die Vermarktungswege sind noch nicht so effektiv. Das bedeutet zwar Arbeitsplätze, kostet aber auch mehr Geld.

Nach **aid**: Lebensmittel aus ökologischem Anbau. Bonn 2003, S.27

▲ Absammeln von Kartoffelkäfern im ökologischen Landbau

M6 Berufsbild Landwirt/-in

Landwirte haben die Aufgabe, pflanzliche und tierische Produkte zu erzeugen und zu verkaufen. Produktionsbereiche sind Acker-, Obst-, Wein-, Hopfen-, Gemüse- oder Waldbau, die Grünlandnutzung, die Rindvieh-, Schweine- oder Geflügelhaltung. Landwirte bedienen, überwachen und warten Maschinen, Geräte und landwirtschaftliche Nutzfahrzeuge. Abhängig vom jahreszeitlichen Ablauf bearbeiten sie den Boden, wählen Saatgut aus, düngen, schützen und pflegen die Pflanzen. Nach der Ernte lagern oder konservieren sie die Erzeugnisse oder vermarkten sie direkt.
In der Tierhaltung füttern, tränken, pflegen sie die Nutztiere und reinigen die Ställe.
Betriebswirtschaftliche Aufgaben sind: Buchführung, Kalkulation, Beobachtung technischer Neuerungen. Hinzu kommen das Handhaben von Werkzeugen und Maschinen und Instandsetzungsarbeiten. Bei den Tätigkeiten beachten sie den Umwelt- und Tierschutz.
Beschäftigung finden Landwirte insbesondere im eigenen landwirtschaftlichen Betrieb oder in landwirtschaftlichen Großbetrieben ...

Nach **Bundesagentur für Arbeit**: http://infobub.arbeitsagentur.de ▸ Berufenet

Auf die Tätigkeit in der ökologischen Landwirtschaft und die Betriebsführung bereiten Fachschulen und Weiterbildungsseminare der Anbauverbände vor. Eine Übersicht geben die ökologischen Anbauverbände unter www.soel.de ▸ Ökolandbau ▸ Fachthemen ▸ Ausbildung und Studium

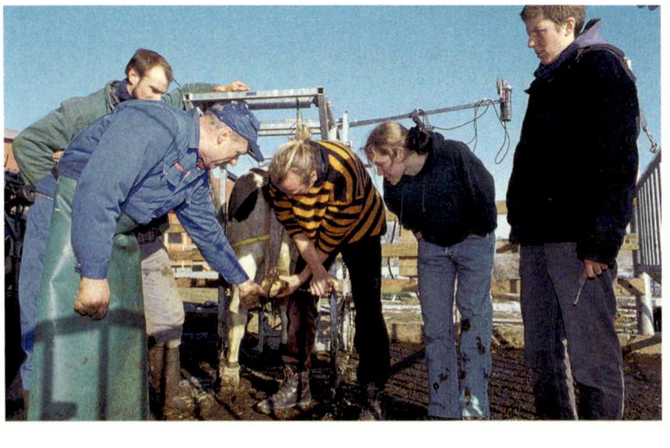

◂ Klauenpflegekurs zur Ausbildung von Landwirten

M7 Gesundheit fördern – durch ökologische Lebensmittel?

Ob eine Ernährungsweise die Gesundheit fördert, hängt von der Auswahl und Menge der Lebensmittel ab – unabhängig davon, ob diese ökologisch oder herkömmlich erzeugt wurden. Nach wie vor werden zu viele energie-, fett- und zuckerreichen Nahrungsmittel gegessen. Dazu kommen viele vorgefertigte Produkte (z.B. Fertiggerichte).

Für eine gesundheitsfördernde Ernährungsweise sollten vor allem pflanzliche Lebensmittel mit einem geringen Verarbeitungsgrad gegessen werden. So bleiben z.B. Vitamine erhalten. Wenig oder nicht bearbeitete Produkte sind vor allem Grundnahrungsmittel wie Gemüse, Obst, Vollkornprodukte, Kartoffeln und Hülsenfrüchte. Ökologisch erzeugte Lebensmittel haben gegenüber herkömmlich erzeugten Vorteile:

- Die Stickstoffversorgung der Böden von Öko-Betrieben erfolgt durch Leguminosen (z.B. Lupinen). Mithilfe von Bodenbakterien und Sonnenenergie binden sie den Stickstoff aus der Luft und machen ihn für die Pflanze als Gründünger verfügbar. Daneben wird organischer Dünger (z.B. Stallmist) gut dosiert auf die Felder gebracht. Überdüngung durch leicht löslichen Mineraldünger wird so vermieden. Überdüngung kann zu überhöhten Nitratgehalten führen. Ökologisch erzeugtes Gemüse hat nur die Hälfte des Nitratgehaltes. Nitrat kann im Körper krebsfördernde Nitrosamine bilden.
- Durch Fruchtfolge, Förderung von Pflanzengemeinschaften und Förderung von Nützlingen können sich im Öko-Landbau Schädlinge nicht so stark vermehren wie in Monokulturen. Dort werden Pestizide eingesetzt, für die Höchstmengen gelten, die unbedenklich sein sollen. Langfristig ist eine Gesundheitsschädigung nicht auszuschließen.
- In der ökologischen Tierhaltung dürfen Medikamente, z.B. Antibiotika, nicht vorbeugend eingesetzt werden. Es werden Naturheilmittel verwendet. Rückstände von Medikamenten in Nahrungsmitteln können dazu führen, dass diese im Fall einer notwendigen Therapie zur Krankheitsbekämpfung beim Menschen unwirksam sind.
- Bei einzelnen Vitaminen und Mineralstoffen wurden höhere Nährstoffwerte in Gemüse und Obst gefunden, z.B. Vitamin C, Kalium, Calcium und Eisen. Das hängt teilweise vom geringeren Wassergehalt ökologischer Lebensmittel ab. Bestimmte Pflanzenstoffe (z.B. Farb- und Geschmacksstoffe und Pflanzenhormone) kommen in ökologischen Lebensmitteln stärker vor und können das Risiko von Herz-Kreislauf- und Krebserkrankungen senken. Testpersonen stellten einen besseren Geschmack fest.

▲ Gründüngung durch Lupinen

Nach **BMELV 2003**:
www.oekolandbau.de ▶ Hauswirtschaft und Ernährung

Arbeiten mit den Materialien

Zu **M1** Beschreibt den ökologischen Betriebskreislauf. Zieht dazu Informationen aus dem Schulbuch, S. 230 heran.

Zu **M2** Verfolgt die Entwicklung bei Anzahl und Fläche ökologischer Betriebe.

Zu **M4** Vergleicht die Werte herkömmlicher und ökologischer Betriebe. Begründet die Abweichungen. Zieht dazu auch S. 231 und **M5**, S. 236 heran.

Zu **M7** Begründet Ernährungsvorteile ökologisch erzeugter Lebensmittel.

Methode Betriebserkundung

1 Darum geht es

Eine Betriebserkundung gibt euch einen Einblick in die Arbeitswelt. Ihr könnt nach verschiedenen Schwerpunkten erkunden:

- Arbeitsanforderungen, z.B. im Arbeitsablauf an einem Arbeitsplatz
- Arbeits- und Umweltbedingungen bei der Produktion
- Güterangebot, z.B. nach Qualität, Umwelteigenschaften, Preis
- wirtschaftliches Handeln im Unternehmen, z.B.
  - Organisation des Produktionsablaufs
  - Aufbau des Betriebes
  - Einkauf von Werkstoffen, *Betriebsmitteln*
  - Absatz der Produkte
  - Entwicklung des Unternehmens
- Berufe, die hier gefragt sind

Bereitet euch auf die Schwerpunkte vor. Sucht nach Informationen, z.B.

- auf der Website des Unternehmens
- durch die Methode Auswertung von Texten im Betrieb durch Beobachtung und die Methode Befragung.

2 So läuft es ab

Vorbereitung

- Ziele festlegen, also klären, warum ihr den Betrieb erkunden möchtet
- Erkundungsschwerpunkt(e) bestimmen (s. o.)
- Informationen zum Schwerpunkt beschaffen und auswerten
- Betrieb auswählen (Branchenverzeichnis, Internet, →Kammer, Verbände, Innungen)
- Kontakte durch Schüler/Lehrer herstellen; evtl. Vorerkundung durchführen, Schwerpunkte, Zeitrahmen, Ablauf vereinbaren, Erlaubnis für Befragung, Fotografieren ... einholen
- Aufgaben für die Erkundung auf Einzelne und Gruppen aufteilen
- Verhalten im Betrieb abstimmen
- festlegen, auf welche Weise Informationen gesammelt werden sollen (Befragung, Beobachtung ...)
- übernommene Aufgaben vorbereiten, ggf. Technik organisieren (Camcorder)
- Genehmigungen einholen (Schulleitung), Versicherungsfragen klären
- Vorüberlegungen zur Auswertung und *Präsentation* sowie Reflexion des Vorhabens anstellen (siehe Methode Gruppenarbeit), evtl. dazu Experten aus dem Betrieb dazu einladen.

Durchführung

- Erkundungsaufgaben erledigen, Ergebnisse aufschreiben, ggf. in Bild und Ton festhalten
- auch ungeplante Eindrücke einbeziehen
- im Abschlussgespräch offene Fragen klären

Auswertung

- Ergebnisse zum Schwerpunkt in der Gruppe ordnen, aufbereiten und auswerten
- noch fehlende Informationen besorgen (auf der Website, im Betrieb, durch Telefonat ...)
- Dank an Betrieb aussprechen, evtl. auf Präsentationstermin verweisen und dazu einladen
- Technik zur *Präsentation* einüben
- Präsentation durchführen
- Ergebnisse bewerten (inhaltlich und auf die Darstellung, den Vortrag bezogen)
- Vorbereitung, Durchführung und Auswertung reflektieren (Vorüberlegungen aus der Vorbereitung nutzen, s.o.)

Alles klar?

Auch Bio-Bauern müssen mit Gewinn wirtschaften

1 Nennt fünf Merkmale ökologischen Landbaus.

2 Erklärt, wie Tiere auf einem Biohof gehalten und gefüttert werden.

3 Nennt Vorteile ökologisch erzeugter Lebensmittel für die gesunde Ernährung.

4 Erklärt die folgenden Begriffe aus der ökologischen Landwirtschaft:
- artgerechte Tierhaltung
- vorbeugender Pflanzenschutz
- vielseitige Fruchtfolgen
- flächengebundene Tierhaltung
- organischer Dünger
- betriebseigene Futtermittel

5 Erklärt mithilfe des Öko-Betriebskreislaufs (siehe M1, S. 235), warum Bio-Bauernhöfe einen Beitrag zum Umweltschutz leisten?

6 Dirk fährt einmal die Woche mit dem Pkw zum 10 km entfernten Biohof, um 20 Bio-Eier aus Freilandhaltung zu kaufen. Beurteilt sein Verhalten.

7 Aus welchen Gründen erstellt ein Betrieb eine Gewinn- und Verlustrechnung?

8 Was ist bei der Übernahme eines Betriebes zu bedenken?

9 Welche Voraussetzungen besitzt Petra Hatz, den elterlichen Hof zu übernehmen?

10 Nennt am Beispiel von Petra Hatz je zwei Chancen und Risiken selbstständiger Arbeit.

11 Ökologisch und herkömmlich produzierende Bauern haben unterschiedlich hohe Kosten bei der Produktion. Erklärt Unterschiede. Wie wirkt sich das auf die Preise aus?

12 Der Öko-Markt wächst (siehe auch Schaubild S. 130). Welche Bedeutung hat das für ökologisch produzierende Bauern?

13 Wegen der höheren Kosten ökologisch erzeugter Lebensmittel gründen Erzeuger und Händler für die Vermarktung gerne Organisationen. Welcher Weg kann gewählt werden? Untersucht dazu das folgende Foto.

Ein Bauunternehmen produziert umweltgerecht

1 Klasse 8 bereitet eine Erkundung vor

Die Klasse 8 beschäftigt sich im Arbeitslehre-Unterricht mit dem Thema „Wie funktioniert ein Unternehmen?". Dazu wird auch eine Erkundung in einem großen Bauunternehmen geplant.
Die Schüler wollen an einem Beispiel erfahren, wie ein →Unternehmen seine Produkte herstellt und verkauft. Sie wollen sehen, wie das Unternehmen aufgebaut ist und wie die Beschäftigten zusammen arbeiten.
Zur Vorbereitung der Erkundung nutzen die Schüler die Website des Unternehmens, bereits bestellte Broschüren und die Methode Betriebserkundung, S. 238.

Sie legen die Ziele für die Erkundung fest und erarbeiten Fragen. Sie möchten auch mit Beschäftigten sprechen und Einblick in die Arbeit auf den Baustellen bekommen.
Für die *Auswertung* wollen sie einen Bericht schreiben. Deshalb soll während der Erkundung auch fotografiert und Informationsmaterial gesammelt werden.
Auf den nächsten Seiten könnt ihr Auszüge aus dem Bericht lesen.

▸ **Leitauftrag** Beschreibt, wie die Klasse 8 vorgegangen ist.

B Auf einen Blick

Ihr erklärt, welche Güter das Unternehmen anbietet und welche Abteilungen daran beteiligt sind.

Ihr erfahrt, wie verschiedene Baugewerke zusammen arbeiten.

Ihr könnt die Bedeutung der Ziele, die das Unternehmen hat, für sein Handeln sowie das seiner Kunden und Geschäftspartner beschreiben.

Ihr begründet die Chancen, durch unternehmerisches Handeln Erfolg zu haben und Gewinn zu erzielen.

Ihr erfahrt von Risiken, Misserfolg zu haben und Verluste zu erleiden.

Ihr könnt an einem Beispiel den Ablauf beim Kauf eines Hauses und bei seiner Herstellung erklären.

Ihr erkennt die Bedeutung von Qualitätssicherung und ökologischer Unbedenklichkeit bei der Produktion für Unternehmen und Kunden.

Ihr nennt Anforderungen an die Arbeit in ausgewählten Bauberufen.

2 Das Unternehmen stellt sich vor

Die Leistungen des Unternehmens

Das Unternehmen entwickelt Stein-auf-Stein gebaute Ein- und Zweifamilienhäuser mit Ausstattung und übernimmt Planung und Durchführung des Bauablaufs. Die Häuser können in Musterhausparks besichtigt werden. Wer ein Haus kaufen möchte, erhält dort eine intensive Beratung. Der Bau erfolgt durch die Abteilung HAUSBAU des Unternehmens.

Die Mitarbeiter der Abteilung HAUSBAU und der Franchisenehmer sind für den Hausbau besonders geschult. Das betrifft insbesondere die Sicherstellung:

- bestimmter Arbeitsabläufe
- einer festgelegten Qualität
- einer vorgegebenen Bauzeit.

Für „Bauherren" in Regionen, die vom Unternehmenssitz weit entfernt liegen, übernehmen Partnerunternehmen (→Franchisenehmer) den Bauauftrag. Diese bezahlen an das Unternehmen eine Franchisegebühr für die Nutzung aller Planungs- und Ausführungsunterlagen. Alle Franchisepartner arbeiten bei der Herstellung nach dem gleichen System. So wird gleichbleibende Qualität gesichert.

▲ Musterhauspark Walsrode

Das Unternehmen arbeitet mit Handwerkern für →Fremdgewerke (z.B. Elektroinstallation) zusammen. Baustoffe werden von Baustoffhandelsgesellschaften und der Baustoffindustrie bezogen. Es beschäftigt an seinem Hauptsitz zurzeit ca. 370 Mitarbeiter. Weitere 650 sind bei den Franchisenehmern beschäftigt. Mit den Mitarbeitern der Fremdgewerke (z.B. Sanitärinstallation) sind es fast 4 000 Arbeitsplätze.

Jährlich werden rund 1000 Häuser gebaut und damit ein *Umsatz* von ca. 200 Mio. Euro erwirtschaftet.

Unternehmensorganisation

Unternehmensleitung		
Abteilung INNOVATION, FRANCHISE, MARKETING, FINANZEN, SCHULUNG	Abteilung VERTRIEB und MUSTERHAUSPARKS	Abteilung HAUSBAU
Entwicklung von Haustypen mit Ausstattung, Festlegung der Baustoffe, Verkauf von Baurechten an Franchisenehmer, Marketing, →Rechnungswesen und Mitarbeiterschulung	Beratung, Verkauf von Häusern und weiteren Dienstleistungen, z.B. Finanzierung, Grundstückvermittlung, Bauantragstellung, Bemusterung (Ausstattung)	Auftragsabwicklung beim Bau von Häusern im Verkaufsgebiet

A Aufgaben

1 Nennt Güter, die das Unternehmen produziert.

2 Erklärt, wie die Abteilungen am Hausbau beteiligt sind.

3 Sprecht über die Bedeutung des Unternehmens für den Ort, in dem es angesiedelt ist (Standort). Nutzt **M 1**, S. 250

3 Ziele unternehmerischen Handelns

Interview mit Geschäftsführer Baum

SCHÜLER: „Herr Baum, Sie leiten das Unternehmen. Was heißt es, Unternehmer zu sein?“

BAUM: „Zusammen mit den Abteilungsleitern lege ich die Ziele fest. Wir tragen auch die Verantwortung dafür, diese zu erreichen.“

SCHÜLER: „Welche Ziele sind das?“

BAUM: „Wir benötigen genügend Aufträge, die →Gewinn abwerfen. Dann haben unsere Mitarbeiter Arbeit und wir können sie gut bezahlen.“

SCHÜLERIN: „Was tun Sie, um genügend Häuser zu verkaufen?“

BAUM: „Wir bemühen uns um sehr gute Qualität zu bezahlbaren Preisen. Fast alle unserer 19 000 Kunden sind zufrieden. Viele empfehlen uns weiter. Daneben werben wir natürlich intensiv.“

SCHÜLER: „Sie sagten, dass Unternehmer Gewinn machen müssen.“

BAUM: „Ja, das ist ein starker Anreiz für Unternehmer. Ich arbeite dafür viel, wöchentlich 60 Stunden. Nur mit Gewinn kann sich ein Unternehmen weiterentwickeln, besser werden und im Wettbewerb mit anderen mithalten. So sichern wir auch Arbeitsplätze und schaffen neue.“

SCHÜLERIN: „Was meinen Sie mit ‚besser werden‘? Bitte nennen Sie uns ein Beispiel.“

BAUM: „Wir verwenden ökologische Baustoffe und Verfahren. Auch haben wir den Energiebedarf beim Wohnen in unseren Häusern stark vermindert. Unsere Abteilung für Innovation ist darin Spitze. Seit 2002 bieten wir das sog. 2-LITER-HAUS an. Ein solches Haus kann im Jahr mit der Energie von 2 l Heizöl pro m^2 Wohnfläche beheizt werden. Wärmedämmung und Nutzung erneuerbarer Energien sind dabei unverzichtbar! Das kostet anfangs mehr, spart aber später viel Geld.“

SCHÜLER: „Wir lernten, dass auch eine erhöhte *Arbeitsproduktivität* zum Gewinn beiträgt.“

BAUM: „Ja, Kostensenkung ist unser Dauerthema. Qualitätsprüfer helfen, Fehler und damit Nacharbeit zu vermeiden. Dazu kommt die Weiterbildung der Mitarbeiter. Auch beim Arbeitsablauf lassen sich Kosten senken. Wir lassen z.B. die Baustoffe vom Baustoffhandel mit einem Lastwagenkran genau dahin bringen, wo sie verarbeitet werden. Wir schreiben auch den Ablauf der Arbeitsschritte vor. Das spart Zeit.“

SCHÜLERIN: „Auf dem Bau leisten die Arbeitsgruppen Akkord. Ist das nicht ungesund?“

BAUM: „Die meisten Maurer wollen viel Geld verdienen und sind zu hoher Leistung bereit. Wer keine Akkordarbeit mehr schafft oder will, dem versuchen wir, einen anderen Arbeitsplatz anzubieten.“

SCHÜLER: „Herr Baum, vielen Dank!

A Aufgaben

1 Erklärt die Ziele des Unternehmens und was davon abhängt.

2 Begründet, warum das Unternehmen Gewinn machen muss.

3 Herr Baum betont den ökologischen Hausbau trotz der Mehrkosten. Warum zählt diese Entscheidung für ihn zum „besser werden“?

4 Warum ist dem Unternehmen die Erhöhung der Arbeitsproduktivität wichtig?

4 Marketing: Qualität mit Gewinn verkaufen

Marketing – Plan für das nächste Jahr

Experten aus den Abteilungen MARKETING und VERTRIEB haben zusammen mit einer Werbeagentur *Marketing*maßnahmen erarbeitet. Ihre Umsetzung soll den Erfolg des Unternehmens auch in der Zukunft sichern. Denn das Unternehmen wächst seit Jahren, während in der gesamten Baubranche die Umsätze sinken.

1 **„2-LITER-HAUS"** bewerben. (Dabei im Werbeträger den Nutzen für Käufer bei steigenden Energiekosten betonen)

2 **Fernsehwerbung** schalten, auch zur Förderung des Ansehens und der Bekanntheit des Unternehmens. (Spots entwickeln, Sender festlegen)

3 **Verkaufsberatung** weiter verbessern. (Schulung der Berater und Überarbeiten der Verkaufsunterlagen)

4 **Image-Kampagne** für den neuen hochpreisigen Haustyp entwickeln. (Familien mit hohem Einkommen ansprechen)

5 **Bauen unter einem Zelt** sichert auch im Winter durchgehende Beschäftigung und Lieferfähigkeit. Das wird viel beachtet. (Stärker in der Werbung herausstellen)

6 **Ergänzende Dienstleistungen** bekannter machen, z. B. Hausfinanzierung. (In Prospekten noch lesbarer aufbereiten)

7 **Prüfung der Werkstoffe und Produktionsabläufe** durch Prüf institute (TÜV, DINCERTCO) stärker herausstellen. (Vorsprung vor der Konkurrenz betonen im Werbeträger)

8 **Musterhausparks noch attraktiver gestalten** – sind Visitenkarte des Unternehmens. (Landschaftsarchitekt und Innenarchitekt einschalten)

A Aufgaben

1 Beurteilt in *Gruppenarbeit* den Marketingplan aus Sicht eines Hauskäufers. Berücksicht besonders
- welche Informationen für die Kaufentscheidung gegeben werden
- womit positive Gefühle beim Lesen des Angebots erzeugt werden sollen.

2 Schätzt die Werbeabbildungen ein.

3 Stellt Gründe zur Bedeutung der Absatzpolitik für das Unternehmen zusammen.

5 Qualität und angemessene Entlohnung sichern

Arbeitsabläufe durch Erfahrungswerte verbessern

Während der Arbeit entstehen Erfahrungen. Diese fördern, die Arbeitsaufträge in kurzer Zeit und guter →Qualität zu erledigen. Für das Unternehmen ist es wichtig, solches Wissen und Können der Mitarbeiter zu sammeln. Qualitätsentwickler vergleichen Lösungen des Einzelnen und suchen bessere. So entwickelten sich z.B. Vorgaben für:

- die Reihenfolge der Arbeitsschritte
- den Materialtransport (Baustoffe werden arbeitsplatznah angeliefert. Die Arbeit wird effektiver.)

Diese Vorgaben sparen Zeit und damit Kosten, ohne die Qualität zu vernachlässigen. Das wird Rationalisierung genannt.
Gute Arbeit wird auch durch Zufriedenheit des Beschäftigten mit ihren Arbeitsbedingungen und dem Verdienst gefördert.

Bauaufträge termingerecht erledigen

Für die Erledigung eines Bauauftrags wird ein Arbeitsablaufplan (s. S. 247) erstellt. Daraus ergibt sich der Übergabetermin des fertigen Hauses an den Kunden.
Dieser Terminplan ist während der gesamten Bauzeit für alle Beteiligten verbindlich und garantiert dem Kunden einen pünktlichen Einzug in sein Haus.
Arbeitsablaufpläne dienen auch der Kostenermittlung und →Kalkulation der Preise für die Haustypen. Die Zeitangaben sind außerdem Grundlage zur Entlohnung der Beschäftigten.

Entlohnung nach Leistung

Die Arbeiter erhalten teilweise →Akkordlohn. Die Akkordsätze sind durch Arbeitsstudien ermittelt worden. Dadurch sind Richtwerte für bestimmte Tätigkeiten festgelegt worden, z.B. die Vorgabezeit für das Mauern einer Fläche von 1m² Verblendklinker in geforderter Qualität.

Beispiel Eine Arbeitsgruppe Maurer besteht aus vier Personen, die einen Rohbau fertig stellen sollen. Sie ergänzen sich als Team. Bei hoher Leistung kann jeder im Akkord einen Stundenlohn von ca. 18 Euro erreichen. Mängel müssen ohne Lohnausgleich nachgearbeitet werden.

Qualitätssicherung durch Prüfinstitute

Qualitätssicherung ist dem Unternehmen wichtig. Deshalb lässt es die Bauweise der Haustypen und die dabei verwendeten Materialien durch die unabhängige Prüforganisation DIN CERTCO prüfen und eine bestimmte Qualität bescheinigen (zertifizieren). Auf die Einhaltung dieser Qualität kann sich der Kunde verlassen. Kauft er ein Haus, darf er z.B. davon ausgehen, dass bestimmte Bauteile gegen Feuchtigkeit isoliert sind und jedes Teil nach einer festgelegten Qualitätsvorschrift (Norm) hergestellt ist.

A Aufgaben

1 Womit sichert das Unternehmen die gleich bleibende Qualität seiner Produkte?

2 Wie wirkt sich Rationalisierung bei gleich bleibender Auftragslage auf die Beschäftigung aus?

3 Sprecht über folgende Fälle:
A Im Akkordteam ist Michael heute „nicht gut drauf". Er hat gestern lange gefeiert und schafft nur dreiviertel seiner sonstigen Leistung.

B Dirk, Jan und Tim wollen Mark nicht mehr im Team haben, weil er öfter Rückenprobleme hat.

6 Beratung: Familie Münter will ein Haus kaufen

Der Erkundungsbericht der Klasse 8 endet hier. Jetzt könnt ihr Familie Münter beim Hauskauf begleiten. Dabei erfahrt ihr auch, wie auf einer Baustelle gearbeitet wird.

▲ Das Musterhaus für das Modell MAXIME 300

Das ist Familie Münter

Zur Familie gehören die Eltern: Andrea, 37 Jahre (FM); Dirk, 38 Jahre (HM); die Kinder Sabrina (7 Jahre) und Jan (9 Jahre). Die Eltern planen, ein neues Haus „schlüsselfertig" bauen zu lassen. Sie haben schon mehrere Angebote vorliegen. Nach einem Rundgang durch den Musterhauspark bitten sie um eine Beratung. Es kommt zum Gespräch mit einer Beraterin (B).

Aus dem Beratungsgespräch

FM: „Guten Tag, uns interessiert eines Ihrer Häuser. Wir würden uns gern beraten lassen."

B: „Sehr gern, was kann ich für Sie tun? Ich heiße Andrea Olzog."

HM: „Münter, das ist meine Frau. Wir haben in ihrem Park das Haus MAXIME 300 gesehen. Es gefällt uns. Können Sie uns weitere Informationen geben?"

B: „Sehr gern, was möchten Sie wissen?"

FM: „Wir haben gelesen, dass Sie das Haus als →Energiesparhaus liefern. Mit welchen Heizkosten müssen wir rechnen?"

B: „Rechnen Sie pro Jahr mit ca. 10 Litern Öl oder 10 m³ Gas pro m² Wohnfläche und Jahr. Aber ich könnte Ihnen diesen Haustyp auch als 2-LITER-HAUS anbieten. Mithilfe einer besonderen Heiztechnik schonen Sie die Umwelt. Bei diesem Haus benötigen Sie im Jahr nur so viel Energie pro m² Wohnfläche, wie zwei Liter Öl durch Verbrennen erzeugen können. (1 l Heizöl/1 m³ Gas entspricht dem Energiewert von 10 kWh Strom.) Legen wir die Energiepreise von 2005 zugrunde, zahlen Sie beim 2-LITER-HAUS für Heizung und Warmwasser nur ca. 615 Euro im Jahr. Beim Energiesparhaus sind es ca. 1 336 Euro.

HM: „Welche Mehrkosten entstehen dadurch beim Kauf des Hauses?"

B: „Der Preis erhöht sich um 16 500 Euro. Bitte bedenken Sie, dass Sie keinen Gasanschluss benötigen. Der Elektroanschluss reicht. Falls die Energiekosten um 50 Prozent steigen, sparen Sie im Vergleich zur Gasheizung weitere 300 Euro. In dieser Region gibt es zusätzlich staatliche Förderung.
Hier in der Broschüre sehen Sie das Prinzip der neuen Haus-Technik: Eine Wärmepumpe nutzt die Erdwärme und die 39 cm dicken Außenwände verringern den Energiebedarf."

FM: „Wenn wir die Standardausstattung kaufen, würden wir gern wissen, welche Wahlmöglichkeiten es bei Fliesen und im Sanitärbereich gibt."

B: „Sie können aus dem Sortiment namhafter Hersteller wählen. Gern zeige ich Ihnen das in unserer Ausstellung."

Wie funktioniert die Energie sparende Haus-Technik?

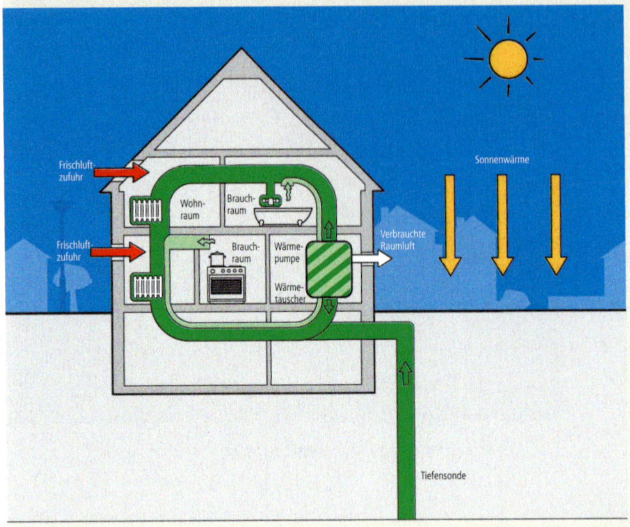

Die innovative Haustechnik bietet Heizung, warmes Brauchwasser, Wohnungslüftung und Wärmerückgewinnung.
Das Prinzip: Tiefensonden führen Erdwärme (ca. 10 Grad C°) über wasserführende Leitungen dem Heizsystem oder der Warmwasserbereitung zu. Der Raumluft wird Wärmeenergie entzogen, die ansonsten ungenutzt entweicht. Diese entsteht zum Beispiel beim Kochen.
Wird die verbrauchte Raumluft herausgeführt, strömt Frischluft hinein. So sorgt das System für Be- und Entlüftung und ein angenehmes Raumklima.
Elektrischer Strom treibt Kompressor, Umwälzpumpe und Lüftungsanlage an.

Nach: www.viebrockhaus.de ▶ Heimvorteile ▶ 2-Liter-Viehbrockhaus ▶ Technik

HM: „Im Internet werben Sie mit einem Sicherheitspaket. Können Sie das näher erklären?"

B: „Gern. Wenn Sie mit uns bauen, garantieren wir, dass das Haus fertig wird. Wir bieten Ihnen eine Baufertigstellungs-Versicherung für den sehr unwahrscheinlichen Fall, dass wir zahlungsunfähig werden. Das Gleiche gilt für die fünfjährige Gewährleistung bei Mängeln. In dieser Zeit sind Sie über eine Versicherungsgesellschaft abgesichert ... Unsere Kunden schätzen auch den für sie kostenlosen Schutz im Falle einer unverschuldeten Arbeitslosigkeit. Dann werden Ihre Finanzierungskosten bis zu 500 Euro monatlich übernommen, bis zu 18 Monate lang ..."

FM: „Beraten Sie uns bei der Finanzierung?"

B: „Ja, gern, da brauche ich ein paar Daten zu Ihrem Eigenkapital und Einkommen."

FM: „Netto verdient mein Mann im Monat 2500 Euro und ich 1200 Euro. Wir haben 60000 Euro Eigenkapital ..."

B: „Das Haus würde mit Keller, Ihren Sonderausstattungen und Grundstück ca. 260000 Euro kosten. ... Die monatliche Belastung wird dann bei den günstigen Zinsen unserer Partnerbank 900 Euro nicht übersteigen."

Das Gespräch berührte noch viele Punkte, die hier nicht vertieft werden müssen.

A Aufgaben

1 Welche Bedeutungen haben Musterhausparks?

2 Berechnet den jährlichen Energiebedarf und die Energiekosten. Geht von 120 m² Wohnfläche, aktuellen Preisen für Gas beim Niedrigenergiehaus und für Strom beim 2-LITER-HAUS aus.

3 Erklärt die Nutzung von Erdwärme.

4 Wertet das Beratungsgespräch aus. Worin drücken sich die Interessen des Unternehmens und der Kunden aus?

5 Warum kann es wichtig sein, sich gegen die genannten Risiken zu versichern?

6 Was ist für die Hausfinanzierung wichtig?

7 Nach Vertragsabschluss: Wie geht es weiter?

Die letzten Entscheidungen vor dem Abschluss

Familie Münter denkt über das Angebot dieses Unternehmens nach und verhandelt auch mit einem anderen Bauunternehmen. Schließlich entscheidet sie sich für das erste Angebot.
Die Abteilung Vertrieb vermittelt ihnen das Grundstück. Es wird geprüft, ob das Haus auf dem Grundstück gebaut werden kann. Auch den Baukredit lassen sie sich hier vermitteln. Dieser ist günstiger als bei anderen Kreditinstituten.
Vor Vertragsabschluss wird der endgültige Grundriss des Hauses gezeichnet, und die bisher feststehenden Kosten werden erfasst.
Vor Baubeginn müssen Münters die erste Rate zahlen. Weitere sind nach Baufortschritt fällig.

Bauvorbereitung und Baudurchführung

Die Abteilung VERTRIEB übergibt den Auftrag mit allen Unterlagen an die Abteilung HAUSBAU. Diese beauftragt die verschiedenen Gewerke. In einem Gespräch zwischen dem technischen Leiter und dem Ehepaar Münter wird der Auftrag noch einmal mit deren Erwartungen verglichen. Später findet auf dem Baugrundstück eine Abstimmung mit dem Rohbauleiter statt, der die erste bis vierte Bauwoche betreut. Er übergibt danach die Bauaufsicht an den Ausbauleiter.
Nach 12 Wochen soll das Haus schlüsselfertig an Familie Münter übergeben werden. Die anstehenden Arbeiten sind vom Unternehmen nach einem genauen Zeitplan zu erledigen. Die wichtigsten Arbeitsschritte werden hier genannt.

Arbeitsablaufplan	
vor Baubeginn	**Bauantrag an Bauamt** Einholen der Baugenehmigung Meldung des Baubeginns (1 Woche vorher) **Versorgungsanschlüsse** Anträge an Ver- und Entsorgungsunternehmen für Wasser, Abwasser, Strom, Telekommunikation stellen **Bemusterung** Auswahl von →Sanitärobjekten und Fliesen **Auftragserteilung an Mitgewerke** **Statikerstellung** **Grundstücksvorbereitung** z. B. Fällen von Bäumen
1. – 4. Woche Rohbau	**Erdarbeiten** Erdaushub, Standort des Hauses abstecken, Grundfläche auswinkeln **Betonarbeiten** Gießen der →Sohle, Decken im Erdgeschoss und Obergeschoss, Treppen- und Kellerbau **Maurerarbeiten** **Zimmererarbeiten** Dachstuhl richten, Richtfest **Dacharbeiten** Dachdecken, Regenrinnen anbringen **Tischlerarbeiten** Montage der Fenster und Haustür
5. –7. Woche Ausbau	**Trockenbau** Isolierung des Daches **Installation der Leitungen** Heizung, Lüftung, Sanitär, Elektro **Estrich- und Putzarbeiten** **Fliesenlegerarbeiten** **Schlosserarbeiten** Außengeländer, Balkongitter
8. – 11. Woche	**Endinstallation der Geräte/Objekte** Heizung, Lüftung, Sanitär, Elektro **Malerarbeiten** **Tischlerarbeiten** Einbau der Innentüren und Fußleisten **Vorabnahme durch Ausbauleiter**

A **Aufgaben**

1 Nennt Dienstleistungen, die vom Unternehmen vor Baubeginn zu leisten sind.

2 Führt Gesichtspunkte auf, die für die Ablaufplanung beim Hausbau wichtig sind .

3 Welche Bedeutung haben die Abstimmungen zwischen den Beteiligten für die Länge der Bauzeit und die Qualität der Bauleistung?

8 Arbeit und Ausbildung am Bau

Verblendmauerwerk herstellen

Es geht gut voran – dritte Bauwoche, Jens ist im dritten Ausbildungsjahr als Maurer. Mauern kann er schon. Er lernt jetzt, Verblendmauerwerk herzustellen.

Umwälzpumpe montieren

Neunte Bauwoche: Die Heizung soll bald laufen. Dirk lernt im 2. Jahr Anlagenmechaniker für Sanitär-, Heizungs- und Klimatechnik. Er hilft, die Geräte der Heizungsanlage einzubauen.

Berufsinformationen

Maurer/-in

Sie sind sowohl im Neubau als auch bei der Modernisierung und Instandsetzung von Bauwerken tätig. Zu ihren Aufgaben gehört, Mauerwerke aus einzelnen Steinen mauern, Baufertigteile aufbauen und montieren, Bauteile aus Beton und Stahlbeton herstellen.
Arbeitsplätze gibt es im Baugewerbe z.B. bei Hochbau-, Betonbau-, Sanierungsunternehmen oder im Fertighausbau. Sie arbeiten auch im Tiefbau (Schacht- oder Brunnenbau) oder auch in Baumärkten.
Meist sind sie auf Baustellen tätig. Sie arbeiten teilweise im Freien. Dabei müssen sie sich auf hohen Gerüsten sicher bewegen können.

Anlagenmechaniker/-in für Sanitär-, Heizungs- und Klimatechnik

Sie arbeiten in der Montage und Instandhaltung von Anlagen der Versorgungstechnik (z.B. mit Wärme).
Sie arbeiten überwiegend in Betrieben der Gas-, Wasser-, Heizungs- und Lüftungsinstallation sowie der Klempnerei. Beschäftigt sind sie auch bei Hausmeisterdiensten.
Sie arbeiten meist auf Baustellen oft im Freien, (z.B. beim Rohbau), in Wohn- und Betriebsgebäuden sowie in Werkstätten. Auch leisten sie Service beim Kunden.

Nach **Bundesagentur für Arbeit**: http://infobub.arbeitsagentur.de ▶ BERUFENET

A Aufgaben

1 Beschreibt die Ausbildungssituationen.

2 Nennt Tätigkeiten im Beruf Maurer/-in. Vergleicht die Arbeitsbedingungen auf der Baustelle mit einem Baumarkt.

3 Nennt Maßnahmen auf den Fotos, die dem Unfallschutz dienen.

4 Schätzt ein, in welchem Umfang das Unternehmen ausbildet. Betrachtet die Entwicklung bei den Zahlen für Auszubildende (siehe **M2**, **M6**, S. 250, 251).

5 Sprecht über die Höhe der Bruttoentgelte in Bauberufen (**M4**, S. 250).

9 Betriebliche Grundfunktionen der Abteilung HAUSBAU

Die Leistungserstellung der Abteilung

Auf S. 241 habt ihr Leistungen der Abteilung HAUSBAU kennen gelernt.

Dafür braucht die Abteilung z.B.
- Gelände, auf dem das Büro steht und die Baumaschinen geparkt werden (Boden)
- Fahrzeuge und Büromöbel, Mörtel und Strom, aber auch Geld für deren Kauf (Kapital)
- Facharbeiter und Hilfskräfte (Arbeit)

Diese heißen →Produktionsfaktoren. Alle Unternehmen benötigen sie, um Güter zu erstellen.

Die Abteilung HAUSBAU

Technischer Leiter und **Sekretariat**	
Organisation und Verwaltung	**Bauausführung**
Gruppen • Auftragsvergabe Fremdgewerke • Baustellenvorbereitung • Einteilung Bauarbeiter • Beschaffung Baustoffe • Buchhaltung	**Gruppen** • Bauleitung und Fahrdienste • Maurer/Betonbauer • Lagerverwaltung und Bereitstellen der →Betriebsmittel

Organisation der Abteilung und Zusammenarbeit innerhalb des Unternehmens

In der Abteilung HAUSBAU sind 190 Mitarbeiter beschäftigt. Die Gruppen (siehe Tabelle rechts) unterstehen direkt dem technischen Leiter.

Die Abteilung HAUSBAU arbeitet mit anderen Abteilungen zusammen (siehe S. 234):
- Sie erbringt Bauleistungen, die in der Abteilung VERTRIEB den Kunden verkauft wurden. Sie bezieht Pläne zur Verbesserung des Bauablaufes von der Abteilung INNOVATION.
- Sie nutzt die Leistungen der Buchhaltung für die Lohnabrechung und Abrechnung mit Kunden und Lieferanten.

Arbeitet das Unternehmen erfolgreich?

Jedes Unternehmen muss beantworten können, ob mit Gewinn gearbeitet wird und ob sich einzelne Aufträge lohnen. Dafür liefert das →Rechnungswesen wichtige Zahlen.
In dieser Abteilung werden alle Ausgaben (Kosten) gebucht und bezahlt. Das können z.B. Baumaterial, Löhne, Steuern sein. Ebenso werden alle Einnahmen (Erträge) verbucht, z.B. Bezahlung für gebaute Häuser. Aus den Informationen ergeben sich auch Hinweise, wie Kosten für Material und Personal gering gehalten werden können und ob die Preise kosten- und marktgerecht sind.
Buchungen führen zu Güter- und Geldströmen.

Güter- und Geldfluss in Unternehmen

Lieferanten liefern Produktionsfaktoren • Boden • Kapital • Arbeit	Güter → ← Geld (Ausgaben)	**Unternehmen** • beschaffen Produktionsfaktoren • erstellen Güter • verkaufen Güter	Güter → ← Geld (Einnahmen)	**Kunden** • fragen Güter nach • bezahlen diese mit Geld

A Aufgaben

1 Erklärt, welche Produktionsfaktoren das Unternehmen für einen Bauauftrag braucht.

2 Zum Verblenden eines Hauses soll die richtige Menge Klinkersteine preisgünstig beschafft werden. Wie würdet ihr den Auftrag lösen?

3 Ein großer Kunde ist mit der Bezahlung im Verzug. Kurzfristig fehlt Geld für Löhne. Was kann das Unternehmen tun?

4 Nehmt Stellung: „Die Treibstoffkosten beim Fuhrpark steigen. Die Erlöse decken die Kosten nicht. Soll deshalb ein neuer LKW mit niedrigerem Verbrauch gekauft werden?“

10 Weiterführendes Material

M1 Wirtschaftliche Bedeutung des Unternehmens für die Gemeinde

Das erkundete Unternehmen, die Firma Viebrock, ist einer der großen Arbeitgeber und Steuerzahler in Harsefeld[1]. Einschließlich der Fremdgewerke hängen ca. 1 000 Arbeitsplätze vom Unternehmen ab. Hinzu kommen die Mitarbeiter der überregionalen Franchisenehmer und deren Mitgewerke. Die meisten Mitarbeiter arbeiten und leben in der Region. Zusammen mit den Familien dürften es 3 000 Menschen sein. Viele haben ein Eigenheim gebaut. Ein großer Teil der Verdienste wird in der Region ausgegeben.

1 Ort mit ca. 13 000 Einwohnern bei Stade/Niederelbe

M2 Bedeutung des Unternehmens für Ausbildung und Beschäftigung in der Region

Ausbildung

Die Firma Viebrock bildet ca. 50 Auszubildende in folgenden Berufen aus: Maurer/-in, Dachdecker/-in, Zimmerer/-in, Gas- und Wasser-installateur/-in, Elektroinstallateur/-in, Tischler/-in, Bauzeichner/-in, Bürokauffrau/mann.

Saisonale Beschäftigung

Bisher kam es von Januar bis März aufgrund der Wetterlage zu Massenentlassungen bei den gewerblichen Mitarbeitern. Durch die Winterbaustellen (Zeltbau) wurde 2006 durchgehend gearbeitet.

Beschäftigungsentwicklung

Vom Jahr 2000 bis zum Jahr 2005 hat sich die Zahl der Mitarbeiter von 270 auf 370 erhöht.

M3 Bedeutung der Bauwirtschaft für die deutsche Volkswirtschaft

Die Bauinvestitionen im Jahr 2005 betrugen 198 Mrd. Euro (Westdeutschland 163 Mrd. Euro, neue Bundesländer 35 Mrd. Euro). Diese Investitionen machten 9,5 Prozent des →Bruttoinlandsproduktes aus. Die Bauwirtschaft mit rund 2,14 Mio. Beschäftigten einer der größten Arbeitgeber unserer →Volkswirtschaft. Damit war jeder 17. Erwerbstätige am Bau beschäftigt. Eine Mrd. Euro an Bauinvestitionen schafft bzw. sichert rund 26 000 Arbeitsplätze (in Bauwirtschaft, Zulieferbetrieben und nachgelagerten Wirtschaftsbereichen).

Nach **Zentralverband Deutsches Baugewerbe e.V.**: www.zdb.de/zdb.nsf
Hauptverband der Deutschen Bauindustrie: www.bauindustrie.de
Industriegewerkschaft Bauen-Agrar-Umwelt: www.igbau.de ▸Themen Arbeit und Wirtschaft ▸Wirtschaftsdaten für Bauleute

M4 Entgelte in Bauunternehmen

Bruttoentgelt[1] pro Monat (April 2006)	
Angelernter Arbeiter	2000 €
Maurer (mit Erfahrung)	2600 €
Maurer (im Akkord)	ca. 3000 €
Polier	3100 €
Bürokaufleute (mit Erfahrung)	2300 €

1 Davon sind Abgaben für den Arbeitnehmeranteil der Sozialversicherung und unterschiedlich hohe Lohnsteuer, je nach Familienstand, zu zahlen. Ausgezahlt wird das Nettoentgelt.

Nach **Industriegewerkschaft Bauen-Agrar-Umwelt**: Lohn- und Gehaltstarifverträge 2005

M5 Wegfall der Eigenheimförderung

200 000 Arbeitsplätze in Gefahr
„Die Eigenheimzulage sichert Zehntausende von Arbeitsplätzen …“, sagt der Zentralverband des Deutschen Baugewerbes (ZDB) in seinem Demonstrationsaufruf. Berechnungen bewiesen, dass der Bau von 50 000 Eigenheimen rund 200 000 Arbeitsplätze garantiert und dem Staat 4 Mrd. Euro an Steuern und Abgaben in die Kassen spülen kann. Durch die ... Abschaffung der Eigenheimzulage können viele Familien … ihren Traum von den eigenen vier Wänden nicht mehr verwirklichen. Eine vierköpfige Familie verliert monatlich 240 Euro Förderung.
Konsequenz: Arbeitsplätze in der Bauwirtschaft, aber auch in den Zulieferbetrieben und nachgelagerten Wirtschaftsbereichen gehen verloren. Dadurch sinken die Steuereinnahmen.

Nach **Schlütersche Verlagsgesellschaft mbH & Co. KG**: www.handwerk.com/rubriken/aktuell/demonstration-berlin.htm

Die Eigenheimzulage ist ein Fördermittel vom Staat, um den Eigenheimbau zu unterstützen. Ende 2005 wurde sie abgeschafft. Die Versorgung der Bevölkerung mit ausreichendem Wohnraum ist inzwischen weitgehend gesichert. Mit dem gesparten Geld (nach Ablauf noch laufender Förderungen ca. sechs Mrd. Euro pro Jahr) kann der Staatshaushalt aufgebessert werden.

M6 Arbeit und Ausbildung am Bau

Jahr	1999			2005		
	Beschäftigte	davon Auszubildende	Arbeitslose	Beschäftigte	davon Auszubildende	Arbeitslose
	Angaben in 1000					
alle Bau- und Bauneben-berufe, davon	1802		382	1161		516
Maurer	296	31	65	202	12	112
Gas-/Wasser-installateure	240	33	39	174	5	44
Elektro-installateure	651	48	79	392	11	61
Zimmerer	80	11	15	51	7	19

Nach **Institut für Arbeitsmarkt- und Berufsforschung**: www.pallas.iab.de; **BIBB**: www.bibb.de

Arbeiten mit den Materialien

Zu **M1, M2** Wie wirkt sich die Entwicklung der Anzahl der Beschäftigten auf Harsefeld aus? Sprecht darüber, wie sich ein Rückgang der Aufträge von Viebrock auf das Steueraufkommen und andere Wirtschaftsbereiche auswirken könnte.

Zu **M2** Welche Bedeutung hat der Winterbau für das Unternehmen und die Beschäftigten?

Zu **M3, M5** Begründet die Bedeutung der Bauwirtschaft. Wie wirken sich steigende bzw. sinkende Bauaufträge aus?

Zu **M4** Sprecht über die Bedeutung einer beruflichen Aus- und Weiterbildung für den Verdienst.

Zu **M5** Wie wirkt sich die Abschaffung der Eigenheimzulage auf die Geförderten, die Bauwirtschaft und den Staat aus?

Zu **M6** Warum demonstrieren die Bauarbeiter? Stellt einen Zusammenhang her zwischen der Entwicklung im Wohnungsbau und der Beschäftigung am Bau. Bezieht auch die Entwicklung der Zahl der Auszubildenden ein.

Alles klar?

Ein Bauunternehmen produziert umweltgerecht

1 Erklärt, aus welchen Gründen es notwendig ist, dass ein Unternehmen ständig an der Verbesserung seiner Leistungen arbeitet?

2 Nennt Anreize für einen Unternehmer.

3 Begründet die Verantwortung, die ein Unternehmer trägt.

4 Erklärt zwei Ziele des Marketing aus Sicht des Unternehmens.

5 Schreibt Gesichtspunkte auf, nach denen Käufer Maßnahmen des Marketings beurteilen.

6 Viele Unternehmen betreiben Qualitätssicherung. Begründet.

7 Erklärt am Beispiel eines Dienstleistungsunternehmens, z.B. eines Frisörsalons, welche Produktionsfaktoren hier genutzt werden.

8 Nehmt Stellung zu folgendem Fall:
Bis zum Jahre 2005 förderte der Staat den privaten Hausbau. Eine Familie mit zwei Kindern erhielt monatlich ca. 240 Euro. Diese Förderung wurde abgeschafft. Welche Folgen kann das haben
- für die Bauabsichten von Familien?
- für Bauunternehmen?

Wie können Bauwillige/ Bauunternehmen versuchen, sich darauf einzustellen?

9 Herr Knapp überlegt, sich im Jahr 2005 ein 2-LITER-HAUS anstelle eines Energiesparhauses zu kaufen. Er hat gelesen, dass die Energiepreise in den nächsten fünf Jahren um 50 Prozent steigen könnten. Welchen Rat würdet ihr ihm geben?
Berechnet dazu die voraussichtlichen Kosten für Heizung und Warmwasser in den Jahren 2005 und 2010. Berücksichtigt die Mehrkosten für das 2-LITER-HAUS. Legt ein Schema nach dem Muster auf dieser Seite an.
Legt für 2005 folgende Preise zugrunde:
- 1) für Haushaltsstrom: 0,17 €/kWh
- 2) für verbilligten Wärmepumpenstrom: 0,11 €/kWh
- 3) für Erdgas: 0,045 €/kWh
- 4) als Zinssatz: 5%

	Energiesparhaus Gasheizung			**2-LITER-HAUS** Erdwärmenutzung		
	Verbrauch	Kosten in €		Verbrauch	Kosten in €	
		2005	2010		2005	2010
Energiebedarf für • Heizung	17315 [3]	?	?	2645 [2]	?	?
• Warmwasser:	4879 [3]	?	?	1001 [2]	?	?
• Strom zum Antrieb der Haustechnik	487 [1]	?	?	672 [2]	?	?
Nebenkosten Wartung/ Zählermiete	—	140	140	—	255	255
Verzinsung [4] bei Anlage der Mehrkosten von 16500 €	—	—	?	—	?	?
Ergebnis		?	?		?	?

Schüler produzieren und verkaufen

1 Die Klasse 7b bittet zum Imbiss

Im Pestalozzi-Schulzentrum findet einmal im Jahr der Berufsinformationstag statt. Vertreter von Ausbildungsbetrieben sowie des Berufskollegs informieren über Berufe und berufliche Bildungsgänge. Eingeladen sind Schüler ab dem 8. Jahrgang mit ihren Eltern.

Die Klasse 7b übernahm in diesem Jahr die Versorgung der Besucher mit Speisen und Getränken. Drei Schüler der Klasse berichteten über das Projekt in der Schülerzeitung. Dazu auf den nächsten Seiten mehr.

Auch die Presse schrieb darüber in der Lokalzeitung.
Vielleicht bekommt ihr bei der Bearbeitung dieser Seiten Lust, ein ähnliches Projekt durchzuführen. Hinweise zu den verschiedenen Projektphasen gibt es auf den folgenden Seiten dieses Kapitels.

▸ **Leitauftrag** Überlegt für eure Klasse Anlässe für ein eigenes Produktionsprojekt. Erstellt eine Liste der Arbeiten, die im Laufe eures Projektes anfallen.

Schüler des 7. Jahrgangs bewirten beim Berufsinformationstag

von Wolfgang Becher

SUNDERN: Über das große Interesse am Berufsinformationstag berichteten wir gestern. Heute stellen wir ein Projekt der Klasse 7b vor, die für das leibliche Wohl der Besucher sorgte. Vor dem Verkaufsstand konnte man zufriedene Kunden sehen. Das Angebot lockte immer wieder Besucher an den Stand. Die Bedienung durch die Schüler war zuvorkommend. Sie waren für diesen Tag gut vorbereitet. Ein Sprecher der Projektgruppe verriet ein wenig über die gelaufenen Aktivitäten:

„Vieles klärten wir vorher, z.B. was die Besucher essen und trinken möchten.
Was wir produzieren können.
Zu welchem Preis wir verkaufen sollten.
Wie wir die Arbeit planen.
Auch wollten wir wissen, wie es die Profis machen. Deshalb erkundeten wir einen Schnellimbiss, der auch Partyservice anbietet.“

B Auf einen Blick

Ihr wählt eine eigene Projektaufgabe aus und legt Ziele fest.

Ihr listet die anfallenden Arbeiten auf und wählt benötigte Materialien und Werkzeuge aus.

Ihr wählt wichtige Informationen aus, z.B. Rezepte, und wertet diese für eure Zwecke aus.

Ihr arbeitet im Team nach der Methode Gruppenarbeit und löst anstehende Konflikte.

Ihr reflektiert die Ergebnisse der Arbeit und die Zusammenarbeit in der Gruppe.

2 Unsere Projektgruppen: Aufgabenverteilung und Zusammenarbeit

Ziele festlegen und Arbeitsschritte planen

Die Idee für das Projekt entstand im praktischen Unterricht der Hauswirtschaft. Unser Klassenlehrer, der gleichzeitig für den Berufs-Infotag verantwortlich war, unterstützte die Idee. Er führte uns zuvor in die Methode Projektarbeit ein. Wir begannen mit der *Ideenfindung*.

Es gab viele Vorschläge, doch konnten nicht alle umgesetzt werden. Warme Speisen konnten wir beispielsweise anbieten, da eine Schulküche vorhanden ist.

Wir trafen Überlegungen zur benötigten Vorbereitungszeit, den verfügbaren Räumen. Auch berieten wir, wie wir an einen Geldvorschuss kommen könnten.

Die notwendigen Arbeitsschritte wurden überlegt und in eine Reihenfolge gebracht. Wir entschieden uns für Arbeitsteilung in kleinen Projektgruppen.

Die Gruppen und ihre Aufgaben

Jede Gruppe bekam einen Aufgabenbereich und entwickelte die notwendigen Arbeitsschritte. Eine Wandzeitung mit allen Gruppen und ihren Aufgaben hing während der gesamten Projektphasen im Klassenraum. Jede Gruppe bestimmte einen Sprecher, der z.B. auch für die Berichte in der Schülerzeitung verantwortlich war. Auch den Kontakt zwischen den Gruppen sollten diese Sprecher herstellen.

Geldvorschuss beantragen

Um einen Geldvorschuss zu bekommen, wandten wir uns an den Förderverein unserer Schule. Wir Sprecher vertraten diesem gegenüber das Vorhaben und konnten mit der Erwartung kostendeckender Einnahmen überzeugen. Der Förderverein stimmte einem Vorschuss zu. Auch vereinbarten wir als Gegenleistung, eventuelle Überschüsse aus dem Verkauf dem Förderverein zu geben.

G1 Marketing	G2 Produktion von Speisen	G3 Verkauf und Getränke
Markt untersuchen	Snacks planen (mit G1)	Getränkeangebot planen (mit G1)
Werbemaßnahmen festlegen und durchführen	Rezepte auswählen	Kosten kalkulieren (mit G1)
Warenangebote planen, voraussichtliche Kosten ermitteln	Einkaufsliste erstellen und Preise/Qualität vergleichen	Getränke einkaufen, Kosten festhalten
Verkaufspreise kalkulieren und festlegen	Materialkosten kalkulieren (mit G1)	Kundenfreundliches Auftreten trainieren
Verkaufsstand aufbauen und gestalten (mit G3)	Einkauf durchführen, Kosten festhalten	Speisen und Getränke verkaufen
	Snacks zubereiten	Umsatz festhalten

A
Aufgaben

1 Vollzieht die hier getroffene Gruppeneinteilung und Arbeitsplanung nach.

2 Bei welchen Aufgaben ist eine Abstimmung zwischen den Projektgruppen notwendig? Begründet!

3 Schreibt für euer Projekt die Gruppen und ihre Arbeiten auf einer Wandzeitung auf.

4 Tragt für die einzelnen Arbeitsschritte die benötigten Materialien und Werkzeuge ein.

5 Prüft, ob ihr für einzelne Arbeiten Experten hinzuziehen solltet.

3 Nahaufnahme: Gruppe Marketing

Unsere Gruppe war für verschiedene Maßnahmen des Marketing verantwortlich. Aus dem bisherigen Unterricht im Fach Wirtschaft kannten wir schon einige:

- die Auswahl der richtigen Produkte
- das Festlegen von Verkaufspreisen
- die Werbung und ein ansprechender Verkaufsstand

Uns war klar, dass wir besonders auf die Zusammenarbeit mit den anderen Gruppen angewiesen waren. Wie sollten wir z.B. Verkaufspreise festlegen, ohne die Kosten der Produktionsgruppe zu kennen?

Was lässt sich gut verkaufen?

Das klärten wir mit einer Befragung bei den Organisatoren des Infotages. Auch wollten wir wissen, wie viele Besucher erwartet würden. Und der Anteil der Erwachsenen war für uns wichtig. Wir fragten dazu auch die Klasse, die im letzten Jahr für die Verpflegung am Berufsinformationstag zuständig war.

▲ Befragung der Organisatoren

▲ „Experten" aus dem letzten Jahr werden zu ihren Erfahrungen befragt

Die Werbung beginnt schon vor dem Infotag

Wir wollten sicher sein, dass die Besucher auch mit einem Imbissangebot rechnen. Also nutzten wir das Einladungsschreiben zu dieser Veranstaltung für eine kleine Anzeige.

Für den kleinen Hunger zwischendurch

Nutzen Sie Ihre Pause und stärken Sie sich am Imbiss-Stand der Klasse 7b

Snacks, Vitamine, Getränke und freundliche Schüler erwarten Sie in der Pausenhalle rechts neben dem Eingang.

Wir freuen uns auf Ihren Besuch
Ihre Klasse 7b

Am Tag selbst hingen wir Plakate am Eingang und in den Beratungsräumen auf. Als Verkaufsstand nutzten wir die Durchreiche unserer Schülercafeteria – unübersehbar für alle hungrigen Besucher. Bei der Gestaltung der Plakate unterstützte uns der Kunstlehrer während unserer Unterrichtsstunden.

▲ Plakate werden entworfen

Der Überblick über alle Kosten

Schon zu Beginn der Planung beschäftigten uns die Kosten des Projekts. Wir brauchten eine Vorkalkulation von Kosten und *Umsatz*, um den Vorschuss beim Förderverein zu bekommen. Die Verantwortung übernahm die Gruppe Marketing. Die anderen Gruppen wurden immer dann zu Rate gezogen, wenn es um die Kosten in ihrem Bereich ging.

Die Vorkalkulation erstellten wir am PC mit EXCEL. Diese Vorkalkulation diente auch dazu, die Verkaufspreise festzulegen.

Übrigens: Während der Projektphase musste jede Gruppe ihre tatsächlichen Kosten durch Belege festhalten. Die Endabrechnung mit dem Förderverein übernahm dann wiederum die Gruppe Marketing.

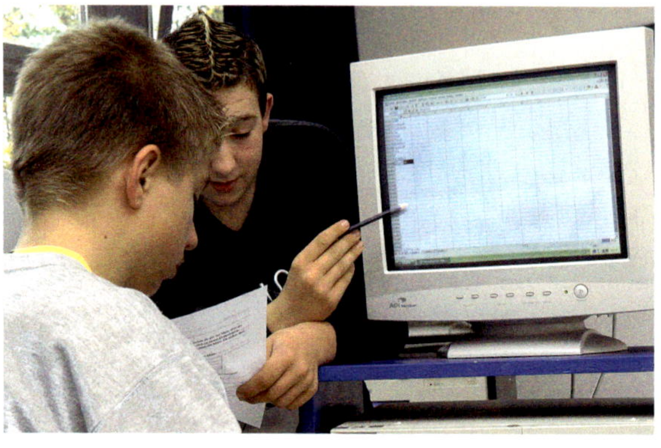

Der Verkaufspreis entsteht

Bei der Festlegung der Verkaufspreise spielten nicht nur die Kosten eine Rolle. Wir planten auch einen Zuschlag von 20 % auf Getränke und 50 % auf Speisen als *Gewinn* ein.

Außerdem legten wir uns auf bestimmte Abgabegrößen bei Getränken und Speisen fest.

Wir gestalteten ein Plakat mit dem Angebot. Am Verkaufstag hing es für alle sichtbar am Verkaufsstand.

Vorkalkulation

B5 fx Summe Gemeinkosten *)

	A	B	C
1	**Gruppe**	**Kostenart**	**Kosten in €**
2	G1	Werbematerial	30,00 €
3	G1	Dekoration Verkaufsstand	20,00 €
4	G1	Servietten, Tischdekoration	30,00 €
5		**Summe Gemeinkosten *)**	80,00 €
6	G2	Zutaten Pizza	120,00 €
7	G2	Zutaten belegte Brote	90,00 €
8	G2	Obst/Gemüse	20,00 €
9	G2	Gemeinkostenanteil *) 50%	40,00 €
10		**Summe Gruppe 2**	270,00 €
11	G3	Kalte Getränke	90,00 €
12	G3	Kaffee/Tee	40,00 €
13	G3	Milchshake	15,00 €
14	G3	Gemeinkostenanteil *) 50%	40,00 €
15		**Summe Gruppe 3**	185,00 €

* Gemeinkosten werden nur den Waren zugerechnet, die verkauft werden sollen. Die Zuordnung erfolgte durch vorher festgelegte Prozentanteile. Die Klasse hatte sich für 50 % entschieden.

Unser Angebot

Getränke 0,2 l	
Apfelsaft	0,50 €
Orangensaft	0,50 €
Milchshake mit Früchten	0,80 €
Mineralwasser	0,30 €
Kaffee	0,60 €
Tee (schwarz, grün, fruchtig)	0,50 €

Speisen	
1 Stück Pizza	1,00 €
1 halbes belegtes Brötchen	1,00 €
1 Schale frische Beilagen (Obst/Gemüse)	0,80 €

A Aufgaben

1 Nennt die Werbemaßnahmen für das Imbiss-Projekt. Wie beurteilt ihr diese?

2 Wie ermittelt die Gruppe Marketing die Verkaufspreise für Speisen und Getränke?

3 Bestimmt notwendige Werbemaßnahmen für euer eigenes Projekt.

4 Entwickelt eine Grundlage für die Kalkulation eures Projekts.

4 Nahaufnahme: Gruppe Produktion

Materialbedarf ermitteln

In unserer Gruppe entstand die „Speisekarte“. Dabei berücksichtigten wir die Ergebnisse der Umfrage, Ideen aus verschiedenen Kochbüchern und unsere eigenen Fähigkeiten in der Schulküche. Als das Speisenangebot feststand, ging es an die Einkaufslisten. Für unsere Pizza sah das so aus:

Vollkornpizza
(Zutaten für ein Backblech)

Teig: 360 g Weizenvollkornmehl
1 Päckchen Trockenhefe
200 ml lauwarmes Wasser
1 EL Olivenöl
1 TL Jodsalz

Belag: 200 g Pizzatomaten
2 EL Olivenöl
1 rote und 1 grüne Paprika
1 mittelgroße Zwiebel
150 g frische Champignons
200 g gekochter Schinken
250 g geriebener Käse
Oregano, Basilikum, Salz, Pfeffer

Den Einkauf planen und durchführen

Natürlich kauften wir nicht im nächsten Supermarkt neben der Schule. Erfahrungen aus dem Elternhaus zum Preisvergleich wurden mit einbezogen. Denn schließlich wollten wir kostenbewusst einkaufen. Aber auch die Qualität sollte stimmen. Gerade bei Obst und Gemüse hatten wir hohe Ansprüche. Timos Vater bot an, mit seinem Auto die Waren zu transportieren. Die Kassenzettel wurden als Belege für die Materialkosten aufbewahrt und an die Gruppe Marketing weitergegeben.

Materialbedarf ermitteln

Zutaten	Gesamtmenge	Gesamtkosten
Weizenvollkornmehl	6 Pakete à 1000 g	6,54 €
Trockenhefe	4 Pakete à 4 Päckchen	3,96 €
Olivenöl	1 Flasche	3,79 €
Jodsalz	1 Paket	0,95 €
Pizzatomaten	8 Dosen à 400 g Nettogewicht	7,60 €
Rote und grüne Paprikas	Je 15 Stück/ à ca. 200 g	17,94 €
Zwiebeln	1000 g	0,79 €
Frische Champignons	2250 g	8,98 €
Gekochter Schinken	3000 g	26,85 €
Geriebener Käse	8 Pakete à 500 g	19,12 €
Oregano	1 Päckchen	2,69 €
Basilikum	2 Töpfe	3,98 €
	Summe	**103,19 €**

A Aufgaben

1 Vollzieht die beschriebenen Arbeitsschritte nach. Ermittelt für die Produkte, die ihr in eurem Projekt herstellen wollt, den Materialbedarf und stellt diesen in Materiallisten zusammen.

2 Errechnet eure Materialkosten.

3 Begründet, warum es notwendig ist, die Kosten zu ermitteln.

4 Erkundigt euch, wie Kosten in einem Unternehmen festgehalten werden. Fragt eure Eltern, wie das an ihren Arbeitsstätten geschieht.

5 Die Pizzabäcker bei der Arbeit

Die Arbeitsplanung wurde schriftlich festgehalten und die verantwortlichen Mitschüler bestimmt. Wir legten für alle Arbeitsschritte die notwendige Zeit fest und planten so den Beginn unserer Produktion.

An dieser Stelle möchten wir uns für die große Unterstützung der Hauswirtschaftslehrerin bedanken. Sie war immer zur Stelle, wenn wir Hilfe brauchten, und das passierte durchaus häufig.

Unsere Arbeitsplanung sicherte, dass die Pizzaherstellung effektiv und reibungslos ablief. Schließlich sollte die Pizza zu einem bestimmten Zeitpunkt verkauft werden. Deshalb gab es einen Ablaufplan mit diesen arbeitsteiligen Aufgaben:

- Teig nach Rezept herstellen und auf Blechen ausrollen
- Belag vorbereiten (Gemüse putzen, schneiden)
- Belegen des ausgerollten Teiges
- Kontrolle des Backvorganges, Schneiden in Größe der Verkaufsportionen, Auslieferung an den Verkaufsstand.

Während die meisten Schüler dieser Gruppe als Pizzabäcker arbeiteten, waren andere für die belegten Brötchen zuständig. Wieder andere bereiteten verschiedene Obst- und Gemüsesorten für den Verkauf vor.

A Aufgaben

1 Vollzieht die hier getroffene Organisation der Arbeit nach. Trefft für euer Projekt entsprechende Überlegungen. Haltet diese in einem Projektablaufplan fest.

2 Begründet die Arbeitsteilung bei der Pizza-Produktion.

3 Was musste die Gruppe für die Durchführung der Arbeit können? Überlegt diese Aspekte für euer Projekt.

4 Die Schüler hatten bei der Erkundung des Imbissbetriebes einen Mitarbeiter zur Arbeitsteilung befragt. Zieht evtl. auch für die Arbeitsteilung in eurem Projekt einen Experten heran.

6 Nahaufnahme: Gruppe Verkauf

Anforderungen an den Verkaufsstand

Die Gruppe Verkauf hatte sich mit der Gruppe Marketing über die Ausstattung des Verkaufsstandes beraten. Kaffee und Tee sollten frisch am Stand zubereitet werden. Ebenso die Milchshake-Getränke. Die notwendigen elektrischen Geräte konnten aus der Schülercafeteria genutzt werden. Den Einkauf der Getränke und der Zutaten übernahm ebenfalls diese Gruppe.

Kundenorientiertes Auftreten

Vor Beginn des Verkaufs ging es in der Gruppe VERKAUF um die Anordnung der Getränke und Speisen sowie die Arbeitsverteilung zwischen den Teammitgliedern. In einer vorbereitenden Stunde wurden geübt, die Waren ansprechend zu servieren. Wir probten auch Kundengespräche, bei denen wir freundlich das Angebot anpriesen.

Selbstverständlich musste sich jeder am Stand unsere Verkaufspreise vorher einprägen. Wir wurden am Verkaufstag von den Mitschülern der Gruppe MARKETING unterstützt.

Letzte Entscheidungen vor dem Verkauf

Damit der Verkauf ohne Pannen stattfinden konnte, mussten noch etliche Dinge besorgt bzw. gekauft werden:

- ausreichend Geschirr, Besteck und Servietten
- Körbe für benutze Tassen, Löffel
- Abfallbehälter für Pappteller, Servietten und Becher
- eine Kasse mit ausreichendem Wechselgeld
- eine vorbereitete Liste, in der die Verkäufe als Strichliste festgehalten wurden.

A Aufgaben

1 Stellt Gründe für die Zusammenarbeit der Gruppen zusammen. Mit welchen Gruppen ist bei eurem Projekt beim Verkauf eine Abstimmung notwendig?

2 Welches Wissen und Können benötigt in eurem Projekt das Verkaufspersonal?

7 Auswertung des Projekts

Zur Arbeit der einzelnen Gruppen

In einem ersten Schritt blickten die einzelnen Gruppen auf ihre Arbeit zurück. Sie orientierten sich bei der Auswertung an den Methoden *Projektarbeit* und *Gruppenarbeit*.

Ein besonderer Schwerpunkt war die Zusammenarbeit der Mitschüler und ihr Umgang mit Konflikten.

Hier ein paar Äußerungen zum Sachergebnis

GRUPPE 1: „Die Befragung zu dem, was wir anbieten sollten, stimmte mit der Nachfrage überein. Die Pizza wurde restlos verkauft. Allerdings blieben einige Brötchen zurück. Es waren wohl weniger Besucher gekommen als erwartet."

GRUPPE 2: „Wir haben die Arbeit unterschätzt und mussten viele Überstunden machen, weil wir einige Arbeitstechniken erst noch lernen mussten."

GRUPPE 3: „Um 19 Uhr kamen plötzlich sehr viele Kunden. Wir konnten nicht genug Pizza anbieten, weil der Nachschub fehlte. Das Abbacken dauerte länger als geplant.
Wir versuchten freundlich zu bleiben und dafür belegte Brötchen anzubieten. So schafften wir es auch, fast alle Brötchen zu verkaufen."

GRUPPE 3: „Die Zusammenarbeit am Stand klappte gut. Dank Nora und Tim gab es immer frischen Kaffee und Tee und unser Spülteam sorgte für saubere Tassen. Das Verkaufen machte richtig Spaß."

Ergebnisse des Projekts

In einem zweiten Schritt wurden die Ergebnisse betrachtet. Hat es sich gelohnt? Dazu wurde eine Nachkalkulation gemacht. Es blieb ein Gewinn. Hätte die Klasse alle Speisen und Getränke verkauft, wäre er noch größer gewesen. Die restlichen Brötchen hatten Schüler zum Schluss selbst gegessen. Verschlossene Getränke nahmen einige Eltern zum Einkaufspreis ab.

Umsatz	
Getränke	240 €
Speisen	305 €
Insgesamt	**545 €**

Kosten	
(Papier, Kopien, Plakatkarton, Stifte, Servietten, Abfalltüten …)	78 €
(Brötchen, Belag, Zutaten Pizza, Obst/Gemüse)	212 €
(Kaffee, Tee, Filtertüten, Milch, TK-Obst, Säfte, Mineralwasser …)	137 €
Insgesamt	**427 €**

Unterschiede zu einem realen Betrieb

Was unterscheidet das Projekt von einem Imbiss oder Partyservice?
Damit beschäftigte sich die Klasse in einer weiteren Unterrichtsstunde.
Schnell kamen die Schüler auf Kosten, die in einem echten Betrieb entstehen, die für ihr Projekt aber keine Bedeutung hatten.

A Aufgaben

1 Vollzieht die Auswertung zum Sachergebnis nach. Wie hoch war der Gewinn?

2 Welche weiteren Kosten neben den Materialkosten fallen in einem Betrieb an?

3 Wertet euer Projekt aus. Reflektiert die Ergebnisse eurer Arbeit und die Zusammenarbeit.

4 Ermittelt für euer Projekt die angefallenen Kosten. Wie hat sich eure Arbeit gelohnt?

5 Wie haben die Teams zusammen gearbeitet und Konflikte gelöst.

6 Was habt ihr gelernt?

Hantieren – Mechanisieren – Automatisieren

1 Entwicklung von Maschinen – warum?

▲ Bohrvorrichtung um 5000 v. Christus

▶ **Leitauftrag** Nennt Gründe für Menschen, an der Entwicklung von Werkzeugen und Vorrichtungen – später Maschinen – zu arbeiten. Benennt Unterschiede zwischen den Antriebsformen der dargestellten Maschinen.

▲ Wasserrad, das eine Mühle angetrieben hat

▲ Modell der ersten Dampfmaschine von James Watt

▲ Verbrennungsmotor

B **Auf einen Blick**

Ihr beschreibt die Entwicklung von Antriebs- und Steuerelementen für Maschinen.

Ihr könnt die Steigerung der Arbeitsproduktivität durch Maschineneinsatz erklären.

Ihr benennt, wie automatisch gesteuerte Maschinen funktionieren.

Ihr könnt den Einsatz und die Möglichkeiten einer CNC-Maschine in Schulen beschreiben.

2 Historische Entwicklung von Maschinen

Bereits in früher Vorzeit hantieren die Menschen mit Werkzeugen und Vorrichtungen, die ihre Arbeitskraft unterstützen können. Zum Antrieb dieser ersten „Maschinen“ ist die Muskelkraft von Mensch und Tier notwendig.

Später werden dann Maschinen entwickelt, die zum Antreiben die Kraft von Wind und Wasser nutzen (Getreidemühlen, Bewässerung; ab dem Mittelalter auch als Antrieb für Schmiedewerke und Sägewerke). In technischen Museen ist dies heute noch zu sehen.

Heute werden Wind- und Wasserkraft wieder zunehmend bei der Stromerzeugung als Antrieb von Energie umsetzenden Maschinen genutzt. Diese natürlichen Antriebskräfte sind witterungsbedingt und stehen nicht immer zur Verfügung.

Dagegen bietet die Dampfkraft seit Erfindung der Dampfmaschine (James Watt 1769) einen Antrieb, der dauerhaft zur Verfügung steht. Das hatte den Bau verschiedener Werkzeug-, Textil- und Baumaschinen und die Schaffung eines leistungsfähigen Verkehrs- und Transportwesens zur Folge.

Der Einsatz der Dampfmaschine und die damit verbundene Mechanisierung (Ersatz menschlicher Muskelarbeit durch den Einsatz von Maschinen) der Produktion veränderte die Lebens- und Arbeitswelt der Menschen. Problem dieser großen Antriebsmaschinen ist ein ungünstiges Masse-Leistungs-Verhältnis, der geringe Wirkungsgrad und hoher Wartungsaufwand.

Mit der Entdeckung des Generatorprinzips (Werner von Siemens 1866) gelingt die Erzeugung von Elektroenergie und damit die Voraussetzung für den Elektromotor als Antrieb stationärer Maschinen.

Mit dem 1877 von Nikolaus August Otto erfundenen Verbrennungsmotor steht in der Folgezeit ein leistungsfähiges Antriebselement für Verkehrsmittel und mobile Maschinen im Bauwesen und in der Landwirtschaft zur Verfügung.

Bei der vorgenannten Entwicklung der Maschinen ging es vorrangig um die Verbesserung des Antriebs. Die Steuerung aller Maschinen ist vorwiegend durch den Menschen durchzuführen. Mit der Möglichkeit, die Maschinensteuerung computergestützt durchzuführen, gelingt der Schritt von der Mechanisierung zur Automatisierung. Dabei geht es um den Ersatz menschlicher Muskel- und Denkarbeit in Arbeitsprozessen durch computergesteuerte Maschinen.

A Aufgaben

1 Warum werden heute wieder Windräder eingesetzt?

2 Vergleicht den Antrieb einer Dampflok mit einer Elektrolok und einer Diesellok. Nennt Vor- und Nachteile.

3 Sprecht über Vor- und Nachteile des Ersatzes von menschlicher Arbeitskraft durch Mechanisierung und Automatisierung.

4 Der Einsatz von Maschinen ist mit der wirtschaftlichen Entwicklung der Industrie, Landwirtschaft und des Handwerks verbunden. Sucht dafür Beispiele in eurer Region. Vielleicht könnt ihr eine Exkursion in ein technisches Museum unternehmen.

3 Produktivitätssteigerung durch Maschineneinsatz

Der Einsatz von Maschinen ist mit Kosten verbunden. Deshalb ist es für jedes Unternehmen wichtig zu wissen, ob sich dieser Einsatz lohnt. Eine Messgröße dafür ist die Arbeitsproduktivität. Sie misst das Arbeitsergebnis im Verhältnis zur eingesetzten Zeit bzw. Arbeitskraft.

Arbeitsproduktivität

$$= \frac{\text{produzierte Menge (Stückzahl)}}{\text{Stunden (Anzahl)}}$$

Moderne Maschinen ermöglichen, hohe Stückzahlen bei geringer Fertigungszeit mit großer Genauigkeit und guter Qualität zu fertigen. Eine hohe Arbeitsproduktivität wird somit erreicht. Sie ist auch Gradmesser für den Entwicklungsstand einer Branche. Die Steigerung der Arbeitsproduktivität wird bei Tarifverhandlungen von den Gewerkschaften ins Spiel gebracht, um höhere Lohnforderungen zu rechtfertigen.

▲ Mechanische Handbohrmaschine

Ein Schülerversuch

Jan und Jana wollen mit verschiedenen Bohrmaschinen um die Wette bohren. Jan hat eine mechanische Bohrmaschine seines Großvaters gefunden und will sie endlich ausprobieren. Sie muss mit Muskelkraft angetrieben werden. Jana nimmt die elektrische Bohrmaschine ihres Vaters. Sie starten den Versuch durch Bohren von Löchern in Holz. Wie ist das Ergebnis?

Ihr könnt es selbst ermitteln:

- Bohrt Löcher mit einer mechanischen und einer elektrischen Handbohrmaschine in einer vorgegebenen Zeit.
- Nutzt dazu Bohrer und Material in gleichen Abmessungen.

Beachtet die Arbeitssicherheit beim Bohren:

- lange Haare zusammenbinden, keine weite, lose Kleidung tragen,
- Schutzbrille aufsetzen, nur 1 Schüler an der Maschine, das Werkstück fest einspannen.

Übertragt die Tabelle in ein Heft und füllt sie nach dem Bohren der Werkstücke aus.

Arbeitsmittel	Mechanische Handbohrmaschine	Elektrische Handbohrmaschine
Spiralbohrer	8 mm	8 mm
Material: Holzbrett	? mm	? mm
Anzahl der gefertigten Durchgangsbohrungen/Zeiteinheit:		
Fertigungszeit/ Durchgangsbohrungen:		

▲ Elektrische Handbohrmaschine

A Aufgaben

1 Berechnet die Produktivität in dem Schülerversuch für beide Fälle.

2 Die niedrigeren Tariflöhne und -gehälter in den neuen Bundesländern gegenüber den alten Bundesländern werden auch mit einer geringeren Arbeitsproduktivität in den Betrieben dort begründet (2006: 77 %). Erklärt den Zusammenhang.

4 Einsatz von Automaten zur Leistungserstellung

▲ Diese CNC-Drehmaschine arbeitet im automatischen Prozess und kann zur Fertigung von Teilen für die Autoindustrie eingesetzt werden.

▲ Die Zentrale am Seekanal in Warnemünde ist mit modernster Technik für die Steuerung des Schiffsverkehrs ausgestattet.

Heute bestimmen computergesteuerte Maschinen den Ablauf in modernen Produktionsstätten und im Dienstleistungsbereich. Der Mensch wird von körperlicher Arbeit entlastet, übernimmt Kontrollfunktion und überwacht die Steuerung.
Damit verbunden sind hohe Anforderungen an Aus- und Weiterbildung, um die sich ständig verändernden Systeme zu beherrschen.
Automatisch funktionierende Maschinen garantieren gleich bleibend hohe Genauigkeit, Zuverlässigkeit und kurze Herstellungszeiten. Gleichzeitig entlasten sie den Menschen von gesundheitsschädlichen Arbeiten (z. B. Farbspritzautomaten).
Sie nehmen dem Menschen monotone, wiederkehrende Aufgaben ab und erhöhen damit auch die Sicherheit des Produktionsablaufes.
Erste Automaten sind Maschinen mit einfacher mechanischer Steuerung. Die Steuerimpulse werden z. B. über Kurvenscheiben, Nocken und Lochstreifen übermittelt.
Mit der Entwicklung der Elektronik und der Computertechnik wurden elektronische Steuerungen geschaffen. Über spezielle Computerausgänge (Schnittstellen) werden die Funktionen der Maschine oder Geräte angesteuert. Dies geschieht nach dem EVA-Prinzip. Spezielle Computerprogramme übernehmen die Steuerung aller Vorgänge.

EVA-Prinzip beschreibt die Arbeitsweise eines Computers durch seine Bestandteile zur
- Eingabe (E), z. B. Maus, Tastatur,
- Verarbeitung (V), z. B. Prozessor,
- Ausgabe (A), z. B. auf dem Monitor.

Anwendungsbeispiele sind:
- Steuerung von Werkzeugmaschinen,
- Verkehrssteuerungen,
- Prozesssteuerungen (z. B. Kraftwerke).

Nicht alle Automaten können auf störende Einflüsse während des Programmablaufes reagieren. Diese Aufgabe hat dann der Mensch zu erfüllen. Er überwacht auf Monitoren und Messinstrumenten den Vorgang und greift, wenn es notwendig wird, in den Prozess ein. Dazu sind eine gute Ausbildung und viel Erfahrung erforderlich.

A Aufgaben

1 Schaut euch eine Verkehrssteuerung näher an. Wie wird dabei das EVA-Prinzip angewandt?

2 Berufe, die mit Steuerung von Prozessen zu tun haben, erfordern Wissen und Können im Umgang mit Computern. Erkundet im BIZ, in welchen Bereichen solche Tätigkeiten zu finden sind. Stellt die Berufe vor. Vielleicht kennt ihr einen Experten, den ihr befragen könnt?

5 Werkstücke mit CNC-Maschinen bearbeiten

Mit CNC-Werkzeugmaschinen können Bewegungen im dreidimensionalen Raum (Höhe, Breite und Tiefe) mithilfe eines Computerprogramms gesteuert werden. Auch für Schulen gibt es solche Automaten. Sie arbeiten nach demselben Prinzip wie vergleichbare CNC-Maschinen in der industriellen Fertigung. Mit dem „Kreuztisch-Koordinatensystem" können folgende Fertigungsverfahren durchgeführt werden:

- Fräsen,
- Bohren,
- Gravieren.

Auftrag und Vorbereitung der Programmierung

Auf einer Holzplatte sollen ein Rechteck und ein Dreieck 2 mm tief in das Holz gefräst werden. Die Holzplatte ist 95 mm lang und 70 mm breit.

Automaten können nur das ausführen, was der Nutzer ihnen eingegeben hat. Je nach Fertigungsschritt müssen alle Einzelbewegungen des Werkzeuges programmiert werden.
Dazu sollte zunächst die Bedienungsanleitung der Werkzeugmaschine studiert werden. Sie gibt Hinweise auf die Grundlagen der CNC-Programmierung.

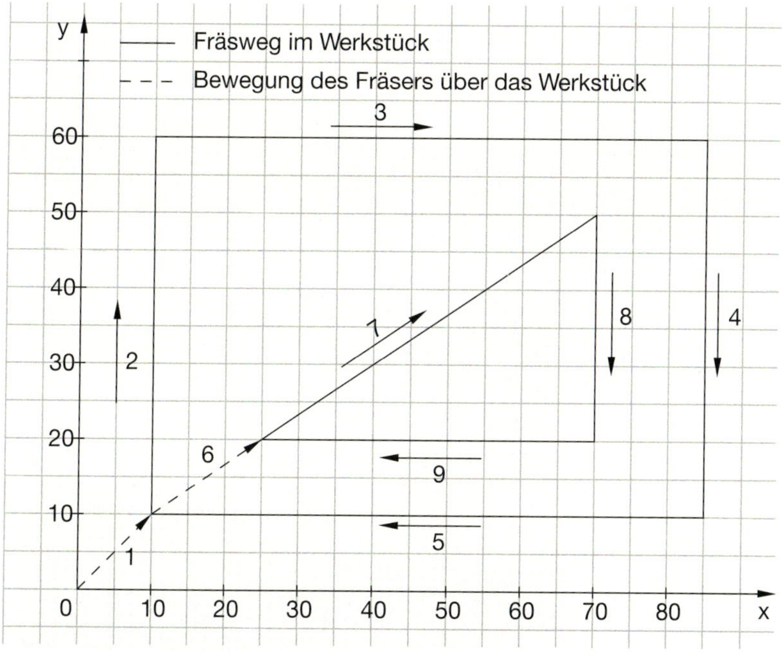

Bevor ihr das CNC-Programm für das herzustellende Werkstück schreibt und in den Computer eingebt, erstellt eine Bearbeitungsskizze. Die Darstellung wird in einem Koordinatensystem angefertigt, um später die für die Programmierung notwendigen Koordinatenpaare abzulesen. Überlegt auch den kürzesten Weg, den das Werkzeug bei der Bearbeitung zurücklegen soll. Verseht diese Wege in der Bearbeitungsskizze mit Richtungspfeilen. Eine Nummerierung der Teilwege ist für eine notwendige Fehlerkorrektur nach dem Simulationslauf hilfreich.

A Aufgaben

1 Verfolgt den Einsatz der Maschine im Beispiel. Wenn ihr an eurer Schule eine solche besitzt, wählt selbst ein Arbeitsbeispiel, an dem ihr die Schrittfolge (s. Folgeseite) ausprobieren könnt.

Ablauf bei der Programmierung

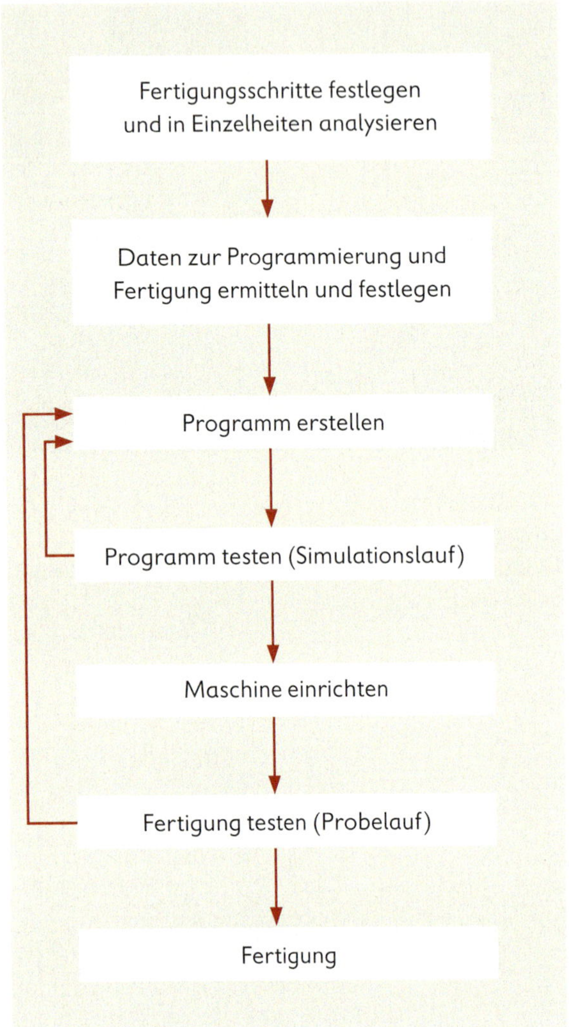


```
Datei  Maschine  Simulation  Ansicht  Parameter  Hilfe
G00 Z5 F100 ;Werkzeug vom Nullpunkt 5mm abheben
G00 X10 Y10 ;Eilgang über dem Werkstück
M10 O6.1    ;Oberfräse ein
G00 Z-2     ;Frästiefe 2mm
G01 X10 Y60 ;2
G01 X85 Y60 ;3
G01 X85 Y10 ;4
G01 X10 Y10 ;5
G00 Z5      ;5mm austauchen
G00 X25 Y20 ;Eilgang über dem Werkstück
G01 Z-2     ;Frästiefe 2mm
G01 X70 Y50 ;7
G01 X70 Y20 ;8
G01 X25 Y20 ;9
G00 Z30     ;Auspannposition 30mm über dem Material
M10 O6.0    ;Oberfräse aus
```

Die CNC-Grundbefehle findet ihr im Handbuch oder der Programmhilfe.

Eine Programmzeile setzt sich aus dem Maschinenbefehl (Schaltinformation) und ggf. einer Koordinatenangabe (Weginformation) zusammen. Die Programmzeilen werden ihrer notierten Reihenfolge entsprechend nacheinander abgearbeitet.

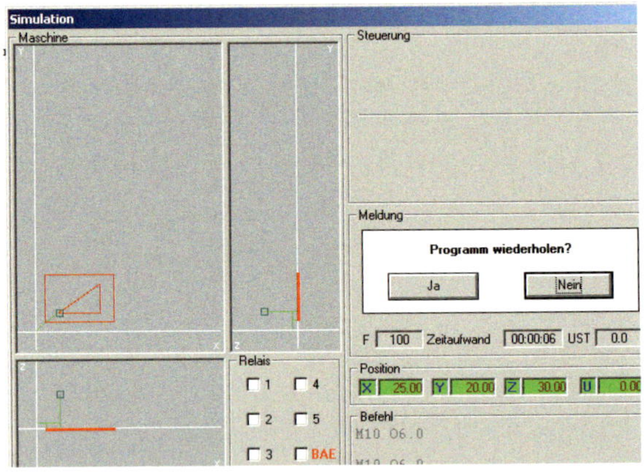

Wenn die Programmeingabe erfolgt ist, wird der Simulationslauf durchgeführt. Damit wird das Programm auf Fehler geprüft.
Ist es fehlerfrei, kann die Herstellung des Werkstückes auf der Maschine beginnen.
Vor Beginn der Fertigung muss der Referenzpunkt (Werkstück-Null-Punkt) eingestellt werden.
Dazu bewegt man die Werkzeugspitze mit den Cursortasten der Tastatur (Handsteuerung) auf die entsprechende Position und speichert diese ab. Dabei werden alle 3 Koordinaten auf den Wert „0“ gesetzt.

Fallstudie: betriebliches Handeln im Küchenmöbelwerk

1 Ein Auftrag an das Küchenstudio COOK MAHL

Familie Bünger bezieht eine Neubauwohnung. Sie erfüllen sich den Traum einer neuen Küche. Sie haben lange überlegt, Prospekte gewälzt und Küchenstudios besichtigt. Nach mehreren intensiven Beratungen „stehen" Grundriss und Ausstattung. Auch der Preis stimmt. Heute haben sie bei COOK MAHL den Kaufvertrag unterzeichnet.

„Schon in 16 Wochen steht Ihre neue Küche", sagt die Kundenberaterin, Frau Ahrweiler.

„16 Wochen sind lang. Was passiert in der Zwischenzeit?", will Herr Bünger wissen.

„Ich verstehe Ihre Ungeduld. Doch bedenken Sie: Sie kaufen keine Küche ‚von der Stange'.

Ihr Auftrag geht per E-Mail an das Küchenmöbelwerk. Hier werden unsere Absprachen zu Maßen und Ausstattung im Planungsprogramm überprüft.

Mit diesen Daten wird dann die Produktion geplant.

Die Anfertigung erfolgt nach neuester Technik in einer teilweise automatisierten Produktion.

Das Werk ist bekannt für sehr gute und umweltgerechte Qualität. Das wird durch ein Qualitäts- und Nachhaltigkeitsmanagement garantiert.

Wenn Sie Interesse haben, können Sie mit dieser Werksbroschüre einen Blick hinter die Kulissen der Produktion werfen. Ich gebe Sie Ihnen gerne mit."

▸ **Leitauftrag** Welche Vorteile hat es für Büngers, COOK MAHL und das Küchenmöbelwerk, den Auftrag nach einem Planungsprogramm im Rechner zu erstellen?

B
Auf einen Blick

Ihr erklärt, wie ein Kundenauftrag für die Produktion vorbereitet wird.

Ihr begründet die Bedeutung von Unternehmenszielen.

Ihr vollzieht die Stufen des Produktionsablaufs nach.

Ihr versteht die Betriebsorganisation.

Ihr beschreibt Anforderungen an Arbeitsplätze.

Ihr bewertet die Arbeit des Betriebsrates für die Berücksichtigung von Arbeitnehmerinteressen.

Ihr erklärt die Bedeutung des Qualitätsmanagements für das Produktionsergebnis.

Ihr vollzieht die Bedeutung des Nachhaltigkeitsmanagements für das Unternehmen, die Mitarbeiter und die Gesellschaft nach.

2 Das Unternehmen stellt sich vor

Das Leistungsangebot

Das Küchenmöbelwerk wurde 1975 mit der Rechtsform einer GmbH gegründet. Es gehört seit 2005 zu einer internationalen Unternehmensgruppe mit zwei weiteren Betrieben der Küchenherstellung. Ca. 300 Mitarbeiter stellen hochwertige Einbauküchen der oberen Preisklasse her, die im In- und Ausland verkauft werden.
Die Kunden können aus einem breiten Angebot wählen. Lieferbar sind Schrankelemente in 60 Frontfarben (Holz-, Kunststoff- und Lackoberfläche) sowie verschiedene Arbeitsplatten und Griff- und Knopfvarianten. Die Typenliste enthält ca. 1000 Artikel.
In Zusammenarbeit mit Fachhändlern werden Kundenwünsche für komplette Küchen umgesetzt. Auch der Kundendienst ist gesichert.

Die Betriebsorganisation

Für die Verwirklichung der Ziele und die Erbringung der Leistungen sorgt auch die → Betriebsorganisation (→ Aufbau- und → Ablauforganisation).

Die Ziele

Ein Ziel des Unternehmens ist die fortwährende Weiterentwicklung von Qualität und Design der Produkte und kundengerechter Dienstleistungen. Dabei stehen die Wünsche der Kunden im Mittelpunkt.
Mitarbeiter sollen durch die Qualität ihrer Arbeit das Ansehen der Unternehmensleistungen fördern.

Ein weiteres Ziel ist → nachhaltiges Handeln bei der Leistungserstellung, die

- wirtschaftlich und sozial im Umgang mit Kunden, Lieferanten und Mitarbeitern und
- ökologisch mit der Nutzung der Umwelt und von → Ressourcen erfolgt.

Diese Ziele sollen durch Tätigkeiten erreicht werden, die stetig gemeinsam mit Lieferanten, Fachhändlern und Kunden verbessert werden.

Insbesondere geht es darum:

- Qualität mit rationellen und ökologisch verträglichen Verfahren zu sichern,
- qualitativ hochwertige Werkstoffe kostengünstig zu beschaffen,
- Abfälle und → Emissionen zu vermindern,
- Mitarbeiter für ihre Aufgaben zu qualifizieren und zu motivieren.

Aufbauorganisation im Küchenmöbelwerk

Geschäftsleitung

Marketingleitung	Produktionsleitung
Kundendienst Ausland	Fertigung Küchen
Kundendienst Inland	Einkauf
Produkt-Marketing	Organisation/EDV
Produkt-Entwicklung	Qualitätsmanagement
Auftragsbearbeitung	Personalabteilung
Versand	Rechnungswesen

A Aufgaben

1 Erstellt einen „Steckbrief“ für das Küchenmöbelwerk. Berücksichtigt dabei die genannten Leistungen sowie die Rechtsform (siehe **M4**, **M5**, S. 278; **M6**, S. 279 und **M7**, S. 280).

2 Was heißt Nachhaltigkeit bei der Küchenproduktion? Erklärt mit Beispielen.

3 Welche Ziele privater Unternehmen (s. **M3**, S. 278) will das Küchenmöbelwerk erreichen?

4 Benennt die Abteilungen der beiden großen Leitungsbereiche des Küchenmöbelwerks. In welcher Abteilung beginnt die Zusammenarbeit mit dem Küchenstudio COOK MAHL?

3 Aufgaben und Zusammenarbeit der Abteilungen

Beschaffung von Produktionsfaktoren

Zur Küchenmöbelherstellung werden benötigt:

Gebrauchsgüter
- Grund und Boden sowie Gebäude
- technische Anlagen, Maschinen, Büromöbel
- Werkstoffe, z.B. Holz
- Hilfsstoffe, z.B. Leim

Verbrauchsgüter
- Betriebsstoffe, z.B. Maschinenöl, sowie Strom.

Grund und Boden sind der Produktionsfaktor Boden. Die anderen Ge- und Verbrauchsgüter sowie notwendige finanzielle Mittel gehören zum Produktionsfaktor → Kapital.

Die Abteilung Einkauf beschafft die sächlichen → Produktionsfaktoren. Sie kooperiert mit dem Qualitätsmanagement, das Anforderungen an Güter festlegt und diese prüft.

Auch die erforderlichen Arbeitskräfte, der Produktionsfaktor Arbeit, müssen beschafft und verwaltet werden. Daran sind die Personalabteilung und die Abteilungen, welche die Arbeitskräfte benötigen (z.B. Fertigung Küchen), beteiligt.

Erfassen von Geld- und Güterströmen

Bei der Beschaffung und Bezahlung der erbrachten Leistungen entstehen Güterströme und Geldströme. Diese werden im → Rechnungswesen verbucht.

Das Rechnungswesen erledigt auch die Lohnbuchhaltung für die Mitarbeiter.

Fertigung der Küchenmöbel

Mehr dazu folgt im Abschnitt 5 „Produktionsablauf bei Schrankelementen".

Fragen bei der Beschaffung
- Was ist in welcher Qualität (z.B. ökologische Anforderungen) zu beschaffen?
- Wie viel ist wann zu beschaffen?
- Wo ist die benötigte Menge zu günstigen Preisen zu erhalten?
- Welche Liefer- und Zahlungsbedingungen sind angemessen?
- Ist der Lieferant zuverlässig, um Menge und Qualität termingerecht zu liefern?

Die richtigen Güter gut verkaufen

Aufgaben, die in diesen Bereich fallen, erledigt das Marketing.
- Das Produkt-Marketing ist zuständig für Werbung und Preisgestaltung.
- Die Auftragsbearbeitung wickelt die Bestellungen der Fachhändler ab, schreibt für die erbrachten Leistungen Rechnungen und leitet diese zur Buchung an das Rechnungswesen.
- Der Versand organisiert im Anschluss an die Fertigung die Auslieferung der Aufträge.
- Der Kundendienst (mit den Fachhändlern) bearbeitet Reklamationen und Reparaturen.
- Die Produkt-Entwicklung arbeitet am Sortiment, z.B. Trends zu Farbe und Material.

Organisation/EDV

Die Kommunikation zwischen den Abteilungen läuft zum großen Teil mit Unterstützung elektronischer Datenverarbeitung (EDV). Das geschieht mittels EDV-Geräten, eingebunden in ein betriebsinternes Netzwerk. Die Abteilung Organisation/EDV ist dafür zuständig, dass diese → Informationsorganisation zuverlässig funktioniert.

A **Aufgaben**

1 Welche Abteilungen beschaffen welche Produktionsfaktoren?

2 Nennt Beispiele für Güter- und Geldströme, die durch Aktivitäten im Küchenmöbelwerk entstehen. Orientiert euch dabei auch am Schema im Material M4, S. 278.

3 Das Küchenmöbelwerk sucht einen neuen Lieferanten für kunststoffbeschichtete Spanplatten. Wendet die Fragen bei der Beschaffung auf diesen Fall an.

4 Das Nachhaltigkeitsmanagement

Grundsätze nachhaltigen Handelns

Diese bestehen aus der dauernden Verbesserung der Produkte und der Verantwortung gegenüber den Kunden. Sie beinhalten auch die Verantwortung für die Mitarbeiter. Denn soziale, wirtschaftliche und ökologische → Nachhaltigkeit bestimmt das Handeln des Unternehmens. Schwerpunkte sind soziale Leistungen, Gesundheitsschutz, Frauenförderung, Weiterbildung, gesellschaftliches Engagement und der verantwortungsvolle Umgang mit Umwelt und Ressourcen.

Bereiche mit besonderer Umweltbedeutung

- Oberflächenbehandlungsanlage
- Wärmeversorgung
- Abwasserbehandlungsanlagen für technische Wässer aus der Oberflächenvorbehandlung
- Gefahrstofflager

Der Umweltschutz fordert insbesondere

- die Produkte in ökonomisch wie ökologisch und sozial verträglichen Verfahren herzustellen und zu vermarkten,
- Lieferanten und Händler einzubeziehen,
- das Nachhaltigkeitsmanagement umzusetzen,
- das Umweltbewusstsein, die Qualifikation und Beteiligung der Mitarbeiter zu sichern,
- Rohstoffe, Energie, Wasser und sonstige Güter sparsam zu nutzen,
- umweltverträgliche Technologien einzusetzen.

A Aufgaben

1 Welche Bedeutung für das Unternehmen hat das Nachhaltigkeitsmanagement (siehe auch M1, S. 277)?

2 Schätzt das Managementziel: „Erhöhung der ökologischen Ausrichtung der Produktion“ am Beispiel Wasserlack ein (siehe M2, S. 277).

3 Für wen hat das Öko-Audit eine Bedeutung? Begründet dieses.

4 „Qualitätssicherung und ökologische Ausrichtung der Produktion wirken kostensparend.“ Nehmt Stellung zu dieser Aussage.

Umweltziele und -programme

Diese werden in allen Bereichen festgelegt und vom Management überwacht. Für die Küchenmöbelherstellung bedeutet das u.a.,

- Fehler bei Bestellungen, Material, Fertigung, Verpackung zu verringern,
- Material und Energie zu sparen,
- umweltgerechte, schadstoffarme Stoffe bei Kunststoffen und Lacken einzusetzen.

Die Lackierung wurde teilweise umgestellt. So genannte PUR-Lacke mit umwelt- und gesundheitsschädlichen Lösemitteln wurden durch Wasserlack ersetzt. Angestrebt wird ein Ersatz von 50–60 Prozent (siehe auch M1, S. 277). Weil Wasserlack noch nicht so gut haftet und der Farbglanz geringer ist, gelingt die Umstellung bisher nur teilweise.

Lacknutzung zur Küchenmöbelherstellung		
Jahr	**2002**	**2005**
Gesamtlackverbrauch in kg	154 100	118 670
Anteil Wasserlack	2 %	12 %

Miele DIE KÜCHE (Hrsg.): Warendorf 2007

▲ Überschüssige Lackpartikel in der Luft werden durch eine Nebelwand in einem Wasserbehälter aufgefangen. Hier verklumpen sie mittels eines chemischen Zusatzes und können so als Sondermüll entsorgt werden.

Öko-Audit

Die Einhaltung der Umweltziele und Umweltqualität wird nach der Norm DIN EN ISO 14001 durch unabhängige Gutachter überprüft und zertifiziert (Öko-Audit). Dies geschieht durch eine Umweltbetriebsprüfung. Dazu wird ein Nachhaltigkeitsbericht mit einer Ökobilanz erstellt. Diese stellt gegenüber

- eingesetzte Stoffe, z.B. Spanplatten, Strom und
- erzeugte Stoffe, z.B. Schränke, Abwasser.

5 Der Produktionsablauf bei Schrankelementen

Der größte Teil der Fertigung erfolgt automatisiert auf einer Fertigungsstraße mit computergesteuerten Maschinen. Wünschen Kunden Naturholzfronten und Sonderanfertigungen, fällt auch Handarbeit an.

Die Auftragsbearbeitung

Hier treffen die Kundenaufträge der Fachhändler ein. Sie enthalten Skizzen mit Maßen und notwendigen Teilen. Die Bestellungen werden von Sachbearbeitern im Werk für die weitere Bearbeitung aufbereitet. Mithilfe einer speziellen CAD-Software wird eine Zeichnung für die geplante Küche erstellt. Diese Zeichnung ist Grundlage für die Arbeitsvorbereitung.

Die Arbeitsvorbereitung

Hier werden die Kundenaufträge gebündelt. Solche für gleichartige Schrankelemente verschiedenen Aufträge werden für die Produktion zu Serien zusammengestellt.

Bei Standardteilen wird auch auf ein Lager zurückgegriffen, das vorproduzierte Schrankelemente enthält.

Zur schnellen Identifizierung ist jedes lieferbare Schrankelement mit Bestellnummer, Zeichnung, Beschreibung, Stückliste und Produktionsdaten in einem Zentralrechner gespeichert.
Mithilfe der EDV werden mit einem Planungsprogramm durch einen Techniker die Daten für die Maschinenprogramme und den Arbeitsfluss aufbereitet. Dabei stehen Daten, z. B. zu den Produktionszeiten für eine Kücheneinheit und den vorhandenen Kapazitäten, zur Verfügung. So lässt sich die Fertigungssteuerung, z. B. Auslastung der Maschinen, planen. Für jeden Auftrag wird ein Liefertermin bestimmt.

Die Plattenaufteilsäge

Diese sägt mit Kunststoff beschichtete Spanplatten für die Korpusse und Fronten der Schrankelemente maßgerecht. Mit der EDV kann der Verschnitt auf unter 5 % gehalten werden.
Die Teile werden in einem Zwischenlager abgelegt und von dort der Maschinenstraße bzw. der Frontanfertigung zugeführt.

CAD (Computer Aided Design)
bezeichnet Rechnerunterstützung bei Planung, Entwurf, Berechnung und Konstruktion.
Dargestellte geometrische Formen, z. B. ein Schrankteil, können auf dem Bildschirm von allen Seiten dreidimensional betrachtet und wenn notwendig korrigiert werden.

▲ In der Auftragsbearbeitung und Arbeitsvorbereitung findet ein großer Teil der Arbeit am Bildschirm statt. Zur → ergonomischen Arbeitsplatzgestaltung der Bildschirmarbeit gibt es eine Betriebsvereinbarung zwischen Betriebsrat und Geschäftsleitung. ▼

Korpusfertigung auf der Maschinenstraße

Die Maschinenstraße wird im Schichtbetrieb von je acht Mitarbeitern betreut. Für diese Anlage wurden fünf Mio. Euro investiert, um mit neuester Technik und weniger Personal produzieren zu können. Für die alte Maschinenstraße wurden pro Schicht 23 Mitarbeiter benötigt. Von dieser Rationalisierung waren vor allem angelernte Arbeiter betroffen.

Die Mitarbeiter einer Schicht müssen Facharbeiter sein und sich weiterbilden, um die komplexe Anlage fehlerfrei zu bedienen, zu warten, Störungen zu vermeiden und zu beseitigen. Jeder ist für mehrere Arbeitsplätze qualifiziert.

Der Produktionslauf auf der Maschinenstraße wird von einem Mitarbeiter an einem Leitstand überwacht. Dort werden Störungen an den einzelnen Bearbeitungsstationen angezeigt. Diese müssen vor Ort beseitigt werden.

Während der Arbeit muss wegen des Produktionslärms Gehörschutz getragen werden. Gesprochen wird über Mikrofon und eine Gegensprechanlage.

Die Bezahlung erfolgt im Zeitlohn mit einer Prämie. Diese wird gewährt, wenn die Anlage wenig stillsteht und optimal eingestellt ist, um eine große Menge in Spitzenqualität zu produzieren.

Fertigung von Frontelementen

Parallel zur Korpusfertigung werden die Frontelemente aus Massivholz und Holzwerkstoffen in Handarbeit hergestellt.

Tischler schleifen Kassettenelemente für Naturholzfronten, andere fügen Kassetten für Fronten zusammen. Individuell angefertigte Teile werden per Hand lackiert und dann der Montage zugeführt.

Nahaufnahme:

Stationen der Maschinenstraße

◂ Zugriff auf Spanplatten aus dem Zwischenlager: Die Platten werden automatisch angesaugt und auf das Rollband gelegt. Sie werden passend nach Kundenauftrag auf Länge gesägt.

◂ Kennzeichnung der Platten mit elektronisch lesbarem Barcode (Strichcode aus verschieden breiten Strichen und Lücken). Dieser dient der Erkennung an weiteren Bearbeitungsstationen.

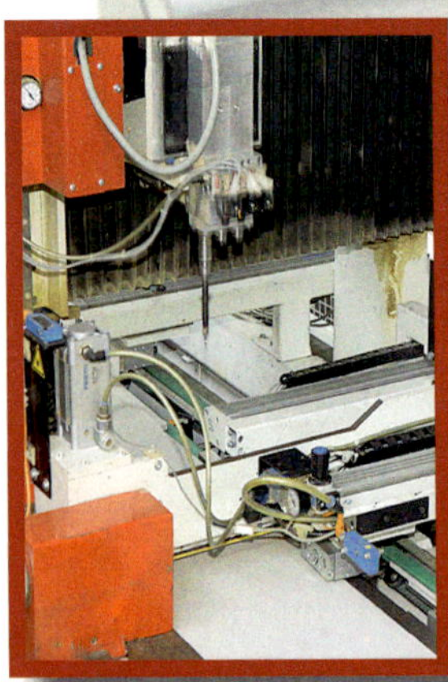

◂ Vorbereitung der Eckverbindungen für den Korpus: Nuten werden gefräst und Löcher gebohrt, durch die im nächsten Arbeitsschritt flüssiger Kunststoff gepresst wird.

◄ Ein weiterer Schritt für die Eckverbindung: Eine V-Nut wird in der Foldingmaschine (Holzbearbeitungsmaschine zum Fräsen) auf Millimeter genau bis zur vorher eingepressten Kunststoffkante gefräst.

◄ Hier werden Schubkastenschienen automatisch eingebaut.

◄ Vorgefertigte Platten liegen in einem weiteren Zwischenlager abrufbereit. Dies ist notwendig, um das unterschiedliche Arbeitstempo zwischen den bisherigen und den folgenden Stationen auszugleichen.

◄ Von einem Leitstand aus wird die ganze Maschinenstraße überwacht.

◄ Der Korpus wird „gefaltet“ und durch Einstecken seiner Rückwand stabilisiert.

◄ Endmontage von Korpus, Fronttüren, Einlegeböden und ggf. Spezialausstattung. Alle Teile werden nach Auftragvorgaben EDV-gesteuert bereitgestellt. Dann erfolgt die Qualitätskontrolle (s. S. 276) für jede fertige Einheit.

◄ Vorbereitung für den Versand. Fertige Möbel werden von angelernten Arbeitern maschinell verpackt und dem Lager zugeführt. Gelagert werden kann die Produktionsmenge von drei Tagen.

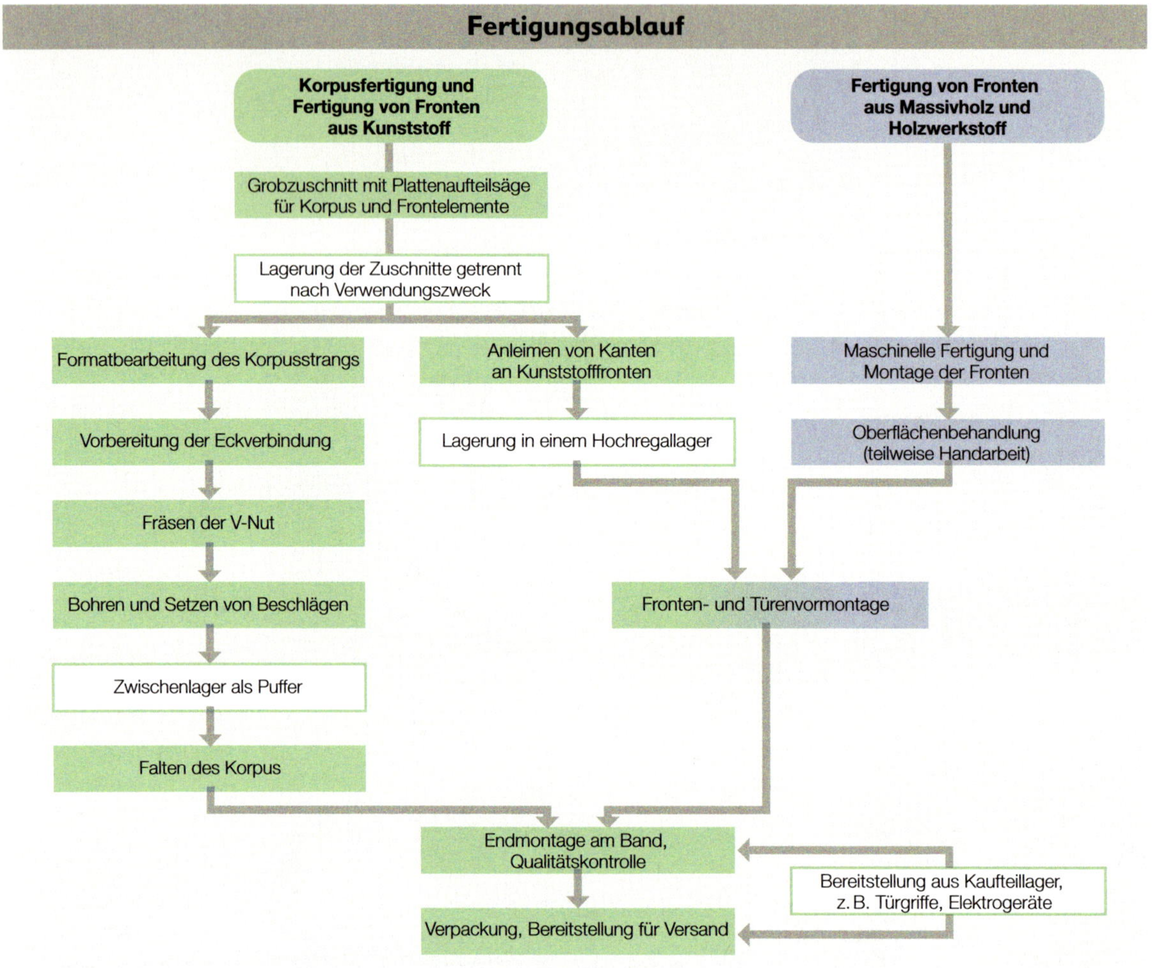

A Aufgaben

1 Verfolgt den Fertigungsablauf im Schema oben. Ordnet die Fotos und Beschreibungen (siehe S. 272, 273) dem passenden Fertigungsschritt zu.

2 Vergleicht Arbeitsplätze in den Bereichen
- Arbeitsvorbereitung und Steuerung der Maschinenstraße,
- Endmontage und handwerkliche Arbeit.

Achtet auf Anforderungen, Entscheidungs- und Gestaltungsmöglichkeiten.

3 Findet für die Produktion benötigte Berufe. Informiert euch darüber: http://infobub.arbeitsagentur.de ▸ BERUFENET

4 Nennt Beispiele für den Einsatz der EDV. Beschreibt ihre Bedeutung.

5 Nach dem → Betriebsverfassungsgesetz (siehe S. 300) hat der Betriebsrat z.B. bei der Gestaltung der Arbeitsplätze und Entlohnung Mitbestimmungs- bzw. Mitwirkungsrechte. Nennt dafür Beispiele aus dem Fertigungsablauf.

6 Begründet, in welchen Abteilungen des Unternehmens Folgendes entschieden wird:
- MARK und TOBIAS sind krank, da muss JONAS heute am Leitstand arbeiten.
- Die neue Produktgruppe hat sich am Markt durchgesetzt. Eine Betriebserweiterung ist sinnvoll.
- Beim Prüfen der Naturholzfronten werden Maßabweichungen festgestellt. In der Produktion müssen Fehler beseitigt werden.

6 Arbeitnehmer beurteilen ihre Arbeit

Markus, 36 Jahre, Werkstatt für Frontelemente

„Ich arbeite hier seit zehn Jahren als Tischler. Bei der Steuerung der Maschinenstraße möchte ich ungern arbeiten. Die hohe Verantwortung für die Technik und dann der Lärm. Hier bin ich als Handwerker gefragt und kann mein Fachkönnen einsetzen. Die anspruchsvolle und abwechslungsreiche Arbeit macht Spaß. Mit dem Vorarbeiter stimmen wir ab, wer was macht. Ich verdiene gut. Im Prämienlohn erhalte ich seit März 2005 pro Stunde 17,11 Euro, 140 Prozent der Lohngruppe 7."

Ecklohn (pro Arbeitsstunde)
Das Arbeitsentgelt der Tarifgruppe 7 ist der Ecklohn. Die Arbeit setzt eine Berufsausbildung (Facharbeit) voraus. Die anderen Lohngruppen sind durch Zu- bzw. Abschläge zu diesem Lohn gebildet (Lohnschlüssel).
Beispiele:

Lohngruppe 7:	100 %	= 12,22 €
Lohngruppe 6:	96 %	= 11,74 €
Lohngruppe 9:	110 %	= 13,18 €

Zeitlohn
Entlohnungsart nach der geleisteten Arbeitszeit und dem Stundensatz der Lohngruppe.

Prämienlohn
Leistungsbezogene Entlohnung. Die Höhe richtet sich danach, wie stark z. B. die vorgegebene Zeit für eine Arbeit oder aber die Fehlerquote unterschritten ist.

A **Aufgaben**

1 Sprecht über die Äußerungen. Bedenkt, was den Arbeitnehmern wichtig ist. Berücksichtigt folgende Stichworte: fachliche Anforderungen, Zusammenarbeit, Motivation.

2 Nehmt Stellung zu Unterschieden bei der Bezahlung.

3 Warum dient eine flexible Arbeitszeit den Interessen des Unternehmens und der Mitarbeiter?

Knut, 40 Jahre, Maschinenstraße

„Ich arbeite seit drei Jahren an der Maschinenstraße. Im Prämienlohn – 140 % der Lohngruppe 6 – verdiene ich gut.
Die Arbeit fordert mich stark. Wir müssen fehlerfrei ohne Qualitätsmängel arbeiten. Störungen an Maschinen vermeiden wir weitgehend durch Wartung. Stillstand heißt Produktionsausfall und ist teuer.
Wichtig sind mir die Kontakte mit den Kollegen bei der Arbeit, in den Pausen und beim Betriebssport. Ich mache auch mit bei der Gewerkschaft. Das ist für uns alle wichtig. Ich hoffe, dass mein Arbeitsplatz sicher bleibt. In den letzten Jahren wurde kräftig rationalisiert. So musste Personal reduziert und Kosten gespart werden. Es kam zur Vereinbarung von flexiblen Arbeitszeiten. Dabei bestimmte der Betriebsrat mit."

Betriebsvereinbarung zur flexiblen Arbeitszeit

Der → Betriebsrat hat nach § 87 Betriebsverfassungsgesetz ein Mitbestimmungsrecht bei der Gestaltung der Arbeitszeit (siehe S. 300). So wurde zwischen der Werkleitung des Küchenmöbelwerkes und dem Betriebsrat Folgendes vereinbart:

Die nachfrageorientierte Arbeitzeitregelung dient der nachhaltigen Sicherung der Küchenmöbelherstellung und der Arbeitsplätze.
Für die Beschäftigten wurden Arbeitszeitkonten eingerichtet. Arbeitszeiten, die über die Sollzeit hinausgehen, werden gutgeschrieben, die unterhalb liegen, abgezogen. Die wöchentliche Arbeitszeit wird nach Auftragslage berechnet. Mit den Vorgabezeiten werden Personalbedarf und für diese notwendige Arbeitszeit berechnet. Der Betriebsrat bestimmt bei der Festlegung der geplanten Arbeitszeit mit. Der Zeitausgleich wird durch Verkürzung bzw. Verlängerung der Sollstunden oder freie Tage erreicht.

Nach **Miele** (Hrsg.): Betriebsvereinbarung. Warendorf 30.01.2003

7 Das Qualitätsmanagement

Im Qualitätssicherungs-Handbuch heißt es:

„Jeder Mitarbeiter hat darauf zu bestehen, dass qualitativ einwandfreie Produkte produziert werden. Der Betriebsrat hat bei der Qualitätssicherung Mitbestimmungs-, Mitwirkungs- und Beratungsrechte nach dem Betriebsverfassungsgesetz, §§ 87–91."

Hohe Qualität ist für das Unternehmen und die Kunden wichtig. Eine eigene Abteilung Qualitätsmanagement sichert, dass dem Rechnung getragen wird. Dazu zählen z.B.:

Q1 Bei der Produktentwicklung steht Qualität im Mittelpunkt. Ein Prüflabor untersucht bei Oberflächen, ob diese der starken Beanspruchung bei Gebrauch und Reinigung standhalten.
Q2 Fehler im Fertigungsablauf dürfen gar nicht entstehen. Bei der Planung wird bedacht, dass Technik und Organisation gleich bleibende Qualität sichern.
Q3 Produktionsfehler müssen während der Fertigung behoben werden. Mitarbeiter haben einen Prüfplan einzuhalten. Werden Fehler erst in der Endkontrolle oder beim Kunden entdeckt, ist Nacharbeit erheblich teurer.
Die Überprüfung der eigenen Arbeit stellt hohe Anforderungen an die Ausbildung, das Qualitätsbewusstsein und die Eigenverantwortung.
Q4 Materialien müssen den Qualitätsansprüchen genügen. Zugekaufte Türscharniere werden in Dauertests geprüft, ob sie viele Jahre funktionsfähig sind. Lieferanten müssen eine gleich bleibende Qualität in ausreichender Anzahl zu günstigem Preis pünktlich liefern können.
Q5 Die Fähigkeiten der Mitarbeiter werden zur Verbesserung des Produktionsablaufs und der Produktqualität genutzt. Sie wissen am besten, was zu verändern ist. Gute Vorschläge werden prämiert. Geprüft wird, wo noch Verantwortung an Mitarbeiter abgegeben werden kann.

Endprüfung der Korpusfertigung verbessern
Bei der Endprüfung wurden manchmal Fehler übersehen. Deshalb müssen die Mitarbeiter folgende Prüfschritte durchführen:

01 Aufkleber lesen, Schranktype, Programm und Kanten vorne und hinten vergleichen
02 Funktionsprüfung der Schub-, Klapp- und Auszugsbeschläge
03 Traversenverkneifung prüfen
04 Überprüfung von Front und Korpus lt. Prüfmatrix für Lack und Kunststoff
05 Überprüfen der Schrankaufhängerverschraubung durch zwei Schrauben längs zur Plattenebene

A Aufgaben

1 Warum ist eine hohe Qualität für das Unternehmen wichtig?

2 Erklärt Aufgaben im Qualitätsmanagement.

3 Sprecht über die Bedeutung und die Maßnahmen zur Endprüfung von Schrankelementen.

4 Berichtet von eurem Praktikumsbetrieb. Wie wurde dort Qualität gesichert?

5 Nehmt Stellung:
a) „Mitarbeiter müssen alles vorgeschrieben erhalten und lückenlos kontrolliert werden, damit die Qualität stimmt."
b) „Mitarbeiter können viel mehr als verlangt wird. Sie können vieles entscheiden, was ihnen bisher vorgeschrieben wurde, und sind bereit zu lernen. Das kommt der Qualität und damit dem Betrieb zugute."

8 Weiterführendes Material

M1 Zu Hause in der Miele-Küche[1]

Qualität und Nachhaltigkeit

Das Werk ist eine der modernsten Küchenfertigungen Europas. Jede Küche ist etwas Besonderes. Durchdachte Schranklösungen werden individuell geplant. Material, Verarbeitung und Beanspruchung sind auf lange Lebensdauer ausgerichtet.

Materialien

Miele achtet auf ökologische Rohstoffe. So übertreffen die Prüfkriterien für Miele-Küchen vorgeschriebene Werte deutlich. Bei Holzwerkstoffen kommen z.B. nur Platten mit geringer Ausdünstung von Schadstoffen zum Einsatz. Das Holz stammt zum größten Teil aus Europa, möglichst werden hiesige Hölzer eingesetzt, z.B. Eiche.
Auf den Kunststoff Polyvinylchlorid[2] (PVC) wird weitestgehend verzichtet. Miele setzt auf deutlich umweltschonendere Materialien. Durch ökologisch vertretbarere Rohstoffe ist es beim Recycling möglich, Holzwerkstoffe zur Energieerzeugung einzusetzen. PUR-Lacke[3] werden zunehmend durch Wasserlacke ersetzt, die umweltverträglicher sind. Bei der Auswahl von Leimen und Klebern wird auf Unbedenklichkeit geachtet.

Soziale Leitlinien

Miele gehört dem Global Compact an. Die Unternehmen verpflichten sich unter internationaler Kontrolle weltweit u.a.

- zur Ablehnung der Kinderarbeit und Einhaltung der Menschenrechte,
- zur Sicherung gerechter Arbeitsbedingungen, des Rechtes der Arbeitnehmer, sich in Gewerkschaften zu organisieren,
- zum verantwortlichen Umwelthandeln.

[1] Der Betrieb heißt seit 2005: Miele DIE KÜCHE.
[2] Chemischer Stoff, kann Gesundheitsschäden hervorrufen.
[3] Enthalten gesundheits- und umweltschädliche Lösemittel.

Nach **Miele** (Hrsg.): Nachhaltigkeitsbericht 2004, S. 45, 93

Weitere Beispiele aus Betrieben zum nachhaltigen Handeln: www.baumev.de, www.mimona.de

M2 Umweltschutz beginnt bei der Material- und Stoffauswahl

Nur bei unkritischen Werkstoffen macht eine spätere Wiederverwertung Sinn. Durch Prüfungen wird vermieden, dass kritische Materialien eingesetzt werden. Das geschieht z.B. auch durch Einwirken auf Lieferanten, damit sie umweltschonendere Stoffe einsetzen.

Das **Ablaufschema zur Einführung neuer Betriebs- und Hilfsstoffe** macht deutlich, dass Miele Wert darauf legt, Produkte umweltschonend herzustellen.

Nach **Miele** (Hrsg.): Nachhaltigkeitsbericht, Gütersloh 2004, S. 62, 63

Die anfordernde Abteilung

- prüft bei Gefahrstoffen Ersatzmöglichkeiten
- fordert für neuen Stoff EG-Sicherheitsdatenblatt und Produktinfo an
- legt Einsatzort, Lagerplatz, Verwendungszweck, Menge des Stoffes sowie den Personenkreis, der damit umgeht, fest

↓

Stellungnahme zum neuen Stoff aus Sicht von

Arbeitssicherheit (Vorschriften für den Umgang mit Gefahrstoffen)	**Betriebsärztlichem Dienst** (Vorschriften zum Gesundheitsschutz)	**Umweltschutz** (Vorschriften zum Umweltrecht)	**Werkfeuerwehr** (Vorschriften zum Brandschutz)

↓

Entscheidung der Freigabe durch den Verantwortlichen, in dessen Bereich der Stoff eingesetzt werden soll

↓

Ja: Beschaffung über den Einkauf | **Nein: Erneutes Prüfverfahren**

M3 Ziele privater Unternehmen

Wirtschaftliche Ziele
- Gewinn
- Wachstum
- Erhöhung des Marktanteils
- Existenzsicherung
- Selbstständigkeit

Gesellschaftliche Ziele
- Mitarbeiterförderung
- Nachhaltigkeit
- Ansehen
- Marktmacht

M4 Güter- und Geldströme in Unternehmen

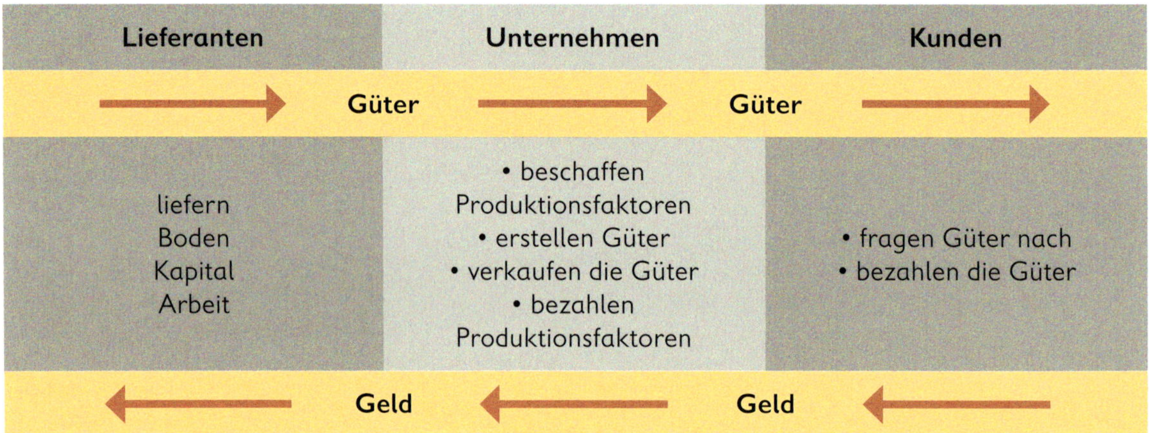

M5 Was Rechtsformen von Unternehmen bedeuten

Die Rechtsform ist die rechtlich vorgeschriebene Form, in der ein Unternehmen innerhalb der staatlichen Rechtsordnung handeln kann. Die Wahl der Rechtsform ist frei.

Gründe für die Wahl

Die Entscheidung für eine Rechtsform hat Einfluss auf das unternehmerische Handeln, denn die Rechtsform entscheidet über Bestimmungen zu folgenden Merkmalen:

- **Unternehmensleitung:** Wer führt die Geschäfte, vertritt das Unternehmen nach außen?
- **Besteuerung:** Wer zahlt die Steuern und wie hoch sind sie?
- **Gewinnverteilung:** Wer hat Anspruch auf den Gewinn und wer entscheidet über die Verwendung (Ausschüttung an die Eigentümer oder Wiederanlage im Unternehmen)?
- **Haftung:** Wer haftet den Gläubigern gegenüber? Wie weit geht die Haftung? Ist eine Haftung mit dem Privatvermögen vorgesehen?
- **Offenlegung der Geschäftsergebnisse:** Inwieweit muss die Unternehmensleitung jährlich das Betriebsergebnis und einen Jahresbericht veröffentlichen (Publizitätspflicht, z.B. bei Aktiengesellschaft vorgeschrieben)?
- **Höhe des Eigenkapitals:** Ist eine bestimmte Höhe notwendig?

Unter **Haftung** versteht man die Pflicht eines Schuldners, mit seinem Vermögen für eine durch einen Vertrag entstandene Verpflichtung einzustehen.
Beispiel: Kann der Schuldner gekaufte Waren im Wert von 50 000 Euro dem Lieferanten nicht bezahlen, so muss er ggf. sein Haus verkaufen oder mit einer Hypothek (Kredit, der über das Haus abgesichert ist) belasten, um das Geld zahlen zu können.

M6

Beispiele für häufig auftretende Rechtsformen

Einzelunternehmen

Diese sind am häufigsten anzutreffen, vor allem im Handwerk, im Handel und in der Landwirtschaft.

Personengesellschaften

Gesellschaften sind i.d.R. Vereinigungen von Personen mit einem gemeinsamen Geschäft. Diese Personen können natürliche Personen (Menschen), aber auch so genannte juristische Personen (organisierte Personenvereinigungen) sein. Wichtige gesetzliche Regelungen enthält das Handelsgesetzbuch (HGB): http://bundesrecht.juris.de

Die folgenden drei Gesellschaftsformen sind häufig anzutreffen:

Offene Handelsgesellschaft (OHG)
Die → Offene Handelsgesellschaft ist eine erweiterte Einzelunternehmung für Kaufleute, die gemeinsam ein Unternehmen führen möchten.

Gesellschaft bürgerlichen Rechts (GbR)
Jeder Gesellschafter haftet mit seinem Privat- und Geschäftsvermögen für die gesamte Schuld.

Kommanditgesellschaft (KG)
Sie hat zwei Gruppen von Gesellschaftern. Die Kommanditisten haften nur mit der Summe, mit der sie sich im Unternehmen beteiligen. Der Komplementär führt die Geschäfte und haftet wie bei der OHG auch mit dem gesamten Privatvermögen.
Eine Sonderform ist die GmbH & Co. KG, bei der eine GmbH (Gesellschaft mit beschränkter Haftung) die Rolle der Komplementärin übernimmt (damit ist die Haftung des Komplementärs wie bei der GmbH begrenzt.

Kapitalgesellschaften

Bei diesen Rechtsformen steht die Bereitstellung von Kapital für das Unternehmen im Mittelpunkt, Nur mit diesem müssen die Teilhaber haften.
Die Leitung des Unternehmens kann von eigens beauftragten Personen (Geschäftsführer) durchgeführt werden.
Die Kapitalgesellschaft ist eine juristische Person, d.h., sie handelt durch ihren Geschäftsführer und schließt im eigenen Namen Verträge ab. Juristische Personen zahlen auf das zu versteuernde Einkommen Körperschaftssteuer, eine besondere Form der Einkommensteuer.

Gesellschaft mit beschränkter Haftung (GmbH)
Die Gesellschafter haften nur mit ihrer Einlage von mindestens 25 000 Euro. Die Gesellschafter bestimmen Geschäftsführer, die nach ihren Weisungen handeln.
Die Kreditaufnahme kann schwierig sein, wenn die GmbH keine ausreichenden Sicherheiten hat.

Limited (Ltd.)
Als Ersatz für die GmbH wird immer öfter diese Rechtsform aus Großbritannien gewählt. Das Mindestgründungskapital beträgt ein Britisches Pfund (ca. 1,26 Euro).
Die Ltd. ist vor allem wegen der Kapitalausstattung beliebt. Sie wird nach den Vorschriften Großbritanniens gegründet und in dortige Register eingetragen. Es gilt das britische Insolvenzrecht mit Vorschriften zur Geschäftsführerhaftung. In Deutschland unterliegt die Ltd. dem deutschem Recht. Sie wird hier steuerlich wie eine GmbH behandelt.

Aktiengesellschaft (AG)
Ihre Bedeutung ist durch zunehmende → Globalisierung gestiegen. Das Grundkapital der AG wird meist von einer größeren Zahl von Kapitalgebern (Aktionären) aufgebracht. Die Aktien werden oft an der Börse international gehandelt. Der Erfolg der AG spiegelt sich im Wert der Aktien (Aktienkurs) und der Dividende (Gewinn) wider.
Der Aufsichtsrat hat die Aufgabe, den Vorstand zu überwachen. Die Hälfte der Mitglieder des Aufsichtsrats bei AG mit mehr als 2 000 Mitarbeitern stellen nach dem Mitbestimmungsgesetz die Arbeitnehmer.

M7

Unternehmerisches Handeln bei wichtigen Rechtsformen			
	Einzelunternehmer	**Gesellschaft mit beschränkter Haftung (GmbH)**	**Aktiengesellschaft (AG)**
Gründung	lässt Firma in das Handelsregister eintragen; bringt Kapital auf	schließt Gesellschaftsvertrag; Stammeinlage zusammen mindestens 25 000 €; Eintragung in das Handelsregister	Satzung; Grundkapital in Aktien mindestens 50 000 €; Eintragung in das Handelsregister
Gewinn/Verlust	erhält Gewinn/ trägt Verlust	Erhöhung der Rücklagen; Beteiligung der Gesellschafter nach Geschäftsanteilen; keine Gewinnausschüttung, bis Verlust abgedeckt	Erhöhung der Rücklagen; Dividende; keine Gewinnausschüttung, bis Verlust abgedeckt
Finanzierung	Selbstfinanzierung; Privat- und/oder Bankkredit	Rücklagen; weiteres Geld bisheriger/neuer Gesellschafter; Bankkredit; Problem: Sicherheiten	Auflösung von Rücklagen, Ausgabe neuer Aktien; Bankkredit
Geschäftsführung	entscheidet allein	Geschäftsführer nach Weisung und Kontrolle der Gesellschafter (bei mehr als 500 Arbeitnehmern Aufsichtsrat)	Vorstand; Aufsichtsrat, welcher den Vorstand wählt und kontrolliert; Hauptversammlung
Haftung	unbeschränkt mit Privat- und Betriebsvermögen	beschränkt auf Gesellschaftsvermögen	beschränkt auf Gesellschaftsvermögen
Besteuerung	Einkommensteuerpflicht, wenn Gewinn entsteht	selbstständig steuerpflichtig; Einkommensteuerpflicht der Gesellschafter	selbstständig steuerpflichtig; Einkommensteuerpflicht der Aktionäre

Arbeiten mit den Materialien

Zu M1, M2

1 Nennt Gesichtspunkte, nach denen die eingesetzten Materialien für die Qualität der Produkte und das spätere Recycling ausgewählt werden.

2 Was erhofft sich ein Unternehmen von der Veröffentlichung eines Nachhaltigkeitsberichts?

3 Warum wirken bei der Einführung neuer Hilfs- und Betriebsstoffe verschiedene Stellen mit?

Zu M5, M6

1 Sucht nach der Rechtsform von Fußballbundesliga-Vereinen. Welche Rechtsform überwiegt? Nennt Gründe dafür.

2 Etwa 70 % aller Unternehmen in Deutschland sind Einzelunternehmen (2005). Begründet die bevorzugte Wahl dieser Rechtsform durch ihre typischen Merkmale.

3 Erörtert am Beispiel des Küchenmöbelwerks (S. 268) bei dessen Rechtsform die Haftung.

4 Erklärt Unterschiede zwischen Personen- und Kapitalgesellschaften.

Zu M7

1 Frau Arnold möchte sich selbstständig machen. Dabei will sie ihre Haftung auf das von ihr eingebrachte Geld begrenzen. Welche Rechtsform bietet sich an?

2 Gleichzeitig möchte Frau Arnold die Gründungskosten von 30 000 Euro durch einen Bankkredit finanzieren.
Der Kreditberater sagt: „Wenn Sie eine Personengesellschaft gründen, sind wir eher geneigt, Ihnen den Kredit zu geben."
Nehmt Stellung.

Alles klar?

Hantieren – Mechanisieren – Automatisieren

1 Beschreibe Unterschiede zwischen Mechanisierung und Automatisierung.

2 Bestimme für folgendes Beispiel die Veränderung der Arbeitsproduktivität in %:
Bei der Fertigung von Kühlschränken beträgt die Tagesleistung des Werkes 200 Stück. Durch Verbesserung des Arbeitsablaufs leistet die gleiche Anzahl der Beschäftigten pro Tag fünf Stück mehr.

3 Nenne Anforderungen an Beschäftigte bei der Überwachung computergesteuerter Maschinen.

4 Beschreibe, was ein erstelltes Computerprogramm für eine CNC-Maschine leistet.

5 Nimm Stellung zu folgenden Äußerungen. Formuliert eure Antwort in folgender Form:
- ist richtig, weil ...; ist falsch, weil ...:

A Mechanisierung führt dazu, dass schwere Arbeit von Maschinen verrichtet wird. Das verbessert die Arbeitsbedingungen und ist immer im Interesse der Beschäftigten.

B Automatisierung führt dazu (siehe Bild auf S. 264 oben), dass menschliche Arbeit bei einer solchen Produktion nur noch in der Überwachung der Anlagen besteht. Die Zahl der Beschäftigten sinkt. Die Anforderungen an die Mitarbeiter steigen.

6 Beschreibe je ein Beispiel für
• mechanische Maschinen,
• automatisierte Maschinen.

Fallstudie: Betriebliches Handeln im Küchenmöbelwerk

7 Nenne drei Ziele unternehmerischen Handelns am Beispiel deines Praktikumsbetriebs.

8 Erkläre, was beim Küchenmöbelwerk unter Kundenorientierung verstanden wird.

9 Welche Produktionsfaktoren benötigt ein Frisör, um Dienstleistungen zu erbringen?

10 Welche Bedeutung hat in einem Unternehmen eine durchdachte Betriebsorganisation?

11 Stelle deinen Mitschülern die Betriebsorganisation deines Praktikumsbetriebes vor.

12 Nenne Entscheidungen, die zur Planung des Fertigungsablaufs eines Werkstücks gehören.

13 Begründe, warum bei einem Konflikt eines Arbeitnehmers im Betrieb der Betriebsrat wichtig sein kann.

14 Nimm Stellung zu folgender Situation:
Das Unternehmen KALT produziert hochwertige Jacken. Die Endkontrolle durch eine Prüfkraft (erfahrene Näherin) soll eingespart werden. Stattdessen hat dann jeder Mitarbeiter seine Arbeit selbst zu kontrollieren und Fehler direkt zu beheben.
Wenn bei gleicher Produktionsmenge pro Mitarbeiter die Zahl der Fehler nicht steigt, wird den Mitarbeitern eine Prämie in Aussicht gestellt.

15 Entwickle einen Vorschlag zur Erhöhung der Qualität deiner Lernarbeit in der Schule.

16 Aus welchen Gründen ist es wichtig, dass Unternehmen Nachhaltigkeit für ihr Handeln als Grundsatz berücksichtigen?

17 Wie haftet eine Personengesellschaft für ihr Handeln, z.B. für Verluste?

18 Warum ist es wichtig, bei der Gründung eines Unternehmens die Rechtsform zu bedenken?

Grenzenlos wirtschaften

1 Auswirkungen der Globalisierung

Informations- und Kommunikationstechnologien ermöglichen weltweite wirtschaftliche Beziehungen, die zeitnah erfolgen können.
Globale Handelsbeziehungen werden durch schnelle Transportmittel erleichtert.
Die Unternehmen müssen sich mit Wettbewerbern auf dem Weltmarkt messen. Multinationale Konzerne beherrschen immer häufiger das wirtschaftliche und politische Geschehen.
Zunehmende wirtschaftliche Aktivitäten beanspruchen immer stärker die Umwelt.

Die 10a auf Tagesausflug in Berlin – Gespräche mit Blick auf die Weltzeituhr auf dem Alexanderplatz:

EVA: „Ich fange nach der Schule eine Ausbildung zur Hotelfachfrau an. Das heißt für mich, Arbeitsmöglichkeiten in ganz Europa."

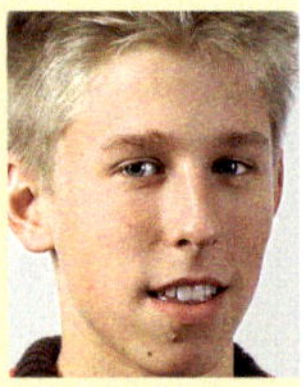

MARTIN: „Meine Mutter hat eine Arbeit in Amsterdam gefunden. Besser so, als arbeitslos in Gelsenkirchen."

ALIDA: „Und mein Vater ist jetzt arbeitslos. Das Unternehmen produziert jetzt in Thailand."

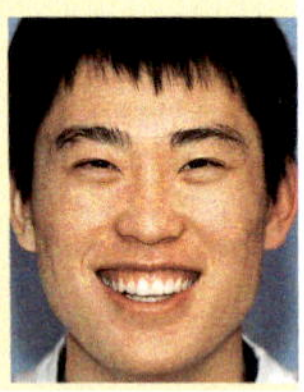

HAO: „Ich komme aus China und lebe für ein Jahr als Austauschschüler in Deutschland. Das hilft mir später, in meinem Heimatland beruflich erfolgreich zu sein."

▸ **Leitauftrag** Nennt Kennzeichen der → Globalisierung und entdeckt Chancen und Risiken für die Lebensqualität der Menschen weltweit.

B Auf einen Blick

Ihr kennt wichtige Bereiche globaler Veränderungen und erklärt diese an Beispielen.

Ihr beschreibt die weltweite Arbeitsteilung bei der Produktion und verdeutlicht Auswirkungen für Unternehmen, Arbeitnehmer und Verbraucher.

Ihr begründet Strategien, mit denen ein Unternehmen sein Dienstleistungsangebot interkulturell und nachhaltig ausrichtet.

2 Warum die ganze Welt an einem Rasierer baut

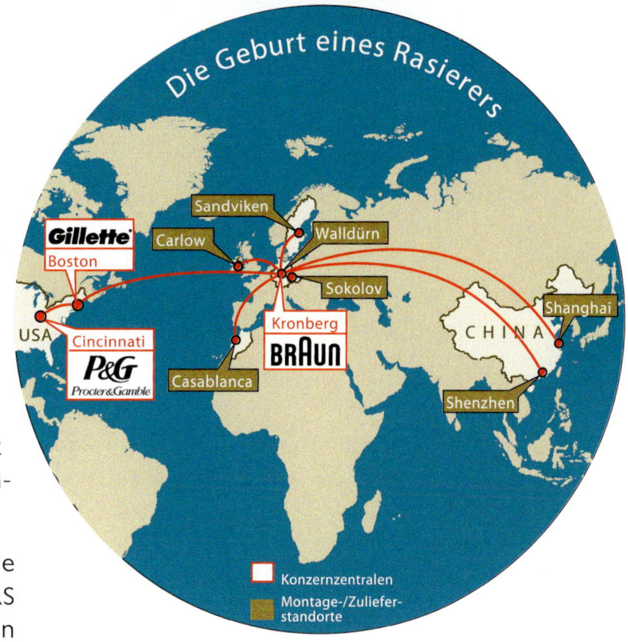

Die Firma BRAUN, ein deutsches Unternehmen mit Tradition, hat ein neues Rasierermodell entwickelt. ACTIVATOR heißt das Spitzenmodell, ein Name, der auf der ganzen Welt verstanden wird. Mit einer neuen Scherfolie können Haare von verschiedenen Seiten gründlich abgeschnitten werden. Auf dem Gehäuse steht „Made in Germany" – doch die Bauteile kommen aus der ganzen Welt.

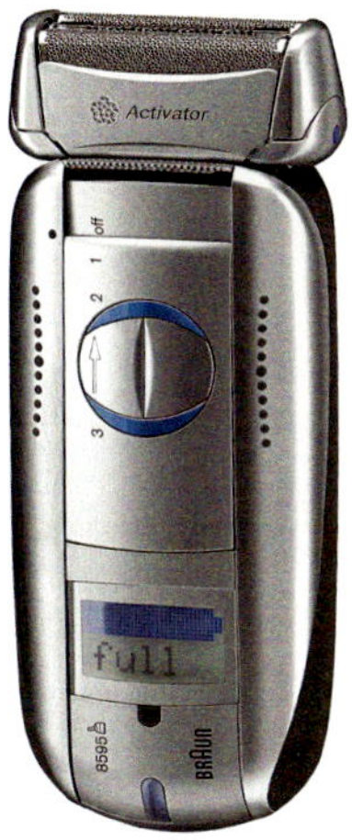

Zwei Redakteure haben die Produktion des ACTIVATORS weltweit aufgespürt und in der Wochenzeitung „Die Zeit" veröffentlicht. Auf den folgenden Seiten könnt ihr Auszüge daraus lesen.

Die Motorkontakte – eine deutsch-tschechische Produktion

Die Firma SCHATZ mit Sitz in Lauterhofen in Franken liefert diese Motorkontakte, eine Spezialität, hier konstruiert. Im Hochlohnland Deutschland arbeiten inzwischen nur noch 22 Mitarbeiter, im Niedriglohnland Tschechien 100. Bis vor zehn Jahren wurde nur in Deutschland produziert. SCHATZ konnte steigende Kosten über die Preise an seine Großkunden weitergeben. Dann spielten Konzerne, die in Asien produzieren ließen, beim Preispoker mit. BRAUN zwang SCHATZ, die Preise zu senken.

SCHATZ verlagerte die Arbeit nach Sokolov in Tschechien. Inzwischen sind die Mitarbeiterinnen dort teilweise Slowakinnen, die sind noch billiger.

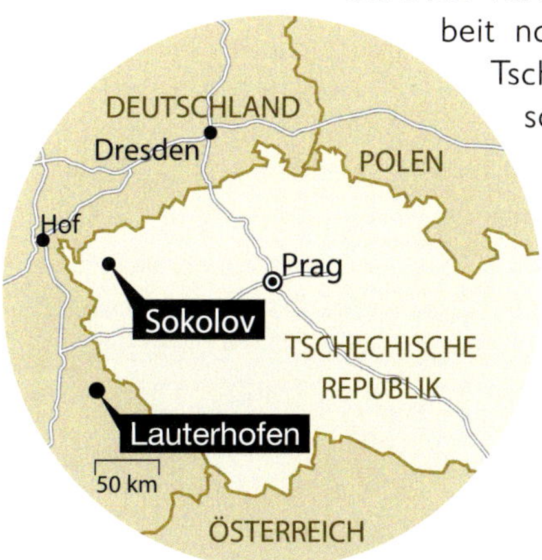

Netzstecker: Made in China

Sie werden im BRAUN-Werk in Shanghai am Fließband zusammengebaut, u.a. von Frau TU.

Am Anfang verdiente sie ungefähr 60 Euro im Monat, knapp 40 Cent in der Stunde. Nie war sie der Meinung, dass ihre Hände schlecht bezahlt würden, im Gegenteil. Es wurden ja bald 50 Cent, dann 60, weil Frau TU sehr fleißig war und sehr geschickt …
Am Anfang glaubte man bei BRAUN, China würde die Apparate nicht nur billig zusammenbauen, sondern auch massenhaft kaufen. Ein Irrtum … Wer im Monat 100 Euro verdient, gibt nicht 50 für einen Rasierapparat aus …"

Henning Sussebach, Stefan Willeke:
Operation Lohndrücken.
In: Die Zeit vom 10. März 2005, S. 15

Es geht noch billiger

Die Netzstecker sollen demnächst noch billiger im Süden des Landes hergestellt werden. Dank eBreviate, einem Programm für Einkaufsverhandlungen, schreibt BRAUN im Internet (wie z.B. bei eBay) alle Elektronikteile aus. Sieben Firmen bieten beim Netzstecker mit und unterbieten sich gegenseitig.

Die deutsche Firma FRIWO im Münsterland hat den Zuschlag bekommen.

Das ist eine Täuschung. FRIWO kalkulierte nicht mit deutschen Kosten, sondern mit chinesischen. Der Auftrag geht an FRIWO-China in Shenzhen …
An einem Checkpoint vor der Stadt kontrollieren Beamte Wanderarbeiterinnen, die ihre Familien in Dörfern zurückließen, Tage in überfüllten Bussen verbrachten und sich an ihrem Ziel anheuern lassen von den Fabrikherren der Welt. Die Frauen sind höchstens zwanzig, 16-Jährige versuchen es mit gefälschten Papieren …
Sobald die Frauen ein Werkgelände betreten, unterhalten sie sich nur noch leise. Während der Arbeit flüstern sie …
Zehntausend von ihnen haben bei FRIWO angefangen … Sie kosten nicht viel, sind zehn Cent pro Stunde billiger als die von BRAUN in der Metropole Shanghai … Sie leben in einfachen, kleinen Zimmern in gigantischen Wohnheimen aus Beton … Auf Hunderten Einheitsbalkonen schaukelt Wäsche im Wind, die Wäsche der Arbeiterinnen. Kleine Zimmer, dunkle Flure, ein Asphaltplatz, ein einsamer Basketballkorb, alles nur Kulisse für die Halle der billigen Hände. Rein in die Hallen, schweigen, raus aus den Hallen, waschen, schlafen …
10 500 Kilometer westlich, im Münsterland, sagt ein Geschäftsführer von FRIWO: „Wenn wir China nicht hätten, gäbe es uns heute nicht mehr. Die Arbeit unserer 250 deutschen Arbeitsplätze wäre im Ausland billiger. Man braucht ein soziales Gewissen, um den Rest hier zu behalten. Wer weiß, wie lange China noch lohnt? Dann vielleicht Vietnam."
… So wandert die Arbeit von Land zu Land.

Henning Sussebach, Stefan Willeke: a.a.O.; S. 16

▲ Wanderarbeiterinnen passieren die Kontrollstation eines Werkgeländes vor der Stadt Chongqing.

Endmontage im Odenwald

Das Zentrum jener hektischen Welt, die den ACTIVATOR baut, liegt in Wallldürn im Odenwald. Hier lässt BRAUN seit mehr als 50 Jahren Rasierapparate bauen, von immer mehr Maschinen und immer weniger Menschen; 500 Arbeitsplätze sind in den letzten zehn Jahren verloren gegangen. Hier, wo die Teile aus dem Ausland mit denen aus Deutschland verbunden werden, sitzt am Ende der Endmontage … eine deutsche Arbeiterin, die rechte Hand in einem weißen Baumwollhandschuh, in der Linken einen kleinen Lappen. Sie staubt den ACTIVATOR ab … In Fünferreihen … rücken die Apparate … auf dem Band voran, ein Roboterarm greift diese einzeln heraus, taucht sie in einen Stahlkasten, darin tanzt ein grünes Licht – mit Laser wird „Made in Germany" in den Rücken der Geräte gebrannt. … Noch werden viele Teile … in Deutschland gemacht. Gehäuse, Scherkopf, Folien.

Henning Sussebach, Stefan Willeke: a.a.O.; S. 17

Die Zukunft von BRAUN wird neu verhandelt

Januar 2005 kaufte der US-amerikanische Konzern PROCTER & GAMBLE das Unternehmen GILLETTE, zu dem auch BRAUN gehört. Jetzt geht es BRAUN wie seinen Zulieferern.

Etwas war schon vorher bei BRAUN durcheinandergeraten. Ein schärferer Wind kam vor wenigen Monaten auf. Der Mutterkonzern GILLETTE war nicht mehr damit zufrieden, dass es BRAUN nur gut geht. Glänzend soll alles sein. Noch mehr Rendite. BRAUN-Manager drängten Betriebsräte zu einem ersten Gespräch. Die Chefs brachten Papiere mit, in denen oft das Wort „China" auftauchte. Exakt 121 Leute könne man im Werk Walldürn einsparen, wenn man einen Teil der Produktion verlagere. Man könne aber auch anders, ohne „China": Zulagen weg, 40-Stunden-Woche statt 35, ohne Lohnausgleich.
Gewerkschafter sagen: BRAUN sei kerngesund! Man müsse verhindern, antworten Vorstände, dass BRAUN in zehn Jahren ein Sanierungsfall werden könnte. „Der Druck ist brutal", meint BRAUN-Chef Wild, „ich werde vom Kunden getrieben." Die chinesische Arbeiterin TU hat sich zu fügen, ihr Boss auch, der deutsche Chef fühlt sich von Handelsketten gehetzt, der amerikanische GILLETTE-Chef glaubt, den Erwartungen seiner Aktionäre gehorchen zu müssen. Globalisierung …

Henning Sussebach, Stefan Willeke: a.a.O.; S. 17

Alltag einer Wanderarbeiterin in China

Mein Name ist LAKASIA. Ich bin wegen Arbeitsplatzmangel hierhin gezogen. In meiner Heimat herrscht Armut. Mit dem Verdienst unterstütze ich meine Familie. Diese sehe ich nur ein- bis zweimal im Jahr. Nach Hause sind es 1300 km. Das dauert mit Bahn und Bus 30 Stunden. Es gibt wenig Urlaub, kaum Unterstützung bei Krankheit, wenig Arbeitnehmerrechte. Der Betrieb wünscht nicht, dass wir in der Gewerkschaft sind. Das winzige Zimmer im Wohnheim ist an den Arbeitsplatz gekoppelt. Verliere ich meine Arbeit, ist auch das Zimmer weg. Aber dieses Leben ist immer noch besser als auf dem Land.
Nach der langen Akkordarbeit bin ich müde. Es gibt kaum Freizeitmöglichkeiten. Hier dürfte mich nicht einmal mein Freund besuchen. Mal sitze ich mit Freundinnen zusammen beim Essen. Aber bald sind wir müde. Aber ich habe Arbeit und kann mich ernähren und kleiden. Es tut oft weh, meine Eltern und Geschwister und die Freunde nicht sehen zu können.

Wanderarbeiterinnen werden in einem Schlafbus in die Wirtschaftszone Shenzhen transportiert. ▶

A Aufgaben

1 Aus welchen Gründen hat die Firma SCHATZ die Produktion nach Tschechien verlagert?

2 Warum war Frau TU mit der Bezahlung und ihrer Lebenssituation zufrieden?

3 Beschreibt die Lebensbedingungen von LAKASIA. Warum lässt sie sich darauf ein?

4 Die Aufträge werden weltweit ausgeschrieben. Was bedeutet das für die Produktionskosten und die Beschäftigten?

5 Was meint der Chef von FRIWO mit „sozialem Gewissen"?

6 Wodurch sind auch die Arbeitsplätze in Deutschland bedroht?

7 Warum haben die Beteiligten das Gefühl, sich nur anpassen zu müssen? Was heißt das für die Vertretung der Arbeitnehmerinteressen durch die Gewerkschaften?

8 Welche Bedeutung kann der globale Wettbewerb für euch als Verbraucher, z.B. beim Kauf von Sportschuhen (s. auch S. 187–193), haben?

3 Willkommen im EINE-WELT-HOTEL – Dienstleistungen kulturbezogen und nachhaltig gestalten

Eine Delegation der Firma LAPTOP ETCETERA möchte für künftige Seminare mit japanischen Geschäftspartnern das EINE-WELT-HOTEL kennen lernen. Die Direktorin (**D**) und die Marketingleiterin (**M**) begrüßen die Gäste und stellen ihnen das Unternehmenskonzept vor.

D: „Unser Unternehmen trägt den Namen EINE-WELT-HOTEL, weil unsere Grundsätze von der → Nachhaltigkeit geprägt sind, von internationalem Denken und kultureller Vielfalt.
Wir haben viele Gäste und Mitarbeiter, die aus dem Ausland kommen, anderen Kulturen und unterschiedlichen Religionen angehören. Vor zwei Jahren wurde begonnen, die **Gastorientierung** stärker auch auf die Nationalität und Kultur wichtiger Gästegruppen auszurichten. Dadurch sollten neue Gästegruppen angesprochen, die Auslastung und damit die → Produktivität erhöht werden.
Wir bieten unseren Gästen ein Wohngefühl, bei dem jeder mit seinen Bedürfnissen und Lebensgewohnheiten im Mittelpunkt steht. Dabei ist unser Ziel, Mensch und Natur in Einklang zu bringen. Dies ist besonders wichtig für beruflich belastete Geschäftsreisende zur Erhaltung ihrer Gesundheit und Leistungskraft."

M: „Die **Ausstattung** im Empfangsbereich, in den Gästezimmern, im Restaurant und in den Seminarräumen wurde aus heimischen Nutzhölzern wie Birke, Eiche, Buche und Fichte gefertigt. Natürlich wurden bei der Beschichtung nur unbedenkliche Lacke verwendet."

D: „Wir legen in unserem Hause Wert auf eine **international zusammengesetzte Belegschaft**. Diese wählen wir bewusst aus. Wichtig ist uns eine Offenheit unserer Mitarbeiter gegenüber Gästen. Vorurteile bringt jeder von uns mit, das ist ganz normal – wir problematisieren diese in der Weiterbildung. Da unsere Mitarbeiter dafür sensibilisiert sind und unterschiedliche kulturelle Erfahrungen mitbringen, können sie auf die Wünsche unserer Gäste eingehen. Dabei wurde auch bedacht, die **Arbeitszufriedenheit** zu fördern. Wir achten darauf, dass die Mitarbeiter einander mit persönlicher Wertschätzung begegnen.

Sie möchten japanische Geschäftspartner empfangen. Deshalb haben Sie bereits mit unserem japanischen Mitarbeiter, Herrn SUWAKI, die Gestaltung des Besprechungszimmers abgestimmt, haben geklärt, welche Speisen und Getränke bereitstehen sollen und welche Möglichkeiten Ihre Gäste haben, den Abend zu verbringen."

M: „Unsere Zimmer sind so eingerichtet, dass sich Ihre Gäste dort auf die Geschäftsverhandlungen vorbereiten können. Dort können Sie auch eine erfrischende Dusche nehmen und das Duschgel „Bergamotte" nutzen. Es kommt aus umweltfreundlicher Herstellung in Italien.
Möglich ist auch, sich mit einer Tasse **fair gehandeltem** Tee oder Kaffee in Schwung zu bringen – in jedem Zimmer steht neben Wasserkocher und Geschirr ein Sortiment für den Gast bereit.
Sie werden in den Zimmern fast nur Materialien vorfinden, die unter **umweltfreundlichen Bedingungen** hergestellt wurden.

Ein Teil der Einrichtung ist in Kooperativen in Mosambik hergestellt. Die Verkaufspreise enthalten Beträge, die Schulen und Gesundheitsstationen mitfinanzieren. Wir wollen Solidarität zeigen. Wer uns beliefert und welche Projekte Sie durch Ihren Aufenthalt unterstützen, steht in den ausliegenden Informationsmappen."

D: „Wir schlagen Ihnen ein Abendessen vor, das regionale Züge trägt, aber auch asiatische Elemente enthält. So verbinden Sie mit der Auswahl kulturelle Elemente, die Ihre Handschrift tragen. Ihre Gäste werden sich nicht fremd fühlen oder Verlegenheit spüren."

M: „Manchmal holen wir uns über Botschaften das Wissen. Ihnen und Ihren japanischen Gästen bieten wir für den späteren Abend eine kleine Teezeremonie an. Danach sorgen wir dann für die Getränke und Unterhaltung, die bei Geschäftsbeziehungen mit Japanern wichtig sind."

D: „Die meisten **Rohstoffe im Restaurant** stammen aus ökologischem Anbau, meist von regionalen Obst- und Gemüsebauern und Saftereien. Bei der Auswahl der Fleischerei und Bäckerei achten wir auf hochwertige Produkte. Milchprodukte liefert ein Bio-Bauernhof. Unsere Lieferverträge sind langfristig zu festen Preisen – sind wir mit der Qualität unzufrieden, reden wir mit den Lieferanten."

M: „Unser **Frühstückssortiment** ist relativ schmal. Auf dem Buffet: Tee, Kaffee und Kakao aus fairem Handel, saisonale Säfte und Orangensaft aus einer spanischen Kooperative, vollwertige Brot- und Brötchensorten, Konfitüren und Honig aus der Region. Dazu zwei Käsesorten, eine Schinken-, eine Wurstsorte und Bio-Eier. Die bereitstehenden Mengen sind gering. Nach Bedarf wird nachgelegt. Das senkt den Abfall.
Extrawünsche unserer Gäste erfüllen wir gern."

D: „Unsere **Auszubildenden und Mitarbeiter** können über die Herkunft und Produktion der Waren Auskunft geben. Sie stehen hinter den Grundsätzen unseres EINE-WELT-HOTELS. Alle sprechen mindestens eine Fremdsprache. Für viele Sprachen haben wir Muttersprachler.
Unsere Auszubildenden für Hotel, Restaurant und Küche fühlen sich anerkannt und können ihre Fähigkeiten entwickeln. Aber es ist mehr als das: Sie haben ihren Ausbildungsplatz bei uns gewählt – und wir haben sie ausgewählt –, weil sie mehr wollen als in „irgendeinem" Betrieb zu arbeiten. Im EINE-WELT-HOTEL können sie eigene Lebensvorstellungen im Kontakt zu anderen Kulturen weiterentwickeln. Leider können wir nur einen kleinen Teil der Bewerbungen berücksichtigen."

M: „Nun noch zu den **Preisen**. Unsere Ausstattung sowie die ökologisch angebauten und fair gehandelten Produkte sind teilweise teurer als herkömmliche. Weil wir aber bei den Nahrungs- und Genussmitteln saisonale und regionale Produkte verarbeiten, sparen wir hohe Kosten für importierte Waren, wie Erdbeeren im Winter oder exotische Früchte als Tellergarnitur. Auch unser Wein- und Spirituosensortiment ist schmal – das begrenzt die Lagerkosten."

D: „Ich hoffe, wir konnten Sie überzeugen. Wir würden uns freuen, wenn wir Sie mit Ihren Geschäftspartnern bei uns verwöhnen dürfen."

Nach: **Heinrich Meyer & Barbara Toepfer**:
Nachhaltigkeit im Hörspiel:
„Willkommen im EINE WELT HOTEL".
In: H. Meyer & B. Toepfer (Hrsg.):
Bildung für eine nachhaltige Entwicklung in den Gastronomie- und Ernährungsberufen.
Bielefeld 2004, S. 9–21, wbv

A

Aufgaben

1 Lest das Gespräch mit verteilten Rollen.

2 Nennt Überlegungen für die Ausrichtung des Hotels.

3 Was wird im Hotel unter Nachhaltigkeit verstanden?

4 Erklärt Merkmale der Gastorientierung.

5 Was ist das Besondere
- an der Ausstattung der Zimmer und Räumlichkeiten?
- am Speisenangebot?

6 Welche besonderen Anforderungen stellt die Arbeit in diesem Hotel? Begründet, was daran interessant sein kann.

7 Welche Standortbedingungen sind wichtig, damit die Ausrichtung angenommen wird?

8 Führt eine Befragung bzw. Erkundung in einem Hotel unter einem Schwerpunkt durch, z.B.
- Marketing/Ausrichtung auf Gästegruppen,
- Nachhaltigkeit,
- Anforderungen an Auszubildende.

9 Beschafft euch nähere Informationen zu einem der oben genannten Ausbildungsberufe.

Ausgewählte Ausbildungsberufe im Hotel- und Gaststättengewerbe
- Hotelfachmann/-frau
- Restaurantfachmann/-frau
- Koch/Köchin
- Fachkraft im Gastgewerbe

Informationen unter:
www.berufenet.de
▸ Beruf auswählen ▸ Ausbildung

10 Nehmt Stellung zu den Aussagen:
A: „Ich will eine Ausbildungsstelle im EINE-WELT-HOTEL. Mein Traum ist, später im Ausland zu arbeiten. Dafür habe ich dann gute Voraussetzungen."
B: „Ich werde Restaurantfachfrau. Ich muss noch ganz viel über die Kultur, Religion und Gebräuche unserer Gäste lernen. Oft bin ich beim Bedienen noch unsicher. Aber ich habe Kollegen, die mir zeigen, wie es geht. Es macht Spaß, in einem internationalen Team zu arbeiten. Nebenbei lerne ich Chinesisch."
C: „Ich gehe für drei Monate nach Paris. Dort mache ich einen Teil der Ausbildung. Die EU fördert den → EUROPAPASS. Über die *IHK* habe ich Näheres erfahren."

4 Weiterführendes Material

M1 Warum die Produktion nach Deutschland zurückkommt

▲ Blick durch die rosa Brille: Bei Arbeitsplatzverlagerung werden oft nur Lohnkosten betrachtet.

Wahrscheinlich hätte es Jürgen Almang getroffen. 150 Arbeitsplätze wollte TEREX-DEMAG nach Osteuropa verlagern. Doch dann änderte sich die Verlagerungsrichtung. Nach Jahren der Ostwanderung heißt es nun: Go west. Ein Teil der Produktion kommt zurück ...

Ende der 90er-Jahre verlagerte TEREX-DEMAG Teile des Stahlbaus nach Osteuropa – aus Kostengründen. Kranteile wurden dort zusammengeschweißt und in Zweibrücken montiert. Fast 400 Arbeitsplätze gingen hier verloren ...

Der Betriebsrat hatte die Kostenrechnung immer bezweifelt. Nur Löhne miteinander vergleichen, das erschien ihm zu einfach. Schließlich lief die Fertigung nach der Verlagerung längst nicht mehr so reibungslos. Die Produktion stand oft still, weil Teile fehlten. Früher konnten Fehler auf kurzem Weg zwischen Stahlbau und Planung ausgebügelt werden. Nun lagen viele hundert Kilometer dazwischen. „Bei uns in Zweibrücken waren 20 Leute ständig damit beschäftigt, Teile nachzuarbeiten“, erzählt Metzger.

Der Betriebsrat drängte auf einen echten Kostenvergleich und schlug vor, Teile der Produktion zurückzuholen. Mit Erfolg ... und der Betrieb bildet auch wieder Schweißer aus ...

Zwar geht weit mehr als die Hälfte der Unternehmen aus Kostengründen ins Ausland. Aber mehr als die Hälfte davon kommt auch aus Kostengründen wieder zurück ... Viele schauten nur, was Arbeitskräfte oder Grundstücke kosten. Sie prüften aber nicht, ob sie Fachkräfte oder Material vor Ort auch bekommen ...

Brenzlig wird es häufig, weil unter der Verlagerung auch die Qualität leidet.

... Auch wird die Alternative, den heimischen Standort zu modernisieren, oft nicht durchgerechnet. Dabei kann das die billigere Variante sein, wie etwa die Firma Jungheinrich in Norderstedt ... feststellte: In Deutschland kostet sie die Produktion mit Schweißrobotern rund 93 000 Euro weniger pro Jahr als die Handarbeit in Tschechien. Seit letztem Jahr wird wieder in Norderstedt geschweißt ... Aber ... es zählt noch etwas anderes: „Unsere Produktion ist stabiler geworden. Wir müssen nicht mehr darauf warten, ob der Lkw mit den Teilen kommt oder nicht.“

Fabienne Melzer: In: metall 10/2006, S. 17–19, Auszug

Gründe, warum Unternehmen zurückkehren

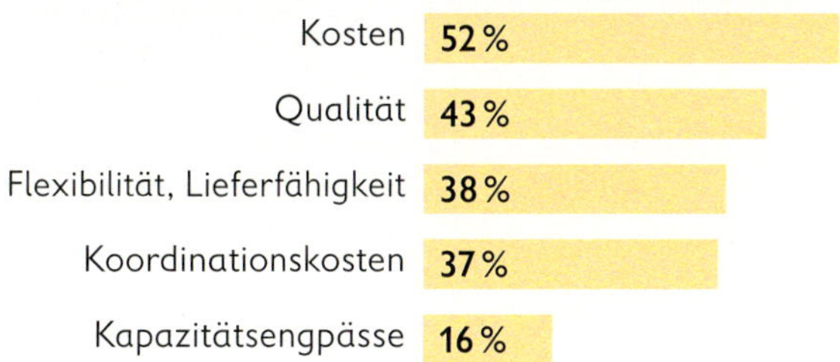

Quelle: Fraunhofer ISI (Hrsg.): Produktionsverlagerungen unter der Lupe. PI-Mitteilungen 34, Okt. 2004, S. 11

Arbeiten mit den Materialien

Zu M1

Produktionskosten hängen nicht nur von den Stundenlöhnen, sondern von der Arbeitsproduktivität ab. Was heißt das für die Arbeitsplätze in Deutschland?

Blickpunkt: regionale Wirtschaft

1 Fragestellungen zur Erkundung

- Wodurch ist die Wirtschaftsstruktur eurer Region gekennzeichnet?
- Wie hat diese sich entwickelt?
- Welche Handelsbeziehungen gibt es mit anderen Regionen/dem Ausland?
- Wie leben und arbeiten die Menschen in eurer Gemeinde bzw. eurer Region?
- Welche besonderen Probleme sehen sie?
- Wie lebten/arbeiteten frühere Generationen?

▸ **Leitauftrag** Erstellt ein ähnliches Mindmap für den eigenen Wirtschaftsraum. Nutzt die Website eurer Stadt bzw. eures Kreises. Befragt auch Eltern und Großeltern dazu.

Wirtschaftsstandort Sundern (Sauerland)

Typische Wirtschaftsstruktur
- Metallverarbeitung
- Papier und Kartonagenherstellung
- Elektro-, Haus- und Küchengerätefertigung

Chancen bzw. Probleme
- Verlust von Arbeitsplätzen in der Produktion, auch durch Verlagerung in Billiglohnländer
- Neuer Wirtschaftszweig: Fremdenverkehr

Vorrangige Handelsbeziehungen

Stadtgebiet und Hochsauerland-Kreis, Deutschland

Wirtschaften der Menschen früher
- Erzbergbau, Eisenverarbeitung
- Holzkohleherstellung

B Auf einen Blick

Ihr plant eine Erkundung zum regionalen Strukturwandel, führt diese durch und wertet sie aus.

Ihr ermittelt Veränderungen in den Sektoren Industrie, Dienstleistungen und Landwirtschaft.

Ihr informiert euch über wirtschaftliche und soziale Folgen von Betriebsschließungen.

Ihr lernt Instrumente staatlicher Politik zur Bewältigung des Strukturwandels kennen.

2 Strukturwandel und Strukturpolitik

Merkmale regionaler Wirtschaftsstruktur

Die regionale wirtschaftliche Entwicklung hängt von verschiedenen Faktoren ab:

- der Infrastruktur. Dazu gehören
  - Verkehrswege
  - Kultur- und Freizeiteinrichtungen
  - Wohnmöglichkeiten
  - Ver- und Entsorgungseinrichtungen
  - Einkaufsstätten
  - Aus- und Weiterbildungsangebote von Betrieben, Schulen, Hochschulen
- den ökologischen Bedingungen
- dem *Steueraufkommen* und dem *Einkommen*
- den wichtigen → Branchen vor Ort, der eingesetzten Technik, den erzeugten Waren, erbrachten Dienstleistungen
- den Absatz- und Beschaffungsmärkten und ihren globalen Verflechtungen
- den Arbeitskräften vor Ort und in der Region
- der Struktur der Arbeitskräfte nach Gesichtspunkten wie Geschlecht, Alter, Nationalität, Ausbildungsstand
- den offenen Stellen und Ausbildungsstellen.

Wirtschaftliche Rahmenbedingungen wandeln sich

- Betriebe wenden neue Techniken an, stellen um auf die Herstellung neuer Produkte.
- Neue Dienstleistungen werden nachgefragt. Anbieter nehmen neue Chancen wahr.
- Den Erwerbstätigen stellen sich neue Anforderungen.
- Regionale Branchen verlieren an Bedeutung, weil ihre Nachfrage sinkt. Sie sind wegen hoher Arbeitskosten oder schlechter Verkehrsanbindung nicht mehr wettbewerbsfähig.

Als Folge steigt die Arbeitslosigkeit und sinkt die Kaufkraft sowie die Steuerkraft, was wieder zu Rückgängen, besonders im Handel, führt.

Strukturpolitik des Staates

Diese soll die regionale Entwicklung unterstützen und den notwendigen Wandel in den Branchen fördern (siehe Übersicht S. 292).

Ein Teil der Aufgaben kann in der Region gelöst werden, ein anderer auf Landes- und Bundesebene. Bestimmte Probleme sind zwischen den Staaten der EU bzw. der Welt zu klären.

Die Strukturpolitik hängt mit anderen Bereichen der Wirtschaftspolitik, z.B. der Handelspolitik und der Arbeitsmarktpolitik, zusammen.

Der deutsche Staat betreibt Strukturpolitik über Förderprogramme der EU, des Bundes und der Länder sowie ergänzende Maßnahmen der Kreise und Gemeinden. Gefördert werden Regionen mit

- besonders hoher Arbeitslosenquote,
- unterdurchschnittlichem Einkommen der Beschäftigten,
- mangelhafter Infrastruktur und
- schlechten Zukunftsaussichten zur Entwicklung der Zahl der Arbeitsplätze.

Die Kosten für die Fördermaßnahmen auf EU- und Bundesebene werden von den reicheren Staaten und Ländern getragen.

Ziele der Strukturpolitik

- Ausgleich von Standortnachteilen
- Abbau regionaler Entwicklungsunterschiede
- Förderung des Wirtschaftswachstums
- Schaffung wettbewerbsfähiger Arbeitsplätze

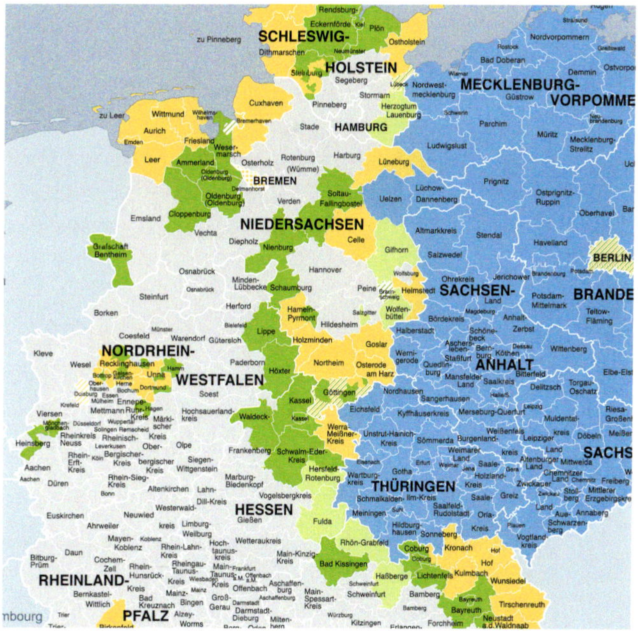

▲ Ausschnitt der Fördergebiete der alten Bundesländer im Zeitraum 2007-2013. Die Farbflächen von blau über gelb bis grün zeigen unterschiedlich hohen Förderbedarf. Die neuen Bundsländer (blaue Fläche) gehören vollständig zum Fördergebiet.

Gestaltung des Strukturwandels

Bezogen auf Branchen

Entwicklung zukunftsträchtiger Branchen
- Förderung von Umschulung und Weiterbildung
- Ansiedlung von Unternehmen aus neuen Branchen unterstützen
- „Alte“ Branchen begrenzt halten
- Rationalisierung in Unternehmen fördern
- Umstellung auf neue Produkte fördern

Zukunftsfähige Arbeitsstrukturen
- Schlüsselqualifikationen in der Ausbildung fördern
- Weiterbildung fördern, damit Entlassene neue Arbeitsplätze finden
- Neue Formen der Betriebs- und Arbeitsorganisation fördern

Technischer und wirtschaftlicher Wandel
- Forschung und Entwicklung unterstützen
- Umsetzung von Forschung in die Praxis fördern
- Entwicklung neuer Waren und Dienstleistungen unterstützen

Bezogen auf Regionen

Solidarität und sozialer Ausgleich
- Soziale Sicherung bei Arbeitslosigkeit garantieren
- Ausgleich zwischen leistungsstarken und -schwachen Regionen ermöglichen

Angebot an/Nachfrage nach ökologischen Produkten
- Ökologische Produktion, z.B. effizienter Energieeinsatz, Umweltschutzinvestitionen, z.B. durch Steuerentlastung fördern
- Verursachergerechte Besteuerung der Umweltbelastung fördern

Globalisierung und Vereinbarungen für fairen internationalen Handel
- Wettbewerb um Standorte und Arbeitsplätze sichern
- Preis- und Qualitätswettbewerb fördern
- Erschließung neuer Märkte unterstützen
- Internationale Wettbewerbsbeschränkungen verringern

Regionale Ungleichheiten
- Stadtentwicklung für wirtschaftsschwache Standorte verbessern
- Existenzgründungen fördern
- Gewerbeflächen bereitstellen

Aus dem Regionalen Förderprogramm „Brandenburg“

Der Rückgang der Bauwirtschaft setzte sich 2005 fort. In den Dienstleistungsbereichen und im Verarbeitenden Gewerbe ergab sich ein geringes Wachstum. 1006000 Personen (–0,9% gegenüber Vorjahr) waren erwerbstätig, 244000 arbeitslos, viele davon langfristig.

Entwicklungsziele sind eine dynamische Wirtschaftsentwicklung mit Schaffung und Erhalt von Arbeits- und Ausbildungsplätzen, Verbesserung der wirtschaftsnahen Infrastruktur, Ansiedlung von Unternehmen, insbesondere aus Wachstumsbranchen, Technologieförderung, Emissionsschutz, erneuerbare Energien, Sicherung der Wettbewerbsfähigkeit von Unternehmen, Unterstützung von Existenzgründungen, auch durch Beratung und Entwicklung des Tourismus. Dafür stehen von 2007 bis 2011 insgesamt 0,92 Mrd. € zur Verfügung. Zusätzlich stellt die EU für 2007 bis 2013 eine Mrd. € bereit.

Nach: 36. Rahmenplan ... „Verbesserung der regionalen Wirtschaftsstruktur“, Deutscher Bundestag. Drucksache 16/5215 v. 27.04.2007, S. 71ff.

A Aufgaben

1 Beschreibt den Strukturwandel in eurer Heimatregion. Nennt Gründe dafür. Führt dazu eine Erkundung durch (siehe Folgeseite).

2 Begründet die Strukturpolitik des Staates.

3 Welche Politikbereiche aus dem Schaubild oben werden im Förderprogramm „Brandenburg“ angesprochen?

4 Welche Fördermaßnahmen zur wirtschaftlichen Entwicklung betreffen eure Heimatregion? Fragt bei der Kreisverwaltung oder Stadt nach. Informiert euch im Internet bei der Zukunftsagentur Brandenburg sowie dem Wirtschaftsministerium Brandenburg.

5 Das wichtigste Förderinstrument der EU ist der Europäische Fonds für regionale Entwicklung (EFRE). Informiert euch dazu im Internet über Fördermaßnahmen in eurer Region. Nutzt Suchmaschinen.

6 Sollten reichere Länder für ärmere zahlen? Führt dazu eine Pro-Kontra-Debatte.

Methode Erkundung des regionalen Wirtschaftsraumes

1 Darum geht es

Ihr könnt Ausschnitte der Arbeits- und Wirtschaftswelt in den Unterricht einbeziehen.

Beachtet dabei Perspektiven
- der hier arbeitenden und lebenden Menschen, auch als Konsumenten und Bürger,
- des Unternehmens, das Waren produziert, Dienstleistungen erbringt und beides vermarktet,
- der Gemeinde, die mit der Bereitstellung öffentlicher Güter u.a. die Infrastruktur gestaltet.

2 So läuft es ab

Vorbereitung

Ihr klärt, was ihr wo, warum und wie erkunden wollt, wie ihr die Ergebnisse dokumentiert, auswertet und wem ihr sie präsentiert.

Es kann z.B. darum gehen, zu erfahren und zu beurteilen,
- was für das Arbeiten und Leben in eurer Gemeinde bedeutsam ist,
- welche Interessengegensätze die Diskussion, z.B. um ein neues Gewerbegebiet, bestimmen. Dabei sind dann wirtschaftliche, ökologische und soziale Aspekte abzuwägen.

Entscheidet, ob ihr von
- einem betrieblichen Fall (siehe nächste Seite Punkt 3) oder
- der Erarbeitung wesentlicher Merkmale der regionalen Struktur (siehe Mindmap S.290)

ausgehen wollt.

Bedenkt, für wen und wie die Arbeit von Nutzen sein kann, wenn ihr z.B. ein Strukturproblem durch die Veröffentlichung aufklärt.

Nutzt verschiedene Quellen zur Informationsbeschaffung:
- Pläne zur Wirtschaftsförderung (Ziele, Maßnahmen, Ergebnisse von Gemeinde, Land, Bund, EU, Entwicklungsgesellschaften)
- Websites im Internet, z.B.
  - www.bmwi.de ▸ Wirtschaft ▸ Wirtschaftspolitik
  - www.wirtschaft.brandenburg.de ▸ Kommunen und Regionen ▸ Wirtschafts- und Strukturförderung
- Fallberichte in Zeitungen, Zeitschriften, Rundfunk, TV, Internet
- Veröffentlichungen von Gewerkschaften, Unternehmen, Arbeitgeberverbänden, → Kammern, Parteien
- Haushaltspläne der Gemeinde /des Kreises
- Daten statistischer Ämter (Land, Bund), z.B. in Jahrbüchern oder im Internet und der Bundesagentur für Arbeit ▸ Service ▸ Arbeitsmarkt in Zahlen ▸ Arbeitslose nach Gemeinden

Befragt verschiedene Experten, z.B.
- in Unternehmen: Arbeitnehmer, Betriebsrat, Unternehmensleitung;
- in der Gemeinde/dem Kreis (Amt für Wirtschaftsförderung), Kommunalpolitiker, Bürger, Bürgerinitiativen;
- bei der Arbeitsagentur;
- bei Kammern, Verbänden, Gewerkschaften.

Erstellt ein Ablaufdiagramm für die Vorbereitung, Durchführung und Auswertung. Bedenkt die Zeit, die zur Verfügung steht.

Entscheidet folgende organisatorische Fragen:
- Welche Teilaufgaben können welche Gruppen bearbeiten? Wie lassen sich die Ergebnisse zusammenführen und auswerten?
- Welche Techniken der Informationsbeschaffung, -aufbereitung und -auswertung müssen

eingeübt werden (z.B. Befragung, Protokoll, Nutzung [Video-]Rekorder, Textauswertung, Internetrecherche, Bericht für eine Zeitung, Präsentation am PC)?
- Welche Absprachen sind zu treffen, z.B. mit der Schule, dem Betrieb? Worauf beziehen sich diese, z.B. Zeit, Kosten, Verkehrsanbindung, Ablauf, Schwerpunkte, Gesprächspartner?
- Wie könnt ihr euch auf Planänderungen vorbereiten?
- Ist eine Vorerkundung notwendig?
- Welches Verhalten ist angemessen?

Auswertung

Stellt die erkundeten Informationen zusammen. Welche fehlen noch? Lassen sie sich nachträglich beschaffen?

Bereitet die Ergebnisse wie geplant auf. Wer ist anzusprechen, wenn noch Fragen auftauchen? Bedankt euch bei dem Betrieb/der Institution. Reflektiert eure Arbeit unter folgenden Fragestellungen:
- Was haben wir erreicht und war unser Ziel? Gab es Abweichungen? Wenn ja, warum?
- Welche Information hatten wir bereits? Wie stimmen sie mit der erkundeten Wirklichkeit überein?
- War unser Zeitplan zutreffend? Nutzten wir geeignete Methoden und Techniken? Reichten unsere Vorkenntnisse?
- Wie klappte die Zusammenarbeit in der Gruppe/Klasse? Wie kooperativ zeigte sich der Betrieb/die Institution?

Analysiert Konflikte auf der Sach- und Beziehungsebene. Gebt Feedback zum Verhalten.

Regeln zum Feedback

✓ Beschreibe das Verhalten anderer, aber bewerte es nicht. Es könnte verletzen.

✓ Behandle andere so, wie du selbst behandelt werden möchtest.

✓ Gib positive Eindrücke wieder. Nenne Dinge, die zu ändern sind. Feedback soll aufbauend sein.

✓ Kritisiere niemanden als Menschen, sondern beziehe dich auf sein Verhalten.

3 Beispiele zu betrieblichen Fällen

- **Soziale und wirtschaftliche Folgen von Betriebsschließungen**
  · Gründe
  · berufliche Qualifikation Entlassener
  · Rechte für Arbeitnehmer aus Gesetzen und Tarifverträgen, evtl. des Sozialplans
  · Aktionen der Arbeitnehmer/Gewerkschaften
  · Mobilität der Betroffenen
  · Auswirkungen des Arbeitsplatzverlustes auf Entlassene, ihre Familien, regionale Wirtschaft
  · Möglichkeiten zur Arbeitsvermittlung
  · Programme zur Beschäftigungsförderung, Weiterbildung und Umschulung
  · *Arbeitslosengeld*, Dauer, Höhe und Dauer der Leistungen
- **Neuansiedlung eines Betriebes**
  Entscheidungssituation im Planspiel: „Eine umstrittene Wirtschaftsförderung wird entschieden"

3 Weiterführendes Material

M1 Wirtschaftsförderung vor Ort – Beispiel Potsdam

Förderprogramme der EU, des Bundes und Landes werden in Kreisen und Gemeinden durchgeführt und ergänzt. Das leisten Ämter und Gesellschaften, die z.B. von der Stadt gegründet wurden.

Wirtschaftsprofil Potsdam

Potsdam hat sich zu einem modernen Wirtschaftsstandort profiliert, der unabhängig von seiner unmittelbaren Nähe zu Berlin zunehmend Eigenständigkeit entfaltet. Seine tragende Säule ist vor allem der Dienstleistungssektor mit den Bereichen Medienwirtschaft, Informations- und Kommunikationswirtschaft, Biotechnologie, Handel, Banken, Versicherungen und Tourismuswirtschaft. In der Hightech-Branche, die in der Landeshauptstadt boomt, sind viele Neuansiedlungen zu verzeichnen.

http://www.potsdam.de/cms/ziel/26998/DE/

Finanzierung und Förderprogramme

Investoren, Existenzgründer, ortsansässige oder ansiedlungsinteressierte Unternehmen können in Potsdam, entsprechend den Förderrichtlinien, auf Finanzierungshilfen und Förderprogramme der EU, des Bundes, des Landes und der Stadt zurückgreifen.

Ziele der Förderung sind die Schaffung und Sicherung von Arbeitsplätzen, die Einführung innovativer Verfahren und Produkte sowie die Erschließung von Märkten. Bei den Förderprogrammen handelt es sich zum Teil um nicht rückzahlbare Zuschüsse und zinsgünstige Darlehen. Weitere Förderinstrumente sind Bürgschaften (Sicherheiten für einen Kredit) oder Kapitalbeteiligungen (bei einem besonders risikoreichen Technologieprojekt).

Förderprogramme im Einzelnen
- Verbilligung von Zinsleistungen für Bankdarlehen zur Förderung der kleinen Unternehmen
- Teilnahme an Messen, Ausstellungen und Kooperationsbörsen für Unternehmen
- Regionalbudget: Förderprogramm zur Stärkung der Regionalentwicklung und zur Integration von Langzeitarbeitslosen

Für Rückfragen und weitere Informationen steht … der Wirtschaftsservice der Landeshauptstadt Potsdam gern zur Verfügung.

http://www.potsdam.de/cms/beitrag/10000288/34891/2#4

M2 PCT – Potsdamer Centrum für Technologie

Das Objekt

Das Potsdamer Centrum für Technologie (PCT) ist Potsdams erste Adresse für innovative Unternehmen speziell aus den Bereichen:

- Informations-, Kommunikations- und Dokumentationstechnik,
- Design und Kommunikation,
- ökologisches Bauen,
- Umwelt- und Solartechnik,
- medizinische Geräteentwicklung,
- angewandte Geoforschung.

Das PCT ist ein Standort für junge Unternehmen und fördert besonders eine partnerschaftliche Zusammenarbeit zwischen Wissenschaft und Wirtschaft.

Das Umfeld

In unmittelbarer Nähe befindet sich die Fachhochschule Potsdam und die Universität Potsdam. Das PCT ist sowohl mit privaten als auch öffentlichen Verkehrsmitteln sehr gut zu erreichen. Das Umfeld ist geprägt durch eine Wohnbebauung. Entsprechende infrastrukturelle Einrichtungen – wie Schule, Kindergarten und Einkaufsmöglichkeiten – befinden sich in unmittelbarer Nachbarschaft.

Die Erweiterung

Aufgrund der hohen Nachfrage wird das PCT um einen zweiten Bauabschnitt erweitert. Dadurch entstehen insgesamt 6.000 m² zusätzliche Nutzfläche mit:

- Büro- und Dienstleistungsflächen,
- Produktions-, Werkstatt- bzw. Hallenflächen,
- technischen Gewerberäumen.

Insgesamt stehen 8.600 m² Nutzfläche für junge Unternehmen und neue Ideen zur Verfügung.

Schnell Entschlossene haben die größte Auswahl. Sichern Sie sich Ihre Büro- oder Werkstattflächen deshalb schon heute.

Nach: Internet-Portal der Stadt Potsdam http://www.potsdam.de/cms/beitrag/10019446/34901

Arbeiten mit den Materialien

Zu M1

1 Listet die Fördermaßnahmen auf. Nennt Vorteile für Unternehmen.

2 Nehmt Stellung:
a) Förderprogramme bringen wenig; wenn eine Investition lohnt, wird sowieso investiert.
b) Viele Investitionen rechnen sich nur bei Förderung.

Zu M2

1 Beschreibt Möglichkeiten des Technologiestandorts.

2 Besorgt euch Informationen über ähnliche Projekte in eurer Nähe.

Alles klar?

Grenzenlos wirtschaften

1 Erkläre an einem Beispiel zwei Gesichtspunkte, durch welche die Verflechtung der Weltwirtschaft erleichtert wird.

2 Nenne für folgende Unternehmensentscheidungen je zwei Gesichtspunkte.
a) Worauf kommt es bei der Ware an?
b) An wen vergeben wir die Aufträge?

3 Erkläre zwei Risiken, die auf Arbeitnehmer durch die Globalisierung zukommen.

4 Wie können Arbeitnehmer Risiken der Globalisierung begegnen?

5 Beschreibe an einem Beispiel, wie die Globalisierung auf Verbraucher wirken kann.

6 Begründe, warum das EINE-WELT-HOTEL
a) bei seinen Dienstleistungen die Kultur der Gäste berücksichtigt;
b) Wert darauf legt, dass die Beschäftigten aus verschiedenen Ländern kommen;
c) Nachhaltigkeit beim Einkauf von Waren, der Ausstattung der Räume und dem Angebot an Dienstleistungen berücksichtigt.

Blickpunkt: Regionale Wirtschaft

7 Beschreibe die Ausstattung eurer Gemeinde mit Infrastruktur. Berücksichtigt drei Arten.

8 Nenne die Bedeutung der Infrastruktur für die Unternehmen.

9 Beschreibe drei wichtige Entwicklungen, die zum Wandel der Wirtschaftsstruktur beigetragen haben.

10 Erkläre je ein Beispiel für den Strukturwandel:
a) bezogen auf Branchen
b) bezogen auf Regionen.
Ziehe dazu die Übersicht auf S. 292 heran.

11 Beschreibe an einem Beispiel den Zusammenhang zwischen dem Strukturwandel und sich wandelnden Anforderungen an Berufstätige.

12 Nenne mindestens zwei Ziele der Strukturpolitik und begründe ihre Bedeutung.

13 Schätze die Verkehrsanbindung für das Vorhaben PHOENIX als Gewerbestandort und als Wohngebiet ein.

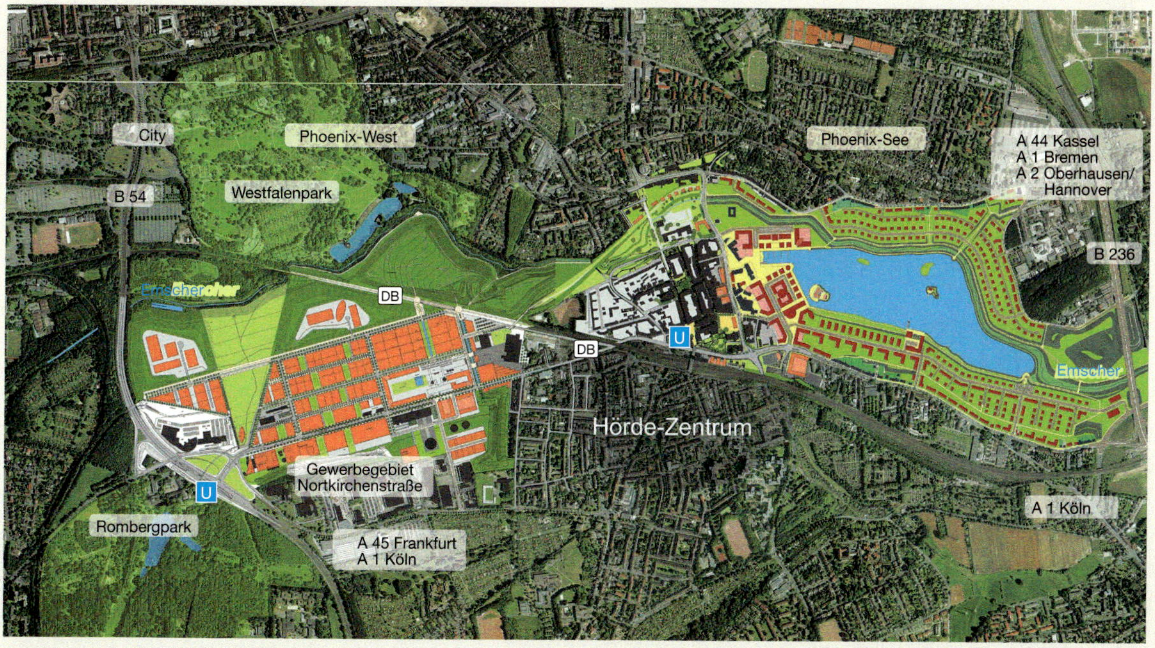

▲ Masterplan Phoenix-West und Phoenix-See 2004 (nach Stadt Dortmund und Architekturbüro Stegepartner)

Mitbestimmung im Betrieb

1 Mitbestimmung am Arbeitsplatz

Das → Betriebsverfassungsgesetz (BetrVG) regelt Rechte und Pflichten der im Betrieb arbeitenden Menschen. Beschäftigte und Auszubildende haben Rechte, z.B. das Beschwerderecht, wenn sie sich ungerecht behandelt fühlen.

Sie wählen zur Vertretung ihrer Interessen den Betriebsrat bzw. die Jugend- und Auszubildendenvertretung. Die Vertretungen sind für diese Arbeit freizustellen.

Der Betriebsrat arbeitet mit der Unternehmensleitung zusammen. Er wacht darüber, dass rechtliche Bestimmungen, z.B. zum → Arbeitschutz, und Betriebsvereinbarungen eingehalten werden.

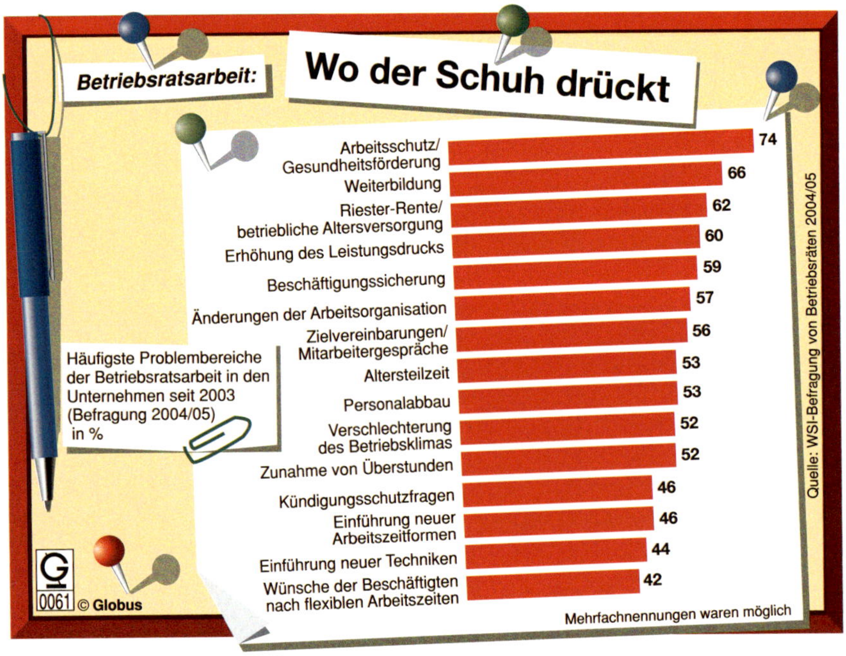

▸ **Leitauftrag** Ordnet die folgenden Situationen der Betriebsratsarbeit in der Grafik zu:

- Seit Wochen macht Frank im Kundendienst Überstunden. Das wird ihm zu viel.
- Im Sommer wird das Büro unerträglich heiß.
- Anja kommt mit dem neuen Abrechnungsprogramm nicht zurecht. Sie braucht einen Kurs.
- Miriam hat erfahren, dass ihre Kollegin bei gleicher Arbeit 1 € pro Stunde mehr verdient.
- Ein Teil der Produktion soll nach Moldavien verlagert werden.
- Oskar ging in Rente, seine Stelle in der Arbeitsgruppe blieb unbesetzt.
- Die Kinderkrippe hat ihre Zeiten geändert. Mark kommt mit der Arbeitszeit nicht zurecht.
- Silke soll als Auszubildende dauernd Überstunden machen.

B Auf einen Blick

Ihr benennt Bereiche der Betriebsratsarbeit.
Ihr erklärt Rechte zur Mitbestimmung und Mitwirkung nach dem Betriebsverfassungsgesetz.

Ihr kennt die Aufgaben der Jugend- und Auszubildendenvertretung.

Ihr schätzt die Bedeutung der Vertretung der Rechte der Arbeitnehmer ein.

2 Betriebsratssitzung bei Heizkörperbau RADIATOR

Tagesordnung, Punkt 1: Neugestaltung Arbeitsablauf

Punkt 2: Schichtarbeit und flexible Arbeitszeiten
Die Betriebsleitung will zur Kostensenkung
- Schichtarbeit einführen und
- die wöchentliche Arbeitszeit nach der Auftragslage regeln. Mal sollen 6 Stunden und dann wieder 10 pro Tag gearbeitet werden.

Die Arbeitszeit soll über ein Arbeitszeitkonto erfasst und verrechnet werden.
Das birgt Gesundheitsrisiken für ältere Arbeitnehmer und erschwert die Kinderbetreuung für Familien. Bezahlte Überstunden soll es nicht mehr geben, Zuschläge entfallen.

Punkt 3: Lärmschutz neue Presse
Die große Presse soll erneuert werden. Zur Auswahl steht eine Anlage für 150 000 € und eine für 200 000 €, die deutlich leiser ist. Beide erfüllen die Lärmschutzvorschriften. Die Unternehmensleitung will die billigere kaufen.

Punkt 4: Speiseplan Kantine
Mehrere Kollegen haben sich dafür eingesetzt, nur noch Bioprodukte zu verwenden und stärker auf die Essgewohnheiten unserer multikulturellen Belegschaft zu achten. Die Betriebsleitung befürchtet höhere Kosten und denkt, dass die Preise erhöht werden müssten.

Punkt 5: Übernahme Auszubildender
Die Jugend- und Auszubildendenvertretung beantragt, dass alle 20, die ausgelernt haben, unbefristet übernommen werden. Die Betriebsleitung will nur die besten 10 befristet übernehmen und 5 Fachkräfte von außen einstellen.

A
Aufgaben

1 Erklärt, was ein Betriebsrat ist. Nutzt auch das Sachwortverzeichnis oder das Internet.

2 Stellt fest, welche Rechte der Betriebsrat bei den Punkten der Tagesordnung hat. Nutzt die Folgeseite und zu Punkt 5 S. 302. Sprecht über Interessen des Betriebes und Betriebsrates.

3 Setzt euch mit den Argumenten der Betriebsratsmitglieder (Foto oben) auseinander. Welche Person vertritt den Standpunkt der Betriebsleitung?

4 Befragt Eltern und Bekannte zur Bedeutung des Betriebsrats.

3 Rechte nach dem Betriebsverfassungsgesetz

Das Recht auf Mitbestimmung

Eine Maßnahme des Arbeitgebers ist nur dann rechtsgültig, wenn der Betriebsrat zustimmt bzw. die Einigungsstelle entscheidet. Beispiele:

- Arbeitszeit, Entlohnungsgrundsätze (§ 87, siehe rechte Spalte)
- Versetzung, Einstellung (§ 95)
- Grundsätze für Beurteilungen (§ 94)
- Weiterbildung bei Qualifikationsverlust (§ 97)

Das Recht auf Mitwirkung

Vor Durchführung einer Maßnahme muss der Arbeitgeber den Betriebsrat unterrichten bzw. sich mit ihm beraten. Beispiele:

- Arbeits- und Umweltschutz (§ 89)
- Personalplanung (§ 92)
- Durchführung betrieblicher Bildungsmaßnahmen (§ 98, siehe S. 302)
- Planung neuer Anlagen (§ 90)
- Wirtschaftliche Fragen, Absatzlage (§ 106)

Wichtige Bestimmungen des Betriebsverfassungsgesetzes

- In Unternehmen ab fünf Beschäftigten kann ein Betriebsrat gewählt werden (§ 1).
- Die Wahl erfolgt in geheimer Wahl durch Beschäftigte ab 18 Jahre (§§ 4, 14).
- Die Geschlechter sollen nach ihrem zahlenmäßigen Verhältnis vertreten sein (§ 15).
- Betriebsräte und Jugendvertreter dürfen durch ihre Tätigkeit nicht benachteiligt oder begünstigt werden (§§ 78, 78a).
- In Betrieben ab 200 Beschäftigten muss mindestens ein Arbeitnehmer für die Betriebsratsarbeit freigestellt werden (§ 38).
- Entstehen bei einer mitbestimmungspflichtigen Maßnahme Konflikte zwischen Arbeitgeber und Betriebsrat, können beide Parteien die Einigungsstelle anrufen (§ 76).

Aus dem Betriebsverfassungsgesetz

§ 87 Mitbestimmungsrechte

(1) Der Betriebsrat hat in folgenden Angelegenheiten mitzubestimmen:

1. Ordnung des Betriebs und des Verhaltens der Arbeitnehmer
2. Beginn und Ende der täglichen Arbeitszeit, Pausen, Verteilung der Arbeitszeit auf Tage
3. Vorübergehende Verkürzung oder Verlagerung der betriebsüblichen Arbeitszeit

...

6. Einführung und Anwendung von technischen Einrichtungen, die das Verhalten oder die Leistung der Arbeitnehmer überwachen sollen
7. Verhütung von Arbeitsunfällen und Berufskrankheiten sowie zum Gesundheitsschutz
8. Ausgestaltung von Sozialeinrichtungen

...

10. Fragen der Lohngestaltung, wie Entlohnungsgrundsätze und Entlohnungsmethoden
11. Festsetzung der Akkord- und Prämiensätze
12. Grundsätze betrieblichen Vorschlagswesens
13. Grundsätze über die Durchführung eigenverantwortlicher Gruppenarbeit

§ 90 Unterrichtungs- und Beratungsrechte

(1) Der Arbeitgeber hat den Betriebsrat rechtzeitig über die Planung

1. von betrieblichen Bauten
2. von technischen Anlagen
3. von Arbeitsverfahren und Arbeitsabläufen
4. der Arbeitsplätze

mit den erforderlichen Unterlagen zu unterrichten.

Nach **BMAS** (Hrsg.) (2008) Mitbestimmung – Eine gute Sache, www.bmas.de ▶ Publikationen ▶ Suchbegriff: Betriebsverfassungsgesetz

A Aufgaben

1 Benennt Unterschiede zwischen Mitbestimmung und Mitwirkung.

2 Die Media GmbH hat 9 Beschäftigte. Kann ein Betriebsrat gegründet werden?

3 Manche Unternehmen haben keinen Betriebsrat (siehe M2, S. 303). Erörtert Gründe und Folgen.

4 Die Jugend- und Auszubildendenvertretung berät bei Ausbildungsproblemen

Fall 1: Ungesunder Schulungsraum

Auszubildende, die über mehrere Tage im Raum 3 geschult werden, haben Konzentrationsschwierigkeiten und Ermüdungserscheinungen. Die Luft müsste auf Schadstoffe untersucht werden. Das Amt für Arbeitsschutz könnte eine Messung durchführen. Wir sollten im Betriebsrat Dampf machen.

Fall 2: Verhalten des Ausbilders Mausolf

Wir akzeptieren, Ausbildungsnachweise zu führen. Aber Mausolf meint, er könne wegen kleiner Unsauberkeiten das Heft zurückgeben. Mirka musste alles noch einmal machen. Einen anderen hat er sogar vor allen Auszubildenden runtergeputzt. Ich habe bereits mit dem Betriebsrat gesprochen. Er meint, Mausolf sei ein guter Kollege. Wir sollten uns nicht wegen Kleinigkeiten aufregen. Ich finde das Verhalten nicht tragbar.

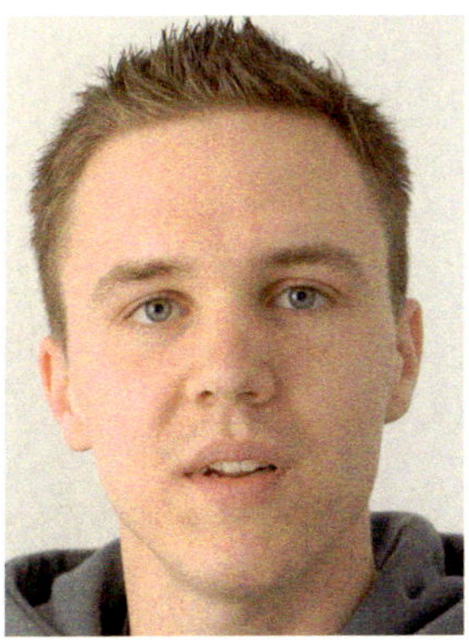

Fall 3: Ausbildung nicht zeitgemäß

Wir brauchen betriebliche Ausbildungsangebote zur Förderung der Arbeit im Team. Auch haben die Ausbilder zu wenig Zeit. Manche mögen gute Fachkräfte sein, aber ihre pädagogischen Fähigkeiten sind gering. Eine bessere Ausbildung würde sich auch für den Betrieb lohnen. Auch sollten wir ein Auslandspraktikum für den → EURO-PASS fordern. Das wird von der EU gefördert.

Jugend- und Auszubildendenvertretung
Heizkörperbau RADIATOR

An
die Mitglieder der Jugendvertretung
zur Kenntnis: an den Betriebsratsvorsitzenden

Einladung zur Sitzung am 21.09.2007,
11:00 Uhr im Sitzungszimmer des Betriebsrats

Tagesordnung
Ungesunder Schulungsraum
Verhalten des Ausbilders Mausolf
Ausbildung nicht zeitgemäß
Vorbereitung der nächsten Jugendversammlung
Verschiedenes

Mit freundlichen Grüßen

Carlo Pucca

Versitzender der
Jugend- und Auszubildendenvertretung

Aus der Ausbilder-Eignungsverordnung

Ausbilder müssen eine berufs- und arbeitspädagogische Qualifikation nachweisen zum selbstständigen Planen, Durchführen und Kontrollieren u.a. in den Bereichen:

- Planung der Ausbildung (z.B. Abstimmung mit der Berufsschule)
- Ausbildung am Arbeitsplatz (z.B. Fördern aktiven Lernens)
- Förderung des Lernprozesses (z.B. Lerntechniken)
- Ausbildung in der Gruppe (z.B. Teamfähigkeit)

Aus dem Betriebsverfassungsgesetz

§ 60 Jugend- und Auszubildendenvertretung

Errichtung und Aufgabe

(1) In Betrieben mit mindestens fünf Arbeitnehmern, die das 18. Lebensjahr noch nicht vollendet haben oder die zu ihrer Berufsausbildung beschäftigt sind und 25 sind, werden Jugend- und Auszubildendenvertretungen gewählt.

§ 67 Teilnahme an Betriebsratssitzungen

(1) Die Jugend- und Auszubildendenvertretung kann zu allen Betriebsratssitzungen einen Vertreter entsenden.

(2) Er hat Stimmrecht, soweit die zu fassenden Beschlüsse des Betriebsrates überwiegend jugendliche Arbeitnehmer betreffen.

§ 70 Allgemeine Aufgaben

(1) Die Jugend- und Auszubildendenvertretung hat folgende Aufgaben:

1. Maßnahmen, die den in § 60 (1) genannten Arbeitnehmern dienen, insbesondere in Fragen der Berufsbildung, beim Betriebsrat zu beantragen;
2. darüber zu wachen, dass die zu Gunsten der in § 60 (1) genannten Arbeitnehmer geltenden Gesetze, Verordnungen, Unfallverhütungsvorschriften, Tarifverträge ... durchgeführt werden;
3. Anregungen von in § 60 (1) genannten Arbeitnehmern, insbes. zur Berufsbildung, entgegenzunehmen und, falls sie berechtigt erscheinen, beim Betriebsrat auf eine Erledigung hinzuwirken.

§ 71 Jugend- und Auszubildendenversammlung

Eine solche kann die Jugend- und Auszubildendenvertretung ... im Einvernehmen mit dem Betriebsrat einberufen.

§ 98 Durchführung betrieblicher Bildungsmaßnahmen

(1) Der Betriebsrat hat bei der Durchführung von Maßnahmen der betrieblichen Berufsbildung mitzubestimmen.

(2) Der Betriebsrat kann der Bestellung einer mit der Durchführung der betrieblichen Berufsbildung beauftragten Person widersprechen oder ihre Abberufung verlangen, wenn diese die persönliche oder fachliche, insbesondere die berufs- und arbeitspädagogische Eignung nicht besitzt oder ihre Aufgaben vernachlässigt.

Die Anwendung der Ausbilder-Eignungsverordnung wurde 2003 bis Juli 2009 ausgesetzt, um zusätzliche Ausbildungsplätze zu gewinnen. Danach soll sie überarbeitet wieder in Kraft treten.

A Aufgaben

1 Nehmt Stellung zu den Forderungen der Jugendvertretung in den Fällen 1 und 3.

2 Spielt Fall 2 im Rollenspiel. Rollenspieler: Betriebsrat und Jugendvertreter.

3 Diskutiert Meinungen der Jugendlichen. Zieht das Betriebsverfassungsgesetz und M1 heran.

4 Vergleicht Rechte der Jugend- und Auszubildendenvertretung mit der Schülervertretung.

5 Weiterführendes Material

M1 Betriebliche Jugend- und Auszubildendenvertretung

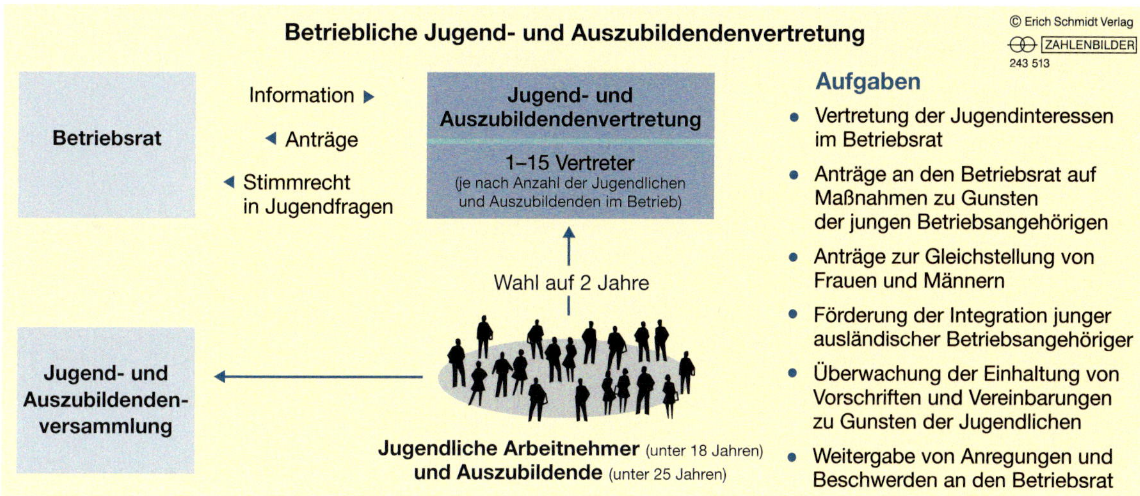

M2 Mitbestimmung im Unternehmen

Diese erfolgt im Aufsichtsrat. Er besteht aus Vertretern/innen der Arbeitnehmer und der Anteilseigner. Zu den Aufgaben gehören u. a. die Bestellung und Abberufung des Vorstandes und die Feststellung des Jahresabschlusses.

Der Mitbestimmung unterliegen Kapitalgesellschaften (z.B. AG, GmbH) mit mehr als 500 Mitarbeitern/innen.

Für Unternehmen mit 500 bis 2000 Beschäftigten stellt die Arbeitnehmerseite ein Drittel der Aufsichtsräte. Bei mehr als 2000 Mitarbeitern gehören dem Aufsichtsrat zu gleichen Teilen Vertreter der Anteilseigner sowie der Arbeitnehmer an (einen Sitz der Arbeitnehmerseite nimmt ein Vertreter der leitenden Angestellten ein). Der Vorsitzende des Aufsichtsrats wird – wenn keine Einigung zwischen Arbeitnehmern und Anteilseignern erfolgt – von den Anteilseignern gewählt. Er hat bei Stimmengleichheit ein Doppelstimmrecht.

Bei Montanbetrieben (Bergbau, Eisen, Stahl) über 1000 Mitarbeitern gilt das Montan-Mitbestimmungsgesetz von 1951. Hier setzt sich der Aufsichtsrat zu gleichen Teilen aus Vertretern/innen der Anteilseigner und der Arbeitnehmer zusammen. Ein zusätzliches, von beiden Seiten benanntes „neutrales Mitglied" gibt bei Stimmengleichheit den Ausschlag.

Alle Arbeitnehmervertreter/innen werden von den Beschäftigten gewählt.

Die Mitbestimmung gewährleistet eine demokratische Kontrolle der Unternehmenspolitik und verbessert den Informationsfluss zwischen Vorstand und Belegschaft, senkt die Verhandlungskosten und erhöht die Bereitschaft der Belegschaften, Verantwortung für ihr Unternehmen zu übernehmen. Die paritätische Mitbestimmung im Aufsichtsrat wirkt sich nach einer Studie positiv auf die Produktivität aus.

Nach **DGB**, Pressemeldung vom 13.10.2005
www.dgb.de/presse/infodienst/iddb/pressemeldung_single?pmid=31

Arbeiten mit den Materialien

Zu M2

Die Arbeitgeber sehen in der Unternehmensmitbestimmung teilweise Nachteile, weil Entscheidungen länger dauern und die Eigentümer in der Entscheidungsfreiheit begrenzt sind.
Diskutiert die Vor- und Nachteile.

Gute Verkehrswege – aber nicht vor meiner Haustür

1 Mobilität muss nachhaltige Lebensqualität bedeuten

Wir schätzen gute Verkehrswege und Verkehrsmittel, weil wir → Mobilität anstreben.

Wir sind Fußgänger, fahren mit dem Bus, dem Fahrrad, der Bahn, dem Auto.

Für die Urlaubsreise möchten wir manchmal das Flugzeug oder das Schiff nutzen.

Unternehmen nutzen Verkehrswege, um ihre Waren zu transportieren.

Verkehr bedeutet oft schlechte Luft und Lärm.

Für Unternehmen entstehen zusätzliche Kosten durch im Stau vergeudete Zeit.

▸ **Leitauftrag** Beschreibt die Verkehrssituation im Heimatraum. Benennt Probleme und Lösungsmöglichkeiten.

▲ Täglich quält sich die Autoschlange durch Arnsberg. Öffentliche Verkehrsmittel fehlen.

▲ Autofrei und dennoch mobil. Park+Ride ermöglicht dies wie hier am Stadtrand von Düsseldorf.

B Auf einen Blick

Ihr versteht, welche Forderungen an eine → Verkehrsinfrastruktur gestellt werden. Dabei betrachtet ihr dies aus der Sicht von Bürgern bzw. Erwerbstätigen und Unternehmern.

Ihr könnt erkennen, dass Standortentscheidungen von Unternehmen Einfluss auf andere wirtschaftliche Entscheidungen haben.

Ihr gewinnt Einsichten, wie der Verkehr die Umwelt belastet und was dagegen getan werden kann.

Ihr trefft Entscheidungen für ein Verkehrsverhalten, das sich an Nachhaltigkeit orientiert. Damit sichert ihr zukünftige Lebensgrundlagen für die Menschen.

2 Soll Familie Huber ins Grüne ziehen?

Zur Familie Huber gehören die Eltern und ihre Kinder Tim (11) und Tina (14). Sie wohnen in einer 3-Zimmer-Wohnung in einem Mehrfamilienhaus nahe einer stark befahrenen Hauptverkehrsstraße. Das Zentrum ist nicht weit entfernt. Arbeitsplätze und Schulen sind in 15 bis 20 Minuten zu erreichen.

„Was haltet ihr von einem Umzug ins Grüne? Wir hätten keinen Lärm mehr, vielleicht einen kleinen Garten und mehr Platz für uns alle. Auch müssten wir nicht ständig Rücksicht nehmen auf die Nachbarn", sagt Herr Huber beim Lesen der Wohnungsanzeigen in der Tageszeitung, „mal sehen, ob wir was mieten können, das auch bezahlbar ist."

Die Überlegungen finden Zustimmung. Von jetzt ab suchen Hubers nach einem ruhig gelegenen Haus im Grünen. Dieses soll aber nicht mehr als 20 km vom Arbeitsplatz entfernt sein. Die Kosten dürfen monatlich höchstens um 200 Euro steigen.

A

Aufgaben

1 Wie wohnt Familie Huber zurzeit? Warum will Herr Huber umziehen?

2 Beurteilt den Wunsch zum Wohnungswechsel. Berücksichtigt dabei die Forderung nach nachhaltiger Nutzung der → Verkehrsinfrastruktur.

3 Versucht, im Rollenspiel eine Einigung über den Umzug und die Anforderungen an die neue Wohnung zu erreichen. Bereitet das Rollenspiel mit vorgegebenen Rollenkarten vor.

Herr Huber
Will ruhig schlafen; die Miete pro Quadratmeter ist auf dem Land billiger; längere Anfahrt zur Arbeit, Staugefahr? Mehrkosten für öffentliche Verkehrsmittel und das Auto.
M1–M4, S. 309, 310

Frau Huber
Will größere Wohnung haben; Einkaufsmöglichkeiten? Zweites Auto? Landschaftlich schönes Umfeld, gute Schulen/Schulwechsel? Treffen mit Freundinnen?
M1, **M4**, **M5**, S. 309, 310

Tim
Will ein eigenes Zimmer; im Wald Baumhaus bauen; Sportverein, Kino; Schulwechsel? Neue Freunde finden/Kontakt zu bisherigen halten?
M1, **M2**, S. 309

Tina
Will in der Stadt wohnen, eigenes Zimmer, neue Freunde finden? Kontakt zu bisherigen halten, Schulwechsel? Freizeiteinrichtungen/Disco? Umweltbelastung durch Autoverkehr und Straßenbau.
M1, **M2**, **M5**, S. 309, 310

3 Kann Getränkeproduzent COOL sich nachhaltig entwickeln?

Das Unternehmen möchte Fördergelder

Im Gespräch sind deshalb: Herr Hansen, Geschäftsführer von COOL, und Frau Granzow, Amt für Wirtschaftsförderung.

HANSEN: „Wir möchten unseren Betrieb erweitern. Gleichzeitig müssen wir die verschärften Umweltauflagen (z.B. Abwasserreinigung, Lärmschutz) berücksichtigen. Am jetzigen Standort ist das schwierig, wie die Karte zeigt. Der Betrieb lässt sich nur wenig erweitern und hat eine schlechte Verkehrsanbindung. Unsere Fahrzeuge stehen oft im Stau. Dann können wir nicht pünktlich liefern. All das gefährdet unsere Wettbwerbsfähigkeit.
Hinzu kommt, dass Anwohner über den Lärm der Lieferfahrzeuge und der Produktion klagen. Wir sind bereit, den Betrieb auf die ‚grüne Wiese' zu verlagern. Aber die hohen Kosten gefährden unsere Existenz."

GRANZOW: „Für den alten Standort sehe ich wegen des Umweltschutzes Probleme. Wir können Ihnen jedoch in Stadtnähe ein Grundstück günstig anbieten. Straßen, Ver- und Entsorgungseinrichtungen und Buslinie sind vorhanden. Sie haben Chancen auf Fördermittel in Höhe von 15 Prozent der → Investitionen, weil Sie Arbeitsplätze sichern. Sie wissen ja, unsere Region hat sich nicht angemessen entwickelt. Deshalb erfolgt eine staatliche Förderung. Wir unterstützen Sie auch durch Beratung bei der Ausweitung ihres Betriebes."

HANSEN: „Welche Informationen brauchen Sie von uns?"

GRANZOW: „Wir benötigen Folgendes:
- Flächengröße bei Erweiterung
- Anforderungen an das Grundstück
- geplante Investitionssumme

Dann schlüsseln wir Ihnen unsere Möglichkeiten näher auf. Was noch wichtig ist: Wir werden Genehmigungen unbürokratisch bearbeiten ..."

HANSEN: „Vielen Dank für das Gespräch!"

A Aufgaben

1 Beschreibt die Situation von COOL mithilfe der beiden Lagepläne.

2 Warum sucht Herr Hansen das Gespräch im Amt für Wirtschaftsförderung?

3 Welches Interesse hat die Gemeinde an dem Vorhaben? Schlagt nach: → Strukturpolitik.

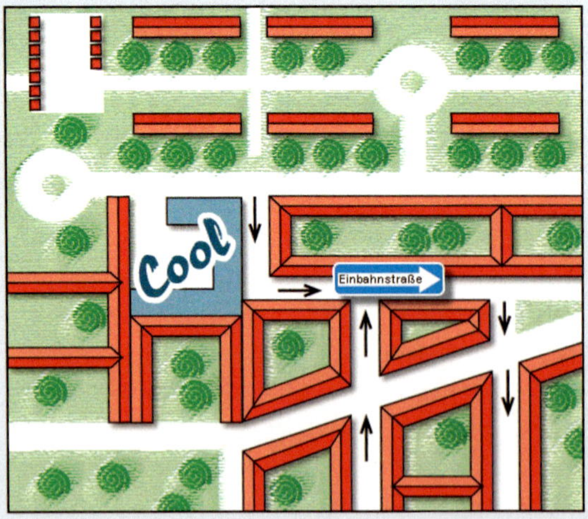

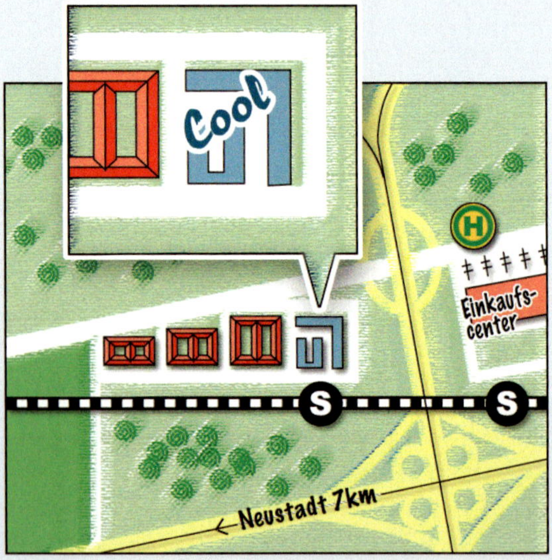

Ein Blick auf die Planzahlen von COOL

Das Gespräch im Amt für Wirtschaftsförderung führt zu weiteren Überlegungen im Unternehmen. Zukünftige Entwicklungen werden auf Papier gebracht. Die bisherigen Unternehmensdaten werden mit einbezogen und eine Übersicht erstellt.

COOL will in jedem Fall bei seinen bisherigen Aktivitäten bleiben. Diese sind im Einzelnen:

- Abfüllen nicht alkoholischer Getränke für eine große Marke
- Eigene Herstellung von Fruchtsäften aus heimischen Produkten
- Import und Vertrieb von Säften aus dem Ausland

COOL beliefert insbesondere Getränkemärkte, Gaststätten und andere Großabnehmer.

▲ Während die leeren Flaschen zur Waschanlag fahren, überprüft ein Mitarbeiter stichprobenartig die frisch abgefüllten Orangensaftflaschen.

Daten zur Situation und Planungsüberlegungen (in Mio. Euro)

	Gewinn- und Verlustrechnung des letzten Jahres	Geplante wirtschaftliche Auswirkungen	
		bei Ausbau am alten Standort	bei Verlagerung nach außen
Umsatzerlöse	20,0	20,0	24,0[1]
Materialaufwand[2a]	14,0	13,9[2b]	16,6[3]
Personalaufwand[4]	1,2	1,2[4][5]	1,1[6]
Abschreibungen[7]	1,5	1,8[8][9]	2,1[10]
Zinsen (z.B. für Kredite)	1,0	1,2[11]	1,7[12]
Vertrieb und Logistik	2,0	2,0	1,9
Überschuss (+)/Fehlbetrag (–)	+0,3	–0,1	+0,6

1) Geplant: 20 % Umsatzsteigerung durch Gewinnung neuer Kunden am günstigen Standort;

2a) Materialaufwand (Getränkekonzentrate, Obst, Wasser) steigt entsprechend Absatz;

2b) neue Flaschenspülanlage führt zu stark sinkender Wassernutzung und geringerer Abwassermenge, daher 0,1 Mio.€ weniger Kosten.

3) Wegen der neuen Produktionsanlage beträgt die Ersparnis im Vergleich zum alten Standort 0,2 Mio.€.

4) 24 Arbeitsplätze, davon 8 Produktion, 4 Leitung, Marketing, Rechnungswesen, 12 Fahrer bei 10 Lieferfahrzeugen.

5) Weiterhin Staukosten bei 10 Fahrern: pro Tag 1 Stunde à 20 € ergibt bei 250 Tagen 0,05 Mio.€.

6) Die neue Produktionsanlage spart 2 Arbeitsplätze, die verkehrsgünstige Lage 1 Fahrer. Folge: 0,1 Mio.€ geringere Kosten.

7) Wertverlust der Wirtschaftsgüter durch Gebrauch, z.B. der Lieferfahrzeuge, der Abfüllanlage.

8) Weiterhin Staukosten bei der Nutzung der 10 Lieferfahrzeuge: pro Tag 1 Stunde à 40 € ergibt bei 250 Tagen 0,1 Mio.€.

9) Umweltschutzinvestitionen: 1 Mio.€ (insbesondere Lärmschutz), Ersatz für veraltete Abfüllanlage: 1 Mio.€ (siehe zu [2a]); Abschreibung steigt um 0,3 Mio.€.

10) Bau neuer Produktionsanlagen (Gebäude, Maschinen, Büros ...)/ Verlagerung alter Maschinen: 6 Mio.€, bei staatlicher Förderung von 15 % ergibt 5,1 Mio.€ Kosten.

11) Zinskosten steigen durch [9].

12) Zinskosten steigen durch [10].

Nachhaltigkeit und/oder Wirtschaftlichkeit – Innenstadt oder „grüne Wiese"?

Im Unternehmen werden Chancen und Risiken zur Standortfrage erörtert.
Der neue Standort ermöglicht eine Betriebserweiterung und Absatzsteigerung.

Kann der Absatz auch am vorhandenen Standort gesteigert werden? Wenn nicht, ist das Unternehmen auf Dauer nicht konkurrenzfähig.

Sind hohe → Umweltschutzinvestitionen am alten Standort sinnvoll? Die Verkehrsprobleme dort bleiben auch nach dem Ausbau bestehen.

Falls die Umweltschutzvorschriften verschärft werden, droht am alten Standort das Aus.

Am neuen Standort kann nachhaltig produziert werden. Das erfordert aber hohe Investitionen.

Der Betriebsrat hat Bedenken wegen des Arbeitsplatzabbaus und des Standortwechsels. Für fast alle Arbeitnehmer erhöhen sich Wegezeiten und -kosten. Öffentliche Verkehrsmittel stehen jedoch zur Verfügung.

Standortfaktoren für Unternehmen

- Verkehrsanbindung; Anlieferung und Auslieferung von Waren jederzeit und kostengünstig möglich, gut für Arbeitskräfte erreichbar
- Nähe zu Absatzmärkten und Zulieferern
- geeignete Grundstücke und Gebäude, Kaufpreis bzw. Miete kostengünstig
- wettbewerbsfähige staatliche Umweltauflagen (z.B. Luftreinhaltung, Gewässer-, Boden- und Lärmschutz)
- wettbewerbsfähige Unternehmenssteuern (u.a. Gewerbesteuer)
- Höhe der Unternehmenssteuern (u.a. Gewerbesteuer)
- Förderprogramme (u.a. Beratung, Investitionsbeihilfen)
- attraktiv für geeignete Arbeitskräfte bei günstigen Lohnkosten
- funktionsfähiger Wettbewerb zwischen Lieferanten von Waren (Anbietern) auf dem Absatzmarkt

A Aufgaben

4 Erörtert in einer Pro-Kontra-Debatte, ob COOL umgesiedelt werden soll. Berücksichtigt dabei Gesichtspunkte der → Nachhaltigkeit.
Bildet die Gruppen und Meinungsführer.
- Pro-Gruppe: Meinungsführer ist Geschäftsführer HANSEN.
- Kontra-Gruppe: Meinungsführerin ist seine Stellvertreterin DAUB.
- Beobachtungsgruppe ohne Meinung

Formuliert die Streitfrage und stellt in den Gruppen begründete Argumente aus der Sicht der beiden Wortführer zusammen.

Nutzt dazu
- das Sachwortverzeichnis (siehe S. 336 ff.),
- die Materialien **M1** bis **M4** (siehe Folgeseiten)
- die Lagepläne und die Standortfaktoren für Unternehmen aus diesem Abschnitt
- Informationen folgender Websites:

Statistisches Bundesamt: www.destatis.de
Bundesumweltministerium: www.bmu.de
Bundesministerium für Verkehr, Bau und Stadtentwicklung: www.bmvbs.de
ADAC: www.adac.de
Deutsche Bundesbahn: www.bahn.de
Umweltbundesamt: www.umweltbundesamt.de

Legt Beobachtungsaufgaben fest. Plant, wie ihr die Eindrücke für die Auswertung festhalten wollt.
Führt das Gespräch und wertet es aus. Haltet die Ergebnisse schriftlich fest.

4 Weiterführendes Material

M1 Umwelt und Verkehr

Ein Sorgenkind der Umweltpolitik ist der weltweit zunehmende Verkehr. → Mobilität zählt zu den Hauptverursachern von Umweltbelastungen. Bei den klimaschädigenden CO_2-Emissionen (2005: 873 Mio. t) hat der Verkehr einen hohen Anteil mit 19 %.

Verkehr bedeutet einen hohen Verbrauch von Naturräumen und Rohstoffen.

Mit dem Wachstum des Luftverkehrs ist eine erhebliche Zunahme der Umweltbelastung verbunden.

Ziel muss es daher sein, diesem Trend international abgestimmt entgegenzuwirken ...

Hinzukommen müssen Maßnahmen zur Vermeidung von Verkehr sowie die Verlagerung von Transportleistungen auf umweltfreundlichere Verkehrsmittel ...

Staats- und Regierungschefs der EU haben sich 2007 darauf geeinigt, die Treibhausgasemissionen bis 2020 um 20 Prozent unter den Wert von 1990 zu senken.

Nach **BMU** (Hrsg.): Aus Verantwortung für die Zukunft. Berlin 2002, S. 31, aktualisiert 2008

M2 Öffentlicher Personennahverkehr

Damit wird die Fahrgastbeförderung in Bussen und Bahnen in Kommunen und ihrem Umland bezeichnet ...

Der Öffentliche Personennahverkehr (ÖPNV) spielt eine entscheidende Rolle bei der Bewältigung des Stadtverkehrs. Besonders die Kernzonen großer Städte und Ballungsgebiete wären ohne ÖPNV überhaupt nicht ausreichend zu bedienen bzw. zu erschließen. Der ÖPNV ist an Linien und Fahrpläne gebunden und kann sein Verkehrsmittelangebot nur begrenzt an die ständig wechselnde Nachfrage anpassen.

Es gibt immer wieder Linienabschnitte und Tageszeiten, in denen ÖPNV-Mittel entweder überlastet sind oder praktisch leer fahren.

Häufig werden weniger als 50 % der Kosten durch Fahrscheinerlöse gedeckt.

Stadt Gütersloh, Fachbereich Stadtplanung: „Öffentlicher Personennahverkehr (ÖPNV)“ www2.guetersloh.de ► stadtplanungsportal ► Öffentlicher Personennahverkehr

M3 Zeit- und Geldverlust im Stau[1]

	Zeitverlust pro Jahr in Mio. Stunden	**Staukosten pro Jahr in Mrd. €**
Berufsverkehr	1080	27,61
Dienstreiseverkehr	425	21,47
Privatfahrten	1875	19,43
Lieferverkehr	670	16,87
Güterverkehr	130	4,60
Bus im Nahverkehr	222	4,09
Bus im Fernverkehr	22	0,51
Insgesamt	**4424**	**94,58**

[1] Daten für2002

Thomas Puls: Verkehrspolitik in Deutschland: Stur in den Stau? Thema Wirtschaft für Pädagogen in Schule und Betrieb aus dem Institut der deutschen Wirtschaft, Nr. 87.

M4 Autofahren ist teuer

Monatliche Kosten eines Pkw 2008, untere Mittelklasse
VW-Golf 1,6 Trendline, Grundpreis 17 600 €, Nutzung vier Jahre, jährliche Fahrleistung 15 000 km

Fixkosten (Steuer, Versicherung)	68 €
Werkstattkosten	33 €
Betriebskosten (Treibstoff, Öl)	152 €
Wertverlust*	208 €
Kosten insgesamt	**461 €**
Kosten pro Kilometer	36,9 Cent

*Der Wertverlust nennt den Betrag, den man monatlich zurücklegen müsste, um nach vier Jahren ein neues Auto kaufen zu können. Dabei ist der Erlös des alten Autos berücksichtigt.

Nach **ADAC** Autokosten 2008. www.adac.de

M5 Verkehrsentstehung eindämmen

Wohnen, Arbeiten und Einkaufen sind immer **weiter auseinandergerückt**, die Siedlungsfläche vergrößerte sich und die Mobilität ohne Auto nahm ab. Es gilt, ein neues Leitbild für den umweltgerechten Städtebau zu verankern mit Förderung von Städten/Stadtteilzentren, in denen gearbeitet, eingekauft und gewohnt wird … In den letzten beiden Jahrzehnten hat der **globale Handel** mehr als dreimal so schnell zugenommen wie das Weltsozialprodukt. Handel erzeugt Verkehr. Dieser muss mit möglichst wenig Umweltbelastung und Ressourcenverbrauch einhergehen, z.B. moderner Logistik und Regionalvermarktung.

Lebensstile in einer Gesellschaft sind einem dynamischen Wandel unterzogen, der beeinflussbar ist. Instrumente zur Förderung der → Nachhaltigkeit des Freizeit- und Urlaubsverkehrs sind:

- attraktive Urlaubsangebote in Deutschland und Europa,
- kurze Entfernungen zu Gastronomie, Kultur, Sport und Naherholungsmöglichkeiten sowie
- die gezielte Ergänzung der Angebote des ÖPNV zur Deckung der Freizeitbedürfnisse.

Nach **Umweltbundesamt** (Hrsg.): Determinanten der Verkehrsentstehung. Berlin 2005, S. 3–5
www.umweltdaten.de/publikationen/fpdf-l/2967.pdf

Arbeiten mit den Materialien

Zu **M1**, **M5**
Klärt die Umweltbelastungen durch den Verkehr. Sprecht darüber, wer zu mehr Nachhaltigkeit beitragen/darauf hinwirken kann. Benennt an einem Beispiel unterschiedliche Interessen. Welchen Beitrag könnt ihr und eure Familie leisten?

Zu **M3**
Begründet, was bei Staus mit „Geld verloren gehen" gemeint ist. Diskutiert Gesichtspunkte, die zur Lösung des Problems Nachhaltigkeit fördernd wirken könnten.

Zu **M4**
1. Was kostet beim Bedarf eurer Familie ein Brötchen (Ladenpreis 0,30 €), wenn die Bäckerei 2 km entfernt ist und ein Pkw genutzt wird?
2. Ermittelt die Fahrtkosten pro Monat (22 Arbeitstage), wenn die Arbeitsstelle 20 km entfernt ist und ein PKW genutzt wird. Vergleicht mit einer Monatskarte im ÖPNV.

Alles klar?

Mitbestimmung im Betrieb

1 Nenne vier wichtige Bereiche der Arbeit des Betriebsrates.

2 Unterscheide mithilfe von Beispielen
- Mitbestimmungsrechte des Betriebsrates,
- Mitwirkungsrechte des Betriebsrates.

3 Begründe die Bedeutung des Betriebsverfassungsgesetzes für die Durchsetzung von Arbeitnehmerrechten.

4 Benenne unterschiedliche Interessen des Betriebsrats und der Unternehmensführung. Finde auch gemeinsame.

5 Wie kann die Jugend- und Auszubildendenvertretung Interessen durchsetzen?

6 Welche Nachteile kann es haben, wenn kein Betriebsrat und/oder keine Jugend- und Auszubildendenvertretung besteht?

7 Begründe die Bedeutung der Mitbestimmung im Aufsichtsrat größerer Unternehmen.

8 Nehmt Stellung zu folgenden Aussagen:

Mitbestimmt geht es besser

... Untersuchungen ergaben, dass sich die Mitbestimmung stabilisierend auf die Unternehmen auswirkt und die soziale Integration[1)] befördert. Deutschland hat die geringsten Streiktage ...

[1)] Zusammenhalt im Unternehmen

Arbeitsgemeinschaft für Arbeitnehmerfragen in der SPD (2007): www.afa.spd.de/ ▶ Themen von A–Z ▶ Mitbestimmung

Institut der deutschen Wirtschaft

Die Mitbestimmung bringt für die deutsche Wirtschaft im internationalen Vergleich erhebliche Belastungen mit sich. Im Ausland wird sie wegen ihres hohen Kosten- und Zeitaufwands skeptisch beurteilt.

Institut der deutschen Wirtschaft (Hrsg.): Mitbestimmung in Deutschland. Köln 2000, S. 8

Gute Verkehrswege – aber nicht vor meiner Haustür

9 Erkläre die Bedeutung einer guten Verkehrsinfrastruktur für die Lebensqualität der Bürger.

10 Nenne Gesichtspunkte, die für euch bei der Auswahl einer Wohnung unter dem Aspekt Verkehrsinfrastruktur wichtig sind. Bewerte deine Aspekte aus der Perspektive von Nachhaltigkeit.

11 Nenne am Beispiel der Lage deiner Wohnung Konflikte zwischen Kriterien der Nachhaltigkeit und persönlicher Bequemheit, z. B. laut, aber nah an der Schule.

12 In welchen Situationen entscheidest du dich in deinem Wohnumfeld für die Nutzung eines Nahverkehrsbusses, eines Fahrrades, und wann möchtest du einen Pkw benutzen können?
Bewerte deine Entscheidungen aus ökologischer Sicht.

13 Beurteile die Lage z. B. deiner Schule oder eines Verbrauchermarktes deiner Gemeinde unter dem Gesichtspunkt nachhaltiger Verkehrsinfrastruktur. Entwickele Maßstäbe, an denen du deine Einschätzung misst.

14 Zähle auf, was du tun kannst, um die Verkehrsinfrastruktur nachhaltig in Anspruch zu nehmen.
Begründe, welche du bereit/nicht bereit bist, umzusetzen.

15 Nenne Standortfaktoren für ein Unternehmen.
Begründe deren Bedeutung an einem Beispiel.

16 Begründe aus der Sicht eines Unternehmens den Konflikt zwischen gesetzlichen Vorschriften für eine umweltgerechte Produktion und der Wirtschaftlichkeit.

Versorgung und Entsorgung im Wohnbereich

1 Ver- und Entsorgung – wer, wie und warum?

Wir drehen den Wasserhahn auf, das Wasser rinnt in den Abfluss. Die Müllabfuhr holt unseren schon vorsortierten Hausmüll ab, das Telefon klingelt, wir sind im Internet. Für uns ist es selbstverständlich, dass die Versorgung klappt, aber auch die Entsorgung des Hausmülls funktioniert.

Versorgung – wer bietet was an?

Strom – Stadtwerke oder regionaler Energieanbieter, Eigenversorgung z.B. über Solar-, Windenergie

Wasser – Stadtwerke oder Wasser-/Abwasser-Zweckverband, Eigenversorgung aus Brunnen

Gas – regionaler Versorger, nicht überall vorhanden

Telefon – Festnetz über Leitungsnetz, verschiedene Anbieter

Kabelfernsehen – regionale Anbieter

Internet – über Telefonnetz, Kabelfernsehnetz

Heizung – verschiedene Versorgungsmöglichkeiten (meist auch mit Warmwasser) über Fernwärme, Strom, Gas von regionalen Anbietern, aber auch privat über Öl, Festbrennstoffe wie Kohle und Holz, Solar- und Erdwärmeanlagen

Entsorgung – wer bietet an?

Abwasser – Abwasser-Zweckverband oder Stadtwerke

Müll – regionale Entsorgungsunternehmen

Mit der umweltgerechten Entsorgung werden meist private Unternehmen beauftragt, die den gesetzlichen Rahmenbedingungen des Umweltschutzes nachkommen müssen.
Die Kosten für Ver- und Entsorgung stecken häufig in den Betriebskosten für eine Mietwohnung. Eigenheimbesitzer zahlen direkt.

▸ **Leitauftrag** Sprecht über Gründe für die Bereitstellung der Ver- und Entsorgungseinrichtungen.

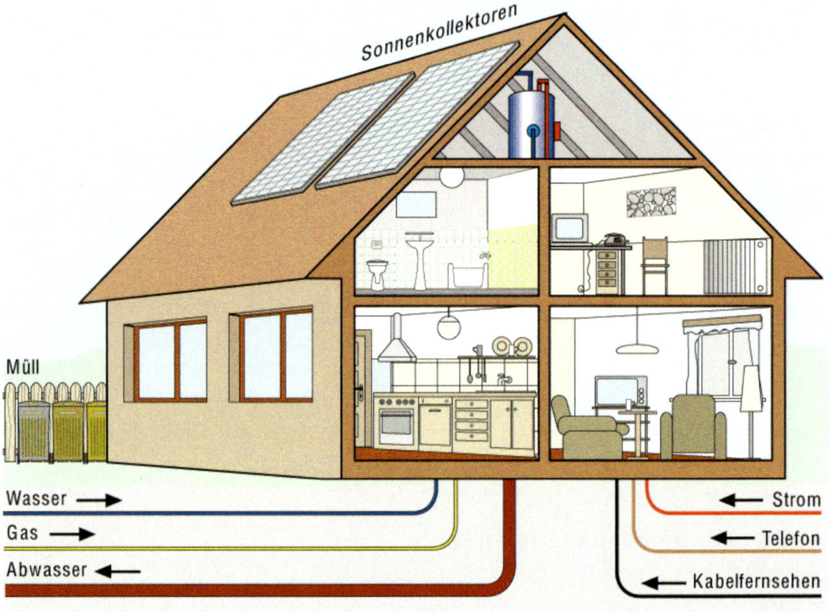

B Auf einen Blick

Ihr kennt Anbieter für Versorgung und Entsorgung im Wohnbereich.

Ihr könnt die Kosten eurer Familie für Ver- und Entsorgung ermitteln.

Ihr bedenkt nachhaltiges Handeln im Umgang mit Energie und Abfällen.

2 Wohnkosten in Mietwohnung und Eigenheim

Mietwohnung

Familie Wiese bezieht eine Mietwohnung in einem Mehrfamilienhaus in Potsdam. Im Mietvertrag sind neben der Kaltmiete (sie wird in Euro pro Quadratmeter festgelegt) auch die *Betriebskosten* zusammengestellt.

Hierzu gehören: Anteilige Kosten für Hauswart, Gebäudeversicherungen, Grundsteuer, Straßenreinigung, Müllabfuhr, Schornsteinreinigung, Gartenpflege und Reinigung der gemeinsam genutzten Gebäudeteile; Warmwasserversorgung, Wasserversorgung, Heizung, Entwässerung (Schmutz- und Regenwasser), Wartung für die Wasser-, Abwasser- und Heizungsanlagen.

Für die anfallenden Betriebskosten wird ein Abschlag bezahlt. Kaltmiete und Abschlagszahlung ergeben die monatlich zu zahlende Warmmiete. Der Vermieter legt jährlich die Abrechnung vor. Verändern sich Beträge, ändert sich auch die Warmmiete.
Für den Stromverbrauch, Kabelfernsehen und Telefon erhält Familie Wiese eine eigene Rechnung. Dazu gehören auch die Gebühren für die GEZ (Gebühreneinzugszentrale für Fernseh- und Radionutzung).

Eigenheim

Familie Müller bewohnt ihr Einfamilienhaus. In der Bauphase haben sie Strom- und Wasseranschluss beantragt und mussten eine Kleinkläranlage errichten. Hier werden die Abwässer gereinigt, ehe sie in den Dorfbach abgeleitet werden.

Im vergangenen Jahr wurde das Dorf an die Kanalisation angeschlossen. Familie Müller musste das Haus anschließen und die Kosten dafür tragen. Die Müllabfuhrgebühren werden vom Landratsamt erhoben. Warmwasser und Raumwärme werden mit einer Wärmepumpe erzeugt (siehe Seite 246). Das hält die Energiepreise niedrig.

Familie Müller muss an alle Wartungsaufgaben und die Gebäudeversicherung selbst denken.
Die Grundsteuer muss direkt an die Gemeinde bezahlt werden. Mit der installierten Satellitenempfangsanlage kann die Familie viele Fernsehprogramme empfangen.

▲ Ein Energiesparhaus. Durch die Verwendung von solarer Kraft-Wärme-Kopplung, starken Dämmstoffen und einer Lüftungsanlage mit Wärmerückgewinnung kann der Energieverbrauch auf umgerechnet ein Liter Heizöl pro Quadratmeter Wohnfläche gesenkt werden. Herkömmlich erstellte Häuser benötigen die zehnfache Energiemenge.

A Aufgaben

1 Wie sind in eurem Wohnumfeld die Versorgungs- und Entsorgungsaufgaben gelöst? Sucht dazu Informationsmöglichkeiten in der Gemeinde. Nutzt verschiedene Informationsquellen.

2 Stellt für die Wohnung eurer Familie die Kosten für die Ver- und Entsorgungsaufgaben zusammen. Errechnet diese pro Monat.

3 Die Familien Wiese und Müller lösen ihre Versorgungs- und Entsorgungsaufgaben unterschiedlich. Vergleicht und bewertet Vorteile und Nachteile.

Haushalte unter Strom und vernetzt

1 Gefahren des elektrischen Stroms

Elektrischer Strom ist mit menschlichen Sinnen nur an seiner Wirkung zu erkennen. Er ist weder zu hören, zu riechen noch zu schmecken. Wenn du jedoch mit deinem Körper in einen Stromkreis gerätst, wird der Strom über den Körper geleitet und fließt zum Erdboden. Das kann Schäden hervorrufen.

Bei der Netzspannung, die wir im Wohnbereich haben, treten vor allem Herzkammerflimmern und Muskelverkrampfungen auf. Die damit zusammenhängende Atemlähmung und schlechte Durchblutung können dann zum Tode führen.

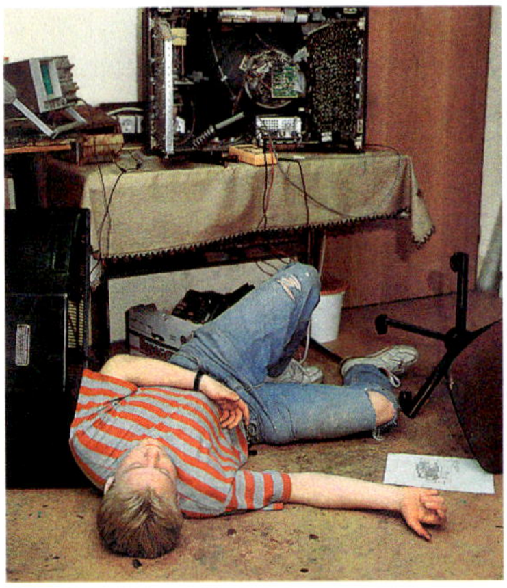

▸ Leitauftrag
Sprecht über Gefahren elektrischen Stroms und Hilfe bei Stromunfällen.

Unfall durch Stromkontakt mittels elektrischer Geräte oder Anlagen

↓

Strom abschalten und das Unfallopfer von der Spannung und aus dem Gefahrenbereich entfernen.
Dabei darf sich der Helfer nicht selbst gefährden.
Unfallopfer nur mit nicht leitendem Gegenstand von der Stromquelle trennen, z. B. Besenstiel.

↓

Das Unfallopfer ist bei Bewusstsein?

- Ja → Normale Erste-Hilfe-Versorgung → Das Unfallopfer zum Arzt begleiten oder den Arzt zur Unfallstelle rufen.
- Nein → Notruf auslösen! Atmung und Herzschlag sind noch vorhanden?
  - Ja → Normale Erste-Hilfe-Versorgung → Stabile Seitenlage, Freihalten der Atemwege, Notarzt verständigen, Kontrolle von Atmung und Herztätigkeit.
  - Nein → Eine Rettung des Unfallopfers kann nur durch einen Arzt mit einem Defibrilator (Gerät zur Aufhebung des Herzkammerflimmerns) erfolgen. → Bis zum Eintreffen des Arztes Blutkreislauf durch Herzdruckmassage und Beatmung aufrechterhalten.

B Auf einen Blick

Ihr benennt Gefahren des elektrischen Stroms für die Gesundheit sowie technische Schutzmaßnahmen.

Ihr könnt Stromunfälle durch richtiges Verhalten vermeiden.

Ihr leistet erste Hilfe bei Unfällen mit Strom.

Ihr könnt Schaltpläne nach Funktion und Lage lesen.

Ihr erklärt Schaltzeichen der Elektrotechnik.

Ihr versteht Installationsschaltungen für die Raumbeleuchtung.

2 Technische Schutzmaßnahmen

Einflüsse auf die Stromwirkung

Einwirkzeit: Für 20 ms Einwirkzeit beginnt die Gefährdung bei 0,5 A Wechselstrom 50 Hz.

Stromstärke: Bei längerer Einwirkzeit können bereits 20 mA lebensgefährdend sein.

Stromart: Gleich- oder Wechselstrom. Besonders gefährdend ist Wechselstrom mit einer Frequenz von 50 Hz.

Stromweg: Durch den Körper über das Herz ist er besonders gefährlich.

Körperliche Verfassung: Kinder, ältere und kranke Menschen sind besonders gefährdet.

Wichtige Schutzmaßnahmen

Beispiel: Schutzleiter

In der Umgangssprache sagt man häufig: „Das Gerät ist geerdet." Der Fehlerstrom wird über den am elektrisch leitenden Gehäuse angebrachten Schutzleiter abgeleitet.

▲ Fehlende Schutzleiter sind an flachen Steckern zu erkennen. Dieser Toaster wurde vom Amt für Arbeitsschutz aus dem Verkauf gezogen.

▲ Schaltzeichen

Beispiel: Schutzisolierung

Dabei erhalten alle spannungsführenden Teile eine Ummantelung aus nicht leitenden Materialien. Durch die Entwicklung isolierender Kunststoffe ist diese Schutzmaßnahme heute weit verbreitet.

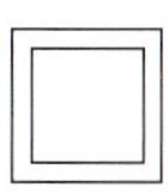

▲ Schaltzeichen

Beispiel: Schutzkleinspannung

Spannungsquellen, die ungefährliche Stromstärken zulassen, sind Batterien, Akkumulatoren (Akkus) und Netzgeräte (Stromversorgungsgeräte). Für Experimente im Technikunterricht sind diese vorgeschrieben.

▲ Schaltzeichen

Beispiel: Sicherungen

Durch Sicherungen wird ein Fehlerstromfluss innerhalb kürzester Zeit (0,2 s bis 5 s) unterbrochen und die Anlage damit automatisch abgeschaltet. Zum automatischen Abschalten werden Schmelzsicherungen, Leitungsschutzschalter und Fehlerstromschutzschalter verwendet. Da Sicherungen meist ausgelöst werden, wenn sich ein Fehler im System befindet, sollte man vor erneuter Inbetriebnahme die Anlage oder das Gerät prüfen.

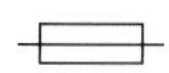

▲ Schaltzeichen

Fehlerstromschutzschalter im Sicherungskasten unterbricht den Stromkreislauf, wenn eine Differenz zwischen Stromzufluss und -abfluss (Fehlerstrom) auftritt.

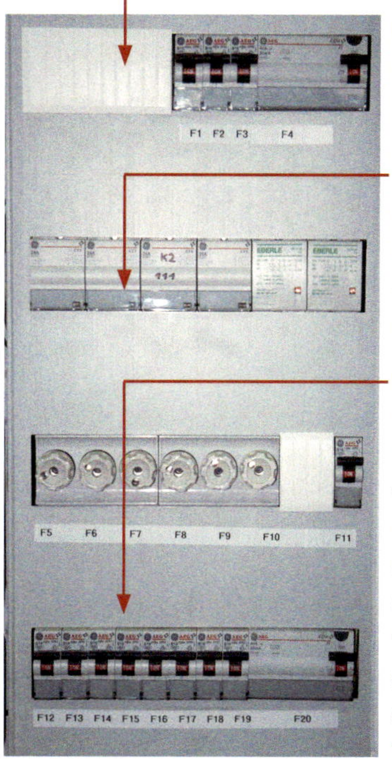

Bei Schmelzsicherungen glüht ein dünner Draht durch, wenn der Stromfluss zu groß wird. Die Sicherung „brennt durch" und muss ersetzt werden.

Leitungsschutzschalter ersetzen Schmelzsicherungen. Sie können nach dem Auslösen wieder eingeschaltet werde. Oft finden sich ganze Reihen dieser Schutzschalter.

Unfälle vermeiden durch angemessenes Verhalten

Technische Schutzvorschriften sollen Unfälle beim Umgang mit elektrischen Geräten verhindern. Vielfach ist die Unfallursache aber das eigene Verhalten durch unsachgemäße und unvorsichtige „Basteleien".

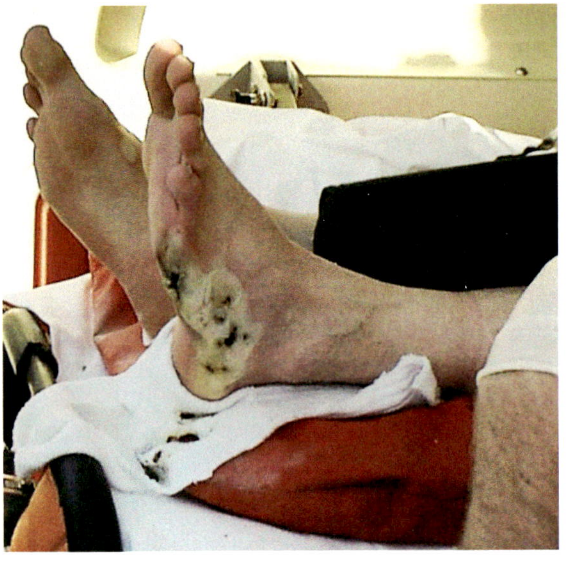

Elektrische Schaltungen sind grundsätzlich so zu gestalten, dass eine Berührung leitender Teile nicht möglich ist oder die fließenden Ströme so klein sind, dass keine Schäden hervorgerufen werden.

Wichtig:
- Alle Arbeiten an elektrotechnischen Anlagen müssen grundsätzlich vom Fachmann ausgeführt werden!
- Defekte Geräte müssen sofort außer Betrieb genommen und so gesichert werden, dass niemand sie aus Unwissenheit wieder einschalten kann!

Nur das Zusammenspiel wirksamer Schutzmaßnahmen schützt vor elektrischem Strom.

Auch in der Schule befolgt ihr diese Regeln zum eigenen Schutz genau. Verhaltet euch deshalb nach diesen Empfehlungen:
- Elektrische Geräte nur nach vorheriger Prüfung und mit Erlaubnis des Lehrers in Betrieb nehmen.
- Elektrische Versuchsanordnungen grundsätzlich im spannungslosen Zustand aufbauen.
- Schaltungen erst nach Kontrolle durch den Lehrer oder mit dessen Erlaubnis in Betrieb nehmen.
- Veränderungen an elektrischen Geräten und Schaltungen können zu Störungen oder Defekten führen und sind deshalb zu unterlassen.

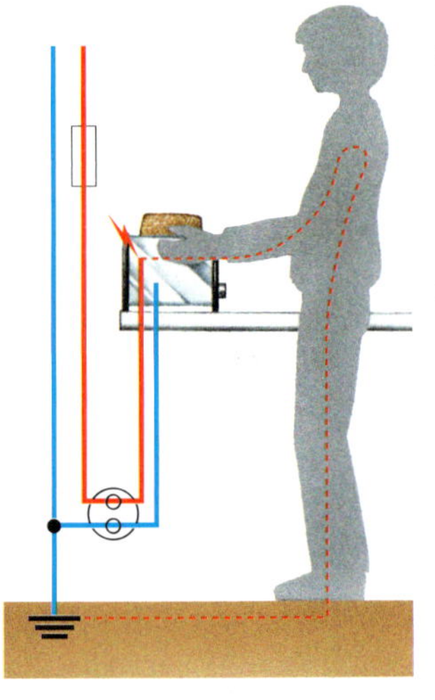

Hier ist ein geschlossener elektrischer Stromkreis entstanden. ▸

A Aufgaben

1. Was könnt ihr tun, um elektrische Unfälle im Wohnbereich zu vermeiden?
2. Weshalb ist die Wechselspannung für den Menschen so gefährlich?
3. Berechnet, wie hoch die Spannung sein darf, wenn 20 mA Strom fließen und ein Mittelwert für den Körperwiderstand von 1000 Ohm angenommen wird. Verwendet die Formeln, die ihr im Physikunterricht gelernt habt.
4. Schaut euch die Typenschilder von Elektrogeräten an. Auf welche Schutzmaßnahmen wird hingewiesen?
5. Ihr arbeitet in einem Versuch mit Schutzkleinspannung. Wie hoch ist der über den Körper fließende Strom, wenn der Körperwiderstand mit 1000 Ohm angenommen wird?
6. Was ist unbedingt vor Inbetriebnahme einer elektrischen Anlage zu tun?

3 Schaltpläne als Kommunikationsmittel

Was Schaltpläne leisten

Jede elektrische Schaltung kann in Schaltplänen dargestellt werden. Diese „Sprache" der Fachleute ist durch die DIN EN 60617 festgelegt. Aus dem Physikunterricht kennt ihr z.B. **Wirkschaltpläne** wie diesen:

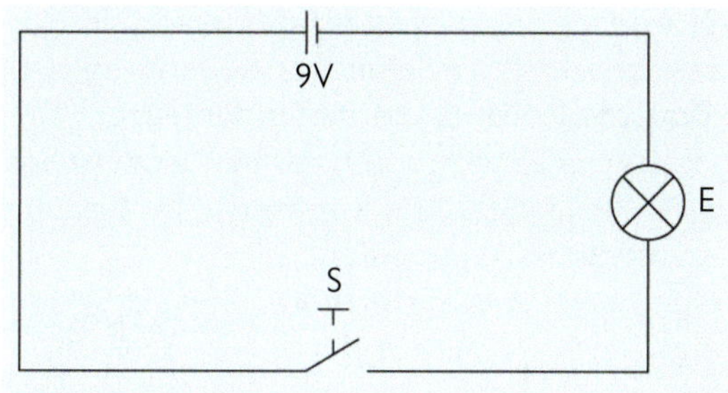

Schaltpläne unterscheiden sich in Art und Weise der Darstellung. Diese ist immer vom jeweiligen Zweck bestimmt. Es gibt funktionsbezogene Schaltpläne, die den elektrischen Stromfluss zeigen sollen. Dazu gehören der Wirkschaltplan und der Stromlaufplan (s. Beispiel Folgeseite).

Andere Schaltpläne, meist maßstäbliche Pläne, zeigten die Bauteile, Verbindungselemente und ihre Lage zueinander. Man spricht hier von lagerichtigen Schaltplänen.

Wenn ihr Unterrichtswissen über elektrischen Strom und physikalische Gesetze der Elektrik beim Aufbau von Schaltungen anwenden wollt, müsst ihr überlegen, welche Art eines Schaltplanes sinnvoll ist, um die gestellte Aufgabe zu erfüllen.

Dabei gilt es, eine weitere Regel zu beachten: Schaltpläne dienen der Kommunikation zwischen Nutzern. Durch eine verbindliche „Sprache", die Schaltzeichen, weiß jeder, was gemeint ist.

Schaltzeichen in der Elektrotechnik

Bei Schaltplänen werden die Bauteile vereinfacht durch Symbole dargestellt. Man nennt diese Schaltzeichen. Eine Auswahl, die ihr im Unterricht nutzen könnt, ist hier abgebildet.

Schaltzeichen nach DIN EN 60617

Schaltzeichen	Bennennung	Kode
	Leitung, Stromweg	
	Gehäuse	
L ~ 230 V N 12 V	Wechselspannungsquelle	~
	Batterie, Akkumulator	
+ − 24 V	Gleichspannungsquelle	
	Widerstand	R
	Sicherung	F
	Glühlampe	E
	Signallampe	H

Schaltzeichen	Bennennung	Kode
V	Spannungsmesser	P
A	Strommesser	P
M	Gleichstrommotor	
	Transistor npn*	V
	Fotowiderstand*	B
	Lichtemitterdiode LED*	H
	Installationsausschalter	S
	Taster	S

*Umrandung nur, wenn Übersichtlichkeit erhöht wird

A Aufgaben

1 Erstellt für das eigene Zimmer oder den Technikraum eine Bestandsaufnahme zur elektrischen Versorgung. Fertigt zunächst eine Skizze des Grundrisses an. Zeichnet alles „Sichtbare" des Stromnetzes darin ein. Nutzt dazu die Schaltzeichen.

2 Erklärt den Wirkschaltplan. Verfolgt den Stromfluss und beschreibt die Wirkung.

3 Weshalb ist es notwendig, bei elektrischen Schaltungen Zeichenregeln einzuhalten?

4 Wie lassen sich Schaltpläne lesen?

Funktionsbezogene Schaltpläne

Dazu zählen der **Wirkschaltplan** (s. Vorseite) und der **Stromlaufplan.**

Stromlaufplan einer Ausschaltung ▶

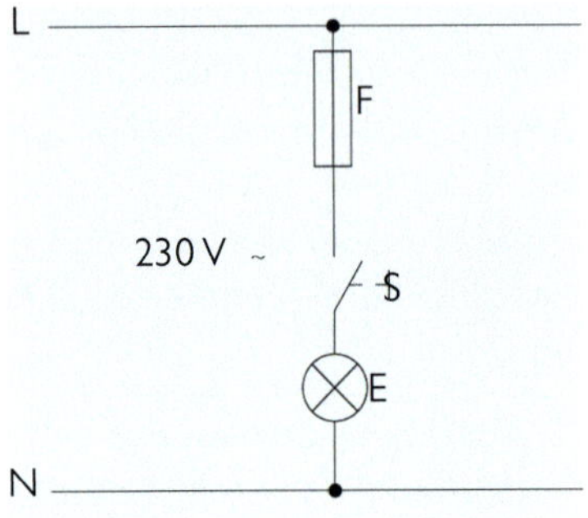

Stromlaufpläne zeigen die verschiedenen Stromkreise innerhalb einer Gebäudeeinheit. Mit diesen Schaltplänen wird das Zusammenwirken der verwendeten Bauteile beim Stromfluss deutlich. Die Bauteile sind mit möglichst geradlinig gezeichneten Leitungsverbindungen entsprechend ihrer Funktion innerhalb der Schaltung gezeichnet. Die tatsächliche räumliche Lage spielt dabei keine Rolle.

Ermöglicht wird der Stromfluss, weil die Schaltung durch leitende Verbindungen an ein bestehendes Spannungsnetz (z. B. 230 V Wechselspannung) angeschlossen ist.

Lagerichtige Schaltpläne

Einen solchen Schaltplan nutzt z. B. Jana, um ihrem Vermieter die Wünsche mitzuteilen. Sie hat die Schaltzeichen (s. Übersicht rechts) in den Grundriss ihrer Wohnung eingetragen (s. **M2**, Folgeseite). Der Elektrofachmann freut sich, wenn er diesen „Wunschzettel" bekommt. Nach einem solchen Installationsplan können die notwendigen Leitungen verlegt und die Steckdosen und Schalter angeschlossen werden. Der **Installationsplan** ist ein lagerichtiger Schaltplan.

Zu den lagerichtigen Schaltplänen gehören auch die **Bauschaltpläne**, die ihr im Unterricht verwendet. Sie erleichtern den Aufbau einer Schaltung, da ihr im Schaltplan seht, wie ihr Bauteile lagegerecht anordnen müsst.

Bauschaltplan einer Ausschaltung ▶

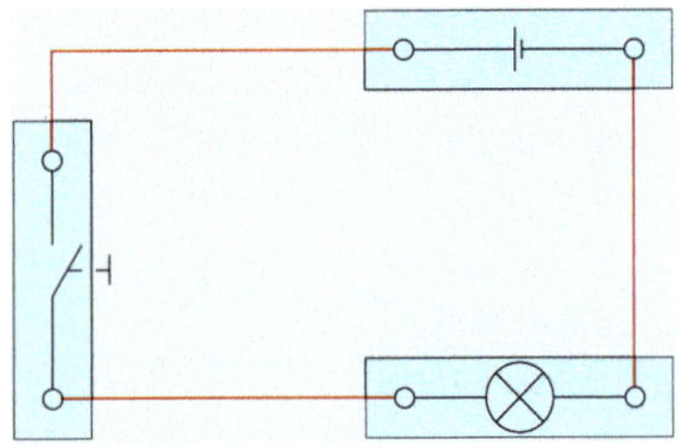

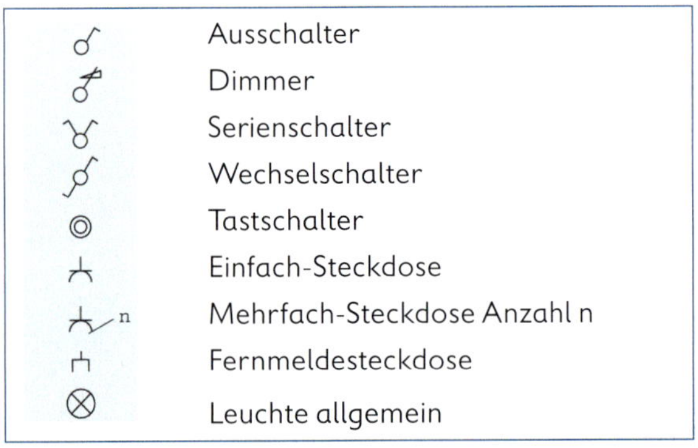

▲ Schaltzeichen in Bauzeichnungen (Auswahl)

A Aufgaben

1 Fertigt nach vorliegendem Installationsplan eine Stückliste der Steckdosen, Lampen und sonstigen Bauteile an. Sucht dazu deren Bezeichnung aus der Tabelle.

2 Welche Kriterien führen zur Wahl eines bestimmten Schaltplanes? Diskutiert Vorteile, Nachteile und Verwendungsmöglichkeiten der einzelnen Pläne.

3 Befragt Experten der Elektrotechnik, wie sie bei ihrer Arbeit Schaltpläne nutzen.

4 Elektroberufe sind in verschiedene Fachrichtungen gegliedert. Informiert euch, welche Fachrichtung für elektrische Anlagen in Gebäuden zuständig ist. Was sind die Tätigkeitsschwerpunkte? Was kann verdient werden? Als Informationsquelle nutzt Broschüren der Arbeitsagentur und das BERUFENET (http://berufenet.arbeitsagentur.de).

5 Weiterführendes Material

M1 Nachhaltig Handeln im Umgang mit Rohstoffen und Abfällen

Nachhaltig handelt, wer seine Entscheidung so trifft, dass die Folgen seines Handelns umweltverträglich und sozial gerecht sind sowie die Lebensmöglichkeiten nachfolgender Generationen nicht beeinträchtigt werden.
Sparsamer Umgang mit Energie, Vermeidung von Abfällen und sachgerechte Entsorgung von Reststoffen sind danach dringend erforderlich.

Jetzt seid ihr dran!
Nachhaltiges Handeln beim Umgang mit Energie und Rohstoffen setzt voraus,

- euer Verhalten zu analysieren,
- die Folgen zu reflektieren und
- ggf. Alternativen zu entwickeln.

Auch kleine Schritte tragen zur Verbesserung bei. Einige Denkanstöße sollen euch helfen:

Verpackungsmüll vermeiden!
Keine aufwändigen Umverpackungen kaufen. Mehrwegbehälter nutzen!

Strom sparen!
Stand-by-Schaltungen vermeiden; kein Radio laufen lassen, wenn niemand im Raum ist; Licht ausschalten, wenn ihr den Raum verlasst!

Heizung an und Fenster auf?
Kurz bei ganz offenem Fenster lüften! Raumtemperatur überdenken! Reichen 20 °C?

M2 Installationsplan einer Wohnung

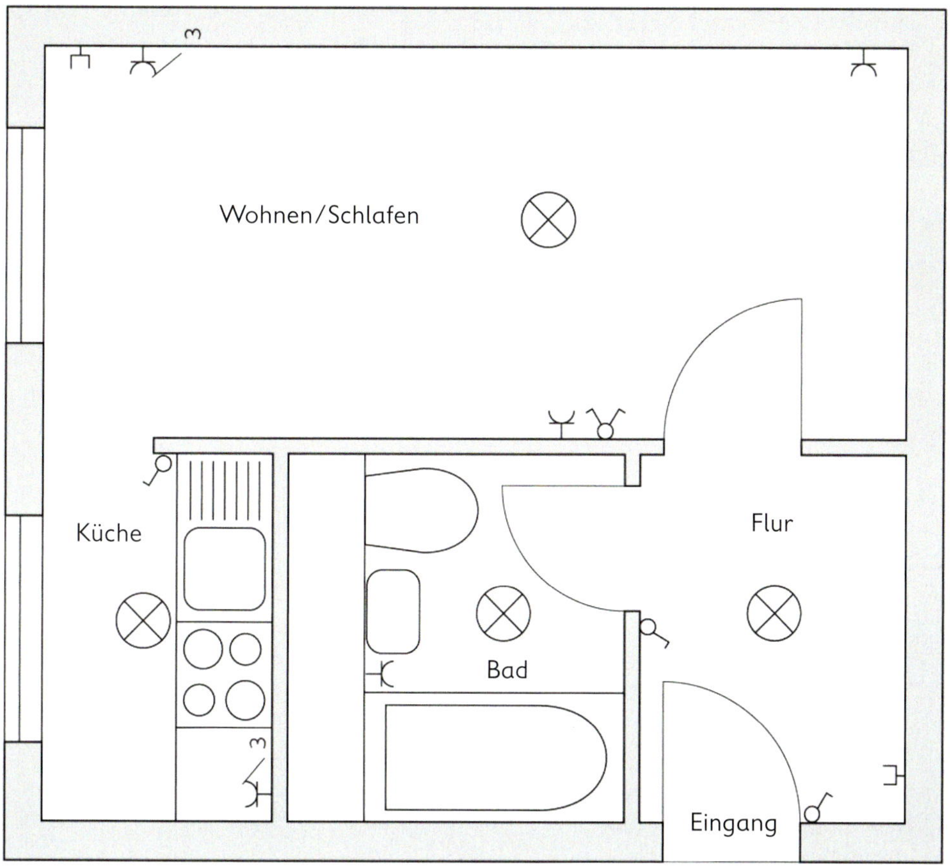

M3 Installationsschaltungen für die Raumbeleuchtung

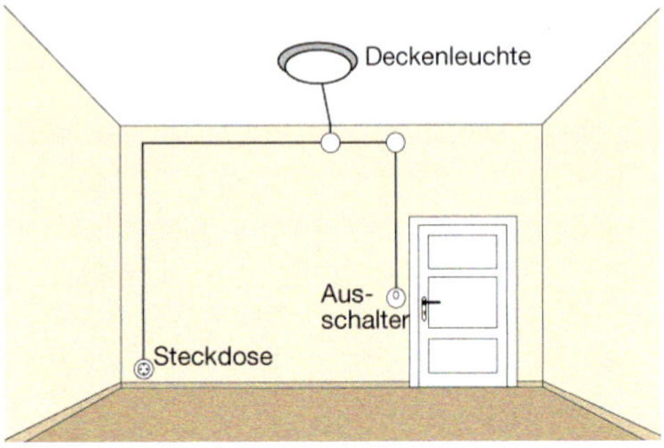

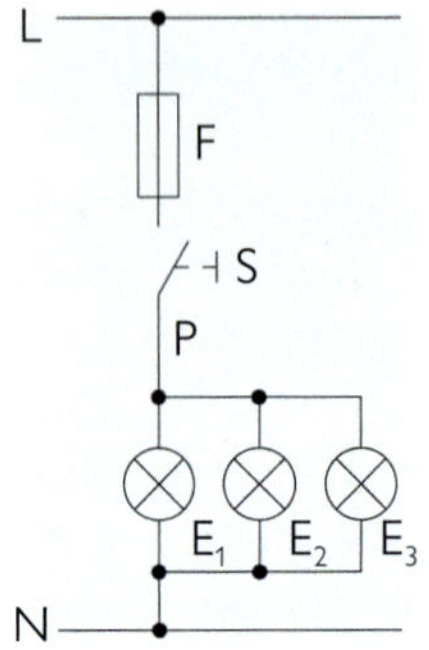

▲ Zimmerbeleuchtung nach Ausschaltung

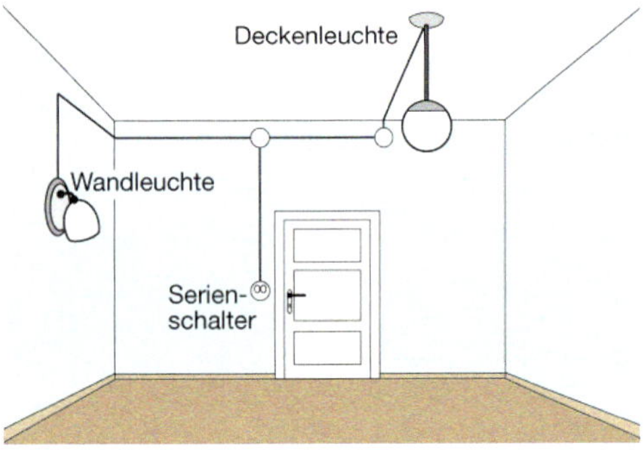

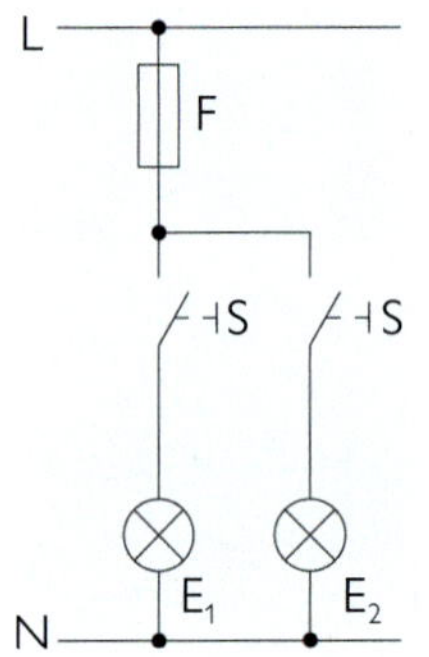

▲ Zimmerbeleuchtung nach Serienschaltung

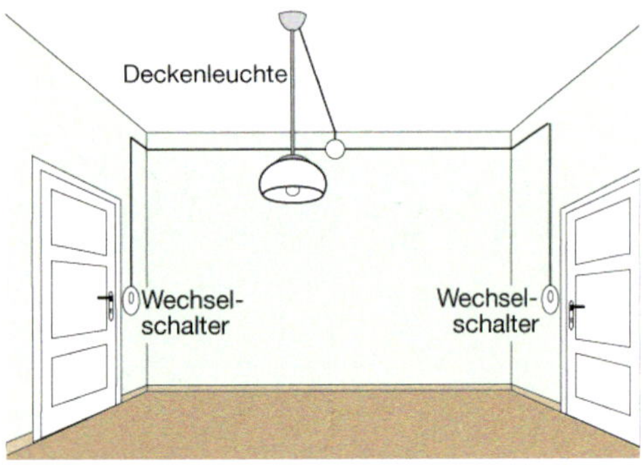

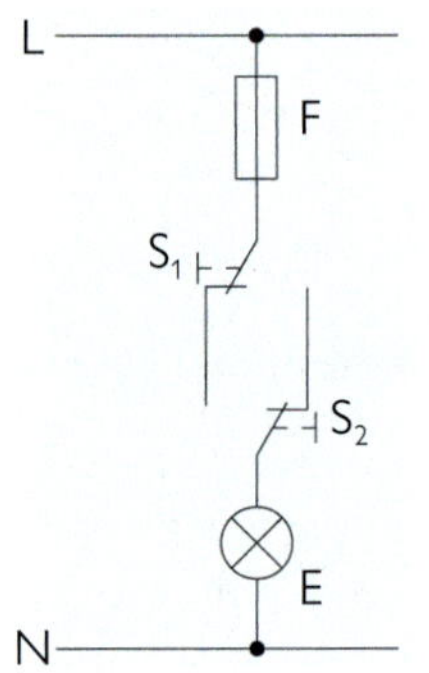

▲ Zimmerbeleuchtung nach Wechselschaltung

Durch Installationsschaltungen werden Wohnräume an das Stromnetz angeschlossen.

Zur Beleuchtung der Räume sind die folgenden Installationsschaltungen gebräuchlich.

Ausschaltung
Wenn eine einzelne Lampe oder Lampengruppe von einem Ausschalter ein- oder ausgeschaltet wird, spricht man von einer Ausschaltung. Die Lampengruppe setzt sich dann immer aus mehreren parallel geschalteten Lampen zusammen.

Serienschaltung
Oft ist es gewünscht, von einer Schaltstelle, zum Beispiel dem Schalter an der Wohnzimmertür aus, zwei Lampen oder Lampengruppen wahlweise ein- und ausschalten zu können. Die beiden Ausschalter sind dabei in einem Schaltergehäuse untergebracht. Mit diesem speziellen Serienschalter werden Leitungsverbindungen und Schalter eingespart.

Wechselschaltung
Wenn lange Flure beleuchtet werden müssen oder die Lampen von zwei verschiedenen Türen ein- und ausgeschaltet werden sollen, sind Wechselschaltungen erforderlich. Beide Schalter haben zwei Schließerkontakte. Nur wenn in beiden Schaltern die gegenüberliegenden Schließerkontakte verbunden sind und die gleiche Schaltstellung einnehmen, leuchtet die Lampe.

Arbeiten mit den Materialien

Zu M3

1 Erklärt die Unterschiede der drei Stromlaufpläne.

2 Warum hat man sich im unteren Beispiel für die Wechselschaltung entschieden?

3 Betrachtet die Installationsschaltungen in eurer Wohnung: Erkennt die Grundschaltungen.

Leben in der Informationsgesellschaft

1 Informations- und Kommunikationstechnologien im Alltag

Viele elektronische Geräte sollen das Leben im Wohnumfeld angenehmer und bequemer machen. Über Temperaturfühler wird für angenehme Raumtemperatur gesorgt, das Weckradio übermittelt uns die neuesten Nachrichten aus aller Welt, der Anrufbeantworter speichert Nachrichten, wenn wir nicht telefonisch erreichbar sind. Die Informations- und Kommunikationstechnologien (IKT) haben in den vergangenen Jahren in unserem Lebensumfeld einen immer breiteren Raum eingenommen (s. Abb. unten).
Es begann mit der Möglichkeit, elektrische Energie über größere Entfernungen leiten zu können.

Die elektrische Telegrafie begann, indem die Wirkung des elektrischen Stroms für die Übermittlung von Informationen genutzt wurde. Sie wurde durch Informationsweiterleitung mittels optischer Telegrafie abgelöst. In immer kürzeren Zeitabständen verbesserten sich die technischen Systeme zur Übermittlung. So wurden Informationen leichter zugänglich und ein schneller Informationsaustausch auch über weite Strecken möglich. Heute spielt vor allem die Vernetzung verschiedener Geräte eine Rolle, damit Informationen für die verschiedensten Zwecke nutzbar gemacht werden können.

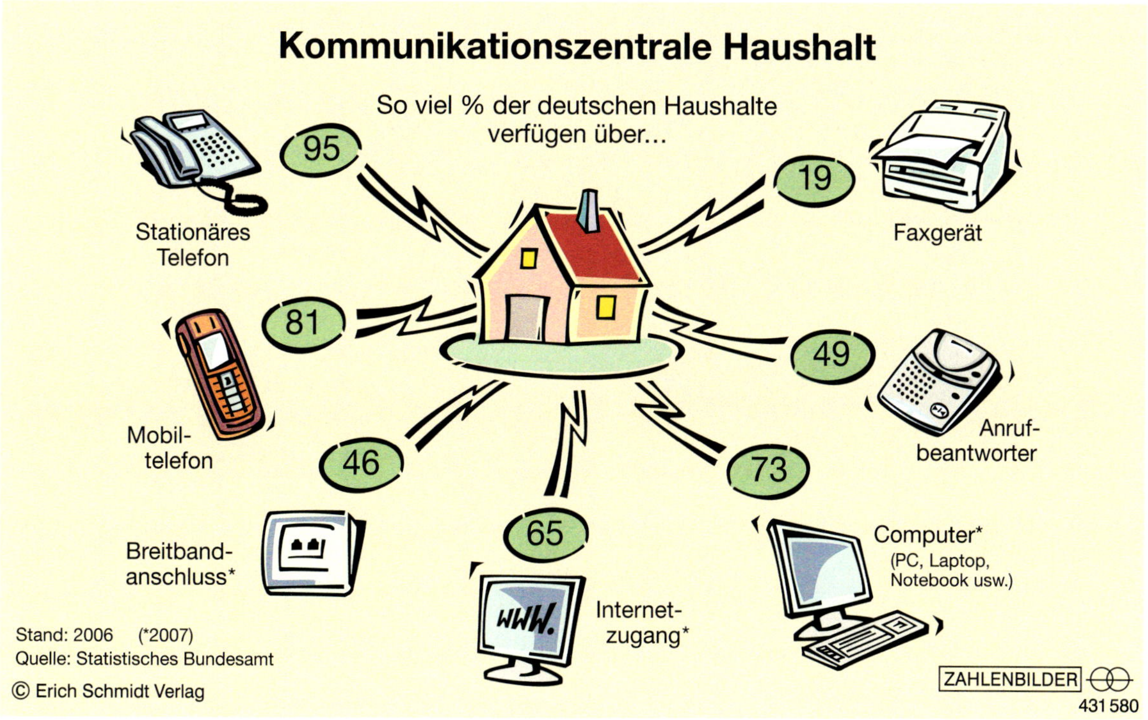

B Auf einen Blick

Ihr kennt die Nutzung des elektrischen Stroms zur Übermittlung von Informationen.

Ihr erklärt Möglichkeiten des heutigen Mobilfunks.

Ihr versteht das technische Prinzip der Informationsübertragung.

2 Vom Morsetelegrafen zum Handy mit UMTS

Das Telegrafengerät von Morse

Samuel Morse nutzte die magnetische Wirkung des elektrischen Stroms zur Übermittlung von Informationen. Er meldete 1837 seinen elektromagnetischen Schreibtelegrafen als Patent in den USA an. Dieser bestand aus einem Sender, der Morsetastatur und dem elektromagnetischen Morseempfänger. Zur Übertragung von Informationen brauchte er Zeichen, die der Sender verstehen und mittels elektromagnetischer Wirkung weitergeben konnte. Die Zeichen finden sich im sog. Morsealphabet, in dem durch Striche und Punkte Buchstaben verschlüsselt werden.

▼ Morsealphabet

A	·–	K	–·–	U	··–
B	–···	L	·–··	V	···–
C	–·–·	M	––	W	·––
D	–··	N	–·	X	–··–
E	·	O	–––	Y	–·––
F	··–·	P	·––·	Z	––··
G	––·	Q	––·–	Ä	·–·–
H	····	R	·–·	Ö	–––·
I	··	S	···	Ü	··––
J	·–––	T	–	CH	––––

▲ Bells erste Telefonanlage

Das elektrische Telefon von Bell

Bis zur Übermittlung von menschlicher Sprache mit dem elektrischen Telefon vergingen noch fast 40 Jahre. Graham Bell ließ auf der Weltausstellung 1876 in Philadelphia aus einem kleinen Kasten über eine beachtliche Entfernung Worte klingen – er nutzte das Prinzip, das Schallwellen in elektrische Signale umwandelt und umgekehrt.

Mobiles Telefonieren – das Handy

Immer waren es Erkenntnisse aus der Naturwissenschaft, die die Weiterentwicklung der Technik ermöglichten. So verhalfen die Erkenntnisse zur drahtlosen Übertragung von Informationen über Funk dem heutigen Mobiltelefon zu seiner Geburtsstunde. Allerdings konnten erst die Entwicklung leistungsfähiger Batterien, der Einsatz der Mikroelektronik und der Ausbau geeigneter Funknetze Informationsübertragung in der heute üblichen Form ermöglichen.

Entwicklung der Mobilfunknetze

1992 wurde mit dem GSM (Global System for mobile Communication) ein technischer Standard geschaffen. Bei seiner Einführung ahnte man nicht, welche weltweiten Dimensionen des mobilen Telefonierens dieser annehmen würde.
Erstmals entwickelten verschiedene Anbieter ihre Netze. Die ersten Anbieter in Deutschland waren die deutsche Telekom mit D1 und Mannesmannmobil mit D2 (heute Vodafone). Später kamen weitere Netze hinzu.
Heute nutzen den GSM-Standard 200 Länder der Erde für 670 Mobilnetze.

▲ Handy aus dem Jahre 2008
Handy aus dem Jahre 1976 ▶

Das Mobilfunknetz der dritten Generation, das UMTS, kann bis zu 200-fach schnellere Übertragungen der Daten ermöglichen, als das im bisherigen Netz der Fall war. Das ist für Internetnutzung wichtig.

Das Handy ist mehr als ein Telefon

In den vergangenen Jahren verdoppelte sich bei Handys ca. alle zwei Jahre die Leistungsfähigkeit. Dabei kommt es nicht mehr darauf an, die Handys kleiner und leichter herzustellen. Dies wäre zwar technisch möglich, macht aber die Bedienung der Handys schwieriger. Heute ist es Ziel der Handyhersteller, die Geräte mit immer mehr Funktionen, immer größerer Speicherkapazität, schnellerer Übertragung und Möglichkeiten der Verbindung mit anderen Geräten herzustellen (s. **M1**, Folgeseite).
Die Werbung um vor allem jugendliche Nutzer nimmt immer breiteren Raum ein. Sie werden mit immer neuen Features gelockt. Kaum eine Jugendzeitung, in der nicht der Download von Klingeltönen angeboten wird, kaum ein Werbeprospekt, der nicht vor allem die jugendlichen Nutzer anspricht. „Du hast kein modernes Handy? Dann bist du mega-out!" Solche Wertungen sollten nachdenklich machen. Gerade der sorglose Umgang mit dem Handy ist die Ursache dafür, dass heute bereits jeder siebente Jugendliche zwischen 13 und 20 Jahren Schulden hat (s. auch Seite 202).
Das Handy als Prestigeobjekt? Eigentlich ist das Handy nichts weiter als eine technische Möglichkeit zur menschlichen Kommunikation.

A Aufgaben

1 Haltet auf einem Zeitstrahl Ereignisse fest, die in der menschlichen Entwicklung für bessere Kommunikation sorgten. Nutzt dazu Lexika für Technik oder das Internet.

Beginnt eine Internetrecherche mit Suchbegriffen wie „Geschichte der Kommunikationstechnik" oder „Geschichte des Mobilfunks".

2 Welche Informations- und Kommunikationstechnologien nutzt ihr zu Hause? Welche Möglichkeiten habt ihr dadurch?

3 Stellt Leistungsdaten unterschiedlicher Handys zusammen. Findet Kriterien, die einen Vergleich ermöglichen. Nutzt dazu auch Informationen der „test", herausgegeben von der Stiftung Warentest.

4 Welche Funktionen beim Wunsch-Handy sind dir wichtig (s. auch **M1**, S. 324)? Begründe.

5 Welche Risiken birgt der Handy-Kult vor allem bei jugendlichen Nutzern?

3 Weiterführendes Material

M1 Deutsche nutzen Handy-Funktionen nur verhalten

Mobiltelefone, deren Funktionsumfang sich auf Telefonieren und Kurzmitteilungen beschränken, sterben langsam aus. Die Hersteller rüsten ihre Handys mehr und mehr zu mobilen Büros, Spielekonsolen oder Musikplayern auf. Doch längst nicht alle Möglichkeiten, die die mobilen Begleiter bieten, werden von den Deutschen auch genutzt. Das ergab eine Studie der Markt- und Meinungsforscher von TNS Infratest. Das Institut ... untersuchte weltweit das Nutzerverhalten und das Interesse an mobilen Inhalten auf dem Handy in 29 Ländern. In diesem Vergleich zeigten sich vor allem die Asiaten den Handyfunktionen gegenüber aufgeschlossen und nutzen diese auch regelmäßig.

In Deutschland liegt weiterhin das Telefonieren und Versenden von Kurznachrichten auf der Beliebtheitsskala ganz oben. 81 Prozent der Deutschen versenden regelmäßig, also mindestens einmal pro Woche, eine SMS. Das Versenden von MMS ist dagegen mit zehn Prozent nur unterdurchschnittlich vertreten. Ebenso wird die im Handy eingebaute Fotokamera gerne genutzt. 29 Prozent knipsen regelmäßig Bilder mit ihrer Handy-Kamera. Die integrierte Videofunktion wird dagegen mit acht Prozent in Deutschland nur selten gebraucht. Beliebt ist ebenfalls das mobile Surfen im Internet. Diese Funktion wird von 14 Prozent der Deutschen genutzt, jedoch nicht regelmäßig ... Mobile Office und Mobile TV sind so gut wie gar nicht verbreitet, so sehen beispielsweise nur zwei Prozent der Deutschen auf ihrem Handy fern. Beim Spitzenreiter China dagegen sind es bereits zwölf Prozent.

Ist die Vielfalt von Zusatzfunktionen, die in Deutschland genutzt wird, mit 4,7 Funktionen noch weltweit im Mittelfeld, liegen die Deutschen bei der Intensität der Nutzung jedoch weit abgeschlagen von den weltweiten Spitzenreitern. So fotografieren in Korea 58 Prozent regelmäßig mit ihrem Handy. Japan ist bei mobilen Officelösungen der Spitzenreiter. 45 Prozent der Einwohner surfen regelmäßig via Mobiltelefon im Internet und 77 Prozent versenden darüber E-Mails. Und während sich erst vier Prozent der Deutschen Musik auf ihr Handy laden, ist diese Funktion in den Vereinigten Arabischen Emiraten und Saudi Arabien mit 42 Prozent bereits Alltag

Obwohl zwar Interesse besteht, verhindern in Deutschland mangelnder Bedarf und vor allem der hohe Preis die regelmäßige Nutzung mobiler Inhalte. Als weiteres Hindernis wird noch die mangelnde Nutzungsmöglichkeit von schnellen mobilen Internetverbindungen angesehen, eine Voraussetzung für viele der neuen Funktionen. So nutzen beispielsweise gemäß GTI gerade einmal acht Prozent der deutschen Mobilfunkkunden zwischen 16 und 49 Jahren UMTS. ...

nach: AreaDigital AG / tns infratest
Autor: Rene Melzer 06.12.2006
http://www.areamobile.de/news/6431.html

Handyfeatures, die Handynutzer in Zukunft vermehrt nutzen wollen

(Auswahl, Angaben in %)

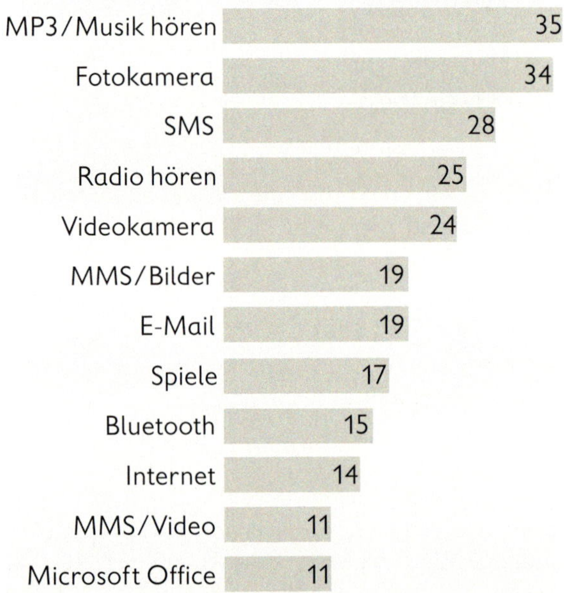

Quelle: tns infratest (Ausschnitt)

Energieumwandlung, Stromerzeugung und -verteilung

1 Aus Primärenergieträgern entsteht Nutzenergie

Der Versuch lohnt sich

Versucht einmal, 24 Stunden ohne elektrischen Strom auszukommen. Am Anfang ist es noch romantisch, wenn ihr mit Freunden bei Kerzenschein sitzt und euch unterhaltet. Wenn aber der Handyakku leer ist, ihr ohne eine warme Mahlzeit auskommen müsst oder im Winter die Heizung nicht funktioniert, merkt ihr, wie abhängig ihr besonders von Elektroenergie seid.
Der Bedarf an Elektroenergie ist im Laufe der Jahre immer weiter angestiegen.

Damit Haushalte jederzeit Licht und Wärme zur Verfügung haben, ist ein komplizierter Prozess der Energieumwandlung von Primärenergieträgern über Sekundärenergieträger zur Nutzenergie notwendig.

Primärenergieträger

Der größte Anteil der Nutzenergie wird nach wie vor aus fossilen, nicht erneuerbaren Energierohstoffen hergestellt.

Diese Primärenergieträger lagern fest, flüssig oder gasförmig seit Jahrmillionen im Erdboden und werden von den Menschen abgebaut.

Beispiele für Primärenergieträger

Nicht erneuerbare	Erneuerbare
Steinkohle/Braunkohle	Wasser
Erdgas	Wind
Erdöl	Sonne
Uran	Erdwärme
Torf	Gezeiten
	biologische Substanzen

▸ **Leitauftrag** Sprecht über die Abhängigkeit von der Energienutzung.

B Auf einen Blick

Ihr erklärt die Bedeutung elektrischer Energie.

Ihr unterscheidet erneuerbare und nicht erneuerbare Primärenergieträger.

Ihr kennt Gründe für Energieverluste durch Umwandlung.

Ihr versteht den Prozess der Stromerzeugung im Wärmekraftwerk.

Von der Sekundärenergie zur Nutzenergie

Erdgas kann z.B. ohne Umwandlung sofort für Heizzwecke, zum Kochen oder zur Warmwasserbereitung genutzt werden. Meist ist es aber notwendig, den Primärenergieträger erst zu veredeln, ehe die dabei entstehende Sekundärenergie weiter in Nutzenergie umgewandelt werden kann.

Nutzenergie

Nutzenergie entsteht am Ort des Verbrauchers, z.B. Licht, Wärme. Sie ist aus Primärenergieträgern veredelt oder aus Sekundärenergie umgewandelt. Das kann z.B. Elektroenergie sein, die Elektrogeräte mit Strom versorgt. Die chemische Energie im Treibstoff oder die Wärmeenergie im Wasserdampf der Fernwärmeversorgung gehören ebenso dazu.

Energieumwandlung und Wirkungsgrad

Nur ein Teil der Primärenergie wird in elektrische Energie umgewandelt. Nicht nutzbare Wärmeenergie wird an die Umwelt abgegeben.

Energieumwandlung im Kohlekraftwerk

Energie im Brennstoff

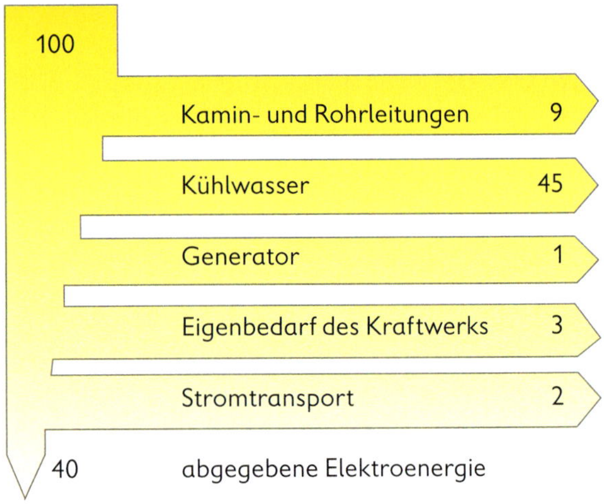

$$\text{Wirkungsgrad} = \frac{\text{erzeugte Energie}}{\text{eingesetzte Energie}}$$

Verbesserte technologische Abläufe und eine Verkürzung der Energieumwandlungskette sollen die Energieverluste gering halten. Das drückt der Wirkungsgrad aus (siehe **M1**, Seite 330).

Den Wandlungsprozess zeigt nebenstehende Abbildung. Der Baum, der vor ca. 400 Mio. Jahren zu Kohle wurde, lässt heute unseren Kühlschrank funktionieren.

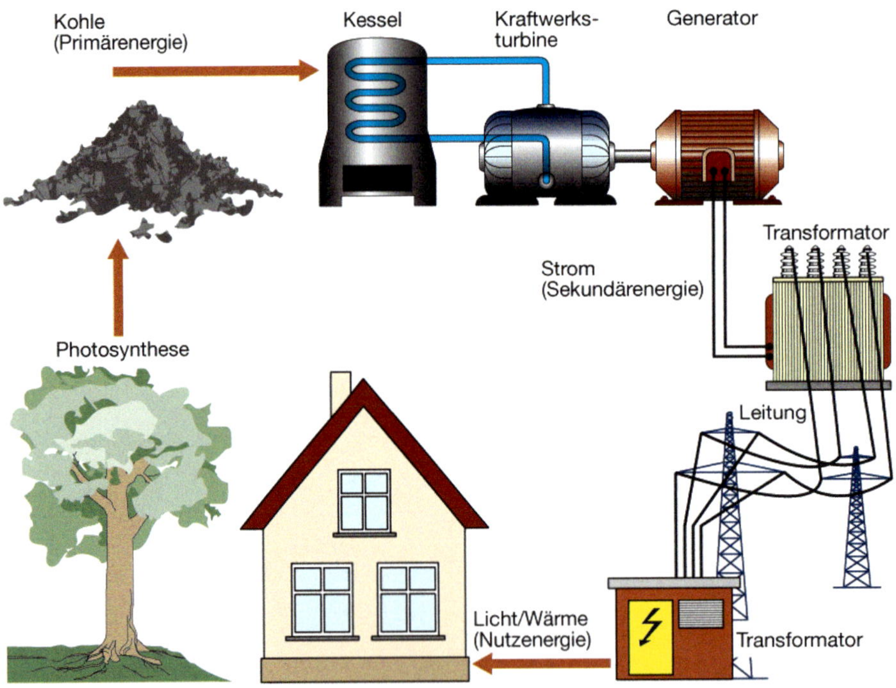

A Aufgaben

1 Welche Probleme in der Energieversorgung lassen sich aus den Abbildungen erkennen?

2 Wie kannst du dazu beitragen, diese Probleme zu minimieren?

2 Stromerzeugung in Wärmekraftwerken

Zu den Wärmekraftwerken zählen solche, in denen Wärmeerzeugung am Anfang der Energieumwandlungskette steht.

Dazu gehören Kohlekraftwerke, die Braun- oder Steinkohle verstromen, aber auch Kernkraftwerke.

Mit der Verbrennungswärme wird Wasser zu Wasserdampf erhitzt. Dieser wird mit hohem Druck durch eine Dampfturbine geleitet, deren Drehbewegung den Generator antreibt. Der Wasserdampf wird dabei wieder abgekühlt und kondensiert. Nun beginnt der Kreislauf durch den Dampferzeuger erneut.

Ein Teil der entstandenen Wärme wird oft auch in die Fernwärmeversorgung eingespeist. Wärmekraftwerke sind an den Kesselhäusern für die Dampferzeugung und den Kühltürmen erkennbar. Oft wird Flusswasser zur Kühlung genutzt.

Das bei der Verbrennung entstehende Abgas beim Kohlekraftwerk wird mit Elektrofiltern von Staubpartikeln gereinigt und mit zermahlenem Kalkstein entschwefelt. Danach wird der restliche Rauch freigesetzt. Der dabei entstehende Gips wird unter anderem zu Gipskartonplatten verarbeitet. Die Flusserwärmung und das verbleibende Rauchgas belastet die Umwelt.

Umwandlungsprozess im Wärmekraftwerk

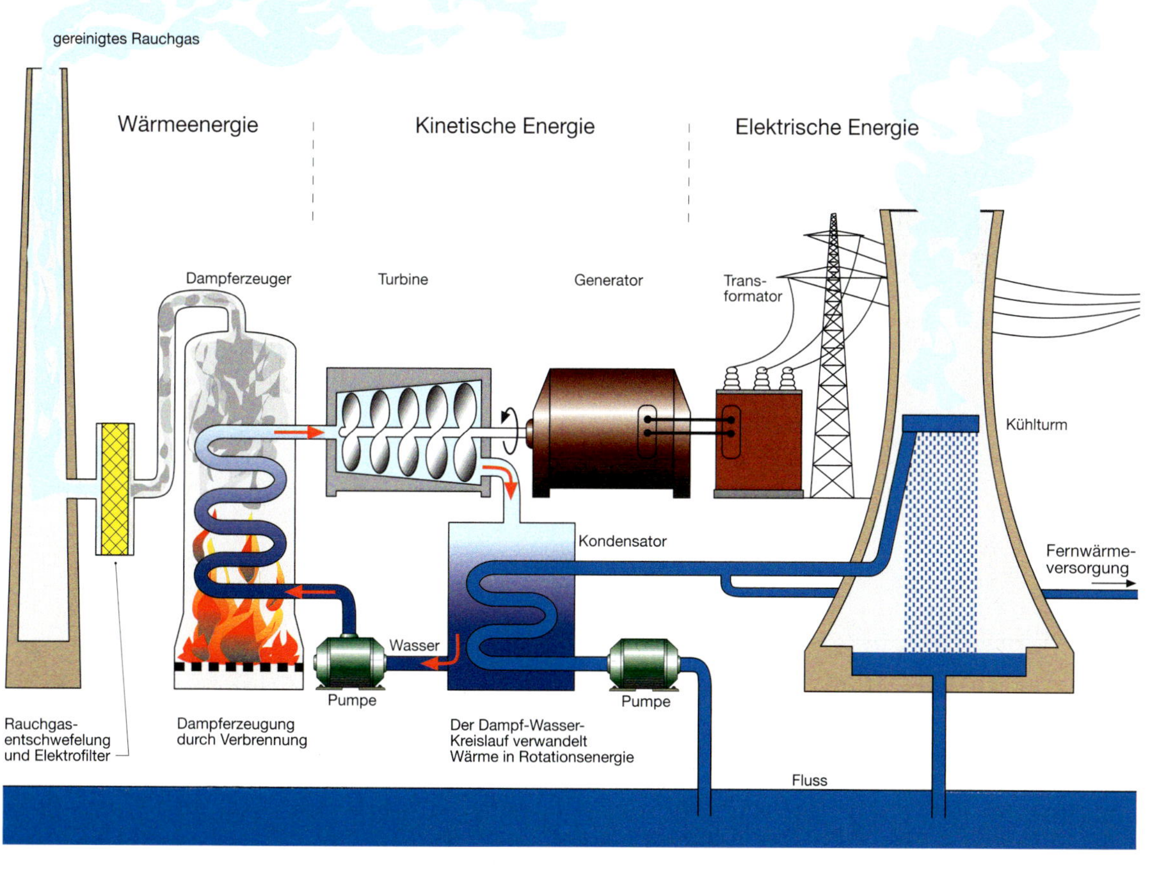

Der Strombedarf schwankt

Wir alle möchten zu jeder Tages- und Nachtzeit Strom zur Verfügung haben. Die gewünschte Menge ist abhängig von der Jahres- und der Tageszeit. An Arbeitstagen benötigen vor allem Industriebetriebe mehr Strom als an Feiertagen. Die Unterschiede zeigen die Tageslastkurven.

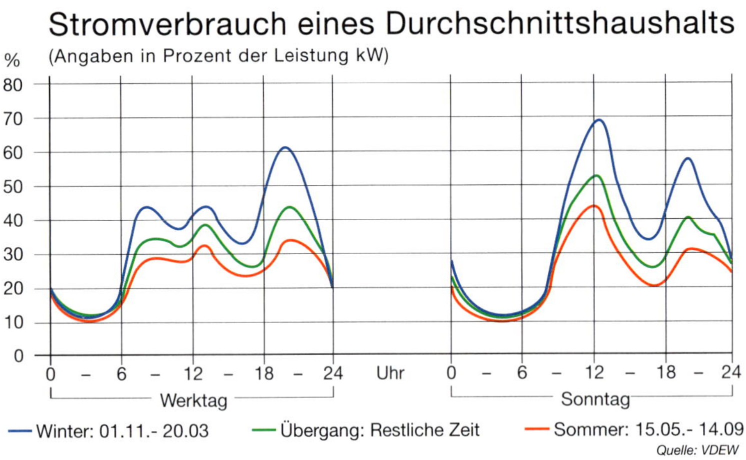

Kraftwerksarten nach Betriebszeit

Elektroenergie lässt sich nicht in großen Mengen speichern, wird jedoch rund um die Uhr benötigt. Die Erzeugung der benötigten Energie leisten verschiedene Kraftwerke:

Die **Grundlast** wird dabei von Kraftwerken erzeugt, die im Dauerbetrieb arbeiten.

Die **Mittellast** leisten Kraftwerke, die in kurzer Zeit in Betrieb genommen werden können. Oft erzeugen diese neben Elektroenergie auch Wärmeenergie für Heizung und Warmwasser. Wenn an kalten Wintertagen oder in den frühen Morgenstunden bei Arbeitsbeginn weitere Elektroenergie benötigt wird, decken diese **Spitzenlast** neben den Gas- und Ölkraftwerken Pumpspeicherwerke ab.

Kraftwerke

Grundlastkraftwerke
Kohlekraftwerke
Laufwasserkraftwerke
Kernkraftwerke

Mittellastkraftwerke
Gaskraftwerke
Ölkraftwerke

Spitzenlastkraftwerke
Ölkraftwerke
Gaskraftwerke
Pumpspeicherwerke

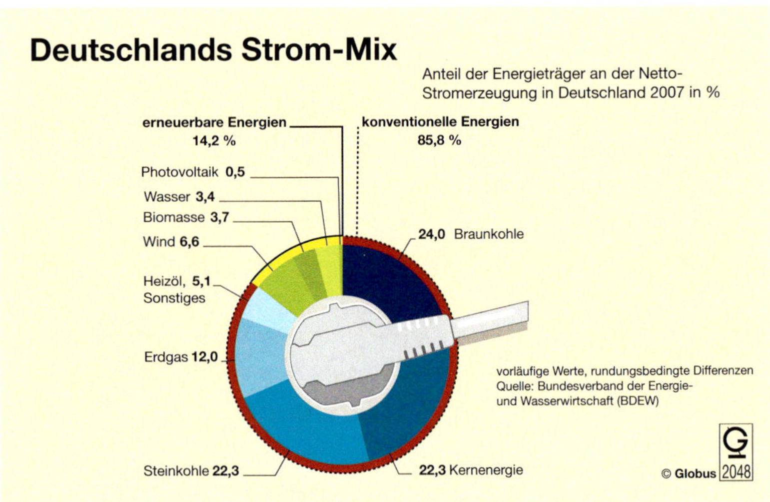

A Aufgaben

1 Diskutiert Merkmale, Vorteile und Nachteile von Wärmekraftwerken für unterschiedliche Energieträger. Bezieht den Anteil der Energieträger ein. Berücksichtigt **M6**, S. 334.

2 Zeichnet eine Tageslastkurve für den Strombedarf bei euch zu Hause.

3 Sucht im Atlas Standorte von Kohlekraftwerken. Überlegt, von welchen Faktoren der Standort von Kraftwerken abhängig ist.

4 Informiert euch über Gründe des beschlossenen Ausstiegs aus der Atomenergie und über den aktuellen Stand. Nutzt **M2**, S. 333.

3 Wer bringt den Strom in die Steckdose?

Was leistet die Energiewirtschaft?

Unternehmen, die an der Gewinnung der Energierohstoffe und Umwandlung in Sekundärenergie sowie Transport, Verteilung und Vertrieb beteiligt sind, gehören zur Energiewirtschaft. Diesen Wirtschaftszweig kennzeichnet Folgendes:

- Elektroenergie ist über ein festes Leitungsnetz zum Verbraucher zu transportieren.
- Elektroenergie lässt sich nicht speichern.
- Kraftwerke und Leitungsnetze sind in der Entwicklung und im Unterhalt teuer.
- Umweltbelastungen bei der Stromerzeugung erfordern Schutzmaßnahmen.

Um die Interessen der Verbraucher zu schützen, unterliegen die Unternehmen staatlicher Aufsicht. Das Energiewirtschaftsgesetz regelt die Versorgung mit Strom und Gas.

Struktur der Energiewirtschaft

Heute kann der Verbraucher Strom von einem der mehr als 1000 Stromversorgungsunternehmen beziehen, unabhängig von seinem Wohnort. Allerdings besitzen vier Stromanbieter erhebliche Marktmacht. Eine Regulierungsbehörde soll die möglichst sichere, preisgünstige, verbraucherfreundliche, effiziente und umweltverträgliche leitungsgebundene Versorgung der Allgemeinheit überwachen und den funktionsfähigen Wettbewerb zwischen den Unternehmen sichern. Im Jahre 2008 beklagen Verbraucherverbände, dass kein ausreichender Wettbewerb besteht und Großunternehmen den Markt beherrschen. Auch werden die hohen Durchleitungskosten für Strom bemängelt.

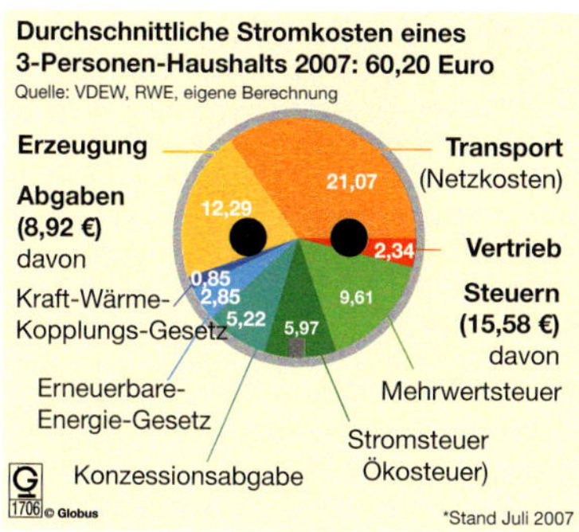

Regionale und lokale Versorgungsunternehmen beziehen Strom von den Großkraftwerken oder aus dem Verbundnetz, stellen aber in eigenen Kraftwerken auch selbst Sekundärenergie her. Sie versorgen vor allem größere Gebiete mit ländlicher Struktur und kleinere sowie mittlere Städte. Die Stadtwerke versorgen ihre Kunden oft auch mit Wärme, Gas und Wasser und übernehmen Entsorgungsaufgaben.

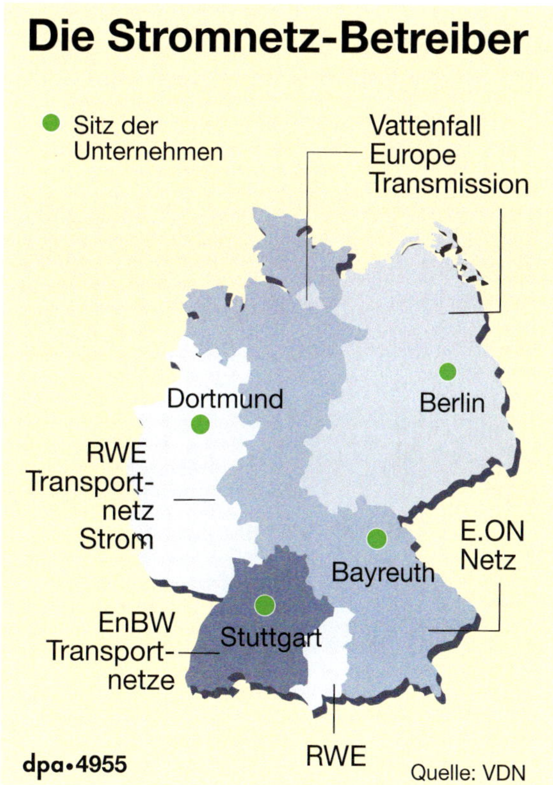

A Aufgaben

1 Welches Elektroversorgungsunternehmen versorgt euch mit Strom? Informiere dich bei diesem Unternehmen, aus welchen Primärenergieträgern der elektrische Strom hergestellt wird.

2 Begründet die staatliche Aufsicht.

3 Erkundigt euch nach den Preisen verschiedener Stromanbieter. Findet Gründe, warum nur wenige Verbraucher den Anbieter wechseln.

Erneuerbare Energien – Chance für die Zukunft

1 Beispiele technischer Anwendungen

Weil ein Ende abzusehen ist ...

Fossile Brennstoffe werden zur Neige gehen. Es ist mit einem weiter steigenden Energiebedarf vor allem der heute noch nicht industriell entwickelten Staaten zu rechnen.

Zunächst ist deshalb ein sparsamer Umgang mit Nutzenergie geboten. Mit geeigneten technischen Anlagen kann der Wirkungsgrad bei den Umwandlungsprozessen erhöht werden.

So kann zum Beispiel die Raumwärme über Wärmetauscher Frischluft ohne zusätzliche Heizenergie vorwärmen oder Brauchwasser die Toilettenspülung betreiben.

Ein anderer Weg ist die Nutzung erneuerbarer Energieträger (s. Übersicht Seite 325).

Der Anteil erneuerbarer Energien in Deutschland soll bis zum Jahre 2020 von 8,5 % (2007) auf mindestens 20 % steigen, siehe dazu **M6**, S. 334.

Europas größtes Binnenwindgebiet bei Marsberg in Westfalen liefert Strom für ca. 70 000 Haushalte.
Die Kosten der größten solarthermischen Anlage Brandenburgs wurden zu 60 % vom Staat gefördert.

Einschätzung erneuerbarer Energien

- Der Wandlungsprozess muss nicht zentral in Kraftwerken erfolgen. Erneuerbare Energie wird meist am Ort des Bedarfs umgewandelt.
- Die Umweltbelastung, z. B. durch Abgase, ist bei Umwandlung von erneuerbaren Energien äußerst gering.
- Nachteilig sind die hohen Investitionskosten und die große Abhängigkeit von klimatischen, geologischen und topografischen Verhältnissen. Oft kann nicht kontinuierlich Energie (z. B. Windkraft) erzeugt werden. Kombinationen unterschiedlicher Technologien gleichen diesen Mangel aus.

Energieanbieter, Unternehmen und Hauseigentümer investieren unter Nutzung staatlicher Fördermittel in Anlagen zur Produktion erneuerbarer Energien. Sie senken dadurch Energiekosten und entlasten die Umwelt.

▸ **Leitauftrag** Bewertet verschiedene erneuerbare Energien hinsichtlich Nutzbarkeit unter unseren klimatischen und topografischen Verhältnissen. Nutzt auch **M4** und **M5**, S. 334.

B Auf einen Blick

Ihr könnt technische Anwendungen erneuerbarer Energieträger benennen.

Ihr könnt Strom aus der Gewinnung von Wasserkraft erklären.

Ihr erfasst die Bedeutung von Wasserstoff als Energiequelle der Zukunft.

2 Elektroenergie aus Wasserkraft

Mit Wasserkraftwerken werden in der EU 9 % des Energiebedarfs gedeckt. Deutschland deckt aufgrund der topografischen Gegebenheiten nur ca. 3,5 % des Energiebedarfs aus Wasserkraft. Dazu gehören auch Pumpspeicherwerke.

Pumpspeicherwerk Hohenwarte im Saaletal, Nennleistung 120 Megawatt

Wenige Kilometer westlich von Dresden wurde 1930 das Pumpspeicher-Kraftwerk Niederwartha errichtet. Das Oberbecken ist in einem durch einen Staudamm abgeriegelten Tal entstanden. Das Arbeitswasser wird durch Überpumpen von Brunnenwasser, das sich aus dem Grundwasser der Elbe speist, gewonnen. Die Leistungszuführung und -abführung erfolgt per Kabelverbindung zu dem angrenzenden ESAG-Umspannwerk.

Nach: VEAG: Faltblatt Pumpspeicher-Kraftwerk Niederwartha, Niederwartha, o. J.

Wie arbeiten Pumpspeicherwerke?

Aus einem höher gelegenen Becken läuft das Wasser durch Rohrleitungen in das Unterbecken. Dabei werden die Turbinen angetrieben. An diese ist ein Generator gekoppelt, in dem die Elektroenergie erzeugt wird. Die Ableitung des Wassers trägt zur Deckung des Spitzenbedarfs an Elektroenergie bei.

Die Generatoren können, mit Elektroenergie versorgt, auch als Motoren arbeiten. Ebenso arbeiten die Turbinen in umgekehrter Richtung als Pumpen und befördern das Wasser aus dem Unterbecken wieder ins Oberbecken. Damit sind Pumpspeicherwerke für den Lastausgleich im Energieverbundsystem einsetzbar. Elektroenergie, die in Grundlastkraftwerken, wie z. B. Braunkohlekraftwerken, in den Nachtstunden zu viel erzeugt wird, kann zum Pumpen verwendet werden. Damit wird ein „Energievorrat" für Spitzenlastzeiten angelegt und die Wassermenge im Oberbecken zur Verstromung bereitgehalten.

Weitere Arten von Wasserkraftwerken:

Laufwasserkraftwerke Die Kraft des fließenden Wassers von Flüssen wird ausgenutzt, um Turbinen anzutreiben.

Gezeitenkraftwerke Ebbe und Flut treiben die Turbinen an.

Speicherkraftwerke Wasser wird in Speicherbecken angestaut und gezielt über die Turbinen abgeleitet.

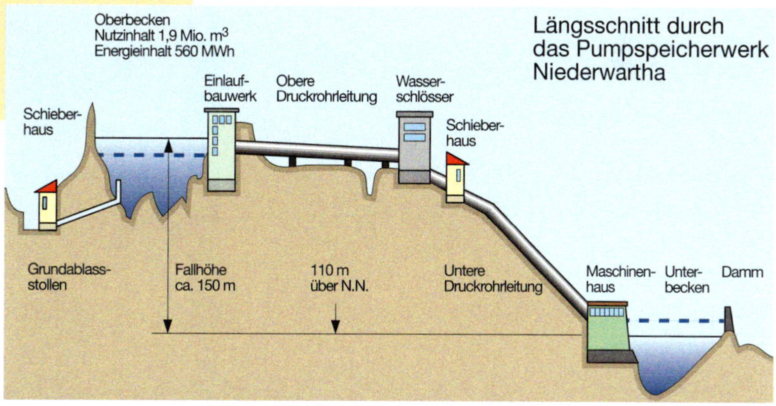

A Aufgaben

1 Am Damm des Unterbeckens des Stausees Niederwartha befindet sich ein Freibad. Überlegt, warum im Oberbecken das Baden verboten ist.

2 Sucht Standorte für Wasserkraftwerke im Atlas.

3 Diskutiert für verschiedene Kraftwerksarten Umweltbeeinflussungen und Wirkungsgrad.

3 Wasserstoff als Energieträger

Eigenschaften von Wasserstoff

Wasserstoff, in der Natur in Wasser als H_2 gebunden, ist eines der häufigsten Elemente. Um Wasserstoff zur Energiegewinnung nutzen zu können, muss das Gas erst unter Energieaufwendung gewonnen werden. Bis zur Weiterverwendung kann er in Speichertanks aufbewahrt werden. Die Gewinnung von Wasserstoff kann mithilfe von Sonnenenergie geschehen. Durch Energieumwandlung wird aus Wasserstoff elektrische Energie erzeugt. Dies geschieht in der Brennstoffzelle.

Prinzip: Nutzung solaren Wasserstoffs in Brennstoffzellen

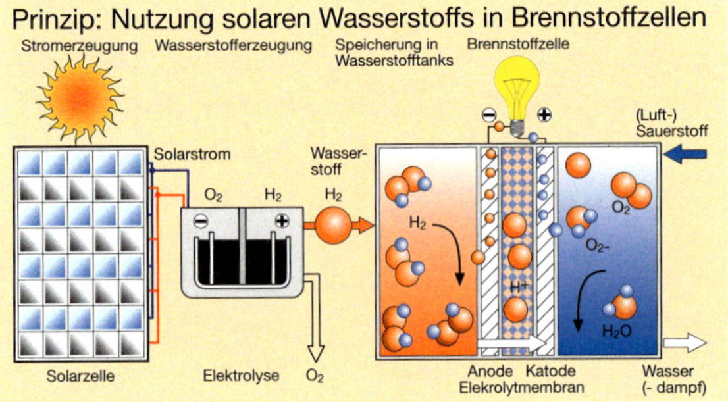

Die Brennstoffzelle

Mit Beginn der Raumfahrt suchte man nach mobilen Stromerzeugern und nutzte das Mitte des 19. Jahrhunderts entdeckte Prinzip der Brennstoffzelle. Ölkrise und Treibhauseffekt durch Co_2-Ausstoß bei der Stromgewinnung verstärkten die Weiterentwicklung dieser Technologie.

Ihre Einsatzgebiete sind z.B.

- Antriebe (Pkw, Busse, Schiffe, U-Boote),
- Hausenergieanlagen (Elektroenergie, Wärme und Warmwasser),
- Mikroanwendungen in Handy, Laptops.

Der Wirkungsgrad liegt derzeit bei 50–60 %.

Erste Hausanlagen funktionieren, fast jeder Automobilhersteller hat seinen Prototyp entwickelt. Sicherheitsfragen beim Transport von Wasserstoffgas und ungelöste technische Fragen machen den Entwicklern noch Schwierigkeiten.

Bus mit Hybridtechnologie

Die Hochbahn holt 2007 den Bus mit der neuesten Brennstoffzellen-basierten Antriebstechnik nach Hamburg. Was ist das Besondere an dem Bus?

Das dreiachsige Fahrzeug ist mit einer Hybridtechnologie ausgestattet, das heißt, es verfügt über mehrere Energiequellen. Ebenso wie die im Linienbetrieb eingesetzten Brennstoffzellenbusse der Hochbahn wird das Versuchsfahrzeug elektrisch angetrieben. 70 Prozent der benötigten Energie wird von Brennstoffzellen erzeugt, weitere 30 Prozent aus einem Batteriesystem.

Genial wirkt das vorhandene Energiekonzept bei einem Bremsvorgang. Die elektrischen Antriebsmotoren werden dabei durch die Systemsteuerung zu Generatoren, das heißt in ihrer technischen Funktion quasi umgedreht. Die Bewegungsenergie wird beim Bremsen nicht wie beim konventionellen Fahrzeug zu Reibung oder Verlustwärme, sondern zu elektrischem Strom, der wiederum in der Batterie auf Abruf gespeichert wird. Die Experten rechnen mit einem Energie-Einsparpotential von 35 % gegenüber den Dieselbussen.

Brennstoffzellenbusse fahren schadstofffrei und außerdem nahezu lautlos.

Nach: Hamburger Hochbahn AG (gekürzt)

http://www.motor-talk.de/forum/brennstoffzellen-bus-in-hh-im-test-t1478287.html

A Aufgaben

1 Erklärt mit der Grafik, wie aus Wasserstoff elektrische Energie gewonnen wird.

2 Warum hat die Solar-Wasserstoff-Technologie Bedeutung für die Energieversorgung der Zukunft?

3 Sprecht über die Anwendung der Hybridtechnologie beim Bus.

4 Stellt mit einem Modellbausatz eine eigene Stromgewinnungsanlage mittels Brennstoffzelle her. Wie hoch ist der Wirkungsgrad?

5 Informiert euch über den Einsatz erneuerbarer Energien bei: www.energie-verstehen.de

4 Weiterführendes Material

M1 Die Umwandlung verschiedener Energieträger zur elektrischen Energie

Energieart als …	Umwandlung in …	Erzeugung durch …	Wirkungsgrad ca.
Potenzielle Energie z.B. Speichersee	Kinetische Energie über Druckleitung	Wasserturbine → Generator	90 %
Chemische Energie z.B. Mineralöl, Kohle, Holz, Hausmüll	Thermische Energie über Dampferzeuger	Dampfturbine → Generator	38–50 %
Chemische Energie z.B. Gase	Thermische Energie über Brennkammer	Gasturbine → Generator	52 %
Kernenergie z.B. Uran	Thermische Energie über Kernreaktor	Dampfturbine → Generator	38 %
Kinetische Energie z.B. Wind		Rotorblätter → Generator	25–40 %

M2 Stromerzeugung mit Kernenergie

Seit 1974 werden in Deutschland Wärmekraftwerke mit Uran betrieben. Durch Kernspaltung wird im Kernreaktor Wärme erzeugt. Der weitere Prozess entspricht anderen Wärmekraftwerken. Die Kernkraftnutzung war von Beginn an heftig umstritten.

Auf den ersten Blick vorteilhaft

Um ein Kernkraftwerk von 1000 MW ca. 6500 Betriebsstunden im Jahr betreiben zu können, wird ca. 1 Güterwagen angereichertes Uran benötigt. Ein Steinkohlekraftwerk braucht ca. 36 500 Güterwagen voll Kohle. Im Kernkraftwerk entstehen keine Verbrennungsgase, die gereinigt werden müssen und als Kohlendioxid die Umwelt belasten.

Auf den zweiten Blick problematisch

Bis heute ist die Entsorgung der radioaktiven Abfälle ungelöst. Da es derzeit kein technisches Verfahren zur Aufbereitung gibt, müssen sie in einem der wenigen Zwischenlager gelagert werden. Das Problem der Endlagerung des hoch radioaktiven Mülls belastet kommende Generationen. Auch sind Kraftwerke selbst gefährlich. Spätestens seit dem Kernreaktorunfall von Tschernobyl mit bisher 70 000 Toten ist diese Gefahr im Bewusstsein der Bevölkerung und der Politiker.
Ziel der Umweltpolitik in Deutschland ist es deshalb, auf Kernkraftwerke zu verzichten. Die Bundesregierung hat 2001 mit den Betreibern bis 2021 einen gestuften Ausstieg aus der Kernenergie vereinbart. Das wurde dann gesetzlich geregelt. Für die Lagerung der stark radioaktiven Kernbrennstäbe und den Transport des Mülls in Zwischen- und Endlager sind hohe Sicherheitsbestimmungen einzuhalten.
Mitte 2008 wird wegen der stark steigenden Energiepreise weltweit der Bau neuer Kernkraftwerke diskutiert. In Deutschland geht es um eine Verlängerung der Nutzung der Kernenergie:

Erhard Eppler, SPD, schloss längere Laufzeiten von Atom-Reaktoren nicht aus, wenn damit der Übergang zu erneuerbaren Energien abgesichert werden kann. Er knüpft das an den Vorschlag, daran, im Grundgesetz das Verbot des Baus neuer Anlagen aufzunehmen.
Angela Merkel, Bundeskanzlerin, „will mit dem Plan, die bestehenden Atommeiler länger laufen zu lassen, in den Wahlkampf ziehen".

nach: Der Spiegel Nr. 28/2008, S. 21, 26

M3 Wer verbraucht in Deutschland welchen Anteil an Energie?

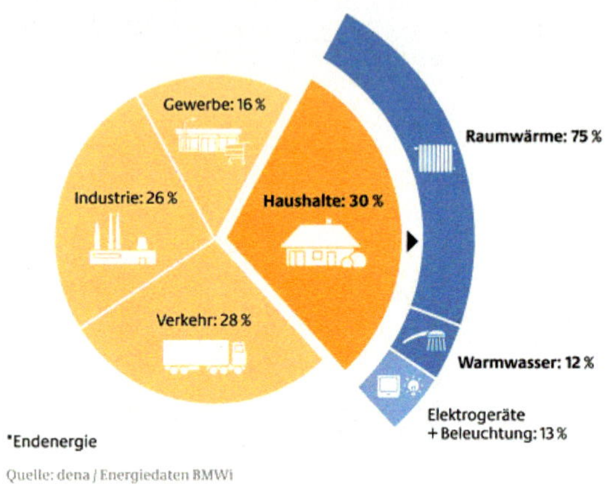

M4 Regierung plant 30 Offshore-Parks

Die Bundesregierung plant den Ausbau der Windenergie. 30 Offshore-Windparks sollen in der Nord- und Ostsee aufgestellt werden. Bis zum Jahr 2030 sollen 25 000 Megawatt aus Windenergie entstehen.
Bundesregierung und Energiewirtschaft seien sich einig, dass die Investitionen in Windparks sinnvoll seien. „Dies gilt umso mehr, je stärker der Ölpreis steigt. Die zahlreichen Anträge der Investoren belegen die Wirtschaftlichkeit", sagte Tiefensee. Erste Anlagen werden vor der Insel Borkum gebaut.
Die Bundesregierung will sich mit den Windparks unabhängiger von ausländischen Energielieferungen machen. Zugleich bemühe sie sich, sowohl dem Naturschutz als auch den Interessen des Tourismus Rechnung zu tragen. Die Windparks werden jenseits der Zwölf-Seemeilen-Grenze mit Wassertiefen von 30 bis 40 Metern gebaut. Jeder wird rund 1 Mrd. Euro kosten. Dazu kommen bis zu 100 Kilometer lange Kabel zum Festland.

Nach: www.tagesschau.de
www.tagesschau.de/inland/windenergie8.html#inhalt

M5 Die Offshore-Technik

Die Anlagen müssen Wind und Wellen trotzen und technisch besonders zuverlässig sowie wirtschaftlich sein.
Diese bestehen im Wesentlichen aus einem Fundament, einem Turm, einem Maschinenhaus mit Generator und einem dreiflügligen Rotor und teilweise ein Getriebe. Der Wind treibt die Rotorblätter an, diese übertragen die Bewegungsenergie auf den Generator.

Schwierige Wartungsarbeiten

Da die Fehlerbehebung auf See wesentlich schwieriger und teurer ist als an Land, ist die Zuverlässigkeit der entscheidende Faktor für den Offshore-Betrieb. Für einen permanenten Schutz werden Anstriche mit speziellem Korrosionsschutz verwendet, Wärmeaustauscher schützen beim Kühlen der Maschine vor der salzhaltigen Seeluft. Wartungsintensive Komponenten werden so weit wie möglich vermieden.
Deshalb kosten Offshore-Parks doppelt so viel wie vergleichbare, auf dem Festland installierte Anlagen. Die deutsche Technologie gehört zur Weltspitze. Die größten Anlagen sind so hoch wie der Kölner Dom. Die Rotoren haben einen Durchmesser von 120 m.

Quelle: AP (06.07.2008)

Nach: www.tagesschau.de
http://www.tagesschau.de/inland/offshore2.html

M6 Der Öko-Mix

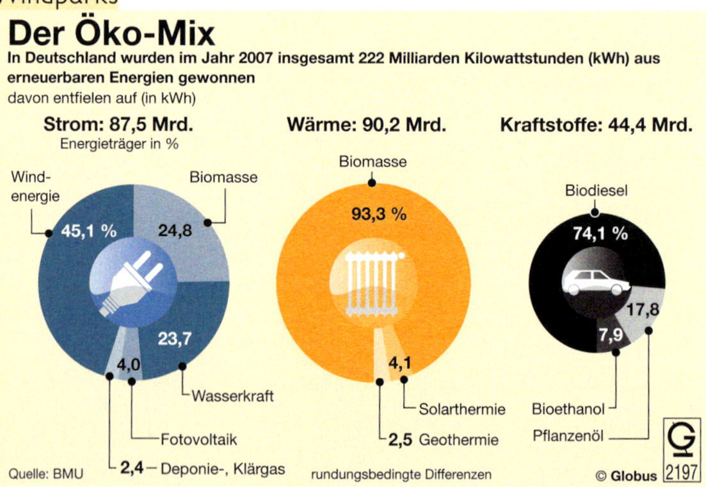

Alles klar?

Versorgung und Entsorgung im Wohnbereich

1 Nutze die folgende Matrix zur Erstellung einer Tabelle für die nachhaltige Nutzung von Ver- und Entsorgungseinrichtungen. Trage Vorschläge zum nachhaltigen Handeln ein.

	Strom	Wasser	Heizung	Müll
sparsame Nutzung				
Vermeidung und Verwertung von Abfällen				
sachgerechte Entsorgung von Reststoffen				

Haushalte unter Strom und vernetzt

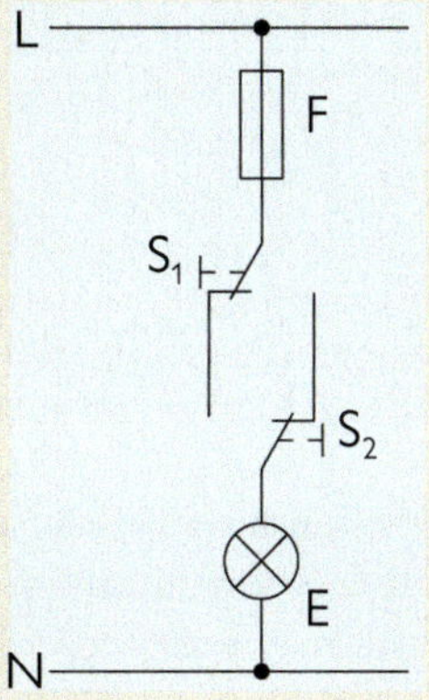

2 Erkläre Gesundheitsgefahren, die von elektrischem Strom ausgehen.

3 Wie kannst du Stromunfälle durch angemessenes Verhalten vermeiden?

4 Erkläre das Prinzip der Wechselschaltung .

Leben in der Informationsgesellschaft

5 Befrage 5 Mitschüler zur Nutzung des Handys. Entwickle dazu einen Fragebogen. Nutze dafür M1, S.324. Beschreibe die Auswertung.

Energieumwandlung, Stromerzeugung und -verteilung

6 Nenne je drei erneuerbare und nicht erneuerbare Energien.

7 Erkläre am Beispiel Strom, wie aus der Primärenergie Kohle Nutzenergie entsteht.

8 Verdeutliche am Beispiel der Energiesparlampe, wie der Wirkungsgrad bei der Umwandlung von Energie im Vergleich zur Standardglühlampe erhöht werden kann.

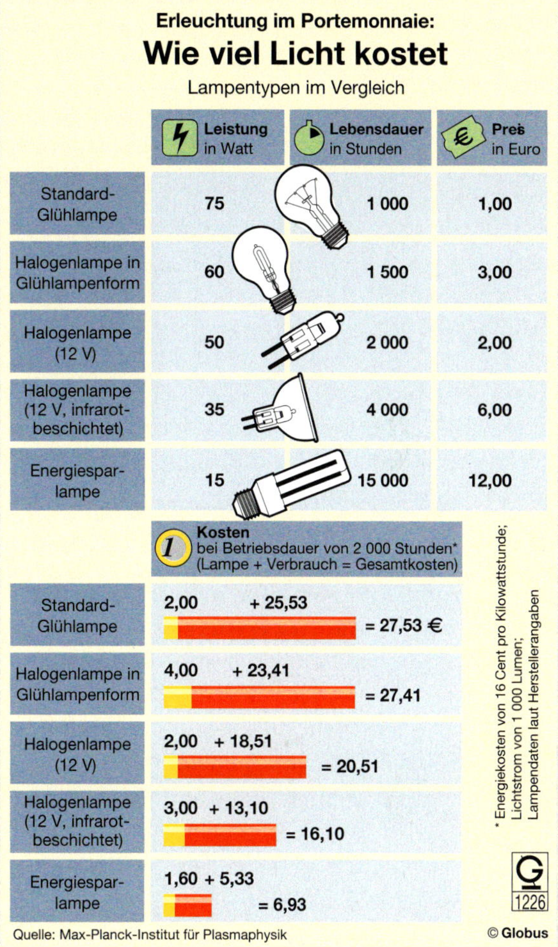

Erneuerbare Energien – Chance für die Zukunft

9 In Deutschland ist die Erhöhung des Anteils der Energienutzung durch Wind und Sonne geplant. Wie kann der Energiebedarf dann bei bedecktem Wetter und Windstille gedeckt werden?

10 Wie kann durch Hybridtechnologie bei PKW Energie gespart werden?

11 Erkläre, warum in Deutschland Kernkraftwerke stillgelegt werden sollen.

Sachwortverzeichnis

Ablauforganisation legt fest, wo und wann die einzelnen Aufgaben im → Betrieb zu erledigen sind.

Akkordlohn Art der Entlohnung einer Arbeit, die abhängig von der persönlich erbrachten Leistung ist. Das kann auf zwei Wegen geschehen:
Beim Stückgeldakkord wird für eine bestimmte erledigte Stückzahl ein fester Lohnsatz gezahlt.
Beim Stückzeitakkord wird für eine bestimmte Arbeitsmenge eine Zeit vorgegeben, die ein Arbeiter bei normaler Leistungsfähigkeit benötigt, und ein Lohnfaktor pro Minute. Daraus wird der Lohn berechnet.

Aktie Wertpapier, das einen Anteil an einer Aktiengesellschaft (AG) darstellt. Es wird an der Börse gehandelt. Die Aktionäre haften für Verluste und erhalten aus dem Gewinn eine Dividende.

Aktienfonds sammeln Aktien verschiedener Aktiengesellschaften. Sie werden von einer Anlagegesellschaft aufgelegt und verwaltet.

Allgemeine Geschäftsbedingungen (AGB) regeln Verkaufs- und Lieferbedingungen der Anbieter und den Vertragsabschluss. Damit die Bedingungen Verbraucher gegenüber Anbietern nicht benachteiligen, ist im → Bürgerlichen Gesetzbuch festgelegt, was erlaubt ist.

Anbindehaltung Art der Rinderhaltung, bei der die Tiere im Stall nebeneinander dauerhaft angebunden sind. Für Biobauern ist das nur noch übergangsweise gestattet, weil es als nicht artgerecht gilt.

Angestellter Arbeitnehmer, der ein festes monatliches Entgelt bekommt, unabhängig von der Anzahl der gearbeiteten Tage. Man spricht auch von Gehalt.

Anleihen sind Papiere, die der Staat oder Unternehmen ausgeben, um Geld zu leihen. Sie werden zu bestimmten Bedingungen (Zinshöhe und Laufzeit) gehandelt – meistens an der Börse.

Arbeit Sie umfasst die Erwerbsarbeit (Arbeit gegen Entgelt) sowie die Hausarbeit und ehrenamtliche Arbeit (Arbeit ohne Entgelt).
Wenn in der Wirtschaftsberichterstattung von Arbeit die Rede ist, ist in der Regel Arbeit gegen Entgelt gemeint.

Arbeiter Arbeitnehmer, der meist nach Anzahl der gearbeiteten Stunden (Stundenlohn) oder → Akkordlohn bezahlt wird.

Arbeitgeberverbände sind Organisationen der Arbeitgeber einer bestimmten → Branche zu deren Interessenvertretung gegenüber anderen Gruppen, insbesondere den → Gewerkschaften. Der Dachverband der A. ist die Bundesvereinigung der Arbeitgeberverbände (BdA). Er vertritt die wirtschaftlichen, sozialen und politischen Interessen der Arbeitgeber. Tätigkeitsfelder der A. sind u.a. → Tarifverträge, Berufsbildung, Beratungstätigkeit in steuerlichen, rechtlichen und allgemeinen wirtschaftlichen Fragen.

Arbeitskampf Auseinandersetzung zwischen den Vertretungen der Arbeitnehmer und Arbeitgeber zur Überwindung von Interessengegensätzen bei der Verhandlung von Löhnen und anderen Arbeitsbedingungen, z.B. durch → Streik und → Aussperrung.

Arbeitskosten Dazu zählen Bruttoentgelte an die Arbeitnehmer, Sozialversicherungsbeiträge der Arbeitgeber, betriebliche Altersversorgung, betriebliche Kosten der beruflichen Aus- und Weiterbildung.

Arbeitsorganisation ist Teil der → Betriebsorganisation. Sie regelt, wie welche Arbeit an den einzelnen Arbeitsplätzen verrichtet wird und welche Anforderungen sich daraus für die Beschäftigten ergeben. Siehe auch → Aufbauorganisation und → Ablauforganisation.

Arbeitsproduktivität drückt sich im Verhältnis (Quotient) des Produktionsergebnisses (in Stück oder Dauer oder Volumen) zur eingesetzten Arbeit (in Minuten, Stunden, Tagen) aus.
Die Produktivität steigt, wenn die gleiche Stückzahl in geringerer Zeit hergestellt oder in der gleichen Zeit mehr produziert wird.

Arbeitsschutz bezieht sich darauf, die Arbeitsbedingungen sicher zu gestalten, die Gesundheit der arbeitenden Menschen zu schützen und den Schutz von (werdenden) Müttern und Jugendlichen (→ Jugendarbeitsschutz) zu gewährleisten. Die Kontrolle der Gesetze und Verordnungen erfolgt durch staatliche Ämter, die in den Bundesländern unterschiedliche Namen haben, z.B. Amt für Arbeitsschutz und Sicherheitstechnik in Potsdam, bzw. Berufsgenossenschaften, die im staatlichen Auftrag tätig werden. Verstöße können verfolgt werden, z.B. durch Bußgelder.

Aufbauorganisation regelt, welche Abteilung im → Betrieb mit welchen Aufgaben bei der Arbeit (→ Arbeitsorganisation) wie zusammenarbeitet und geleitet wird.

Ausbildungsberufe sind Berufe, für die nach dem Berufsbildungsgesetz oder der Handwerksordnung eine Ausbildungsordnung bundeseinheitlich festgelegt ist. Die Ausbildung findet in → Betrieben oder Verwaltungen sowie teilweise in überbetrieblichen Ausbildungsstellen und in der Schule statt (duales System der Berufsausbildung). Zunehmend wird der Erwerb von beruflichen Handlungskompetenzen bedeutsam. Ein bestimmter Schulabschluss ist für A. nicht gefordert, die Betriebe können aber eigene Einstellungsvoraussetzungen festlegen. Neben A. gibt es landesrechtlich geregelte berufliche Ausbildungsgänge. Diese finden häufig in Berufsfachschulen statt.

Aussperrung bezeichnet die vorübergehende Freistellung von (nicht am Streik beteiligten) Arbeitnehmern von der Arbeitspflicht durch einen Arbeitgeber im Rahmen eines → Arbeitskampfes ohne Fortzahlung des Arbeitslohnes. A. ist die Antwort der Arbeitgeberseite auf einen → Streik und soll die Kosten des Streiks für die → Gewerkschaften erhöhen.

Automatisierung Vollständige Technisierung der Produktion, bei der keine menschliche Arbeitskraft mehr notwendig ist.

Bankkarte (seit Herbst 2008 Girocard) ermöglicht Geld vom Konto abzu-heben. Das erfolgt am Geldautomaten in Verbindung mit einer Geheimzahl (PIN), ggf. am Schalter des jeweiligen Geldinstituts in Verbindung mit Ausweis und Unterschrift.
Oft hat die Bankkarte eine Geldkartenfunktion.

Bedürfnisse Wünsche von Menschen, z.B. das Bedürfnis nach Nahrung, Kleidung, Wohnung, Bildung, Liebe. Die Erfüllung dieser Bedürfnisse ist lebensnotwendig. Die Erfüllung anderer Bedürfnisse macht das Leben schöner und leichter, z.B. das Bedürfnis zu reisen, Rockkonzerte zu besuchen. In unserer Gesellschaft sind viele Bedürfnisse auf den Besitz von Waren und Dienstleistungen ausgerichtet, z.B. das Bedürfnis, ein Handy, ein Auto, Markenschuhe oder eine → Bankkarte zu besitzen.
Da Geldmittel begrenzt sind, müssen die Menschen für wichtige Bedürfnisse eine Rangfolge aufstellen.

Beruf → Ausbildungsberufe

Berufsgenossenschaft Träger der → Sozialversicherung, die für die gesetzliche Unfallversicherung zuständig ist. Sie versichert Erwerbstätige gegen die Folgen von Arbeitsunfällen und Berufskrankheiten.

Betrieb Dieser erstellt → Waren und/oder erbringt Dienstleistungen und bietet diese am → Markt an. Wird der Begriff Betrieb verwendet, geht es vor allem um die Erbringung von Leistungen. Wird der Begriff Unternehmen gewählt, ist die rechtliche, wirtschaftlich selbstständige Stellung gemeint.

Betriebsmittel Maschinen und Werkzeuge, die zur Produktion benötigt werden.

Betriebsorganisation besteht aus → Aufbauorganisation und → Ablauforganisation sowie → Informationsorganisation.

Betriebsrat vertritt die Interessen der Arbeitnehmer im → Betrieb. Er muss in Betrieben mit mindestens fünf Arbeitnehmern eingerichtet werden, sofern einer der Arbeitnehmer bereit ist, diese Aufgabe zu übernehmen. Rechte und Pflichten regelt das → Betriebsverfassungsgesetz.

Betriebsverfassungsgesetz regelt die Rechte der Arbeitnehmer auf → Mitbestimmung, → Mitwirkung und Information im Betrieb beim Zusammenwirken des → Betriebsrates mit der Betriebsleitung.

Bio-Siegel Umweltzeichen für Lebensmittel, das garantiert, dass die Produkte durch eine Landwirtschaft erzeugt werden, die nach ökologischen Gesichtspunkten produziert. Das Bio-Siegel unterliegt staatlicher Kontrolle. Es erfüllt die Bestimmungen der EG-Öko-Verordnung.

Branche meint einen Wirtschaftszweig, z.B. Bauwirtschaft, Metallindustrie.

Branchentarifverträge beziehen sich auf die Arbeitnehmer einer → Branche eines Tarifgebiets.

Bruttoeinkommen → Einkommen ohne Abzug von → Steuern und/oder Abgaben für die → Sozialversicherung.

Bruttoinlandsprodukt (BIP) Wirtschaftsleistung einer Volkswirtschaft (z.B. von Deutschland) in einem bestimmten Zeitraum (Jahr). Es bezieht die Werte aller im Inland produzierten →Waren und → Dienstleistungen ein.

Bundesagentur für Arbeit Bundesbehörde, die zuständig ist vor allem für Arbeitsvermittlung und -beratung, Berufsberatung, Förderung der Berufsausbildung, berufliche Weiterbildung sowie Zahlung von Arbeitslosengeld.

Bundeskartellamt Bundesbehörde, die darüber wacht, dass der →Wettbewerb im Sinne des „Gesetzes gegen Wettbewerbsbeschränkungen" funktionsfähig ist. Es hat u.a. die Aufgabe, die Einhaltung des Verbots von → Preisabsprachen (Preiskartellen) zu überwachen. Es prüft, ob Zusammenschlüsse von Unternehmen (Fusionen) nicht zu einer marktbeherrschenden Stellung führen, und kann Fusionen verbieten.

Bürgerliches Gesetzbuch (BGB) regelt die Beziehungen von Rechtspersonen. Das können private Personen (Bürger) oder juristische Personen sein (Unternehmen oder Organisationen). Geregelt sind u. a. Rechte und Pflichten bei einem Kauf, bei der Miete einer Wohnung und bei einer Scheidung. Das BGB trat 1900 in Kraft und wurde vielfach verändert.

CO_2 ist ein → Treibhausgas.

Dienstleistungen Diese können personenbezogen sein, z.B. der Friseur, der Haare schneidet. Sie können sachbezogen sein, z.B. der Mechatroniker, der ein Auto repariert.

DIN Das Deutsche Institut für Normung e.V. hat ein Regelwerk auf nummerierten Blättern (z. B. DIN 15 – Linienarten) herausgegeben, das durch Vereinheitlichung eine zweckdienliche Ordnung herstellt. Diese Normen sind bewährte Lösungen für häufig wiederkehrende Aufgaben.
Durch die → Globalisierung sind in den letzten Jahren vielfach DIN-ISO-Normen (ISO – International Organisation for Standardisation) aufgenommen worden, in der das Deutsche Institut für Normung e.V. Mitglied ist. Dies führt dazu, dass sinnvolle Vereinheitlichungen auch international anwendbar sind.

Eigenkapital Finanzielle Mittel, die ein Unternehmer in ein Unternehmen oder eine Privatperson in ein Vorhaben einbringt (investiert), das finanziert werden soll. Meist ist bestehendes Eigenkapital auch eine Voraussetzung für die Zusage eines Darlehens (Fremdkapital).

Einkommen Es gibt verschiedene Einkommensarten: Einkommen aus Erwerbsarbeit, z. B. Einkommen aus nicht selbstständiger Arbeit (Lohn, Gehalt), und Einkommen aus selbstständiger Arbeit (z. B. Gewinn, Honorar); Einkommen aus Vermögen (z. B. Zinsen, Mieten) und Transfereinkommen (z. B. Kindergeld, Arbeitslosengeld). Unterschieden wird weiterhin nach → Bruttoeinkommen und → Nettoeinkommen.

Einstandspreis Preis, zu dem ein Händler sich → Waren und → Dienstleistungen beschaffen kann.

Emissionen Von Produktionsanlagen und Produkten an die Umwelt abgegebene Schadstoffe.

Energieeffizienz Möglichkeiten oder Maßnahmen zu einer energiesparenden Energienutzung.

Energiesparhaus Haus, das staatlich festgelegten Anforderungen an einen bestimmten Wärmebedarf genügt. Dazu ist z. B. eine bestimmte Wärmeisolierung vorgeschrieben.

Erfindung Plan zum technischen Handeln, das neue Anwendungen ermöglicht (z. B. die Dampfmaschine von James Watt). Zum Schutz der geistigen Leistung des Erfinders gibt es die Möglichkeit, auf die Erfindung ein Patent anzumelden. Wer eine patentierte Erfindung nutzen möchte, muss dafür bezahlen.

Ergonomische Arbeitsplatzgestaltung schützt Personal vor körperlichen Schäden auch bei langfristiger Ausübung ihrer Tätigkeit.

Ersatzinvestition → Investition

EUROPASS-Berufsbildung beschreibt die erworbenen Kenntnisse und Arbeitserfahrungen. Er bestätigt, dass ein Teil der Ausbildung im europäischen Ausland abgeschlossen wurde. Nähere Informationen bei der IHK www.dihk.de.

Fairer Handel Handel mit benachteiligten Produzenten aus Entwicklungsländern. Die Produzenten erhalten Preise, mit denen sie ihre Lebenshaltung decken können. Der Schulbesuch der Kinder wird sichergestellt. Kinderarbeit ohne Schulbesuch ist verboten. Soziale Projekte werden gefördert. Die Waren werden direkt bei den Produzenten gekauft. Um Preisschwankungen zu vermeiden, werden langfristige Handelsbeziehungen vereinbart. Die Produktion erfolgt möglichst nach ökologischen Gesichtspunkten. Firmentarifverträge beziehen sich auf die Arbeitnehmer eines Betriebes.

Fertigungsverfahren Technologische Vorgänge, bei denen ein formloser Werkstoff oder ein Werkstück in Form, Größe, Genauigkeit und/oder Werkstoffeigenschaften zielgerichtet verändert wird.

Franchisenehmer Dieser führt Aufträge nach Vorgaben des Franchisegebers (FG) aus. Franchise ist ein Absatzsystem, das auf Partnerschaft aufgebaut ist. Ziel ist die Verkaufsförderung. Der FG übernimmt die Planung, das → Marketing und die Kontrolle für die zu erbringenden Leistungen. Er schult die Mitarbeiter des Franchisenehmers (FN). Dieser verpflichtet sich, genau nach den Vorgaben zu arbeiten. Er zahlt dem FG eine Gebühr für die Leistungen.
Vorteilhaft für den FN ist, dass er sich um Aufträge nicht zu kümmern braucht. Er ist aber abhängig vom FG, weil er oft nur für diesen arbeitet.

Fremdgewerke → Gewerke

Gentechnik Gezielter Eingriff in das Erbgut und/oder biochemische Steuerungsvorgänge von Lebewesen. Die Anwendung gentechnischer Verfahren in der Pflanzenzüchtung zielt auf die Nutzung gentechnisch veränderter Pflanzen in der Landwirtschaft und der Lebensmittelwirtschaft. Gentechnik darf von ökologisch wirtschaftenden Betrieben nicht angewandt werden.

Geschäftsfähigkeit Fähigkeit, rechtlich bindende Willenserklärungen (Rechtsgeschäfte) abzugeben, z. B. bei einem Kauf. Es gibt einseitige Rechtsgeschäfte, z. B. eine Schenkung oder Kündigung, und mehrseitige Rechtsgeschäfte, z. B.

einen Kaufvertrag oder Mietvertrag. Jugendliche ab dem vollendeten 18. Lebensjahr sind voll geschäftsfähig. Minderjährige sind nicht oder nur beschränkt geschäftsfähig. Siehe auch → Rechtsfähigkeit

Gewerbesteuer besteuert den Gewerbebetrieb nach dem Gewerbeertrag (Höhe des → Gewinns). Bei der Berechnung der Gewerbesteuer ist von einem Steuermessbetrag auszugehen. Dieser ist durch Anwendung eines Satzes von regelmäßig fünf Prozent (Steuermesszahl) auf den Gewerbeertrag zu ermitteln. Die Gemeinde legt den Hebesatz fest. Beträgt dieser z. B. 200 Prozent, sind zehn Prozent des Gewerbeertrags fällig. Die G. ist eine Gemeindesteuer und die wichtigste Einnahmequelle der Kommunen.

Gewerke erbringen bestimmte handwerkliche und bautechnische Arbeiten im Bauwesen, z. B. Dach decken. Die handwerklichen Arbeiten, die andere Handwerksbetriebe als das eigene ausführen, werden als Fremdgewerke bezeichnet.

Gewerkschaften Vereinigung der Arbeitnehmer. Der Dachverband der Gewerkschaften auf Bundesebene ist der Deutsche Gewerkschaftsbund (DGB 2007: 6,44 Mio. Mitglieder).
Er vertritt die wirtschaftlichen, sozialen und politischen Interessen der Mitglieder und der Arbeitnehmer insgesamt. Im DGB sind verschiedene Einzelgewerkschaften zusammengeschlossen. Daneben gibt es als weiteren Dachverband den „dbb beamtenbund und tarifunion“ (2007: 1,25 Mio. Mitglieder) mit kleineren Einzelgewerkschaften.

Gewinn Ein Unternehmen erzielt Gewinn, wenn die Erträge (Umsatz) aus dem Verkauf von → Waren und → Dienstleistungen höher sind als die Aufwendungen (Kosten) der Herstellung und Verteilung. Ansonsten fällt → Verlust an.

Globalisierung Prozess der zunehmenden internationalen Verflechtung in den Bereichen Politik, Wirtschaft, Gesellschaft, Kommunikation und Ökologie. Die globalen Beziehungen betreffen die Ebene von Individuen, Gesellschaften, Institutionen, Staaten und lokalen Einheiten. → Nachhaltiges Handeln soll Maßstäbe für die Gestaltung der Beziehungen liefern.

Güter → öffentliche Güter, → private Güter, → Waren, → Dienstleistungen

Haushalt, privater Menschen, die zusammenleben und gemeinsam wirtschaften. Sie können miteinander verwandt sein, z. B. Eltern, Kinder, Großeltern (Familienhaushalt), oder bekannt bzw. befreundet (Wohngemeinschaft).

IKT (Informations- und Kommunikationstechnologien) Technische Fähigkeit zur Informationsverarbeitung und Kommunikation.

Industrialisierung Ersatz von Handarbeit durch Fabrikarbeit mit Maschinen sowie die Verbreitung dieser Produktionsweise in den Wirtschaftsbereichen.

Informationsorganisation legt fest, wie innerbetrieblich und nach außen Informationen ausgetauscht werden.

Interkulturalität bezeichnet Beziehungen zwischen zwei oder mehr Kulturen z. B. bei der Zusammenarbeit an Arbeitsplätzen, im grenzüberschreitenden Handel verschiedener Kulturkreise.

Investition ist die Anlage von → Kapital zur Erhaltung, Verbesserung und Vermehrung von Produktionsmitteln. Die Erhaltung wird Ersatzinvestition genannt. Das ist die Aufwendung für den Ersatz verbrauchter Produktionsmittel, z. B. Maschinen. Der Teil der Investition, der zur Ausweitung der Produktionsmittel dient, heißt Nettoinvestition. Investiert werden kann auch in Lagerbestände (Vorratsinvestition).

Jugendarbeitsschutz erfolgt durch das Jugendarbeitsschutzgesetz. Es dient als Gesetz des sozialen Arbeitsschutzes dem Schutz von arbeitenden Kindern und Jugendlichen. Zur Kontrolle des Gesetzes siehe → Arbeitsschutz.

Jugend- und Auszubildendenvertretung ist die Interessenvertretung der jugendlichen Arbeitnehmer im Betrieb. Rechte und Aufgaben sind im → Betriebsverfassungsgesetz geregelt.

Kalkulation Ermittlung der Kosten und Verkaufspreise von → Dienstleistungen und → Waren.

Kammer Vertretungen u.a. des Handwerks (Handwerkskammer), der Industrie, des Handels, von Banken und Versicherungen (Industrie- und Handelskammer). Sie nehmen Interessen der Wirtschaft und öffentliche Aufgaben wahr. So sind sie u.a. zuständig für die betriebliche Berufsausbildung und die Abschlussprüfung.

Kapital → Produktionsfaktor in Form von Geld (Geldkapital) oder Produktionsanlagen (Sachkapital).

Kartelle Preisabsprachen zwischen Unternehmen. Das Ziel ist ein möglichst hoher Preis und → Gewinn zu Lasten der Käufer. Preisabsprachen sind nach dem Gesetz gegen Wettbewerbsbeschränkungen (GWB) verboten.

Kaufvertrag ist ein zweiseitiges Rechtsgeschäft. Zwei Personen müssen eine übereinstimmende Willenserklärung abgeben – mündlich oder schriftlich. Eine Person macht einen Antrag, die andere erklärt die Annahme.

Kennzahlen im Unternehmen sind ermittelbare Zahlen, z.B. Umsatz, Materialkosten, Gewinn, Auftragsbestand, die Auskunft z.B. über die wirtschaftliche Lage geben.

Kohlenstoffdioxyd (→ CO_2) Gas, das in der Erdatmosphäre zunimmt und einen Treibhauseffekt hat, weil es einen großen Teil der Wärmestrahlung aufnimmt und die Erwärmung fördert.

Konkurrenz → Wettbewerb

Konsumgüter Waren für den privaten Ge- oder Verbrauch.

Kosten Verbrauch an → Produktionsfaktoren, welche zur Erstellung der betrieblichen Leistung notwendig sind.

Kredit Vorübergehende Inanspruchnahme von geliehenem Geld unter vertraglich festgelegten Bedingungen, z.B. Zinshöhe, Laufzeit.

Lebensstandard Art und Weise der Befriedigung von → Bedürfnissen. Dieser hängt von der Höhe des → Einkommens und den Konsumwünschen ab. Der Lebensstandard wird beeinflusst von technischen und wirtschaftlichen Neuerungen und Veränderungen der Bedürfnisse.

Marketing Maßnahmen eines Unternehmens, die Produktion so auszurichten, dass die Kunden die Güter kaufen. Gleichzeitig sollen die Unternehmensziele gut erfüllt werden, z.B ein möglichst hoher → Gewinn, langfristige Sicherung des → Unternehmens und Eroberung zusätzlicher Marktanteile. Bei den Marketingmaßnahmen handelt es sich z.B. um die Festlegung der Qualität der Produkte, die Preisgestaltung, die Verkaufsförderung, die Werbung und die Gestaltung des Service. Marketingmaßnahmen zielen auch darauf, neue Bedürfnisse zu wecken und neue Güter auf den → Markt zu bringen.

Markt Zusammentreffen von Angebot und Nachfrage zum Kauf bzw. Verkauf von Waren und Dienstleistungen. Der Markt ist an keinen Ort gebunden. Ein Kauf kann z.B. über das Internet erfolgen oder über das Telefon.

Massentierhaltung Technisierte Form der Nutztierzucht und Viehhaltung. Sie wird genutzt zur massenhaften Erzeugung tierischer Produkte wie Fleisch, Milch oder Eiern durch Haltung einer großen Zahl von Tieren auf begrenztem Raum. Der Raum pro Tier und die Art der Haltung werden von Tierschützern teilweise als nicht artgerecht angesehen. Die Fütterung ist i.d.R. einseitig. Es bestehen Gesundheitsrisiken durch die Ansteckungsgefahr der Tiere. Umweltprobleme können durch die Ausscheidungen der Tiere, z.B. große Mengen stickstoffhaltiger Gülle, entstehen.

Mechanisierung Ersatz von menschlicher Arbeitskraft durch technische Hilfsmittel. Führt oft zur Arbeitserleichterung, Verbesserung der Arbeitssicherheit, Steigerung der Arbeitsproduktivität und → Qualität.

Mehrwertsteuer → Umsatzsteuer

Methan Kohlenwasserstoff, Hauptbestandteil von Erdgas und Biogas, bedeutendes Treibhausgas (→ Kohlenstoffdioxyd).

Miete Unterschieden werden die Nettokaltmiete, die der Kaltmiete entspricht. Darin sind weder die kalten (Bruttokaltmiete) noch die warmen Betriebskosten enthalten. Sind diese Beträge eingeschlossen, entspricht das der Bruttowarmmiete. Das ist eine Inklusivmiete, die pauschal zu zahlen ist. Sie setzt sich zusammen aus der Grundmiete inklusive aller umlagefähigen Betriebskosten. Die Inklusivmiete wird nicht verbrauchsabhängig abgerechnet. Üblich ist die Vereinbarung einer Kaltmiete zuzüglich Zahlung der teilweise verbrauchsabhängigen Nebenkosten/Betriebskosten (u. a. Grundsteuer, Ver- und Entsorgungskosten).

Mietvertrag Darin verpflichtet sich der Vermieter, dem Mieter für eine bestimmte Zeit den Gebrauch einer bestimmten Wohnung zu überlassen. Der Mieter verpflichtet sich zur Zahlung einer vereinbarten Miete.

Mindesthaltbarkeitsdatum Zeitpunkt, bis zu dem ein ungeöffnetes Lebensmittel bei richtiger Lagerung (evtl. Kühlung) z.B. seine Nährstoffe, den Geruch und den Geschmack behält und genutzt werden kann.
Das Mindesthaltbarkeitsdatum (MHD) muss gut sichtbar sein.

Mineraldünger Düngemittel in Form von Salzen, die meist chemisch hergestellt werden, z.B. Phosphat. Es besteht ein großer Energiebedarf bei der Herstellung.

Mitbestimmung ist im → Betriebsverfassungsgesetz geregelt, insbesondere wobei der → Betriebsrat im Betrieb mitbestimmt. Eine mitbestimmungspflichtige Maßnahme der Betriebsleitung wird nur dann rechtsgültig, wenn der Betriebsrat zugestimmt hat bzw. bei Konflikten die Einigungsstelle entscheidet.

Mitwirkung der Arbeitnehmer ist im → Betriebsverfassungsgesetz geregelt. M. bedeutet, dass der Betriebsrat bei bestimmten Fragen von der Betriebsleitung unterrichtet und angehört werden muss. Diese kann solche Maßnahmen auch durchführen, wenn der Betriebsrat widerspricht.

Mobilität, Verkehr meint Transportmöglichkeiten für Menschen und Güter auf Straßen, Schienen, zu Wasser und in der Luft. Dabei entstehen insbesondere Umweltprobleme durch verbrauchte Flächen, Ressourcennutzung mit Auswirkungen auf das Klima und Unfälle.

Nachhaltiges Handeln ist ein Verhalten, bei dem die Konsequenzen des menschlichen Handelns, ob durch die Produktion oder durch den Konsum, sozialverträglich sind und allen Ländern und Kulturen ökonomische und soziale Entwicklungschancen bieten. Damit verbunden ist die gerechte Verteilung von Lebenschancen aller Menschen, welche jedoch nicht zu Lasten der Umwelt und Tierwelt erfolgen darf. N.H. sichert so die Lebensgrundlagen zukünftiger Generationen.

Nachhaltigkeit → Nachhaltiges Handeln

Nachhaltigkeitsmanagement umfasst ein → Qualitätsmanagement, das bei der Erstellung der Güter Grundsätze → nachhaltigen Handelns gewährleistet.

Nettoeinkommen → Bruttoeinkommen abzüglich der staatlichen → Steuern und Beiträge zur gesetzlichen → Sozialversicherung.

Nettokaltmiete → Miete

NGO Abkürzung für Non Governmental Organisation, → Nichtregierungsorganisationen

Nichtregierungsorganisationen (NRO) Nicht staatliche Organisationen, die keinen Gewinn erzielen wollen und unabhängig von politischen Parteien und der Regierung gesellschaftliche Interessen vertreten, z. B in den Bereichen Menschenrechte, Umweltschutz, Tierschutz. Beispiele für NRO: Amnesty International, Greenpeace, Aktion saubere Kleidung, Germanwatch. Häufig findet man auch die Abkürzung → NGO.

NRO → Nichtregierungsorganisationen

OECD (Organisation for Economic Cooperation and Development) Auf Deutsch Organisation für wirtschaftliche Zusammenarbeit und Entwicklung.
Fast alle der 30 Mitgliedsstaaten sind Industrieländer. Ziele der OECD sind, eine gute Wirtschaftsentwicklung und einen steigenden Lebensstandard in den Mitgliedstaaten zu fördern sowie in diesen und den Entwicklungsländern das Wirtschaftswachstum und eine Ausweitung des Welthandels zu fördern. Dazu werden Vereinbarungen getroffen, die z.B. den Handel erleichtern sollen.

Öffentliche Güter Diese werden vom Staat (Gemeinden/Städten, Ländern, Bund) angeboten. Er legt die Bedingungen für die Nutzung fest. Zum Teil ist die Nutung kostenlos, z.B. der Aufenthalt in Parks, auf Spielplätzen oder der Besuch von Schulen. Für andere → Güter müssen Gebühren bezahlt werden, z.B. für das Ausstellen eines Personalausweises, für die Anmeldung eines Autos oder den Besuch eines Schwimmbades. Die Höhe der Gebühren ist zum Teil für Kinder und Arbeitslose geringer als für andere Menschen. Das Angebot der öffentlichen Güter soll allen Bürgern ein menschenwürdiges Leben ermöglichen und zu mehr Chancengerechtigkeit beitragen.

Ökologie Lehre von den wechselseitigen Beziehungen zwischen Menschen, Tieren und Pflanzen sowie die Beziehung der Menschen untereinander. Diese Beziehung soll durch → nachhaltiges Handeln gestaltet werden.

Offene Handelsgesellschaft (OHG) Rechtsform eines meist kleinen oder mittleren Betriebes, bei dem sich Kaufleute zusammenschließen, um gemeinsam ein Unternehmen zu führen, zu dem sie das → Kapital und ihr Können und Wissen beisteuern. Jeder Gesellschafter haftet unbeschränkt mit seinem Privat- und Betriebsvermögen. Für die Gewinn- oder Verlustverteilung gibt es meist vertragliche Regelungen. Fehlen diese, bekommt jeder Gesellschafter jährlich mindestens vier Prozent des eingebrachten Kapitals. Der Rest des Gewinns wird nach Köpfen aufgeteilt. Die Firma ist im Handelsregister eingetragen. Als Gewerbebetrieb ist eine OHG verpflichtet, →Gewerbesteuer zu zahlen. Gewinne müssen von jedem Gesellschafter als → Einkommen versteuert werden.

Online-Banking Die Kontoführung erfolgt über das Internet. Aufträge werden mit elektronischer Unterschrift erteilt. Das erfolgt durch eine Geheimzahl (PIN) und eine den Aufträgen zugeteilte Nummer (TAN).

Online-Konto Diese Konten werden bei sog. Direktbanken geführt, die keine Niederlassungen haben. Alle Bankgeschäfte werden online über das Internet oder telefonisch abgewickelt. Meist ist zusätzlich ein Verrechnungskonto, z. B. ein Girokonto, notwendig. Die Zinsen für Geld auf einem Online-Konto sind meist höher als auf einem Sparkonto bei sofortiger Verfügbarkeit.

Pestizide Pflanzenschutzmittel, insbesondere Mittel zur Schädlingsbekämpfung.

Pflegeversicherung sichert das Risiko der Pflegebedürftigkeit ab, ist für alle Personen, die Mitglieder einer Krankenversicherung sind, gesetzlich vorgeschrieben.

Preisabsprachen →Kartelle

Primärenergieträger Insbes. nicht erneuerbare fossile Brennstoffe (Erdgas, Erdöl, Kohle und Torf sowie Kernbrennstoffe), erneuerbare (regenerative) Energie wie Sonne, Wind, Wasser und Brennstoffe wie Holz und Rapsöl.

Private Güter → Güter, die von privaten Unternehmen produziert und am → Markt angeboten werden. Hersteller und Händler (Anbieter) legen Preis und → Qualität selbstständig fest. Sie müssen bei ihren Entscheidungen über den Preis der Güter ihre → Kosten und die Preise ihrer Mitbewerber (→ Konkurrenz) berücksichtigen. Außerdem ist die Kaufbereitschaft der Verbraucher (Nachfrager) wichtig. Private Unternehmen wollen einen → Gewinn erzielen.

Produktfamilie Produkte eines Herstellers, die einander ergänzen. Sie sollen den Verbraucher anregen, nicht nur ein einzelnes Produkt, sondern die gesamte Produktfamilie des Herstellers zu kaufen. Beispiele: Körperpflege, Sportartikel.

Produktionsfaktoren sind menschliche Arbeit (Erwerbsarbeit), → Kapital sowie Boden (Grundstücke, Bodenschätze, Luft und Wasser).

Produktionsgüter → Güter, die primär für den Einsatz und zum Verbrauch in der Produktion hergestellt und gehandelt werden. Manche werden auch als Konsumgut genutzt, z.B. das Auto.

Produktivität Verhältnis des Produktionsergebnisses zur Menge der dafür eingesetzten → Produktionsfaktoren. Meist wird darunter die → Arbeitsproduktivität verstanden.

Prototyp Vorab-Exemplar eines Gutes einer späteren Serienanfertigung. Es dient zur Erprobung des Produktionsprozesses und von Eigenschaften des Gutes.

Qualität Bezieht sich auf Beschaffenheit bzw. Eigenschaften von → Gütern. Es werden Merkmale bestimmt, an denen die Güte gemessen werden kann, z.B. Haltbarkeit von Fußballschuhen. Durch → Qualitätsmanagement wird versucht, eine bestimmte Qualität zu sichern.

Qualitätsmanagement soll eine gleichmäßige, an den Wünschen der Kunden orientierte → Qualität (Beschaffenheit) der Waren und Dienstleistungen durch entsprechende Maßnahmen fördern und durch Selbst- und Fremdkontrolle der erstellten Güter sichern (Öko-Audit der Prozesse und Güter durch Umweltbetriebsprüfung). Dazu bedarf es einer entsprechenden → Betriebsorganisation und Handlungskompetenz der Mitarbeiter.

Qualitätssicherung → Qualitätsmanagement

Rechnungswesen Erfassung und Überwachung der durch den betrieblichen Leistungsprozess bei → Waren und → Dienstleistungen entstehenden Geld- und Leistungsströme. Die Nutzung der Informationen erfolgt für die Gewinnung von → Kennzahlen für betriebliche Entscheidungen. Sie sind auch Grundlage z.B. für die Zahlung von → Steuern.

Rechtsfähigkeit Jeder Mensch hat in Deutschland von Geburt an Rechte und Pflichten. Die Rechtsfähigkeit gehört zu seiner Menschenwürde (Artikel 1 Grundgesetz). Das kann z.B. das Recht sein, ein Erbe zu erhalten, aber auch die Pflicht, Steuern zu zahlen.

Ruß Entsteht bei der Verbrennung. Er kann Krebs erregend wirken.

Sachgüter Waren in der Form von → Konsumgütern und → Produktionsgütern.

Sanitärobjekte Einrichtungselemente von Badezimmern und Toiletten, z.B. Waschbecken, Badewanne.

Schwellenland Land, dessen Wirtschaft sich auf dem Weg von einer traditionellen Landwirtschaft zu einer stärkeren Industrialisierung befindet. Schwellenländer sind oft geprägt von einem starken Gegensatz von Arm und Reich und politischen Unruhen. Umweltstandards und → Sozialstandards sind meistens sehr niedrig.

Sekundärenergie Insbes. elektrische Energie, die aus → Primärenergieträgern umgewandelt wurde.

Selbstständige → Unternehmer

Sohle Bodenplatte beim Bau eines Hauses. Auf diese wird das Mauerwerk aufgebaut.

Soziale Marktwirtschaft Wirtschaftsordnung der Bundesrepublik Deutschland. Wichtige Elemente sind ein funktionsfähiger → Wettbewerb vieler privater Unternehmen, auf der Basis einer Steuerung des Staates. Der Staat soll sicherstellen, dass der Wettbewerb gut funktioniert und soziale Gesichtspunkte berücksichtigt werden, z.B. beim Verbraucherschutz, der Steuerpolitik und der Absicherung der Existenzgrundlage bedürftiger Menschen, z.B. durch die Zahlung von Arbeitslosengeld oder Sozialhilfe.

Sozialstandards beschreiben die Verantwortung von Unternehmen und Organisationen gegenüber ihren Beschäftigten, Lieferanten, Geldgebern, Kunden und der Gesellschaft. Die Verantwortung besteht darin, die Menschenwürde aller Beteiligten zu wahren. Kernpunkte sind z.B. das Verbot von Kinder- und Zwangsarbeit, das Verbot, Beschäftigte und Kunden nach Religion, Hautfarbe oder Geschlecht zu diskriminieren. Weiterhin gehört dazu, existenzsichernde Löhne zu zahlen, für Sicherheit am Arbeitsplatz zu sorgen und das Recht, Gewerkschaften zu gründen.

Sozialversicherung, gesetzliche Dazu gehören die Krankenversicherung, Unfallversicherung, Rentenversicherung, Arbeitslosenversicherung und Pflegeversicherung. Arbeitnehmer (Arbeiter und Angestellte) sind Pflichtmitglieder. Die gesetzliche Sozialversicherung will über die Gemeinschaft der Versicherten Lebensrisiken abdecken, die einen einzelnen Menschen überfordern würden.

Steuern Abgaben an den Staat zur Finanzierung staatlicher Aufgaben. Unterschieden werden Steuern, die direkt auf → Einkommen erhoben werden (z.B. Einkommensteuer) bzw. indirekt auf den Umsatz (→ Umsatzsteuer) und/ oder Verbrauch (z.B. Tabaksteuer).

Streik ist die kollektive Verweigerung der Arbeit in einem → Arbeitskampf, um Forderungen der Arbeitnehmer Nachdruck zu verleihen. Die entstehenden Kosten sollen die Arbeitgeber zum Eingehen auf die Forderungen der Arbeitnehmerseite bewegen.

Strukturpolitik Staatliche Maßnahmen im Zusammenhang des → Strukturwandels, um Standortnachteile und regionale Entwicklungsunterschiede auszugleichen, das Wirtschaftswachstum und wettbewerbsfähige Arbeitsplätze zu fördern.

Strukturwandel bezeichnet Veränderungen in Wirtschaftszweigen und Regionen. Er kann ausgelöst sein durch neue Technologien, → Globalisierung, veränderte Verbrauchsgewohnheiten und → Strukturpolitik des Staates.

Tarifverträge sind Verträge in Schriftform, abgeschlossen zwischen den Tarifvertragsparteien, → Gewerkschaft und → Arbeitgeberverband. Sie werden z.B. für einen Wirtschaftszweig → Branchentarifverträge oder für ein Unternehmen Firmentarifverträge abgeschlossen.

Treibhausgase spielen bei der Erwärmung des Klimas eine Rolle, u. a. CO_2 (→ Kohlenstoffdioxyd), Methan, Lachgas, Fluorkohlenwasserstoffe, Schwefelhexafluorid.

Umsatz Produkt aus verkaufter Menge und Preis der → Güter; → Kennzahl im Unternehmen.

Umsatzsteuer Auch Mehrwertsteuer genannt. Sie wird auf den Handelsstufen auf den Mehrwert von → Waren und → Dienstleistungen (Differenz von Einkaufs- und Verkaufspreis) erhoben.

Umweltschutzinvestitionen fördern den Schutz vor schädlichen Einflüssen der Produktionstätigkeit auf die Umwelt. Unterschieden werden nachsorgende (additive), z.B. Staubfilter, und vorbeugende (integrierte) Maßnahmen, die betriebliche Umweltbelastungen verhindern sollen.

Unternehmer Inhaber eines Unternehmens beziehungsweise eines → Betriebes, den er als Selbstständiger eigenverantwortlich führt.

Verbraucherzentralen Interessenorganisationen der Verbraucher. Sie informieren die Verbraucher über gesetzliche Bestimmungen und vorteilhafte Kaufstrategien. In jedem Bundesland gibt es eine Verbraucherzentrale (VZ), der wiederum Verbraucherberatungsstellen in verschiedenen Städten angehören. Die Verbraucherzentralen der Länder sind zusammengeschlossen in der VZ Bundesverband. Sie vertritt vor allem die Interessen der Verbraucher gegenüber Unternehmen und ihren Verbänden, den politischen Parteien und dem Staat.

Verkehrsinfrastruktur Verkehrswege, siehe → Mobilität, Verkehr

Verlust Die Aufwendungen (Kosten) eines Unternehmens übersteigen die Erträge (Umsatz). Es entsteht kein → Gewinn.

Vermögen, privates Umfasst u. a. das Geldvermögen (Spar- und Barguthaben, Wertpapiere, Aktien, Lebensversicherungen) und den Wert von Immobilien (Grundstücke und Häuser).

Volkswirtschaft Abgegrenztes Gebiet, z.B. Deutschland, in dem Unternehmen, Verbraucher, Arbeitnehmer in wirtschaftlichen Beziehungen stehen, z.B. kaufen, verkaufen, arbeiten. Voraussetzung sind eine Wirtschaftsordnung und Gesetze, die das wirtschaftliche Handeln regeln.

Waren → Sachgüter

Warenkorb umfasst ca. 750 Güter, die die Verbrauchsgewohnheiten der Menschen in Deutschland widerspiegeln. Der Verbraucherpreisindex misst die Preisentwicklung dieser Güter.

Werbung Maßnahmen von Herstellern und Händlern, → Güter bekannt zu machen und zum Kauf der Güter anzureizen. Werbung erfolgt durch Schrift, Bild und Ton – vor allem in den Massenmedien. Werbung will Aufmerksamkeit erregen, bestimmte Gefühle erzeugen, bestimmte Gedanken auslösen sowie Meinungen und Einstellungen hervorrufen, die den Kauf der Güter fördern.

Wertpapiere, festverzinsliche Es handelt sich um → Anleihen. Sie werden auch Rentenpapiere genannt und an der Börse gehandelt.

Wettbewerb Wettstreit um die beste Leistung. Bei Unternehmen spricht man auch von → Konkurrenz. Er betrifft z.B. den Preis, die Lieferbedingungen, den Vertrieb, den Service und die → Qualität. Das Ziel des Wettbewerbs ist es, eine möglichst gute Versorgung der Verbraucher mit → Waren und → Dienstleistungen sicherzustellen. Ein funktionierender Wettbewerb ist für die Wirtschaftsordnung der → Sozialen Marktwirtschaft sehr wichtig.

Wirkungsgrad (bei der Energienutzung) Anteil der → Primärenergieträger, der bei der Umwandlung in → Sekundärenergie genutzt werden kann, z. B. wird bei der Verbrennung von Benzin nur ein Teil der Energie für die Fortbewegung des Autos verwendet. Andere Teile gehen als Abwärme des Motors verloren.

Wirtschaftliches Prinzip → Kosten und Nutzen des Kaufs oder der Produktion eines Gutes werden abgewogen. Der Verbraucher handelt dann nach dem wirtschaftlichen Prinzip, wenn er mit vorhandenem Geld einen möglichst hohen Nutzen (z.B. Kauf eines bestimmten Sportschuhs) erzielt. Es kann auch so ausgedrückt werden: Der Verbraucher handelt dann nach dem wirtschaftlichen Prinzip, wenn er einen bestimmten Nutzen (z.B. ein bestimmtes Fahrrad) mit möglichst wenig Geld kauft.

Wirtschaftsförderung Maßnahmen des Staates, z.B. finanzielle Förderung und Beratung durch → Strukturpolitik.

Stichwortverzeichnis

Bildquellen

A&F Stahl- und Maschinenbau GmbH, Würzburg: S.117

akg-images, Berlin: S.85 (2) (4), S.117 (1), S.216 (3), S.322 (1)–(2)

apple Deutschland GmbH, München/Pressebild: S.323 (1)

Arche, Berlin: S.162 (1)–(2)

Wolfgang Becker, Arnsberg: S.148 (3), S.150 (2), S.304 (1)

BELV, Bonn/Dominik Menzler: S.236 (2)

BELV, Bonn/Thomas Stephan: S.234, S.236 (1), S.237, S.239 (1)–(2)

H.W. Berghoff, Lübeck: S.99 (4)

Anita Berten, Hamburg: S.14,

Christoph Berten, Berlin: S.21, S.85 (1), S.88, S.91, S.93 (1)–(4), S.94 (1)–(3), S.95 (1)–(2), S.152 (3)–(4), S.257

Bosch Hausgeräte: S.263 (2)

Braun GmbH, cms@fischerappelt.de: S.283 (1)

Andreas Brendel, Dresden: S.99 (3)

BP Solar, Bochum: S.109

Bundesagentur für Arbeit, Nürnberg: S.25

CentrO, Oberhausen: S.113 (1)–(3)

Christliche Initiative Romero, www.ci-romero.de: S.187 (2), S.189, S.192, S.197 (1)

Hotel Clute Simon, Allendorf: S.290 (4)

Cornelsen Verlagsarchiv: S.105, S.126 (7), S.216 (1)–(2), S.261 (1), S.316 (2)

Die Zeit/Brevers: S.283 (2)–(3)

DRK Generalsekretariat/Erste Hilfe/Pressebild: S.314

Dürrkopp Adler AG, Bielefeld: S.111

F1 online, Frankfurt am Main: S.126 (5)

FANtravelstock, Kreder: S.126 (6)

Lillian Fischer, Berlin: S.20

Jerzy Goscinski, Ulm: S.99 (2)

Joachim Gottwald, Berlin: S.325

Matthias Hamel, Berlin: S.263 (1)

Handy-Museum, Dortmund: S.323 (2)

Henkel KGaA, Werksarchiv, Düsseldorf: S.85 (3), S.86 (2)

Hartmut Henschel, Klein Freienwalde: S.312, S.320 (1)–(3), S.326, S.327 (2), S.333

Hollatz, Wismar: S.49 (3)

Fotostudio Kaup, Warendorf: S.268, S.299

Franz Klöckener, Sundern: S.11, S.13, S.50 (2), S.97 (3), S. 248 (2), S.290 (3)

Krüper, Bielefeld: S.43 (1)

Walter Kurowski, Oberhausen: S. 98, S.181 (2), S.218, S.294

Laiv, Köln: S. 175 (3) (5)

Landesbildstelle, Berlin: S.86 (1)

Jenny Lenk, Dippoldiswalde: S.96, S.327 (1)

Michael Lenk, Dippoldiswalde: S.99 (1) (5), S.100, S.101 (1), S.261 (4), S.265, S.266, S.315 (2)

Henning Lüders, Berlin: S.9 (2), S.118, S.119 (1)–(2), S.122 (1)–(2), S.123, S.124, S.134, S.143, S.150 (1), S.154, S.171, S.186 (1), S.230, S.305 (1), S.308

Mauritius Bildagentur, Mittenwald: S.87

MASOUT NRW: S.315 (1)

Olaf Neidhardt, Berlin: S.282 (4)

Neues Marketing – Werbeagentur, Sundern: S.290 (1)

Jörg Neumann, Hamburg: S.284 (2)

Picture-alliance: dpa/ZB/Grabitsch S.42 (1), dpa/Försterling S.44, ZB/Bachmann S.78 (3), ZB/Maelsa S.78 (4), dpa/ZB/Pleul S.83, ZB/Schindler S.97 (2), dpa/Weihrauch S.108, dpa/Berg S.139, dpa/Führer S.152 (1), dpa/Wiedl S.156, dpa/Fotoreport/Kentiv S.175 (1), dpa/Gambarini S.175 (2), dpa/Lehtikuva/Gustasson S.175 (4), dpa/Imagechina/Zhu Geming S.190), ZB/Ending S.202, dpa S.157, dpa/Försterling S.232, dpa/Mettelseifen S.251, dpa S.261 (2)–(3), dpa S.264 (1)–(2), Helga Lade/Brinek S.281, ZB S.282 (5), dpa/epa/Wuttong S.284 (1), dpa/Kumm S.289, ZB/Bernd Settnik S.295 (2), dpa S.305 (2), dpa S.307, dpa S.313, dpa S.331 (1)–(2), dpa/Jan-Peter Kasper S.332 (1)

Projekt Photos: S.22, S.126 (3)–(4), S.157, S.158 (1)

Sebastian Runge, Berlin: S.287

Anette Schamuhn, Berlin: S.22 (Foto: Project Photos), S.24, S.41, S.43 (2), S.52 (1)–(9), S.57 (Foto: Wirtz), S.77 (1)–(2), S.78 (1) (Fotos: Wirtz, Picture-alliance/ZB/Bachmann, Picture-alliance/ZB/Maelsa), S.82 (1)–(2), S.118 (Fotos: Lüders, Karstadt Warenhaus GmbH, 1. FC Köln, Sigma Elektro GmbH), S.120 (1)–(3), S.128 (2) (Foto: Wirtz), S.135, S.136, S.138, S.140 (2), S.141 (Foto: Dirk Schamuhn), S.148 (2), S.149 (Fotos: Wirtz), S.153 (2), S.158 (1) (Foto: Projekt Photos), dpa/ZB/Hauschke S.158 (2), dpa/Rumpenhorst S.159, S.169 (1)–(2), S.170 (Foto: www.fahrrad.de), S.171 (Foto: Lüders), S.172 (Fotos: www.fahrrad.de, Cornelsen Verlagsarchiv), S.173 (Fotos: www.fahrrad.de, Projekt Photos), S.175 (Fotos: Picture-alliance/dpa/Fotoreport/Kentiv, Picture-alliance/dpa/Gambarini, laiv/Köln/Krause, Picture-alliance/dpa/Lehtikuva/Gustasson, laiv/Köln/Hahn), S.179 (Fotos: Erdgaspokal der Schülerköche, ASA/Fangerer), S.181 (1), S.186 (2)–(3) (Fotos: Wirtz), S.188 (2), S.198 (Fotos: Version-foto/Christian Ditsch, Wirtz (2x)), S.203, S.207, S.208 (1)–(3), S.209, S.210 (Fotos: Wirtz), S.215, S.221, S.243 (1), S.254, S.272 (Fotos: Wirtz), S.273 (Fotos: Wirtz), S.286 (1) (Foto: Weisse Wolke), S.290 (2) (Foto: Neues Marketing), S.293 (Fotos: Wirtz), S.299 (Foto: Kaup), S.306

Dirk Schamuhn, Berlin: S.141

Schroer GmbH/Audi: S.101 (2)

Detlev Schüler, Berlin: S.48 (1)–(4), S.63, S.64, S.73, S.121, S.122 (3), S.125, S.133, S.140 (1), S.151, S.153 (1), S.160 (1)–(4), S.164, S.180, S.198 (1), S.199, S.302

SeeReal Technologies, Dresden: S.110 (1)

Ulrich Sengebusch, Geseke: S.317, S.318 (1)–(3), S.319, S.320 (4)–(6), S.334 (1)

Severin Elektrogeräte GmbH, Sundern: S.16

Sinopictures, Berlin: S.285

Staatliches Amt für Arbeitsschutz, Dortmund: S.49 (1)–(2)

Stadtverwaltung der Landeshauptstadt Potsdam/Wirtschaftsförderung/Toralf Schirmag: S.296

TransFair e.V., Köln: S.131 (1)

Vario-press/Härtel, Hamburg: S.112

Vattenfall Deutschland AG, Werk Niederwartha: S.332 (2)

Version-foto/Christian Ditsch: S.198 (1)

Viebrockhaus AG, Harsefeld: S.241, S.242, S.243 (2), S.244, S.245 (1)–(2), S.246, S.247 (1), S.250

Vitronic Bildverarbeitungssysteme/Dr. Stein, Wiesbaden: S.110 (2)

VW-Werkfoto/Presse: S.310

Weisse Wolke, Damshagen: S.286 (1)

Wikipedia: GNUCommons/JessPeter S.295 (1), GNU/Stefan Reitzner S.316 (1)

Stephan Willeke, Dortmund: S.283 (4)

Peter Wirtz, Dormagen: S.9 (1), (3), (4), S.10 (1), (2), S.12, S.15, S.17, S.19, S.23 (1)–(2), S.33, S.35, S.37, S.42 (2), S.50 (1), S.51 (1)–(5), S.57, S.59, S.69, S.71, S.78 (2), S.84 (1)–(2), S.89, S.97 (1), S.120 (4)–(6), S.127, S.128 (1)–(2), S.129, S.131 (2), S.146, S.147, S.148 (1), S.149, S.160 (5), S.174, S.182, S.186 (2), S.187 (1), S.188 (3), S.195, S.198 (2)–(3), S.210, S.220, S.229, S.238, S.240, S.253, S.255 (1)–(3), S.256, S.258 (1)–(3), S.259 (1)–(3), S.267, S.270, S.271 (1)–(3), S.272 (1)–(4), S.273 (1)–(7), S.275 (1)–(2), S.276, S.282 (1)–(3), S.286 (2), S.293 (1)–(3), S.301 (1)–(4), S.304 (2)

Jupp Wolter, Lohmar: S.227

Zott GmbH & Co.KG, Mertingen: S.134

Lösungen zu den Aufgaben S. 65/66

Wissen

Rechnen: 1. 120 m^3 2. 36m

Rechtschreibung: 1b, 2a, 3b, 4b, 5a, 6a, 7b

Konzentration

Karteikarten sortieren: 1. in 24; 2. in 32; 3. in 22; 4. in 5; 5. in 34; 6. in 29; 7. in 13; 8. in 19; 9. in 25

Buchstaben durchstreichen: 1. Zeile: 4d; 2. Zeile: 3d; 3. Zeile: 5d; 4. Zeile: 8d; 5. Zeile: 1d

Rechenkonzentration: a:6/b:2/c:7/d:5

Genaues Beobachten: 1b/2c/3b/4a/5a/6c

Denkvermögen

Wortbedeutungen: 1.e) 2.b)

Wortverhältnisse: a) 2B b) 2C